Association des anciens élèves du Lycée LOUIS-LE-GRAND

ŒUVRES
DE
P. CORNEILLE

NOUVELLE ÉDITION
REVUE SUR LES PLUS ANCIENNES IMPRESSIONS
ET LES AUTOGRAPHES

ET AUGMENTÉE
de morceaux inédits, des variantes, de notices, de notes, d'un lexique des mots
et locutions remarquables, d'un portrait, d'un fac-simile, etc.

PAR M. CH. MARTY-LAVEAUX

TOME HUITIÈME

PARIS
LIBRAIRIE DE L. HACHETTE ET Cⁱᵉ
BOULEVARD SAINT-GERMAIN
1862

LES

GRANDS ÉCRIVAINS

DE LA FRANCE

NOUVELLES ÉDITIONS

PUBLIÉES SOUS LA DIRECTION

DE M. AD. REGNIER

Membre de l'Institut

ŒUVRES

DE

P. CORNEILLE

TOME VIII

PARIS. — IMPRIMERIE DE CH. LAHURE ET Cie
Rue de Fleurus, 9

NOTICE.

« Après *Pertharite*, dit Fontenelle[1], M. Corneille, rebuté du théâtre, entreprit la traduction en vers de l'*Imitation de Jésus-Christ*. Il y fut porté par des pères jésuites de ses amis, par des sentiments de piété qu'il eut toute sa vie, et sans doute aussi par l'activité de son génie, qui ne pouvoit demeurer oisif. Cet ouvrage eut un succès prodigieux, et le dédommagea en toutes manières d'avoir quitté le théâtre. »

Il y a, au commencement de ce passage, une inexactitude assez grave. *Pertharite*, suivant la plupart des historiens du théâtre, est de 1653; nous avons cru pouvoir, d'après le témoignage formel de Tallemant des Réaux, en placer la premièrere présentation au carnaval de 1652[2]; mais la reculer au delà de cette époque est impossible; elle reste donc encore postérieure à la publication des vingt premiers chapitres de l'*Imitation de Jésus-Christ*, dont l'Achevé d'imprimer est du 15 novembre 1651; seulement il est probable que le bon accueil fait au commencement de ce nouvel ouvrage et le peu de succès de *Pertharite*, représenté bientôt après, confirmèrent Corneille dans sa pieuse détermination.

Quant aux motifs qui lui firent entreprendre une si longue tâche, ils ne sauraient être un instant douteux; et l'on voit que Fontenelle, en les exposant, n'a craint aucune contradiction, et n'a pas même jugé utile de combattre l'étrange récit que la Monnoye a fait le premier à ce sujet, d'après un manuscrit de

---

1. *Œuvres*, tome III, p. 109.
2. Voyez précédemment, tome VI, p. 4.

Charpentier. Suivant notre habitude, nous allons mettre les pièces du procès sous les yeux du lecteur; mais nous ne saurions douter de sa décision.

« Corneille, dit la Monnoye dans une note de son édition des *Jugements des savants*, de Baillet[1], ne se porta pas de lui-même à entreprendre la paraphrase en vers françois des trois livres de l'*Imitation*. Voici l'occasion qui l'y engagea, telle que je l'ai lue dans un manuscrit qui a pour titre *Carpenteriana*, dont on m'a dit que les articles avoient été dressés par feu M. Charpentier, mort doyen de l'Académie françoise. »

Ensuite vient l'analyse du récit de Charpentier, à laquelle nous préférons substituer le texte même du *Carpenteriana* ou *Carpentariana*, publié par Boscheron deux ans plus tard[2] : « M. Corneille l'aîné est auteur de la pièce intitulée : *l'Occasion perdue et recouvrée*. Cette pièce étant parvenue jusqu'à M. le chancelier Séguier, il envoya chercher M. Corneille, et lui dit que cette pièce ayant porté scandale dans le public et lui ayant acquis la réputation d'un homme débauché, il falloit qu'il lui fît connoître que cela n'étoit pas, en venant à confesse avec lui; il l'avertit du jour. M. Corneille ne pouvant refuser cette satisfaction au chancelier, il fut à confesse, avec lui, au P. Paulin, petit père de Nazareth, en faveur duquel M. Seguier s'est rendu fondateur du couvent de Nazareth. M. Corneille s'étant confessé au révérend père d'avoir fait des vers lubriques, il lui ordonna, par forme de pénitence, de traduire le premier livre de l'*Imitation de J.-C.*, ce qu'il fit. Ce premier livre fut trouvé si beau, que M. Corneille m'a dit qu'il avoit été réimprimé jusqu'à trente-deux fois. La Reine, après l'avoir lu, pria M. Corneille de lui traduire le second; et nous devons à une grosse maladie dont il fut attaqué, la traduction du troisième livre, qu'il fit après s'en être heureusement tiré. »

Remarquons, pour ne rien omettre, que la Monnoye, dans l'analyse qu'il fait de ce morceau, dit en citant le manuscrit de Charpentier : « Il y est rapporté que Corneille ayant, dans sa

1. Édition de 1722, in-4º, tome V, p. 359, note 1.
2. 1724, in-8º, p. 284-286.

première jeunesse, fait une pièce un peu licencieuse intitulée *l'Occasion perdue recouvrée*, l'avoit toujours tenue fort secrète ; mais qu'en 1650, plus ou moins, diverses copies en ayant couru, M. le chancelier Seguier, protecteur alors de l'Académie, surpris d'apprendre que ces stances peu édifiantes, dont la première commence par :

Un jour le malheureux Lysandre,

étoient de Corneille, le manda, et après lui avoir fait une douce réprimande, lui dit qu'il le vouloit mener à confesse.... » Mais, suivant toute apparence, ces circonstances accessoires ne se trouvaient point dans le manuscrit original ; il aura paru naturel à la Monnoye, en attribuant une telle pièce de vers à Corneille, de la donner comme un ouvrage de sa première jeunesse ; du moment où il voulait indiquer l'époque où ce morceau avait commencé à se répandre, il ne pouvait le transporter au delà de 1650, sans quoi la pénitence eût été antérieure à la divulgation du péché. Enfin le chancelier Seguier, réprimandant le grand Corneille, devait évidemment le faire avec douceur. On voit que le récit de la Monnoye, comme au reste il en convient lui-même, n'a d'autre autorité en sa faveur que le manuscrit de Charpentier, et que les circonstances nouvelles qu'on y remarque ne proviennent que de légères variantes de rédaction, et d'inductions toutes simples, qui ne supposent en aucune manière l'existence de quelque autre témoignage.

Cette anecdote invraisemblable fut niée dans le compte rendu du *Carpentariana* inséré dans les *Mémoires* de Trévoux, au mois de novembre 1724. « Si M. Charpentier, y est-il dit, eût bien voulu se servir de sa critique et de son discernement, auroit-il jamais attribué à M. Corneille *l'Occasion perdue et recouvrée*, pièce que l'on sait avoir été composée par un poëte de Caen, dont le génie, le style et les mœurs étoient infiniment différents de ceux du grand Corneille[1]. » Deux mois après, le

1. Page 1988.

même recueil fit paraître une réfutation en forme des allégations de Charpentier[1]. « *L'Occasion perdue recouverte*, dit l'auteur de cet article anonyme, ne fut jamais du grand Corneille : elle est d'un M. de Cantenac, poëte de cour, dont les œuvres, qui font un petit in-12, furent imprimées en 1661, et encore en 1665, chez Théodore Girard, marchand libraire à la grand'salle du Palais ; elles sont divisées en trois parties : la première contient les *Poésies nouvelles et galantes* ; la seconde, les *Poésies morales et chrétiennes* ; la troisième, les *Lettres choisies, galantes*, du sieur de Cantenac. Cela faisoit un recueil assez bizarre. C'est au bout des *Poésies nouvelles et galantes* que se trouvoit cette scandaleuse pièce. Dès qu'elle parut, M. le premier président de Lamoignon, bien averti, envoya querir Théodore Girard, et lui ordonna d'ôter cette pièce de tous les exemplaires qui lui restoient, et par bonheur il lui en restoit la plus grande partie. Il fut obéi. Théodore Girard aima mieux mécontenter l'auteur et les acheteurs que de s'exposer au juste ressentiment d'un premier président. Il échappa pourtant quelques exemplaires de cette pièce, qui ne parurent qu'après la mort de ce grand magistrat, et c'est un de ces exemplaires, relié au bout de la seconde édition, que Théodore Girard me vendit comme une chose rare et précieuse. Dans cette seconde édition, la pièce fut entièrement supprimée, sans qu'il restât même aucun vestige de la suppression ou du retranchement. Au bas de la dernière page de *l'Occasion recouverte et perdue*, on voit imprimé : *Fin des Poésies nouvelles et galantes du sieur de Cantenac*. Il est vrai que le nom n'est pas tout au long, et qu'il n'y a que : *Fin des Poës. nouv. et gal. du Sr de C.;* mais Théodore Girard, qui étoit de mes amis et nullement menteur, m'a plusieurs fois assuré que ce C. signifioit le sieur de Cantenac, et il n'est pas possible d'en douter. Il connoissoit bien l'auteur. Il dit, dans un Avertissement au lecteur, que l'auteur est son ami. L'auteur lui avoit cédé son privilége, et ainsi il est clair qu'il le connoissoit, et il n'avoit nul sujet de nommer le sieur de Cantenac pour un autre. Mais si, outre ce témoignage donné de vive

1. Pages 2272-2276.

voix par Théodore Girard, on veut une preuve par écrit, on trouvera dans le *Livre des libraires* le privilége pour les *Œuvres* du sieur de Cantenac, enregistré le 30 septembre 1661 par Debray, syndic, et le nom du sieur de Cantenac s'y trouvera tout au long. »

En 1754, M. Michaud, avocat au parlement de Dijon, a, dans ses *Mélanges historiques et philologiques*[1], reproduit les preuves déjà données en faveur de Corneille dans les *Mémoires* de Trévoux, et en a ajouté quelques-unes qui ont une grande valeur. Il s'est attaché à faire connaître le caractère et le genre de talent de Cantenac ; il a établi par des citations bien choisies que ce poëte ne manquait ni d'imagination, ni d'élégance, que son recueil était rempli de passages fort libres, et qu'enfin, dans presque toutes ses pièces, il « prend le nom de Lisandre, qui est précisément celui du héros des stances[2]. »

Louis Racine, qui avait appris de son père des particularités fort curieuses touchant Corneille, dit en parlant de son *Imitation* :

> Couronné par les mains d'Auguste et d'Émilie,
> A côté d'a Kempis Corneille s'humilie[3].

Ces vers, qui peuvent s'appliquer aussi bien, nous en convenons, à une pénitence imposée qu'à une résolution libre et spontanée, sont accompagnés d'une note qui semble confirmer ce que nous avons dit jusqu'ici[4]. Avouons toutefois que cette humilité que Louis Racine loue dans le traducteur, n'est pas aussi complète, aussi absolue qu'il semble lui-même le croire ; elle parle un langage singulièrement fier, et qui, au moment où

---

1. 2 volumes in-12, tome I, p. 47-72.
2. Page 72.
3. *Réponse à l'épître de M. Rousseau contre les esprits forts*.
4. Voici cette note : « Corneille paroît lui-même avoir voulu s'humilier, puisqu'il dit au pape dans son épître dédicatoire : « La « traduction que j'ai choisie, etc. » Voyez ce passage que nous reproduisons avec plus d'étendue dans la *Notice*, quelques lignes plus loin.

Corneille fait profession de renoncer à toute gloire littéraire, nous montre combien son cœur en a toujours été vivement touché. Dans la dédicace de l'*Imitation* adressée par lui au pape Alexandre VII, il dit à ce pontife qu'il avait été très-profondément affecté des pensées sur la mort répandues dans ses poésies latines, puis il ajoute : « Elle me plongèrent dans une réflexion sérieuse qu'il falloit comparoître devant Dieu, et lui rendre compte du talent dont il m'avoit favorisé. Je considérai ensuite que ce n'étoit pas assez de l'avoir si heureusement réduit à purger notre théâtre des ordures que les premiers siècles y avoient comme incorporées, et des licences que les derniers y avoient souffertes ; qu'il ne me devoit pas suffire d'y avoir fait régner en leur place les vertus morales et politiques, et quelques-unes même des chrétiennes ; qu'il falloit porter ma reconnoissance plus loin, et appliquer toute l'ardeur du génie à quelque nouvel essai de ses forces, qui n'eût point d'autre but que le service de ce grand maître et l'utilité du prochain. C'est ce qui m'a fait choisir la traduction de cette sainte morale, qui par la simplicité de son style, ferme la porte aux plus beaux ornements de la poésie, et bien loin d'augmenter ma réputation, semble sacrifier à la gloire du souverain auteur tout ce que j'en ai pu acquérir en ce genre d'écrire[1]. »

Qui pourrait ne pas ajouter foi à cette déclaration si noble et si ferme ; on le voit, loin de se repentir de quelque écart de sa muse, Corneille s'applaudit de lui avoir toujours fait parler un chaste langage ; n'est-on pas transporté ici dans un courant d'idées hautes et pures qui exclut toutes ces misérables histoires de poésies libertines et de pénitence tardive ? Son péché, Corneille le connaît : c'est de s'être trop complu au bruit enivrant des applaudissements, de s'être trop glorifié de son génie, et ces applaudissements, il y renonce, ce génie, c'est à Dieu seul qu'il le consacre. Lorsqu'un tel poëte nous parle avec une si héroïque simplicité, nul ne doit s'aviser, ce me semble, de douter de ce qu'il avance.

Toutefois on l'a fait encore tout récemment. En 1862, deux

1. Voyez ci-après, p. 5 et 6.

NOTICE.

volumes de même format, imprimés avec les mêmes caractères, parurent presque en même temps chez le libraire Jules Gay. L'un est une jolie édition de l'*Imitation de Jésus-Christ*, traduite et paraphrasée en vers français par P. Corneille, précédée d'un avant-propos non signé, dans lequel on démontre sans peine que Corneille n'est point l'auteur du poëme licencieux qui lui a été attribué par Charpentier; l'autre est intitulé : « *L'occasion perdue recouverte*, par Pierre Corneille. Nouvelle édition, accompagnée de notes et de commentaires, avec les sources et les imitations qui ont été faites de ce poëme célèbre, non recueilli dans les œuvres de l'auteur. » Hâtons-nous de dire que le contenu du volume est beaucoup moins affirmatif : on n'y attribue pas si positivement à Corneille la paternité de cette pièce de vers, qui ne méritait en aucune manière tout le bruit qu'elle a causé. Après une reproduction intégrale des différents documents que nous avons analysés et extraits jusqu'ici, on trouve à la page 45 une « *Lettre à M. J. G. dans laquelle on essaye de prouver que* l'Occasion perdue recouverte *est de Pierre Corneille.* » L'auteur de cette lettre, signée P. L., se contente de transcrire le récit de *Carpentariana*, d'exagérer singulièrement le mérite de *l'Occasion perdue recouverte*, et de déprécier outre mesure le pauvre Cantenac, afin de prouver qu'il ne peut être l'auteur de « ce poëme vraiment remarquable, sous le rapport du style, de la forme poétique. »

Si j'osais en reproduire ici des passages de quelque étendue, je suis bien certain que le lecteur ne confirmerait point ces éloges; mais je ne puis me le permettre : je suis contraint d'opposer tout simplement une assertion à une autre, et de déclarer qu'à mon avis l'auteur de *l'Occasion perdue recouverte* n'est doué que d'une verve libertine fort ordinaire et d'un talent poétique assez médiocre.

Essayons d'ailleurs de porter le débat sur un terrain un peu plus ferme et d'aborder un genre de preuves qui dépende moins des appréciations individuelles. Le poëme en question est rempli de négligences et de fautes de langue qu'un grand écrivain n'aurait pu commettre. Bien que la nature du sujet m'impose une grande réserve, je hasarderai deux citations. Croit-on que Corneille aurait écrit :

> Il ose *élever* son audace
> Sur un lieu plus saint et *plus bas*[1] ?

Ce n'est pas là le style de notre poëte. Sa phrase est quelquefois embarrassée, son langage obscur, mais on ne pourrait trouver dans tous ses ouvrages un seul exemple d'une si grande impropriété dans les termes, si c'est là, comme il semble, une négligence ; ou d'une opposition aussi puérile, si par hasard l'auteur a cru trouver un contraste piquant.

L'autre passage, du reste, est plus décisif encore ; la strophe XXXVI commence ainsi dans l'édition considérée comme la plus ancienne :

> Mais ces hommes sont infidèles ;
> Leur plus beau feu s'éteint en *peu*,
> Et de tout l'amour qu'ils ont *eu*
> Ils n'en réservent que les ailes.

Je ne veux point parler du fond des choses et des pensées, qui certes répondent assez mal aux éloges qu'on a prodigués à cette pièce ; je veux seulement faire remarquer que dans ces vers *peu* rime avec *eu*, qui se prononçait alors comme aujourd'hui. Pour que la rime soit légitime, il faut nécessairement prononcer *en pu*. Or, si à cette époque *eu* se prononçait parfois *u* à Paris dans certains mots, comme par exemple dans la première syllabe d'*heureux*, il est certain néanmoins qu'on n'a jamais dit *un pu* pour *un peu*, et ce n'est pas à Corneille qu'un tel gasconisme eût échappé.

A la vérité, le passage des *Mémoires* de Trévoux, que nous avons rapporté plus haut, fait de Cantenac [2] « un poëte de Caen, » et à ce titre il n'aurait pas dû plus que Corneille tomber dans des fautes de ce genre ; mais il y a, outre son nom, de sérieux motifs pour croire à son origine méridionale : s'il ne nous fait pas connaître le lieu de sa naissance dans le portrait que, suivant la coutume du temps, il a tracé de lui-

---

1. Strophe IV. — 2. Voyez ci-dessus, p. III.

même, il nous dit du moins : « J'écris fort intelligiblement, et parle assez bien, pour être d'un pays où l'on parle toujours mal[1] », et il ne se serait guère exprimé ainsi en parlant de la Normandie. Enfin ses *Poésies* nous montrent qu'il avait habité Bordeaux[2], et c'est dans cette ville qu'il exerça les fonctions de son ministère lorsqu'il fut entré dans les ordres. Ce fait est constaté par le volume intitulé : *Satyres nouvelles de Monsieur Benech de Cantenac*, chanoine de l'Église métropolitaine et primatiale de Bordeaux.... *A Amsterdam, chez la veuve Chayer, dans le Sleestraat* (sans date). Quant à l'identité du personnage, elle ne saurait être douteuse; car l'avis intitulé *Le libraire au lecteur* commence ainsi : « L'accueil favorable que le public a fait autrefois aux diverses poésies de M. de Cantenac, donne lieu de croire que ses satires ne seront pas moins bien reçues. »

N'est-il pas plus naturel, d'après tout ceci, d'attribuer un gasconisme à Cantenac qu'à Corneille? Ce gasconisme, il est vrai, a disparu de l'édition de 1662; mais qu'en conclure, si ce n'est que Cantenac, sur l'observation de quelque ami obligeant, a changé une expression qui sentait trop le terroir et paraissait choquante aux Parisiens?

En voilà assez et trop peut-être sur ce poëme[3], dont il est vraiment regrettable d'avoir à parler avant d'en venir à la belle traduction que Corneille a faite de l'*Imitation de Jésus-Christ*. Ne nous occupons plus maintenant que de l'histoire de la com-

1. Edition de 1662, p. 241.
2. Le recueil renferme une pièce intitulée : *Response au remercîment que Monsieur D...... Conseiller au Parlement de Bordeaux fit d'un livre intitulé* Pancirole.... *que l'Autheur luy avoit presté.* (Page 94.)
3. Ceux de nos lecteurs qui voudraient avoir l'énumération complète de tous les critiques qui dans cette question ont repoussé l'odieuse accusation dirigée contre Pierre Corneille, la trouveront dans une intéressante dissertation dont voici le titre : *Note sur Pierre Corneille, considéré à tort comme l'auteur du poëme l'Occasion perdue recouvrée*; lue à l'Académie des sciences, belles-lettres et arts de Rouen, par Édouard Frère. *Rouen, imp. de H. Boissel,* 1864, in-8º de 18 pages. Tiré à cinquante exemplaires.

position de ce dernier ouvrage et de la publication successive de ses diverses parties.

Nous rencontrons d'abord : L'IMITATION DE JÉSUS-CHRIST. Traduite en vers françois Par P. CORNEILLE. — *A Rouen, chez Laurens Maurry, prés le Palais.* M.DC.LI. Avec privilege du Roy. *Et se vendent à Paris, chez Charles de Sercy, au Palais, dans la salle Dauphine, A la Bonne-Foy couronnée.* On lit au bas du privilége de ce volume de format in-12, qui se compose de 5 feuillets préliminaires et de 56 feuillets chiffrés : « Achevé d'imprimer pour la première fois le 15. de novembre 1651. » Il comprend seulement les vingt premiers chapitres du premier livre, que, suivant son expression, Corneille donnait au public « pour coup d'essai, et pour arrhes du reste[1]. »

Au moment où Corneille entreprenait cette traduction, les religieux bénédictins et les chanoines réguliers de Sainte-Geneviève se disputaient avec une extrême vivacité à propos de l'auteur de l'*Imitation*, et, suivant la piquante expression de Corneille, les deux ordres le voulaient « chacun revêtir de leur habit[2]. » Les chanoines de Sainte-Geneviève tenaient pour Thomas a Kempis; les bénédictins, pour Jean Gersen, abbé prétendu de Verceil, qui, selon eux, avait écrit de 1220 à 1240, mais à l'égard duquel ils ne produisaient que des documents si peu nombreux et si incertains, qu'on a pu révoquer en doute jusqu'à son existence. Corneille apporte dans ses avis *Au lecteur* le soin le plus scrupuleux et le plus habile à ne point se prononcer sur cette question, qu'il aborde avec un peu plus de confiance dans des lettres adressées au P. Boulard, génovéfain[3]. On voit d'ailleurs déjà dans l'avis *Au lecteur* des vingt premiers chapitres de sa traduction qu'il n'est pas favorable à Gersen, car, à la fin de cet avis, lorsqu'il parle de ce que la lecture de ce livre doit faire penser de son auteur, il s'exprime de la sorte : « J'y trouve certitude qu'il étoit prêtre ; j'y trouve grande apparence qu'il étoit moine ; mais j'y trouve aussi quel-

1. *Au lecteur*, ci-après, p. 17.
2. Voyez ci-après, p. 18.
3. Voyez les *Lettres* des années 1652 et 1656.

que répugnance à le croire Italien. Les mots grossiers dont il se sert assez souvent sentent bien autant le latin de nos vieilles pancartes que la corruption de celui de delà les monts; et si je voyois encore quelques autres conjectures qui le pussent faire passer pour François, j'y donnerois volontiers les mains en faveur du pays[1]. » Dans les éditions suivantes, cette préoccupation patriotique de Corneille devient plus marquée et plus précise; et bien qu'après l'arrêt du 12 février 1652, il dise avec un respect pour la chose jugée qui ne semble pas complétement exempt de quelque ironie : « Messieurs des requêtes du parlement de Paris ont prononcé en faveur de Thomas a Kempis; et nous pouvons nous en tenir à leur jugement, jusqu'à ce que l'autre partie en ait fait donner un contraire[2], » il ajoute après avoir exposé, comme dans les éditions précédentes, les motifs qu'il a de douter que l'auteur soit Italien : « Non-seulement sa diction, mais sa phrase en quelques endroits est si françoise, qu'il semble avoir pris plaisir à suivre mot à mot notre commune façon de parler. C'est sans doute sur quoi se sont fondés ceux qui, du commencement que ce livre a paru, incertains qu'ils étoient de l'auteur, l'ont attribué à saint Bernard, et puis à Jean Gerson, qui étoient tous deux François; et je voudrois qu'il se rencontrât assez d'autres conjectures pour former un troisième parti en faveur de ce dernier, et le remettre en possession d'une gloire dont il a joui assez longtemps. L'amour du pays m'y feroit volontiers donner les mains[3]. » Corneille, on le voit, au milieu des ardentes compétitions de deux ordres rivaux, dont il savait ménager les susceptibilités, établit assez nettement son opinion et ses préférences et incline pour le parti, alors déserté, que la critique moderne nous semble avoir enfin fait triompher, ou peu s'en faut.

Le 30 mars 1652, quelques jours avant le combat de Bleneau, Corneille écrit au P. Boulard : « Je vous dirai que je travaille à la continuation de ma version, et que sitôt que nous

---

1. Voyez ci-après, p. 18 et 19.
2. Voyez ci-après, p. 12.
3. Voyez ci-après, p. 14 et 15.

pourrons avoir quelque calme, j'en donnerai une seconde partie au public, avec la première fort corrigée en beaucoup d'endroits. » Dans la même lettre, notre poëte prie le savant religieux de lui adresser ses observations sur ce qui a déjà paru, et aussi de lui prêter son aide pour la réalisation d'un projet dont il paraît fort préoccupé : « Je me suis résolu, dit-il, de mettre des tailles-douces au devant de chaque chapitre, et en ai déjà fait graver onze, que je vous envoie, afin que vous puissiez connoître mieux l'ordre du dessein, qui est de choisir un exemple dans la *Vie des saints* ou dans la *Bible*, et l'appliquer sur une sentence tirée du chapitre où doit être mise l'image. On m'en grave encore deux ou trois; mais comme je ne suis pas fort savant en ces histoires, je mendie des sujets chez tous les religieux de ma connoissance. Entre autres, j'ai besoin que vous m'en donniez de vos saints, parce que dans celles que je vous envoie, vous en trouverez trois de l'habit de Saint-Benoît, et on pourroit prendre cela pour une déclaration tacite d'être du parti des bénédictins dans votre querelle. Vous m'obligerez donc fort de m'en donner quelques-uns de votre habit, et s'il se peut même de Thomas a Kempis, pour appliquer aux chapitres qui me manquent encore de cette première partie ou aux cinq derniers du premier livre, et aux douze du second qui composeront la seconde partie. Je n'ai point encore d'exemples, au reste, pour le sixième chapitre *De inordinatis affectionibus*, ni pour les x, xi, xii, xiv et xix. Le reste des vingt premiers est rempli. » Corneille presse vivement son correspondant de remplir ces lacunes : « Comme je ferois, dit-il, ajouter déjà ces images à la première partie, si j'avois ma vingtaine fournie, je cherche de tous côtés à trouver de quoi l'achever. Dans la lettre suivante, qui est du 12 avril, Corneille remercie le P. Boulard des sujets qu'il lui a envoyés : « Je crois, dit-il, que je me servirai presque de tous, à la réserve de ceux qui sont pour les chapitres pour qui j'en ai déjà fait graver. » Dans la lettre du 23 avril suivant, Corneille nous apprend qu'il vient de terminer son premier livre : « Je ne suis point encore pressé d'images pour le second livre, dit-il, ne faisant que d'achever la traduction de ce qui restoit du premier. » Le second livre avança encore moins vite que le précédent : il paraissait fort rebutant à notre poëte. L'Achevé d'imprimer de la *seconde partie*, qui contient les cinq derniers chapitres du livre premier et les six premiers chapitres du second, n'est que du 31 octobre 1652[1]. « Je donne cette seconde partie, dit Corneille dans l'avis *Au lecteur*, à l'impatience de ceux qui ont fait quelque état de la première, et ce n'est pas sans un peu de confusion que je leur donne si peu de chose à la fois[2]. » Il énumère ensuite avec une certaine amertume les difficultés qu'il rencontre, et y insiste de nouveau en 1653, dans un avis *Au lecteur* particulier aux six derniers chapitres du second livre[3]. Plus tard parut, également en 1653, l'édition qui a pour titre : L'IMITATION DE JÉSUS-CHRIST. Traduite en vers françois par P. C. enrichie de figures de taille-douce sur chaque chapitre. — *A Rouen, De l'Imprimerie de L. Maurry*, M.DC.LIII, 1 vol. petit in-12, composé de 4 feuillets préliminaires et de 239 pages. » On lit au bas du privilége : « Achevé d'imprimer pour la première fois le 30 de juin 1653. » Cette édition ne contient encore que les deux premiers livres; toutefois Corneille y met déjà à exécution le projet qu'il avait formé de joindre à chacun des chapitres de l'ouvrage une taille-douce représentant un sujet religieux qui s'y rapportât. Les lecteurs des éditions de Corneille antérieures à la nôtre auraient été portés à croire que jamais ce dessein n'avait eu de suite, car il n'en était question que dans les lettres dont nous avons donné des extraits un peu plus haut. Voyant la sollicitude avec laquelle Corneille s'était occupé de cette partie de son travail, et la part très-personnelle qu'il y avait prise, nous avons reproduit en note, en tête de chaque chapitre, la légende de la taille-douce, et nous

---

1. En voici le titre exact : « L'IMITATION DE IESVS-CHRIST. Traduite en vers françois par P. CORNEILLE. Seconde partie. — *A Rouen, de l'imprimerie de L. Maurry*.... M.DC.LII. Avec privilege du Roy. 1 vol. petit in-12 de 6 feuillets préliminaires et 60 feuillets numérotés. »

2. Voyez ci-après, p. 19.

3. Voyez ci-après, p. 26.

avons joint à notre recueil de préfaces un avis *Au lecteur*[1] qui jusqu'ici avait échappé à tous les éditeurs, ou que peut-être ils avaient omis à dessein, parce qu'il est entièrement relatif à ces tailles-douces dont ils ne donnaient pas la liste. Corneille attachait à ces gravures, tellement négligées de ses éditeurs, une si grande importance, qu'aussitôt que la traduction des deux premiers livres de l'*Imitation* fut achevée, il sollicita un nouveau privilége destiné principalement à lui assurer la propriété des tailles-douces[2], et, comme on le pense bien, il ne

---

1. Voyez ci-après, p. 21.

2. Nous croyons devoir réimprimer ici ce privilége à cause des particularités curieuses qu'il contient et de la manière flatteuse dont Corneille y est traité : « Notre cher et bien aimé le sieur Corneille nous a fait remontrer qu'il a traduit en vers françois l'*Imitation de Jésus-Christ*, dont il a déjà fait imprimer les deux premiers livres en vertu du privilége à lui accordé par nos lettres du 22 septembre 1651 ; lesquels deux premiers livres il auroit fait enrichir de figures de taille-douce sur chaque chapitre, contenant chacune quelque exemple tiré de l'Écriture sainte ou de la Vie des saints, et appliquée à une sentence contenue auxdits chapitres; ce qu'il désireroit continuer à l'avenir pour les deux livres restant à imprimer; et d'autant que dans nosdites lettres en forme de privilége il ne seroit parlé desdites figures et que plusieurs personnes pourroient les faire graver de nouveau pour les appliquer sur le texte latin et original de l'*Imitation de Jésus-Christ*, ou sur les versions qu'on en a faites en prose françoise et autres langues, ou même pour les vendre et débiter au public en images séparées, et frustrer par ce moyen ledit exposant des fruits de son travail; et de plus que ne lui ayant accordé notredit privilége pour l'impression de ladite version en vers françois que pour cinq ans, il ne pourroit être remboursé en si peu de temps des dépenses qu'il lui convient faire tant pour ladite impression que pour lesdites figures en taille-douce, s'il n'avoit de nouveau nos lettres sur ce nécessaires pour lesdites figures et pour plus longtemps qu'il n'est porté par notre privilége du 22 septembre 1651, lesquelles il nous a très-humblement supplié de lui accorder. A ces causes, et pour reconnoître en quelque sorte le mérite dudit sieur Corneille, dont les excellentes productions d'esprit sont désirées par tout notre royaume, et même dans les pays étrangers, nous lui avons permis.... de faire imprimer.... ladite traduction par lui faite en vers françois de l'*Imitation de Jésus-Christ*.... avec figures ou sans figures, durant l'espace de quinze ans.... Donné à Paris le trentième jour de décembre, l'an

manqua pas, en publiant pour la première fois son troisième livre, d'y joindre aussitôt les planches qui s'y rapportent. Le titre de cette partie de sa traduction est ainsi conçu : « L'IMITATION DE IESVS-CHRIST. Traduite en vers françois par P. C. Enrichie de figures de taille-douce sur chaque chapitre. Livre troisième.—*A Paris, chez Robert Ballard*, M.DC.L.IIII, in-12. »

Depuis le moment où Corneille commença à publier son *Imitation de Jésus-Christ*, jusqu'à celui où elle fut complète, il parut deux autres traductions en vers du même ouvrage. Dans l'une, composée par Antoine Tixier, curé de Varsalieu, et publiée à Lyon, chez P. Compagnon, en 1653, in-12, il n'est nullement question de Pierre Corneille, qui, de son côté, semble n'avoir pas eu connaissance de cette version ; mais l'autre, publiée par Jean Desmarets en 1654, est précédée d'un avertissement qui commence ainsi : « Bien qu'il soit non-seulement permis, mais louable, de travailler à l'envi pour imiter ce bel ouvrage de l'*Imitation de* JÉSUS-CHRIST, puisque l'on doit bien à l'envi imiter JÉSUS-CHRIST même, je n'eusse jamais eu la pensée de faire cette traduction en vers, sachant qu'elle avoit été entreprise et déjà fort avancée par un homme de rare mérite et de grande réputation. Mais il a plu à Dieu de m'y engager insensiblement par sa bonté infinie, pour me faire goûter la merveilleuse doctrine de ce livre[1].... » Corneille répondit d'une manière fine et détournée à cette préface, lorsqu'il déclara en 1656 qu'il ne traduirait pas le *Combat spirituel*,

de grâce mil six cent cinquante-trois. » Ce privilége se trouve reproduit dans trois de nos éditions de 1656 (celles que nous distinguons par les lettres B, C et D : voyez ci-après la liste des éditions, p. xx).

1. Plus loin, Desmarets raconte en ces termes comment il fut amené successivement, de la traduction d'un chapitre, puis d'un livre, à celle de l'ouvrage tout entier : « Je veux donc croire que mon aimable Rédempteur eut la bonté d'inspirer au maître que je sers sur la terre, le désir que je fisse en vers un chapitre de ce livre, en style pressé et naïf comme celui de l'auteur ; puis il eut impatience d'avoir en vers le quatrième livre, qui traite du saint sacrement ; et enfin voyant la facilité que Dieu m'avoit donnée pour cette version, il me fit entreprendre celle des autres livres. »

parce qu'il avait été prévenu par Desmarets, et qu'on ne pouvait s'engager dans un travail de ce genre sans faire à celui qui l'avait entrepris le premier « un secret reproche de n'y avoir pas bien réussi[1]. »

Ce fut en cette année 1656 que parut, en un volume in-4° et en deux volumes in-12, à Paris, chez Robert Ballard, la première édition des quatre livres réunis. L'édition in-12 renferme la série complète des tailles-douces pour chacun des chapitres, ce qui n'en fait pas moins de cent quatorze[2]; l'édition in-4° n'en contient que quatre, une par livre[3], et en outre un frontispice gravé, portant les armes d'Alexandre VII, à qui l'ouvrage, enfin complet, est dédié[4]. A ce moment, Corneille le présenta aux protecteurs et aux amis qu'il comptait dans les ordres religieux. Nous connaissons deux exemplaires de cette édition qui portent au verso du frontispice gravé des envois autographes de l'auteur; en voici la transcription : « Pour le R. P. D. Laurens Ballard, chartreux, son tres humble serviteur Corneille[5]. » — « Pour le R. P. Don Augustin Vincent, chartreux, son tres humble serviteur et ancien amy Corneille[6]. » Le bibliophile

---

1. Voyez ci-après, p. 13, note 8.
2. Ces planches sont gravées par Jérôme David, Karle Audran et Campion, d'après R. du Dot, Fr. Chauveau, etc.
3. La gravure du premier livre représente une prédication de Jésus-Christ; celle du second, l'Annonciation; celle du troisième, les Apôtres quittant leurs occupations pour suivre Jésus-Christ; celle du quatrième, la Cène. Ces quatre planches sont de Fr. Chauveau.
4. Voyez ci-après, p. 1-7, cette dédicace et les notes qui l'accompagnent.
5. Le volume qui porte ces mots n'avait été vendu que quarante francs à la vente de Didot et quarante-deux francs à celle de M. de Chalabre; mais il a monté à cent dix francs à celle de Guilbert de Pixérécourt, et a été adjugé au prix de six cent soixante-cinq francs à la vente de la bibliothèque de M. Giraud; il figure aujourd'hui dans celle de M. le duc d'Aumale.
6. Le volume sur lequel se trouve cet envoi appartient à la Bibliothèque de Rouen, à laquelle il a été donné en 1831 par M. Henri Barbet, alors maire de cette ville. On trouve la description et le fac-similé de cet envoi de Corneille dans la *Revue de Rouen*, tome VI, 1835, p. 183 et 184.

Jacob en signalait un troisième, en ces termes, dans un des derniers numéros du *Bulletin du bouquiniste*[1]. « Je ne me pardonnerai jamais, hélas! d'avoir détaché d'un exemplaire in-4° de l'*Imitation*, relié en maroquin rouge, le feuillet de garde offrant une dédicace signée, lequel feuillet fut vendu vingt et quelques francs à la vente des autographes de M. de Soleinne. C'est un crime dont je m'accuse et que les bibliophiles n'absoudront pas[2]. »

Bien qu'en retouchant son œuvre, notre poëte se soit sans cesse préoccupé de se tenir de plus en plus près du texte latin, il se reprochait toujours davantage d'en être si éloigné. Ce regret l'a décidé à donner à l'édition de 1656 le titre suivant : « L'IMITATION DE IÉSVS-CHRIST, traduite et paraphrasée en vers françois par P. Corneille, » de telle sorte que, par un singulier scrupule, ce mot *paraphrasée* paraît précisément pour la première fois au moment où une exactitude plus attentive semblait le rendre moins nécessaire.

Le succès de l'*Imitation* fut immense; Fontenelle et Charpentier nous l'ont déjà appris[3]; Gabriel Gueret n'est pas moins explicite à cet égard, et, à l'en croire, son témoignage, comme celui de Charpentier, n'est que la reproduction fidèle des paroles mêmes de Corneille : « Il a cru, dit-il[4], que la muse chrétienne siéroit mieux à son âge et qu'elle ne lui seroit pas infructueuse. Aussi ne s'est-il pas trompé, car je lui ai ouï dire que son *Imitation* lui avoit plus valu que la meilleure de ses comédies, et qu'il avoit reconnu, par le gain considérable qu'il y a fait, que Dieu n'est jamais ingrat envers ceux qui travaillent pour lui. »

---

1. N° 171, 1ᵉʳ février 1864, p. 54.
2. Ce feuillet du reste n'est pas décrit parmi les autographes de M. de Soleinne. On rappelle seulement dans l'*Avertissement* un exemplaire de l'édition originale du *Cid*, inscrit sous le n° 1145, tome I, p. 251, sur la garde duquel on lit : *A Anne un amy*, de l'écriture de Corneille.
3. Voyez ci-dessus, p. I et II.
4. *Promenade de Saint-Cloud*, dans les *Mémoires historiques, critiques et littéraires* par feu M. Bruys, 1751, tome II, p. 213 et 214.

Pendant quatorze années encore, Corneille ne cessa de retoucher cette traduction si bien accueillie; elle acquit enfin sa forme définitive dans l'édition de 1670, que nous avons choisie pour base de notre texte.

Grâce à l'aide des persévérants lecteurs qui m'avaient déjà si obligeamment secondé dans l'étude du théâtre de Corneille[1], j'ai pu indiquer la source des variantes avec précision, et augmenter beaucoup le recueil déjà fort abondant qu'on en avait fait. La collation des préfaces, qui jusqu'ici n'avait pas même été essayée, était un travail épineux et difficile, qu'on ne pouvait songer à accomplir seul et auquel on ne pouvait admettre un grand nombre d'auxiliaires. Par bonheur j'ai trouvé en M. Adolphe Regnier fils, pour cette partie délicate de ma tâche, un collaborateur aussi exercé qu'intelligent. Les longues comparaisons de textes auxquelles nous nous sommes livrés, nous ont fait découvrir deux avis *Au lecteur* qu'on n'avait pas réimprimés jusqu'ici[2], et de nombreuses variantes qui modifient notablement les préfaces et permettent de suivre Corneille pas à pas dans les divers remaniements de ses avertissements préliminaires.

Les bibliothécaires et les amateurs qui nous avaient déjà fourni de si utiles documents[3], nous ont encore continué leur bienveillance. De plus, la nature toute particulière du sujet que nous abordons dans ce volume nous a conduit à consulter une collection spéciale, d'un très-grand prix. Le savant curé de Saint-Étienne-du-Mont, M. l'abbé Delaunay, qui tout récemment a si bien prouvé au public quelle étude approfondie il a faite de l'*Imitation*, a depuis longtemps dirigé vers ce beau livre ses prédilections d'amateur, en même temps que son admiration de chrétien. Il en possède toutes les éditions curieuses et toutes les traductions importantes, et il nous a communiqué ses nombreux exemplaires de l'*Imitation* de Corneille avec un empressement dont ses judicieuses remarques et

---

1. Voyez tome I, p. x, note 1.
2. Voyez ci-après, p. 21 et 26.
3. Voyez tome I, p. viii, note 2.

ses excellents avis augmentaient encore singulièrement le prix. Nous devons aussi des remercîments tout particuliers à M. Aimé Dubois, qui a bien voulu nous permettre de recueillir des variantes autographes de Corneille inscrites sur les marges d'un précieux exemplaire de sa traduction (édition de 1658, in-4°[1]). Tant de communications, d'encouragements et de conseils nous imposaient des devoirs auxquels nous nous sommes efforcé de satisfaire, sans oser espérer que nous ayons pu les remplir dans toute leur étendue. Nous avons du reste besoin plus que jamais de documents et de direction, car nous abordons dans le détail la préparation du volume qui contiendra les poésies diverses et les lettres. Qu'on nous permette de rappeler ici une dernière fois que pour essayer de constituer un corps de correspondance, nous joindrons aux lettres de Corneille celles qui lui ont été adressées; l'intérêt d'une pareille publication nous paraît devoir être très-grand, mais si nous espérons qu'elle ne sera pas trop incomplète, c'est surtout parce que nous osons compter encore en cette circonstance sur les utiles secours qui jusqu'ici nous ont tant aidé et si puissamment soutenu.

1. Cet exemplaire, qui a figuré à la vente Renouard, sous le n° 114, s'y est vendu trois cent cinquante francs.

LISTE DES ÉDITIONS QUI ONT ÉTÉ COLLATIONNÉES POUR LES VARIANTES DE L'*IMITATION DE JÉSUS-CHRIST*.

ÉDITIONS PARTIELLES.

1. 1651 in-12 (liv. I, chap. I-XX, avec le latin);
2. 1652 in-12 (liv. I, chap. XXI-XXV, et liv. II, chap. I-VI, avec le latin);
3. 1653 A in-12 (liv. I, et liv. II, chap. I-VI);
4. 1653 B in-12 (liv. I et II);
5. 1653 C in-12 (liv. I et II, avec le latin);
6. 1653 D in-12 (liv. II, chap. VII-XII, avec le latin)[1];
7. 1654 A in-12 (liv. I, II, et III, chap. I-XXX, avec le latin);
8. 1654 B in-12 (liv. III, chap. I-XXX)[2];
9. 1656 A in-12 (liv. I et II)[3].

ÉDITIONS COMPLÈTES.

10. 1656 B, 2 volumes in-12;
11. 1656 C in-4°, avec le latin;
12. 1656 D, très-petit in-12[4];

1. Cette édition (1653 D) paraît n'être qu'un tirage à part des six derniers chapitres de l'édition de 1653 B, donnés sous le titre de « IIIe partie. » La seule chose qui lui soit propre est un avis *Au lecteur* que nous n'avons pas trouvé ailleurs. Voyez ci-après, p. 26. Cette IIIe partie est réunie en un volume avec des réimpressions du texte de 1651 (Ire partie), et de celui de 1652 (IIe partie). Ces trois parties ont chacune le nom de *Rouen* sur le titre.
2. Le n° 8 (1654 B) est réuni dans un même volume avec le n° 5 1653 C).
3. Nous n'avons pu nous procurer de cette édition que les livres I et II; le titre porte : *Première partie*.
4. Le seul exemplaire de cette édition dont nous ayons eu connaissance appartient à M. le comte de Lurde, qui a bien voulu, avec son obligeance ordinaire, nous permettre de le collationner.

ÉDITIONS COLLATIONNÉES, ETC.   xxi

13. 1658 in-4°, avec le latin[1];
14. 1659 in-12;
15. 1662 in-12[2];
16. 1665 A in-16;
17. 1665 B in-8°;
18. 1670 in-16;
19. 1670 O[3] in-8°.

1. M. Aimé Dubois possède un exemplaire très-précieux de cette édition qu'il nous a libéralement communiqué. (Voyez ci-dessus, p. xix et note 1.) On y lit un certain nombre de corrections manuscrites de Corneille, que nous avons toutes indiquées à leur place dans les notes.

2. L'édition de 1662 ne diffère que par des fautes et des inadvertances de l'édition de 1659, dont elle est une réimpression.

3. Nous désignons ainsi les extraits de l'*Imitation* que Corneille a placés à la suite de sa traduction de l'*Office de la sainte Vierge*, sous le nom d'*Instructions chrétiennes* et de *Prières chrétiennes*. Parmi les variantes que nous offre cette édition, un grand nombre est dû aux modifications que rendait nécessaires le changement d'un texte suivi en extraits et fragments, à la suppression des liaisons, des transitions. On trouvera dans notre tome IX la réimpression et la description bibliographique de l'*Office de la sainte Vierge*.

N. B. Le texte que nous avons adopté est, comme nous l'avons dit, celui de l'édition de 1670; nous avons toute raison de croire que c'est la dernière que l'auteur ait revue; au reste elle diffère à peine de celles de 1665, et fort peu de l'impression in-4° de 1658.

La date de l'*Achevé d'imprimer* pour la première fois, de notre numéro 1 (1651 in-12), est le 15 novembre 1651; celle des numéros 2 et 3, et du livre I dans le n° 4, le 31 octobre 1652; celle des numéros 5 et 9, et du livre II dans les n°s 4 et 7, le 30 juin 1653; celle du n° 8, le dernier d'août 1654; et celle des n°s 11, 12, 13, 16, 17 et 18, et du tome II du n° 10, le dernier de mars 1656. Nos exemplaires des n°s 6, 14, 15, et du tome I du n° 10, n'ont pas d'Achevé d'imprimer.

XXII ÉDITIONS COLLATIONNÉES, ETC.

Nous n'ajoutons pas à cette liste les éditions de 1676 et de 1693, toutes deux de Lyon, qu'on trouvera çà et là mentionnées dans les notes. Ce sont deux réimpressions très-fautives du texte de 1670, d'où nous avons extrait quelques exemples d'altérations propres à montrer comment par la négligence des imprimeurs et des correcteurs il peut s'introduire dans les éditions courantes de fausses leçons, parmi lesquelles il s'en trouve de rigoureusement admissibles, pour ne pas parler des bonnes que parfois, bien rarement, le hasard a créées.

Dans l'avis *Au lecteur* placé en tête de l'édition de Nancy de 1745 (grand in-4°), l'imprimeur A. D. Cusson dit qu'il a travaillé « sur deux exemplaires (l'un de l'*Imitation*, l'autre de l'*Office de la Vierge*) où l'on s'est appliqué à réformer les termes surannés, quelques tours un peu durs, etc. Il pourroit même se faire, ajoute-t-il, que ces réformations portées sur l'exemplaire de l'*Imitation de Jésus-Christ* et sur celui de l'*Office de la Vierge*, que le hasard m'a fournis, et qui se trouvent écrites de la même main, seroient de l'auteur lui-même, qui dans les derniers temps de sa vie, où le langage s'étoit épuré, auroit retouché ces deux ouvrages. » La conjecture est plus qu'invraisemblable, comme Cusson lui-même paraît le reconnaître dans la suite de son avertissement ; cependant quelques-unes des variantes qu'il a introduites dans le texte de son édition paraissent être d'une main assez habile ; voici, comme spécimen, celles du chapitre 1er du livre I:

Vers 17.	Vide de cet esprit, tu n'y trouves qu'épines.
Vers 38-40.	Et l'unique leçon propre à servir d'appui,
	[C'est que tout n'est ici que vanité qui passe,]
	Hors d'aimer Dieu, le craindre, et ne servir que lui.
Vers 47.	S'en laisser éblouir, c'est s'en laisser séduire.
Vers 52 et 53.	Vanité de briguer un haut degré d'honneur ;
	Vanité de choisir pour souverain bonheur.
Vers 62.	A quel point de tes sens tu dois te défier.
Vers 67.	Fuir les contentements transmis par tant d'organes.

Nous avons du reste fait prendre à Nancy quelques renseignements sur les exemplaires dont Cusson s'est servi, mais les réponses ont été complétement négatives. On ne connaît plus aucun descendant de cet imprimeur, et le bibliothécaire de la ville, M. Soyer-Willemet, a vainement cherché à retrouver la trace de ces curieux volumes.

Pour le latin de l'*Imitation*, que nous joignons aux vers de Corneille, afin de rendre plus facile la comparaison de la traduction avec le texte, et de suivre l'exemple que le traducteur nous a donné lui-même dans ses premières éditions soit partielles soit complètes, nous n'avons pas besoin de dire que nous reproduisons le texte adopté par Corneille, lequel a beaucoup de rapport avec l'édition imprimée à Paris en 1616 d'après la récension du R. P. bénédictin Constantin Caietan.

L'IMITATION

DE

JÉSUS-CHRIST

TRADUITE ET PARAPHRASÉE EN VERS FRANÇOIS

PAR P. CORNEILLE

1656

AU SOUVERAIN PONTIFE

ALEXANDRE VII[1].

Très-Saint-Père,

L'hommage que je fais aux pieds de Votre Sainteté semble ne s'accorder pas bien avec les maximes du livre que je lui présente. Lui offrir cette traduction, c'est la juger digne de lui être offerte; et bien loin de pratiquer cette humilité parfaite et ce profond mépris de soi-même que son original nous recommande incessamment, c'est montrer une ambition démesurée, et une opinion extraordinaire des productions de mon esprit. Mais il est hors de doute que ce même hommage, qui ne peut passer que pour une témérité signalée tant qu'on arrêtera les yeux sur moi, ne paroîtra plus qu'une action de justice, sitôt qu'on les élèvera jusqu'à Votre Sainteté. Rien n'est plus juste que de mettre l'*Imitation de Jésus-Christ* sous la protection de son vicaire en terre, et de son plus grand imitateur parmi les hommes; rien n'est plus juste que de dédier les sublimes idées de la perfection chrétienne au père commun des chrétiens, qui les exprime toutes en sa personne; et si je croyois avoir égalé ce grand dévot

---

1. Fabio Chigi, né à Sienne le 12 février 1599, succéda à Innocent X le 7 avril 1655, sous le nom d'Alexandre VII. Voyez ci-après, p. 6, note 2. — Cette dédicace ne se trouve que dans les éditions de 1656-1662. Elle disparaît dans l'édition publiée en 1665. C'est en 1662 que le duc de Créquy, ambassadeur de France à Rome, fut insulté par les Corses de la garde du pape, ce qui donna lieu à Corneille d'écrire sa *Plainte de la France à Rome*, qu'on trouvera à sa date dans les *Poésies diverses*.

que j'ai fait parler en vers, je dirois que rien n'appartient plus justement à Votre Sainteté que ce portrait achevé d'elle-même, et qu'à jeter l'œil, d'un côté sur les hautes leçons qu'il nous fait, et de l'autre sur les miracles continuels de votre vie, on ne voit que la même chose. J'ajouterai, Très-Saint-Père, que rien n'est si puissant pour convaincre le lecteur que de lui donner en même temps le précepte et l'exemple. Soit que mon auteur nous invite à la retraite intérieure, soit qu'il nous exhorte à la simplicité des mœurs, soit qu'il nous instruise de ce que nous devons au prochain, soit qu'il nous pousse au détachement de la chair et du sang, soit qu'il nous apprenne à déraciner l'amour-propre par une abnégation sincère de nous-mêmes, soit qu'il tâche à nous faire goûter les saintes douceurs de la souffrance en nous expliquant ses priviléges, soit qu'il s'efforce à nous porter jusque dans le sein de Dieu, pour nous unir étroitement avec lui par une amoureuse acceptation de toutes ses volontés et une assidue recherche de sa gloire en toutes choses : quoi qu'il nous ordonne, quoi qu'il nous conseille, mettre le nom de Votre Sainteté à la tête de ses enseignements, c'est ne laisser d'excuse à personne, et faire voir que toutes ces vertus n'ont rien d'incompatible avec les grandeurs, avec l'abondance et avec les soins de toute la terre. Ces raisons sont fortes, mais elles ne l'étoient pas assez pour l'emporter sur la connoissance de mon peu de mérite; et le moindre retour que je faisois sur moi-même dissipoit toute la hardiesse qu'elles m'avoient inspirée, sitôt que j'envisageois cette inconcevable disproportion de mon néant à la première dignité du monde. J'avois toutefois assez de courage pour ne descendre que d'un degré, et ne choisir pas un moindre protecteur que celui à qui je dois mes premiers respects dans l'Église après le saint-siége : je parle de Monsieur l'arche-

ÉPÎTRE.

vêque de Rouen, dans le diocèse duquel Dieu m'a donné la naissance et arrêté ma fortune. Cet ouvrage a commencé avec son pontificat[1]; et comme ce prélat a des talents merveilleux pour remplir toutes les fonctions d'un grand pasteur, et une ardeur infatigable de s'en acquitter, les plus belles lumières qui m'ayent servi à l'exécution de cette entreprise, je les dois toutes aux vives clartés des instructions éloquentes et solides qu'il ne se lasse point de donner à son troupeau, ou aux rayons secrets et pénétrants que sa conversation familière répand à toute heure sur ceux qui ont le bonheur de l'approcher. Je lui ai donc voulu faire, non pas tant un présent de mon travail qu'une restitution de son propre bien; mais la bonté qu'il a pour moi l'a préoccupé jusques à lui persuader que cet effort de ma plume pouvant être utile à tous les chrétiens, il lui falloit un protecteur dont le pouvoir s'étendît sur toute l'Église; et l'ayant regardé comme le premier fruit qu'il aye recueilli des muses chrétiennes depuis qu'il occupe la chaire de saint Romain[2], il a cru que l'offrir à VOTRE SAINTETÉ, c'étoit lui offrir en quelque sorte les prémices de son diocèse[3]. Ses

---

1. Cette assertion n'est pas tout à fait exacte : François de Harlay de Champvallon, né à Paris le 14 août 1625, fut sacré archevêque de Rouen le 28 décembre 1651. Cette année est bien, à la vérité, celle où parurent les vingt premiers chapitres du premier livre de l'*Imitation;* mais, comme nous l'avons dit dans la *Notice*, l'Achevé d'imprimer est du 15 novembre, ce qui, si l'on tient un juste compte du temps que Corneille mit à faire ce premier essai de traduction, fait remonter le commencement de l'ouvrage un peu plus haut que le pontificat du nouvel archevêque.
2. Évêque de Rouen, mort en 639.
3. Le Gendre nous apprend que François de Harlay s'était chargé de faire parvenir au pape le premier exemplaire de l'*Imitation* de Corneille, et qu'il y avait joint une lettre : *Poeticæ illecebris poetarumque consuetudine olim delectatus fuerat; utebatur familiariter, dum esset Rothomagi, Guillelmo de Brebeuf, qui Pharsalicum Lucani carmen*

commandements ont fait taire cette juste défiance que j'avois de ma foiblesse; et ce qui n'étoit sans eux qu'un effet d'une insupportable présomption, est devenu un devoir indispensable pour moi sitôt que je les ai reçus. Oserai-je avouer à Votre Sainteté qu'ils m'ont fait une douce violence, et que j'ai été ravi de pouvoir prendre cette occasion d'applaudir à nos muses, et de vous remercier pour elles des moments que vous avez autrefois ménagés en leur faveur parmi les occupations illustres où vous attachoient les importantes négociations que les souverains pontifes vos prédécesseurs avoient confiées à votre prudence[1]? Elles en reçoivent ce témoignage éclatant et cette preuve invincible, que non-seulement elles sont capables des vertus les plus éminentes[2] et des emplois les plus hauts, mais qu'elles y disposent même et conduisent l'esprit qui les cultive, quand il en sait faire un bon usage. C'est une vérité qui brille partout dans ce précieux recueil de vers latins, où vous n'avez point voulu d'autre nom que celui d'*ami des muses*[3], et que ce

in versus gallicos magnifice transtulit, et Petro Corneille, tragicorum nostrorum, ut omnes ferme consentiunt, facile principe. Cum iste, auctore Harlæo, aureum de Imitatione Christi libellum ornatissimo atque optimo carmine gallice reddidisset, operis illius primum exemplum summo pontifici Alexandro VII Harlæus muneri misit, munusque suum luculenta ornavit epistola. (*De vita Francisci de Harlay, rothomagensis primum, deinde parisiensis archiepiscopi, libri VI. Auctore Ludovico le Gendre, rothomagæo....* Parisiis, typographo Simone Langlois, 1720, in-4°, p. 290.)

1. Voyez ci-après, p. 6, note 2.
2. L'édition de 1656 C porte, probablement par erreur : « des vertus plus éminentes. »
3. Ce recueil est intitulé *Philomathi Musæ juveniles*, et ce titre s'explique par le nom de *Filomati* que portaient les membres d'une académie de Sienne dont Fabio Chigi était membre. Nous connaissons trois éditions de ces poëmes : les deux premières sont de 1645 et de 1654; la troisième fut imprimée au Louvre en 1656, l'année même où Corneille écrivait cette dédicace. Le titre de départ de la première

grand prélat a pris plaisir de me faire voir des premiers. Il me l'a fait lire, il me l'a fait admirer avec lui, et pour vous rendre justice partout durant cette lecture, je ne faisois que répéter les éloges que chaque vers tiroit de sa bouche. Mais entre tant de choses excellentes, rien ne fit alors et ne fait encore tous les jours une si forte impression sur mon âme, que ces rares pensées de la mort que vous y avez semées si abondamment[1]. Elles me plongèrent dans une réflexion sérieuse qu'il falloit comparoître devant Dieu, et lui rendre compte du talent dont il m'avoit favorisé. Je considérai ensuite que ce n'étoit pas assez de l'avoir si heureusement réduit à purger notre théâtre des ordures que les premiers siècles y avoient comme incorporées, et des licences que les derniers y avoient souffertes ; qu'il ne me devoit pas suffire d'y avoir fait régner en leur place les vertus morales et politiques, et quelques-unes même des chrétiennes, qu'il falloit porter ma reconnoissance plus loin, et appliquer toute l'ardeur du génie à quelque nouvel essai de ses forces qui n'eût point d'autre but que le service de ce grand maître et l'utilité du prochain. C'est ce qui m'a fait choisir la traduction de cette sainte morale, qui par la simplicité de son style ferme la porte aux plus beaux

édition, qui est *Philomusi Musæ juveniles*, s'accorde mieux que le précédent avec ce que nous dit ici Corneille. Dans la dédicace du recueil écrite par le chanoine G. de Furstenberg et datée de la veille des nones d'avril 1645, on lit ces mots : *Auctor ipse Philomathus, idemque non nullis Philomusus.*

1. La pensée de la mort revient en effet fort souvent dans les vers latins de Fabio Chigi. Plusieurs de ses poëmes sont des hommages à des personnes défuntes ou des épitaphes, et elle trouve place dans bien d'autres sujets, dans la première pièce du volume, par exemple, où on lit ces vers :

*Devota morti cetera defluunt
Fatoque cedunt irreparabili*, etc.

ornements de la poésie, et bien loin d'augmenter ma réputation, semble sacrifier à la gloire du souverain auteur tout ce que j'en ai pu acquérir en ce genre d'écrire. Après avoir ressenti des effets si avantageux de cette obligation générale que toutes les muses ont à VOTRE SAINTETÉ, je serois le plus ingrat de tous les hommes, si je ne lui consacrois un ouvrage dont elle a été la première cause. Ma conscience m'en feroit à tous moments des reproches d'autant plus sensibles que je vis dans une province qui n'a point attendu à vous aimer et à vous honorer qu'elle fût obligée d'obéir à VOTRE SAINTETÉ, et où votre nom a été en vénération singulière avant même que vous eussiez quitté celui de Ghisi[1] pour être ALEXANDRE VII. Leurs Altesses de Longueville ont si bien fait passer dans toutes les âmes de leur gouvernement ces dignes sentiments d'affection et d'estime qu'elles ont rapportés de Munster[2] pour votre personne, que tant qu'a duré le dernier conclave, nous n'avons demandé que vous à Dieu. Je n'ose dire que nos prières ayent attiré les inspirations du Saint-Esprit sur le sacré collége; mais il est certain que du moins elles ont été au-devant d'elles, et que l'exaltation de VOTRE SAINTETÉ a été la joie particulière de tous nos cœurs, avant que les ordres du Roi en ayent fait l'allégresse publique de toute la France. Nous continuons et redoublons maintenant ces mêmes vœux, pour obtenir de cette bonté inépuisable

1. On écrivait parfois ainsi le nom de Chigi au dix-septième siècle. G. de Furstenberg le traduit en latin par *Chisius* dans la dédicace dont nous avons parlé plus haut, p. 5, fin de la note 3.
2. Les négociations du traité de Westphalie, conclu à Munster le 24 octobre 1648, furent dirigées au nom de la France par le comte d'Avaux, Abel Servien et le duc de Longueville, gouverneur de Normandie, que sa femme, la célèbre duchesse de Longueville, était allée rejoindre à Munster; au nom du pape, par Fabio Chigi, depuis Alexandre VII, alors nonce d'Innocent X.

qu'elle nous laisse jouir longtemps de la grâce qu'elle nous a accordée, et que vous puissiez achever ce grand œuvre de la paix[1], à qui vous avez déjà donné tant de soins et tant de veilles. Nous espérons qu'elle vous aura réservé ce miracle, que nous attendons avec tant d'impatience; et je ne serai désavoué de personne quand je dirai que ce sont les plus passionnés souhaits de tous les véritables chrétiens que porte aux pieds de VOTRE SAINTETÉ,

 TRÈS-SAINT-PÈRE,

  Son très-humble, très-obéissant et très-fidèle serviteur et fils en Jésus-Christ,

       P. Corneille.

1. Le cardinal Mazarin avait fait en 1656 de nouvelles propositions de paix; mais la paix ne fut conclue entre la France et l'Espagne que vers la fin de 1659.

AVERTISSEMENTS

PLACÉS PAR CORNEILLE EN TÊTE DES DIVERSES
ÉDITIONS PARTIELLES OU COMPLÈTES
DE L'*IMITATION*.

I

AU LECTEUR [1].

Je n'invite point à cette lecture ceux qui ne cherchent dans la poésie que la pompe des vers : ce n'est ici qu'une traduction fidèle, où j'ai tâché de conserver le caractère et la simplicité de l'auteur. Ce n'est pas que je ne sache bien que l'utile a besoin de l'agréable pour s'insinuer dans l'amitié des hommes; mais j'ai cru qu'il ne falloit pas l'étouffer sous les enrichissements [2], ni lui donner des lumières qui éblouissent au lieu d'éclairer. Il est juste de lui prêter quelques grâces, mais de celles qui lui laissent toute sa force, qui l'embellissent sans le déguiser, et l'accompagnent [3] sans le dérober à la vue : autrement

---

1. Cet avis *Au lecteur*, composé en grande partie à l'aide de ceux qui sont en tête des éditions partielles antérieures à 1656, se trouve pour la première fois en entier dans les impressions de 1665, et il a été reproduit par les suivantes. Nous le donnons ici, comme le texte de l'*Imitation* même, d'après l'édition de 1670. — Nous placerons à la suite de cette préface définitive et générale les avis particuliers des éditions antérieures, ceux du moins qui ont trop d'étendue ou qui présentent de trop notables différences pour que nous puissions nous contenter de les mentionner en note.

2. Var. (édit. de 1651, de 1653 B et de 1654) : sous la quantité des enrichissements.

3. Var. (édit. de 1656 A et B, de 1659 et de 1662) : et qui l'accompagnent.

AU LECTEUR. 9

ce n'est plus qu'un effort ambitieux, qui fait plus admirer le poëte qu'il ne touche le lecteur. J'espère qu'on trouvera celui-ci dans une raisonnable médiocrité, et telle que demande une morale chrétienne qui a pour but d'instruire, et ne se met pas en peine de chatouiller les sens[1]. Il est hors de doute que les curieux n'y trouveront point de charme, mais peut-être qu'en récompense les bonnes intentions n'y trouveront point de dégoût; que ceux qui aimeront les choses qui y sont dites supporteront la façon dont elles y sont dites, et que ce qui pénétrera le cœur ne blessera point les oreilles[2]. Le peu de disposition que les matières y ont à la poésie, le peu de liaison, non-seulement d'un chapitre avec l'autre, mais d'une période même avec celle qui la suit, et les répétitions assidues qui se trouvent[3] dans l'original sont des obstacles assez malaisés à surmonter, et qui par conséquent méritent bien que vous me fassiez quelque grâce[4]. Surtout les re-

---

1. Les éditions de 1651, de 1653 B et C et de 1654, qui ont toutes ce commencement, donnent ici de plus, après les mots *de chatouiller les sens :* « .... pourvu qu'elle profite à l'âme. Je ne l'ai réduite en vers que pour soulager la mémoire, où leur cadence imprime les sentiments avec plus de facilité, et les y conserve plus fortement. Il est hors de doute, etc. »

2. Pour la suite de l'avis *Au lecteur*, dans les éditions de 1651, de 1653 B et de 1654 A, voyez plus loin, p. 17 et note 1.

3. VAR. (édit. de 1653 C) : et les fréquentes redites qui se trouvent, etc.

4. On lit ici de plus dans l'édition de 1653 C : « Que si, outre ces trois difficultés, vous voulez bien en considérer encore trois autres de la part du traducteur, peu de connoissance de la théologie, peu de pratique des sentiments de dévotion, et peu d'habitude à faire des vers d'ode et de stances, j'ose m'assurer que vous me pardonnerez aisément les défauts que je vois moi-même dans cet ouvrage, sans pouvoir l'en purger au point qu'on peut raisonnablement attendre d'un homme à qui les vers ont acquis quelque réputation. » — La suite y est modifiée ainsi : « Surtout les répétitions sont si fréquentes dans le texte de mon auteur, que quand

dites y sont si fréquentes que quand notre langue seroit dix fois plus abondante qu'elle n'est, je l'aurois épuisée fort aisément ; et j'avoue que je n'ai pu trouver le secret de diversifier mes expressions toutes les fois que j'ai eu la même chose à exprimer. Il s'y rencontre même des mots si farouches pour nos vers[1], que j'ai été contraint

notre langue seroit dix fois plus abondante qu'elle n'est, je l'aurois déjà épuisée. Elles ont bien lieu de vous importuner, puisqu'elles m'accablent, et j'avoue ingénument que je n'ai pu encore trouver le secret de diversifier mes expressions, toutes les fois qu'il me présente la même chose à exprimer. Il s'y rencontre même des mots si farouches pour la poésie, que je suis contraint d'avoir recours à d'autres qui n'y répondent pas si bien que je souhaiterois, et n'en sauroient faire passer toute la force en notre langue. Je fais cette excuse particulièrement pour celui de *consolation*, dont il se sert à tous propos, et qui a grande peine à trouver sa place dans nos vers avec quelque grâce. Ceux de *tribulation, contemplation, humiliation*, et quantité d'autres, ne sont pas de meilleure trempe. La nécessité me les fait employer plus souvent que ne peut souffrir la douceur de la belle poésie ; et quand je m'enhardis à en substituer quelques autres en leur place, je sens bien qu'ils ne disent pas tout ce que mon auteur veut dire, et qu'à moins que l'indulgence du lecteur supplée ce qui leur manque, il ne concevra pas sa pensée dans toute son étendue. (Voyez ci-après les Avis n°s III et V.) Je n'examine point si c'est à Jean Gerson ou à Thomas a Kempis, que l'Église est redevable d'un livre si saint. Tâchons d'en suivre les instructions, puisqu'elles sont bonnes, et quant au véritable auteur, laissons-en disputer les deux ordres qui le veulent chacun revêtir de leur habit. Il nous doit suffire d'être assurés par la lecture de son ouvrage que c'étoit un homme de Dieu et bien illuminé du Saint-Esprit. J'y trouve certitude qu'il étoit prêtre ; j'y trouve quelque apparence qu'il étoit moine, etc. » (Voyez p. 12 et 13.)

1. Corneille s'était rendu compte de ce genre de difficulté avant de l'éprouver lui-même. Au mois de mai 1646, il écrivait à M. d'Argenson : « Qu'on pût apprivoiser avec elle (*avec la poésie*) la partie la plus sublime et la plus farouche de la théologie, mettre saint Thomas en rime, et trouver des termes éloquents et mesurés pour exprimer des idées que l'esprit a peine à concevoir que par abstraction, et en captivant ses sens, qui ne les peuvent souffrir sans répugnance et sans rébellion : c'est ce que je ne me serois jamais imaginé faisable, et dont toutefois vous me venez de détromper. »

d'avoir souvent recours à d'autres qui n'y répondent qu'imparfaitement, et ne disent pas tout ce que mon auteur veut dire[1]. J'espérois trouver quelque soulagement dans le quatrième livre, par le changement des matières; mais je les y ai rencontrées[2] encore plus éloignées des ornements[3] de la poésie, et les redites encore plus fréquentes : il ne s'y parle que de communier et dire la messe[4]. Ce sont des termes qui n'ont pas un assez beau son dans nos vers pour soutenir la dignité de ce qu'ils signifient : la sainteté de notre religion les a consacrés, mais en quelque vénération qu'elle les ait mis, ils sont devenus populaires à force d'être dans la bouche de tout le monde. Cependant j'ai été obligé de m'en servir souvent, et de quelques autres de même classe. Si j'ose en dire ma pensée, je prévois que ceux qui ne liront que ma traduction feront moins d'état de ce dernier livre que des trois autres; mais aussi je me tiens assuré que ceux qui prendront la peine de la conférer[5] avec le texte latin

---

1. Les quatre éditions de 1656 et celles de 1658, de 1659 et de 1662 continuent ainsi : « Ces difficultés ont été cause que je n'ai osé me hasarder à un si long et si pénible travail sans avoir auparavant fait quelque essai de l'approbation publique. La réception favorable qui fut faite aux vingt premiers chapitres, que je fis imprimer sur la fin de l'année 1651, m'a enhardi à continuer jusqu'au bout; et je vous demande maintenant pour l'ouvrage entier la même indulgence que vous avez eue pour ses commencements. » Les éditions de 1656 A et B, de 1659 et de 1662 ne reprennent ensuite qu'à : « Je n'examine point si c'est à Jean Gerson, etc. » (p. 12, ligne 2); les éditions de 1656 C et D et de 1658 donnent le passage intermédiaire : « J'espérois trouver quelque soulagement, etc. »

2. Var. (édit. de 1656 B) : mais je les y ai trouvées. (Voyez plus loin, p. 14, la fin de la note 8 qui commence à la p. 12.)

3. Ces deux mots : « des ornements, » manquent, par erreur peut-être, dans l'édition de 1665 B.

4. Dans les éditions de 1676 et de 1693 : « et de dire la messe. »

5. Dans l'édition de 1693 : « de le conférer. »

connoîtront[1] combien ce dernier effort m'a coûté, et ne l'estimeront pas moins que le reste. Je n'examine point si c'est à Jean Gersen[2], ou à Thomas a Kempis, que l'Église est redevable d'un livre si précieux. Cette question a été agitée de part et d'autre avec beaucoup d'esprit et de doctrine, et si je ne me trompe, avec un peu de chaleur. Ceux qui voudront en être particulièrement éclairés[3] pourront consulter ce qu'on a publié de part et d'autre[4] sur ce sujet[5]. Messieurs des requêtes du parlement de Paris ont prononcé en faveur de Thomas a Kempis[6]; et nous pouvons nous en tenir à leur jugement, jusqu'à ce que l'autre parti en ait[7] fait donner un contraire[8]. Par la lecture, il est constant que l'auteur étoit

1. Var. (édit. de 1656 C et D, de 1658 et de 1665) : reconnoîtront.
2. Les éditions de 1676 et de 1693 portent ici à tort *Gerson*, au lieu de *Gersen*. Voyez la *Notice*.
3. Var. (édit. de 1656 A et B, de 1659 et de 1662) : particulièrement instruits.
4. Var. (édit. de 1656 A et B, de 1659 et de 1662) : ce qu'on a publié des deux côtés.
5. Voyez les lettres de Corneille des années 1652-1656, et les notes qui les accompagnent.
6. Voyez ci-dessus la *Notice*.
7. Les éditions de 1656, de 1658, de 1659, de 1662 et de 1665 B donnent *aye*.
8. Les éditions de 1656 A et B, de 1659 et de 1662 terminent ainsi la préface, quoique les deux dernières n'aient des figures de taille-douce qu'en tête des livres, et non au devant de chaque chapitre : « Au reste, je n'ai point voulu embarrasser cette édition du texte latin, mais en récompense j'y ai fait ajouter quelques ornements, pour suppléer en quelque sorte au défaut de ceux de la poésie, qui ne peuvent entrer aisément dans cette traduction. Ce sont des figures de taille-douce, que vous trouverez au devant de chaque chapitre, et qui contiennent comme autant d'emblèmes historiques, dont le corps est toujours une action remarquable, ou de Jésus-Christ, ou de la Vierge, ou d'un saint, ou de quelque personne illustre; et l'âme, une sentence tirée du même chapitre, et à qui cette action sert d'exemple. J'ai fait graver ces sentences en latin pour

AU LECTEUR. 13

prêtre; j'y trouve quelque apparence qu'il étoit moine; mais j'y trouve aussi quelque répugnance à le croire Ita-

ne leur rien ôter de leur force; ceux qui ne l'entendent pas trouveront aisément des interprètes. » Voyez plus loin l'avis *Au lecteur* n° IV. — Au lieu de cette fin, les éditions de 1656 C et de 1656 D donnent, celle-ci, bien que la seconde ait aussi des figures de taille-douce à tous les chapitres : « J'avois promis à quelques personnes dévotes de joindre à cette traduction celle du *Combat spirituel**; mais je les supplie de trouver bon que je retire ma parole. Puisque j'ai été prévenu dans ce dessein par une des plus belles plumes de la cour, il est juste de lui en laisser toute la gloire. Je n'ignore pas que les livres sont des trésors publics, où chacun peut mettre la main; mais le premier qui s'en saisit pour les traduire, semble se les approprier en quelque façon, et on ne peut plus s'y engager sans lui faire un secret reproche de n'y avoir pas bien réussi, et promettre de s'en acquitter plus dignement. En attendant que Dieu m'inspire quelque autre dessein, je me contenterai de m'appliquer à une revue de mes pièces de théâtre, pour les réduire en un corps, et vous les faire voir en un état un peu plus supportable. J'y ajouterai quelques réflexions sur chaque poëme, tirées de l'art poétique, plus courtes ou plus étendues, selon que les matières s'en offriront; et j'espère que ce présent renouvelé ne vous sera point désagréable, ni tout à fait inutile à ceux qui se voudront exercer en cette sorte de poésie. »

On trouve ce même passage dans l'édition de 1656 B, mais dans un autre endroit; il y termine l'avis *Au lecteur* placé en tête de la

---

* Cet ouvrage a été revendiqué par les bénédictins pour le P. dom Juan de Castagniza, religieux espagnol, et par les jésuites pour leur confrère le P. Achille Gagliardo; mais les théatins paraissent avoir démontré que son véritable auteur est le P. Laurent Scupoli, né à Otrante vers 1530, et mort à Naples le 28 novembre 1610. Son livre a été imprimé pour la première fois à Venise en un volume in-12 de 93 pages. Voici le titre exact de la traduction française à laquelle Corneille fait allusion : *Le Combat spirituel ou de la perfection de la vie chrestienne; traduction faite en vers par I. Desmarets.* Imprimé au chasteau de Richelieu. A Paris, chez Pierre le Petit.... M.CD.LIV (sic : 1654). Avec privilége du Roy, in-12. — « Achevé d'imprimer pour la première fois le 24 aoust 1654. » — Desmarets nous apprend lui-même dans son *Advertissement* que sa traduction du *Combat spirituel* était postérieure à celle qu'il avait faite de l'*Imitation* (voyez la *Notice*) : « Après avoir, dit-il, mis en vers françois le Livre d'Or de l'*Imitation de Jésus-Christ*, j'ay esté obligé par des commandements ausquels je ne puis resister, de traduire de mesme celuy du *Combat spirituel*. »

lien. Les mots grossiers dont il se sert assez souvent sentent bien autant le latin de nos vieilles pancartes que la corruption de celui de delà les monts[1]; et non-seulement sa diction, mais sa phrase[2] en quelques endroits est si purement françoise, qu'il semble avoir pris plaisir à suivre mot à mot notre commune façon de parler[3]. C'est sans doute sur quoi se sont fondés ceux qui du commencement que ce livre a paru, incertains qu'ils étoient

dernière partie, qui commence au chapitre xxxi du livre III. Cet avis *Au lecteur* de l'édition de 1656 B commence ainsi : « Enfin me voici au bout d'un long ouvrage, et comme j'ai donné ces deux dernières parties aux libraires tout à la fois, ils ont cru qu'il vous seroit plus commode de les avoir en un seul volume, et n'ont point voulu les séparer. J'ai bien lieu de craindre que vous ne vous aperceviez un peu trop de l'impatience que j'ai eue de l'achever, et du chagrin qu'a jeté dans mon esprit un travail si long et si pénible. » Il reprend ensuite, comme à la préface générale : « J'espérois trouver quelque soulagement.... » (voyez p. 11, ligne 3), jusqu'à : « .... et ne l'estimeront pas moins que le reste » (p. 12, ligne 2). Enfin il termine par le passage que nous venons de donner (p. 13, ligne 5 de la note) : « J'avois promis à quelques personnes dévotes, etc. » — Dans l'édition de 1658, ce qui suit les mots : « .... en ait fait donner un contraire, » a été supprimé, jusqu'à : « s'il y a quelque contestation, etc. » (p. 15, ligne 10). A cet endroit, le texte reprend sans interruption jusqu'aux mots : « .... que l'homme parlât le même langage que Dieu. » La dernière phrase de l'avis *Au lecteur* est remplacée, dans cette édition de 1658, par celle-ci : « J'ai fait davantage en cette impression; et pour mieux faciliter encore la connoissance de cette diversité, j'y ai fait changer de caractère quand cette mutation arrive, de sorte que tout ce que dit Jésus-Christ s'y trouve imprimé en lettre romaine, et tout ce que lui répond l'homme, en italique : j'espère que cette nouvelle variété n'y déplaira pas. »

1. Cette phrase, jusqu'aux mots : « les monts, » et la phrase précédente se trouvent, avec quelques variantes, dans l'avis *Au lecteur* n° II : voyez ci-après, p. 19 et la note 1.

2. VAR. (édit. de 1653 B et C et de 1654 A) : mais sa phrase même.

3. Voyez les exemples cités par M. J. V. le Clerc, dans la note placée en tête de la magnifique *Imitation* de l'Imprimerie impériale (1855).

AU LECTEUR.

de l'auteur, l'ont attribué à saint Bernard et puis à Jean Gerson, qui étoient tous deux François; et je voudrois qu'il se rencontrât assez d'autres conjectures pour former un troisième parti en faveur de ce dernier, et le remettre en possession d'une gloire dont il a joui assez longtemps. L'amour du pays m'y feroit volontiers donner les mains; mais il faudroit un plus habile homme, et plus savant que je ne suis, pour répondre aux objections que lui font les deux autres, qui s'accordent mieux à l'exclure qu'à remplir sa place[1]. Quoi qu'il en soit, s'il y a quelque contestation pour le nom de l'auteur, il est hors de dispute que c'étoit un homme bien éclairé du Saint-Esprit, et que son ouvrage est une bonne école pour ceux qui veulent s'avancer dans la dévotion. Après en avoir donné beaucoup de préceptes admirables dans les deux premiers livres, voulant monter encore plus haut dans les deux autres, et nous enseigner la pratique de la spiritualité la plus épurée, il semble se défier de lui-même; et de peur que son autorité n'eût pas assez de poids pour nous mettre dans[2] des sentiments si détachés de la nature, ni assez de force pour nous élever à ce haut degré de la

---

1. L'édition de 1653 C continue de cette manière : « Au reste, je n'ai point voulu embarrasser cette édition, etc. » (voyez p. 12, note 8), et termine après les mots : « et à qui cette action sert d'exemple, » par ce passage emprunté de l'édition de 1653 A (voyez ci-après, p. 22) : « J'ai fait graver ces sentences en latin pour ne leur rien ôter de leur force; mais afin que les dames les puissent entendre sans autre interprete que moi, j'en ai fait imprimer la version en caractère italique, où véritablement elles n'en trouveront pas toujours la lettre rendue mot pour mot, parce que la liaison de mon discours m'engage quelquefois à les tourner d'une autre façon, et ne me permet pas de les exposer en forme de sentences; mais du moins elles en rencontreront le sens assez fidèlement exprimé, pour en faire l'application aux histoires dont elles les verront accompagnées. »

2. Les mots : « nous mettre dans, » ont été omis dans l'édition de 1658. Voyez p. 14, la fin de la note 8 qui commence à la p. 12.

perfection, il quitte la chaire à Jésus-Christ, et l'introduit lui-même instruisant l'homme et le conduisant de sa main propre dans le chemin de la véritable vie. Ainsi ces deux derniers livres sont un dialogue continuel entre ce rédempteur de nos âmes et le vrai chrétien, qui souvent s'entre-répondent dans un même chapitre, bien que ce grand homme[1] n'y marque aucune distinction. La fidélité avec laquelle je le suis pas à pas m'a persuadé que je n'y en devois pas mettre, puisqu'il n'y en avoit pas mis; mais j'ai pris la liberté de changer la mesure de mes vers toutes les fois qu'il change de personnages[2], tant pour aider le lecteur à remarquer ce changement, que parce que je n'ai pas cru à propos que l'homme parlât le même langage que Dieu[3]. Au reste, si je ne rends point ici raison du changement que j'y ai fait en l'orthographe ordinaire, c'est parce que je l'ai rendue au commencement du recueil de mes pièces de théâtre, où le lecteur pourra recourir[4].

1. VAR. (édit. de 1658) : bien que ce grand auteur.
2. VAR. (édit. de 1665 A) : de personnage.
3. Voyez p. 28, la fin de l'avis n° VII.
4. Voyez tome I, p. 5-12. Nous avons à peine besoin d'avertir que pour les éditions de l'*Imitation* auxquelles Corneille a voulu appliquer son nouveau système d'orthographe, les imprimeurs n'ont pas suivi ses instructions plus *ponctuellement* qu'ils ne l'ont fait, dit-il (tome I, p. 12), pour les éditions du théâtre.

II

AU LECTEUR[1].

.... Les[2] matières y ont si peu de disposition à la poésie, que mon entreprise n'est pas sans quelque apparence de témérité ; et c'est ce qui m'a empêché de m'engager plus avant, que je n'aye consulté le jugement du public par ces vingt chapitres que je lui donne pour coup d'essai, et pour arrhes du reste. J'apprendrai, par l'estime où le mépris qu'il en fera, si j'ai bien ou mal pris mes mesures, et de quelle façon je dois continuer : s'il me faut étendre davantage les pensées de mon auteur pour leur faire recevoir par force les agréments qu'il a méprisés, ou si ce peu que j'y ajoute quelquefois, par la nécessité de fournir une strophe, n'est point une liberté qu'il soit à propos de retrancher. Je pensois être le premier à qui il fût tombé en l'esprit de sanctifier la poésie par un ouvrage si précieux ; mais je viens d'être surpris de le voir rendu en vers latins par le R. P. Thomas Mesler, bénédictin de l'abbaye impériale de Zuifalten, et imprimé à Bruxelles dès l'année mil six cent quarante-neuf[3]. Il s'en est acquitté si dignement, que je ne prétends pas l'égaler en notre langue. Je me contenterai de le suivre

---

1. Cet avis *Au lecteur* se trouve dans les éditions de 1651, de 1653 B et de 1654 A. Nous n'en donnons pas les cinq premières phrases, qui (jusqu'à : « ne blessera point les oreilles, » inclusivement) sont conformes au commencement de la préface générale, sauf les différences signalées dans les notes (voyez ci-dessus, p. 8 et 9).
2. Cette phrase et la suivante ne sont que dans l'édition de 1651.
3. *Venerabilis viri Ioannis Gersen de Canabaco, ordinis S. Benedicti, abbatis Vercellensis, de Imitatione Christi libri IV. Elegiace redditi paraphraste R. P. Thoma Meslero, monacho Zwifaltensi. Editio secunda. Bruxellæ, typis I. Mommartii*, 1649, in-12. La dédicace est datée : *Pridie Non. Aug., anno* 1645.

de loin, et de faire mes efforts pour rendre mon travail utile à mes lecteurs, sans aspirer à la gloire que le sien a méritée. Je ne prétends non plus à celle de donner mon suffrage parmi tant de savants, et me rendre partie en cette fameuse querelle touchant le véritable auteur d'un livre si saint. Que ce soit Jean Gersen, que ce soit Thomas a Kempis, ou quelque autre qu'on n'ait pas encore mis sur les rangs, tâchons de suivre ses instructions, puisqu'elles sont bonnes, sans examiner de quelle main elles viennent. C'est ce qu'il nous ordonne lui-même dans le cinquième chapitre de ce premier livre, et cela doit suffire à ceux qui ne cherchent qu'à devenir meilleurs par sa lecture : le reste n'est important qu'à la gloire des deux ordres qui le veulent chacun revêtir de leur habit. Je n'ai pas assez de suffisance pour pouvoir juger de leurs raisons, mais je trouve qu'ils ont raison l'un et l'autre de vouloir que l'Église leur soit obligée d'un si grand trésor; et si j'ose en dire mon opinion, j'estime que ce grand personnage a pris autant de peine à n'être pas connu, qu'ils en prennent à le faire connoître, et tiens fort vraisemblable qu'il n'eût pas osé nous donner ce beau précepte d'humilité dès le second chapitre : *Ama nesciri*, s'il ne l'eût pratiqué lui-même. Aussi ne puis-je dissimuler que je penserois aller contre l'intention de l'auteur que je traduis, si je portois ma curiosité dans ce qu'il nous a voulu et su cacher avec tant de soin. Ce m'est assez d'être assuré par la lecture de son livre que c'étoit un homme de Dieu, et bien illuminé du Saint-Esprit. J'y trouve certitude qu'il étoit prêtre; j'y trouve grande apparence[1] qu'il étoit moine; mais j'y trouve aussi quelque répugnance à le croire Italien. Les mots grossiers dont il

---

1. Var. (édit. de 1653 B et de 1654 A) : j'y trouve quelque apparence.

AU LECTEUR.

se sert assez souvent sentent bien autant le latin de nos vieilles pancartes que la corruption de celui de delà les monts[1]; et si je voyois encore quelques autres conjectures qui le pussent faire passer pour François, j'y donnerois volontiers les mains en faveur du pays.

III

AU LECTEUR[2].

Je donne cette seconde partie à l'impatience de ceux qui ont fait quelque état de la première, et ce n'est pas sans un peu de confusion que je leur donne si peu de chose à la fois. Quelques-uns même en pourront murmurer avec justice; mais après la grâce qu'ils m'ont faite de ne point dédaigner ce qu'ils en ont vu, je pense avoir quelque droit d'espérer qu'ils ne me refuseront pas celle de se contenter de ce que je puis, et de n'exiger rien de moi par delà ma portée. Le bon accueil qu'en a reçu le premier échantillon de cet ouvrage m'a bien enhardi à le poursuivre; mais il ne m'a pas donné la force d'aller bien loin sans me rebuter. Le peu de disposition que les

---

1. Voyez ci-dessus, p. 14, notes 1 et 3. — A partir de ces mots, le texte des éditions de 1653 B et de 1654 A se sépare de celui de l'édition de 1651, pour rentrer dans le texte de la préface générale (voyez p. 14, ligne 3), jusqu'avant les mots : « Quoi qu'il en soit, s'il y a quelque contestation.... » (p. 15, ligne 10), où elles s'arrêtent en modifiant ainsi les derniers mots de la phrase précédente : « .... qui s'accordent mieux à l'exclure qu'à substituer un autre en sa place. »

2. Cet avertissement se trouve dans l'édition de 1652, où il précède les onze chapitres qui furent publiés pour la première fois cette année-là, à savoir les cinq derniers du livre I et les six premiers du livre II.

matières y ont à la poésie, le peu de liaison non-seulement d'un chapitre avec l'autre, mais d'une période même avec celle qui la suit, et la quantité des redites qui s'y rencontrent, sont des obstacles assez malaisés à surmonter[1]. Et si, outre ces trois difficultés, qui viennent de l'original, vous voulez bien en considérer trois autres de la part du traducteur, peu de connoissance de la théologie, peu de pratique des sentiments de dévotion, et peu d'habitude à faire des vers d'ode et de stances, j'ose m'assurer que vous me trouverez assez excusable, quand je vous avouerai qu'après seize ou dix-sept cents vers de cette nature, j'ai besoin de reprendre haleine, et de me reposer plus d'une fois dans une carrière si longue et si pénible. C'est ce que je fais avec d'autant plus de liberté, que je n'y vois aucun chapitre dont l'intelligence dépende de celui qui le précède, ou de celui qui le suit; et que n'ayant point d'ordre entre eux, je puis m'arrêter où je me trouve las, sans craindre d'en rompre la tissure. Si Dieu me donne assez de vie et d'esprit, je tâcherai d'aller jusqu'au bout, et lors nous rejoindrons tous ces fragments. Cependant je conjure le lecteur d'agréer ce que je lui pourrai donner de temps en temps, et surtout de souffrir l'importunité de quelques mots que j'emploie un peu souvent. Les répétitions sont si fréquentes dans le texte de mon auteur, que quand notre langue seroit dix fois plus abondante qu'elle n'est, ma traduction l'auroit déjà épuisée. Il s'y trouve même des mots si farouches pour la poésie, que je suis contraint d'en chercher d'autres, qui n'y répondent pas si parfaitement que

---

1. Corneille a mis cette phrase, avec une variante, dans sa préface définitive : voyez p. 9. La phrase suivante, jusqu'aux mots : « j'ose m'assurer, » inclusivement, se trouve, avec quelques petites différences, dans l'édition de 1653 C: voyez p. 9, note 4.

je souhaiterois, et n'en sauroient exprimer toute la force[1].

Je fais cette excuse particulièrement pour celui de *consolations*, dont il se sert à tous propos, et qui a grande peine à trouver sa place dans nos vers avec quelque grâce; celui de *joie* et celui de *douceur*, que je lui substitue, ne disent pas tout ce qu'il veut dire; et à moins que l'indulgence du lecteur supplée ce qui leur manque, il ne concevra pas la pensée de l'auteur dans toute son étendue. Il en est ainsi de quelques autres que je ne puis pas toujours rendre comme je voudrois. Je n'en veux pas toutefois imputer si pleinement la faute à la foiblesse de notre langue, que je ne confesse que la mienne y a bonne part; mais enfin je ne puis mieux, et de quelque importance que soit ce défaut, je n'ai pas cru qu'il me dût faire quitter un travail que d'ailleurs on me veut faire croire être assez utile au public, et pouvoir contribuer quelque chose à la gloire de Dieu et à l'édification du prochain.

IV

AU LECTEUR[2].

Je n'ai qu'un mot à vous dire, non pour ce qui regarde ma traduction, que le public a reçue assez favorablement

---

1. Cette phrase et la précédente sont aussi, avec quelques modifications, dans la préface générale et dans l'avertissement de l'édition de 1653 C : voyez p. 9-11, et la note 4 de la p. 9. L'impression de 1653 C reproduit encore, avec des additions et des retranchements, la première phrase de l'alinéa suivant.

2. Cet avis n'est que dans l'édition de 1653 A, qui renferme, comme nous l'avons dit, le premier livre et les six premiers chapitres du deuxième. Il n'a été réimprimé, que nous sachions, par aucun des éditeurs modernes.

pour me résoudre à la continuer, mais touchant quelques ornements qu'on m'a convié d'y joindre, pour suppléer en quelque sorte au défaut de ceux de la poésie qui n'y peuvent pas entrer aisément. Ce sont des figures de taille-douce, que j'ai fait mettre au devant de chaque chapitre[1], et qui contiennent comme autant d'emblèmes historiques, dont le corps est toujours une action remarquable ou de Jésus-Christ, ou de la Vierge, ou d'un saint, ou de quelque personne illustre; et l'âme, une sentence tirée du même chapitre, et à qui cette action sert d'exemple[2]. J'ai fait graver ces sentences en latin, pour ne leur rien ôter de leur force; mais afin que les dames les puissent entendre sans autre interprète que moi, j'en ai fait imprimer la version en caractère italique, où véritablement elles n'en trouveront pas toujours la lettre rendue mot pour mot, parce que la liaison de mon discours m'engage quelquefois à les tourner d'une autre façon, et ne me permet pas de les exposer en forme de sentences; mais du moins elles en rencontreront toujours le sens assez fidèlement exprimé, pour en faire l'application aux histoires dont elles les verront accompagnées. Au reste je n'ai point voulu que cette nouvelle édition fût embarrassée du texte latin[3], parce que j'ai cru que la fidélité de ma traduction étoit assez justifiée par la précédente[4]; ceux qui auront la curiosité de les conférer ensemble, y pourront avoir recours : cependant comme il y a quantité de personnes pour qui cette opposition de l'original est inutile, j'ai cru ne les en devoir pas importuner davantage, et me suis contenté de

---

1. Voyez la *Notice*, et la note 1 de chaque chapitre.
2. Pour cette phrase et une partie de la précédente, voyez ci-dessus, p. 12, note 8.
3. Voyez encore la note 8 de la p. 12.
4. Les éditions de 1651 et de 1652 donnent le latin en regard du français.

leur donner mes vers aucunement en meilleur état qu'on ne les a vus, y ayant fait quelques changements notables, surtout aux premiers chapitres, où il m'a semblé que je n'avois pas d'abord assez pénétré l'esprit de l'auteur. J'espère avec le temps vous rendre un compte encore plus exact de ses pensées, quand je vous ferai voir l'ouvrage entier; mais je vous avoue que je prévois que ce ne sera pas si tôt : non que je n'en aye grande impatience, mais parce que ces matières ont si peu de disposition à s'accommoder avec notre poésie, qu'elles me lassent incontinent et m'obligent à me reposer plus souvent que je ne voudrois[1]. Si ces commencements vous agréent, faites-moi la grâce de ne vous ennuyer point de mes longueurs à vous donner le reste : il est des plumes plus heureuses que la mienne, qui vous feroient moins attendre cette satisfaction, si elles avoient entrepris ce travail; mais, pour moi, je ne suis point honteux de vous avouer une seconde fois avec franchise qu'il m'est impossible d'en venir à bout qu'avec beaucoup de temps et beaucoup de peine.

V

AU LECTEUR[2].

J'AI bien des grâces à vous demander, mais aussi les difficultés qui se rencontrent en cette sorte de traduction méritent bien que vous ne m'en soyez pas avare. Le peu

---

1. Voyez l'avis précédent, p. 20.
2. Cette préface est en tête du livre II dans les éditions de 1653 B et de 1654 A. Elle a beaucoup de rapport avec l'avis n° III et avec celui de l'édition de 1653 C. Voyez p. 9, note 4.

de disposition que les matières y ont à la poésie, le peu de liaison non-seulement d'un chapitre avec l'autre, mais d'une période même avec celle qui la suit, et la quantité des redites, sont des obstacles assez malaisés à surmonter. Et si, outre ces trois, qui viennent de l'original, vous voulez bien en considérer trois autres de la part du traducteur, peu de connoissance de la théologie, peu de pratique des sentiments de dévotion, et peu d'habitude à faire des vers d'ode et de stances, j'ose m'assurer que vous me pardonnerez aisément les défauts que je vois moi-même dans cet ouvrage, sans l'en pouvoir purger au point qu'on peut raisonnablement attendre d'un homme à qui les vers ont acquis quelque réputation. Surtout les répétitions sont si fréquentes dans le texte de mon auteur, que quand notre langue seroit dix fois plus abondante qu'elle n'est, je l'aurois déjà épuisée. Elles ont bien lieu de vous importuner, puisqu'elles m'accablent, et j'avoue ingénument que je n'ai pu encore trouver le secret de diversifier mes expressions toutes les fois qu'il me présente la même chose à exprimer. Le premier et le dernier chapitre de ce second livre en sont tous remplis, et comme je n'ai pu me résoudre à faire une infidélité à mon guide, que je suis pas à pas, de peur de m'égarer dans un chemin qui m'est presque inconnu, aussi n'ai-je pu forcer mon génie à n'y laisser aucune marque du dégoût que ces redites m'ont donné[1]. Il se rencontre même dans son texte des mots si farouches pour la poésie, que je suis contraint d'avoir recours à d'autres, qui n'y répondent pas si bien que je souhaiterois et n'en sauroient faire passer toute la force en notre françois. Je fais cette excuse particulièrement pour celui de *consolations*, dont il se sert à tous propos, et qui a grande peine à trouver sa

1. Voyez l'avis n° vi, p. 26.

place dans les vers avec quelque grâce. Ceux de *tribulation, contemplation, humiliation,* ne sont pas de meilleure trempe. La nécessité me les fait employer plus souvent que ne peut souffrir la douceur de la belle poésie, et quand je m'enhardis à en substituer quelques autres en leur place, je sens bien qu'ils ne disent pas tout ce que mon auteur veut dire, et qu'à moins que l'indulgence du lecteur supplée ce qui leur manque, il ne concevra pas sa pensée dans toute son étendue. Il en est ainsi de quelques autres encore que je ne puis pas rendre toujours comme je voudrois, et sont cause que les personnes bien illuminées, qui entendent et goûtent parfaitement l'original, ne trouvent pas leur compte dans ma traduction. Je n'en veux pas imputer si pleinement la faute à la foiblesse de notre langue, que je ne confesse que la mienne y a bonne part; mais enfin je ne puis mieux faire, et de quelque importance que soit ce défaut, je n'ai pas cru qu'il me dût faire quitter un travail que d'ailleurs on me veut faire croire être assez utile au public, et pouvoir contribuer quelque chose à la gloire de Dieu et à l'édification du prochain. Comme tout le monde n'a pas d'égales lumières, beaucoup de bonnes âmes sont assez simples pour ne s'apercevoir pas des imperfections de cette version, que d'autres mieux éclairées y remarquent du premier coup d'œil, et qui ne s'y couleroient pas en si grand nombre, si Dieu m'avoit donné plus d'esprit.

VI

AU LECTEUR[1]

Enfin me voilà au bout des deux premiers livres, et je les donne entiers en cette nouvelle impression, mais séparés en deux petits volumes pour la commodité de ceux qui les aiment portatifs. J'ai cru toutefois à propos de mettre à part ces six derniers chapitres en forme de troisième partie, afin que ceux qui se sont déjà chargés des deux premiers fragments ayent moyen de se satisfaire par ce supplément, et ne soient pas obligés de reprendre des mains du libraire ce qu'ils ont déjà. Je ne me lasse point de vous demander grâce pour les redites continuelles où m'engage mon auteur : elles ont bien lieu de vous importuner, puisqu'elles m'accablent, et je confesse ingénument que je n'ai encore pu trouver le secret de diversifier mes expressions, toutes les fois qu'il me présente la même pensée à exprimer[2]. Surtout le dernier chapitre de ce second livre en est tout rempli, et comme je n'ai pu me résoudre à faire une infidélité à mon guide, aussi n'ai-je pu forcer mon génie à n'y laisser aucune marque du dégoût que ces répétitions m'ont donné. Je prévois qu'il faut me résoudre à m'en ennuyer encore plus d'une fois, et que le troisième livre, qui fait seul plus de la moitié de l'ouvrage, n'en sera pas plus exempt que ces

---

1. Cette préface n'est que dans l'édition de 1653 D, en tête des six derniers chapitres du livre II. Nous ne l'avons trouvée dans aucune des impressions modernes de l'*Imitation* de Corneille.
2. La seconde partie de cette phrase, depuis les mots : « elles ont bien lieu, » se trouve dans l'avis n° v. La phrase suivante y est également, un peu plus développée. Ce que Corneille dit ici du dernier chapitre du second livre, il l'étend là au premier du même livre. Voyez plus haut, p. 24.

deux-ci. J'espère, quelque long qu'il soit, vous le faire voir dans un an; cependant je vous demande encore un coup de grâce pour tous les défauts que mon insuffisance a laissés¹ couler jusqu'ici dans cette traduction. Vous pouvez vous assurer que je n'y épargne aucun travail, et que vous y verriez moins d'imperfections si Dieu m'avoit donné plus d'esprit².

VII
AU LECTEUR³.

Ce n'est ici que la moitié du troisième livre; je l'ai trouvé assez long pour en faire à deux fois. Ainsi ma traduction sera divisée en quatre parties, pour être plus portative. Les deux livres que vous avez déjà vus en composeront la première; celui-ci fournira aux deux suivantes, et le quatrième demeurera pour la dernière. Je vous demande encore un peu de patience pour les deux qui restent; elles ne me coûteront que chacune une année, pourvu qu'il plaise à Dieu me donner assez de santé et d'esprit. Cependant j'espère que vous ferez aussi bon accueil à celle-ci que vous avez fait à celle qui l'a précédée. Les vers n'en sont pas moindres, et si j'en puis croire mes amis, j'ai mieux pénétré l'esprit de l'auteur dans ces trente chapitres que par le passé. Il n'a fait de tout ce troisième livre qu'un dialogue entre Jésus-Christ et l'âme chrétienne, et souvent il les introduit l'un et l'autre dans

---

1. Il y a *laissé*, sans accord, dans l'édition de 1653 D.
2. Voyez ci-dessus, p. 25, la fin de l'avis nº v.
3. Cet avis *Au lecteur* précède les trente premiers chapitres du livre III, dans les éditions de 1654 A et B.

un même chapitre, sans y marquer aucune distinction. La fidélité avec laquelle je le suis pas à pas m'a persuadé que je n'y en devois pas mettre, puisqu'il n'y en avoit pas mis; mais j'ai pris la liberté de changer de vers toutes les fois qu'il change de personnages, tant pour aider le lecteur à reconnoître ce changement que parce que je n'ai pas estimé à propos que l'homme parlât le même langage que Dieu[1].

1. Voyez ci-dessus, p. 16, la préface générale, vers la fin.

L'IMITATION DE JÉSUS-CHRIST.

LIVRE PREMIER.

CHAPITRE I[1].

DE L'IMITATION DE JÉSUS-CHRIST, ET DU MÉPRIS
DE TOUTES LES VANITÉS DU MONDE[2].

« Heureux qui tient la route où ma voix le convie[3],
Les ténèbres jamais n'approchent qui me suit,
Et partout sur mes pas il trouve un jour sans nuit
Qui porte jusqu'au cœur la lumière de vie. »

I. « Qui sequitur me, non ambulat in tenebris, » dicit Dominus. Hæc sunt verba Christi, quibus admonemur quatenus vitam ejus et

---

1. Corps ou sujet de l'emblème : « Jésus-Christ enseignant les troupes qui le suivoient*. » Ame ou sentence : *Doctrina Christi omnem doctrinam præcellit.* (Chapitre 1, 2ᵉ alinéa.)

2. *Var.* DE L'IMITATION DE JÉSUS-CHRIST ET DU MÉPRIS DES VANITÉS. (1651 et 53 A) — Titre latin : *De imitatione Christi, et contemptu omnium vanitatum mundi.*

3. *Var.* Déplorables mortels, que de fausses lumières
Plongent dans un funeste et long aveuglement,
Suivez tous le Seigneur; et le même moment,
Pour vous rendre un vrai jour, ouvrira vos paupières.
Les sentiers lumineux qu'il vous laisse battus,

* Pour les légendes françaises et latines des emblèmes, nous suivons le texte de l'édition de 1656 B. Nous aurons à indiquer quelques variantes de l'édition de 1656 D.

Ainsi Jésus-Christ parle[1] ; ainsi de ses vertus, 5
Dont brillent les sentiers qu'il a pour nous battus[2],
Les rayons toujours vifs montrent comme il faut vivre ;
Et quiconque veut être éclairé pleinement
Doit apprendre de lui que ce n'est qu'à le suivre
Que le cœur s'affranchit de tout aveuglement. 10

Les doctrines des saints n'ont rien de comparable[3]
A celle dont lui-même il s'est fait le miroir :
Elle a mille trésors qui se font bientôt voir,
Quand l'œil a pour flambeau son esprit adorable.
Toi qui par l'amour-propre à toi-même attaché[4], 15
L'écoutes et la lis sans en être touché,

mores imitemur, si volumus veraciter illuminari, et ab omni cæcitate cordis liberari. Summum igitur studium nostrum sit in vita Jesu-Christi meditari.

Doctrina Christi omnes doctrinas sanctorum præcellit; et qui spiritum ejus haberet, absconditum ibi manna inveniret; sed contingit quod multi ex frequenti auditu Evangelii parvum desiderium sen-

    Aux rais de leurs clartés, vous montrent ses vertus.
    Sur ce brillant exemple instruisez-vous à vivre :
    C'est par là seulement qu'on marche sur ses pas;
    Et quelque effort d'ailleurs qu'on fasse pour le suivre,
    C'est ne le suivre point que ne l'imiter pas. (1651)
1. *Évangile de saint Jean*, chapitre VIII, verset 12.
2. *Var.* Dont brillent les sentiers qu'il nous laisse battus. (1653, 54 A et 56 A)
3. *Var.* La doctrine de Dieu passe toute doctrine ;
    Mais il faut son esprit pour la bien concevoir ;
    Et de tous ses trésors aucun ne se fait voir,
    Si jusqu'au fond du cœur sa grâce n'illumine. (1651)
    Var. Sa doctrine en effet passe toute doctrine,
    [Mais il faut son esprit pour la bien concevoir,]
    Et sa manne cachée est difficile à voir
    Qu'à ces yeux épurés que la grâce illumine.
                    (1653, 54 A, 56 A, B et C, 59 et 62)
4. *Var.* Toi, dont le sens aveugle, aux plaisirs attaché,
    Et l'écoute et la lit sans en être touché,
    Sans y trouver jamais qu'obscurité, que doute,
    Homme, veux-tu toi-même aisément l'expliquer?
    Conformes-y ta vie, et tu l'entendras toute :
    On l'entend aussitôt qu'on la veut pratiquer. (1651)

LIVRE I, CHAPITRE I. 31

Faute de cet esprit tu n'y trouves qu'épines[1];
Mais si tu veux l'entendre et lire avec plaisir,
Conformes-y ta vie, et ses douceurs divines
S'étaleront en foule à ton heureux desir[2]. 20

Que te sert de percer les plus secrets abîmes[3],
Où se cache à nos sens l'immense Trinité,
Si ton intérieur, manque d'humilité[4],
Ne lui sauroit offrir d'agréables victimes[5]?
Cet orgueilleux savoir, ces pompeux sentiments, 25
Ne sont aux yeux de Dieu que de vains ornements[6];
Il ne s'abaisse point vers des âmes si hautes,
Et la vertu sans eux est de telle valeur,
Qu'il vaut mieux bien sentir la douleur de tes fautes[7],
Que savoir définir ce qu'est cette douleur[8]. 30

Porte toute la Bible en ta mémoire empreinte[9],
Sache tout ce qu'ont dit les sages des vieux temps,

tiunt, quia spiritum Christi non habent. Qui autem vult plene et sapide Christi verba intelligere, oportet ut totam vitam suam illi studeat conformare.

Quid prodest tibi alta de Trinitate disputare, si careas humilitate, unde displiceas Trinitati? Vere alta verba non faciunt sanctum et justum; sed virtuosa vita efficit Deo carum. Opto magis sentire compunctionem, quam scire ejus definitionem.

Si scires totam Bibliam exterius, et omnium philosophorum dicta,

---

1. *Var.* Sans y prendre aucun goût, sans y trouver qu'épines;
   Homme veux-tu l'entendre, et lire avec plaisir? (1653, 54 A et 56 A)
2. *Var.* Viendront s'offrir en foule au choix de ton desir. (1653 A et B)
3. *Var.* Que sert de pénétrer les plus profonds abîmes. (1651)
4. *Var.* Si le cœur lui déplait faute d'humilité. (1651)
   Var. Si ton intérieur, faute d'humilité. (1653 et 54 A)
5. *Var.* Et n'offre à ses grandeurs que d'impures victimes? (1651)
   Var. Ne met sur ses autels que d'impures victimes? (1653 A et B)
6. *Var.* Pour agréer à Dieu sont de vains ornements. (1651)
7. *Var.* Qu'il vaut mieux bien sentir la douleur de ses fautes. (1651)
8. *Var.* Que de bien définir ce qu'est cette douleur. (1651-62)
9. *Var.* Porte toute la Bible empreinte en ta mémoire,

Joins-y, si tu le peux, tous les traits éclatants
De l'histoire profane et de l'histoire sainte:
De tant d'enseignements l'impuissante langueur   35
Sous leur poids inutile accablera ton cœur,
Si Dieu n'y verse encor son amour et sa grâce;
Et l'unique science où tu dois prendre appui,
C'est que tout n'est ici que vanité qui passe[1],
Hormis d'aimer sa gloire, et ne servir que lui[2].   40

C'est là des vrais savants la sagesse profonde[3];
Elle est bonne en tout temps, elle est bonne en tous lieux,
Et le plus sûr chemin pour aller vers les cieux,
C'est d'affermir nos pas sur le mépris du monde.
Ce dangereux flatteur de nos foibles esprits   45
Oppose mille attraits à ce juste mépris;
Qui s'en laisse éblouir s'en laisse tôt séduire;
Mais ouvre bien les yeux sur leur fragilité,
Regarde qu'un moment suffit pour les détruire,
Et tu verras qu'enfin tout n'est que vanité.   50

Vanité d'entasser richesses sur richesses;

quid totum prodesset sine caritate Dei et gratia? Vanitas vanitatum, et omnia vanitas, præter amare Deum, et illi soli servire.
 Ista est summa sapientia, per contemptum mundi tendere ad regna cœlestia.
 Vanitas igitur est divitias perituras quærere, et in illis sperare.

<pre>
        Et tout ce qu'à l'Église a dicté son esprit;
        Joins le profane au saint, sache tout ce qu'a dit
        Des sages des vieux temps la plus fameuse histoire.
        De tant d'enseignements l'amas prodigieux
        Ne t'approchera point du monarque des cieux,
        S'il ne verse en ton cœur son amour et sa grâce. (1651)
</pre>
 1. *Var.* C'est que tout n'est enfin que vanité qui passe.
                              (1651, 53 C, 54 A et 56 A)
 2. *Var.* Hormis d'aimer sa gloire et ne servir qu'à lui. (1651)
 3. Cette strophe manque dans l'édition de 1651, où les deux paragraphes latins qui se rapportent à nos strophes IV et V n'en forment qu'un.

Vanité de languir dans la soif des honneurs;
Vanité de choisir pour souverains bonheurs
De la chair et des sens les damnables caresses[1];
Vanité d'aspirer à voir durer nos jours   55
Sans nous mettre en souci d'en mieux régler le cours[2],
D'aimer la longue vie et négliger la bonne,
D'embrasser le présent sans soin de l'avenir,
Et de plus estimer un moment qu'il nous donne[3]
Que l'attente des biens qui ne sauroient finir.   60

Toi donc, qui que tu sois, si tu veux bien comprendre
Comme à tes sens trompeurs tu dois te confier,
Souviens-toi qu'on ne peut jamais rassasier
Ni l'œil humain de voir, ni l'oreille d'entendre;
Qu'il faut se dérober à tant de faux appas,   65
Mépriser ce qu'on voit pour ce qu'on ne voit pas,
Fuir les contentements transmis par ces organes;
Que de s'en satisfaire on n'a jamais de lieu[4],
Et que l'attachement à leurs douceurs profanes
Souille ta conscience, et t'éloigne de Dieu.   70

Vanitas quoque est, honores ambire, et in altum statum se extollere. Vanitas est carnis desideria sequi, et illud desiderare unde postmodum graviter oportet puniri. Vanitas est longam vitam optare, et de bona vita parum curare. Vanitas est præsentem vitam solum attendere, et quæ futura sunt non prævidere. Vanitas est diligere quod cum omni celeritate transit, et illuc non festinare ubi sempiternum gaudium manet.

Memento illius frequenter proverbii : quia non satiatur oculus visu, nec auris impletur auditu. Stude ergo cor tuum ab amore

1. *Var.* Des plaisirs criminels les damnables mollesses.
         (1651-56 A, B et C, 59 et 62)
2. *Var.* Sans en vouloir jamais sanctifier le cours. (1651-56 A)
 Var. Sans se mettre en souci d'en mieux régler le cours.
         (1656 B, C et D, 58, 59 et 62)
3. *Var.* Et préférer l'appas d'un moment qu'il nous donne
 A l'attente des biens qui ne sauroient finir. (1651)
4. *Var.* Que de s'en satisfaire on n'eut jamais de lieu. (1651)

CHAPITRE II[1].

DU PEU D'ESTIME DE SOI-MÊME[2].

Le desir de savoir est naturel aux hommes :
Il naît dans leur berceau sans mourir qu'avec eux;
Mais, ô Dieu, dont la main nous fait ce que nous sommes[3],
Que peut-il sans ta crainte avoir de fructueux?

Un paysan stupide et sans expérience, 75
Qui ne sait que t'aimer et n'a que de la foi,
Vaut mieux qu'un philosophe enflé de sa science[4],
Qui pénètre les cieux, sans réfléchir sur soi[5].

Qui se connoît soi-même en a l'âme peu vaine,
Sa propre connoissance en met bien bas le prix; 80
Et tout le faux éclat de la louange humaine[6]
N'est pour lui que l'objet d'un généreux mépris.

visibilium abstrahere, et ad invisibilia te transferre. Nam sequentes suam sensualitatem maculant conscientiam, et perdunt Dei gratiam.
II. Omnis homo naturaliter scire desiderat; sed scientia sine timore Dei quid importat?
Melior est profecto humilis rusticus qui Deo servit, quam superbus philosophus qui, se neglecto, cursum cœli considerat.
Qui bene seipsum cognoscit, sibi ipsi vilescit, nec laudibus delectatur humanis.

1. Corps ou sujet de l'emblème : « Saint Alexis meurt en habit de mendiant dans la maison de son père, sans se faire connoître. » Ame ou sentence : *Ama nesciri*. (Chapitre II, 14.)
2. *Var*. DU MÉPRIS DE SOI-MÊME. (1651) — Titre latin : *De humili sentire sui ipsius*.
3. *Var*. Mais quelque doux qu'il soit à tous tant que nous sommes,
Sans ta crainte, ô mon Dieu, qu'a-t-il de fructueux? (1651)
4. *Var*. Vaut mieux qu'un philosophe enflé de la science. (1662)
5. *Var*. Qui perce jusqu'aux cieux, sans réfléchir sur soi. (1651)
6. *Var*. Et tout le faux éclat de la science humaine. (1670 O)

LIVRE I, CHAPITRE II.

Au grand jour du Seigneur sera-ce un grand refuge
D'avoir connu de tout et la cause et l'effet?
Et ce qu'on aura su fléchira-t-il un juge [1]   85
Qui ne regardera que ce qu'on aura fait?

Borne tous tes desirs à ce qu'il te faut faire [2];
Ne les porte plus trop vers l'amas du savoir [3];
Les soins de l'acquérir ne font que te distraire,
Et quand tu l'as acquis, il peut te décevoir.   90

Les savants d'ordinaire aiment qu'on les regarde,
Qu'on murmure autour d'eux : « Voilà ces grands esprits ! »
Et s'ils ne font du cœur une soigneuse garde,
De cet orgueil secret ils sont toujours surpris.

Qu'on ne s'y trompe point : s'il est quelques sciences [4] 95
Qui puissent d'un savant faire un homme de bien,
Il en est beaucoup plus de qui les connoissances [5]
Ne servent guère à l'âme, ou ne servent de rien.

> Si scirem omnia quæ in mundo sunt, et non essem in caritate, quid me juvaret coram Deo, qui me judicaturus est ex facto?
> Quiesce a nimio sciendi desiderio, quia magna ibi invenitur distractio et deceptio.
> Scientes libenter volunt videri, et sapientes dici.
> Multa sunt quæ scire parum vel nihil animæ prosunt.

---

1. *Var.* Et ce que j'aurai su fléchira-t-il un juge
   Qui ne me jugera que sur ce que j'ai fait? (1651)
2. *Var.* Borne donc tes desirs à ce qu'il te faut faire. (1651-65)
3. *Var.* Sans aspirer, mon âme, à ce profond savoir. (1651 et 53 A et B)
   Var. Ne les porte point trop vers l'amas du savoir. (1670 O)
4. *Var.* Cependant, s'il est vrai qu'il soit quelques sciences.
   (1651-56 A, B et C, 59 et 62)
5. *Var.* Il en est encor plus de qui les connoissances.
   (1651-56 B et C, 59 et 62)
   Var. Il en est plus encor de qui les connoissances.
   (1653, 54 A et 56 A)

Par là tu peux juger à quels périls s'expose
Celui qui du savoir fait son unique but,   100
Et combien se méprend qui songe à quelque chose
Qu'à ce qui peut conduire au chemin du salut [1].

Le plus profond savoir n'assouvit point une âme [2];
Mais une bonne vie a de quoi la calmer,
Et jette dans le cœur qu'un saint desir enflamme   105
La pleine confiance au Dieu qu'il doit aimer [3].

Au reste, plus tu sais, et plus a de lumière [4]
Le jour qui se répand sur ton entendement [5],
Plus tu seras coupable à ton heure dernière,
Si tu n'en as vécu d'autant plus saintement.   110

La vanité par là ne te doit point surprendre :
Le savoir t'est donné pour guide à moins faillir ;
Il te donne lui-même un plus grand compte à rendre,

    Et valde insipiens est qui aliis intendit, quam iis quæ saluti suæ deserviunt.
    Multa verba non satiant animam ; sed bona vita refrigerat mentem, et pura conscientia magnam ad Deum præstat confidentiam.
    Quanto plus et melius scis, tanto gravius inde judicaberis, nisi sanctius vixeris.
    Noli ergo extolli de ulla arte vel scientia ; sed potius time de data tibi notitia.

1. *Var.* Qu'à ce qui doit un jour servir à son salut. (1651-54 A et 56 A)
2. *Var.* Des mots les mieux rangés la charmante imposture
   Ne remplit point une âme, et ne peut l'assurer ;
   Mais on reçoit toujours de l'innocence pure
   La confiance en Dieu, qui fait tout espérer. (1651)
   Var. Non, l'amas du savoir n'assouvit point une âme. (1653 A et B)
3. *Var.* La pleine confiance au Dieu qu'il veut aimer. (1653)
4. *Var.* Plus ta science est haute, et plus a de lumière. (1651)
   Var. Car enfin plus tu sais, et plus a de lumière. (1670 O)
5. *Var.* Le jour qu'elle répand sur ton entendement. (1651)
   Var. Le jour qui se répand sur notre entendement. (1653 C et 56 A)

Et plus lieu de trembler que de t'enorgueillir.

Trouve à t'humilier même dans ta doctrine : 115
Quiconque en sait beaucoup en ignore encor plus,
Et qui sans se flatter en secret s'examine
Est de son ignorance heureusement confus.

Quand pour quelques clartés dont ton esprit abonde [1]
Ton orgueil à quelque autre ose te préférer, 120
Vois qu'il en est encor de plus savants au monde,
Qu'il en est que le ciel daigne mieux éclairer.

Fuis la haute science, et cours après la bonne :
Apprends celle de vivre ici-bas sans éclat ;
Aime à n'être connu, s'il se peut, de personne [2], 125
Ou du moins aime à voir qu'aucun n'en fasse état.

Cette unique leçon, dont le parfait usage
Consiste à se bien voir et n'en rien présumer,
Est la plus digne étude où s'occupe le sage

Si tibi videtur quod multa scis et satis bene intelligis, scito tamen quia sunt multo plura quæ nescis. Noli altum sapere, sed ignorantiam tuam magis fatere.

Quid te vis alicui præferre, quum plures doctiores te inveniantur, et magis in lege periti ?

Si vis utiliter aliquid scire et discere, ama nesciri, et pro nihilo reputari.

Hæc est altissima et utilissima lectio, sui ipsius vera cognitio et despectio. De se ipso nihil tenere, et de aliis semper bene et alte sentire, magna sapientia est et perfectio.

1. *Var.* Toutes les fois qu'un homme où le savoir abonde,
    A titre de savant s'estime plus qu'autrui,
    Il doit considérer qu'il en est bien au monde
    De plus savants encore et plus fameux que lui. (1651)
2. *Var.* Cherche à n'être connu, s'il se peut, de personne,
    Ou que personne enfin n'en fasse aucun état. (1651-56 A, B et C, 59 et 62)

Pour estimer tout autre, et se mésestimer. 130

Si tu vois donc un homme abîmé dans l'offense,
Ne te tiens pas plus juste ou moins pécheur que lui :
Tu peux en un moment perdre ton innocence[1],
Et n'être pas demain le même qu'aujourd'hui[2].

Souvent l'esprit est foible et les sens indociles, 135
L'amour-propre leur fait ou la guerre ou la loi ;
Mais bien qu'en général nous soyons tous fragiles,
Tu n'en dois croire aucun si fragile que toi.

CHAPITRE III[3].

DE LA DOCTRINE DE LA VÉRITÉ[4].

Qu'heureux est le mortel que la vérité même
Conduit de sa main propre au chemin qui lui plaît ! 140
Qu'heureux est qui la voit dans sa beauté suprême[5],
    Sans voile et sans emblème,
    Et telle enfin qu'elle est !

Si videris alium aperte peccare, vel aliqua gravia perpetrare, non debes te tamen meliorem æstimare, quia nescis quamdiu possis in bono stare.
Omnes fragiles sumus ; sed tu neminem fragiliorem te ipso tenebis.
III. Felix quem veritas per se docet, non per figuras et voces transeuntes, sed sicuti se habet.

---

1. *Var.* Tu peux tomber plus bas avec ton innocence. (1651)
2. *Var.* Et n'être pas demain de même qu'aujourd'hui. (1662)
3. Corps ou sujet de l'emblème : « Saint Thomas d'Aquin disoit qu'il avoit plus appris aux pieds du crucifix que dans tous ses livres. » Ame ou sentence : *Tu mihi loquere solus*. (Chapitre III, 10.)
4. Titre latin : *De doctrina veritatis.*
5. *Var.* Et se montre à ses yeux dans sa beauté suprême.

(1651-56 A, B et C, 59 et 62)

Nos sens sont des trompeurs, dont les fausses images
A notre entendement n'offrent rien d'assuré,   145
Et ne lui font rien voir qu'à travers cent nuages
  Qui jettent mille ombrages
  Dans l'œil mal éclairé.

De quoi sert une longue et subtile dispute
Sur des obscurités où l'esprit est déçu[1]?   150
De quoi sert qu'à l'envi chacun s'en persécute,
  Si Dieu jamais n'impute
  De n'en avoir rien su?

Grande perte de temps et plus grande foiblesse
De s'aveugler soi-même et quitter le vrai bien[2],   155
Pour consumer sa vie à pointiller sans cesse
  Sur le genre et l'espèce,
  Qui ne servent à rien.

Touche, Verbe éternel, ces âmes curieuses :
Celui que ta parole une fois a frappé,   160
De tant d'opinions vaines, ambitieuses,
  Et souvent dangereuses,
  Est bien développé.

 Nostra opinio et noster sensus sæpe nos fallunt, et modicum vident.
 Quid prodest magna cavillatio de occultis et obscuris rebus, de quibus non arguemur in judicio, quia ignoravimus?
 Grandis insipientia, quod, neglectis utilibus et necessariis, ultro intendimus curiosis et damnosis : oculos habentes non videmus. Et quid curæ nobis de generibus et speciebus?
 Cui æternum Verbum loquitur, a multis opinionibus expeditur.

1. *Var.* Touchant mille secrets où l'esprit est déçu? (1651-56 A)
 Var. Sur mille obscurités où l'esprit est déçu? (1656 B, 59 et 62)
2. *Var.* De négliger l'utile et le souverain bien. (1651)

Ce Verbe donne seul l'être à toutes les causes[1];
Il nous parle de tout, tout nous parle de lui ; 165
Il tient de tout en soi les natures encloses;
   Il est de toutes choses[2]
   Le principe et l'appui[3].

Aucun sans son secours ne sauroit se défendre
D'un million d'erreurs qui courent l'assiéger[4], 170
Et depuis qu'un esprit refuse de l'entendre,
   Quoi qu'il pense comprendre[5],
   Il n'en peut bien juger[6].

Mais qui rapporte tout à ce Verbe immuable,
Qui voit tout en lui seul, en lui seul aime tout, 175
A la plus rude attaque il est inébranlable,
   Et sa paix ferme et stable[7]
   En vient soudain à bout !

O Dieu de vérité, pour qui seul je soupire,
Unis-moi donc à toi par de forts et doux nœuds[8] ! 180

 Ex uno Verbo omnia, et unum loquuntur omnia; et hoc est principium quod et loquitur nobis.
 Nemo sine illo intelligit, aut recte judicat.
 Cui omnia unum sunt, et omnia ad unum trahit, et omnia in uno videt, potest stabilis corde esse, et in Deo pacificus permanere.
 O veritas Deus, fac me unum tecum, in caritate perpetua! Tædet

---

1. *Var.* De ce principe seul partent toutes les causes. (1651 et 53 A et B)
2. *Var.*   Et c'est de toutes choses. (1651)
3. *Var.*   Et la base et l'appui. (1651 et 53 A et B)
4. *Var.* D'un million d'erreurs qui viennent l'assiéger. (1651)
5. *Var.*   Il ne peut rien comprendre. (1651 et 53 A et B)
 Var.   Quoi qu'il veuille comprendre. (1653 C, 54 A et 56 A)
6. *Var.*   Il ne peut rien juger. (1651 et 53 A et B)
7. *Var.*   Et son cœur ferme et stable. (1651-56 A)
 Var.   Et la paix ferme et stable. (1662)
8. *Var.* Daigne m'unir à toi par de forts et doux nœuds. (1651)

Je me lasse d'ouïr, je me lasse de lire,
    Mais non pas de te dire :
    « C'est toi seul que je veux. »

Parle seul à mon âme, et qu'aucune prudence[1],
Qu'aucun autre docteur ne m'explique tes lois ;   185
Que toute créature à ta sainte présence
    S'impose le silence,
    Et laisse agir ta voix[2].

Plus l'esprit se fait simple et plus il se ramène
Dans un intérieur dégagé des objets,   190
Plus lors sa connoissance est diffuse et certaine,
    Et s'élève sans peine
    Jusqu'aux plus hauts sujets.

Oui, Dieu prodigue alors ses grâces plus entières[3],
Et portant notre idée au-dessus de nos sens,   195
Il nous donne d'en haut d'autant plus de lumières,
    Qui percent les matières
    Par des traits plus puissants.

me sæpe multa legere et audire : in te est totum quod volo et desidero.
    Taceant omnes doctores, sileant universæ creaturæ in conspectu tuo : tu mihi loquere solus.
    Quanto quis magis sibi unitus et interius simplificatus fuerit, tanto plura et altiora sine labore intelligit,
    Quia desuper lumen intelligentiæ accipit.

1. *Var.* Parle seul à mon âme, et qu'aucune éloquence
    N'entreprenne jamais de lui rien révéler. (1651)
2. *Var.*   Et te laisse parler. (1651)
3. *Var.* Oui, Dieu, pour récompense aux âmes plus grossières,
    Pousse alors leur idée au-dessus de leurs sens,
    Et leur donne d'en haut d'autant plus de lumières
        Pour percer les matières. (1651)

Cet esprit simple, uni, stable, pur, pacifique,
En mille soins divers n'est jamais dissipé,   200
Et l'honneur de son Dieu, dans tout ce qu'il pratique,
    Est le projet unique
    Qui le tient occupé.

Il est toujours en soi détaché de soi-même ;
Il ne sait point agir quand il se faut chercher,   205
Et fût-il dans l'éclat de la grandeur suprême,
    Son propre diadème
    Ne l'y peut attacher.

Il ne croit trouble égal à celui que se cause[1]
Un cœur qui s'abandonne à ses propres transports,   210
Et maître de soi-même, en soi-même il dispose
    Tout ce qu'il se propose
    De produire au dehors.

Bien loin d'être emporté par le courant rapide[2]
Des flots impétueux de ses bouillants desirs,   215
Il les dompte, il les rompt, il les tourne, il les guide,
    Et donne ainsi pour bride
    La raison aux plaisirs.

Mais pour se vaincre ainsi qu'il faut d'art et de force !

    Purus, simplex, et stabilis spiritus, in multis operibus non dissipatur, quia omnia ad Dei honorem operatur,
    Et in se otiosus ab omni propria exquisitione esse nititur.
    Quid te magis impedit et molestat, quam tua immortificata affectio cordis? Bonus et devotus homo opera sua prius intus disponit, quæ foris agere debet.
    Nec illa trahunt eum ad desideria vitiosæ inclinationis; sed ipse inflectit ea ad arbitrium rectæ rationis.

1. *Var.* Il ne croit trouble égal à celui que nous cause. (1651 et 53 A et B)
2. *Var.* Bien loin d'être entraîné par le courant rapide. (1651)

LIVRE I, CHAPITRE III. 43

Qu'il faut pour ce combat préparer de vigueur !   220
Et qu'il est malaisé de faire un plein divorce
      Avec la douce amorce
      Que chacun porte au cœur !

Ce devroit[1] être aussi notre unique pensée[2]
De nous fortifier chaque jour contre nous,   225
Pour en déraciner cette amour empressée
      Où l'âme intéressée
      Trouve un poison si doux.

Les soins que cette amour nous donne en cette vie[3]
Ne peuvent aussi bien nous élever si haut,   230
Que la perfection la plus digne d'envie
      N'y soit toujours suivie
      Des hontes d'un défaut.

    Quis habet fortius certamen, quam qui nititur vincere seipsum?
    Et hoc deberet esse negotium nostrum, vincere videlicet seipsum, et quotidie seipso fortiorem fieri, atque in melius aliquid proficere.
    Omnis perfectio in hac vita quamdam imperfectionem habet sibi annexam.

    1. Les éditions de 1676 et de 1693 portent : « Ce devoit, » à l'imparfait.
    2. *Var.* Plus grande en est la peine, et plus grande est la gloire
      Qui lui sert de couronne, et suit ce digne effet ;
      Et quoi que l'amour-propre ose nous faire croire,
          C'est la seule victoire*
          Qui rend l'homme parfait. (1651)
    3. *Var.* Que notre soin entier à l'acquérir se range
      A nous fortifier contre un si rude assaut :
      Toute perfection, sans elle, a du mélange,
          Qui joint à sa louange
          La honte d'un défaut. (1651)

    * Dans l'édition de 1651, le paragraphe latin : *Et hoc deberet esse*, etc., ne commence qu'en regard des deux derniers vers de la strophe :

          C'est la seule victoire, etc. ;

et il n'est point séparé par du blanc du paragraphe : *Omnis perfectio*, etc., qui commence vis-à-vis de la strophe suivante.

Nos spéculations ne sont jamais si pures
Qu'on ne sente un peu d'ombre y régner à son tour;
Nos plus vives clartés ont des couleurs obscures[1],
    Et cent fausses peintures
    Naissent d'un seul faux jour.

Mais n'avoir que mépris pour soi-même et que haine
Ouvre et fait vers le ciel un chemin plus certain,   240
Que le plus haut effort de la science humaine,
    Qui rend l'âme plus vaine
    Et l'égare soudain.

Ce n'est pas que de Dieu ne vienne la science :
D'elle-même elle est bonne, et n'a rien à blâmer;   245
Mais il faut préférer la bonne conscience
    A cette impatience[2]
    De se faire estimer.

Cependant, sans souci de régler sa conduite[3],
On veut être savant, on en cherche le bruit[4];   250
Et cette ambition par qui l'âme est séduite[5]

    Et omnis speculatio nostra quadam caligine non caret.
    Humilis tui cognitio, certior via est ad Deum, quàm profunda scientiæ inquisitio.
    Non est culpanda scientia, aut quælibet simplex rei notitia, quæ bona est, in se considerata et a Deo ordinata; sed præferenda est semper bona conscientia, et virtuosa vita.
    Quia vero plures magis scire desiderant quam bene vivere, ideo sæpe errant, et pene nullum vel modicum fructum ferunt.

1. *Var.* Le passé, le présent ont quelques nuits obscures,
        Et les choses futures
        Ont encor moins de jour. (1651)
2. *Var.*   A cette suffisance
        Qui la fait estimer. (1651)
3. *Var.* Cependant, sans souci de bien régler sa vie. (1651)
4. *Le bruit*, la réputation, la renommée. Voyez le *Lexique*.
5. *Var.* Et mille et mille erreurs naissent de cette envie,

LIVRE I, CHAPITRE III. 45

Souvent traîne à sa suite[1]
Mille erreurs pour tout fruit.

Ah! si l'on se donnoit la même diligence,
Pour extirper le vice et planter la vertu, 255
Que pour subtiliser sa propre intelligence.
    Et tirer la science
    Hors du chemin battu!

De tant de questions les dangereux mystères[2]
Produiroient moins de trouble et de renversement, 260
Et ne couleroient pas dans les règles austères
    Des plus saints monastères
    Tant de relâchement.

Un jour, un jour viendra qu'il faudra rendre conte[3],

    O si tantam adhiberent diligentiam ad extirpanda vitia et virtutes inserendas, sicuti ad movendas quæstiones,
Non fierent tanta mala et scandala in populo, nec tanta dissolutio in cœnobiis.
    Certe adveniente die judicii, non quæretur a nobis quid legi-

---

            Qu'on voit toujours suivie
            De point ou peu de fruit. (1651)
1. *Var.*   Souvent traîne à la suite. (1656 B, 59 et 62)
2. *Var.* Moins de maux s'épandroient par toutes les contrées,
   Le trouble et le scandale y naîtroient moins souvent,
   Et des cloîtres plus saints les murailles sacrées
       Donneroient moins d'entrées
       A l'esprit décevant. (1651)
3. Voyez tome I, p. 150, note 1.
   Var. Ce n'est pas ce qu'on sait, c'est ce qu'on aime à suivre,
   Dont il faut rendre compte au jour du jugement :
   Non si l'on a bien lu, si l'on a fait un livre,
       Mais si l'on a su vivre
       Religieusement. (1651)
   Var. D'un curieux savoir le pompeux étalage
   N'entrera point en compte au grand jour du Seigneur,
   Et cet œil qui voit tout sans ombre et sans nuage
       N'en verra que l'usage
       Qu'en aura fait le cœur. (1653 A et B)

Non de ce qu'on a lu, mais de ce qu'on a fait ;   265
Et l'orgueilleux savoir, à quelque point qu'il monte,
  N'aura lors que la honte
  De son mauvais effet.

Où sont tous ces docteurs qu'une foule si grande[1]
Rendoit à tes yeux même autrefois si fameux ?   270
Un autre tient leur place, un autre a leur prébende,
  Sans qu'aucun te demande
  Un souvenir pour eux.

Tant qu'a duré leur vie, ils sembloient quelque chose ;
Il semble après leur mort qu'ils n'ont jamais été :   275
Leur mémoire avec eux sous leur tombe est enclose ;
  Avec eux y repose
  Toute leur vanité.

Ainsi passe la gloire où le savant aspire,
S'il n'a mis son étude à se justifier :   280
C'est là le seul emploi qui laisse lieu d'en dire[2]
  Qu'il avoit su bien lire
  Et bien étudier.

mus, sed quid fecimus ; nec quam bene diximus, sed quam religiose viximus.

Dic mihi, ubi sunt modo omnes illi domini et magistri quos bene novisti dum adhuc viverent, et studiis florerent ? Jam eorum præbendas alii possident, et nescio utrum de eis recogitant.

In vita sua aliquid videbantur, et modo de illis tacetur.

O quam cito transit gloria mundi ! Utinam vita eorum scientiæ ipsorum concordasset ! Tunc bene studuissent et legissent.

---

1. *Var.* Où sont tous ces docteurs dont l'âme étoit si grande,
 Ces maîtres qu'en leur temps tu voyois si fameux ?
 D'autres ont à présent leur chaire et leur prébende. (1651)
2. *Var.* Et sans ce digne usage on n'a point lieu de dire
  Qu'il ait su ni bien lire
  Ni bien étudier. (1651)

Mais au lieu d'aimer Dieu, d'agir pour son service[1],
L'éclat d'un vain savoir à toute heure éblouit,   285
Et fait suivre à toute heure un brillant artifice
    Qui mène au précipice,
    Et là s'évanouit.

Du seul desir d'honneur notre âme est enflammée[2] :
Nous voulons être grands plutôt qu'humbles de cœur[3] ;
Et tout ce bruit flatteur de notre renommée,
    Comme il n'est que fumée,
    Se dissipe en vapeur.

La grandeur véritable est d'une autre nature :
C'est en vain qu'on la cherche avec la vanité ;   295
Celle d'un vrai chrétien, d'une âme toute pure,
    Jamais ne se mesure
    Que sur sa charité.

Vraiment grand est celui qui dans soi se ravale,
Qui rentre en son néant pour s'y connoître bien[4],   300
Qui de tous les honneurs que l'univers étale

  Quam multi pereunt per vanam scientiam in hoc sæculo, qui
parum curant de Dei servitio !
  Et quia eligunt magis magni esse quam humiles, ideo evanescunt
in cogitationibus suis.
  Vere magnus est, qui magnam habet caritatem.
  Vere magnus est, qui in se parvus est, et pro nihilo omne culmen
honoris ducit.

  1. *Var.* Mais, ô Dieu, sans t'aimer, sans soin de ton service,
    L'éclat d'un vain savoir beaucoup en éblouit:
    Ils suivent ce faux jour qui conduit au supplice,
        Qui traîne au précipice. (1651)
  2. *Var.* Du seul desir d'honneur leur âme est enflammée. (1651)
    Var. Des folles vanités notre âme est enflammée. (1670 O)
  3. *Var.* Ils veulent être grands plutôt qu'humbles de cœur;
    Et tout ce bruit flatteur que fait leur renommée. (1651)
  4. *Var.* Qui rentre en son néant pour se connoître bien. (1670 O)

Craint la pompe fatale,
Et ne l'estime à rien[1].

Vraiment sage est celui dont la vertu resserre
Autour du vrai bonheur l'essor de son esprit, 305
Qui prend pour du fumier les choses de la terre[2],
Et qui se fait la guerre
Pour gagner Jésus-Christ.

Et vraiment docte enfin est celui qui préfère
A son propre vouloir le vouloir de son Dieu, 310
Qui cherche en tout, partout, à l'apprendre, à le faire,
Et jamais ne diffère
Ni pour temps ni pour lieu.

CHAPITRE IV[3].

DE LA PRUDENCE EN SA CONDUITE[4].

N'écoute pas tout ce qu'on dit,
Et souviens-toi qu'une âme forte 315

Vere prudens est, qui omnia terrena arbitratur ut stercora, ut Christum lucrifaciat.
Et vere bene doctus est, qui Dei voluntatem facit, et suam relinquit.
IV. Non est credendum omni verbo, nec multitudinis instinctui;

---

1. *Var.*   Et ne l'estime rien. (1653-65)
2. Molière, pour rendre comique la pensée de regarder tout comme du fumier, transporte l'expression des choses aux personnes (*Tartuffe*, acte I, scène VI):

> C'est un homme.... qui.... ah!... un homme.... un homme enfin
> Qui suit bien ses leçons, goûte une paix profonde,
> Et comme du fumier regarde tout le monde.

3. Corps ou sujet de l'emblème : « Sainte Marcelle, dame romaine, consulte saint Jérôme, qui lui explique les principaux passages de l'Écriture. » Ame ou sentence : *Cum viro conscientioso consilium habe*. (Chapitre XV, 4.)
4. Titre latin : *De prudentia in agendis*.

LIVRE I, CHAPITRE IV.

    Donne malaisément crédit
A ces bruits indiscrets où la foule s'emporte.
Il faut examiner avec sincérité,
Selon l'esprit de Dieu, qui n'est que charité,
    Tout ce que d'un autre on publie :   320
Cependant, ô foiblesse indigne d'un chrétien !
    Jusque-là souvent on s'oublie
Qu'on croit beaucoup de mal plutôt qu'un peu de bien.

    Qui cherche la perfection,
    Loin de tout croire en téméraire,   325
    Pèse avec mûre attention
Tout ce qu'il entend dire et tout ce qu'il voit faire.
La plus claire apparence a peine à l'engager :
Il sait que notre esprit est prompt à mal juger,
    Notre langue prompte à médire ;   330
Et bien qu'il ait sa part en cette infirmité,
    Sur lui-même il garde un empire
Qui le fait triompher de sa fragilité.

    C'est ainsi que son jugement,
    Quoi qu'il apprenne, quoi qu'il sache[1],   335
    Se porte sans empressement,
Sans qu'en opiniâtre à son sens il s'attache.
Il se défend longtemps du mal qu'on dit d'autrui,

sed caute et longanimiter res est secundum Deum ponderanda. Proh dolor! sæpe malum facilius quam bonum de alio creditur et dicitur : ita infirmi sumus.

    Sed perfecti viri non facile credunt omni enarranti; quia sciunt infirmitatem humanam, ad malum proclivem, et in verbis satis labilem.

    Magna sapientia est, non esse præcipitem in agendis, nec pertinaciter in propriis stare sensibus. Ad hanc etiam pertinet, non qui-

1. *Var.*   Quoi qu'il entende, quoi qu'il sache. (1670 O)

Ou s'il en est enfin convaincu malgré lui,
 Il ne s'en fait point le trompette; 340
Et cette impression qu'il en prend à regret,
 Qu'il désavoue et qu'il rejette,
Demeure dans son âme un éternel secret.

  Pour conseil en tes actions
  Prends un homme de conscience; 345
  Préfère ses instructions
A ce qu'ose inventer l'effort de ta science.
La bonne et sainte vie, à chaque événement
Forme l'expérience, ouvre l'entendement,
  Éclaire l'esprit qui l'embrasse; 350
Et plus on a pour soi des sentiments abjets[1],
  Plus Dieu, prodigue de sa grâce,
Répand à pleines mains la sagesse et la paix.

buslibet hominum verbis credere; nec audita, vel credita, mox ad aliorum aures effundere.
 Cum sapiente et conscientioso viro consilium habe; et quære potius a meliore instrui, quam tuas adinventiones sequi. Bona vita facit hominem sapientem secundum Deum, et expertum in multis. Quanto quis in se humilior fuerit, et Deo subjectior, tanto in omnibus erit sapientior, et pacatior.

1. Voyez tome I, p. 169, note 1.

CHAPITRE V[1].

DE LA LECTURE DE L'ÉCRITURE SAINTE[2].

Cherche la vérité dans la sainte Écriture,
  Et lis du même esprit   355
Le texte impérieux de sa doctrine pure,
  Que tu le vois écrit.

On n'y doit point chercher, ni le fard du langage,
  Ni la subtilité,
Ni de quoi s'attacher sur le plus beau passage,   360
  Qu'à son utilité.

Lis un livre dévot, simple et sans éloquence,
  Avec plaisir pareil
Que ceux où se produit l'orgueil de la science
  En son haut appareil.   365

Ne considère point si l'auteur d'un tel livre
  Fut plus ou moins savant;
Mais s'il dit vérité, s'il t'apprend à bien vivre,
  Feuillette-le souvent.

 V. Veritas est in Scripturis sanctis quærenda, non eloquentia. Omnis Scriptura sacra eo spiritu debet legi, quo facta est.
 Quærere potius debemus utilitatem in Scripturis, quam subtilitatem sermonis.
 Ita libenter devotos et simplices libros legere debemus, sicut altos et profundos.
 Non te offendat auctoritas scribentis, utrum parvæ vel magnæ litteraturæ fuerit; sed amor puræ veritatis te trahat ad legendum.

 1. Corps ou sujet de l'emblème : « L'eunuque de la reine d'Éthiopie, revenant de Jérusalem et lisant Isaïe dans son chariot, est abordé par saint Philippe, qui lui explique ce prophète. » Ame ou sentence : *Lege humiliter, simpliciter et fideliter*. (Chapitre v, 10.)
 2. Titre latin : *De lectione sanctarum Scripturarum*.

Quand son instruction est salutaire et bonne, 370
    Donne-lui prompt crédit,
Et sans examiner quel maître te la donne,
    Songe à ce qu'il te dit.

L'autorité de l'homme est de peu d'importance,
    Et passe en un moment; 375
Mais cette vérité que le ciel nous dispense
    Dure éternellement.

Sans égard à personne avec nous Dieu s'explique
    En diverses façons,
Et par tel qu'il lui plaît sa bonté communique 380
    Ses plus hautes leçons[1].

Le sens de sa parole est souvent si sublime
    Et si mystérieux,
Qu'à trop l'approfondir[2] il égare, il abîme
    L'esprit du curieux. 385

Il ne veut pas toujours que la vérité nue
    S'offre à l'entendement,
Et celui-là se perd qui s'arrête où la vue
    Doit passer simplement.

De ce trésor ouvert la richesse éternelle 390

    Non quæras quis hoc dixerit; sed quid dicatur, attende.
    Homines transeunt; sed veritas Domini manet in æternum.
    Sine personarum acceptione, variis modis loquitur nobis Deus.
    Curiositas nostra sæpe nos impedit in lectione Scripturarum,
    Cum volumus intelligere et discutere, ubi simpliciter esset transeundum.
    Si vis profectum haurire, lege humiliter, simpliciter, et fideliter;

1. *Var.*   Ses divines leçons. (1651)
2. On lit : « Qu'à trop s'approfondir, » dans les éditions de 1676 et de 1693.

A beau nous inviter :
Si l'on n'y porte un cœur humble, simple, fidèle,
On n'en peut profiter.

Ne choisis point pour but de cette sainte étude[1]
D'être estimé savant, 395
Ou[2] pour fruit d'un travail et si long et si rude
Tu n'auras que du vent.

Consulte volontiers sur de si hauts mystères
Les meilleurs jugements,
Ecoute avec respect les avis des saints Pères 400
Comme leurs truchements.

Ne te dégoûte point surtout des paraboles,
Quel qu'en soit le projet,
Et ne les prends jamais pour des contes frivoles
Qu'on forme sans sujet. 405

Nec unquam velis habere nomen scientiæ.
Interroga libenter, et audi tacens verba Sanctorum ;
Nec displiceant tibi parabolæ seniorum ; sine causa enim non proferuntur.

1. *Var.* L'ambitieux s'y gêne avec inquiétude,
   Pour être cru savant,
Et pour fruit d'un travail et si long et si rude,
   Il n'obtient que du vent. (1651)
2. Au lieu de *ou*, les éditions de 1653 B, 1656 B, 1659 et 1662 donnent *où*, qui forme un sens moins satisfaisant, mais pourtant possible.

CHAPITRE VI[1].

DES AFFECTIONS DÉSORDONNÉES[2].

Quand l'homme avec ardeur souhaite quelque chose[3],
Quand son peu de vertu n'oppose
Ni règle à ses desirs ni modération,
Il tombe dans le trouble et dans l'inquiétude
Avec la même promptitude 410
Qu'il défère à sa passion.

L'avare et le superbe incessamment se gênent,
Et leurs propres vœux les entraînent
Loin du repos heureux qu'ils ne goûtent jamais;
Mais les pauvres d'esprit, les humbles en jouissent, 415
Et leurs âmes s'épanouissent
Dans l'abondance de la paix.

Qui n'est point tout à fait dégagé de soi-même,
Qui se regarde encore et s'aime,

VI. Quandocumque homo aliquid inordinate appetit, statim in se inquietus fit.
Superbus et avarus nunquam quiescunt. Pauper et humilis spiritu in multitudine pacis conversantur.
Homo qui necdum in se perfecte mortuus est, cito tentatur, et vincitur in rebus parvis et vilibus.

---

1. Corps ou sujet de l'emblème : « David, pour avoir trop regardé Bersabée*, se laisse vaincre à la tentation. » Ame ou sentence : *Qui nondum in se perfecte mortuus est cito tentatur et vincitur***. (Chapitre VI, 1.)
2. Titre latin : *De inordinatis affectionibus*.
3. *Var.* Quiconque avec ardeur souhaite quelque chose,
   Quiconque en soi-même n'oppose. (1651)

* Nous avons déjà vu Corneille employer cette forme de ce nom (voyez ci-dessus, tome III, p. 481 et note 1).
** L'édition de 1656 D donne seulement la fin de ce passage latin : *Cito tentatur et vincitur*.

LIVRE I, CHAPITRE VI.

Voit peu d'occasions sans en être tenté[1] : 420
Les objets les plus vils surmontent sa foiblesse[2],
    Et le moindre assaut qui le presse
    L'atterre avec facilité.

Ces dévots à demi, sur qui la chair plus forte[3]
    Domine encore en quelque sorte, 425
Penchent à tous moments vers ses mortels appas,
Et n'ont jamais une âme assez haute, assez pure,
    Pour faire une entière rupture
    Avec les douceurs d'ici-bas.

Oui, qui de cette chair à demi se détache[4], 430
    Se chagrine quand il s'arrache
Aux plaisirs dont l'image éveille son désir;
Et faisant à regret un effort qui l'attriste,
    Il s'indigne quand on résiste
    A ce qu'il lui plaît de choisir. 435

Que si lâchant la bride à sa concupiscence,
    Il emporte la jouissance

Infirmus spiritu, et quodammodo adhuc carnalis, et ad sensibilia inclinatus, difficulter se potest a terrenis desideriis ex toto abstrahere. Et ideo sæpe habet tristitiam, cum se subtrahit; leviter etiam indignatur, si quis ei resistit. Si autem prosecutus fuerit quod concupiscit, statim ex reatu conscientiæ gravatur :

1. *Var.* A chaque occasion est aussitôt tenté. (1651-56 A)
2. *Var.* Et toutes ses vertus se trouvent si débiles,
    Que dans les choses les plus viles
    Il est aisément surmonté. (1651)
3. *Var.* Quoi que nous osent dire et la chair et le monde,
    Il ne faut point qu'on y réponde,
Qu'on penche aucunement vers leurs mortels appas;
Ou notre infirmité n'aura jamais la force
    De faire un long et plein divorce. (1651)
4. *Var.* Aussi, qui de ses sens à demi se détache. (1651)

Où l'a fait aspirer ce desir déréglé[1],
Soudain le vif remords qui le met à la gêne
　　Redouble d'autant plus sa peine
　　Que plus il s'étoit aveuglé. 440

Il recouvre la vue au milieu de sa joie,
　　Mais seulement afin qu'il voie
Comme ses propres sens se font ses ennemis[2],
Et que la passion, qu'il a prise pour guide[3], 445
　　Ne fait point le repos solide
　　Qu'en vain il s'en étoit promis.

C'est donc en résistant à ces tyrans de l'âme[4]
　　Qu'une sainte et divine flamme
Nous donne cette paix que suit un vrai bonheur; 450
Et qui sous leur empire asservit son courage,
　　Dans quelques délices qu'il nage,
　　Jamais ne la trouve en son cœur.

Non[5], ces hommes charnels, dont les cœurs s'abandonnent[6]

Quia secutus est passionem suam, quæ nihil juvat ad pacem quam quæsivit.

Resistendo igitur passionibus, invenitur vera pax cordis; non autem eis serviendo.

Non est ergo pax in corde hominis carnalis, non in homine exterioribus dedito, sed in fervido spirituali.

1. *Var.* Où l'a fait aspirer son desir déréglé :
　　Soudain le vif remords de son âme coupable
　　　　Le rend d'autant plus misérable. (1651)
2. *Var.* Comme ses propres sens sont ses vrais ennemis. (1651)
3. *Var.* Et que sa passion, qu'il a prise pour guide. (1656 B, 59 et 62)
4. *Var.* Ce n'est qu'en résistant à ces tyrans de l'âme. (1670 O)
5. Telle est, dans les éditions de 1651-65, la place de cette strophe, qui répond en effet à la dernière phrase du texte latin. L'édition de 1670 en fait la cinquième strophe du chapitre.
6. *Var.* Non, ces hommes charnels que toute convoitise
　　Par leur aveu touche et maîtrise,

LIVRE I, CHAPITRE VI.

A tout ce que les sens ordonnent, 455
Ne possèdent jamais un bien si précieux ;
Mais les spirituels, en qui l'âme fervente
Rend la grâce toute-puissante,
Le reçoivent toujours des cieux.

CHAPITRE VII[1].

QU'IL FAUT FUIR LA VAINE ESPÉRANCE ET LA PRÉSOMPTION[2].

O ciel ! que l'homme est vain qui met son espérance 460
Aux hommes comme lui,
Qui sur la créature ose prendre assurance,
Et se propose un ferme appui
Sur une éternelle inconstance !

Sers pour l'amour de Dieu, mortel, sers ton prochain[3]
Sans en avoir de honte ;
Et quand tu parois pauvre, empêche que soudain
La rougeur au front ne te monte,
Pour le paroître avec dédain.

VII. Vanus est qui spem suam ponit in hominibus, aut in creaturis.
Non te pudeat aliis servire amore Jesu-Christi, et pauperem in hoc sæculo videri.

[Ne possèdent jamais un bien si précieux ;]
Mais les spirituels, où la ferveur abonde,
Où la grâce devient féconde. (1651)

1. Corps ou sujet de l'emblème : « La chute de Lucifer et des mauvais anges. » Ame ou sentence : *Non stes super teipsum*. (Chapitre VII, 3.)
2. *Var.* COMME ON DOIT FUIR LA VAINE ESPÉRANCE ET LA PRÉSOMPTION. (1651 et 53 A et B) — Titre latin : *De vana spe et elatione fugienda*.
3. *Var.* Lorsque ton Dieu te porte à servir ton prochain,
N'en aye aucune honte. (1651)

58 L'IMITATION DE JÉSUS-CHRIST.

Ne fais point fondement sur tes propres mérites[1] ; 470
  Tiens ton espoir en Dieu :
De lui dépend l'effet de quoi que tu médites[2],
  Et s'il ne te guide en tout lieu,
  En tout lieu tu te précipites.

Ne dors pas toutefois, et fais de ton côté 475
  Tout ce que tu peux faire :
Il ne manquera point d'agir avec bonté
  Et de fournir comme vrai père[3]
  Des forces à ta volonté.

Mais ne t'assure point sur ta haute science[4], 480
  Ni sur celle d'autrui ;
Leur conduite souvent brouille la conscience,
  Et Dieu seul est le digne appui[5]
  Que doit choisir ta confiance.

C'est lui qui nous fait voir l'humble et le vertueux 485
  Élevé par sa grâce ;

 Non stes super te ipsum, sed in Deo spem tuam constitue.
 Fac quod in te est, et Deus aderit bonæ voluntati tuæ.
 Non confidas in tua scientia, vel cujusquam viventis astutia, sed magis in Dei gratia,
 Qui adjuvat humiles, et de se præsumentes humiliat.

1. Racine a dit dans *Athalie* (acte III, scène VII) :
  Ils ne s'assurent point en leurs propres mérites.
2. *Var.* Et reconnois sans lui tes forces si petites,
   Que s'il ne t'appuie en tout lieu. (1651)
3. *Var.* Et fournira comme vrai père. (1670 O)
4. *Var.* Ni ton savoir profond, ni l'ingrate sagesse
   D'aucun autre savant,
 Ne te peut vers le ciel faire une sûre adresse ;
   Et ce n'est que du Dieu vivant
   Que tu dois suivre la promesse. (1651)
5. *Var.* Et Dieu seul est le ferme appui
   Digne de notre confiance. (1653-56 A)

LIVRE I, CHAPITRE VII.

C'est lui qui nous fait voir son bras majestueux
    Terrasser l'insolente audace
    Dont s'enfle le présomptueux.

Soit donc qu'en ta maison la richesse s'épande,   490
    Soit que de tes amis
Le pouvoir en tous lieux pompeusement s'étende,
    Garde toujours un cœur soumis,
    Quelque honneur par là qu'on te rende.

Prends-en la gloire en Dieu, qui jamais n'est borné   495
    Dans son amour extrême,
En Dieu, qui donnant tout sans être importuné,
    Veut encor se donner soi-même,
    Après même avoir tout donné.

Souviens-toi que du corps la taille avantageuse[1]   500
    Qui se fait admirer,
Ni de mille beautés l'union merveilleuse
    Pour qui chacun veut soupirer,
    Ne doit rendre une âme orgueilleuse.

Du temps l'inévitable et fière avidité   505
    En fait un prompt ravage[2],
Et souvent avant lui la moindre infirmité
    Laisse à peine au plus beau visage

    Non glorieris in divitiis, si adsunt; nec in amicis, quia potentes sunt;
    Sed in Deo, qui omnia præstat, et seipsum super omnia dare desiderat.
    Non te extollas de magnitudine vel pulchritudine corporis,
    Quæ modica infirmitate corrumpitur et defœdatur.

1. *Var.* Sache que ni du corps la taille avantageuse. (1651)
2. *Var.*   En fait un plein ravage. (1656 B, 59 et 62)

L'IMITATION DE JESUS-CHRIST.

Les marques de l'avoir été.

Si ton esprit est vif, judicieux, docile[1], 510
    N'en deviens pas plus vain :
Tu déplairois à Dieu, qui te fait tout facile,
    Et n'a qu'à retirer sa main
    Pour te rendre un sens imbécile.

Ne te crois pas plus saint qu'aucun autre pécheur[2], 515
    Quoi qu'on te veuille dire :
Dieu, qui connoît tout l'homme, et qui voit dans ton cœur,
    Souvent te répute le pire,
    Quand tu t'estimes le meilleur.

Ces bonnes actions sur qui chacun se fonde 520
    Pour t'élever aux cieux
Ne partent pas toujours d'une vertu profonde;
    Et Dieu, qui voit par d'autres yeux,
    En juge autrement que le monde.

Non qu'il nous faille armer contre la vérité 525
    Pour juger mal des nôtres;
Voyons-en tout le bien avec sincérité,

    Non placeas tibi ipsi de habilitate aut ingenio tuo; ne displiceas Deo, cujus est totum quicquid boni naturaliter habueris.
    Non te reputes aliis meliorem, ne forte coram Deo deterior habearis, qui scit quid est in homine.
    Non superbias de operibus bonis, quia aliter sunt judicia Dei, quam hominum; cui sæpe displicet, quod hominibus placet.
    Si aliquid boni habueris, crede de aliis meliora, ut humilitatem conserves.

1. *Var.* Pour avoir bel esprit, pour te sentir habile. (1651)
  Var. Si ton esprit est beau, si tu te sens habile. (1653-56 A)
  Var. Si ton esprit est beau, perçant, actif, docile. (1656 B et C, 59 et 62)
2. *Var.* Ne te crois pas plus saint que tout autre pécheur. (1651)

Mais croyons encor mieux des autres,
Pour conserver l'humilité.

Tu ne te nuis jamais quand tu les considères   530
    Pour te mettre au-dessous ;
Mais ton orgueil t'expose à d'étranges misères,
    Si tu peux choisir entre eux tous
    Un seul à qui tu te préfères.

C'est ainsi que chez l'humble une éternelle paix   535
    Fait une douce vie,
Tandis que le superbe est plongé pour jamais[1]
    Dans le noir chagrin de l'envie,
    Qui trouble ses propres souhaits.

CHAPITRE VIII[2].

QU'IL FAUT ÉVITER LA TROP GRANDE FAMILIARITÉ[3].

Ne fais point confidence avec toutes personnes[4],   540
Regarde où tu répands les secrets de ton cœur ;

Non nocet, si omnibus te supponas : nocet autem plurimum, si vel uni te præponas.

Jugis pax cum humili : in corde autem superbi, zelus et indignatio frequens.

VIII. Non omni homini reveles cor tuum, sed cum sapiente et

---

1. *Var.* Au lieu que le superbe est plongé pour jamais. (1651)
2. Corps ou sujet de l'emblème : « La Madelaine dans la sainte Baume* sans autre conversation durant quarante ans que de Dieu, et des anges, qui l'élevoient sept fois le jour au ciel. » Ame ou sentence : *Soli Deo et angelis ejus* ** *opta esse familiaris*. (Chapitre VIII, 6.)
3. Titre latin : *De nimia familiaritate cavenda*.
4. *Var.* Ne fais pas confidence avec toutes personnes. (1651)

* C'est le nom d'une grotte située en Provence, entre Aix et Marseille. Voyez les *Lettres de Mme de Sévigné*, tome III, p. 28, note 2.
** Le mot *ejus* manque dans l'édition de 1656 D.

Prends et suis les conseils de qui craint le Seigneur[1];
Choisis tes amitiés, et n'en fais que de bonnes;
Hante peu la jeunesse, et de ceux du dehors[2]
    Souffre rarement les abords.   545

Jamais autour du riche à flatter ne t'exerce;
Vis sans démangeaison de te montrer aux grands[3];
Vois l'humble, le dévot, le simple, et n'entreprends
De faire qu'avec eux un long et plein commerce;
Et n'y traite surtout que des biens précieux   550
    Dont une âme achète les cieux.

Évite avec grand soin la pratique des femmes,
Ton ennemi[4] par là peut trouver ton défaut[5];
Recommande en commun aux bontés du Très-Haut
Celles dont les vertus embellissent les âmes;   555
Et sans en voir jamais qu'avec un prompt adieu,
    Aime-les toutes, mais en Dieu.

timente deum age causam tuam. Cum juvenibus et extraneis rarus esto.

Cum divitibus noli blandiri, et coram magnatibus non libenter appareas. Cum humilibus et simplicibus, cum devotis et morigeratis, sociare; et quæ ædificationis sunt, pertracta.

Non sis familiaris alicui mulieri; sed, in communi, omnes bonas mulieres Deo commenda.

1. *Var.* Ne les ouvre qu'au sage et qui craint le Seigneur. (1651-56 A)
2. *Var.* Hante peu la jeunesse, et te laisse engager
    Rarement avec l'étranger. (1651)
3. *Var.* Jamais autour des grands n'aime à dire le mot;
    Cherche l'humble de cœur, le simple, le dévot,
    Avec qui faire un long et solide commerce,
    Et ne traite avec lui que des biens précieux. (1651)
4. *Ton ennemi*, le démon, le diable. Corneille a déjà dit dans *Polyeucte* (acte I, scène 1, vers 53) :
    Ainsi du genre humain l'ennemi vous abuse.

Plus loin, il dit en plusieurs endroits : *le diable*, sans périphrase. Voyez livre I, vers 1234, etc.

5. *Var.* Que l'ennemi par là ne trouve ton défaut. (1651)

Ce n'est qu'avec lui seul, ce n'est qu'avec ses anges
Que doit un vrai chrétien se rendre familier :
Porte-lui tout ton cœur, deviens leur écolier ;   560
Adore en lui sa gloire, apprends d'eux ses louanges ;
Et bornant tes desirs à ses dons éternels,
    Fuis d'être connu des mortels.

La charité vers tous est toujours nécessaire [1],
Mais non pas avec tous un accès trop ouvert :   565
La réputation assez souvent s'y perd ;
Et tel qui plaît de loin, de près cesse de plaire :
Tant ce brillant éclat qui ne fait qu'éblouir
    Est sujet à s'évanouir !

Oui, souvent il arrive, et contre notre envie,   570
Que plus on prend de peine à se communiquer,
Plus cet effort nous trompe, et force à remarquer
Les désordres secrets qui souillent notre vie [2],
Et que ce qu'un grand nom avoit semé de bruit
    Par la présence est tôt détruit.   575

    Soli Deo et angelis ejus opta familiaris esse, et hominum notitiam devita.
    Caritas habenda est ad omnes, sed familiaritas non expedit. Quandoque accidit ut persona ignota ex bona fama lucescat, cujus tamen præsentia oculos intuentium offuscat.
    Putamus aliquando aliis placere ex conjunctione nostra ; et incipimus magis displicere ex morum improbitate in nobis considerata.

    1. *Var.* La charité vers tout est toujours nécessaire. (1665 B)
    2. *Var.* Les désordres secrets qui souillent une vie. (1651)

CHAPITRE IX[1].

DE L'OBÉISSANCE ET DE LA SUBJÉTION[2].

Qu'il fait bon obéir! que l'homme a de mérite[3]
Qui d'un supérieur aime à suivre les lois,
Qui ne garde aucun droit dessus son propre choix,
Qui l'immole à toute heure, et soi-même se quitte[4]!
L'obéissance est douce, et son aveuglement   580
Forme un chemin plus sûr que le commandement,
Lorsque l'amour la fait, et non pas la contrainte;
Mais elle n'a qu'aigreur sans cette charité[5],
Et c'est un long sujet de murmure et de plainte,
Quand son joug n'est souffert que par nécessité.   585

Tous ces devoirs forcés où tout le cœur s'oppose
N'acquièrent à l'esprit ni liberté ni paix.

IX. Valde magnum est in obedientia stare, sub prælato vivere, et sui juris non esse. Multo tutius est, stare in subjectione, quam in prælatura. Multi sunt sub obedientia, magis ex necessitate, quam ex caritate : et illi pœnam habent et leviter murmurant.
Nec libertatem mentis acquirent, nisi ex toto corde propter Deum

---

1. Corps ou sujet de l'emblème : « Saint Maur, commandé par saint Benoît de secourir saint Placide qui se noyoit, marche sur les eaux par le mérite de son obéissance. » Ame ou sentence : *Valde magnum est in obedientia* [*] *stare.* (Chapitre IX, 1.)
2. Les éditions de 1659 et de 1662 sont les seules qui portent *sujétion*; toutes les autres donnent *subjétion*. — Titre latin : *De obedientia et subjectione.*
3. *Var.* Qu'il fait bon obéir! que grand est le mérite
De qui vit sous un autre, et s'attache à ses lois! (1651-56 A)
4. *Var.* Qui renonce à le suivre, et soi-même se quitte! (1651-56 A)
5. *Var.* Elle n'est autrement que trouble et que rigueur;
Et son plus doux effort porte une rude atteinte,
Qui met la gêne en l'âme et le murmure au cœur. (1651)

[*] Dans les éditions de 1656 qui ont les gravures, on a, par une erreur étrange, mais facile à expliquer, changé OBEDIENTIA en CREDIENTIA; et les mots précédents : *est in*, ont été omis.

Aime qui te commande, ou n'y prétends jamais :
S'il n'est aimable en soi, c'est Dieu qui te l'impose.
Cours deçà, cours delà, change d'ordre ou de lieux : 590
Si pour bien obéir tu ne fermes les yeux,
Tu ne trouveras point ce repos salutaire ;
Et tous ceux que chatouille un pareil changement
N'y rencontrent enfin qu'un bien imaginaire
Dont la trompeuse idée échappe en un moment[1]. 595

Il est vrai que chacun volontiers se conseille,
Qu'il aime que son sens règle ses actions,
Et tourne avec plaisir ses inclinations
Vers ceux dont la pensée à la sienne est pareille ;
Mais si le Dieu de paix règne au fond de nos cœurs, 600
Il faut les arracher à toutes ces douceurs,
De tous nos sentiments soupçonner la foiblesse[2],
Les dédire souvent, et pour mieux le pouvoir,
Nous souvenir qu'en terre il n'est point de sagesse
Qui sans aucune erreur puisse tout concevoir. 605

Ne prends donc pas aux tiens si pleine confiance
Que tu n'ouvres l'oreille encore à ceux d'autrui ;

se subjiciant. Curre huc vel illuc : non invenies quietem, nisi in humili subjectione sub prælati regimine. Imaginatio locorum et mutatio multos fefellit.

Verum est, quod unusquisque libenter agit pro sensu suo, et inclinatur ad eos magis qui secum sentiunt ; sed si Deus est inter nos, necesse est ut relinquamus etiam quandoque nostrum sentire propter bonum pacis. Quis est ita sapiens, qui omnia plene scire potest ?

Ergo noli nimis in sensu tuo confidere ; sed velis etiam libenter

---

1. *Var.* De qui même l'idée échappe en un moment. (1651)
2. *Var.* Tenir nos sentiments pour suspects d'imposture,
    Nous départir souvent de ce qu'il nous font voir,
    Et croire qu'il n'est homme en toute la nature. (1651)

Et quand tu te convaincs de juger mieux que lui
Sacrifie à ton Dieu cette juste croyance.
Combattre une révolte où penche la raison,   610
Pour donner au bon sens une injuste prison,
C'est se faire soi-même une sainte injustice;
Et pour en venir là plus tu t'es combattu,
Plus ce Dieu qui regarde un si grand sacrifice
T'impute de mérite et t'avance en vertu.   615

On va d'un pas plus ferme à suivre qu'à conduire;
L'avis est plus facile à prendre qu'à donner :
On peut mal obéir comme mal ordonner[1];
Mais il est bien plus sûr d'écouter que d'instruire.
Je sais que l'homme est libre, et que sa volonté[2],   620
Entre deux sentiments d'une égale bonté,
Peut avec fruit égal embrasser l'un ou l'autre[3];
Mais ne point déférer à celui du prochain[4],
Quand l'ordre ou la raison parle contre le nôtre,
C'est montrer un esprit opiniâtre ou vain[5].   625

aliorum sensum audire. Si bonum est tuum sentire, et hoc ipsum propter Deum dimittis, et alium sequeris, magis exinde proficies.
Audivi enim sæpe securius esse audire et accipere consilium quam dare. Potest etiam contingere ut bonum sit uniuscujusque sentire; sed nolle aliis acquiescere, cum id ratio aut causa postulat, signum est superbiæ aut pertinaciæ.

1. *Var.* On peut mal obéir aussi bien qu'ordonner. (1651)
2. *Var.* Il peut même arriver que notre volonté. (1651)
3. *Var.* Puisse avec fruit égal embrasser l'un et l'autre. (1651)
    Var. Peut avec fruit égal embrasser l'un et l'autre. (1653-6a)
4. *Var.* Mais résister alors à celui du prochain,
    Quand la raison permet d'abandonner le nôtre. (1651)
5. *Var.* C'est montrer un esprit opiniâtre et vain. (1651 et 53 A)

CHAPITRE X[1].

QU'IL FAUT SE GARDER DE LA SUPERFLUITÉ DES PAROLES[2].

Fuis l'embarras du monde autant qu'il t'est possible[3] :
Ces entretiens du siècle ont trop d'inanité,
Et la paix y rencontre un obstacle invincible,
Lors même qu'on s'y mêle avec simplicité.

Soudain l'âme est souillée, et le cœur fait esclave[4]   630
Des vains amusements qu'ils savent nous donner ;
Leur force est merveilleuse, et pour un qui les brave
Mille à leurs faux appas[5] se laissent enchaîner.

Leur amorce flatteuse a l'art de nous surprendre ;
Le poison qu'elle glisse est aussitôt coulé ;   635
Et je voudrois souvent n'avoir pu rien entendre,
Ou n'avoir vu personne, ou n'avoir point parlé.

X. Caveas tumultum hominum, quantum potes ; multum enim impedit tractatus sæcularium gestorum, etiamsi simplici intentione proferantur.
Cito enim inquinamur vanitate, et captivamur.
Vellem me pluries tacuisse, et inter homines non fuisse.

1. Corps ou sujet de l'emblème : « Saint Bruno et ses compagnons se retirent* dans le désert de la Chartreuse pour éviter la fréquentation des hommes. » Ame ou sentence : *Caveas tumultum hominum quantum potes***. (Chapitre x, 1.)
2. *Var.* DE LA SUPERFLUITÉ DES PAROLES. (1651 et 53 A et B.) Ces éditions n'ont pas les premiers mots du titre : « Qu'il faut se garder. » — *Var.* QU'IL FAUT ÉVITER LA SUPERFLUITÉ DES PAROLES. (1653 C et 54-62) — Titre latin : *De cavenda superfluitate verborum.*
3. *Var.* Fuis l'embarras du monde autant qu'il est possible. (1670 O)
4. *Var.* Soudain l'âme est souillée, et tout le cœur esclave. (1670 O)
5. L'édition de 1670 a seule : « leur faux appas, » au singulier.

* Nos diverses éditions portent, par erreur sans doute : « se retirèrent. »
** Les deux mots *quantum potes* ne sont pas dans l'édition de 1656 D.

Qui donc fait naître en nous cette ardeur insensée,
Ce desir de parler en tous lieux épandu¹,
S'il est si malaisé que sans être blessée 640
L'âme rentre en soi-même après ce temps perdu?

N'est-ce point que chacun, de s'aider incapable,
Espère l'un de l'autre un mutuel secours,
Et que l'esprit, lassé du souci qui l'accable²,
Croit affoiblir son poids s'il l'exhale en discours³? 645

Du moins tous ces discours sur qui l'homme se jette⁴,
Son propre intérêt seul les forme et les conduit :
Il parle avec ardeur de tout ce qu'il souhaite⁵,
Il parle avec douleur de tout ce qui lui nuit.

Mais souvent c'est en vain, et cette fausse joie 650
Qu'il emprunte en passant de l'entretien d'autrui,
Repousse d'autant plus celle que Dieu n'envoie
Qu'aux esprits retirés qui n'en cherchent qu'en lui.

Sed quare tam libenter loquimur et invicem fabulamur, cum tamen raro, sine læsione conscientiæ, ad silentium redimus?
Ideo tam libenter loquimur, quia per mutuas locutiones ab invicem consolari quærimus; et cor diversis cogitationibus fatigatum optamus relevare.
Et multum libenter de his quæ multum diligimus, vel cupimus, vel quæ nobis contraria sentimus, libet loqui et cogitare.
Sed proh dolor! sæpe inaniter et frustra; nam hæc exterior consolatio interioris et divinæ consolationis non modicum detrimentum est.

1. *Var.* Ce desir indomptable et partout épandu. (1651)
2. *Var.* Et que le cœur, lassé du souci qui l'accable,
   Cherche à l'évaporer par de si vains discours? (1651)
3. *Var.* Cherche à l'évaporer pour le moins en discours?
   (1653-56 A, B et C, 59 et 62)
4. *Var.* Sans doute, et ces discours sur qui l'homme se jette. (1651-56 A)
5. *Var.* Il parle avec plaisir de tout ce qu'il souhaite.
   (1651, 53, 56 A et B, 59 et 62)

LIVRE I, CHAPITRE X.

Veillons donc, et prions, que le temps ne s'envole
Cependant que le cœur languit d'oisiveté ; 655
Ou s'il nous faut parler, qu'avec chaque parole
Il sorte de la bouche un trait d'utilité.

Le peu de soin qu'on prend de tout ce qui regarde
Ces biens spirituels dont l'âme s'enrichit [1]
Pose sur notre langue une mauvaise garde, 660
Et fait ce long abus sous qui l'homme blanchit.

Parlons, mais dans une humble et sainte conférence
Qui nous puisse acquérir cette sorte de biens.
Dieu les verse toujours par delà l'espérance,
Quand on s'unit en lui [2] par de tels entretiens [3]. 665

Ideo vigilandum est, et orandum, ne tempus otiose transeat. Si loqui licet et expedit, quæ ædificabilia sunt loquere.

Malus usus, et negligentia profectus nostri multum facit ad incustodiam oris nostri.

Juvat tamen non parum ad profectum spiritualem devota spiritualium rerum collatio, maxime ubi pares animo et spiritu in Deo sibi sociantur.

1. *Var.* Les biens spirituels dont l'âme s'enrichit. (1670 O)
2. Les éditions de 1665 et celle de 1670 ont *à lui*, pour *en lui*, que veut le latin.
3. *Var.* Quand on s'unit en lui pour de tels entretiens. (1651-58)

CHAPITRE XI[1].

QU'IL FAUT TACHER D'ACQUÉRIR LA PAIX INTÉRIEURE, ET DE PROFITER EN LA VIE SPIRITUELLE[2].

Que nous aurions de paix et qu'elle seroit forte,
Si nous n'avions le cœur qu'à ce qui nous importe,
Et si nous n'aimions point à nous brouiller l'esprit,
Ni de ce que l'on fait ni de ce que l'on dit[3] !
Le moyen qu'elle règne en celui qui sans cesse   670
Des affaires d'autrui s'inquiète et s'empresse,
Qui cherche hors de soi de quoi s'embarrasser,
Et rarement en soi tâche à se ramasser ?

C'est vous, simples, c'est vous dont l'heureuse prudence[4]
Du vrai repos d'esprit possède l'abondance ;   675
C'est par là que les saints, morts à tous ces plaisirs
Où les soins de la terre abaissent nos desirs,
N'ayant le cœur qu'en Dieu, ni l'œil que sur eux-mêmes,

XI. Multam possemus pacem habere, si non vellemus nos cum aliorum dictis et factis, et quæ ad nostram curam non spectant, occupare. Quomodo potest ille diu in pace manere qui alienis curis se intermiscet, qui occasiones forinsecus quærit, qui parum vel raro se intrinsecus colligit?
Beati simplices, quoniam multam pacem habebunt! Quare quidam sanctorum tam perfecti et contemplativi fuerunt? Quia omnino se-

---

1. Corps ou sujet de l'emblème : « La conversion de saint Augustin. » Ame ou sentence : *Resiste inclinationi tuæ, et malam dedisce consuetudinem**. (Chapitre XI, 12.)
2. *Var.* DE LA PAIX INTÉRIEURE ET DU ZÈLE DE L'AMENDEMENT. (1651 et 53 A et B) — Titre latin : *De pace acquirenda et zelo proficiendi.*
3. *Var.* Ou de ce que l'on fait ou de ce que l'on dit ! (1656 B et C, 59 et 62)
4. *Var.* Sainte simplicité, que je te trouve aimable
D'entretenir en l'homme un calme inébranlable !
C'est par toi que les saints, morts à tous ces plaisirs. (1651)

* L'édition de 1656 D donne simplement : *Malam dedisce consuetudinem.*

Élevoient l'un et l'autre aux vérités suprêmes[1],
Et qu'à les contempler bornant leur action, 680
Ils alloient au plus haut de la perfection[2].

Nous autres, asservis à nos lâches envies,
Sur des biens passagers nous occupons nos vies,
Et notre esprit se jette avec avidité
Où par leur vaine idée il est précipité. 685

C'est rarement aussi que nous avons la gloire
D'emporter sur un vice une pleine victoire :
Notre peu de courage est soudain abattu;
Nous aidons mal au feu qu'allume la vertu;
Et bien loin de tâcher qu'une chaleur si belle 690
Prenne de jour en jour une force nouvelle,
Nous laissons attiédir son impuissante ardeur,
Qui de tépidité[3] dégénère en froideur.

Si de tant d'embarras l'âme purifiée
Parfaitement en elle étoit mortifiée, 695
Elle pourroit alors, comme reine des sens,
Jusqu'au trône de Dieu porter des yeux perçants,
Et faire une tranquille et prompte expérience

ipsos mortificare ab omnibus terrenis desideriis studuerunt; et ideo totis medullis cordis Deo inhærere, atque libere sibi vacare potuerunt.

Nos nimium occupamur propriis passionibus, et de transitoriis nimis sollicitamur.

Raro etiam unum vitium perfecte vincimus, et ad quotidianum profectum non accendimur : ideo frigidi et tepidi remanemus.

Si essemus nobis ipsis perfecte mortui, et interius minime implicati, tunc possemus etiam divina sapere, et de cœlesti contemplatione aliquid experiri. Totum et maximum impedimentum est,

1. *Var.* Élèvent l'un et l'autre aux vérités suprêmes. (1651)
2. *Var.* Ils vont au plus haut point de la perfection. (1651)
3. *Tépidité*, tiédeur.

Des douceurs que sa main verse en la conscience ;
Mais l'empire des sens donne d'autres objets, 700
L'âme sert en esclave à ses propres sujets ;
Nous dédaignons d'entrer dans la parfaite voie
Que la ferveur des saints a frayée avec joie.

Le moindre coup que porte un peu d'adversité
Triomphe en un moment de notre lâcheté[1], 705
Et nous fait recourir, aveugles que nous sommes,
Aux consolations que nous prêtent les hommes.

Combattons de pied ferme en courageux soldats,
Et le secours du ciel ne nous manquera pas :
Dieu le tient toujours prêt ; et sa grâce fidèle, 710
Toujours propice aux cœurs qui n'espèrent qu'en elle,
Ne fait l'occasion du plus rude combat
Que pour nous faire vaincre avecque plus d'éclat.

Ces austères dehors qui parent une vie,
Ces supplices du corps où l'âme est endurcie, 715
Laissent bientôt finir notre dévotion
Quand ils sont tout l'effet de la religion.
L'âme, de ses défauts saintement indignée,

quia non sumus a passionibus et concupiscentiis liberi, nec perfectam sanctorum viam conamur ingredi.
   Quando etiam modicum adversitatis occurrit, nimis cito dejicimur, et ad humanas consolationes convertimur.
   Si niteremur, sicut viri fortes, stare in prælio, profecto auxilium Domini super nos videremus de cœlo. Ipse enim certantes, et de sua gratia sperantes, paratus est adjuvare : qui nobis certandi occasiones procurat, ut vincamus.
   Si tantum in istis exterioribus observantiis profectum religionis

1. *Var.* Triomphe pleinement de notre lâcheté,
   Et nous fait recourir, insensés que nous sommes,
   Aux consolations qui nous viennent des hommes. (1651)

Doit jusqu'à la racine enfoncer la cognée,
Et ne sauroit jouir d'une profonde paix, 720
A moins que d'arracher jusques à ses souhaits.

Qui pourroit s'affermir dans un saint exercice[1]
Qui du cœur tous les ans déracinât un vice,
Cet effort, quoique lent, de sa conversion
Arriveroit bientôt à la perfection ; 725
Mais nous n'avons, hélas ! que trop d'expérience
Qu'ayant traîné vingt ans l'habit de pénitence,
Souvent ce lâche cœur a moins de pureté
Qu'à son noviciat il n'avoit apporté.

Le zèle cependant chaque jour devroit croître, 730
Profiter de l'exemple et de l'emploi du cloître,
Au lieu que chaque jour sa vigueur s'alentit,
Sa fermeté se lasse, et son feu s'amortit ;
Et l'on croit beaucoup faire aux dernières années[2]
D'avoir un peu du feu des premières journées[3]. 735

ponimus, cito finem habebit devotio nostra; sed ad radicem securim ponamus, ut purgati a passionibus, pacificam mentem possideamus.

Si omni anno unum vitium extirparemus, cito viri perfecti efficeremur; sed modo e contrario sæpe sentimus, ut meliores et puriores in initio conversionis nos fuisse inveniamus, quam post multos annos professionis.

Fervor et profectus noster quotidie deberet crescere; sed nunc pro magno videtur, si quis primi fervoris partem possit retinere.

1. *Var.* Qui pourroit en son cœur, de force ou d'artifice,
   Tous les ans seulement déraciner un vice,
   A la perfection pourroit tôt arriver ;
   Mais le contraire, hélas ! se fait trop éprouver :
   Un profès de vingt ans, de trente, de quarante,
   Souvent a dans sa règle une âme moins fervente,
   Plus de volonté propre, et moins de pureté. (1651)
2. *Var.* Et c'est beaucoup qu'on garde aux dernières années
   Un peu de la chaleur des premières journées. (1651)
3. *Var.* D'avoir un peu de feu des premières journées. (1653 C et 56 A)

Faisons-nous violence, et vainquons-nous d'abord;
Tout deviendra facile après ce peu d'effort.
Je sais qu'aux yeux du monde il doit paroître rude[1]
De quitter les douceurs d'une longue habitude;
Mais puisqu'on trouve encor plus de difficulté 740
A dompter pleinement sa propre volonté[2],
Dans les choses de peu si tu ne te commandes,
Dis, quand te pourras-tu surmonter dans les grandes[3]?

Résiste dès[4] l'entrée aux inclinations
Que jettent dans ton cœur tes folles passions; 745
Vois combien ces douceurs enfantent d'amertumes[5];
Dépouille entièrement tes mauvaises coutumes;
Leur appas[6] dangereux, chaque fois qu'il surprend,
Forme insensiblement un obstacle plus grand.

Enfin règle ta vie; et vois, si tu te changes[7], 750
Que de paix en toi-même, et que de joie aux anges!
Ah! si tu le voyois, tu serois plus constant

    Si modicam violentiam nobis faceremus in principio, tunc postea cuncta possemus facere cum levitate et gaudio. Grave est assueta dimittere; sed gravius est contra propriam voluntatem ire. Sed si non vincis parva et levia, quando superabis difficiliora?
    Resiste in principio inclinationi tuæ, et malam dedisce consuetudinem, ne forte paulatim in majorem te ducat difficultatem.
    O si adverteres quantam tibi pacem et aliis lætitiam faceres te

1. *Var.* Je sais qu'il est fâcheux, je sais qu'il est bien rude
De quitter, de bannir une douce habitude. (1651)
2. *Var.* A vaincre, à captiver sa propre volonté,
Dans les choses de peu, si tu ne te surmontes,
Quand arrivera-t-il qu'aux grandes tu te domptes? (1651)
3. *Var.* Dis-moi, quand pourras-tu te vaincre dans les grandes? (1653-56 A)
4. L'édition de 1670 a *dans*, au lieu de *dès*.
5. *Var.* Vois ce que leurs douceurs enfantent d'amertumes;
Oublie entièrement tes mauvaises coutumes. (1651)
6. Voyez tome I, p. 148, note 3.
7. *Var.* Règle mieux ta conduite; et vois, si tu la changes,
Combien de paix en toi, combien de joie aux anges! (1651)

A courir sans relâche au bonheur qui t'attend;
Tu prendrois plus de soin de nourrir en ton âme[1]
La sainte et vive ardeur d'une céleste flamme, 755
Et tâchant de l'accroître à toute heure, en tout lieu,
Chaque instant de tes jours seroit un pas vers Dieu.

CHAPITRE XII[2].

DES UTILITÉS DE L'ADVERSITÉ[3].

Il est bon quelquefois de sentir des traverses
    Et d'en éprouver la rigueur;
Elles rappellent l'homme au milieu de son cœur, 760
Et peignent à ses yeux ses misères diverses :
    Elles lui font clairement voir
    Qu'il n'est qu'en exil en ce monde,
Et par un prompt dégoût empêchent qu'il n'y fonde[4]
    Ou son amour ou son espoir. 765

ipsum bene habendo, puto quod sollicitior esses ad spiritualem profectum!
  XII. Bonum nobis est quod aliquando habeamus aliquas gravitates et contrarietates, quia sæpe hominem ad cor revocant, quatenus se in exilio esse cognoscat, nec spem suam in aliqua re mundi ponat.

  1. *Var.* Tu prendrois plus de soin de nourrir dans ton âme.
                                                  (1651-56 B, 59, 62 et 65)
  2. Corps ou sujet de l'emblème : « Le roi Ézéchias, averti de sa mort par le prophète Isaïe, se retourne si fortement à Dieu qu'il obtient* encore quinze ans de vie. » Ame ou sentence : *Bonum est quod habeamus aliquando aliquas gravitates.* (Chapitre XII, 1.)
  3. *Var.* DU PROFIT DE L'ADVERSITÉ. (1651 et 53 A) — Titre latin : *De utilitate adversitatis.*
  4. *Var.* Et le retienment qu'il n'y fonde. (1651)
  — Dans l'édition de 1651, l'avant-dernier vers de chaque strophe est, au lieu d'un alexandrin, un vers de huit syllabes.

* Tel est le texte de l'édition de 1656 D seule. Les autres ont, par erreur sans doute : « qu'il obtint. »

Il est avantageux qu'on blâme, qu'on censure
    Nos plus sincères actions,
Qu'on prête des couleurs à nos intentions
Pour en faire une fausse et honteuse peinture :
    Le coup de cette indignité[1]   770
    Rabat en nous la vaine gloire,
Dissipe ses vapeurs, et rend à la mémoire[2]
    Le souci de l'humilité.

Cet injuste mépris dont nous couvrent les hommes
    Réveille un zèle languissant,   775
Et pousse nos soupirs aux pieds du Tout-Puissant[3],
Qui voit notre pensée, et sait ce que nous sommes :
    La conscience en ce besoin
    Y cherche aussitôt son refuge,
Et sa juste douleur l'appelle pour seul juge[4],   780
    Comme il en est le seul témoin.

Aussi l'homme devroit s'affermir en sa grâce,
    S'unir à lui parfaitement,
Pour n'avoir plus besoin du vain soulagement

Bonum nobis est quod patiamur quandoque contradictiones, et quod male et imperfecte de nobis sentiatur, etiam si bene agimus et intendimus. Ista sæpe juvant ad humilitatem, et a vana gloria nos defendunt.

Tunc enim melius interiorem testem Deum quærimus, quando foris vilipendimur ab hominibus, et non bene nobis creditur.

Ideo deberet se homo in Deo totaliter firmare, ut non esset ei necesse multas humanas consolationes quærere.

---

1. *Var.*   Cette heureuse malignité
               Nous défend de la vaine gloire. (1651-56 A)
2. *Var.*   Et rejette en notre mémoire. (1651)
     Var. En rabat les vapeurs, et rend à la mémoire. (1653-56 A)
3. *Var.*   Et porte nos douleurs aux pieds du Tout-Puissant. (1651)
4. *Var.*   Et le demande pour seul juge. (1651)

Qu'au défaut du solide à toute heure il embrasse : 785
  Il cesseroit d'avoir recours
  Aux consolations humaines,
Si contre la rigueur de ses plus rudes peines[1]
  Il voyoit un si prompt secours.

Lorsque l'âme du juste est vivement pressée 790
  D'une imprévue affliction[2],
Qu'elle sent les assauts de la tentation,
Ou l'effort insolent d'une indigne pensée,
  Elle voit mieux qu'un tel appui
  A sa foiblesse est nécessaire, 795
Et que quoi qu'elle fasse, elle ne peut rien faire[3]
  Ni de grand'ni de bon sans lui.

Alors elle gémit, elle pleure, elle prie,
  Dans un destin si rigoureux[4];
Elle importune Dieu pour ce trépas heureux 800
Qui la doit affranchir d'une ennuyeuse vie;
  Et la soif des souverains biens[5],
  Que dans le ciel fait sa présence,
Forme en elle une digne[6] et sainte impatience[7]
  De rompre ses tristes liens. 805

Quando homo bonæ voluntatis tribulatur, vel tentatur, aut malis cogitationibus affligitur, tunc Deum sibi magis necessarium intelligit, sine quo nihil boni se posse deprehendit.
Tunc etiam tristatur, gemit, et orat pro miseriis quas patitur. Tunc

1. *Var.*   Alors que dans toutes ses peines
            Il verroit un si prompt secours. (1651)
2. *Var.*   Du coup de quelque affliction. (1651-65)
   Var.   D'une sensible affliction. (1670 O)
3. *Var.*   Et qu'elle ne sauroit rien faire. (1651)
4. *Var.*   Et dans son destin rigoureux. (1651)
5. *Var.*   Tant la soif des souverains biens. (1651)
6. L'édition de 1670 porte, par erreur, *indigne*, pour *digne*.
7. *Var.*   Forme en elle d'impatience. (1651)

Alors elle aperçoit combien d'inquiétudes
  Empoisonnent tous nos plaisirs,
Combien de prompts revers troublent tous nos desirs,
Combien nos amitiés trouvent d'ingratitudes,
  Et voit avec plus de clarté   810
    Qu'on ne rencontre point au monde
Ni de solide paix, ni de douceur profonde¹,
  Ni de parfaite sûreté.

CHAPITRE XIII².

DE LA RÉSISTANCE AUX TENTATIONS³.

Tant que le sang bout dans nos veines,
Tant que l'âme soutient le corps,   815
Nous avons à combattre et dedans et dehors
  Les tentations et les peines.
Aussi, toi qui mis tant de maux
  Au-dessous de ta patience,
Toi qu'une sainte expérience⁴   820
Endurcit à tous leurs assauts,

tædet eum diutius vivere, et mortem optat venire, ut possit dissolvi et cum Christo esse.

Tunc enim bene advertit perfectam securitatem et plenam pacem in mundo non posse constare.

XIII. Quamdiu in mundo vivimus, sine tribulatione et tentatione esse non possumus. Unde in Job scriptum est : « Tentatio est vita hominis super terram. »

---

1. *Var.*   Ni de paix entière et profonde. (1651)
2. Corps ou sujet de l'emblème : « Job dans la souffrance. » Ame ou sentence : *In tentationibus homo humiliatur, purgatur et eruditur**. (Chapitre XIII, 3.)
3. Titre latin : *De tentationibus reprimendis*.
4. *Var.*   Et qu'une sainte expérience. (1651 et 56 A)

* L'édition de 1656 D omet les premiers mots : *In tentationibus homo*.

LIVRE I, CHAPITRE XIII.

Job, tu l'as souvent dit[1] que l'homme sur la terre[2]
Trouvoit toute sa vie une immortelle guerre.

  Il doit donc en toute saison
   Tenir l'œil ouvert sur soi-même[3],   825
Et sans cesse opposer à ce péril extrême
   La vigilance et l'oraison :
   Ainsi jamais il n'est la proie
   Du lion toujours rugissant,
   Qui pour surprendre l'innocent,   830
   Tout à l'entour de lui tournoie[4],
Et ne dormant jamais, dévore sans tarder
Ce qu'un lâche sommeil lui permet d'aborder[5].

   Dans la retraite la plus sainte[6]
   Il n'est si haut détachement   835
Qui des tentations affranchi pleinement
   N'en sente quelquefois l'atteinte ;
   Mais il en demeure ce fruit

  Ideo unusquisque sollicitus esse deberet circa tentationes suas, et vigilare in orationibus, ne diabolus locum inveniret decipiendi, qui nunquam dormitat, sed circuit quærens quem devoret.
  Nemo tam perfectus est et sanctus, qui non habeat aliquando tentationes : et plene eis carere non possumus. Sunt tamen tentationes

---

1. *Job*, chapitre VII, verset 1.
2. *Var.* Job, tu disois souvent que l'homme sur la terre
  Trouve, au lieu d'une vie, une immortelle guerre. (1651)
3. *Var.*   Tenant l'œil ouvert sur soi-même,
  Opposer sans relâche à ce péril extrême. (1651-56 A)
4. *Var.* Sans cesse autour de lui tournoie. (1651-56 A)
5. *Var.* Tout ce que le sommeil lui permet d'aborder. (1651-56 A)
6. *Var.*   Non, il n'est point d'âme si sainte,
   D'homme dans la vertu blanchi,
  Qui des tentations pleinement affranchi
    [N'en sente quelquefois l'atteinte ;]
    Mais son âme en tire ce fruit,
    Que plus elle en est assaillie,
    Plus leur attaque l'humilie. (1651-56 A)

Dans une âme bien recueillie,
Que leur attaque l'humilie, 840
Leur combat la purge et l'instruit[1] :
Elle en sort glorieuse, elle en sort couronnée,
Et plus humble, et plus nette, et plus illuminée.

Par là tous les saints sont passés :
Ils ont fait profit des traverses ; 845
Les tribulations, les souffrances diverses,
Jusques au ciel les ont poussés.
Ceux qui suivent si mal leur trace
Qu'ils tombent sous les moindres croix,
Accablés qu'ils sont de leur poids ; 850
Ne remontent point vers la grâce ;
Et la tentation qui les a captivés
Les mène triomphante entre les réprouvés.

Elle va partout, à toute heure :
Elle nous suit dans le désert ; 855
Le cloître le plus saint lui laisse accès ouvert
Dans sa plus secrète demeure.
Esclaves de nos passions
Et nés dans la concupiscence,
Le moment de notre naissance 860
Nous livre aux tribulations,

homini sæpe valde utiles, licet molestæ sint et graves, quia in iis homo humiliatur, purgatur et eruditur.

Omnes sancti per multas tribulationes et tentationes transierunt et profecerunt ; et qui bene tentationes sustinere nequiverunt, reprobi facti sunt et defecerunt.

Non est aliquis ordo tam sanctus, nec locus tam secretus, ubi non sint tentationes, vel adversitates. Non est homo securus a tentationibus totaliter, quamdiu vixerit, quia in nobis est unde tentamur, ex quo in concupiscentia nati sumus.

1. *Var.* Elle la purge, elle l'instruit. (1651-56 A et 70 O)

Et nous portons en nous l'inépuisable source
D'où prennent tous nos maux leur éternelle course.

   Vainquons celle qui vient s'offrir,
   Soudain une autre[1] lui succède;   865
Notre premier repos est perdu sans remède[2],
   Nous avons toujours à souffrir :
   Le grand soin dont on les évite
   Souvent y plonge plus avant;
   Tel qui les craint court au-devant,   870
   Tel qui les fuit s'y précipite;
Et l'on ne vient à bout de leur malignité
Que par la patience et par l'humilité.

   C'est par elles qu'on a la force
   De vaincre de tels ennemis;   875
Mais il faut que le cœur, vraiment humble et soumis,
   Ne s'amuse point à l'écorce.
   Celui qui gauchit tout autour[3]
   Sans en arracher la racine,
   Alors même qu'il les décline,   880
   Ne fait que hâter leur retour[4];

Una tentatione seu tribulatione recedente, alia supervenit; et semper aliquid ad patiendum habemus; nam bonum felicitatis nostræ perdidimus. Multi quærunt tentationes fugere, et gravius incidunt in eas. Per solam fugam non possumus vincere; sed per patientiam et veram humilitatem omnibus hostibus efficimur fortiores.

Qui tantummodo exterius declinat, nec radicem evellit, parum proficiet : imo citius ad eum tentationes accedent, et pejus sentiet.

1. Il y a *un autre* dans l'édition de 1662 : voyez tome I, p. 228, note 3-*a*.
2. *Var.* Notre premier bonheur est perdu sans remède. (1651 et 53 A et B)
3. *Var.*   Celui qui gauchit au dehors. (1651-56 A)
4. *Var.*   Redouble et hâte leurs efforts. (1651-56 A)

Il en devient plus foible, et lui-même se blesse
De tout ce qu'il choisit pour armer sa foiblesse.

  Le grand courage en Jésus-Christ[1]
  Et la patience en nos peines   885
Font plus avec le temps que les plus rudes gênes
  Dont se tyrannise un esprit.
  Quand la tentation s'augmente,
  Prends conseil à chaque moment,
  Et loin de traiter rudement   890
  Le malheureux qu'elle tourmente,
Tâche à le consoler et lui servir d'appui
Avec même douceur que tu voudrois de lui.

  Notre inconstance est le principe
  Qui nous en accable en tout lieu[2];   895
Le peu de confiance en la bonté de Dieu
  Empêche qu'il ne les dissipe.
  Telle qu'un vaisseau sans timon,
  Le jouet des fureurs de l'onde,
  Une âme lâche dans le monde   900
  Flotte à la merci du démon;

Paulatim, et per patientiam cum longanimitate (Deo juvante) melius superabis, quam cum duritia et importunitate propria. Sæpius accipe consilium in tentatione, et cum tentato noli duriter agere; sed consolationem ingere, sicut tibi optares fieri.

Initium omnium malarum tentationum, inconstantia animi, et parva ad Deum confidentia, quia sicut navis sine gubernaculo hinc et inde a fluctibus impellitur, ita homo remissus, et suum propositum deserens, varie tentatur.

1. *Var.*   La patience en Jésus-Christ
      Et le grand courage en nos peines. (1670 O)
2. L'édition de 1670 donne ainsi ce vers :
      Qui nous accable en tout lieu.
Cette faute a été reproduite par les éditions de 1676 et de 1693.

LIVRE I, CHAPITRE XIII.

Et tous ces bons propos qu'à toute heure elle quitte[1]
L'abandonnent aux vents dont sa fureur l'agite[2].

  La flamme est l'épreuve du fer,
  La tentation l'est des hommes : 905
Par elle seulement on voit ce que nous sommes,
  Et si nous pouvons triompher.
  Lorsqu'à frapper elle[3] s'apprête[4],
  Fermons-lui la porte du cœur :
  On en sort aisément vainqueur, 910
  Quand dès l'abord on lui fait tête[5] ;
Qui résiste trop tard a peine à résister,
Et c'est au premier pas qu'il la faut arrêter.

  D'une foible et simple pensée[6]
  L'image forme un trait puissant : 915
Elle flatte, on s'y plaît ; elle émeut, on consent ;
  Et l'âme en demeure blessée :

Ignis probat ferrum, et tentatio hominem justum. Nescimus sæpe quid possumus; sed tentatio aperit quid sumus. Vigilandum tamen præcipue est circa initium tentationis, quia tunc facilius hostis vincitur, si ostium mentis nullatenus intrare sinitur, sed extra limen, statim ut pulsaverit, illi obviatur : unde quidam* dixit :

Principiis obsta, sero medicina paratur.

Nam primo occurrit menti simplex cogitatio, deinde fortis imaginatio, postea delectatio, et motus pravus, et assensio ; sicque paula-

---

1. *Var.* Quittant un bon propos le gouvernail se quitte.
            (1651-56 A, B et C, 59 et 62)
2. *Var.* Et la laisse exposée aux vents dont il l'agite. (1651)
 Var. Et l'abandonne aux vents dont sa fureur l'agite.
            (1653-56 A, B et C, 59 et 62)
3. L'édition de 1670 porte par erreur *il*, pour *elle*.
4. *Var.* Dès qu'à frapper elle s'apprête. (1651 et 53 A et B)
5. *Var.* Quand dès l'entrée on lui fait tête. (1651-56 A)
6. *Var.* D'une simple et foible pensée. (1670 O)

* Ovide, *Remedia amoris*, vers 91.

Ainsi notre fier ennemi
Se glisse au dedans et nous tue¹,
Quand l'âme, soudain abattue, 920
Ne lui résiste qu'à demi ;
Et dans cette langueur pour peu qu'il l'entretienne,
Des forces qu'elle perd il augmente la sienne.

L'assaut de la tentation
Ne suit pas le même ordre en toutes ; 925
Elle prend divers temps et tient diverses routes
Contre notre conversion.
A l'un soudain elle se montre²,
Elle attend l'autre vers la fin ;
D'un autre le triste destin 930
Presque à tous moments la rencontre³ :
Son coup est pour les uns rude, ferme, pressant ;
Pour les autres, débile, et mol, et languissant.

C'est ainsi que la Providence,
Souffrant cette diversité, 935
Par une inconcevable et profonde équité,
Met ses bontés en évidence :
Elle voit la proportion

tim ingreditur hostis malignus ex toto, dum illi non resistitur in principio ; et quanto diutius ad resistendum quis torpuerit, tanto in se quotidie debilior fit, et hostis contra eum potentior.
    Quidam in principio conversionis suæ graviores tentationes patiuntur ; quidam autem in fine. Quidam vero quasi per totam vitam suam male habent. Nonnulli satis leniter tentantur.
    Secundum divinæ ordinationis sapientiam et æquitatem, quæ sta-

1. *Var.*   Glisse tout entier, et nous tue,
            Quand d'abord notre âme abattue. (1651)
2. *Var.*   Elle attaque l'un dès l'entrée. (1651)
  Var.   A l'un d'abord elle se montre. (1653-56 A)
3. *Var.*   A tous moments l'a rencontrée. (1651)

Des forces grandes et petites[1];
Elle sait peser les mérites,   940
Le sexe, la condition;
Et sa main, se réglant sur ces diverses causes,
Au salut des élus prépare toutes choses.

Ainsi ne désespérons pas,
Quand la tentation redouble;   945
Mais redoublons plutôt nos ferveurs dans ce trouble,
Pour offrir à Dieu nos combats;
Demandons-lui qu'il nous console[2].
Qu'il nous secoure en cet ennui :
Saint Paul nous l'a promis pour lui[3];   950
Il dégagera sa parole,
Et tirera pour nous ce fruit de tant de maux,
Qu'ils rendront notre force égale à nos travaux.

Quand il nous en donne victoire,
Exaltons sa puissante main,   955
Et nous humilions sous le bras souverain
Qui couronne l'humble de gloire.
C'est dans les tribulations
Qu'on voit combien l'homme profite,

tum et merita hominum pensat, et cuncta ad electorum suorum salutem præordinat.

Ideo non debemus desperare, cum tentamur, sed eo ferventius Deum exorare, quatenus nos in omni tribulatione dignetur adjuvare : qui utique, secundum dictum sancti Pauli, talem faciet cum tentatione proventum, ut possimus sustinere.

Humiliemus ergo animas nostras sub manu Dei, in omni tentatione et tribulatione, quia humiles spiritu salvabit, et exaltabit. In

---

1. *Var.*   Des forces grandes ou petites. (1651-65 A)
2. *Var.*   Supplions Dieu qu'il nous console,
              Qu'il nous secoure en notre ennui. (1670 O)
3. *Épître I aux Corinthiens*, chapitre x, verset 13.

>   Et la grandeur de son mérite 960
>   Ne paroît qu'aux tentations ;
> Par elles sa vertu plus vivement éclate,
> Et l'on doute d'un cœur jusqu'à ce qu'il combatte[1].
>
>   Sans grand miracle on est fervent,
>   Tant qu'on ne sent point de traverse ; 965
> Mais qui sans murmurer souffre un coup qui le perce[2]
>   Peut aller encor plus avant.
>   Tel dompte avec pleine constance
>   La plus forte tentation,
>   Que la plus foible occasion 970
>   Trouve à tous coups sans résistance,
> Afin qu'humilié de s'en voir abattu
> Jamais il ne s'assure en sa propre vertu.

tentationibus et tribulationibus probatur homo, quantum profecit ; et ibi majus meritum existit, et virtus melius patescit.

Nec magnum est si homo devotus sit et fervidus, cum gravitatem non sentit ; sed si tempore adversitatis patienter se sustinet, spes magni profectus erit. Quidam a magnis tentationibus custodiuntur, et in parvis quotidianis sæpe vincuntur, ut humiliati, nunquam de se ipsis in magnis confidant, qui in tam modicis infirmantur.

1. Corneille avait déjà dit dans *Polyeucte* (acte I, scène III, vers 167 et 168) :

> Ce n'est qu'en ces assauts qu'éclate la vertu,
> Et l'on doute d'un cœur qui n'a point combattu.

2. *Var.* Mais qui sans murmurer souffre ce qui le perce. (1651 et 53 A)

CHAPITRE XIV[1].

QU'IL FAUT ÉVITER LE JUGEMENT TÉMÉRAIRE[2].

 Fais réflexion sur toi-même,
 Et jamais ne juge d'autrui :   975
 Qui s'empresse à juger de lui
 S'engage en un péril extrême ;
 Il travaille inutilement,
 Il se trompe facilement,
 Et plus facilement offense ;   980
Mais celui qui se juge, heureusement s'instruit[3]
A purger de péché ce qu'il fait, dit ou pense[4],
Se trompe beaucoup moins, et travaille avec fruit[5].

 Souvent le jugement se porte

XIV. Ad te ipsum oculos reflecte, et aliorum facta caveas judicare. In judicando alios, homo frustra laborat, sæpius errat, et leviter peccat; seipsum vero judicando et discutiendo semper fructuose laborat.

Sicut nobis res cordi est, sic de ea frequenter judicamus; nam verum judicium propter privatum amorem faciliter perdimus. Si Deus

---

1. Corps ou sujet de l'emblème : « Saint Vitalian passe sa vie à hanter des femmes publiques pour les convertir, et est tenu pour un grand pécheur jusques à sa mort. » Ame ou sentence : *Aliorum facta caveas judicare**. (Chapitre XIV, 1.)
2. *Var.* DU JUGEMENT TÉMÉRAIRE. (1651 et 53 A et B) — *Var.* QU'IL NE FAUT PAS JUGER TÉMÉRAIREMENT. (1653 C, 54-56, 59 et 62) — *Var.* QU'IL NE FAUT PAS JUGER TÉMÉRAIREMENT, NI S'ATTACHER A SON PROPRE SENS. (1658) — Titre latin : *De temerario judicio vitando.*
3. *Var.* Mais qui s'ose juger est d'autant mieux instruit,
 Qu'il purge de péché ce qu'il fait, ce qu'il pense. (1651)
4. *Var.* A purger de péché ce qu'il fuit, dit et pense. (1653 A)
5. *Var.* Se trompe rarement et travaille avec fruit. (1651-56 A)

* L'édition de 1656 D donne ces autres mots du même verset : *In judicando alios homo sæpius errat.* Voici quel est, dans cette même édition, le texte du sujet de l'emblème : « Saint Vitalian hante des femmes publiques pour les convertir, et à cause de cela passe pour un grand pécheur. »

>   Selon que la chose nous plaît ;   985
>   L'amour-propre est un intérêt
>   Sous qui notre raison avorte.
>   Si des souhaits que nous faisons[1],
>   Des pensers où nous nous plaisons,
>   Dieu seul étoit la pure idée,   990
> Nous aurions moins de trouble et serions plus puissants
> A calmer dans notre âme, ici-bas obsédée,
> La révolte secrète où l'invitent nos sens.
>
>   Mais souvent, quand Dieu nous appelle,
>   En vain son joug nous semble doux ;   995
>   Quelque charme au dedans de nous
>   Fait naître un mouvement rebelle ;
>   Souvent quelque attrait du dehors
>   Résiste aux amoureux efforts
>   De la grâce en nous épandue,   1000
> Et nous fait, malgré nous, tellement balancer,
> Qu'entre nos sens et Dieu notre âme suspendue
> Perd le temps d'y répondre, et ne peut avancer.

semper esset pura intentio nostri desiderii, non tam faciliter turbaremur pro resistentia sensus nostri.
   Sed sæpe aliquid ab intra latet, vel etiam ab extra concurrit, quod nos etiam pariter trahit.

1. *Var.*   Cherchons Dieu dans tous nos desirs,
            Nous aurons moins de déplaisirs
            Lorsqu'à notre sens on s'oppose.
     Mais souvent le dedans a des charmes cachés,
     Et souvent le dehors y mêle quelque chose
     Qui nous tire, nous traîne, et nous tient attachés (*a*). (1651)

   (*a*) Dans l'édition de 1651, cette strophe traduit les deux paragraphes latins : *Sicut nobis*, etc., et *Sed sæpe aliquid*, etc. La strophe III :
            Mais souvent quand Dieu nous appelle,
a paru pour la première fois dans l'édition de 1653.

LIVRE I, CHAPITRE XIV.

    Plusieurs de sorte se déçoivent[1]
    En l'examen de ce qu'ils sont,   1005
    Qu'ils se cherchent en ce qu'ils font,
    Sans même qu'ils s'en aperçoivent :
    Ils semblent en tranquillité[2],
    Tant que ce qu'ils ont projeté[3]
    Succède comme ils l'imaginent;   1010
Mais si l'événement remplit mal leurs souhaits,
Ils s'émeuvent soudain, soudain ils se chagrinent,
Et ne gardent plus rien de leur première paix.

    Ainsi, par des avis contraires[4],
    L'amour de nos opinions   1015
    Enfante les divisions
    Entre les amis et les frères;
    Ainsi les plus religieux[5]
    Par ce zèle contagieux
    Se laissent quelquefois séduire;   1020
Ainsi tout vieil usage est fâcheux à quitter[6];
Ainsi personne n'aime à se laisser conduire

    Multi occulte seipsos quærunt in rebus quas agunt, et nesciunt. Videntur etiam in bona pace stare, quando res pro eorum velle fiunt, et sentire : si autem aliter fit quam cupiunt, cito moventur et tristes fiunt.
    Propter diversitatem sensuum et opinionum, satis frequenter oriuntur dissensiones inter amicos et cives, inter religiosos et devotos. Antiqua consuetudo difficulter relinquitur; et ultra proprium videre nemo libenter ducitur.

    1. *Var.*   Plusieurs de sorte s'y déçoivent,
                  Que toutes leurs affections
                  Se cherchent en leurs actions. (1651-56 A)
    2. *Var.*   Ils ont pleine tranquillité. (1651-56 A)
    3. *Var.*   Que tout ce qu'ils ont projeté. (1662)
    4. *Var.*   Parmi des sentiments contraires. (1651)
    5. *Var.*   Les dévots, les religieux. (1651)
    6. *Var.*   Une vieille habitude est fâcheuse à quitter,
                  Et personne aisément ne se laisse conduire. (1651)

Plus avant que ses yeux ne sauroient se porter.

>Que si ta raison s'autorise[1]
> A plus appuyer ton esprit   1025
>Que la vertu que Jésus-Christ
>Demande à ses ordres soumise,
>Tu sentiras fort rarement
>Éclairer ton entendement,
>Et par des lumières tardives :   1030

Dieu veut un cœur entier qui n'ait point d'autre appui,
Et que d'un saint amour les flammes toujours vives
Par-dessus la raison s'élèvent jusqu'à lui.

CHAPITRE XV[2].

DES OEUVRES FAITES PAR LA CHARITÉ[3].

Le mal n'a point d'excuse ; il n'est espoir, surprise[4],
Intérêt, amitié, faveur, crainte, malheurs,   1035
    Dont le pouvoir nous autorise
A rien faire ou penser qui porte ses couleurs.

    Si rationi tuæ magis inniteris vel industriæ, quam virtuti subjectivæ Jesu-Christi, raro et tarde eris homo illuminatus : quia Deus vult nos sibi perfecte subjici, et omnem rationem per inflammatum amorem transcendere.
    XV. Pro nulla re mundi, et pro nullius hominis dilectione, aliquod malum est faciendum ;

---

  1. *Var.*   Si ton propre sens s'autorise. (1651)
  2. Corps ou sujet de l'emblème : « La Madeleine aux pieds de Jésus-Christ chez Simon le lépreux. » Ame ou sentence : *Multum facit qui multum diligit.* (Chapitre xv, 6.)
  3. Titre latin : *De operibus ex caritate factis.*
  4. *Var.* Le mal est toujours mal, et pour chose du monde,
    Ni pour homme vivant, ni dans aucuns malheurs,
        Il ne faut point qu'aucun se fonde. (1651-56 A)

LIVRE I, CHAPITRE XV.

Non, il n'en faut souffrir l'effet ni la pensée[1];
Mais quand on voit qu'un autre a besoin de secours,
    D'une bonne œuvre commencée   1040
On peut, pour le servir, interrompre le cours.

Une bonne action a toujours grand mérite[2],
Mais pour une meilleure il nous la faut quitter[3] :
    C'est sans la perdre qu'on la quitte,
Et cet échange heureux nous fait plus mériter.   1045

La plus haute pourtant n'attire aucune grâce[4],
Si par la charité son effet n'est produit;
    Mais la plus foible et la plus basse,
Partant de cette source, est toujours de grand fruit.

Ce grand juge des cœurs perce d'un œil sévère   1050

    Sed pro utilitate tamen indigentis, opus bonum libere aliquando intermittendum est,
    Aut etiam pro meliori mutandum. Hoc enim facto, opus bonum non destruitur, sed in melius commutatur.
    Sine caritate opus externum nihil prodest : quidquid autem ex caritate agitur, quantumcumque etiam parvum sit et despectum, totum fructuosum efficitur;

---

1. *Var.* Le bien est toujours bien; sans cesse il en faut faire,
  Y mettre tout son cœur, y porter tout son soin;
      Mais il est bon qu'on le diffère
 Pour secourir autrui, quand il en a besoin. (1651)
 Var. Non tu n'en dois souffrir l'effet ni la pensée;
 Mais quand tu vois qu'un autre a besoin de secours,
    [D'une bonne œuvre commencée]
 Tu peux, pour le servir, interrompre le cours. (1653-56 A)
2. *Var.* Une bonne action, quoique de grand mérite,
 Doit pour une meilleure aussitôt se quitter. (1651)
3. *Var.* Mais pour une meilleure elle se doit quitter.
                          (1653-56 A, B et C, 59 et 62)
 Var. Mais pour servir un autre il nous la faut quitter. (1670 O)
4. *Var.* La plus haute, après tout, n'attire aucune grâce. (1670 O)

Les plus secrets motifs de nos intentions,
    Et sa justice considère
Ce qui nous fait agir, plus que nos actions.

Celui-là fait beaucoup en qui l'amour est forte,
Celui-là fait beaucoup qui fait bien ce qu'il fait, 1055
    Celui-là fait bien qui se porte
Plus au bien du commun qu'à son propre souhait.

Mais souvent on s'y trompe; et ce qu'on pense n'être
Qu'un véritable effet de pure charité [1],
    Aux yeux qui savent tout connoître, 1060
Porte un mélange impur de sensualité.

De notre volonté la pente naturelle,
L'espoir de récompense, ou d'accommodement,
    Ou quelque affection charnelle,
Souvent tient même route, et le [2] souille aisément. 1065

L'homme vraiment rempli de charité parfaite
Avecque son desir sait comme il faut marcher :
    En l'embrassant il le rejette,
Et va de son côté sans jamais le chercher.

> Magis siquidem Deus pensat ex quanto quis agit, quam quantum facit.
> Multum facit, qui multum diligit. Multum facit, qui rem bene facit. Bene facit, qui magis communitati, quam suæ voluntati servit.
> Sæpe videtur esse caritas, et est magis carnalitas;
> Quia naturalis inclinatio, propria voluntas, spes retributionis, affectus commoditatis, raro abesse solent.
> Qui veram et perfectam caritatem habet, in nulla re seipsum quærit;

1. *Var.* Qu'un véritable effet de pleine charité. (1651-56, 59 et 62)
2. Les éditions de 1659 et de 1662 donnent, par erreur, *se*, pour *le*.

Il le fuit[1] comme sien, et fait ce qu'il demande   1070
Quand la gloire de Dieu par là se fait mieux voir;
    Et voulant ce que Dieu commande,
Il n'obéit qu'à Dieu quand il suit ce vouloir.

A personne jamais il ne porte d'envie,
Parce que sur la terre il ne recherche rien[2],   1075
    Et que son âme, en Dieu ravie,
Ne fait point d'autres vœux, ne veut point d'autre bien.

D'aucun bien à personne il ne donne la gloire,
Pour mieux tout rapporter à cet être divin,
    Et ne perd jamais la mémoire   1080
Qu'il est de tous les biens le principe et la fin;

Que c'est par le secours de sa toute-puissance
Que nous pouvons former un vertueux propos,
    Et que c'est par sa jouissance
Que les saints dans le ciel goûtent un plein repos.   1085

Oh! qui pourroit avoir une seule étincelle[3]
De cette véritable et pure charité,

    Sed Dei solummodo gloriam in omnibus fieri desiderat.
    Nulli etiam invidet, quia nullum privatum gaudium amat; nec in seipso vult gaudere, sed in Deo, super omnia bona, optat beatificari.
    Nemini aliquid boni attribuit, sed totaliter ad Deum refert, a quo fontaliter omnia procedunt,
    In quo finaliter omnes sancti fruibiliter quiescunt.
    O qui scintillam haberet veræ caritatis, profecto omnia terrena sentiret plena fore vanitatis!

---

1. Les éditions de 1659, de 1662 et de 1665 B portent *suit*, au lieu de *fuit*; c'est sans doute encore une erreur.
2. *Var.* Parce qu'il ne souhaite aucun contentement,
    Et que dans le cours de sa vie
Tout ce qu'il veut de joie est en Dieu seulement. (1651)
3. *Var.* Oh! qui pourroit avoir une foible étincelle. (1670 O

Que bientôt sa clarté fidèle
Lui feroit voir qu'ici tout n'est que vanité!

CHAPITRE XVI[1].

COMME IL FAUT SUPPORTER D'AUTRUI[2].

Porte avec patience en tout autre, en toi-même,   1090
　　Ce que tu n'y peux corriger,
Jusqu'à ce que de Dieu la puissance suprême
En ordonne autrement, et daigne le changer[3].

Pour éprouver ta force il est meilleur peut-être
　　Qu'il laisse durer cette croix :   1095
Ton mérite par là se fera mieux connoître;
Et s'il n'est à l'épreuve, il n'est pas de grand poids.

Tu dois pourtant au ciel élever ta prière
　　Contre un si long empêchement,
Afin que sa bonté t'en fasse grâce entière,   1100
Ou t'aide à le souffrir un peu plus doucement.

XVI. Quæ homo in se vel in aliis emendare non valet, debet patienter sustinere, donec Deus aliter ordinet.

Cogita quia sic forte melius est pro tua probatione et patientia, sine qua non sunt multum ponderanda merita nostra.

Debes tamen pro talibus impedimentis supplicare, ut Deus tibi dignetur subvenire, et possis benigne portare.

---

1. Corps ou sujet de l'emblème : « La conversion de saint Paul. » Ame ou sentence : *Deus scit malum in bonum convertere.* (Chapitre XVI, 2.)

2. *Var.* COMME IL FAUT SUPPORTER LES DÉFAUTS D'AUTRUI. (1651-56 A, B et D, 59 et 62) — *Var.* COMMENT IL FAUT SUPPORTER D'AUTRUI. (1658 et 65 A)
— Titre latin : *De sufferentia defectuum aliorum.*

3. *Var.* Par son ordre éternel daigne en mieux le changer. (1651 et 53 A et B)
Var. Par sa propre bonté daigne en mieux le changer.
(1653 C, 54 A, 56 A, 59 et 62)

LIVRE I, CHAPITRE XVI.

Quand par tes bons avis une âme assez instruite
    Continue à leur résister,
Entre les mains de Dieu remets-en la conduite,
Et ne t'obstine point à la persécuter[1].   1105

Sa sainte volonté souvent veut être faite
    Par un autre ordre que le tien :
Il sait trouver sa gloire en tout ce qu'il projette ;
Il sait, quand il lui plaît, tourner le mal en bien.

Souffre sans murmurer tous les défauts des autres,   1110
    Pour grands qu'ils se puissent offrir ;
Et songe qu'en effet nous avons tous les nôtres,
Dont ils ont à leur tour encor plus à souffrir.

Si ta fragilité met toujours quelque obstacle
    En toi-même à tes propres vœux,   1115
Comment peux-tu d'un autre exiger ce miracle
Qu'il n'agisse partout qu'ainsi que tu le veux[2] ?

N'est-ce pas le traiter avec haute injustice
    De vouloir qu'il soit tout parfait,
Et de ne vouloir pas te corriger d'un vice,   1120
Afin que ton exemple aide à ce grand effet ?

   Si quis semel aut bis admonitus non acquiescit, noli cum eo contendere; sed totum Deo committe,
   Ut fiat voluntas ejus, et honor in omnibus servis suis, qui scit bene malum in bonum convertere.
   Stude patiens esse in tolerando aliorum defectus, et qualescumque infirmitates; quia et tu multa habes quæ ab aliis oportet tolerari.
   Si non potes te talem facere, qualem vis, quomodo poteris alium ad tuum habere beneplacitum?
   Libenter volumus alios esse perfectos, et tamen proprios non emendamus defectus.

1. *Var.* Et ne t'obstine point à l'en persécuter. (1651-56 A, 59 et 62)
   Var. Qu'en toute sa conduite il soit tel que tu veux? (1651)

Nous voulons que chacun soit sous la discipline,
>> Qu'il souffre la correction,
Et nous ne voulons point qu'aucun nous examine,
Qu'aucun censure en nous une imperfection.   1125

Nous blâmons en autrui ce qu'il prend de licence[1],
>> Ce qu'il se permet de plaisirs,
Et nous nous offensons[2] s'il n'a la complaisance[3]
De ne refuser rien à nos bouillants desirs.

Nous voulons des statuts dont la dure contrainte   1130
>> L'attache avec sévérité,
Et nous ne voulons point qu'il porte aucune atteinte
A l'empire absolu de notre volonté.

Où te caches-tu donc, charité toujours vive,
>> Qui dois faire tout notre emploi?   1135
Et si l'on vit ainsi, quand est-ce qu'il arrive
Qu'on ait pour le prochain même amour que pour soi[4]?

Si tous étoient parfaits, on n'auroit rien au monde
>> A souffrir pour l'amour de Dieu,

> Volumus quod alii stricte corrigantur, et ipsi corrigi nolumus.
> Displicet larga aliorum licentia, et tamen nobis nolumus negari quod petimus.
> Alios restringi per statuta volumus, et ipsi nullatenus patimur amplius cohiberi.
> Sic ergo patet quam raro proximum sicut nos ipsos amamus.
> Si essent omnes perfecti, quid tunc haberemus ab aliis pro Deo pati?

1. *Var.* Nous blâmons en tout autre un peu trop de licence
>> Où le jettent quelques plaisirs. (1651-56 A, 59 et 62)
2. Dans les éditions de 1659 et de 1662, *offençons* (sic) a été changé en *efforçons*.
3. *Var.* Et nous ne voulons point qu'il prenne connoissance,
>> Ni qu'il refuse rien à nos bouillants desirs. (1651-56)
4. *Var.* Qu'on ait pour son prochain même amour que pour soi?
>> (1651-56 A, 59 et 62)

Et cette patience en vertus si féconde 1140
Jamais à s'exercer ne trouveroit de lieu.

La sagesse divine autrement en ordonne ;
    Rien n'est ni tout bon ni tout beau ;
Et Dieu nous forme ainsi pour n'exempter personne
De porter l'un de l'autre à son tour le fardeau. 1145

Aucun n'est sans défaut, aucun n'est sans foiblesse,
    Aucun n'est sans besoin d'appui,
Aucun n'est sage assez de sa propre sagesse,
Aucun n'est assez fort pour se passer d'autrui.

Il faut donc s'entr'aimer, il faut donc s'entr'instruire,
    Il faut donc s'entre-secourir,
Il faut s'entre-prêter des yeux à se conduire,
Il faut s'entre-donner une aide à se guérir.

Plus les revers sont grands, plus la preuve est facile[1]
    A quel point un homme est parfait ; 1155

  Nunc autem Deus sic ordinavit, ut discamus alter alterius onera portare;
  Quia nemo sine defectu, nemo sine onere, nemo sibi sufficiens, nemo sibi satis sapiens;
  Sed oportet nos invicem portare, invicem consolari, pariter adjuvare, instruere et admonere.
  Quantæ autem virtutis quisque fuerit, melius patet occasione adversitatis. Occasiones namque hominem fragilem non faciunt; sed qualis sit ostendunt.

1. *Var.* L'infortune est la preuve et fidèle et facile
    A quel point l'on est imparfait :
Non qu'un coup de malheur rende l'homme fragile,
Mais parce qu'il fait voir ce qu'il est en effet. (1651)
Var. Au reste, l'infortune est la preuve facile
    [A quel point un homme est parfait;]
Et le coup qui l'abat ne le rend pas fragile,
Mais découvre à nos yeux ce qu'il est en effet. (1653-56 A, B et C, 59 et 62

Et leurs plus rudes coups ne le font pas fragile,
Mais ils donnent à voir ce qu'il est en effet.

CHAPITRE XVII[1].

DE LA VIE MONASTIQUE[2].

Rends-toi des plus savants en l'art de te contraindre[3],
En ce rare et grand art de rompre tes souhaits[4],
Si tu veux avec tous une solide paix,   1160
Si tu veux leur ôter tout sujet de se plaindre[5].
Vivre en communauté sans querelle et sans bruit,
Porter[6] jusqu'au trépas un cœur vraiment réduit,
    C'est se rendre digne d'envie.
Heureux trois fois celui qui se fait un tel sort!   1165
Heureux trois fois celui qu'une si douce vie
    Conduit vers une heureuse mort!

Si tu veux mériter, si tu veux croître en grâce,

XVII. Oportet ut discas teipsum in multis frangere, si vis pacem et concordiam cum aliis tenere. Non est parvum in monasteriis vel in congregatione habitare, et ibi sine querela conversari, et usque ad mortem fidelis perseverare. Beatus qui ibidem bene vexit et feliciter consummavit!

1. Corps ou sujet de l'emblême : « Carloman, fils de Charlemagne, prend l'habit de frère convers de l'ordre de Saint-Benoît, et se réduit par humilité à servir à la cuisine. » Ame ou sentence : *Ad serviendum venisti, non ad regendum*. (Chapitre XVII, 3.)
2. *Var*. QUELLE DOIT ÊTRE LA VIE MONASTIQUE. (1656 C) — Titre latin : *De monastica vita*.
3. *Var*. Apprends à te forcer en beaucoup de rencontres,
A vaincre tes desirs, à rompre tes souhaits. (1651-56 A, 59 et 62)
4. *Var*. D'étouffer tes desirs, de rompre tes souhaits. (1656 B et C)
5. *Var*. Et leur faire embrasser l'exemple que tu montres.
(1651-56 A, 59 et 62)
6. Au lieu de *porter*, les éditions de 1659 et de 1662 ont *porte*, ce qui ne peut avoir un sens, et encore peu satisfaisant, que si l'on change la ponctuation de toute la strophe.

Ne t'estime ici-bas qu'un passant, qu'un banni ;
Parois fou pour ton Dieu, prends ce zèle infini[1]   1170
Qui court après l'opprobre et jamais ne s'en lasse.
La tonsure et l'habit sont bien quelques dehors,
Mais ne présume pas que les gênes du corps
    Fassent l'âme religieuse :
C'est au détachement de tes affections   1175
Qu'au milieu d'une vie âpre et laborieuse
    En consistent les fonctions.

Cherche Dieu, cherche en lui le salut de ton âme,
Sans chercher rien de plus dessous cette couleur :
Tu ne rencontreras qu'amertume et douleur[2],   1180
Si jamais dans ton cloître autre désir t'enflamme.
Tâche d'être le moindre et le sujet de tous ;
Ou ce repos d'esprit qui te semble si doux
    Ne sera guère en ta puissance.
Veux-tu le retenir ? Souviens-toi fortement   1185
Que tu n'es venu là que pour l'obéissance,
    Et non pour le commandement.

Le cloître n'est pas fait pour une vie oisive,
Ni pour passer les jours en conversation,

> Si vis debite stare et proficere, teneas te tanquam exulem et peregrinum super terram. Oportet te stultum fieri propter Christum, si vis religiosam ducere vitam. Habitus et tonsura modicum faciunt sive conferunt ; sed mutatio morum, et integra mortificatio passionum, verum faciunt religiosum.
> Qui aliud quærit quam pure Deum, et animæ suæ salutem, non inveniet nisi tribulationem et dolorem. Non potest etiam diu stare pacificus, qui non nititur esse minimus, et omnibus subjectus. Ad serviendum venisti, non ad regendum :
> Ad patiendum et laborandum scias te vocatum, non ad otiandum

1. *Var.* Deviens fou pour ton Dieu, prends ce zèle infini. (1651)
2. *Var.* Tu ne rencontreras que trouble et que douleur. (1651-56 A, 59 et 62

Mais pour une éternelle et pénible action, 1190
Pour voir les sens domptés, la volonté captive.
C'est là qu'un long travail n'est jamais achevé,
C'est là que pleinement le juste est éprouvé,
 De même que l'or dans la flamme;
Et c'est là que sans trouble on ne peut demeurer[1], 1195
Si cette humilité qui doit régner sur l'âme
 N'y fait pour Dieu tout endurer[2].

CHAPITRE XVIII[3].

DES EXEMPLES DES SAINTS PÈRES[4].

Tu vois en tous les saints de merveilleux exemples :
 C'est la pure religion,
 C'est l'entière perfection 1200
 Qu'en ces grands miroirs tu contemples.
 Vois les sentiers qu'ils ont battus,
 Vois la pratique des vertus
Aussi brillante en eux que pour toi mal suivie :
 Que fais-tu pour leur ressembler? 1205
Et quand à leurs travaux tu compares ta vie,

vel fabulandum. Hic ergo probantur homines, sicut aurum in fornace. Hic nemo potest stare, nisi ex toto corde se voluerit propter Deum humiliare.

 XVIII. Intuere sanctorum patrum vivida exempla, in quibus vera perfectio refulsit et religio, et videbis quam modicum sit, et pene nihil quod nos agimus. Heu! quid est vita nostra, si illis fuerit comparata?

 1. *Var.* Et c'est là que jamais on ne peut demeurer. (1651)
 2. *Var.* Ne lui montre à tout endurer. (1651)
 3. Corps ou sujet de l'emblème : « Saint Paul et saint Antoine, premiers ermites. » Ame ou sentence : *Quid est vita nostra illis comparata?* (Chapitre XVIII, 1.)
 4. *Var.* COMME IL FAUT SUIVRE LES EXEMPLES DES SAINTS PÈRES. (1656 C et D)
 — *Var.* DES EXEMPLES DES SAINTS PÈRES, ET COMMENT IL LES FAUT PRATIQUER. (1658) — Titre latin : *De exemplis sanctorum patrum.*

Peux-tu ne point rougir, peux-tu ne point trembler[1]?

La faim, la soif, le froid, les oraisons, les veilles,
  Les fatigues, la nudité,
  Dans le sein de l'austérité   1210
  Ont produit toutes leurs merveilles :
  Les saintes méditations,
  Les longues persécutions,
Les jeûnes et l'opprobre ont été leurs délices,
  Et de Dieu seul fortifiés,   1215
Comme ils fuyoient la gloire et cherchoient les supplices,
Les supplices enfin les ont glorifiés.

Regarde les martyrs, les vierges, les apôtres,
  Et tous ceux de qui la ferveur[2]
  Sur les sacrés pas du Sauveur   1220
  A frayé des chemins aux nôtres :
  Combien ont-ils porté de croix,
  Et combien sont-ils morts de fois,
Au milieu d'une vie en souffrances féconde,
  Jusqu'à ce que leur fermeté[3],   1225

Sancti et amici Christi Domino servierunt in fame et siti, in frigore et nuditate, in labore et fatigatione, in vigiliis et orationibus, in jejuniis et sanctis meditationibus, in persecutionibus et opprobriis multis.

O quam multas et graves tribulationes passi sunt apostoli, martyres, confessores, virgines, et reliqui omnes, qui Christi vestigia voluerunt sequi! Nam animas suas in hoc mundo oderunt, ut in æternam vitam possiderent eas.

1. *Var.* Peux-tu ne rougir point, ou rougir sans trembler?
          (1651-56 A, 59 et 62)
2. *Var.*   Et tous ceux dont le pur esprit
     Dessus les pas de Jésus-Christ. (1651)
3. *Var.*   Vois comme ils ont tout mérité,
Et comme ils ont haï leurs âmes en ce monde,
Pour mieux les posséder dedans l'éternité. (1651)

A force de haïr leurs âmes en ce monde,
Ait su les posséder dedans l'éternité ?

Ouvrez, affreux déserts, vos retraites sauvages,
 Et des pères que vous cachez,
 Dans vos cavernes retranchés,   1230
 Laissez-nous tirer les images ;
 Montrez-nous les tentations,
 Montrez-nous les vexations
Qu'à toute heure chez vous du diable ils ont souffertes ;
 Montrez par quels ardents soupirs[1]   1235
Les prières qu'à Dieu sans cesse ils ont offertes
Ont porté dans le ciel leurs amoureux desirs[2].

Jusques où n'ont été leurs saintes abstinences ?
 Jusques où n'ont-ils su pousser
 Le zèle de voir avancer   1240
 Les fruits de tant de pénitences ?
 Qu'ils ont fait de rudes combats
 Pour achever de mettre à bas
Cet indigne pouvoir dont s'emparent les vices !
 Qu'ils se sont tenus[3] de rigueur !   1245
Que d'intention pure en tous leurs exercices,
Pour rendre un Dieu vivant le maître de leur cœur !

 O quam strictam et abdicatam vitam sancti patres in eremo duxerunt ! quam longas et graves tentationes pertulerunt ! quam frequenter ab inimico vexati sunt ! quam crebras et fervidas orationes Deo obtulerunt !
 Quam rigidas abstinentias peregerunt ! quam magnum zelum et fervorem ad spiritualem profectum habuerunt ! quam forte bellum adversus edomationem vitiorum gesserunt ! quam puram et rectam intentionem ad Deum tenuerunt !

 1. *Var.*   Montrez-nous par quelles ferveurs. (1651)
 2. *Var.* Ont fait du haut du ciel descendre ses faveurs. (1651)
 3. Toutes nos éditions ont ainsi *tenus*, avec *s*.

LIVRE I, CHAPITRE XVIII.

Tout le jour en travail, et la nuit en prière
    Souvent ils mêloient tous les deux
    Et leur cœur poussoit mille vœux[1]   1250
    Parmi la sueur journalière.
    Toute action, tout temps, tout lieu,
    Étoit propre à penser à Dieu;
Toute heure étoit trop courte à cette sainte idée[2],
    Et le doux charme des transports   1255
Dont leur âme en ces lieux se trouvoit possédée[3],
Suspendoit tous les soins qu'elle devoit au corps[4].

Par une pleine horreur des vanités humaines[5],
    Ils rejetoient et biens et rang,
    Et les amitiés ni le sang   1260
    N'avoient pour eux aucunes chaînes :
    Ennemis du monde et des siens,
    Ils en brisoient tous les liens,
De peur de retomber sous son funeste empire;
    Et leur digne sévérité[6]   1265
Dans les besoins du corps rencontroit un martyre,
Quand ils abaissoient l'âme à leur nécessité.

Per diem laborabant, et noctibus orationi diutinæ vacabant, quanquam laborando ab oratione mentali minime cessarent. Omne tempus utiliter expendebant; omnis hora ad vacandum Deo brevis videbatur; et præ magna dulcedine contemplationis, etiam oblivioni tradebatur necessitas corporalis refectionis.

Omnibus divitiis, dignitatibus, honoribus, amicis et cognatis renuntiabant; nil de mundo habere cupiebant; vix necessaria vitæ sumebant : corpori servire, etiam in necessitate, dolebant.

1. *Var.*   Et le cœur poussoit mille vœux. (1651-62)
2. *Var.* Toute heure étoit trop courte à cette aimable idée.
                                                      (1651 et 53 A et B)
3. *Var.* Dont leur âme à tous coups se trouvoit possédée. (1651)
4. *Var.* Étouffoit tous les soins qu'elle devoit au corps. (1651-56 A, 59 et 62)
5. *Var.* Par une sainte horreur des vanités humaines. (1651 et 53 A et B)
6. *Var.*   Et leur haute sévérité. (1651-56 A, 59 et 62)

Pauvres et dénués des secours de la terre,
    Mais riches en grâce et vertu,
    Ils ont sous leurs pieds abattu[1]   1270
    Tout ce qui leur faisoit la guerre.
    Ces inépuisables trésors
    De l'indigence du dehors
Réparoient au dedans les aimables misères;
    Et Dieu, pour les en consoler,   1275
Versoit à pleines mains sur des âmes si chères
Ces biens surnaturels qu'on ne sauroit voler.

L'éloignement, la haine, et le rebut du monde,
    Les approchoient du Tout-Puissant,
    De qui l'amour reconnoissant   1280
    Couronnoit leur vertu profonde.
    Ils n'avoient pour eux que mépris;
    Mais ils étoient d'un autre prix
Aux yeux de ce grand Roi qui fait les diadèmes;
    Et cet heureux abaissement   1285
Sur ces mêmes degrés d'un saint mépris d'eux-mêmes
Élevoit pour leur gloire un trône au firmament.

Sous les lois d'une prompte et simple obédience[2];
    Leur véritable humilité

Pauperes igitur erant rebus terrenis, sed divites valde in gratia et virtutibus. Foris egebant, sed intus gratia et consolatione divina reficiebantur.

Mundo erant alieni, sed Deo proximi et familiares amici. Sibi ipsis videbantur tanquam nihili, et huic mundo despecti; sed erant in oculis Dei pretiosi et electi.

In vera humilitate stabant, in simplici obedientia vivebant, in ca-

---

1. *Var.*   Leur âme a sous elle abattu
        Tout ce qui lui faisoit la guerre. (1651)
2. *Var.* Sous les lois d'une prompte et sainte obédience.
        (1651-56 A et B, 59 et 62)

   Unissoit à la charité.   1290
   Les forces de la patience.
   Ce parfait et divin amour
    Les élevoit de jour en jour¹
A ces progrès d'esprit où la vertu s'excite²;
   Et ces progrès continuels,   1295
Faisant croître la grâce où croissoit le mérite,
Les accabloient enfin de biens spirituels.

Voilà, religieux, des exemples à suivre;
  Voilà quelles instructions
   Laissent toutes leurs actions   1300
   A qui veut apprendre à bien vivre :
   La sainte ardeur qu'ils ont fait voir
   Montre quel est votre devoir³
A chercher de vos maux les assurés remèdes,
   Et vous y doit plus attacher.   1305
Que ce que vous voyez d'imparfaits et de tièdes
Ne doit servir d'excuse à vous en relâcher.

Oh! que d'abord le cloître enfanta de lumières!
  Qu'on vit éclater d'ornements

ritate et patientia ambulabant : et ideo quotidie in spiritu proficiebant, et magnam apud Deum gratiam obtinebant.
 Dati sunt in exemplum omnibus religiosis : plus provocare nos debent ad bene proficiendum, quam tepidorum numerus ad relaxandum.
 O quantus fervor omnium religiosorum in principio suæ sanctæ

 1. *Var.* Les avançoit de jour en jour. (1651-56 A, 59 et 62).
 2. *Var.* En ces progrès d'esprit où la vertu s'excite.
            (1651-56 A et B, 59 et 62)
 3. *Var.* Montre quel est notre devoir
 A chercher de nos maux les assurés remèdes,
  Et nous y doit plus attacher,
Que ce que nous voyons d'imparfaits et de tièdes
Ne doit servir d'excuse à nous en relâcher. (1651)

Aux illustres commencements 1310
Des observances régulières !
Que de pure dévotion !
Que de sainte émulation !
Que de pleine vigueur soutint la discipline !
Que de respect intérieur ! 1315
Que de conformité de mœurs et de doctrine !
Que d'union d'esprit sous un supérieur !

Encor même à présent ces traces délaissées
Font voir combien étoient parfaits
Ceux qui par de si grands effets 1320
Domptoient le monde et ses pensées ;
Mais notre siècle est bien loin d'eux ;
Qui vit sans crime est vertueux ;
Qui ne rompt point sa règle est un grand personnage,
Et croit s'être bien acquitté[1] 1325
Lorsque avec patience il porte l'esclavage[2]
Où sa robe et ses vœux le tiennent arrêté.

A peine notre cœur forme une bonne envie,
Qu'aussitôt nous la dépouillons ;
La langueur dont nous travaillons 1330

institutionis fuit ! O quanta devotio orationis ! quanta æmulatio virtutis ! quam magna disciplina viguit ! quanta reverentia et obedientia, sub regula magistri, in omnibus effloruit !

Testantur adhuc vestigia derelicta quod vere viri sancti et perfecti fuerunt : qui tam strenue militantes, mundum suppeditaverunt. Jam magnus putatur, si quis transgressor non fuerit ; si quis quod accepit cum patientia tolerare potuerit.

O tepor et negligentia status nostri, quod tam cito declinamus

1. *Var.* Et s'estime avoir triomphé. (1651)
   Var. Et présume avoir triomphé. (1653-56 A, 59 et 62)
2. *Var.* Lorsque le déplaisir, qui surprend son courage,
   Ne l'a que mis à bas sans l'avoir étouffé. (1651-56 A, 59 et 62)

Nous lasse même de la vie.
C'est peu de laisser assoupir¹
La ferveur du plus saint desir,
Par notre lâcheté nous la laissons éteindre²,
Nous qui voyons à tout moment   1335
Tant d'exemples dévots où nous pouvons atteindre³,
Et qui nous convaincront au jour du jugement.

CHAPITRE XIX⁴.

DES EXERCICES DU BON RELIGIEUX⁵.

Toi qui dedans un cloître as renfermé ta vie,
De toutes les vertus tâche de l'enrichir :
C'est sous ce digne effort que tu dois y blanchir ;   1340
Ta règle te l'apprend, ton habit t'en convie⁶.
Fais par un saint amas de ces vivants trésors
Que le dedans réponde à l'éclat du dehors,
Que tu sois devant Dieu tel que devant les hommes ;

a pristino fervore ; et jam tædet vivere, præ lassitudine et tepore !
Utinam in te penitus non dormiret profectus virtutum, qui multa
sæpius exempla vidisti devotorum !
XIX. Vita boni religiosi omnibus virtutibus pollere debet, ut sit
talis interius, qualis videtur hominibus exterius. Et merito, multo

1. *Var.*   Lâches, nous laissons assoupir. (1651-56 A, 59 et 62).
2. *Var.* Nous faisons plus encor, nous la laissons éteindre.
                                    (1651-56 A, 59 et 62)
3. *Var.* Mille exemples dévots où nous pouvons atteindre.
                                    (1651-56 A, 59 et 62
4. Corps ou sujet de l'emblème : « Saint François porte l'impression des sacrés stigmates plus avant dans le cœur qu'ils ne paroissent au dehors*. » Ame ou sentence : *Plus est intus quam quod cernitur foris.* (Chapitre XIX, 1.)
5. Titre latin : *De exercitiis boni religiosi.*
6. *Var.* Ou par ta lâcheté ta règle est mal suivie. (1651)

* Dans l'édition de 1656 D : « Saint François reçoit les sacrés stigmates plus avant dans le cœur qu'au dehors. »

… 108 L'IMITATION DE JÉSUS-CHRIST.

Et de l'intérieur prends d'autant plus de soin, 1345
Que Dieu sans se tromper connoît ce que nous sommes,
Et que du fond du cœur il se fait le témoin.

Nos respects en tous lieux lui doivent des louanges,
En tous lieux il nous voit, il nous juge en tous lieux;
Et comme nous marchons partout devant ses yeux, 1350
Partout il faut porter la pureté des anges.
Chaque jour recommence à lui donner ton cœur[1],
Renouvelle tes vœux, rallume ta ferveur,
Et t'obstine à lui dire, en demandant sa grâce :
« Secourez-moi, Seigneur, et servez de soutien 1355
Aux bons commencements que sous vos lois j'embrasse;
Car jusques à présent ce que j'ai fait n'est rien[2]. »

Dans le chemin du ciel l'âme du juste avance,
Autant que ce propos augmente en fermeté;
Son progrès, qui dépend de l'assiduité[3], 1360
Veut pour beaucoup de fruit beaucoup de diligence.
Que si le plus constant et le mieux affermi[4]

plus debet esse intus, quam quod cernitur foris; quia inspector noster est Deus,
    Quem summopere revereri debemus, ubicumque fuerimus; et tanquam angeli in conspectu ejus mundi incedere. Omni die renovare debemus propositum nostrum, et ad fervorem nos excitare, quasi hodie primum ad conversionem venissemus, atque dicere : « Adjuva me, Domine Deus, in bono proposito, et sancto servitio tuo : et da mihi nunc hodie perfecte incipere, quia nihil est quod hactenus feci. »
    Secundum propositum nostrum, cursus profectus nostri; et multa diligentia opus est, bene proficere volenti. Quod si fortiter

---

1. *Var.* Renouvelle à tous coups ta bonne intention,
    Comme au premier moment de ta conversion. (1651)
2. *Var.* Puisque jusqu'à présent ce que j'ai fait n'est rien. (1651)
3. *Var.* Son grand progrès dépend de l'assiduité,
    Et son fruit ne répond qu'à notre diligence. (1651-56 A, 59 et 62)
4. *Var.* Que si le plus solide et le mieux affermi. (1651)

Se relâche souvent, souvent tombe à demi,
Et n'est jamais si fort qu'il soit inébranlable,
Que sera-ce de ceux dont le cœur languissant[1], 1365
Ou rarement en soi forme un projet semblable,
Ou le laisse flotter et s'éteindre en naissant?

C'est un chemin qui monte entre des précipices :
Il n'est rien plus aisé que de l'abandonner;
Et souvent c'est assez pour nous en détourner 1370
Que le relâchement des moindres exercices.
Le bon propos du juste a plus de fondement
En la grâce de Dieu qu'au propre sentiment[2].
Quelque dessein qu'il fasse, en elle il se repose :
A moins d'un tel secours nous travaillons en vain; 1375
Quoi que nous proposions, c'est Dieu seul qui dispose,
Et pour trouver sa voie, homme, il te faut sa main[3].

Laisse là quelquefois l'exercice ordinaire
Pour faire une action pleine de piété;
Tu pourras y rentrer avec facilité 1380
Si tu n'en es sorti que pour servir ton frère[4];

proponens sæpe deficit, quid ille qui raro aut minus fixe aliquid proponit?
Variis tamen modis contingit desertio propositi nostri; et levis omissio exercitiorum vix sine aliquo dispendio transit. Justorum propositum in gratia Dei potius, quam in propria sapientia pendet in quo et semper confidunt, quidquid arripiunt. Nam homo proponit, sed Deus disponit, nec est in homine via ejus.
Si pietatis causa aut fraternæ utilitatis proposito, quandoque consuetum omittitur exercitium, facile postea poterit recuperari. Si

---

1. *Var.* A quelle extrémité n'ira point la langueur
   Qui rarement en soi forme un projet semblable,
   Ou qui, l'ayant formé, laisse flotter son cœur? (1651)
2. *Var.* En la grâce de Dieu qu'au propre jugement. (1651-56 A, 59 et 62)
3. *Var.* Et l'homme n'a jamais sa conduite en sa main. (1651)
4. *Var.* Si tu n'en sors jamais que pour servir ton frère. (1651)

Mais si par nonchalance, ou par un lâche ennui
De prendre encor demain le même qu'aujourd'hui,
Ton âme appesantie une fois s'en détache,
Cet exercice alors négligé sans sujet   1385
Imprimera sur elle une honteuse tache,
Et lui fera sentir le mal qu'elle s'est fait.

Quelque effort qu'ici-bas l'homme fasse à bien vivre,
Il est souvent trahi par sa fragilité ;
Et le meilleur remède à son infirmité,   1390
C'est de choisir toujours un but certain à suivre.
Qu'il regarde surtout quel est l'empêchement
Qui met le plus d'obstacle à son avancement,
Et que tout son pouvoir s'attache à l'en défaire ;
Qu'il donne ordre au dedans, qu'il donne ordre au dehors ;
A cet heureux progrès l'un et l'autre confère[1],
Et l'âme a plus de force ayant l'aide du corps.

Si ta retraite en toi ne peut être assidue,
Recueille-toi du moins une fois chaque jour,
Soit lorsque le soleil recommence son tour,   1400
Soit lorsque sous les eaux sa lumière est fondue[2].
Propose le matin et règle tes projets,

autem tædio animi aut negligentia faciliter relinquitur, satis culpabile est, et nocivum sentietur.

Conemur quantum possumus, adhuc leviter deficiemus in multis. Semper tamen aliquid certi proponendum est, et contra illa præcipue quæ amplius nos impediunt. Exteriora nostra et interiora pariter nobis scrutanda sunt et ordinanda, quia utraque expediunt ad profectum.

Si non continue te vales colligere, saltem interdum ; et ad minus semel in die, mane videlicet, aut vespere. Mane propone, vespere

---

1. *Var.* A son avancement l'un et l'autre confère. (1651)
2. *Var.* Soit lorsque sous les eaux sa lumière est perdue. (1651-56 A, 59 et 62)

LIVRE I, CHAPITRE XIX.

Examine le soir quels en sont les effets ;
Revois tes actions, tes discours, tes pensées
Peut-être y verras-tu, malgré ton bon dessein[1], 1405
A chaque occasion mille offenses glissées
Contre le grand monarque ou contre le prochain.

Montre-toi vraiment homme à l'attaque funeste
Que l'ange ténébreux te porte à tout moment ;
Dompte la gourmandise, et plus facilement 1410
Des sentiments charnels tu dompteras le reste.
Dedans l'oisiveté jamais enseveli,
Toujours confère, prie, écris, médite, li,
Ou fais pour le commun quelque chose d'utile ;
L'exercice du corps a quelques fruits bien doux ; 1415
Mais sans discrétion c'est un travail stérile
Et même il n'est pas propre également à tous.

Ces emplois singuliers qu'on se choisit soi-même[2]
Doivent fuir avec soin de paroître au dehors[3] ;
L'étalage les perd, et ce sont des trésors[4] 1420

discute mores tuos, qualis hodie fuisti in verbo, opere, et cogitatione, quia in his sæpius forsitan offendisti Deum et proximum.
 Accinge te, sicut vir, contra diabolicas nequitias ; frena gulam et omnem carnis inclinationem facilius frenabis. Nunquam sis ex toto otiosus ; sed aut legens, aut scribens, aut orans, aut meditans, aut aliquid utilitatis pro communi laborans. Corporalia exercitia discrete sunt agenda, nec omnibus æqualiter assumenda.
 Quæ communia non sunt, non sunt foris ostendenda ; nam in secreto tutius exercentur privata. Cavendum tamen ne piger sis ad

---

1. *Var.* Purge ce qui s'y mêle ou d'impur ou de vain,
   Et les légèretés qui, s'y trouvant glissées,
   Offensent le grand maître, ou blessent le prochain. (1651)
2. *Var.* Ces emplois singuliers que se choisit une âme. (1651)
3. L'édition de 1670 O porte seule : *aux dehors*, au pluriel.
4. *Var.* Tant qu'on les tient cachés ; ce sont de saints efforts ;
   Dès qu'on en fait parade, ils sont dignes de blâme. (1651)

Dont la possession veut un secret extrême[1].
Surtout n'aime jamais ces choix de ton esprit
Jusqu'à les préférer à ce qui t'est prescrit ;
Tout le surabondant doit place au nécessaire[2].
Remplis tous tes devoirs avec fidélité ; 1425
Puis, s'il reste du temps pour l'emploi volontaire,
Applique tout ce reste où ton zèle est porté.

Tout esprit n'est pas propre aux mêmes exercices :
L'un est meilleur pour l'un, l'autre à l'autre sert mieux ;
Et la diversité, soit des temps, soit des lieux, 1430
Demande à notre ardeur de différents offices :
L'un est bon à la fête, et l'autre aux simples jours[3] ;
De la tentation l'un peut rompre le cours,
A la tranquillité l'autre est plus convenable ;
L'homme n'a pas sur soi toujours même pouvoir : 1435
Autres sont les pensers que la tristesse accable,
Autres ceux que la joie en Dieu fait concevoir.

A chaque grande fête augmente et renouvelle

communia, et ad singularia promptior ; sed expletis integre et fideliter debitis et injunctis, si jam ultra vacat, redde te tibi, prout devotio tua desiderat.

Non possunt omnes habere unum exercitium ; sed aliud isti, aliud illi magis deservit. Etiam pro temporis congruentia, diversa placent exercitia, quia alia in festis, alia in feriatis magis sapiunt diebus. Aliis indigemus tempore tentationis, et aliis tempore pacis et quietis. Alia, cum tristamur, libet cogitare ; et alia, cum læti in Domino fuerimus.

Circa principalia festa renovanda sunt bona exercitia, et san-

1. *Var.* Dont la plus sûre garde est un secret extrême. (1653 A et B)
2. *Var.* Et pour le superflu quitter le nécessaire.
  Fais ce que tu dois faire avec fidélité
  Puis, s'il reste du temps, fais ce qu'il aime à faire,
  Et porte tout ce reste où ton zèle est porté. (1651)
3. *Var.* L'un est bon à la fête, et l'autre aux autres jours.
(1651-56 A, 59 et 62

Et ce bon exercice et ta prière aux saints;
Et tiens en l'attendant ton âme entre tes mains[1], 1440
Comme prête à passer à la fête éternelle.
En ces jours consacrés à la dévotion,
Il faut mieux épurer l'œuvre et l'intention,
Suivre une plus étroite et plus ferme observance,
Nous recueillir sans cesse, et nous imaginer 1445
Que de tous nos travaux la pleine récompense
Doit par les mains de Dieu bientôt nous couronner[2].

Souvent il la recule, et lors il nous faut croire[3]
Que nous n'y sommes pas dignement préparés,
Et que ces doux moments ne nous sont différés 1450
Qu'afin que nous puissions mériter plus de gloire.
Il nous en comblera dans le temps ordonné :
Préparons-nous donc mieux à ce jour fortuné.
« Heureux le serviteur, dit la vérité même[4],
Que trouvera son maître en état de veiller ! 1455
Il lui partagera son propre diadème,
Et de toute sa gloire il le fera briller. »

ctorum suffragia ferventius imploranda. De festo in festum proponere debemus, quasi tunc de hoc sæculo migraturi simus, et ad æternum festum perventuri; ideoque sollicite nos præparare debemus in devotis temporibus, et devotius conversari, atque omnem observantiam strictius custodire, tanquam in brevi præmium laboris nostri a Deo percepturi.
Et si dilatum fuerit, credamus nos minus bene præparatos, atque indignos tantæ adhuc gloriæ, quæ revelabitur in nobis tempore præfinito; et studeamus nos melius ad exitum præparare. « Beatus servus, ait evangelista Lucas, quem, cum venerit Dominus, invenerit vigilantem. Amen, dico vobis, super omnia bona sua constituet eum. »

1. *Var.* Et tiens avec ardeur ton âme entre tes mains. (1651)
2. *Var.* Attendoit ces grands jours pour nous y couronner. (1651)
3. *Var.* Souvent Dieu la recule, et lors il nous faut croire. (1651)
4. *Évangile de saint Luc*, chapitre XII, verset 37.

CHAPITRE XX[1].

DE L'AMOUR DE LA SOLITUDE ET DU SILENCE[2].

Choisis une heure propre à rentrer en toi-même,
A penser aux bienfaits de la bonté suprême,
Sans t'embrouiller l'esprit de rien de curieux ; 1460
    Et ne t'engage en la lecture
    Que de quelque matière pure
Qui touche autant le cœur qu'elle occupe les yeux.

Si tu peux retrancher la perte des paroles,
La superfluité des visites frivoles, 1465
La vaine attention aux nouveautés des bruits,
    Ton âme aura du temps de reste
    Pour suivre cet emploi céleste,
Et pour en recueillir les véritables fruits.

Ainsi des plus grands saints la sagesse profonde 1470
Pour ne vivre qu'à Dieu fuyoit les yeux du monde,
Et n'en souffroit jamais l'entretien qu'à regret ;

    XX. Quære aptum tempus vacandi tibi, et de beneficiis Dei frequenter cogita. Relinque curiosa. Tales perlege materias quæ compunctionem magis præstant quam occupationem.
    Si te subtraxeris a superfluis locutionibus, et otiosis circuitionibus, necnon a novitatibus et rumoribus audiendis, invenies tempus sufficiens et aptum, quo bonis meditationibus insistas.
    Maximi sanctorum humana consortia, ubi poterant, vitabant, et Deo in secreto vivere eligebant.

    1. Corps ou sujet de l'emblème : « Saint Benoît vit trois ans dans une grotte sans être vu de personne. » Ame ou sentence : *Nemo secure apparet, nisi qui libenter latet.* (Chapitre xx, 7.)
    2. *Var.* DE L'AMOUR DE LA SOLITUDE ET DU SILENCE, ET COMME IL LES FAUT PRATIQUER. (1656 C) — *Var.* DE L'AMOUR DE LA SOLITUDE ET DU SILENCE, ET COMMENT IL LES FAUT PRATIQUER. (1658) — Titre latin: *De amore solitudinis et silentii.*

Ainsi plus la vie est parfaite,
　　Plus elle aime cette retraite;
Et qui veut trouver Dieu doit chercher le secret.　　1475

Un païen nous l'apprend, tous chrétiens que nous sommes:
« Je n'ai jamais, dit-il, été parmi les hommes
Que je n'en sois sorti moins homme et plus brutal[1]; »
　　Et notre propre conscience
　　Ne fait que trop d'expérience,　　1480
Combien à son repos leur commerce est fatal.

Se taire entièrement est beaucoup plus facile
Que de se préserver du mélange inutile
Qui dans tous nos discours aussitôt s'introduit[2];
　　Et c'est chose bien moins pénible　　1485
　　D'être chez soi comme invisible,
Que de se bien garder alors qu'on se produit.

Quiconque aspire donc aux douceurs immortelles
Qu'un bon intérieur fait goûter aux fidèles,
Et veut prendre un bon guide afin d'y parvenir,　　1490
　　Qu'avec Jésus-Christ il se coule
　　Loin du tumulte et de la foule,
Et souvent seul à seul tâche à l'entretenir[3].

　　Dixit quidam: « Quoties inter homines fui, minor homo redii. »
Hoc sæpius experimur, quando diu confabulamur.
　　Facilius est omnino tacere, quam verbo non excedere. Facilius est domi latere, quam foris se posse sufficienter custodire.
　　Qui igitur intendit ad interiora et spiritualia pervenire, oportet eum cum Jesu a turba declinare.

　　1. *Avarior redeo, ambitiosior, luxuriosior, imo vero crudelior et inhumanior quia inter homines fui.* (Sénèque, épître VII à *Lucilius*.)
　　2. *Var.* Qui dans tous nos discours aisément s'introduit. (1670 O)
　　3. *Var.* Et tâche seul à seul à bien l'entretenir. (1651-56 A, 59 et 62)

Personne en sûreté ne sauroit se produire,
Ni parler sans se mettre au hasard de se nuire,   1495
Ni prendre sans péril les ordres à donner¹,
　　Que ceux qui volontiers se cachent,
　　Sans peine au silence s'attachent,
Et sans aversion se laissent gouverner.

Non, aucun ne gouverne avec pleine assurance,   1500
Que ceux qu'y laisse instruits la pleine obéissance :
Qui sait mal obéir ne commande pas bien.
　　Aucun n'a de joie assurée
　　Que ceux en qui l'âme épurée
Rend un bon témoignage et ne reproche rien.   1505

Celui que donne aux saints leur bonne conscience
Ne va pourtant jamais sans soin, sans défiance,
Dont la crainte de Dieu fait la sincérité ;
　　Et la grâce en eux épandue
　　Ne rend pas de moindre étendue   1510
Ni ces justes soucis, ni leur humilité.

Mais la présomption, l'orgueil d'une âme ingrate,
Fait cette sûreté dont le méchant se flatte,
Et le trompe à la fin, l'ayant mal éclairé.

 Nemo secure apparet, nisi qui libenter latet. Nemo secure loquitur, nisi qui libenter tacet. Nemo secure præest, nisi qui libenter subest.
 Nemo secure præcipit, nisi qui bene obedire didicit. Nemo secure gaudet, nisi bonæ conscientiæ in se testimonium habeat.
 Semper tamen sanctorum securitas plena timoris Dei exstitit. Nec eo minus solliciti et humiles in se fuerunt, quia magnis virtutibus et gratia emicuerunt.
 Pravorum autem securitas ex superbia et præsumptione oritur, et in fine in deceptionem sui vertitur. Nunquam promittas tibi secu-

---

1. *Var.* Ni prendre sans péril des ordres à donner. (1670 O)

Quoique tu sois grand cénobite, 1515
Quoique tu sois parfait ermite,
Jamais, tant que tu vis, ne te tiens assuré.

Souvent ceux que tu vois par leur vertu sublime [1]
Mériter notre amour, emporter notre estime,
Tout[2] parfaits qu'on les croit, sont le plus en danger ;
    Et l'excessive confiance
    Qu'elle jette en leur conscience
Souvent les autorise à se trop négliger.

Souvent il est meilleur que quelque assaut nous presse,
Et que nous faisant voir quelle est notre foiblesse[3], 1525
Il réveille par là nos plus puissants efforts,
    De crainte que l'âme tranquille
    Ne s'enfle d'un orgueil facile
A glisser de ce calme aux douceurs du dehors[4].

O plaisirs passagers, si jamais nos pensées   1530
De vos illusions n'étoient embarrassées,

ritatem in hac vita, quamvis bonus videaris cœnobita aut devotus eremita.

Sæpe meliores in æstimatione hominum gravius periclitati sunt propter suam nimiam confidentiam.

Unde multis utilius est ut non penitus tentationibus careant, sed sæpius impugnentur, ne nimium securi sint, ne forte in superbiam eleventur, ne etiam ad exteriores consolationes licentius declinent.

O qui nunquam transitoriam lætitiam quæreret, qui nunquam cum mundo se occuparet, quam bonam conscientiam servaret!

1. *Var.* Souvent ceux dont on voit la vertu plus sublime. (1651 et 53 A et B)
2. On ne lit *Tout*, invariable, que dans les deux éditions de 1665 et dans celle de 1670; toutes les autres, y compris celle de 1670 O, portent : *Tous parfaits.*
3. *Var.* Et nous faisant sentir quelle est notre foiblesse,
    Réveillé en même temps nos plus puissants efforts.
                            (1651-56 A, B et C, 59 et 62)
4. *Var.* A glisser de son calme aux douceurs du dehors. (1670 O)

Si nous pouvions bien rompre avec le monde et vous,
 Que par cette sainte rupture [1]
 L'âme se verroit libre et pure,
Et se conserveroit un repos long et doux [2] ! 1535

Il seroit, il seroit d'éternelle durée [3],
Si tant de vains soucis dont elle est déchirée
Par votre long exil se trouvoient retranchés,
 Et si nos desirs solitaires [4]
 Bornés à des vœux salutaires, 1540
Etoient par notre espoir à Dieu seul attachés [5].

Aucun n'est digne ici de ces grâces divines [6],
Qui parmi tant de maux et parmi tant d'épines,
Versent du haut du ciel la consolation,
 Si son exacte vigilance [7] 1545
 Ne s'exerce avec diligence
Dans les saintes douleurs de la componction.

Veux-tu jusqu'en ton cœur la sentir vive et forte ?
Rentre dans ta cellule, et fermes-en la porte

 O qui omnem vanam sollicitudinem amputaret, et duntaxat salutaria ac divina cogitaret, et totam spem suam in Deo constitueret, quam magnam pacem et quietem possideret !
 Nemo dignus est cœlesti consolatione, nisi diligenter se exercuerit in sancta compunctione.
 Si vis corde tenus compungi, intra cubile tuum, et exclude tu-

---

1. *Var.* Que par cette heureuse rupture,
   La conscience, restant pure,
  Se verroit conservée en un état bien doux ! (1651)
2. *Var.* Et se conserveroit un calme heureux et doux ! (1653 A)
3. *Var.* Que son repos heureux se verroit de durée. (1651)
4. *Var.* Et si ses desirs solitaires. (1651)
5. *Var.* Étoient par son espoir à Dieu seul attachés. (1651)
6. *Var.* En vain nous aspirons à ces grâces divines,
  Qui de tous nos malheurs rebouchant les épines. (1651)
7. *Var.* Si notre exacte vigilance. (1651)

Aux tumultes du monde, à sa vaine rumeur :   1550
    N'en écoute point l'imposture,
    Et comme ordonne l'Écriture[1],
Repasse au cabinet les secrets de ton cœur.

Ce que tu perds dehors s'y retrouve à toute heure ;
Mais il faut sans relâche en aimer la demeure :   1555
Elle n'a rien de doux sans l'assiduité ;
    Et depuis qu'elle est mal gardée,
    Ce n'est plus qu'une triste idée,
Qui n'enfante qu'ennuis et qu'importunité.

Elle sera ta joie et ta meilleure amie,   1560
Si ta conversion, dans son calme affermie,
Dès le commencement la garde sans regret :
    C'est dans ce calme et le silence
    Que l'âme dévote s'avance,
Et que de l'Écriture elle apprend le secret.   1565

Pour se fortifier elle y trouve des armes,
Pour se purifier elle y trouve des larmes,
Par qui tous ses défauts[2] sont lavés chaque nuit ;
    Elle s'y rend par la prière

---

multus mundi, sicut scriptum est : « In cubilibus vestris compungimini. »

In cellâ invenies quod de foris sæpius amittes. Cella continuata dulcescit, et male custodita tædium generat.

Si in principio conversionis tuæ bene eam incolueris et custodieris, erit tibi postea dilecta amica, et gratissimum solatium. In silentio et quiete proficit anima devota, et discit abscondita Scripturarum.

Ibi invenit fluenta lacrymarum, quibus singulis noctibus se lavet

1. *Psaume* IV, verset 5.
2. On lit : « tous *les* défauts, » dans l'édition de 1653 A.

A Dieu d'autant plus familière, 1570
Qu'elle en bannit du siècle et l'amour et le bruit.

Qui se détache donc pour cette solitude
De toutes amitiés et de toute habitude,
Plus il rompt les liens du sang et de la chair,
 Plus de Dieu la bonté suprême, 1575
 Par ses anges et par lui-même,
Pour le combler de biens daigne s'en approcher[1].

Cache-toi, s'il le faut, pour briser ces obstacles :
L'obscurité vaut mieux que l'éclat des miracles,
S'ils étouffent les soins qu'on doit avoir de soi ; 1580
 Et le don de faire un prodige,
 Dans une âme qui se néglige,
D'un précieux trésor fait un mauvais emploi.

Le vrai religieux rarement sort du cloître,
Vit sans ambition de se faire connoître, 1585
Ne veut point être vu, ne veut point regarder[2],
 Et croit que celui-là se tue
 Qui cherche à se blesser la vue
De ce que, sans se perdre, il ne peut posséder[3].

et mundet ; ut conditori suo tanto familiarior fiat, quanto longius ab omni sæculari tumultu degit.
 Qui ergo se abstrahit a notis et amicis, appropinquabit illi Deus cum angelis sanctis.
 Melius est latere, et sui curam agere, quam, se neglecto, signa facere.
 Laudabile est homini religioso, raro foras ire, fugere videri, nolle etiam homines videre. Quid vis videre, quod non licet habere?

1. *Var.* Pour lui servir d'appui daigne s'en approcher. (1651)
2. *Var.* N'aime point qu'on le voie, et moins encore à voir. (1651)
3. *Var.* De ce que, sans se perdre, il ne sauroit avoir. (1651)

LIVRE I, CHAPITRE XX.

Le monde et ses plaisirs s'écoulent et nous gênent, 1590
Et quand à divaguer nos desirs nous entraînent,
Ce temps qu'on aime à perdre est aussitôt passé;
  Et pour fruit de cette sortie
  On n'a qu'une âme appesantie,
Et des desirs flottants dans un cœur dispersé. 1595

Ainsi celle qu'on fait avec le plus de joie
Souvent avec douleur au cloître nous renvoie :
Les délices du soir font un triste matin [1];
  Ainsi la douceur sensuelle
  Nous cache sa pointe mortelle, 1600
Qui nous flatte à l'entrée et nous tue à la fin.

Ne vois-tu pas ici le feu, l'air, l'eau, la terre [2],
Leur éternelle amour, leur éternelle guerre?
N'y vois-tu pas le ciel à tes yeux exposé?
  Qu'est-ce qu'ailleurs tu te proposes? 1605
  N'est-ce pas bien voir toutes choses
Que voir les éléments dont tout est composé?

Que peux-tu voir ailleurs qui soit longtemps durable?
Crois-tu rassasier ton cœur insatiable

 Transit mundus, et concupiscentia ejus. Trahunt desideria sensualitatis ad spatiandum; sed cum hora transierit, quid nisi gravitatem conscientiæ, et cordis dispersionem reportas?.
 Lætus exitus tristem sæpe reditum parit; et læta vigilia serotina triste mane facit. Sic omne carnale gaudium blande intrat; sed in fine mordet et perimit.
 Quid potes alibi videre, quod hic non vides? Ecce cœlum et terra, et omnia elementa; nam ex istis omnia sunt facta.
 Quid potes alicubi videre, quod diu potest sub sole permanere?

---

1. Les éditions de 1665 B, de 1670, de 1676 et de 1693 portent : « sont un triste matin. »
2. *Var.* Vois-tu pas ici l'eau, le feu, l'air et la terre. (1651)

En promenant partout tes yeux avidement[1]?   1610
    Et quand d'une seule ouverture
    Ils verroient toute la nature,
Que seroit-ce pour toi qu'un vain amusement?

Lève les yeux au ciel, et par d'humbles prières
Tire des mains de Dieu ces faveurs singulières   1615
Qui purgent tes péchés et tes déréglements :
    Laisse les vanités mondaines
    En abandon aux âmes vaines,
Et ne porte ton cœur qu'à ses commandements.

Ferme encore une fois, ferme sur toi ta porte,   1620
Et d'une voix d'amour languissante, mais forte,
Appelle cet objet de tes plus doux souhaits :
    Entretiens-le dans ta cellule
    De la vive ardeur qui te brûle,
Et ne crois point ailleurs trouver la même paix.   1625

Tâche à n'en point sortir qu'il ne soit nécessaire ;
N'écoute, si tu peux, aucun bruit populaire,
Ton calme en deviendra plus durable et meilleur :
    Sitôt que tes sens infidèles

Credis te forsitan satiari, sed non poteris pertingere. Si cuncta videres præsentia, quid esset nisi visio vana?

Leva oculos tuos ad Deum in excelsis, et ora pro peccatis tuis et negligentiis. Dimitte vana vanis : tu autem intende illis, quæ tibi præcepit Deus.

Claude super te ostium tuum, et voca ad te Jesum, dilectum tuum. Mane cum eo in cella, quia non invenies alibi tantam pacem.

Si non exisses, nec quicquam de rumoribus audisses, melius in

---

1. *Var.* Et qu'à force de voir il puisse être content ?
    Quitte cette erreur mal conçue :
    Tout seroit présent à ta vue,
Que tu voudrois sans cesse en voir encore autant. (1651)

Ouvrent ton oreille aux nouvelles, 1630
Ils font entrer par là le trouble dans ton cœur.

CHAPITRE XXI[1].

DE LA COMPONCTION DU COEUR[2].

Si tu veux avancer au chemin de la grâce,
Dans la crainte de Dieu soutiens tes volontés;
Ne sois jamais trop libre, et rends-toi tout de glace
Pour tout ce que les sens t'offrent de voluptés : 1635
Dompte sous une exacte et forte discipline
    Ces inséparables flatteurs
Que l'amour de toi-même à te séduire obstine,
    Et dans eux n'examine
Que la grandeur des maux dont ils sont les auteurs.

Ainsi fermant la porte à la joie indiscrète
Sous qui leur faux appas sème un poison caché,
Tu la tiendras ouverte à la douleur secrète
Qu'un profond repentir fait naître du péché :
Cette sainte douleur dans l'âme recueillie 1645
    Produit mille sortes de biens,
Que son relâchement vers l'aveugle folie

bona pace, permansisses. Ex quo nova delectat aliquando audire, oportet exinde turbationem cordis tolerare.

XXI. Si vis aliquid proficere, conserva te in timore Dei, et noli esse nimis liber, sed sub disciplina cohibe omnes sensus tuos,
    Nec ineptæ te tradas lætitiæ. Da te ad cordis compunctionem, et invenies devotionem. Compunctio multa bona aperit, quæ dissolutio cito perdere consuevit.

1. Corps ou sujet de l'emblème : « Saint Pierre pleurant son péché. » Ame ou sentence : *Materiæ justi doloris sunt peccata nostra.* (Chapitre xxi, 13.)
2. *Var.* DE LA VÉRITABLE COMPONCTION DU COEUR, ET QUEL EN DOIT ÊTRE LE SUJET. (1656 C) — Titre latin : *De compunctione cordis.*

Des plaisirs de la vie
A bientôt dissipés en de vains entretiens.

Chose étrange que l'homme accessible à la joie,　　1650
Au milieu des malheurs dont il est enfermé,
Quelque exilé qu'il soit, quelques périls qu'il voie,
Par de fausses douceurs aime à se voir charmé !
Ah ! s'il peut consentir qu'une telle allégresse [1]
　　Tienne ses sens épanouis,　　1655
Il n'en voit pas la suite, et sa propre foiblesse,
　　Qu'il reçoit pour maîtresse,
Dérobe sa misère à ses yeux éblouis.

Oui, sa légèreté que tout desir enflamme,
Et le peu de souci qu'il prend de ses défauts,　　1660
L'ayant rendu stupide aux intérêts de l'âme,
Ne lui permettent pas d'en ressentir les maux :
Ainsi, pour grands qu'ils soient, jamais il n'en soupire,
　　Faute de les considérer ;
Plus il en est blessé, plus lui-même il s'admire,　　1665
　　Et souvent ose rire
Lorsque de tous côtés il a de quoi pleurer.

Homme, apprends qu'il n'est point ni de liberté vraie,
Ni de plaisir parfait qu'en la crainte de Dieu,

> Mirum est quod homo potest unquam perfecte in hac vita lætari, qui suum exilium, et tam multa pericula animæ suæ considerat et pensat.
> Propter levitatem cordis, et negligentiam defectuum nostrorum, non sentimus animæ nostræ dolores, sed sæpe vane ridemus, quando merito flere deberemus.
> Non est vera libertas, nec bona lætitia, nisi in timore Dei cum bona conscientia.

1. *Var.* Ah ! s'il peut consentir qu'un moment d'allégresse. (1652)

Et que la conscience et sans tache et sans plaie 1670
A de pareils trésors seule peut donner lieu.
Toute autre liberté n'est qu'un long esclavage
  Qui cache ou qui dore ses fers ;
Et tout autre plaisir ne laisse en ton courage
  Qu'un prompt dégoût pour gage 1675
Du tourment immortel qui l'attend aux enfers.

Heureux qui peut bannir de toutes ses pensées
Les vains amusements de la distraction !
Heureux qui peut tenir ses forces ramassées
Dans le recueillement de la componction ! 1680
Mais plus heureux encor celui qui se dépouille
  De tout indigne et lâche emploi,
Qui[1] pour ne rien souffrir qui lui pèse ou le souille,
  Fuit ce qui le chatouille,
Et pour mieux servir Dieu se rend maître de soi ! 1685

Combats donc fortement contre l'inquiétude
Où te jettent du monde et l'amour et le bruit :
L'habitude se vainc par une autre habitude,
Et les hommes jamais ne cherchent qui les fuit.
Néglige leur commerce, et romps l'intelligence 1690
  Qui te lie encore avec eux,
Et bientôt à leur tour, te rendant par vengeance
  La même négligence,
Ils t'abandonneront à tout ce que tu veux.

 Felix qui abjicere potest omne impedimentum distractionis, et ad unionem se recolligere sanctæ compunctionis. Felix qui a se abdicat quidquid conscientiam suam maculare potest, vel gravare.
 Certa viriliter, consuetudo consuetudine vincitur. Si tu scis homines dimittere, ipsi bene te dimittent tua facta facere.

1. Les éditions de 1654 A, de 1656 C et D et de 1658 portent *Que*, pour *Qui*.

N'attire point sur toi les affaires des autres, 1695
Ne t'embarrasse point des intérêts des grands :
Notre propre besoin nous charge assez des nôtres;
Tu te dois le premier les soins que tu leur rends.
Tiens sur toi l'œil ouvert, et toi-même t'éclaire
　　　Avant qu'éclairer tes amis; 1700
Et quand tu peux donner un conseil salutaire
　　　Qui les porte à bien faire,
Donne-t'en le plus ample et le plus prompt avis.

Pour te voir éloigné de la faveur des hommes,
Ne crois point avoir lieu de justes déplaisirs[1]: 1705
Elle ne produit rien, en l'exil où nous sommes[2],
Qu'un espoir décevant et de vagues desirs.
Ce qui doit t'attrister, ce dont tu dois te plaindre[3],
　　　C'est de ne te régler pas mieux,
C'est de sentir ton feu s'amortir et s'éteindre 1710
　　　Avant qu'il puisse atteindre
Où doit aller celui d'un vrai religieux.

Souvent il est plus sûr, tant que l'homme respire,
Qu'il sente peu de joie en son cœur s'épancher,

　　Non attrahas tibi res aliorum, nec te implices causis majorum.
Habe semper oculum super te primum, et admoneas teipsum specia-
liter, præ omnibus tibi dilectis.
　　Si non habes favorem hominum, noli ex hoc tristari; sed hoc sit
tibi grave, quia non habes te satis bene et circumspecte, sicut decet
Dei servum, et devotum religiosum conversari.
　　Utilius est sæpe et securius, quod homo non habeat multas conso-

---

1. *Var.* As-tu quelque sujet de justes déplaisirs? (1652)
　Var. Tu n'as aucun sujet de justes déplaisirs. (1653-56 A, B et C, 59 et 62)
2. Les éditions de 1659 et de 1662 donnent, par erreur évidemment : « en l'amour (pour en l'exil) où nous sommes. »
3. *Var.* Ce qu doit t'attrister et dont tu dois te plaindre.
　　　　　　　　　　　　　　　　　(1652-56 A, 59 et 62)

Surtout de ces douceurs que le dehors inspire, 1715
Et qui naissent en lui du sang et de la chair.
Que si Dieu rarement sur notre longue peine
    Répand sa consolation,
La faute en est à nous, dont la prudence vaine
    Cherche un peu trop l'humaine, 1720
Et ne s'attache point à la componction.

Reconnois-toi, mortel, indigne des tendresses
Que départ aux élus la divine bonté ;
Et des afflictions regarde les rudesses
Comme des traitements dus à ta lâcheté. 1725
L'homme vraiment atteint de la douleur profonde
    Qu'enfante un plein recueillement,
Ne trouve qu'amertume aux voluptés du monde [1],
    Et voit qu'il ne les fonde
Que sur de longs périls que déguise un moment. 1730

Le moyen donc qu'il puisse y trouver quelques charmes,
Soit qu'il se considère, ou qu'il regarde autrui,
S'il n'y peut voir partout que des sujets de larmes [2],
N'y voyant que des croix pour tout autre et pour lui ?
Plus il le sait connoître, et plus la vie entière 1735

lationes in hac vita, secundum carnem præcipue. Tamen quod divinas non habemus, aut rarius sentimus, nos in culpa sumus : quia compunctionem cordis non quærimus, nec vanas et externas omnino abjicimus.

    Cognosce te indignum divina consolatione, sed magis dignum multa tribulatione. Quando homo est perfecte compunctus, tunc gravis et amarus est ei totus mundus.

    Bonus homo sufficientem invenit materiam dolendi et flendi. Sive enim se considerat, sive de proximo pensat, scit quia nemo sine tri-

---

1. *Var.* Ne sent plus qu'amertume aux voluptés du monde.
                                (1652 et 53 A et B)
2. *Var.* S'il n'y peut voir partout que des sujets d'alarmes. (1670 O)

Lui semble un amas de malheurs;
Et plus du haut du ciel il reçoit de lumière,
    Plus il voit de matière
Dessus toute la terre à de justes douleurs.

Sacrés ressentiments, réflexions perçantes,   1740
Qui dans un cœur navré versez d'heureux regrets,
Que vous trouvez souvent d'occasions pressantes
Parmi tant de péchés et publics et secrets!
Mais, hélas! ces tyrans de l'âme criminelle
    L'enchaînent si bien en ces lieux,   1745
Qu'il est bien malaisé que vous arrachiez d'elle
    Quelque soupir fidèle
Qui la puisse élever un moment vers les cieux.

Pense plus à la mort, que tu vois assurée,
Qu'à la vaine longueur de tes jours incertains,   1750
Et tu ressentiras dans ton âme épurée[1]
Une ferveur plus forte et des desirs plus saints.
Si ton cœur chaque jour mettoit dans la balance
    Ou le purgatoire ou l'enfer,
Il n'est point de travail, il n'est point de souffrance 1755
    Où soudain ta constance
Ne portât sans effroi l'ardeur d'en triompher.

bulatione hic vivit; et quanto strictius sese considerat, tanto amplius dolet.
    Materiæ justi doloris et internæ compunctionis sunt peccata et vitia nostra, quibus ita involuti jacemus, ut raro cœlestia contemplari valeamus.
    Si frequentius de morte tua, quam de longitudine vitæ tuæ cogitares, non dubium quin ferventius te emendares. Si etiam futuras inferni sive purgatorii pœnas cordialiter perpenderes, credo quod libenter laborem et dolorem sustineres, et nihil rigoris formidares.

1. *Var.* Et tu ressentiras dans une âme épurée. (1652, 53, 56 A et B, 59 et 62)

Mais nous n'en concevons qu'une légère image,
Dont les traits impuissants ne vont point jusqu'au cœur;
Nous aimons ce qui flatte, et consumons notre âge 1760
Dans l'assoupissement d'une froide langueur :
Aussi le corps se plaint, le corps gémit sans cesse,
  Accablé sous les moindres croix,
Parce que de l'esprit la honteuse mollesse
   N'agit qu'avec foiblesse, 1765
Et refuse son aide à soutenir leur poids.

Demande donc à Dieu pour faveur singulière
L'esprit fortifiant de la componction[1];
Avec le roi prophète élève ta prière[2],
Et dis à son exemple avec submission : 1770
« Nourrissez-moi de pleurs, Seigneur, pour témoignage
  Que vous me voulez consoler.
Détrempez-en mon pain, mêlez-en mon breuvage,
  Et de tout mon visage
Jour et nuit à grands flots faites-les distiller[3]. » 1775

 Sed quia ad cor ista non transeunt, et blandimenta adhuc amamus, ideo frigidi et valde pigri remanemus. Sæpe est inopia spiritus, unde tam leviter conqueritur miserum corpus.
 Ora igitur humiliter ad Dominum, ut det tibi compunctionis spiritum, et dic cum propheta : « Ciba me, Domine, pane lacrymarum, et potum da mihi in lacrymis, in mensura. »

1. *Var.* L'esprit vivifiant de la componction. (1652)
2. *Psaume* LXXIX, verset 6.
3. *Var.* Nuit et jour à grands flots faites-les distiller. (1652-56 A, 59 et 62)

CHAPITRE XXII[1].

DES CONSIDÉRATIONS DE LA MISÈRE HUMAINE[2].

Mortel, ouvre les yeux, et vois que la misère[3]
  Te cherche et te suit en tout lieu,
Et que toute la vie est une source amère
  A moins qu'elle tourne vers Dieu.

Rien ne te doit troubler, rien ne te doit surprendre, 1780
  Quand l'effet manque à tes desirs,
Puisque ton sort est tel que tu n'en dois attendre
  Que des sujets de déplaisirs.

N'espère pas qu'ici jamais il se ravale
  A répondre à tous tes souhaits: 1785
Pour toi, pour moi, pour tous, la règle est générale
  Et ne se relâche jamais.

XXII. Miser es, ubicumque fueris, et quocumque te verteris, nisi ad Deum te convertas.
Quid turbaris, quia non succedit tibi, sicut vis et desideras?
Quis est qui habet omnia secundum suam voluntatem? Nec ego, nec tu, nec aliquis hominum super terram.

---

1. Corps ou sujet de l'emblème : « Thomas a Kempis convertit plusieurs séculiers par la lecture de cette sentence[*]. » Ame ou sentence : *Miser es ubicumque fueris, nisi ad Deum te convertas*. (Chapitre XXII, 1.)
2. *Var.* DES CONSIDÉRATIONS DE LA MISÈRE HUMAINE, ET COMME ELLE EST INSÉPARABLE DE LA VIE. (1656 C) — *Var.* DES CONSIDÉRATIONS DE LA MISÈRE HUMAINE, ET COMMENT ELLE EST INSÉPARABLE DE LA VIE. (1658) — Titre latin : *De consideratione humanæ miseriæ*.
3. *Var.* Pécheur, ouvre les yeux, et vois que la misère. (1652-56 A, 59 et 62)

[*] L'édition de 1656 D, qui représente Thomas a Kempis parlant, au lieu de figurer un livre entre les mains, omet les mots : « la lecture de, » et donne simplement : « par cette sentence. »

Il n'est emploi ni rang dont la grandeur se pare[1]
    De cette inévitable loi,
Et ceux qu'on voit porter le sceptre ou la tiare[2]   1790
    N'en sont pas plus exempts que toi.

L'angoisse entre partout, et si quelqu'un sur terre[3]
    Porte mieux ce commun ennui,
C'est celui qui pour Dieu sait se faire la guerre,
    Et se plaît à souffrir pour lui.   1795

Les foibles cependant disent avec envie :
    « Voyez que cet homme est puissant,
Qu'il est grand, qu'il est riche, et que toute sa vie
    Prend un cours noble et florissant! »

Malheureux, regardez quels sont les biens célestes,   1800
    Ceux-ci ne paroîtront plus rien,

Nemo est in mundo sine aliqua tribulatione vel angustia, quamvis rex sit, vel papa.
Quis est qui melius habet? Utique qui pro Deo aliquid pati valet.
Dicunt multi imbecilles et infirmi : « Ecce, quam bonam vitam ille homo habet! quam dives, quam magnus, quam potens et excelsus! »
Sed attende ad cœlestia bona, et videbis quod omnia ista temporalia nulla sunt;

1. *Var.* Il n'est point de mortel dont la grandeur se pare.
(1652-56 A, B et C, 59 et 62)
2. *Var.* Et ceux qu'on voit porter le sceptre et la tiare. (1652 et 53 A et B)
3. *Var.* Qui donc peut sur la terre être en bonne posture
    Durant cet exil malheureux
Que celui qui pour Dieu peut souffrir sans murmure
    Ce qu'il y voit de rigoureux? (1652)
Var. Aucun n'a moins de part à ce que sur la terre
    Nos malheurs font régner d'ennui,
Que celui qui pour Dieu peut se faire la guerre (*a*),
    [Et se plaît à souffrir pour lui.] (1653-56 A, B et C, 59 et 62)

(*a*) Que celui qui pour Dieu se peut faire la guerre.
(1653 C, 54 A, 56 A, B et C, 59 et 62)

Et vous n'y verrez plus que des attraits funestes
   Sous la fausse image du bien.

Douteuse est leur durée, et trompeur le remède
   Qu'ils donnent à quelques besoins ; 1805
Et le plus fortuné jamais ne les possède
   Que parmi la crainte et les soins.

Le solide plaisir n'est pas dans l'abondance
   De ces pompeux accablements ;
Et souvent leur excès amène l'impudence[1] 1810
   Des plus honteux déréglements.

Leur médiocrité suffit au nécessaire
   D'un esprit sagement borné[2],
Et tout ce qui la passe augmente la misère
   Dont il se voit environné[3]. 1815

Plus il rentre en soi-même et regarde la vie
   Dedans son véritable jour,
Plus de cette misère il la trouve suivie,
   Et change en haine son amour.

Il ressent d'autant mieux l'amertume épandue 1820
   Sur la longueur de ses travaux,

Sed valde incerta et magis gravantia, quia nunquam sine sollicitudine et timore possidentur.
Non est hominis felicitas, habere temporalia ad abundantiam ;
Sed sufficit ei mediocritas. Vere miseria est vivere super terram.
Quanto homo voluerit esse spiritualior, tanto præsens vita sit ei amarior ;
Quia sentit melius et videt clarius humanæ corruptionis defectus.

1. *Var.* Et souvent leur excès jette dans l'impudence (1652-56 A, 59 et 62)
2. *Var.*   De quiconque se peut borner. (1652-56 A, 59 et 62)
3. *Var.*   Qui vient partout l'environner. (1652-56 A, 59 et 62)

Et s'en fait un miroir qui présente à sa vue
  L'image de tous ses défauts.

Car enfin travailler, dormir, manger et boire[1],
  Et mille autres nécessités,   1825
Sont aux hommes de Dieu, qui n'aiment que sa gloire,
  D'étranges importunités.

Oh ! que tous ces besoins ont de cruelles gênes
  Pour un esprit bien détaché !
Et qu'avec pleine joie il en romproit les chaînes   1830
  Qui l'asservissent au péché !

Ce sont des ennemis qu'en vain sa ferveur brave,
  Puisqu'ils sont toujours les plus forts;
Et des tyrans aimés qui tiennent l'âme esclave
  Sous les infirmités du corps.   1835

David trembloit sous eux, et parmi sa tristesse,
  Rempli de célestes clartés :
« Sauvez-moi, disoit-il[2], du joug qu'à ma foiblesse
  Imposent mes nécessités. »

Malheur à toi, mortel, si tu ne peux connoître   1840

   Nam comedere, bibere, vigilare, dormire, quiescere, laborare, et
cæteris necessitatibus naturæ subjacere, vere magna miseria est, et
afflictio homini devoto,
   Qui libenter esset absolutus, et liber ab omni peccato.
   Valde enim gravatur interior homo necessitatibus corporalibus in
hoc mundo.
   Unde propheta devote rogat, quatenus liber ab istis esse valeat,
dicens : « De necessitatibus meis erue me, Domine. »

   1. *Var.* Car enfin le dormir, le manger et le boire. (1652)
   2. *Psaume* XXIV, verset 17.

La misère de ton séjour!
Et malheur encor plus si tu n'es pas le maître
   De ce qu'il te donne d'amour!

Faut-il que cette vie, en soi si misérable[1],
   Ait toutefois un tel attrait   1845
Que le plus malheureux et le plus méprisable
   Ne l'abandonne qu'à regret?

Le pauvre, qui l'arrache à force de prières,
   Avec horreur la voit finir,
Et l'artisan s'épuise en sueurs journalières   1850
   Pour trouver à la soutenir.

Que s'il étoit au choix de notre âme insensée
   De languir toujours en ces lieux,
Nous traînerions nos maux sans aucune pensée
   De régner jamais dans les cieux.   1855

Lâches, qui sur nos cœurs aux voluptés du monde
   Souffrons des progrès si puissants,
Que rien n'y peut former d'impression profonde,
   S'il ne flatte et charme nos sens!

Nous verrons à la fin, aveugles que nous sommes,   1860

> Sed væ non cognoscentibus suam miseriam! et amplius væ illis qui diligunt hanc miseram et corruptibilem vitam!
> Nam in tantum quidam hanc amplectuntur,
> Licet etiam vix necessaria laborando aut mendicando habeant,
> Ut, si possent hic semper vivere, de regno Dei nihil curarent.
> O insani et infideles corde, qui tam profunde in terris jacent, ut nihil nisi carnalia sapiant!

1. *Var.* Cependant cette vie, en soi si misérable,
   Conserve un tel charme secret. (1652)

LIVRE I, CHAPITRE XXII.

  Que ce que nous aimons n'est rien,
Et qu'il ne peut toucher que les esprits des hommes
  Qui ne se connoissent pas bien.

Les saints, les vrais dévots, savoient mieux de leur être
  Remplir toute la dignité,   1865
Et pour ces vains attraits ils ne faisoient paroître
  Qu'entière insensibilité[1].

Ils dédaignoient de perdre un moment aux idées
  Des biens passagers et charnels,
Et leurs intentions, d'un saint espoir guidées,   1870
  Voloient sans cesse aux éternels.

Tout leur cœur s'y portoit, et s'élevant sans cesse
  Vers leurs invisibles appas,
Il empêchoit la chair de s'en rendre maîtresse
  Et de le ravaler trop bas.   1875

Mon frère, à leur exemple, anime ton courage,
  Et prends confiance après eux :
Quoi qu'il faille de temps pour un si grand ouvrage,
  Tu n'en as que trop, si tu veux.

 Sed miseri adhuc in fine graviter sentient quam vile et nihilum erat quod amaverunt.
 Sancti autem Dei, et omnes devoti amici Christi, non attenderunt quæ carni placuerunt,
 Nec quæ in hoc tempore floruerunt; sed tota spes eorum et intentio ad æterna bona anhelabat.
 Ferebatur totum desiderium eorum sursum ad mansura et invisibilia, ne amore visibilium traherentur ad infima.
 Noli, frater, amittere confidentiam proficiendi ad spiritualia : adhuc habes tempus et horam.

---

1. *Var.*   Que de l'insensibilité. (1652)

Jusques à quand veux-tu que ta lenteur diffère? 1880
Ose, et dis sans plus négliger :
« Il est temps de combattre, il est temps de mieux faire,
Il est temps de nous corriger. »

Prends-en l'occasion dans tes peines diverses :
Elles te la viennent offrir : 1885
Le temps du vrai mérite est celui des traverses ;
Pour triompher, il faut souffrir.

Par le milieu des eaux, par le milieu des flammes,
On passe au repos tant cherché ;
Et sans violenter et les corps et les âmes, 1890
On ne peut vaincre le péché.

Tant qu'à ce corps fragile un souffle nous attache,
Tel est à tous notre malheur,
Que le plus innocent ne se peut voir sans tache,
Ni le plus content sans douleur. 1895

Le plein calme est un bien hors de notre puissance,
Aucun ici-bas n'en jouit[1] :
Il descendit du ciel avec notre innocence,
Avec elle il s'évanouit.

Quare vis procrastinare propositum tuum? Surge, et in instanti incipe, et dic : « Nunc tempus est faciendi, nunc tempus est pugnandi, nunc aptum tempus est emendandi. »
Quando male habes et tribularis, tunc tempus est promerendi.
Oportet te transire per ignem et aquam, antequam venias in refrigerium. Nisi tibi vim feceris, vitium non superabis.
Quamdiu istud fragile corpus gerimus, sine peccato esse non possumus, nec sine tædio et dolore vivere.
Libenter haberemus ab omni miseria quietem ; sed quia per peccatum perdidimus innocentiam,

1. *Var.*   Ici-bas aucun n'en jouit. (1670 O)

Comme ces deux trésors étoient inséparables, 1900
    Un moment perdit tous les deux;
Et le même péché qui nous fit tous coupables,
    Nous fit aussi tous malheureux.

Prends donc, prends patience en un chemin qu'on passe
    Sous des orages assidus, 1905
Jusqu'à ce que ton Dieu daigne te faire grâce,
    Et te rendre les biens perdus[1];

Jusqu'à ce que la mort brise ce qui te lie
    A cette longue infirmité,
Et qu'en toi dans le ciel la véritable vie 1910
    Consume la mortalité.

Jusque-là n'attends pas des plus saints exercices
    Un long et plein soulagement:
Le naturel de l'homme a tant de pente aux vices,
    Qu'il s'y replonge à tout moment. 1915

Tu pleures pour les tiens, pécheur, tu t'en confesses,
    Tu veux, tu crois y renoncer;
Et dès le lendemain tu reprends les foiblesses[2]
    Dont tu te viens de confesser.

Tu promets de les fuir quand la douleur t'emporte 1920

    Amisimus etiam veram beatitudinem.
    Ideo nos oportet tenere patientiam, et Dei expectare misericordiam,
    Donec transeat iniquitas hæc, et mortalitas absorbeatur a vita.
    O quanta fragilitas humana, quæ semper prona est ad vitia!
    Hodie confiteris peccata tua, et cras iterum perpetras confessa.

1. *Var.*   Et te rende les biens perdus. (1653 C, 56 A et B, 59 et 62)
2. *Var.* Et retombes demain dans les mêmes foiblesses.
                                              (1652-56 A, B et C, 59 et 62)

Contre ce qu'elles ont commis,
Et presque au même instant tu vis de même sorte
    Que si tu n'avois rien promis.

C'est donc avec raison que l'âme s'humilie,
    Se mésestime, se déplaît,   1925
Toutes les fois qu'en soi fortement recueillie
    Elle examine ce qu'elle est.

Elle voit l'inconstance avec un tel empire
    Régner sur sa fragilité,
Que le meilleur propos qu'un saint regret inspire   1930
    N'a que de l'instabilité.

Elle voit clairement que ce que fait la grâce
    Par de rudes et longs travaux[1],
Un peu de négligence en un moment l'efface
    Et nous rend tous nos premiers maux.   1935

Que sera-ce de nous au bout d'une carrière
    Où s'offrent combats sur combats[2],
Si notre lâcheté déjà tourne en arrière,
    Et perd haleine au premier pas?

Nunc proponis cavere, et post horam agis, quasi nihil proposuisses.
Merito ergo nos ipsos humiliare possumus, nec unquam aliquid magni de nobis sentire,
Quia tam fragiles et instabiles sumus.
Cito etiam potest perdi per negligentiam, quod multo labore vix tandem acquisitum est per gratiam.
Quid fiet de nobis adhuc in fine, qui tepescimus tam mane?

1. *Var.*   Par de longs et rudes travaux. (1670 O)
2. Dans les éditions de 1659 et de 1662, par erreur sans doute: « combats pour combats. »

Malheur, malheur à nous, si notre âme endormie 1940
 Penche vers la tranquillité,
Comme si notre paix déjà bien affermie
 Nous avoit mis en sûreté !

C'est usurper ici les douces récompenses [1]
 Des véritables saintetés, 1945
Avant qu'on en ait vu les moindres apparences
 Surmonter nos légèretés.

Ah ! qu'il vaudroit bien mieux qu'ainsi que des novices
 De nouveau nous fussions instruits,
Et reprissions un maître aux premiers exercices 1950
 Pour en tirer de meilleurs fruits !

Du moins on pourroit voir si nous serions capables [2]
 Encor de quelque amendement,
Et si dans nos esprits les clartés véritables [3]
 Pourroient s'épandre utilement. 1955

 Væ nobis, si sic volumus declinare ad quietem, quasi jam pax sit et securitas,
 Cum necdum appareat vestigium veræ sanctitatis in nostra conversatione !
 Bene opus esset quod adhuc iterum institueremur, tanquam boni novitii, ad mores optimos :
 Si forte spes esset de aliqua futura emendatione, et majori spirituali profectu.

 1. *Var.* C'est nous donner ici les douces récompenses. (1652-65)
 2. *Var.* Si pourtant il est vrai que nos cœurs soient capables.
             (1652 et 53 A et B)
 3. *Var.* Et gardent quelque place où les biens véritables
    Puissent couler utilement. (1652 et 53 A et B)

CHAPITRE XXIII[1].

DE LA MÉDITATION DE LA MORT[2].

Pense, mortel, à t'y résoudre ;
Ce sera bientôt fait de toi :
Tel aujourd'hui donne la loi,
Qui demain est réduit en poudre[3].
Le jour qui paroît le plus beau 1960
Souvent jette dans le tombeau
La mémoire la mieux fondée ;
Et l'objet qu'on aime le mieux[4]
Échappe bientôt à l'idée,
Quand il n'est plus devant les yeux. 1965

Cependant ton âme stupide,
Sur qui les sens ont tout pouvoir,
Dans l'avenir ne veut rien voir
Qui la charme ou qui l'intimide :
Un assoupissement fatal 1970
Dans ton cœur, qu'elle éclaire mal,
Ne souffre aucune sainte flamme,

XXIII. Valde cito erit tecum hic factum ; vide aliter quomodo te habeas : hodie homo est, et cras non comparet. Cum autem sublatus fuerit ab oculis, etiam cito transit a mente.

O hebetudo et duritia cordis humani, quod solum præsentia meditatur, et futura non magis prævidet !

1. Corps ou sujet de l'emblème : « Charles-Quint fait faire ses funérailles de son vivant et porte lui-même un cierge à l'offertoire. » Ame ou sentence : *Beatus qui horam mortis suæ semper ante oculos habet.* (Chapitre XXIII, 8.)
2. *Var.* DE LA MÉDITATION DE LA MORT, ET COMBIEN ELLE EST SALUTAIRE. (1656 C et 58) — Titre latin : *De meditatione mortis.*
3. *Var.* . Qui demain ne sera que poudre. (1652-56 A, 59 et 62)
4. *Var.* Et de ce qu'on aime le mieux
Bientôt s'évanouit l'idée. (1652-56 A, 59 et 62)

Et forme une aveugle langueur
De la stupidité de l'âme
Et de la dureté du cœur. 1975

Règle, règle mieux tes pensées,
Mets plus d'ordre en tes actions,
Réunis tes affections
Vagabondes et dispersées :
Pense, agis, aime incessamment, 1980
Comme si déjà ce moment
Étoit celui d'en rendre conte,
Et ne devoit plus différer
Ta gloire éternelle ou ta honte,
Qu'autant qu'il faut pour expirer. 1985

Qui prend soin de sa conscience
Ne considère dans la mort
Que la porte aimable d'un sort
Digne de son impatience.
L'horrible pâleur de son teint, 1990
Les hideux traits dont on la peint,
N'ont pour ses yeux rien de sauvage,
Et ne font voir à leur clarté
Que la fin d'un triste esclavage
Et l'entrée à la liberté. 1995

Crains le péché, si tu veux vivre[1]
D'une vie heureuse et sans fin,
Et non pas ce commun destin

Sic te in omni facto et cogitatu deberes tenere, quasi hodie vel statim esses moriturus.
Si bonam conscientiam haberes, non multum mortem timeres.
Melius esset peccata cavere, quam mortem fugere. Si hodie non

1. *Var.* Fuis le péché, si tu veux vivre. (1652-56 A et B, 59 et 62)

A qui la naissance te livre;
Prépares-y-toi sans ennui :　　　　　　　2000
Si tu ne le peux aujourd'hui,
Demain qu'aura-t-il de moins rude?
As-tu ce terme dans ta main,
Et vois-tu quelque certitude
D'arriver jusqu'à ce demain?　　　　　　 2005

De quoi sert la plus longue vie
Avec si peu d'amendement,
Que d'un plus long engagement
Aux vices dont elle est suivie?
Qu'est-elle souvent, qu'un amas　　　　　2010
De sacriléges, d'attentats,
D'endurcissements invincibles?
Et qu'y font de vieux criminels[1],
Que s'y rendre plus insensibles
Aux charmes des biens éternels?　　　　　2015

Plût à Dieu que l'âme, bornée
A se bien regarder en soi,
Pût faire un bon et digne emploi
Du cours d'une seule journée!
Nos esprits lâches et pesants　　　　　　2020
Comptent bien les mois et les ans
Qu'a vus[2] couler notre retraite;

es paratus, quomodo cras eris? Cras est dies incerta; et quid scis si crastinum habebis?
　　Quid prodest diu vivere, quando tam parum emendamur? Ah! longa vita non semper emendat, sed sæpe culpam magis anget.
　　Utinam per unam diem bene essemus conversati in hoc mundo!

　　1. *Var.*　　Et que font de vieux criminels,
　　　　　　　Que se rendre plus insensibles. (1653-56 A, 59 et 62)
　　2. Il y a *vu*, sans accord, dans toutes les éditions publiées du vivant de Corneille.

Mais tel les étale à grand bruit,
Dont la bouche devient muette
Quand il en faut montrer le fruit.   2025

Si la mort te semble un passage
Si dur, si rempli de terreur,
Le péril qui t'en fait horreur
Peut croître à vivre davantage.
Heureux l'homme dont en tous lieux   2030
Son image frappe les yeux,
Que[1] chaque moment y prépare,
Qui la regarde comme un prix,
Et de soi-même se sépare
Pour n'en être jamais surpris !   2035

Qu'un saint penser t'en entretienne
Quand un autre rend les abois :
Tu seras tel que tu le vois,
Et ton heure suivra la sienne.
Aussitôt que le jour te luit,   2040
Doute si jusques à la nuit
Ta vie étendra sa durée;
Et la nuit reçois le sommeil,

Multi annos conversionis computant, sed sæpe parvus est fructus emendationis.
Si formidolosum est mori, forsitan periculosius erit diutius vivere. Beatus qui horam mortis suæ semper ante oculos habet, et ad moriendum se quotidie disponit.
Si vidisti aliquando hominem mori, cogita quia et tu per eamdem transibis viam. Cùm mane fuerit, puta te ad vesperum non perventurum; vespere autem facto, mane non audeas tibi polliceri.

1. L'édition de 1670 porte *Qui*, pour *Que*, faute qui a amené dans les impressions de 1676 et de 1693 la leçon plausible que voici :

Qui chaque moment s'y prépare.

Sans la croire plus assurée
D'atteindre au retour du soleil.

Tiens ton âme toujours si prête,
Que ce glaive en l'air suspendu
Jamais sans en être attendu
Ne puisse tomber sur ta tête.
Souvent, sans nous en avertir,
La mort, nous forçant de partir,
Éteint la flamme la plus vive;
Souvent tes yeux en sont témoins,
Et que le Fils de l'homme arrive
Alors qu'on y pense le moins.

Cette dernière heure venue
Donne bien d'autres sentiments,
Et sur les vieux déréglements
Fait bien jeter une autre vue.
Avec combien de repentirs[1]
Voudroit un cœur gros de soupirs
Pouvoir lors haïr ce qu'il aime,
Et combien avoir acheté
Le temps de prendre sur soi-même
Vengeance de sa lâcheté!

Oh! qu'heureux est celui qui montre
A toute heure un esprit fervent,

Semper ergo paratus esto, et taliter vive, ut nunquam te imparatum mors inveniat. Multi subito et improvise moriuntur; nam hora qua non putatur, Filius hominis venturus est.
Quando illa extrema hora venerit, multum aliter sentire incipies de tota vita tua præterita; et valde dolebis quod tam negligens et remissus fuisti.

1. *Var.*   Avec combien de déplaisirs. (1670 O)

Et qui se tient tel en vivant,
Qu'il veut que la mort le rencontre !
Toi qui prétends à bien mourir, 2070
Écoute l'art d'en acquérir
La véritable confiance,
Et vois quel est ce digne effort
Qui peut mettre ta conscience
Au chemin d'une bonne mort : 2075

Un parfait mépris de la terre,
Des vertus un ardent desir,
Suivre sa règle avec plaisir,
Faire au vice une rude guerre,
S'attacher à son châtiment, 2080
Obéir tôt et pleinement,
Se quitter, se haïr soi-même,
Et supporter d'un ferme esprit
L'adversité la plus extrême
Pour l'amour seul de Jésus-Christ. 2085

Mais il faut une âme agissante,
Tandis que dure ta vigueur ;
Où la santé manque de cœur,
La maladie est impuissante :
Ses abattements, ses douleurs, 2090
Rendent fort peu d'hommes meilleurs,

Quam felix et prudens qui talis nunc nititur esse in vita, qualis optat inveniri in morte ! Dabit namque magnam fiduciam feliciter moriendi.

Perfectus contemptus mundi, fervens desiderium in virtutibus proficiendi, amor disciplinæ, labor pœnitentiæ, promptitudo obedientiæ, abnegatio sui, et supportatio cujuslibet adversitatis pro amore Christi.

Multa bona potes operari, dum sanus es; sed infirmatus, nescio

Non plus que les plus grands voyages[1] ;
Souvent les travaux en sont vains,
Et les plus longs pèlerinages
N'ont jamais fait beaucoup de saints.   2095

Prends peu d'assurance aux prières
Qu'on te promet après ta mort,
Et pour te faire un saint effort
N'attends point les heures dernières :
Et tes proches et tes amis   2100
Oublieront ce qu'ils t'ont promis
Plus tôt que tu ne t'imagines ;
Et qui peut attendre si tard
A répondre aux grâces divines,
Met son salut en grand hasard.   2105

Tu dois envoyer par avance[2]
Tes bonnes œuvres devant toi,
Qui de ton juge et de ton roi
Puissent préparer la clémence[3].
L'espérance au secours d'autrui   2110
N'est pas toujours un bon appui
Près de sa majesté suprême[4],

quid poteris. Pauci ex infirmitate meliorantur et emendantur; sic et qui multum peregrinantur, raro sanctificantur.

Noli confidere super amicos et proximos, nec in futurum tuam differas salutem, quia citius obliviscentur tui homines, quam æstimas.

Melius est nunc tempestive providere, et aliquid boni præmittere, quam super aliorum auxilio sperare. Si non es pro teipso sollicitus modo, quis erit pro te sollicitus in futuro?

1. *Var.*   Aussi bien que les grands voyages. (1652-62)
2. *Var.*   Il faut envoyer par avance. (1652-56 A, B et C, 59 et 62)
3. *Var.*   Puissent te gagner la clémence. (1652-65)
4. *Var.*   Près de la majesté suprême. (1670 O)

LIVRE I, CHAPITRE XXIII.

Et si tu veux bien négliger[1]
Toi-même le soin de toi-même,
Peu d'autres s'en voudront charger.   2115

Travaille donc et sans remise :
Chaque moment est précieux,
Chaque instant peut t'ouvrir les cieux;
Prends un temps qui te favorise;
Mais hélas! qu'avec peu de fruit   2120
L'homme, par soi-même séduit,
Endure qu'on l'en sollicite!
Et qu'il aime à perdre ici-bas[2]
Le temps d'amasser un mérite
Qui fait vivre après le trépas[3]!   2125

Un temps viendra, mais déplorable,
Que tes yeux, en vain mieux ouverts,
Te feront voir combien tu perds
Dans cette perte irréparable.
Les soins tardifs de t'amender   2130
Auront alors beau demander
Encore un jour, encore une heure :
Il faudra partir promptement[4].

Nunc tempus est valde pretiosum; nunc sunt dies salutis; nunc tempus acceptabile. Sed, proh dolor! quod hoc utilius non expendis in quo promereri vales unde æternaliter vivas!

Veniet quando unum diem seu horam pro emendatione desiderabis, et nescio an impetrabis.

1. *Var.*   Et si toi-même en ton besoin
            Négliges d'agir pour toi-même,
            Peu d'autres en prendront le soin. (1652-56 A, 59 et 62)
2. *Var.*   Et qu'il perd inutilement. (1652-56 A, 59 et 62)
3. *Var.*   Qui fait vivre éternellement! (1652-56 A, 59 et 62)
4. *Var.*   L'horreur d'un funeste avenir
            T'arrachera de ta demeure,
            Sans avoir pu rien obtenir. (1652-56 A, 59 et 62)

Et la soif d'une fin meilleure
N'obtiendra pas un seul moment.   2135

Penses-y sans cesse et sans feinte :
Ce grand péril se peut gauchir,
Et la crainte peut t'affranchir
Des plus justes sujets de crainte.
Quiconque à la mort se résout,   2140
Qui la voit et la craint partout,
A peu de chose à craindre d'elle ;
Et le plus assuré secours
Contre les traits d'une infidèle[1],
C'est de s'en défier toujours.   2145

Qu'une pieuse et sainte adresse,
Servant de règle à tes desirs[2],
Dispose tes derniers soupirs[3]
A moins d'effroi que d'allégresse :
Meurs à tous les mortels appas,   2150
Afin qu'en Dieu par le trépas
Tu puisses commencer à vivre,
Et qu'un plein mépris de ces lieux
Te donne liberté de suivre
Jésus-Christ jusque dans les cieux.   2155

Eia charissime, de quanto periculo te poteris liberare, de quam magno timore eripere, si modo semper timoratus fueris, et suspectus de morte!

Stude nunc taliter vivere, ut in hora mortis valeas potius gaudere, quam timere. Disce nunc mori mundo, ut tunc incipias vivere cum Christo. Disce nunc omnia contemnere, ut tunc possis libere ad Christum pergere.

1. Les éditions de 1659 et de 1662 portent, évidemment par erreur : « d'un infidèle. »
2. *Var.*   Réglant sous toi tous tes desirs. (1652-56 A, 59 et 62)
3. *Var.*   Prépare tes derniers soupirs. (1652-65)

LIVRE I, CHAPITRE XXIII.

Qu'une sévère pénitence
N'épargne point ici ton corps,
Si tu veux recueillir alors
Les fruits d'une entière constance :
De ses plus âpres châtiments   2160
Naîtront les plus doux sentiments
D'une confiance certaine;
Et plus on l'aura maltraité,
Plus l'âme, forte de sa peine,
Prendra son vol en sûreté.   2165

D'où te vient la folle espérance
De faire en terre un long séjour,
Toi qui n'as pas même un seul jour[1]
Où tes jours soient en assurance?
Combien en trompe un tel espoir !   2170
Et combien en laisse-t-il choir
Dans le plus beau de leur carrière !
Combien tout à coup défaillir,
Et précipiter dans la bière
La vaine attente de vieillir !   2175

Combien de fois entends-tu dire :
« Celui-ci vient d'être égorgé,
Celui-là d'être submergé,
Cet autre dans les feux expire ! »

Castiga nunc corpus tuum per pœnitentiam, ut tunc certam valeas habere confidentiam.
Ah stulte ! quid cogitas te diu victurum, cum nullum diem habeas hic securum? Quam multi decepti sunt, et insperate de corpore extracti !
Quoties audisti a dicentibus, quia ille gladio cecidit, ille submersus est, ille ab alto ruens cervicem fregit, ille manducando obriguit,

---

1. *Var.*   Si tu n'as pas même un seul jour. (1652-56, 59 et 62)

L'un, écrasé subitement 2180
Sous le débris d'un bâtiment,
A fini ses jours et ses vices;
L'autre au milieu d'un grand repas[1],
L'autre parmi d'autres délices
S'est trouvé surpris du trépas; 2185

L'un est percé d'un plomb funeste,
L'autre dans le jeu rend l'esprit,
Tel meurt étranglé dans son lit,
Et tel étouffé de la peste!
Ainsi mille genres de morts, 2190
Par mille différents efforts,
Des mortels retranchent le nombre;
L'ordre en ce point seul[2] est pareil,
Qu'ils passent tous ainsi qu'une ombre
Qu'efface et marque le soleil. 2195

Parmi les vers et la poussière
Qui daignera chercher ton nom,
Et pour obtenir ton pardon
Hasarder la moindre prière?
Fais, fais ce que tu peux de bien, 2200
Donne aux saints devoirs d'un chrétien
Tout ce que Dieu te donne à vivre :
Tu ne sais quand tu dois mourir,

Ille ludendo finem fecit! Alius igne, alius ferro, alius peste, alius latrocinio interiit; et sic omnium finis mors est, et vita hominum tanquam umbra subito pertransit.
Quis memorabitur tui post mortem? aut quis orabit pro te? Age, age nunc, charissime, quidquid agere potes; quia nescis quando morieris : nescis etiam quid te post mortem sequetur.

1. *Var.* L'autre au milieu d'un bon repas. (1652-56 A, 59 et 62)
2. Le mot *seul* manque dans les éditions de 1656 C, de 1658 et de 1665 A.

Et moins encor ce qui doit suivre
Les périls qu'il y faut courir. 2205

Tandis que le temps favorable [1]
Te donne loisir d'amasser,
Amasse, mais sans te lasser,
Une richesse perdurable;
Donne-toi pour unique but 2210
Le grand œuvre de ton salut
Autant que le peut ta foiblesse;
N'embrasse aucun autre projet,
Et prends tout souci pour bassesse,
S'il n'a ton Dieu pour seul objet. 2215

Fais des amis pour l'autre vie;
Honore les saints ici-bas,
Et tâche d'affermir tes pas
Dans la route qu'ils ont suivie;
Range-toi sous leur étendard, 2220
Afin qu'à l'heure du départ
Ils fassent pour toi des miracles,
Et qu'ils viennent te recevoir [2]
Dans ces lumineux tabernacles
Où la mort n'a point de pouvoir. 2225

Ne tiens sur la terre autre place
Que d'un pèlerin sans arrêt,

Dum tempus habes, congrega tibi divitias immortales. Præter salutem tuam nihil cogites : solum quæ Dei sunt cures.
Fac nunc tibi amicos, venerando Dei sanctos, et eorum actus imitando, ut cum defeceris in hac vita, illi te recipiant in æterna tabernacula.

1. *Var.*   Tandis que ce temps favorable. (1670 O)
2. *Var.*   Et qu'ils courent te recevoir. (1652-62 et 70 O)

Qui ne prend aucun intérêt
Aux soins dont elle s'embarrasse;
Tiens-y-toi comme un étranger   2230
Qui dans l'ardeur de voyager
N'a point de cité permanente;
Tiens-y ton cœur libre en tout lieu,
Mais d'une liberté fervente
Qui s'élève et s'attache à Dieu.   2235

Pousse jusqu'à lui tes prières.[1]
Par de sacrés élancements;
Joins-y mille gémissements,
Joins-y des larmes journalières.
Ainsi ton esprit bienheureux   2240
Puisse d'un séjour dangereux
Passer en celui de la gloire!
Ainsi la mort pour l'y porter
Règne toujours en ta mémoire!
Ainsi Dieu te daigne écouter!   2245

Serva te tanquam peregrinum et hospitem super terram, ad quem nihil spectat de mundi negotiis. Serva cor liberum, et ad Deum sursum erectum, quia non habes hic manentem civitatem.

Illuc preces et gemitus quotidianos cum lacrymis dirige, ut spiritus tuus mereatur ad Dominum post mortem feliciter transire. Amen.

1. *Var.*   Pousse jusqu'au ciel tes prières. (1670 O)

CHAPITRE XXIV[1].

DU JUGEMENT, ET DES PEINES DU PÉCHÉ[2].

Homme, quoi qu'ici-bas tu veuilles entreprendre,
Songe à ce compte exact qu'un jour il en faut rendre,
Et mets devant tes yeux cette dernière fin
Qui fera ton mauvais ou ton heureux destin.
Regarde avec quel front tu pourras comparoître   2250
Devant le tribunal de ton souverain maître,
Devant ce juste juge à qui rien n'est caché,
Qui jusque dans ton cœur sait lire ton péché,
Qu'aucun don n'éblouit, qu'aucune erreur n'abuse,
Que ne surprend jamais l'adresse d'une excuse,   2255
Qui rend à tous justice et pèse au même poids
Ce que font les bergers et ce que font les rois.

Misérable pécheur, que sauras-tu répondre
A ce Dieu qui sait tout, et viendra te confondre[3],
Toi que remplit souvent d'un invincible effroi   2260
Le courroux passager d'un mortel comme toi ?

Donne pour ce grand jour, donne ordre à tes affaires,

    XXIV. In omnibus respice finem, et qualiter ante districtum stabis judicem, cui nihil est occultum; qui muneribus non placatur, nec excusationes recipit; sed quod justum est judicabit.
    O miserrime et insipiens peccator, quid respondebis Deo, omnia mala tua scienti, qui interdum formidas vultum hominis irati?
    Ut quid non prævides tibi in die judicii, quando nemo poterit

---

1. Corps ou sujet de l'emblème : « Le jugement dernier et universel. » Ame ou sentence : *Tunc gaudebit omnis devotus et mœrebit omnis irreligiosus.* (Chapitre XXIV, 20.)
2. Titre latin : *De judicio et pœnis peccatorum.*
3. *Var.* A ce Dieu qui viendra pour jamais te confondre.

(1652-56 A, 59 et 62)

Pour ce grand jour, le comble ou la fin des misères,
Où chacun, trop chargé de son propre fardeau,
Son propre accusateur et son propre bourreau,   2265
Répondra par sa bouche, et seul à sa défense,
N'aura point de secours que de sa pénitence [1].

Cours donc avec chaleur aux emplois vertueux :
Maintenant ton travail peut être fructueux,
Tes douleurs maintenant peuvent être écoutées,   2270
Tes larmes jusqu'au ciel être soudain portées,
Tes soupirs de ton juge apaiser la rigueur,
Ton repentir lui plaire, et nettoyer ton cœur.

Oh! que la patience est un grand purgatoire
Pour laver de ce cœur la tache la plus noire!   2275
Que l'homme le blanchit, lorsqu'il le dompte au point
De souffrir un outrage et n'en murmurer point!
Lorsqu'il est plus touché du mal que se procure
L'auteur de son affront, que de sa propre injure;
Lorsqu'il élève au ciel ses innocentes mains   2280
Pour le même ennemi qui rompt tous ses desseins,
Qu'avec sincérité promptement il pardonne,
Qu'il demande pardon de même qu'il le donne,
Que sa vertu commande à son tempérament,
Que sa bonté prévaut sur son ressentiment,   2285

per alium excusari vel defendi, sed unusquisque sufficiens onus erit sibi ipsi?
Nunc labor tuus est fructuosus, fletus acceptabilis, gemitus exaudibilis, dolor satisfactorius, et purgativus.
Habet magnum et salubre purgatorium patiens homo qui suscipiens injurias, plus dolet de alterius malitia, quam de sua injuria; qui pro contrariantibus sibi libenter orat, et ex corde culpas indulget, qui veniam ab aliis petere non retardat; qui facilius miseretur,

---

1. *Var.* Ne pourra plus d'un autre emprunter l'éloquence. (1652)

Que lui-même à toute heure il se fait violence
Pour vaincre de ses sens la mutine insolence[1],
Et que pour seul objet partout il se prescrit[2]
D'assujettir la chair sous les lois de l'esprit[3] !

Ah ! qu'il vaudroit bien mieux par de saints exercices
Purger nos passions, déraciner nos vices,
Et nous-mêmes en nous à l'envi les punir,
Qu'en réserver la peine à ce long avenir !
Mais ce que nous avons d'amour désordonnée,
Pour cette ingrate chair à nous perdre obstinée, 2295.
Nous-mêmes nous séduit, et l'arme contre nous
De tout ce que nos sens nous offrent de plus doux.

Qu'auront à dévorer les éternelles flammes,
Que cette folle amour où s'emportent les âmes,
Cet amas de péchés, ce détestable fruit 2300
Que cette chair aimée au fond des cœurs produit ?
Plus tu suis ses conseils et te fais ici grâce,
Plus de matière en toi pour ces flammes s'entasse ;
Et ta punition que tu veux reculer

quam irascitur; qui sibi ipsi violentiam frequenter facit, et carnem omnino spiritui subjugare conatur.

Melius est modo purgare peccata, et vitia resecare, quam in futuro purganda reservare. Vere nos ipsos decipimus per inordinatum amorem, quem ad carnem habemus.

Quid aliud ignis ille devorabit, nisi peccata tua? Quanto amplius tibi ipsi nunc parcis et carnem sequeris, tanto durius postea lues, et majorem materiam comburendi reservas.

1. *Var.* Pour vaincre de la chair la brutale insolence. (1652 et 53 A et B)
Var. Pour vaincre de la chair la coupable insolence.
  (1653 C, 54-56 A, 59 et 62)
2. *Var.* Et pour unique but en tout lieu se prescrit.
  (1652-56 A, B et C, 59 et 62)
3. *Var.* D'assujettir le corps sous les lois de l'esprit ! (1652-56 A, 59 et 62)

Prépare à l'avenir d'autant plus à brûler. 2305

Là, par une justice effroyable à l'impie,
Par où chacun offense, il faudra qu'il l'expie [1];
Les plus grands châtiments y seront attachés
Aux plus longues douceurs de nos plus grands péchés.

Dans un profond sommeil la paresse enfoncée 2310
D'aiguillons enflammés s'y trouvera pressée,
Et les cœurs que charmoit sa molle oisiveté
Gémiront sans repos toute l'éternité.

L'ivrogne et le gourmand recevront leurs supplices
Du souvenir amer de leurs chères délices, 2315
Et ces repas traînés jusques au lendemain
Mêleront leur idée aux rages de la faim.

Les sales voluptés, dans le milieu d'un gouffre,
Parmi les puanteurs de la poix et du soufre,
Laisseront occuper aux plus cruels tourments 2320
Les lieux les plus flattés de leurs chatouillements.

L'envieux, qui verra du plus creux de l'abîme
Le ciel ouvert aux saints et fermé pour son crime,
D'autant plus furieux, hurlera de douleur
Pour leur félicité plus que pour son malheur. 2325

<blockquote>
In quibus homo peccavit, in illis gravius punietur.
Ibi acediosi ardentibus stimulis pungentur,
Et gulosi ingenti siti ac fame cruciabuntur.
Ibi luxuriosi, et voluptatum amatores, ardenti pice et fœtido sulphure perfundentur,
Et, sicut furiosi canes, præ dolore invidiosi ululabunt.
</blockquote>

1. *Var.* Par où chacun offense, il faudroit qu'il l'expie. (1659)
Var. Par où chacun offense, il faudroit qu'il expie. (1662)

LIVRE I, CHAPITRE XXIV.

Tout vice aura sa peine à lui seul destinée :
La superbe à la honte y sera condamnée,
Et pour punir l'avare avec sévérité,
La pauvreté qu'il fuit aura sa cruauté.

Là sera plus amère une heure de souffrance   2330
Que ne le sont ici cent ans de pénitence ;
Là jamais d'intervalle ou de soulagement
N'affoiblit des damnés l'éternel châtiment ;
Mais ici nos travaux peuvent reprendre haleine,
Souffrir quelque relâche à la plus juste peine ;   2335
L'espoir d'en voir la fin à toute heure est permis,
Tandis qu'on s'en console avecque ses amis.

Romps-y donc du péché les noires habitudes,
A force de soupirs, de soins, d'inquiétudes,
Afin qu'en ce grand jour ce juge rigoureux   2340
Te mette en sûreté parmi les bienheureux ;
Car les justes alors avec pleine constance
Des maux par eux soufferts voudront prendre vengeance,
Et d'un regard farouche ils paroîtront armés
Contre les gros pécheurs qui les ont opprimés.   2345

Tu verras lors assis au nombre de tes juges
Ceux qui jadis chez toi cherchoient quelques refuges,

Nullum vitium erit quod suum proprium cruciatum non habebit. Ibi superbi omni confusione replebuntur ; et avari miserrima egestate arctabuntur.
Ibi erit una hora gravior in pœna, quam hic centum anni in gravissima pœnitentia. Ibi nulla requies est, nulla consolatio damnatis : hic tamen interdum cessatur a laboribus, atque amicorum fruitur solatiis.
Esto modo sollicitus, et dolens pro peccatis tuis, ut in die judicii securus sis cum beatis. Tunc enim justi stabunt in magna constantia adversus eos qui se angustiaverunt et depresserunt.

Et tu seras jugé par le juste courroux
De qui te demandoit la justice à genoux.

L'humble alors et le pauvre après leur patience 2350
Rentreront à la vie en paix, en confiance,
Cependant que le riche avec tout son orgueil,
Pâle et tremblant d'effroi, sortira du cercueil.

Lors aura son éclat la sagesse profonde,
Qui passoit pour folie aux mauvais yeux du monde :
Une gloire sans fin sera le digne prix
D'avoir souffert pour Dieu l'opprobre et le mépris

Lors tous les déplaisirs endurés sans murmure
Seront changés en joie inépuisable et pure [1];
Et toute iniquité confondant son auteur 2360
Lui fermera la bouche et rongera le cœur.

Point [2] lors, point de dévots sans entière allégresse [3],
Point lors de libertins sans profonde tristesse :

> Tunc stabit ad judicandum qui modo se subjicit humiliter judiciis hominum.
> Tunc magnam fiduciam habebit pauper et humilis, et pavebit undique superbus.
> Tunc videbitur sapiens in hoc mundo fuisse, qui pro Christo didicit stultus et despectus esse.
> Tunc placebit omnis tribulatio patienter perpessa, et omnis iniquitas oppilabit os suum.
> Tunc gaudebit omnis devotus, et mœrebit omnis irreligiosus.

1. *Var.* Deviendront des sujets d'une allégresse pure.(1652-56 A, 59 et 62)
2. Cette strophe, composée de huit vers dans les éditions de 1656 B, C et D, de 1658, de 1665 et de 1670, n'en a que quatre dans celles de 1652, de 1653 B et C, de 1654 A, de 1656 A, de 1659 et de 1662 : voyez les variantes.
3. *Var.* Lors tout dévot en joie, et tout impie en larmes,
   Feront voir séparés l'espoir et les alarmes. (1652-56 A, 59 et 62)

LIVRE I, CHAPITRE XXIV.

Ceux-là s'élèveront dans les ravissements,
Ceux-ci s'abîmeront dans les gémissements ; 2365
Et la chair qu'ici-bas on aura maltraitée [1],
Que la règle ou le zèle auront persécutée,
Goûtera plus alors de solides plaisirs
Que celle que partout on livre à ses desirs.

Les lambeaux mal tissus de la robe grossière 2370
Des plus brillants habits terniront la lumière ;
Et les princes verront les chaumes préférés
Au faîte [2] ambitieux de leurs palais dorés.

La longue patience aura plus d'avantage
Que tout ce vain pouvoir qu'a le monde en partage ;
La prompte obéissance et sa simplicité [3],
Que tout ce que le siècle a de subtilité.

La joie et la candeur des bonnes consciences
Iront lors au-dessus des plus hautes sciences [4] ;

Tunc plus exultabit caro afflicta, quam si in deliciis fuisset semper nutrita.
  Tunc splendebit habitus vilis, et obtenebrescet vestis subtilis.
Tunc plus laudabitur pauperculum domicilium, quam deauratum palatium.
  Tunc plus juvabit constans patientia, quam omnis mundi potentia.
Tunc amplius exaltabitur simplex obedientia, quam omnis sæcularis astutia.
  Tunc plus lætificabit pura et bona conscientia, quam docta phi-

---

1. *Var.* Et la chair maltraitée aura d'autres plaisirs
  Que celle qui partout se livre à ses desirs. (1652 et 53 A)
Var. Et la chair maltraitée aura de vrais plaisirs
  Plus que celle qu'on livre à tous ses vains desirs.
                                (1653 B et C, 54 A, 56 A, 59 et 62)
2. Les éditions de 1670, de 1676 et de 1693 portent *Aux faîtes*, au pluriel.
3. *Var.* La prompte obéissance et la simplicité. (1652-65 A, 76 et 93)
4. *Var.* Ira lors au-dessus des plus hautes sciences. (1652-65)

Et du mépris des biens les plus légers efforts 2380
Seront de plus grand poids que les plus grands trésors.

Tu sentiras ton âme alors plus consolée
D'une oraison dévote à tes soupirs mêlée,
Que d'avoir fait parade en de pompeux festins[1]
Du choix le plus exquis des viandes et des vins. 2385

Tu te trouveras mieux de voir dans la balance
L'heureuse fermeté d'un rigoureux silence,
Que d'y voir l'embarras et les distractions
D'un cœur qui s'abandonne aux conversations;
D'y voir de bons effets que de belles paroles, 2390
Des actes de vertu que des discours frivoles;
D'y voir la pénitence avec sa dureté,
D'y voir l'étroite vie avec son âpreté,
Que la douce mollesse où flotte vagabonde
Une âme qui s'endort dans les plaisirs du monde. 2395

Apprends qu'il faut souffrir quelques petits malheurs,
Pour t'affranchir alors de ces pleines douleurs :
Éprouve ici ta force, et fais sur peu de chose
Un foible essai des maux où l'avenir t'expose.
Ils seront éternels, et tu crains d'endurer 2400

losophia. Tunc plus ponderabit contemptus divitiarum, quam totus thesaurus terrigenarum.
    Tunc magis consolaberis super devota oratione, quam super delicata comestione.
    Tunc potius gaudebis de servato silentio, quam de longa fabulatione. Tunc plus valebunt sancta opera, quam multa pulchra verba. Tunc plus placebit stricta vita et ardua pœnitentia, quam omnis delectatio terrena.
    Disce te nunc in modico pati, ut tunc a gravioribus valeas liberari. Hic primo proba quid possis postea. Si nunc tam parum non vales sus-

1. *Var.* Que d'avoir fait parade en d'éternels festins. (1652 et 53 A et B)

Ceux qui n'ont ici-bas qu'un moment à durer !
Si leurs moindres assauts, leur moindre expérience
Te jette dans le trouble et dans l'impatience,
Au milieu des enfers, où ton péché va choir,
Jusques à quelle rage ira ton désespoir ?   2405
Souffre, souffre sans bruit, quoi que le ciel t'envoie :
Tu ne saurois avoir de deux sortes de joie,
Remplir de tes desirs ici l'avidité[1],
Et régner avec Dieu dedans l'éternité.

Quand depuis ta naissance on auroit vu ta vie   2410
D'honneurs jusqu'à ce jour et de plaisirs suivie,
Qu'auroit tout cet amas qui te pût secourir[2],
Si dans ce même instant il te falloit mourir ?

Tout n'est que vanité : gloire, faveurs, richesses,
Passagères douceurs, trompeuses allégresses ;   2415
Tout n'est qu'amusement, tout n'est que faux appui,
Hormis d'aimer Dieu seul, et ne servir que lui[3].
Qui de tout son cœur l'aime y borne ses délices ;
Il ne craint mort, enfer, jugement, ni supplices ;

tinere, quomodo æterna tormenta poteris sufferre? Si modo modica passio tam impatientem efficit, quid gehenna tum faciet? Ecce vere non potes duo gaudia habere, delectari hic in mundo, et postea regnare cum Christo.
 Si usque in hodiernam diem semper in honoribus et voluptatibus vixisses, quid totum tibi profuisset, si jam mori in instanti contingeret?
 Omnia ergo vanitas, præter amare Deum, et illi soli servire. Qui enim Deum ex toto corde amat, nec mortem, nec supplicium, nec judicium, nec infernum metuit; quia perfectus amor securum ad

---

 1. *Var.* Soûler de tes desirs ici l'avidité. (1652-65)
 2. *Var.* En quoi tout cet amas te peut-il secourir,
   S'il faut en cet instant tout quitter et mourir? (1652)
 3. Comparez plus haut, p. 32, vers 40.

De ce parfait amour le salutaire excès 2420
Près de l'objet aimé lui donne un sûr accès ;
Mais lorsque le pécheur aime encor que du vice[1]
La funeste douceur dans son âme se glisse[2],
Il n'est pas merveilleux s'il tremble incessamment
Au seul nom de la mort ou de ce jugement. 2425

Il est bon toutefois que l'ingrate malice,
En qui l'amour de Dieu cède aux attraits du vice,
Du moins cède à son tour à l'effroi des tourments
Qui l'arrache par force à ses déréglements.
Si pourtant cette crainte est en toi la maîtresse, 2430
Sans que celle de Dieu soutienne ta foiblesse,
Ce mouvement servile, indigne d'un chrétien,
Dédaignera bientôt les sentiers du vrai bien,
Et te laissera faire une chute effroyable
Dans les piéges du monde et les filets du diable. 2435

Deum accessum facit. Quem autem adhuc peccare delectat, non mirum, si mortem et judicium timeat.
Bonum tamen est ut, si necdum amor a malo te revocat, saltem timor gehennalis coërceat. Qui vero timorem Dei postponit, diu stare in bono non valebit, sed diaboli laqueos citius incurret.

1. *Var.* Mais qui s'obstine encore à goûter dans le crime. (1652-56, 59 et 62)
Var. Mais lorsque le pécheur goûte encor dans le crime. (1658 et 65)
2. *Var.* Les funestes appas qu'en son cœur il imprime. (1652-56 A, 59 et 62)
Var. Les funestes appas que dans l'âme il imprime.
(1656 B, C et D, 58 et 65)

CHAPITRE XXV[1].

DU FERVENT AMENDEMENT DE TOUTE LA VIE[2].

De ton zèle envers Dieu bannis la nonchalance ;
Porte un amour actif dans un cœur enflammé ;
Souviens-toi que le cloître où tu t'es enfermé
Veut de l'intérieur et de la vigilance ;
Demande souvent compte au secret de ton cœur[3]   2440
Du dessein qui t'en fit épouser la rigueur,
Et renoncer au siècle, à sa pompe, à ses charmes ;
N'étoit-ce pas pour vivre à Dieu seul attaché,
Pour embrasser la croix, pour la baigner de larmes,
Et t'épurer l'esprit dans l'horreur du péché ?   2445

Montre en ce grand dessein une ferveur constante[4],
Et pour un saint progrès rends ce cœur tout de feu[5] ;
Ta récompense est proche, elle est grande, et dans peu
Son excès surprenant passera ton attente.
A tes moindres souhaits tu verras lors s'offrir,   2450
Non plus de quoi trembler, non plus de quoi souffrir,

XXV. Esto vigilans et diligens in Dei servitio ; cogita frequenter ad quid venisti, et cur sæculum reliquisti. Nonne ut Deo viveres, et spiritualis homo fieres ?
Igitur ad profectum ferveas, quia mercedem laborum tuorum in brevi recipies ; nec erit tunc amplius timor aut dolor in finibus tuis.

1. Corps ou sujet de l'emblème : « Sainte Élisabeth de Hongrie visite les malades et suce le pus de leurs ulcères, qui font mal au cœur aux damoiselles de sa suite*. » Ame ou sentence : *Tantum proficies, quantum tibiipsi vim intuleris.* (Chapitre xxv, 26.)
2. Titre latin : *De ferventi emendatione totius vitæ nostræ.*
3. *Var.* Demande souvent compte au secret de ce cœur. (1652)
4. *Var.* Suis donc ce grand dessein d'une ferveur constante. (1652-65)
5. *Var.* Qui pour un saint progrès te rende tout de feu. (1652)

* Ces derniers mots : « qui font mal au cœur, etc., » manquent dans l'édition de 1656 D.

Mais du solide bien l'heureuse plénitude :
Tes yeux admireront son immense valeur ;
Tu l'obtiendras sans peine et sans inquiétude,
Et la posséderas sans crainte et sans douleur.   2455
Ne dors pas cependant, prends courage, et l'emploie
Aux précieux effets d'un vertueux propos¹ :
D'une heure de travail doit naître un long repos,
D'un moment de souffrance une éternelle joie.
C'est Dieu qui te promet cette félicité :   2460
Si tu sais le servir avec fidélité²,
Il sera comme toi fidèle en ses promesses ;
Sa main quand tu combats cherche à te couronner,
Et sa profusion, égale à ses richesses,
Ne voit tous ses trésors que pour te les donner³.   2465

Conçois, il t'en avoue, une haute espérance⁴
De remporter la palme en combattant sous lui ;
Espère un plein triomphe avec un tel appui ;
Mais garde-toi d'en prendre une entière assurance.
Les philtres dangereux de cette illusion   2470
Charment si puissamment, que dans l'occasion
Nous laissons de nos mains échapper la victoire ;
Et quand le souvenir d'avoir le mieux vécu
Relâche la ferveur à quelque vaine gloire⁵,

 Modicum nunc laborabis, et magnam requiem, imo perpetuam lætitiam invenies. Si tu permanseris fidelis et fervidus in agendo, Deus procul dubio erit fidelis et locuples in retribuendo.
 Spem bonam retinere debes quod ad palmam pervenies ; sed securitatem capere non oportet, ne torpeas, aut elatus fias.

1. *Var.* Aux vertueux effets d'un vertueux propos. (1659 et 62)
2. *Var.* Si tu le sais servir avec fidélité. (1653 C, 54 A, 56, 59 et 62)
3. *Var.* Ne voit tous ces trésors que pour te les donner. (1662)
4. *Var.* Conçois, Dieu t'en avoue, une haute espérance
 D'emporter la couronne en combattant sous lui. (1670 O)
5. *Var.* Donne quelque relâche ou quelque vaine gloire. (1652 et 53 A et B)

LIVRE I, CHAPITRE XXV.

Qui s'assure de vaincre est aisément vaincu[1]. 2475

Un jour un grand dévot, dont l'âme, encor que sainte,
Flottoit dans une longue et triste anxiété,
Et tournoit sans repos son instabilité
Tantôt vers l'espérance, et tantôt vers la crainte,
Accablé sous le poids de cet ennui mortel, 2480
Prosterné dans l'église au devant d'un autel,
Rouloit cette inquiète et timide pensée :
« O Dieu! si je savois, disoit-il en son cœur,
Qu'enfin ma lâcheté, par mes pleurs effacée,
De bien persévérer me laissât la vigueur! » 2485

Une céleste voix de lui seul entendue
A sa douleur secrète aussitôt répondit,
Et par un doux oracle à l'instant lui rendit
Le calme qui manquoit à son âme éperdue :
« Eh bien! que ferois-tu? dit cette aimable voix. 2490
Montre la même ardeur que si tu le savois,
Et fais dès maintenant ce que tu voudrois faire;
Commence, continue, et ne perds point de temps;
Applique tous tes soins à m'aimer, à me plaire,
Et demeure assuré de ce que tu prétends[2]. » 2495

Ainsi Dieu conforta cette âme désolée;

> Cum quidam anxius inter metum et spem frequenter fluctuaret, et quadam vice mœrore confectus, in ecclesia ante quoddam altare se in oratione prostravisset, hæc intra se revolvit dicens : « O si scirem quod adhuc perseveraturus essem! »
> Statimque audivit intus divinum responsum : « Quid si hoc scires, quid facere velles? Fac nunc quod tunc facere velles, et bene securus eris. »

1. *Var.* Qui s'assure de vaincre est aussitôt vaincu. (1670 O)
2. *Var.* Et je t'assurerai de ce que tu prétends. (1652-56 A, 59 et 62)

Cette âme en crut ainsi la divine bonté,
Et soudain vit céder à la tranquillité
Les agitations qui l'avoient ébranlée;
Un parfait abandon au souverain vouloir   2500
Dans l'avenir obscur ne chercha plus à voir
Que les moyens de plaire à l'auteur de sa joie;
Un bon commencement fit son ambition,
Et son unique soin fut de prendre la voie
Qui pût conduire l'œuvre à sa perfection.   2505

Espère, espère en Dieu, fais du bien sur la terre,
Tu recevras du ciel l'abondance des biens :
C'est par là que David t'enseigne[1] les moyens
De te rendre vainqueur en cette rude guerre[2].
Une chose, il est vrai, fait souvent balancer,   2510
Attiédit en plusieurs l'ardeur de s'avancer,
Et dès le premier pas les retire en arrière :
C'est que leur cœur, sensible encore aux voluptés[3],
Ne s'ouvre qu'en tremblant cette rude carrière,
Tant il conçoit d'horreur de ses difficultés[4].   2515

L'objet de cette horreur te doit servir d'amorce[5],

Moxque consolatus et confortatus, divinæ se commisit voluntati, et cessavit anxia fluctuatio; noluitque curiose investigare, ut sciret quæ sibi essent futura; sed magis studuit inquirere quæ esset voluntas Dei bene placens et perfecta, ad omne opus bonum inchoandum et perficiendum.

« Spera in Deo, et fac bonitatem, ait propheta, et inhabita terram, et pasceris in divitiis ejus. » Unum est quod multos a profectu et ferventi emendatione retrahit, horror difficultatis seu labor certaminis.

1. *Psaume* xxxvi, verset 3.
2. *Var.* De te rendre vainqueur en cette dure guerre. (1652-56, 59 et 62)
3. *Var.* Leur courage, sensible encore aux voluptés.
   (1652-56 A, B et C, 59 et 62)
4. *Var.* Tant il conçoit d'effroi de ces difficultés. (1652)
5. *Var.* L'objet de cet effroi te doit servir d'amorce. (1652)

La grandeur des travaux ennoblit le combat,
Et la gloire de vaincre a d'autant plus d'éclat
Que pour y parvenir on fait voir plus de force[1].
L'homme qui porte en soi son plus grand ennemi,　2520
Plus, à se bien haïr saintement affermi,
Il trouve en l'amour-propre une âpre résistance,
Plus il a de mérite à se dompter partout ;
Et la grâce, que Dieu mesure à sa constance,
D'autant plus dignement l'en fait venir à bout.　2525

Tous n'ont pas toutefois mêmes efforts à faire,
Comme ils n'ont pas en eux à vaincre également,
Et la diversité de leur tempérament
Leur donne un plus puissant ou plus foible adversaire ;
Mais un esprit ardent aux saintes fonctions,　2530
Quoiqu'il ait[2] à forcer beaucoup de passions,
Tout chargé d'ennemis, fera plus de miracles
Qu'un naturel bénin, doux, facile, arrêté,
Qui ne ressentant point en soi de grands obstacles,
S'enveloppe et s'endort dans sa tranquillité.　2535

> Enimvero illi maxime præ cæteris in virtutibus proficiunt, qui ea
> quæ sibi magis gravia et contraria sunt viriliùs vincere nituntur. Nam
> ibi homo plus proficit, et gratiam meretur ampliorem, ubi magis
> seipsum vincit, et in spiritu mortificat.
> Sed non omnes habent æque multum ad vincendum et moriendum.
> Diligens tamen æmulator valentior erit ad proficiendum, etiamsi
> plures habeat passiones, quam alius bene morigeratus, minus tamen
> fervens ad virtutes.

---

1. Ce passage de l'*Imitation* n'est pas sans rapport, quant au sens, avec ce vers du *Cid* (acte II, scène II) :

> A vaincre sans péril, on triomphe sans gloire.

Voyez tome III, p. 130 et note 2.

2. Les éditions de 1552-62 donnent *aye*, et non *ait*.

Agis donc fortement, et fais-toi violence[1]
Pour te soustraire au mal où tu te vois pencher;
Examine quel bien tu dois le plus chercher,
Et portes-y soudain toute ta vigilance;
Mais ne crois pas en toi le voir jamais assez[2] : 2540
Tes sens à te flatter toujours intéressés
T'en pourroient souvent faire une fausse peinture
Porte les yeux plus loin, et regarde en autrui
Tout ce qui t'y déplaît, tout ce qu'on y censure,
Et déracine en toi ce qui te choque en lui. 2545

Dans ce miroir fidèle exactement contemple
Ce que sont en effet et ce mal et ce bien;
Et les considérant d'un œil vraiment chrétien,
Fais ton profit du bon et du mauvais exemple :
Que l'un allume en toi l'ardeur de l'imiter, 2550
Que l'autre excite en toi les soins de l'éviter,
Ou, si tu l'as suivi, d'en effacer la tache ;
Sers-toi-même d'exemple, et t'en fais une loi[3],
Puisque ainsi que ton œil sur les autres s'attache,
Les autres à leur tour attachent l'œil sur toi. 2555

Duo specialiter ad magnam emendationem juvant : videlicet subtrahere se violenter ad quod natura vitiose inclinatur; et ferventer instare pro bono quo amplius quis indiget. Illa etiam studeas magis cavere et vincere quæ tibi frequentius in aliis displicent.

Ubique profectum tuum capias, ut, si bona exempla videas vel audias, ad imitandum accendaris. Si quid autem reprehensibile consideraveris, cave ne idem facias, aut, si aliquando fecisti, citius emendare te studeas. Sicut oculus tuus alios considerat, sic iterum ab aliis notaris.

1. *Var*. Agis, mais fortement, et fais-toi violence. (1670 O)
2. *Var*. Mais ne crois pas en toi jamais le voir assez. (1659 et 62)
3. *Var*. Sers toi-même d'exemple, et te donne pour loi
   Qu'aussi bien que ton œil sur les autres s'attache.
   (1652-56 A, B et C, 59 et 62)

Oh ! qu'il est doux de voir une ferveur divine
Dans les religieux nourrir la sainteté !
Qu'on admire avec joie en eux la fermeté
Et de l'obéissance et de la discipline !
Qu'il est dur au contraire et scandaleux d'en voir   2560
S'égarer chaque jour du cloître et du devoir,
Divaguer en désordre, et s'empresser d'affaires,
Désavouer l'habit par l'inclination,
Et pour des embarras un peu trop volontaires
Négliger les emplois de leur vocation !   2565

Souviens-toi de tes vœux, et pense à quoi t'engage[1]
Ce vertueux projet dont ton âme a fait choix[2];
Mets-toi devant les yeux un Jésus-Christ en croix,
Et jusques en ton cœur fais-en passer l'image :
A l'aspect amoureux de ce mourant Sauveur   2570
Combien dois-tu rougir de ton peu de ferveur,
Et du peu de rapport de ta vie à sa vie !
Et quand il te dira : « Je t'appelois aux cieux,
Je t'ai mis en la voie, et tu l'as mal suivie, »
Combien doivent couler de larmes de tes yeux !   2575

Oh ! qu'un religieux heureusement s'exerce

> Quam jucundum et dulce est videre fervidos et devotos fratres, bene morigeratos et disciplinatos ! Quam triste est et grave videre inordinate deambulantes, qui ea ad quæ vocati sunt non exercent! Quam nocivum est negligere vocationis suæ propositum, et ad non commissa sensum inclinare !
>
> Memor esto arrepti propositi, et imaginem tibi propone crucifixi. Bene verecundari potes, inspecta vita Jesu-Christi, quia necdum magis illi te conformare studuisti, licet diu in via Dei fuisti.

1. *Var.* Souviens-toi de tes vœux, et songe à quoi t'engage.
(1652-56 A et B, 59 et 62)
2. *Var.* Ce rigoureux projet dont tu t'es fait des lois.
(1652, 53, 56 A et B, 59 et 62)
Var. Ce vertueux projet dont tu t'es fait des lois. (1654 A et 56 C)

Sur cette illustre vie et cette indigne mort !
Que tout ce qui peut faire ici-bas un doux sort
Se trouve abondamment dans ce divin commerce !
Qu'avec peu de raison il chercheroit ailleurs   2580
Des secours plus puissants, ou des emplois meilleurs !
Qu'avec pleine clarté la grâce l'illumine !
Que son intérieur en est fortifié,
Et se fait promptement une haute doctrine
Quand il grave en son cœur un Dieu crucifié !   2585

Sa paix est toujours ferme, et quoi qu'on lui commande,
Il s'y porte avec joie et court avec chaleur ;
Mais le tiède au contraire a douleur sur douleur [1],
Et voit fondre sur lui tout ce qu'il appréhende :
L'angoisse, le chagrin, les contrariétés,   2590
Dans son cœur inquiet tombant de tous côtés,
Lui donnent les ennuis et le trouble en partage ;
Il demeure accablé sous leurs moindres efforts,
Parce que le dedans n'a rien qui le soulage,
Et qu'il n'ose ou ne peut en chercher au dehors.   2595

Oui, le religieux qui hait la discipline,
Qu'importune la règle, à qui pèse l'habit,

Religiosus qui se intente et devote in sanctissima vita et passione Domini exercet, omnia utilia et necessaria sibi abundanter ibi inveniet; nec opus est ut extra Jesum aliquid melius quærat. O si Jesus crucifixus in cor nostrum veniret, quam cito et sufficienter docti essemus !
Religiosus fervidus omnia bene portat et capit quæ illi jubentur. Religiosus negligens et tepidus habet tribulationem super tribulationem, et ex omni parte patitur angustiam, quia interiori consolatione caret, et exteriorem quærere prohibetur.
Religiosus extra disciplinam vivens gravi patet ruinæ. Qui laxiora

---

1. *Var.* Mais le lâche et le tiède a douleur sur douleur. (1652-56 A, 59 et 62)

Qui par ses actions chaque jour les dédit,
Se jette en grand péril d'une prompte ruine[1].
Qui cherche à vivre au large est toujours à l'étroit : 2600
Dans ce honteux dessein son esprit maladroit
Se gêne d'autant plus qu'il se croit satisfaire ;
Et quoi que de sa règle il ose relâcher,
Le reste n'a jamais si bien de quoi lui plaire
Que ses nouveaux dégoûts n'en veuillent retrancher.

Si ton cœur pour le cloître a de la répugnance
Jusqu'à grossir l'orgueil de tes sens révoltés,
Regarde ce que font tant d'autres mieux domptés[2],
Jusqu'où va leur étroite et fidèle observance :
Ils vivent retirés et sortent rarement, 2610
Grossièrement vêtus et nourris pauvrement,
Travaillent sans relâche ainsi que sans murmure,
Parlent peu, dorment peu, se lèvent du matin,
Prolongent l'oraison, prolongent la lecture,
Et sous ces dures lois font une douce fin. 2615

Vois ces grands escadrons d'âmes laborieuses,
Vois l'ordre des Chartreux, vois celui de Cîteaux,
Vois tout autour de toi mille sacrés troupeaux
Et de religieux et de religieuses ;

quærit et remissiora, semper in angustiis erit, quia aut unum aut reliquum sibi displicebit.
  Quomodo faciunt tam multi alii religiosi, qui satis arctati sunt sub disciplina claustrali? Raro exeunt, abstracte vivunt, pauperrime comedunt, grosse vestiuntur, multum laborant, parum loquuntur, diu vigilant, mature surgunt, orationes prolongant, frequenter legunt, et se in omni disciplina custodiunt.
  Attende Carthusienses, Cistercienses, et diversæ religionis monachos ac moniales, qualiter omni nocte ad psallendum Domino as-

  1. *Var.* Se jette en grand péril d'une étrange ruine. (1652)
  2. *Var.* Regarde comme font tant d'autres mieux domptés. (1652)

Vois comme chaque nuit ils rompent le sommeil, 2620
Et n'attendent jamais le retour du soleil
Pour envoyer à Dieu l'encens de ses louanges :
Il te seroit honteux d'avoir quelque lenteur,
Alors que sur la terre un si grand nombre d'anges
S'unit à ceux du ciel pour bénir leur auteur. 2625

Oh! si nous pouvions vivre et n'avoir rien à faire
Qu'à dissiper en nous cette infâme langueur,
Qu'à louer ce grand maître et de bouche et de cœur,
Sans que rien de plus bas nous devînt nécessaire!
Oh! si l'âme chrétienne et ses plus saints transports
N'étoient point asservis aux foiblesses du corps,
Aux besoins de dormir, de manger et de boire!
Si rien n'interrompoit un soin continuel
De publier de Dieu les bontés et la gloire,
Et d'avancer l'esprit dans le spirituel! 2635

Que nous serions heureux! qu'un an, un jour, une heure,
Nous feroit bien goûter plus de félicité
Que les siècles entiers de la captivité
Où nous réduit la chair dans sa triste demeure!
O Dieu, pourquoi faut-il que ces infirmités, 2640
Ces journaliers tributs, soient des nécessités
Pour tes vivants portraits qu'illumine ta flamme?
Pourquoi pour subsister sur ce lourd élément

surgunt. Et ideo turpe esset, ut tu deberes in tam sancto opere pigritare, ubi tanta multitudo religiosorum incipit Deo jubilare.

O si nihil aliud faciendum incumberet, nisi Dominum Deum nostrum toto corde et ore laudare! O si nunquam indigeres comedere, nec bibere, nec dormire; sed semper posses Deum laudare, et solum spiritualibus studiis vacare!

Tunc multo felicior esses quam modo, cum carni ex qualicumque necessitate servis. Utinam non essent istæ necessitates, sed solummodo spirituales animæ refectiones, quas, heu! satis raro degustamus!

LIVRE I, CHAPITRE XXV.

Faut-il d'autres repas que les repas de l'âme?
Pourquoi les goûtons-nous, ô Dieu, si rarement? 2645

Quand l'homme se possède, et que les créatures
N'ont aucunes douceurs qui puissent l'arrêter,
C'est alors que sans peine il commence à goûter
Combien le Créateur est doux aux âmes pures.
Alors, quoi qu'il arrive ou de bien ou de mal, 2650
Il vit toujours content; et d'un visage égal
Il reçoit la mauvaise et la bonne fortune :
L'abondance sur lui tombe sans l'émouvoir,
La pauvreté pour lui n'est jamais importune,
La gloire et le mépris n'ont qu'un même pouvoir. 2655

C'est lors entièrement en Dieu qu'il se repose,
En Dieu, sa confiance et son unique appui,
En Dieu, qu'il voit partout, en soi-même, en autrui,
En Dieu, qui pour son âme est tout en toute chose.
Où qu'il soit, quoi qu'il fasse, il redoute, il chérit 2660
Cet être universel à qui rien ne périt,
Et dans qui tout conserve une immortelle vie,
Qui ne connoît jamais diversité de temps,
Et dont la voix sitôt de l'effet est suivie
Que dire et faire en lui ne sont point deux instants. 2665

Toi qui, bien que mortel, inconstant, misérable [1],

Quando homo ad hoc pervenit, quod de nulla creatura consolationem suam quærit, tunc ei Deus primo perfecte sapere incipit : tunc etiam bene contentus de omni eventu rerum erit. Tunc nec pro magno lætabitur, nec pro modico contristabitur;
Sed ponit se integre et fiducialiter in Deo, qui est ei omnia in omnibus, cui nihil utique perit nec moritur, sed omnia ei vivunt, et ad nutum incunctanter deserviunt.

1. *Var.* Toi donc qui, tout fragile, inconstant, misérable. (1670 O)

Peux avec son secours aisément te sauver,
Souviens-toi de la fin où tu dois arriver,
Et que le temps perdu n'est jamais réparable.
Va, cours, vole sans cesse aux emplois fructueux : 2670
Cette sainte chaleur qui fait les vertueux
Veut des soins assidus et de la diligence ;
Et du moment fatal que ton manque d'ardeur
T'osera relâcher à quelque négligence,
Mille peines suivront ce moment de tiédeur. 2675

Que si dans un beau feu ton âme persévère[1],
Tu n'auras plus à craindre aucun funeste assaut,
Et l'amour des vertus joint aux grâces d'en haut
Rendra de jour en jour ta peine plus légère.
Le zèle et la ferveur peuvent nous préparer 2680
A quoi qu'en cette vie il nous faille endurer :
Ils sèment des douceurs au milieu des supplices ;
Mais ne t'y trompe pas, il faut d'autres efforts,
Il en faut de plus grands à résister aux vices,
A se dompter l'esprit, qu'à se gêner le corps. 2685

L'âme aux petits défauts souvent abandonnée
En de plus dangereux se laisse bientôt choir,
Et la parfaite joie arrive avec le soir

Memento semper finis, et quia perditum non redit tempus. Sine sollicitudine et diligentia, nunquam acquires virtutes. Si incipis tepescere, incipies male habere.
Si autem dederis te ad fervorem, invenies magnam pacem, et senties leviorem laborem, propter Dei gratiam, et virtutis amorem. Homo fervidus et diligens ad omnia est paratus. Major labor est resistere vitiis et passionibus, quam corporalibus insudare laboribus.
Qui parvos non vitat defectus, paulatim labitur ad majores. Gaudebis semper vespere, si diem expendas fructuose. Vigila super

1. *Var.* Mais si dans un beau feu ton âme persévère. (1656 D)
   Var. Que si dans ce beau feu ton âme persévère. (1659 et 62)

Chez qui sait avec fruit employer la journée.
Veille donc sur toi-même et sur tes appétits, 2690
Excite, échauffe-toi toi-même, et t'avertis;
Quoi qu'il en soit d'autrui, jamais ne te néglige;
Gêne-toi, force-toi, change de bien en mieux[1];
Plus se fait violence un cœur qui se corrige,
Plus son progrès va haut dans la route des cieux. 2695

teipsum, excita teipsum, admone teipsum; et, quicquid de aliis sit, non negligas teipsum. Tantum proficies, quantum tibi ipsi vim intuleris. Amen.

1. *Var.* Gêne-toi, force-toi, change de mieux en mieux. (1659 et 62)

ced pour lui le monde...

LIVRE SECOND.

CHAPITRE I[1].

DE LA CONVERSATION INTÉRIEURE[2].

« Sachez que mon royaume est au dedans de vous[3], »
    Dit le céleste époux[4]
    Aux âmes de ses chers fidèles[5] :
Elève donc la tienne où l'appelle sa voix,
Quitte pour lui le monde, et laisse aux criminelles   5
  Ce triste canton de rebelles,
Et tu rencontreras le repos sous ses lois.

Apprends à mépriser les pompes inconstantes
    De ces douceurs flottantes
    Dont le dehors brille à tes yeux;   10
Apprends à recueillir ce qu'une sainte flamme

I. « Regnum Dei intra vos est, » dicit Dominus. Converte te ex toto corde ad Dominum, et relinque hunc miserum mundum; et inveniet anima tua requiem.

Disce exteriora contemnere, et ad interiora te dare, et videbis regnum Dei in te venire.

---

1. Corps ou sujet de l'emblème : « La sainte Vierge est choisie pour être mère de Dieu, à cause de sa pureté et beauté intérieure. » Ame ou sentence : *Omnis gloria ejus et decor ab intra est.* (Chapitre I, 4.)
2. *Var.* DE LA CONVERSATION INTÉRIEURE ET DES MOYENS DE LA BIEN RÉGLER. (1658) — Titre latin : *De interna conversatione.*
3. *Var.* Je règne, et mon royaume est au dedans de vous.
                                                           (1652-56 A, 59 et 62)
4. *Évangile de saint Luc*, chapitre XVII, verset 21.
5. *Var.*   Aux chères âmes des fidèles. (1652-56 A, 59 et 62)

LIVRE II, CHAPITRE I.

Dans un intérieur verse de précieux,
    Et soudain du plus haut des cieux
Le royaume de Dieu descendra dans ton âme.

Car enfin ce royaume est une forte paix [1]   15
    Qui de tous les souhaits [2]
    Bannit la vaine inquiétude ;
Une stable allégresse, et dont le Saint-Esprit
Répandant sur les bons l'heureuse certitude,
    L'impie et noire ingratitude   20
Jamais ne la reçut, jamais ne la comprit.

Jésus viendra chez toi lui-même la répandre ;
    Si ton cœur pour l'attendre
    Lui dispose un digne séjour :
La gloire qui lui plaît et la beauté qu'il aime   25
De l'éclat du dedans tirent leur plus beau jour ;
    Et pour te donner son amour
Il ne veut rien de toi qui soit hors de toi-même.

Il y fera pleuvoir mille sortes de biens
    Par les doux entretiens   30
    De ses amoureuses visites :
Un plein épanchement de consolations,
Un calme inébranlable, une paix sans limites,

    Est enim regnum Dei, pax et gaudium in Spiritu sancto, quod non datur impiis.
    Veniet ad te Christus, ostendens tibi consolationem suam, si dignam illi ab intus paraveris mansionem. Omnis gloria ejus et decor ab intra est, et ibi complacet sibi.
    Frequens illi visitatio cum homine interno, dulcis sermocinatio, grata consolatio, multa pax, familiaritas stupenda nimis.

1. *Var.* Car ce royaume enfin n'est qu'une forte paix. (1656 B)
2. *Var.*   Qui de tous nos souhaits. (1652-56 A, 59 et 62)

Et l'abondance des mérites,
Y suivront à l'envi ses conversations. 35
Courage donc, courage, âme sainte : prépare
    Pour un bonheur si rare
    Un cœur tout de zèle et de foi ;
Que ce divin époux daigne à cette même heure,
S'y voyant seul aimé, seul reconnu pour roi, 40
    Entrer chez toi, loger chez toi,
Et jusqu'à ton départ y faire sa demeure.

Lui-même il l'a promis[1] : « Si quelqu'un veut m'aimer,
    Il doit se conformer,
    Dit-il[2], à ce que je commande ; 45
Alors mon Père et moi nous serons son appui,
Nous le garantirons de quoi qu'il appréhende ;
    Et pour sa sûreté plus grande,
Nous viendrons jusqu'à lui pour demeurer chez lui. »

Ouvre-lui tout ce cœur ; et quoi qu'on te propose[3], 50
    Tiens-en la porte close
    A tout autre objet qu'à sa croix :
Lui seul pour te guérir a d'assurés remèdes,
Lui seul pour t'enrichir abandonne à ton choix
    Plus que tous les trésors des rois, 55
Et tu possèdes tout lorsque tu le possèdes.

Eia, anima fidelis, præpara huic sponso cor tuum, quatenus ad te venire, et in te habitare dignetur.

Sic enim dicit : « Si quis diligit me, sermonem meum servabit, et ad eum veniemus, et mansionem apud eum faciemus. »

Da ergo Christo locum, et cæteris omnibus nega introitum. Cum Christum habueris, dives es, et sufficit tibi.

---

1. Dans les éditions de 1676 et de 1693 : « Lui-même il a promis. »
2. *Évangile de saint Jean*, chapitre XIV, verset 23.
3. *Var.* Ouvre-lui donc ton âme ; et quoi qu'on te propose. (1652)

Il pourvoira lui-même à tes nécessités,
  Et ses hautes bontés
   Partout soulageront tes peines;
Il te sera fidèle, et son divin pouvoir   60
T'en donnera partout des preuves si soudaines,
  Que les assistances humaines
N'auront ni temps ni lieu d'amuser ton espoir[1].

Des peuples et des grands la faveur est changeante[2],
  Et la plus obligeante   65
   En moins de rien passe avec eux;
Mais celle de Jésus ne connoît point de terme,
Et s'attache à l'aimé par de si puissants nœuds,
  Que jusqu'au plein effet des vœux,
Jusqu'à la fin des maux, elle tient toujours ferme.   70

Souviens-toi donc toujours, quand un ami te sert
  Le plus à cœur ouvert,
   Que souvent son zèle est stérile;
Fais peu de fondement sur son plus haut crédit[3],
Et dans le même instant qu'il t'est le plus utile,   75
  Crois-le mortel, crois-le fragile,
Et t'attriste encor moins lorsqu'il te contredit.

Tel aujourd'hui t'embrasse et soutient ta querelle,

> Ipse erit provisor tuus, et fidelis procurator in omnibus, ut non sit opus in hominibus sperare.
> Homines enim cito mutantur, et deficiunt velociter. Christus autem manet in æternum, et adstat usque in finem firmiter.
> Non est magna fiducia ponenda in homine fragili et mortali, etiamsi utilis sit et dilectus; neque tristitia multa ex hoc capienda, si interdum adversetur et contradicat.

1. *Var.* N'auront ni lieu ni temps d'attirer ton espoir. (1652)
2. *Var.* Car enfin des mortels la faveur est changeante. (1652)
3. *Var.* Ne t'assure point trop sur son plus haut crédit. (1652)

Dont l'esprit infidèle
　Dès demain voudra t'opprimer ; 80
Et tel autre aujourd'hui contre toi s'intéresse,
Que pour toi dès demain tu verras s'animer :
　Tant pour haïr et pour aimer
Au gré du moindre vent tourne notre foiblesse !

Ne t'assure qu'en Dieu, mets-y tout ton amour 85
　Jusqu'à ton dernier jour,
　Tout ton espoir, toute ta crainte :
Il conduira ta langue, il réglera tes yeux[1],
Et de quelque malheur que tu sentes l'atteinte,
　Jamais il n'entendra ta plainte 90
Qu'il ne fasse pour toi ce qu'il verra de mieux[2].

L'homme n'a point ici de cité permanente :
　Où qu'il soit, quoi qu'il tente,
　Il n'est qu'un malheureux passant ;
Et si dans les travaux de son pèlerinage[3], 95
L'effort intérieur d'un cœur reconnoissant
　Ne l'unit au bras tout-puissant,
Il s'y promet en vain le calme après l'orage[4].

　Qui hodie tecum sunt, cras contrariari possunt, et e converso sæpe ut aura vertuntur.
　Pone totam fiduciam tuam in Deo, et sit ipse timor tuus, et amor tuus. Ipse pro te respondebit, et faciet bene, sicut melius fuerit.
　Non habes hic manentem civitatem ; et ubicumque fueris, extraneus es et peregrinus ; nec requiem aliquando habebis, nisi Christo intime fueris unitus.

1. *Var.* Il conduira ta langue, il t'ouvrira les yeux. (1652)
2. *Var.* Qu'il ne fasse pour toi ce qu'il verra le mieux.
　　　　　　　　　　　　(1652-56 A, B et C, 59 et 62)
3. *Var.* Et si dans les travaux d'un si fâcheux voyage. (1652-56 A, 59 et 62)
4. *Var.* Il n'y découvre rien qui jamais le soulage. (1652-56 A, 59 et 62)

Que regardes-tu donc, mortel, autour de toi,
      Comme si quelque emploi   100
    T'y faisoit une paix profonde?
C'est au ciel, c'est en Dieu qu'il te faut habiter:
C'est là, c'est en lui seul qu'un vrai repos se fonde;
    Et quoi qu'étale ici le monde,
Ce n'est qu'avec dédain que l'œil s'y doit prêter[1]. 105

Tout ce qu'il te présente y passe comme une ombre,
      Et toi-même es du nombre
        De ces fantômes passagers:
Tu passeras comme eux, et ta chute funeste
Suivra l'attachement à ces objets légers,   110
      Si pour éviter ces dangers
Tu ne romps avec toi comme avec tout le reste.

De ce triste séjour où tout n'est que défaut,
      Jusqu'aux pieds du Très-Haut,
    Sache relever ta pensée;   115
Qu'à force de soupirs, de larmes et de vœux,
Jusques à Jésus-Christ ta prière poussée
    Lui montre une ardeur empressée[2],
D'où sans cesse pour lui partent de nouveaux feux.

    Quid hic circumspicis, cum iste non sit locus tuæ requietionis?
In cœlestibus debet esse habitatio tua; et sicut in transitu cuncta
terrena sunt aspicienda.
    Transeunt omnia, et tu cum eis pariter. Vide ut non inhæreas, ne
capiaris, et pereas.
    Apud altissimum sit cogitatio tua, et deprecatio tua ad Christum
sine intermissione dirigatur.

  1. *Var.* S'il dérobe un coup d'œil, c'est sans le mériter. (1652)
    Var. S'il attire un coup d'œil, c'est sans le mériter. (1653-56 A, 59 et 62)
  2. *Var.*   Lui montre sa croix embrassée,
      Et d'un cœur tout à lui les véritables feux. (1652-56 A et 59)

Si tu t'y sens mal propre, et qu'entre tant d'épines   120
    Jusqu'aux grandeurs divines
      Tes forces ne puissent monter,
S'il faut que sur la terre encor tu les essaies,
Sa Passion t'y donne assez où t'arrêter;
    Mais il faut pour la bien goûter   125
Affermir ta demeure au milieu de ses plaies.

Prends ce dévot refuge en toutes tes douleurs,
    Et tes plus grands malheurs
      Trouveront une issue aisée :
Tu sauras négliger quoi qu'il faille souffrir;   130
Les mépris te seront des sujets de risée,
    Et la médisance abusée
Ne dira rien de toi dont tu daignes t'aigrir.

Le monarque du ciel, le maître du tonnerre[1],
    Méprisé sur la terre,   135
      Dans l'opprobre y finit ses jours;
Au milieu de sa peine, au fort de sa misère,
Il vit tous ses amis lâches, muets et sourds :
    Tout lui refusa du secours,
Et tout l'abandonna, jusqu'à son propre Père.   140

Cet abandon lui plut, il aima ce mépris,
    Et pour être ton prix

    Si nescis alta speculari et cœlestia, requiesce in Passione Christi, et in sacris vulneribus ejus libenter habita.
    Si enim ad vulnera, et pretiosa stigmata Jesu devote confugis, magnam in tribulatione confortationem senties; nec multum curabis hominum despectiones, faciliterque verba detrahentia perferes.
    Christus fuit etiam in hoc mundo ab hominibus despectus; et in maxima necessitate a notis et amicis inter opprobria derelictus.

1. *Var.* Ce monarque du ciel, ce maître du tonnerre. (1670 O)

Il voulut être ta victime :
Innocent qu'il étoit, il voulut endurer ;
Et toi, dont la souffrance est moindre que le crime,   145
　　Tu t'oses plaindre qu'on t'opprime,
Et croire que tes maux valent en murmurer[1] !

Il eut des ennemis, il vit la médisance
　　　　Noircir en sa présence
　　Ses plus sincères actions ;   150
Et tu veux que chacun avec soin te caresse[2],
Que chacun soit jaloux de tes affections,
　　Qu'il coure à tes intentions,
Et pour te mieux servir à l'envi s'intéresse !

Dans les adversités l'âme fait ses trésors   155
　　　　Des misères du corps ;
　　Ce sont les épreuves des bonnes :
Leur patience amasse alors sans se lasser ;
Mais où pourra la tienne emporter des couronnes,
　　Si tous les soins que tu te donnes   160
N'ont pour but que de fuir ce qui peut l'exercer ?

Tu vois ton maître en croix, où ton péché le tue,
　　　　Et tu peux à sa vue
　　Te rebuter de quelque ennui !
Ah ! ce n'est pas ainsi qu'on a part à sa gloire ;   165

　　Christus pati voluit et despici ; et tu audes de aliquo conqueri ?
　　Christus habuit adversarios et oblocutores ; et tu vis omnes habere amicos et benefactores ?
　　Unde coronabitur patientia tua, si nihil adversitatis occurrerit ?
　　Si nil contrarium vis pati, quomodo eris amicus Christi ? Sustine cum Christo, et pro Christo, si vis regnare cum Christo.

1. *Var.* Et croire que tes maux vaillent en murmurer !
　　　　　　　　　　　(1652-56 A, 59, 62 et 70 O)
2. *Var.* Et tu veux que chacun à l'envi te caresse. (1652, 53, 56 A, 59 et 62)

Change, pauvre pécheur, change dès aujourd'hui :
  Souffre avec lui, souffre pour lui,
Si tu veux avec lui régner par sa victoire.

Si tu peux dans son sein une fois pénétrer
    Jusqu'où savent entrer   170
  Les ardeurs d'une amour extrême,
Si tu peux faire en terre un essai des plaisirs
Où ce parfait amour abîme un cœur qui l'aime,
    Tu verras bientôt pour toi-même
Ta sainte indifférence avoir peu de desirs.   175

Il t'importera peu que le monde s'en joue,
    Et t'offre de la roue
    Ou le dessus ou le dessous :
Plus cet amour est fort, plus l'homme se méprise;
Les opprobres n'ont rien qui ne lui semble doux,   180
    Et plus rudes en sont les coups,
Plus il voit que de Dieu la main le favorise.

L'amoureux de Jésus et de la vérité
    Avec sévérité
    Au dedans de soi se ramène;   185
Et depuis que son cœur pleinement s'affranchit
De toute affection désordonnée et vaine,
    De toute ambition humaine,
Dans ce retour vers Dieu sans obstacle il blanchit.

Si semel perfecte introisses in interiora Jesu, et modicum de ardenti amore ejus sapuisses, tunc de proprio commodo vel incommodo nihil curares,

Sed magis de opprobrio illato gauderes, quia amor Jesu facit hominem seipsum contemnere.

Amator Jesu et veritatis, et verus internus et liber ab affectionibus inordinatis, potest se ad Deum libere convertere,

Son âme détachée, et libre autant que pure,
      Par-dessus la nature
   Sans peine apprend à s'élever :
Sitôt que de soi-même il cesse d'être esclave,
Un ferme et vrai repos chez lui le vient trouver;
      Et quand il a pu se braver,
Il n'a point d'ennemis qu'aisément il ne brave.

Il sait donner à tout un véritable prix,
      Sans peser le mépris
   Ou l'estime qu'en fait le monde :
Vraiment sage et savant, il peut dire en tout lieu
Qu'il ne tient point de lui sa doctrine profonde,
      Et que celle dont il abonde
Ne se puise jamais qu'en l'école de Dieu.

Dedans l'intérieur il ordonne sa voie,
      Et dehors, quoi qu'il voie,
   Tout est peû de chose à ses yeux[1] :
Le zèle qui partout règne en sa conscience
N'attend pour s'exercer ni les temps ni les lieux[2],
      Et pour aller de bien en mieux
Tout lieu, tout temps est propre à son impatience.

Quelques tentations qui l'osent assaillir,

<small>Et elevare se supra seipsum in spiritu, ac fruitive quiescere.
Cui sapiunt omnia, prout sunt, non ut dicuntur aut æstimantur, hic vere sapiens est, et doctus magis a Deo, quam ab hominibus.
Qui ab intra scit ambulare, et modicum ab extra res ponderare, non requirit loca, nec expectat tempora, ad habenda devota exercitia.</small>

1. *Var.*   Il y prête à regret ses yeux. (1652-56 A, 59 et 62)
2. *Var.*   N'attend pour s'exercer ni le temps ni les lieux.
                              (1652-56 A, 59, 62, 76 et 93)

Prompt à se recueillir,
  En soi-même il fait sa retraite;
Et comme il s'y retranche avec facilité,
Des attraits du dehors la douceur inquiète   215
  Jamais jusque-là ne l'arrête
Qu'il se répande entier sur leur inanité.

Ni le travail du corps, ni le soin nécessaire
  D'une pressante affaire
    Ne l'emporte à se disperser;   220
Dans tous événements ce zèle trouve place¹;
La bonne occasion, il la sait embrasser;
    La mauvaise, il la sait passer,
Et faire son profit de ce qui l'embarrasse².

Ce bel ordre au dedans en chasse tout souci   225
  De ce que font ici
    Ceux qu'on blâme et ceux qu'on admire:
Il ferme ainsi la porte à tous empêchements,
Et sait qu'on n'est distrait du bien où l'âme aspire
  Qu'autant qu'en soi-même on attire   230
D'un vain extérieur les prompts amusements.

Si la tienne une fois étoit bien dégagée,
  Bien nette, bien purgée

<small>Homo internus cito se recolligit, quia numquam se totum ad exteriora effundit.
Non illi obest labor exterior, aut occupatio ad tempus necessaria; sed sicut res eveniunt, sic se illis accommodat.
Qui intus bene dispositus est et ordinatus, non curat mirabiles et perversos hominum gestus. Tantum homo impeditur et distrahitur, quantum sibi res attrahit.</small>

<small>1. *Var.* Dans tous événements son zèle trouve place. (1652-56 A, 59 et 62)
2. *Var.* Et profite aisément de ce qui l'embarrasse. (1652)</small>

LIVRE II, CHAPITRE I.

    De ces folles impressions,
Tout la satisferoit, tout lui seroit utile,   235
Et Dieu, réunissant tes inclinations,
    De toutes occupations
Te feroit en vrais biens une terre fertile.

Mais n'étant pas encor ni bien mortifié,
    Ni bien fortifié   240
    Contre les douceurs passagères,
Souvent il te déplaît qu'au lieu de ces vrais biens,
Tu ne te vois rempli que d'images légères,
    Dont les promesses mensongères
Troublent à tous moments la route que tu tiens.   245

Ton cœur aime le monde; et tout ce qui le brouille,
    Tout ce qui plus le souille[1],
    C'est cet impur attachement :
Rejette ses plaisirs, romps avec leur bassesse;
Et ce cœur vers le ciel s'élançant fortement,   250
    Saura goûter incessamment
Du calme intérieur la parfaite allégresse.

Si recte tibi esset, et bene purgatus esses, omnia tibi in bonum cederent et profectum.

Ideo multa tibi displicent, et sæpe conturbant, quia adhuc non es perfecte tibiipsi mortuus, nec segregatus ab omnibus terrenis.

Nil sic maculat et implicat cor hominis, sicut impurus amor in creaturis. Si renuis consolari exterius, poteris speculari cœlestia, et frequenter jubilare interius.

1. Les éditions de 1676 et de 1693 donnent :
    Tout ce qui plus *te* souille.

CHAPITRE II[1].

DE L'HUMBLE SOUMISSION[2].

Ne te mets pas beaucoup en peine
De toute la nature humaine
Qui t'aime ou qui te hait, qui te nuit ou te sert; 255
Va jusqu'au Créateur, mets ton soin à lui plaire[3],
Quoi que tu veuilles faire;
Et s'il est avec toi, marche à front découvert.

La bonne et saine[4] conscience
A toujours Dieu pour sa défense, 260
De qui le ferme appui l'empêche de trembler,
Et reçoit de son bras une si forte garde
Quand son œil la regarde,
Qu'il n'est point de méchant qui la puisse accabler.

Quoi qu'il t'arrive de contraire, 265
Apprends à souffrir, à te taire,
Et tu verras sur toi le secours du Seigneur :

II. Non magni pendas quis pro te vel contra te sit; sed hoc age et cura ut Deus tecum sit in omni re quam facis.
Habeas conscientiam bonam, et Deus bene te defensabit. Quem enim Deus adjuvare voluerit, nullius perversitas nocere poterit.
Si tu scis tacere et pati, videbis procul dubio auxilium Domini. Ipse novit tempus et modum liberandi te.

---

1. Corps ou sujet de l'emblème : « Le prophète Daniel s'humilie devant Dieu, et Dieu lui envoie un ange qui lui explique les visions qu'il avoit eues[*]. » Ame ou sentence : *Humili sua secreta revelat Deus*. (Chapitre II, 8.)
2. Titre latin : *De humili submissione*.
3. *Var.* Va jusqu'à son auteur, ne tâche qu'à lui plaire. (1652-56 A, 59 et 62)
   Var. Va jusqu'à son auteur, mets ton soin à lui plaire. (1656 B et C)
4. On lit *sainte*, pour *saine*, dans les éditions de 1676 et de 1693.

[*] Dans l'édition de 1656 D : « qui lui explique ses visions. »

Il a pour t'affranchir mille routes diverses,
  Et sait dans ces traverses
Quand et comme il en faut adoucir la rigueur.

    C'est en sa main forte et bénigne
    Qu'il faut que l'homme se résigne,
Quelques maux qu'il prévoie ou puisse ressentir;
A lui seul appartient de nous donner de l'aide;
    A lui seul le remède
Qui de confusion nous peut tous garantir.

    Cependant ce qu'un autre blâme
    Des taches qui souillent notre âme,
Souvent assure en nous la vraie humilité :
Souvent le vain orgueil par là se déracine,
    L'amour-propre se mine,
Et fait place aux vertus avec facilité.

    L'homme qui soi-même s'abaisse,
    Par l'humble aveu de sa foiblesse,
Des plus justes fureurs rompt aisément les coups,
Et satisfait sur l'heure avec si peu de peine,
    Que la plus âpre haine
Ne sauroit contre lui conserver de courroux.

    L'humble seul vit comme il faut vivre :
    Dieu le protége et le délivre;
Il l'aime et le console à chaque événement;

<small>Et ideo te debes illi resignare. Dei est adjuvare, et ab omni confusione liberare.

Sæpe valde prodest, ad majorem humilitatem servandam, quod defectus nostros alii sciunt et redarguunt.

Quando homo pro defectibus suis se humiliat, tunc faciliter alios placat, et leviter satisfacit sibi irascentibus.

Humilem Deus protegit et liberat; humilem diligit et consolatur;</small>

Il descend jusqu'à lui pour lui montrer ses traces ;
   Il le comble de grâces[1],
Et l'élève à la gloire après l'abaissement.

   Il répand sur lui ses lumières   295
      Et les connoissances entières
De ses plus merveilleux et plus profonds secrets ;
Il l'invite, il l'attire à ce bonheur extrême,
      Et l'attache à soi-même
Par la profusion de ses plus doux attraits.   300

   L'humble ainsi trouve tout facile,
      Toujours content, toujours tranquille,
Quelque confusion qu'il lui faille essuyer ;
Et comme c'est en Dieu que son repos se fonde
      Sur le mépris du monde,   305
En Dieu malgré le monde il le sait appuyer.

   Enfin c'est par là qu'on profite,
      C'est par là que le vrai mérite
Au reste des vertus se laisse dispenser[2].
Quelque éclat qu'à leur prix les tiennes puissent joindre,
      Tiens-toi de tous le moindre,
Ou dans le bon chemin ne crois point avancer[3].

humili homini se inclinat ; humili largitur gratiam magnam, et post ejus depressionem levat ad gloriam.
   Humili sua secreta revelat, et ad se dulciter trahit et invitat.
   Humilis, accepta confusione, satis bene est in pace, quia stat in Deo, et non in mundo.
   Non reputes te aliquid profecisse, nisi omnibus inferiorem te esse sentias.

1. *Var.*   Il lui fait mille grâces. (1652-56, 59 et 62)
2. *Var.* Au reste des vertus est toujours dispensé. (1652)
— *Dispenser*, autoriser, et par suite engager, amener à. Voyez le *Lexique*.
3. *Var.* Ou dans le bon chemin tu n'as point avancé. (1652)

CHAPITRE III[1].

DE L'HOMME PACIFIQUE[2].

Prépare tes efforts à mettre en paix les autres[3]
  Par ceux de l'affermir chez toi :
Leurs esprits aisément se règlent sur les nôtres, 315
L'exemple est la plus douce et la plus forte loi.

Ce calme intérieur est le trésor unique
  Qui soit digne de nos souhaits :
L'homme docte sert moins que l'homme pacifique,
Et le fruit du savoir cède à ceux de la paix. 320

Le savant qui reçoit sa passion pour guide
  N'agit sous elle qu'en brutal :
Le bien lui semble un crime, et sa croyance avide
Vole même au-devant de ce qu'on dit de mal[4].

Qui se possède en paix est d'une autre nature : 325
  Il sait tourner le mal en bien,
Il sait fermer l'oreille au bruit de l'imposture,
Et jamais d'aucun autre il ne soupçonne rien.

 III. Pone te primo in pace, et tunc poteris alios pacificare.
 Homo pacificus magis prodest, quam bene doctus.
 Homo passionatus etiam bonum in malum trahit, et faciliter malum credit.
 Bonus pacificus homo omnia ad bonum convertit. Qui bene in pace est, de nullo suspicatur.

---

 1. Corps ou sujet de l'emblème : « Saint Étienne prie Dieu pour ceux qui le lapident. » Ame ou sentence : *Nulli novit irasci*. (Chapitre III, 12.)
 2. Titre latin : *De bono pacifico homine*.
 3. *Var.* Avant que de songer à mettre en paix les autres,
   Prends soin de l'affermir chez toi. (1652-56 A, 59 et 62)
 4. *Var.* Reçoit avec plaisir tout ce qu'on dit de mal. (1652-56 A, 59 et 62)

Mais qui vit mal content et suit l'impatience [1]
    De ses bouillants et vains desirs,   330
Celui-là n'est jamais sans quelque défiance [2],
Et voit partout matière à de prompts déplaisirs.

Comme tout fait ombrage aux soucis qu'il se donne,
    Tout le blesse, tout lui déplaît :
Il n'a point de repos et n'en laisse à personne,   335
Il ne sait ce qu'il veut, ni même ce qu'il est.

Il tait ce qu'il doit dire, et dit ce qu'il doit taire;
    Il va quand il doit s'arrêter;
Et son esprit troublé quitte ce qu'il faut faire
Pour faire avec chaleur ce qu'il faut éviter.   340

Sa rigueur importune examine et publie
    Où manque le devoir d'autrui,
Et lui-même du sien pleinement il s'oublie,
Comme si Dieu jamais n'avoit rien dit pour lui.

Tourne les yeux sur toi, malheureux, et regarde   345
    Quel zèle aveugle te confond;
Mets sur ton propre cœur une soigneuse garde,
Et considère après ce que les autres font.

    Qui autem male contentus est et commotus, variis suspicionibus agitatur;
    Nec ipse quiescit, nec alios quiescere permittit.
    Dicit sæpe quod dicere non deberet; et omittit quod sibi magis facere expediret.
    Considerat quod alii facere tenentur; et negligit quod ipse facere tenetur.
    Habe ergo primo zelum super teipsum, et tunc juste zelare poteris etiam proximum tuum.

1. *Var.* Qui vit sans cette paix et suit l'impatience. (1670 O)
2. *Var.* N'est jamais sans soupçon, jamais sans défiance. (1670 O)

Tu sais bien t'excuser, et n'admets point d'excuses
  Pour les foiblesses du prochain :   350
Il n'est point de couleurs pour toi que tu refuses,
Ni de raisons pour lui qui ne parlent en vain.

Sois-lui plus indulgent, et pour toi plus sévère ;
  Censure ton mauvais emploi,
Excuse ceux d'un autre, et souffre de ton frère,   355
Si tu veux que ton frère aime à souffrir de toi.

Vois-tu combien ton âme est encore éloignée
  De l'humble et vive charité,
Qui jamais ne s'aigrit, jamais n'est indignée,
Jamais ne veut de mal qu'à sa fragilité ?   360

Ce n'est pas grand effort de hanter sans querelle
  Des esprits doux, des gens de bien :
A se plaire avec eux la pente est naturelle,
Et chacun sans miracle aime leur entretien [1].

Chacun aime la paix, la cherche, la conserve,   365
  L'embrasse avec contentement,
Et se donne sans peine avec peu de réserve
A ceux qu'il voit partout suivre son sentiment.

 Tu bene scis facta tua excusare et colorare, et aliorum excusationes non vis recipere.
 Justius esset, ut te accusares, et fratrem tuum excusares. Si portari vis, porta et alium.
 Vide quam longe es adhuc a vera caritate et humilitate, quæ nulli novit irasci vel indignari, nisi tantum sibi.
 Non est magnum cum bonis et mansuetis conversari; hoc enim omnibus naturaliter placet,
 Et unusquisque libenter pacem habet, et secum sentientes magis diligit;

1. On lit : « aime *son* entretien, » dans les éditions de 1659 et de 1662.

Mais il est des esprits durs, indisciplinables,
   Dont on ne peut venir à bout ;   370
Il est des naturels farouches, intraitables,
Qui tirent vanité de contredire tout[1].

Converser avec eux sans bruit et sans murmure,
   C'est une si grande action,
Qu'il faut beaucoup de grâce à porter la nature   375
Jusqu'à ce haut degré de la perfection.

Je te le dis encore, il est parmi le monde
   Des genres d'esprits bien divers :
Il en est qui dans eux ont une paix profonde,
Et sauroient la garder avec tout l'univers ;   380

Il en est d'opposés, dont l'humeur inquiète
   L'exile à jamais de chez eux,
Et ne peut consentir qu'un autre se promette
Un bonheur si contraire au chagrin de leurs vœux.

Ceux-là partout à charge, et les vivants supplices 385
   De qui se condamne à les voir,
Mais plus à charge encore à leurs propres caprices,
Se donnent plus de mal qu'ils n'en font recevoir.

    Sed cum duris et perversis, aut indisciplinatis, aut nobis contrariantibus,
    Pacifice posse vivere, magna gratia est, et laudabile nimis virileque factum.
    Sunt qui seipsos in pace tenent, et cum aliis etiam pacem habent.
    Et sunt qui nec pacem habent, nec alios in pace dimittunt :
    Aliis sunt graves, sed sibi semper graviores.

1. *Var.* Qui tirent vanité de contredire à tout. (1656 C et D, 58 et 65 A.)

D'autres aiment la paix, et n'ont d'inquiétude
  Que pour s'y pouvoir maintenir,   390
Et d'autres sans relâche appliquent leur étude
A réduire quelque autre aux soins d'y parvenir.

Notre paix cependant n'est pas ce que l'on pense;
  Et tant qu'il nous faut respirer,
Elle consiste plus dans une humble souffrance   395
Qu'à ne rien ressentir qu'il fâche d'endurer.

Qui sait le mieux souffrir, c'est chez lui qu'elle abonde,
  C'est lui qui la garde le mieux :
Il triomphe ici-bas de soi-même et du monde;
Et comme enfant de Dieu, son partage est aux cieux.

CHAPITRE IV[1].

DE LA PURETÉ DU COEUR, ET DE LA SIMPLICITÉ DE L'INTENTION [2].

Pour t'élever de terre, homme, il te faut deux ailes,
La pureté du cœur et la simplicité :

Et sunt qui seipsos in pace retinent, et ad pacem alios reducere student.
Est tamen tota pax nostra, in hac misera vita, potius in humili sufferentia ponenda, quam in non sentiendo contraria.
Qui melius scit pati, majorem tenebit pacem. Iste est victor sui, et dominus mundi, amicus Christi, et hæres cœli.
IV. Duabus alis homo sublevatur a terrenis, simplicitate scilicet,

---

1. Corps ou sujet de l'emblème : « Saint Pachome se retire seul dans l'île de Tabenne, où il trouve à louer Dieu et à s'instruire dans toutes les créatures. » Ame ou sentence : *Omnis creatura speculum vitæ et liber doctrinæ puræ**. (Chapitre IV, 3.)
2. Titre latin : *De pura mente et simplici intentione*.

* Il y a *sanctæ doctrinæ* dans le texte de l'*Imitation*.

Elles te porteront avec facilité
Jusqu'à l'abîme heureux des clartés éternelles.
Celle-ci doit régner sur tes intentions,   405
Celle-là présider à tes affections,
Si tu veux de tes sens dompter la tyrannie :
L'humble simplicité vole droit jusqu'à Dieu,
La pureté l'embrasse, et l'une à l'autre unie
S'attache à ses bontés, et les goûte en tout lieu.   410

Nulle bonne action ne te feroit de peine,
Si tu te dégageois de tous déréglements :
Le désordre insolent des propres sentiments
Forme tout l'embarras de la foiblesse humaine.
Ne cherche ici qu'à plaire à ce grand souverain,   415
N'y cherche qu'à servir après lui ton prochain,
Et tu te verras libre au dedans de ton âme :
Tu seras au-dessus de ta fragilité,
Et n'auras plus de part à l'esclavage infâme
Où par tous autres soins l'homme est précipité.   420

Si ton cœur étoit droit, toutes les créatures
Te seroient des miroirs et des livres ouverts,
Où tu verrois sans cesse en mille lieux divers
Des modèles de vie et des doctrines pures.
Toutes comme à l'envi te montrent leur auteur :   425
Il a dans la plus basse imprimé sa hauteur,
Et dans la plus petite il est plus admirable ;

et puritate. Simplicitas debet esse in intentione, puritas in affectione. Simplicitas intendit Deum, puritas eum apprehendit, et gustat.

Nulla bona actio te impediet, si liber intus ab inordinato affectu ueris. Si nihil aliud, quam Dei beneplacitum, et proximi utilitatem intendis et quæris, interna libertate perfrueris.

Si rectum cor tuum esset, tunc omnis creatura speculum vitæ, et liber sanctæ doctrinæ esset. Non est creatura tam parva et vilis, quæ Dei bonitatem non repræsentet.

De sa pleine bonté rien ne parle à demi,
Et du vaste éléphant la masse épouvantable
Ne l'étale pas mieux que la moindre fourmi.   430

Purge l'intérieur, rends-le bon et sans tache,
Tu verras tout sans trouble et sans empêchement,
Et tu sauras comprendre, et tôt et fortement,
Ce que des passions le voile épais te cache.
Au cœur bien net et pur l'âme prête des yeux[1]   435
Qui pénètrent l'enfer et percent jusqu'aux cieux :
Il voit tout comme il est, et jamais ne s'abuse;
Mais le cœur mal purgé n'a que les yeux du corps :
Toute sa connoissance ainsi qu'eux est confuse;
Et tel qu'il est dedans, tel il juge au dehors.   440

Certes, s'il est ici quelque solide joie,
C'est ce cœur épuré qui seul la peut goûter[2];
Et s'il est quelque angoisse au monde à redouter,
C'est dans un cœur impur qu'elle entre et se déploie.
Dépouille donc le tien de ce qui l'a souillé,   445
Et vois comme le fer par le feu dérouillé
Prend une couleur vive au milieu de la flamme :
D'un plein retour vers Dieu c'est là le vrai tableau ;
Son feu sait dissiper les pesanteurs de l'âme,
Et faire du vieil homme un homme tout nouveau.   450

Si tu esses intus bonus et purus, tunc omnia sine impedimento videres, et bene caperes. Cor purum penetrat cœlum et infernum. Qualis unusquisque intus est, taliter judicat exterius.

Si est gaudium in mundo, hoc utique possidet puri cordis homo ; et si est alicubi tribulatio et angustia, hoc melius novit mala conscientia. Sicut ferrum missum in ignem amittit rubiginem, et totum candens efficitur, sic homo integre ad Deum se convertens, a torpore exuitur, et in novum hominem transmutatur.

1. *Var.* L'âme au cœur pur et net soudain prête des yeux. (1652)
2. *Var.* C'est au cœur épuré qui seul la peut goûter. (1659 et 62)

Quand ce feu s'alentit, soudain l'homme appréhende
Jusqu'au moindre travail, jusqu'aux moindres efforts,
Et souffre avec plaisir les douceurs du dehors,
Quelques piéges secrets que ce plaisir lui tende;
Mais alors qu'il commence à triompher de soi,   455
Qu'il choisit Dieu pour maître et pour unique roi,
Que dans sa sainte voie il marche avec courage,
Le travail le plus grand ne l'en peut épuiser;
Plus il se violente, et plus il se soulage,
Et ce qui l'accabloit cesse de lui peser.   460

CHAPITRE V[1].

DE LA CONSIDÉRATION DE SOI-MÊME[2].

Ne nous croyons pas trop; souvent nos connoissances
   Ne sont enfin qu'illusions;
Souvent la grâce y manque, et toutes nos puissances
   N'ont que de fausses visions.

Nous avons peu de jour à discerner la feinte   465
   D'avec la pure vérité,
Et sa foible lumière est aussitôt éteinte
   Par notre indigne lâcheté.

Quando homo incipit tepescere, tunc parvum metuit laborem, et libenter externam accipit consolationem; sed quando perfecte incipit se vincere, et viriliter in via Dei ambulare, tunc minus ea reputat quæ sibi prius gravia esse sentiebat.

V. Non debemus nobis ipsis nimis credere, quia sæpe gratia nobis deest, et sensus.

Modicum lumen est in nobis, et hoc cito per negligentiam amittimus.

1. Corps ou sujet de l'emblème : « Adam et Ève après leur péché donnent de mauvaises excuses à Dieu. » Ame ou sentence : *Sæpe male agimus, et pejus excusamus*. (Chapitre v, 3.)
2. Titre latin : *De propria consideratione*.

LIVRE II, CHAPITRE V.

L'homme aveugle au dedans rarement se défie
  De cet aveuglement fatal, 470
Et quelque mal qu'il fasse, il ne s'en justifie
  Qu'en s'excusant encor plus mal.

Souvent tout ébloui d'une vaine étincelle
  Qui brille en sa dévotion,
Il impute à l'ardeur d'un véritable zèle 475
  Les chaleurs de sa passion.

Comme partout ailleurs il porte une lumière
  Qui chez lui n'éclaire pas bien,
Il voit en l'œil d'autrui la paille et la poussière,
  Et ne voit pas la poutre au sien. 480

Ce qu'il souffre d'un autre est une peine extrême :
  Il en fait bien sonner l'ennui[1],
Et ne s'aperçoit pas combien cet autre même
  A toute heure souffre de lui.

Le vrai dévot sait prendre une juste balance 485
  Pour mieux peser tout ce qu'il fait,
Et consumant sur soi toute sa vigilance,
  Il croit chacun moins imparfait.

Il se voit le premier, et met ce qu'il doit faire

 Sæpe etiam non advertimus quod tam cæci intus sumus. Sæpe male agimus, et pejus excusamus.
 Passione interdum movemur, et zelum putamus.
 Parva in aliis deprehendimus, et nostra majora pertransimus.
 Satis cito sentimus et ponderamus quid ab aliis sustinemus sed quantum alii de nobis sustinent non advertimus.
 Qui bene et recte sua ponderaret, non esset quod de alio graviter judicaret.

1. *Var.*   Dont il fait bien sonner l'ennui. (1652 et 53 A et B)

Au-devant de tout autre emploi, 490
Et quoi qu'ailleurs il voie, il apprend à s'en taire,
A force de penser à soi.

Si tu veux donc monter jusqu'au degré suprême
De la haute dévotion,
Ne censure aucun autre, et fixe sur toi-même 495
L'effort de ton attention.

Pense à toute heure à Dieu, mais de toutes tes forces;
Pense à toi de tout ton pouvoir,
Et de l'extérieur les flatteuses amorces
Ne pourront jamais t'émouvoir. 500

Sais-tu, quand tu n'es pas présent à ta pensée,
Où vont sans toi tes vœux confus?
Et vois-tu ce que fait ton âme dispersée
Quand tu ne la regardes plus?

Quand ton esprit volage a couru tout le monde, 505
Quel fruit en peux-tu retirer,
S'il est le seul qu'enfin sa course vagabonde
Néglige de considérer?

Veux-tu vivre en repos, et que ton âme entière
S'unisse au monarque des cieux? 510

Internus homo suiipsius curam omnibus curis anteponit; et qui sibiipsi diligenter intendit, faciliter de aliis tacet.

Nunquam eris internus et devotus, nisi de alienis silueris, et ad teipsum specialiter respexeris.

Si tibi et Deo totaliter intendis, modicum te movebit quod foris percipis.

Ubi es, quando tibi ipsi præsens non es?

Et quando omnia percurristi, quid, te neglecto, profecisti?

Si desideras habere pacem et unionem veram, oportet quod totum adhuc postponas, et te solum præ oculis habeas.

Sache pour ton salut mettre tout en arrière,
    Et l'avoir seul devant les yeux.

Tu l'avances beaucoup, si tu fais rude guerre [1]
    Aux soins qui règnent ici-bas ;
Et le recules fort, si de toute la terre   515
    Tu peux faire le moindre cas.

Ne crois rien fort, rien grand, rien haut, rien desirable,
    Rien digne de t'entretenir,
Que Dieu, que ce qui part de sa main adorable,
    Que ce qui t'en fait souvenir.   520

Tiens pour vain et trompeur ce que les créatures
    T'offrent de consolations,
Et n'abaisse jamais à leurs douceurs impures
    L'honneur de tes affections.

L'âme que pour Dieu brûle un feu vraiment céleste   525
    Ne peut accepter d'autre appui [2] :
Elle est toute à lui seule, et dédaigne le reste,
    Qu'elle voit au-dessous de lui.

Il est lui seul aussi d'éternelle durée,
    Il remplit tout de sa bonté,   530

Multum proinde proficies, si te feriatum ab omni temporali cura conserves ; valde deficies, si aliquid temporale reputaveris.
Nil magnum, nil altum, nil gratum, nil acceptum tibi sit, nisi pure Deus, aut de Deo sit.
Totum vanum existima, quidquid consolationis occurrit de aliqua creatura.
Amans Deum anima sub Deo despicit universa.

---

1. *Var.* Tu l'avances beaucoup, si tu fais bonne guerre. (1652-56 A)
2. *Var.*   Ne peut endurer d'autre appui. (1652-56 A et B, 59 et 62)

Il est seul de nos cœurs l'allégresse épurée,
Et seul notre félicité.

CHAPITRE VI[1].

DES JOIES DE LA BONNE CONSCIENCE[2].

Droite et sincère conscience,
Digne gloire des gens de bien,
Oh! que ton témoignage est un doux entretien,　　　535
Et qu'il mêle de joie à notre patience[3],
Quand il ne nous reproche rien!

Tu fais souffrir avec courage,
Tu fais combattre en sûreté;
L'allégresse te suit parmi l'adversité,　　　540
Et contre les assauts du plus cruel orage
Tu soutiens la tranquillité.

Mais la conscience gâtée
Tremble au dedans sous le remords;
Sa vaine inquiétude égare ses efforts;　　　545
Et les noires vapeurs dont elle est agitée
Offusquent même ses dehors.

　　Solus Deus æternus et immensus, implens omnia, solatium est animæ, et vera cordis lætitia.
　　VI. Gloria boni hominis, testimonium bonæ conscientiæ. Habe bonam conscientiam, et habebis semper lætitiam.
　　Bona conscientia valde multa potest portare, et valde læta est inter adversa.
　　Mala conscientia semper timida est et inquieta.

1. Corps ou sujet de l'emblème : « Joseph dans les prisons de Pharaon. » Ame ou sentence : *Bona conscientia valde læta est inter adversa*. (Chapitre VI, 2.)
2. Titre latin : *De lætitia bonæ conscientiæ*.
3. *Var.* Et qu'il mêle de joie à notre confiance. (1670 O)

LIVRE II, CHAPITRE VI.

Malgré le monde et ses murmures,
Homme, tu sauras vivre en paix,
Si ton cœur est d'accord de tout ce que tu fais,   550
Et s'il ne porte point de secrètes censures
Sur la chaleur de tes souhaits.

Aime les avis qu'il t'envoie,
Embrasse leur correction,
Et pour te bien tenir en ta possession,   555
Jamais ne te hasarde à prendre aucune joie[1]
Qu'après une bonne action.

Méchants, cette vraie allégresse
Ne peut entrer en votre cœur[2] :
Le calme en est banni par la voix du Seigneur[3],   560
Et c'est faire une injure à sa parole expresse
Que vous vanter d'un tel bonheur.

Ne dites point, pour nous séduire,
Que vous vivez en pleine paix[4],
Que les malheurs sur vous ne tomberont jamais[5],   565

Suaviter requiesces, si cor tuum te non reprehenderit.
Noli lætari, nisi cum benefeceris.
Mali nunquam habent veram lætitiam, nec internam sentiunt pacem, quia non est pax impiis, dicit Dominus.
Et si dixerint : « In pace sumus, non venient super nos mala; et quis nobis nocere audebit? »

---

1. *Var.*   Surtout ne te hasarde à prendre aucune joie. (1652-56 A)
   Var.   Ne te hasarde point à prendre aucune joie. (1656 B-65 A)
2. *Var.*   N'entre jamais dans votre cœur. (1652-56 A et B, 59 et 62)
   Var.   N'entre jamais en votre cœur. (1656 C et D, 58 et 65)
3. *Isaïe*, chapitre LVII, verset 21.
4. *Var.*   Regardez, nous sommes en paix,
   Aucun malheur sur nous ne peut tomber jamais,
   Et rien d'assez hardi pour prétendre à nous nuire. (1652)
5. *Var.* Qu'aucun malheur sur nous ne peut tomber jamais,

Et qu'aucun assez vain pour prétendre à vous nuire
    N'en sauroit venir aux effets.

    Vous mentez, et l'ire divine,
    Bientôt contrainte d'éclater,
Dans un triste néant vous va précipiter ;   570
Et sous l'affreux débris d'une prompte ruine,
    Tous vos desseins vont avorter.

    Le juste a des routes diverses¹ :
    Il aime en Dieu l'affliction,
Et se souvient toujours parmi l'oppression   575
Que prendre quelque gloire à souffrir des traverses,
    C'est en prendre en sa Passion.

    Il voit celle qui vient des hommes
    Avec mépris, avec courroux :
Aussi n'a-t-elle rien qu'il puisse trouver doux ;   580
Elle est foible, elle est vaine, ainsi que nous le sommes,
    Et périssable comme nous.

    Elle n'est jamais si fidèle

Ne credas eis; quoniam repente exsurget ira Dei, et in nihilum redigentur actus eorum, et cogitationes eorum peribunt.
Gloriari in tribulatione, non est grave amanti; sic enim gloriari, est gloriari in cruce Domini.
Brevis gloria, quæ ab hominibus datur et accipitur.
Mundi gloriam semper comitatur tristitia.

    Et que rien d'assez vain pour prétendre à nous nuire. (1653 A)
    Var. Qu'aucun malheur sur vous ne peut tomber jamais,
    Et que rien d'assez vain pour prétendre à vous nuire.
                              (1653 B et C, 54 A et 56 A)
1. *Var.*   Le juste a ses routes diverses :
          Il se plaît dans l'affliction ;
Il aime en Jésus-Christ la tribulation,
Et sait que prendre gloire à souffrir des traverses. (1652-56 A)

Qu'elle ne déçoive à la fin ;
Et la déloyauté de son éclat malin   585
Dans un brillant nuage enveloppe avec elle
    Un noir amas de long chagrin¹.

    Celle des bons, toute secrète,
    N'a ni pompe, ni faux attraits ;
Leur seule conscience en forme tous les traits,   590
Et la bouche de l'homme, à changer si sujette,
    Ne la fait ni détruit jamais.

    De Dieu seul part toute leur joie,
    De qui la sainte activité,
Remontant vers sa source avec rapidité,   595
S'attache à la grandeur de la main qui l'envoie,
    Et s'abîme en sa vérité.

    L'amour de la gloire éternelle
    Les sait si pleinement saisir,
Que leur âme est stupide à tout autre plaisir,   600
Et que tout ce qu'on voit de gloire temporelle²
    Ne les touche d'aucun desir³.

    Aussi l'issue en est funeste

Bonorum gloria in conscientiis eorum, et non in ore hominum.
Justorum lætitia de Deo et in Deo est; et gaudium eorum, de
veritate.
    Qui veram et æternam gloriam desiderat, temporalem non curat;

1. *Var.*   Un long amas de noir chagrin. (1652-56 A)
2. *Var.* Et tout ce qu'on peut voir de gloire temporelle (*a*).
                                (1656 B, C et D, 58, 59 et 62)
3. *Var.*   Ne la touche d'aucun desir. (1652)

(*a*) Dans l'exemplaire de 1658, corrigé de la main de l'auteur, dont nous avons parlé ci-dessus (voyez, à la suite de la *Notice*, la *Liste des éditions*), Corneille a changé sa première rédaction : « Et tout ce qu'on peut voir, » en la leçon définitive : « Et que tout ce qu'on voit. »

206   L'IMITATION DE JÉSUS-CHRIST.

  Pour qui ne peut s'en dégager;
Et qui de tout son cœur n'aime à la négliger.[1]   605
Ne peut avoir d'amour pour la gloire céleste,
  Ou cet amour est bien léger.

  Douce tranquillité de l'âme,
  Avant-goût de celle des cieux,
Tu fermes pour la terre et l'oreille et les yeux[2];   610
Et qui sait dédaigner la louange et le blâme
  Sait te posséder en tous lieux.

  Ton repos est une conquête[3]
  Dont jouissent en sûreté[4]
Ceux dont la conscience est sans impureté[5];   615
Et le cœur est un port où n'entre la tempête[6]
  Que par la vaine anxiété.

  Ris donc, mortel, des vains mélanges[7]
  Qu'ici le monde aime à former[8]:

Et qui temporalem quærit gloriam, aut non ex animo contemnit, minus amare convincitur cœlestem.

Magnam habet cordis tranquillitatem, qui nec laudes curat, nec vituperia.

Facile erit contentus et pacatus, cujus conscientia munda est.

Non es sanctior, si laudaris; nec vilior, si vituperaris.

1. *Var.* Et qui de tout son cœur ne l'ose négliger. (1652-56 A)
2. *Var.* Tu n'as point pour la terre ou d'oreilles ou d'yeux.
        (1652, 53, 56 A et B, 59 et 62)
3. *Var.* Cette paix est une conquête. (1652)
 Var. Oui, ton calme est une conquête. (1653, 56 A et B, 59 et 62)
4. *Var.* Que font avec facilité. (1652, 53, 56 A et B, 59 et 62)
5. *Var.* Ceux dont la conscience aime la netteté. (1652-56 A)
6. *Var.* Et le cœur est un port où jamais la tempête
    N'entre que par l'impureté. (1652-56 A)
7. *Var.* Ris du monde et des vains mélanges. (1652)
 Var. Ris cependant des vains mélanges. (1670 O)
8. *Var.* Que son caprice aime à former. (1652)

Il a beau t'applaudir ou te mésestimer, 620
Tu n'en es pas plus saint pour toutes ses louanges,
    Ni moindre pour t'en voir blâmer.

    Ce que tu vaux est en toi-même,
    Tu fais ton prix par tes vertus;
Tous les encens d'autrui sont encens superflus[1]; 625
Et ce qu'on est aux yeux du monarque suprême,
    On l'est partout, et rien de plus.

    Vois-toi dedans, et considère[2]
    Le fond de ton intention :
Qui peut s'y regarder avec attention, 630
Soit qu'on parle de lui, soit qu'on veuille s'en taire[3],
    N'en prend aucune émotion.

    L'homme ne voit que le visage,
    Mais Dieu voit jusqu'au fond du cœur;
L'homme des actions voit la vaine splendeur, 635
Mais Dieu connoît leur source, et voit dans le courage
    Ou leur souillure ou leur candeur.

    Fais toujours bien, et fuis le crime,
    Sans t'en donner de vanité;
Du mépris de toi-même arme ta sainteté : 640

    Quod es, hoc es; nec major dici vales, quam Deo teste sis.
    Si attendis quid apud te sis intus, non curabis quid de te loquantur homines foris.
    Homo videt in facie, Deus autem in corde; Homo considerat actus, Deus vero pensat intentiones.

1. *Var.* Tous les encens d'autrui demeurent superflus. (1670 O)
2. *Var.*   Vois ton dedans, et considère. (1652-65)
3. *Var.* Laisse parler le monde à son choix ou se taire,
    Sans en prendre d'émotion. (1652)

Bien vivre et ne s'enfler d'aucune propre estime,
C'est la parfaite humilité.

La marque d'une âme bien pure
Qui hors de Dieu ne cherche rien,
Et met en ses bontés son unique soutien, 645
C'est d'être sans desir qu'aucune créature
En dise ou pense quelque bien.

Cette sévère négligence
Des témoignages du dehors
Pour l'attacher à Dieu réunit ses efforts, 650
Et l'abandonne entière à cette Providence
Qu'adorent ses heureux transports.

« Ce n'est pas celui qui se loue,
Dit saint Paul[1], qui sera sauvé :
Qui s'approuve soi-même est souvent réprouvé ; 655
Et c'est celui-là seul que ce grand maître avoue,
Qui pour sa gloire est réservé. »

Enfin cheminer dans sa voie,
Faire avec lui forte union,
Ne se lier ailleurs d'aucune affection, 660

Bene semper agere, et modicum de se tenere, humilis animæ indicium est.

Nolle consolari ab aliqua creatura, magnæ puritatis et internæ fiduciæ signum est.

Qui nullum extrinsecus pro se testimonium quærit, liquet quod totaliter se Deo commisit.

« Non enim, qui seipsum commendat, ille probatus est, ait beatus Paulus, sed quem Deus commendat. »

Ambulare cum Deo intus, nec aliqua affectione teneri foris, status est interni hominis.

1. *Épître II aux Corinthiens*, chapitre x, verset 18.

N'avoir que lui pour but, que son amour pour joie,
C'est l'entière perfection.

CHAPITRE VII[1].

DE L'AMOUR DE JÉSUS-CHRIST PAR-DESSUS TOUTES CHOSES[2].

Oh! qu'heureux est celui qui de cœur et d'esprit
Sait goûter ce que c'est que d'aimer Jésus-Christ,
Et joindre à cet amour le mépris de soi-même!   665
Oh! qu'heureux est celui qui se laisse charmer
Aux célestes attraits de sa beauté suprême,
    Jusqu'à quitter tout ce qu'il aime
    Pour un Dieu qu'il faut seul aimer!

Ce doux et saint tyran de notre affection   670
A de la jalousie et de l'ambition :
Il veut régner lui seul sur tout notre courage;
Il veut être aimé seul, et ne sauroit souffrir
Qu'autre amour que le sien puisse entrer en partage
    Ni du cœur qu'il prend en otage,   675
    Ni des vœux qu'on lui doit offrir.

Aussi tout autre objet n'a qu'un amour trompeur
Qui naît et se dissipe ainsi qu'une vapeur,
Et dont la foi douteuse est souvent parjurée :

VII. Beatus qui intelligit quid sit amare Jesum, et contemnere seipsum, propter Jesum. Oportet dilectum pro dilecto relinquere. Quia Jesus vult solus super omnia amari.

1. Corps ou sujet de l'emblème : « Sainte Cécile et son mari s'entre-quittent* pour se donner à Dieu, le soir de leur mariage. » Ame ou sentence : *Oportet dilectum pro dilecto relinquere.* (Chapitre VII, 1.)

2. Titre latin : *De amore Jesu super omnia.*

* Dans l'édition de 1656 D : « se quittent. »

Le seul Jésus-Christ aime avec fidélité,　　　　　　680
Et son amour, pareil à sa source épurée,
　　N'a pour bornes de sa durée[1]
　　Que celles de l'éternité.

Qui de la créature embrasse les appas
Trébuchera comme elle, et suivra pas à pas　　　685
D'un si fragile appui le débris infaillible :
L'amour de Jésus-Christ a tout un autre effet[2];
Qui le sait embrasser en devient invincible,
　　Et sa défaite est impossible
　　Au temps, par qui tout est défait.　　　　　690

Aime-le donc, chrétien, comme le seul ami
Qui puisse enfin te faire un bonheur affermi,
Et sans cesse à ta perte opposer son mérite;
Attends de tout le reste un entier abandon[3],
Puisque c'est une loi dans le ciel même écrite[4],　　695
　　Qu'il faut un jour que tout te quitte,
　　Soit que tu le veuilles ou non.

Vis et meurs en ce Dieu qui seul peut secourir[5],

Dilectio creaturæ fallax et instabilis; dilectio Jesu fidelis et perseverabilis.

Qui adhæret creaturæ, cadet cum labili : qui amplectitur Jesum, firmabitur in ævum.

Illum dilige, et amicum tibi retine, qui, omnibus recedentibus, te non relinquet, nec patietur in fine perire. Ab omnibus oportet te aliquando separari, sive velis, sive nolis.

1. *Var.*　　　N'a pour borne de sa durée
　　　　　　Que celle de l'éternité. (1659 et 62)
2. *Var.* L'amour de Jésus-Christ est d'un contraire effet. (1653 B-56 A)
3. *Var.* De tout autre n'attends qu'un entier abandon. (1653 B-56 A)
4. *Var.* C'est une loi commune au haut du ciel écrite.
　　　　　　　　　　　　(1653 B-56 A et B, 59 et 62)
5. *Var.* Vis et meurs en ton Dieu, qui seul peut secourir. (1670 O)

Tant que dure la vie, et lorsqu'il faut mourir [1],
Les foiblesses qu'en l'homme imprime la naissance :   700
Il donnera la main à ton infirmité;
Et la profusion de sa reconnoissance
    Saura réparer l'impuissance
    De ce tout qui t'aura quitté.

Mais je te le redis, il est amant jaloux [2],   705
Il est ambitieux, et s'éloigne de nous
Sitôt que notre cœur pour un autre soupire;
Et si comme en son trône il n'est seul dans ce cœur,
Un orgueil adorable à ses bontés inspire
    Le dédain d'un honteux empire   710
    Que partage un autre vainqueur.

Si de la créature entièrement purgé,
Tu lui savois offrir le tien tout dégagé,
Il y prendroit soudain la place qu'il veut prendre :
Tu lui dois tous tes vœux; et ce qu'un lâche emploi   715
Sur de plus bas objets en fera se répandre,
    Quoi que tu veuilles en attendre,
    C'est autant de perdu pour toi.

Ne mets point ton espoir sur un frêle roseau

> Teneas te apud Jesum, vivens et moriens; et illius fidelitati te committe, qui, omnibus deficientibus, solus potest te juvare.
> Dilectus tuus talis est naturæ ut alienum non velit admittere; sed solus vult cor tuum habere; et tanquam rex in proprio throno sedere.
> Si scires te bene ab omni creatura evacuare, Jesus deberet libenter tecum habitare. Bene totum perditum invenies, quidquid extra Jesum in hominibus posueris.
> Non confidas, nec innitaris super calamum ventosum, quia omnis caro fœnum, et omnis gloria ejus ut flos fœni cadet.

1. *Var.* Soit qu'il te faille vivre ou te faille mourir. (1653 B-56 A et 70 O)
2. *Var.* Mais, j'aime à te le dire, il est amant jaloux. (1670 O)

Qui penche au gré du vent, qui branle au gré de l'eau,
Sur le monde en un mot, ni sur sa flatterie :
Sa gloire n'est qu'un songe, et ce qu'il en fait voir
Pour surprendre un moment de folle rêverie,
    Comme la fleur de la prairie,
    Tombera du matin au soir.   725

Tu seras tôt déçu, si tu n'ouvres les yeux
Qu'à ces dehors brillants qu'étale sous les cieux
De tant de vanités l'éblouissante image :
Tu croiras y trouver un plein soulagement,
Tu croiras y trouver un solide avantage,   730
    Pour n'y trouver à ton dommage
    Qu'un déplorable amusement.

Qui cherche Dieu partout sait le trouver ici ;
Qui se cherche partout sait se trouver aussi,
Mais par un heur funeste où sa perte se fonde :   735
Il n'a point d'ennemis de qui le coup fatal
Puisse faire une plaie en son cœur si profonde,
    Et les forces de tout un monde[1]
    Pour lui nuire n'ont rien d'égal.

Cito decipieris, si ad externam hominum apparentiam tantum aspexeris; si enim tuum in aliis quæris solatium et lucrum, senties sæpius detrimentum.

Si quæris in omnibus Jesum, invenies utique Jesum : si autem quæris teipsum, invenies etiam teipsum ; sed ad tuam perniciem. Plus enim homo nocivus sibi, si Jesum non quærit, quam totus mundus, et omnes sui adversarii.

1. *Var.*   Et les forces de tout le monde. (1659, 62 et 93)

CHAPITRE VIII[1].

DE L'AMITIÉ FAMILIÈRE DE JÉSUS-CHRIST[2].

Que ta présence, ô Dieu, donne à nos actions 740
Sous tes ordres sacrés une vigueur docile !
Que tout va bien alors ! que tout semble facile
A la sainte chaleur de nos intentions !
Mais quand tu disparois et que ta main puissante
Avec nos bons desirs n'entre plus au combat, 745
Oh ! que cette vigueur est soudain languissante !
    Qu'aisément elle s'épouvante,
    Et qu'un foible ennemi l'abat !

Les consolations des sens irrésolus
Tiennent le cœur en trouble et l'âme embarrassée, 750
Si Jésus-Christ ne parle au fond de la pensée
Ce langage secret qu'entendent ses élus ;
Mais dans nos plus grands maux, à sa moindre parole,
L'âme prend le dessus de notre infirmité,
Et le cœur[3], mieux instruit en cette haute école, 755
    Garde un calme qui nous console
    De toute leur indignité.

Tu pleurois, Madeleine, et ton frère au tombeau

VIII. Quando Jesus adest, totum bonum est, nec quidquam difficile videtur : quando vero Jesus non adest, totum durum est.
    Quando Jesus intus non loquitur, consolatio vilis est : si autem Jesus unum tantum verbum loquitur, magna consolatio sentitur.

---

    1. Corps ou sujet de l'emblème : « Saint Ignace martyr étant déchiré par les lions, on voit le nom de Jésus gravé sur son cœur. » Ame ou sentence : *Quando Jesus adest, totum bonum est*. (Chapitre VIII, 1.)
    2. Titre latin : *De familiari amicitia Jesu*.
    3. On lit : « Et *leur* cœur, » dans les éditions de 1659 et de 1662.

Ne souffroit point de trêve à ta douleur fidèle ;
Mais à peine on te dit¹ : « Viens, le Maître t'appelle², »
Que ce mot de tes pleurs fait tarir le ruisseau.
Tu te lèves, tu pars, et ta douleur suivie
Des doux empressements d'un amoureux transport,
Laissant régner la joie en ton âme ravie,
  Pour chercher l'auteur de la vie,   765
 Ne voit plus ce qu'a fait la mort.

Qu'heureux est ce moment où ce Dieu de nos cœurs
D'un profond déplaisir les élève à la joie³ !
Qu'heureux est ce moment où sa bonté déploie
Sur un gros d'amertume un peu de ses douceurs⁴ !   770
Sans lui ton âme aride à mille maux t'expose,
Tu n'es que dureté, qu'impuissance, qu'ennui ;
Et vraiment fol est l'homme alors qu'il se propose
  Le vain desir de quelque chose
 Qu'il faille chercher hors de lui.   775

Sais-tu ce que tu perds en son éloignement⁵ ?
Tu perds une présence en vrais biens si féconde,
Qu'après avoir perdu tous les sceptres du monde,
Tu perdrois encor plus à la perdre un moment.

 Nonne Maria Magdalena statim surrexit de loco in quo flevit, quando Martha illi dixit : « Magister adest, et vocat te ? »
 Felix hora, quando Jesus vocat de lacrymis ad gaudium spiritus ! Quam aridus et durus es sine Jesu ! Quam insipiens et vanus, si cupis aliquid extra Jesum !
 Nonne hoc est majus damnum, quam si totum perderes mundum ? Quid potest tibi mundus conferre sine Jesu ?

1. *Evangile de saint Jean*, chapitre xi, verset 28.
2. *Var.* Mais à peine on te dit : « Le Maître vous appelle. » (1653 B-56 A, 59 et 62)
3. *Var.* Du profond déplaisir les élève à la joie ! (1665 A)
4. *Var.* Sur un gros d'amertume un peu de ces douceurs ! (1659 et 62)
5. *Var.* Sais-tu ce que tu perds dans son éloignement ? (1653 B-56, 59 et 62)

Vois bien ce qu'est ce monde, et te figure stable   780
Le plus pompeux éclat qui jamais t'y surprit :
Que te peut-il donner qui soit considérable,
    Si les présents dont il t'accable
    Te séparent de Jésus-Christ ?

Sa présence est pour nous un charmant paradis,   785
C'est un cruel enfer pour nous que son absence,
Et c'est elle qui fait la plus haute distance[1]
Du sort des bienheureux à celui des maudits :
Si tu peux dans sa vue en tous lieux te conduire,
Tu te mets en état de triompher de tout ;   790
Tu n'as plus d'ennemis assez forts pour te nuire,
    Et s'ils pensent à te détruire,
    Ils n'en sauroient venir à bout.

Qui trouve Jésus-Christ trouve un rare trésor,
Il trouve un bien plus grand que le plus grand empire :
Qui le perd, perd beaucoup ; et j'ose le redire,
S'il perdoit tout un monde, il perdroit moins encor.
Qui le laisse échapper par quelque négligence,
Regorgeât-il de biens, il est pauvre en effet ;
Et qui peut avec lui vivre en intelligence,   800
    Fût-il noyé dans l'indigence,
    Il est et riche et satisfait.

Oh ! que c'est un grand art que de savoir unir

    Esse sine Jesu, gravis est infernus ; et esse cum Jesu, dulcis est paradisus. Si fuerit tecum Jesus, nullus poterit nocere inimicus.
    Qui invenit Jesum, invenit thesaurum bonum, imo bonum super omne bonum ; et qui perdit Jesum, perdit nimis multum, et plusquam totum mundum. Pauperrimus est qui vivit sine Jesu, et ditissimus qui bene est cum Jesu.

    1. *Var.* Et c'est elle qui fait toute la différence. (1653 B-56 A, 59 et 62)

Par un saint entretien Jésus à sa foiblesse!
Oh! qu'on a de prudence alors qu'on a l'adresse, 805
Quand il entre au dedans, de l'y bien retenir!
Pour l'attirer chez toi, rends ton âme humble et pure;
Sois paisible et dévot, pour l'y voir arrêté;
Sa demeure avec nous au zèle se mesure,
  Et la dévotion assure 810
  Ce que gagne l'humilité.

Mais parmi les douceurs qu'on goûte à l'embrasser[1]
Il ne faut qu'un moment pour nous ravir sa grâce :
Pencher vers ces faux biens que le dehors entasse,
C'est de ton propre cœur toi-même le chasser. 815
Que si tu perds l'appui de sa main redoutable,
Où pourra dans tes maux ton âme avoir recours?
Où prendra-t-elle ailleurs un appui véritable,
  Et qui sera l'ami capable
  De te prêter quelque secours? 820

Aime : pour vivre heureux il te faut vivre aimé,
Il te faut des amis qui soient dignes de l'être;
Mais si par-dessus eux tu n'aimes ce grand maître,
Ton cœur d'un long ennui se verra consumé.
Crois-en ou ta raison ou ton expérience : 825
Toutes deux te diront qu'il n'est point d'autre bien,

 Magna ars est, scire cum Jesu conversari; et scire Jesum tenere, magna prudentia. Esto humilis et pacificus, et erit tecum Jesus. Sis devotus et quietus, et permanebit tecum Jesus.
 Potes cito fugare Jesum, et gratiam ejus perdere, si volueris ad exteriora declinare. Et si illum effugaveris et perdideris, ad quem tunc fugies, et quem tunc quæres amicum?
 Sine amico non potes bene vivere; et si Jesus non fuerit tibi præ

---

1. *Var.* Mais ne pense jamais tellement l'embrasser
 Qu'un moment ne te puisse éloigner de sa grâce. (1653 B-56, 59 et 62)

LIVRE II, CHAPITRE VIII.

Et que c'est au chagrin livrer ta conscience
    Que prendre joie ou confiance
    Sur un autre amour que le sien.

Tu dois plutôt choisir d'attirer sur tes bras   830
L'orgueil de tout un monde animé de colère[1],
Que d'offenser Jésus, que d'oser lui déplaire,
Que de vivre un moment et ne le chérir pas.
Donne-lui tout ton cœur et toutes tes tendresses;
Et ne souffrant chez toi personne en même rang,   835
Réponds en quelque sorte à ces pleines largesses
    Qui pour acheter tes caresses
    Lui firent donner tout son sang.

Que tous s'entr'aiment donc à cause de Jésus,
Pour n'aimer que Jésus à cause de lui-même;   840
Rendons cette justice à sa bonté suprême,
Qui sur tous les amis lui donne le dessus.
En lui seul, pour lui seul, tous ceux qu'il a fait naître,
Tant ennemis qu'amis, il les faut tous aimer,
Et demander pour tous à l'auteur de leur être   845
    Et la grâce de le connoître
    Et l'heur de s'en laisser charmer.

omnibus amicus, eris nimis tristis et desolatus. Fatue igitur agis, si in aliquo altero confidis, aut lætaris.

Eligendum est magis, totum mundum habere contrarium, quam Jesum offensum. Ex omnibus ergo caris, sit Jesus solus dilectus specialis.

Diligantur omnes propter Jesum; Jesus autem propter seipsum. Solus Jesus Christus singulariter est amandus, qui solus bonus et fidelis præ omnibus invenitur amicis. Propter ipsum, et in ipso, tam amici quam inimici tibi sint cari; et pro omnibus his exorandus est, ut omnes ipsum cognoscant et diligant.

1. *Var.* L'orgueil de tout le monde animé de colère. (1659 et 62)

Ne desire d'amour ni d'estime pour toi
Qui passant le commun te sépare du reste :
C'est un droit qui n'est dû qu'à la grandeur céleste   850
D'un Dieu qui là-haut même est seul égal à soi.
Ne souhaite régner dans le cœur de personne ;
Ne fais régner non plus personne dans le tien ;
Mais qu'au seul Jésus-Christ tout ce cœur s'abandonne,
  Que Jésus-Christ seul en ordonne   855
  Comme chez tous les gens de bien.

Tire-toi d'esclavage, et sache te purger
De ces vains embarras que font les créatures ;
Saches en effacer jusqu'aux moindres teintures,
Romps jusqu'aux moindres nœuds qui puissent t'engager.
Dans ce détachement tu trouveras des ailes
Qui porteront ton cœur jusqu'aux pieds de ton Dieu,
Pour y voir et goûter ces douceurs immortelles
  Que dans celui de ses fidèles
  Sa bonté répand en tout lieu.   865

Mais ne crois pas atteindre à cette pureté,
A moins que de là-haut sa grâce te prévienne,
A moins qu'elle t'attire, à moins qu'elle soutienne
Les efforts chancelants de ta légèreté.
Alors, par le secours de sa pleine efficace,   870
Tous autres nœuds brisés, tout autre objet banni,

Nunquam cupias singulariter laudari vel amari, quia hoc solius Dei est, qui similem sibi non habet. Nec velis quod aliquis in corde suo tecum occupetur, neque tu cum alicujus occuperis amore ; sed sit Jesus in te, et in omni bono homine.

Esto purus et liber ab intus, sine alicujus creaturæ implicamento. Oportet te esse nudum, et purum cor ad Deum gerere, si vis vacare et videre quam suavis sit Dominus ;

Et revera ad hoc non pervenies, nisi gratia ejus fueris præventus et attractus, ut, omnibus evacuatis et licentiatis, solus cum solo uniaris.

Seul hôte de toi-même, et maître de la place,
  Tu verras cette même grâce
  T'unir à cet être infini.

Aussitôt que du ciel dans l'homme elle descend, 875
Il n'a plus aucun foible, il peut tout entreprendre ;
L'impression du bras qui daigne la répandre
D'infirme qu'il étoit l'a rendu tout-puissant ;
Mais sitôt que ce bras la retire en arrière[1],
L'homme dénué, pauvre, accablé de malheurs, 880
Et livré par lui-même à sa foiblesse entière,
  Semble ne voir plus la lumière
  Que pour être en proie aux douleurs.

Ne perds pas toutefois le courage ou l'espoir
Pour sentir cette grâce ou partie ou moins vive ; 885
Mais présente un cœur ferme à tout ce qui t'arrive,
Et bénis de ton Dieu le souverain vouloir.
Dans quelque excès d'ennuis qu'un tel départ t'engage,
Souffre tout pour sa gloire attendant le retour,
Et songe qu'au printemps l'hiver sert de passage, 890
  Qu'un profond calme suit l'orage,
  Et que la nuit fait place au jour.

Quando enim gratia Dei venit ad hominem, tunc potens fit ad omnia ; et quando recedit, tunc pauper et infirmus erit, et quasi tantum ad flagella relictus.

In his non debes dejici, nec desperare ; sed ad voluntatem Dei æquanimiter stare, et cuncta supervenientia tibi ad laudem Jesu-Christi perpeti, quia post hyemem sequitur æstas, post noctem redit dies, et post tempestatem serenitas magna.

1. *Var.* Mais sitôt que son bras la retire en arrière. (1670 O)

CHAPITRE IX[1].

DU MANQUEMENT DE TOUTE SORTE DE CONSOLATIONS[2].

Notre âme néglige sans peine
La consolation humaine,
Quand la divine la remplit : 895
Une sainte fierté dans ce dédain nous jette,
Et la parfaite joie aisément établit
L'heureux mépris de l'imparfaite.

Mais du côté de Dieu demeurer sans douceur,
Quand nous foulons aux pieds toute celle du monde, 900
Accepter pour sa gloire une langueur profonde[3],
Un exil où lui-même il abîme le cœur,
Ne nous chercher en rien alors que tout nous quitte,
Ne vouloir rien qui plaise alors que tout déplaît,
N'envoyer ni desirs vers le propre intérêt, 905
Ni regards échappés vers le propre mérite :
C'est un effort si grand, qu'il se faut élever
Au-dessus de tout l'homme avant que l'entreprendre ;
Sans se vaincre soi-même on ne peut y prétendre,
Et sans faire un miracle on ne peut l'achever. 910

IX. Non est grave, humanum contemnere solatium, cum adest divinum.
Magnum est, et valde magnum, tam humano quam divino posse carere solatio ; et, pro honore Dei, libenter exilium cordis velle sustinere ; et in nullo seipsum quærere, nec ad proprium meritum respicere.

1. Corps ou sujet de l'emblème : « Le martyre de saint Laurens. » Ame ou sentence : *Vicit sanctus martyr Laurentius sæculum.* (Chapitre ix, 6.)
2. *Var.* DU MANQUEMENT DE TOUTE SORTE DE CONSOLATION. (1653 B-56, 59 et 62) — *Var.* DU MANQUEMENT DE TOUTE SORTE DE CONSOLATIONS, TANT HUMAINES QUE DIVINES. (1658) — Titre latin : *De carentia omnis solatii.*
3. *Var.* Accepter pour sa gloire une douleur profonde.
(1653 C, 56 A et B, 59 et 62)

Que fais-tu de grand ou de rare,
Si la paix de ton cœur s'empare
Quand la grâce règne au dedans,
Si tu sens pleine joie au moment qu'elle arrive,
Si tes vœux aussitôt deviennent plus ardents,   915
Et ta dévotion plus vive ?

C'est l'ordinaire effet de son épanchement
Que d'enfanter le zèle et semer l'allégresse ;
C'est l'accompagnement de cette grande hôtesse,
Et tout le monde aspire à cet heureux moment.   920
Assez à l'aise marche et fournit sa carrière
Celui dont en tous lieux elle soutient la croix :
Du fardeau le plus lourd il ne sent point le poids ;
Dans la nuit la plus sombre il a trop de lumière[1] ;
Le Tout-Puissant le porte et le daigne éclairer ;   925
Le Tout-Puissant lui-même à sa course préside ;
Et comme il est conduit par le souverain guide,
Il n'est pas merveilleux s'il ne peut s'égarer.

Nous aimons ce qui nous console :
L'âme le cherche, l'âme y vole,   930
L'âme s'attache au moindre attrait ;
Elle penche toujours vers ce qui la chatouille,
Et difficilement l'homme le plus parfait
De tout lui-même se dépouille.

Quid magni est, si hilaris sis et devotus adveniente gratia? Optabilis cunctis hæc hora. Satis suaviter equitat, quem gratia Dei portat. Et quid mirum, si onus non sentit, qui portatur ab Omnipotente, et ducitur a summo ductore?
Libenter habemus aliquid pro solatio, et difficulter homo exuitur a seipso.

1. *Var.* Dans la nuit la plus sombre il voit trop de lumière. (1653 B)

Laurens le saint martyr en vint pourtant à bout   935
Quand Dieu le sépara de Sixte son grand prêtre[1];
Il l'aimoit comme père, il l'aimoit comme maître;
Mais un amour plus fort le détacha de tout.
D'une perte si dure il fit des sacrifices
A l'honneur de ce Dieu qui couronnoit sa foi :   940
Il triompha du siècle en triomphant de soi;
Par le mépris du monde il brava les supplices;
Mais il avoit porté cette mort constamment[2],
Avant que des bourreaux il éprouvât la rage;
Et parmi les tourments ce qu'il eut de courage   945
Fut un prix avancé de son détachement.

  Ainsi cette âme toute pure
  Mit l'amour de la créature
  Sous les ordres du Créateur;
Et son zèle pour Dieu, brisant toute autre chaîne[3],   950
Préféra le vouloir du souverain auteur
  A toute la douceur humaine.

Apprends de cet exemple à desserrer les nœuds
Par qui l'affection, par qui le sang te lie,
Ces puissants et doux nœuds qui font aimer la vie,   955

 Vicit sanctus martyr Laurentius sæculum cum suo sacerdote, quia omne, quod in mundo delectabile videbatur, despexit; et summum Dei sacerdotem Sixtum, quem maxime diligebat, pro amore Christi, etiam a se tolli clementer ferebat.
 Amore igitur Creatoris, amorem hominis superavit; et, pro humano solatio, divinum beneplacitum magis elegit.
 Ita et tu aliquem necessarium et dilectum amicum pro amore Dei

---

 1. Le pape saint Sixte II, qui souffrit le martyre, ainsi que saint Laurent, sous l'empire de Valérien.
 2. *Var.* Mais il avoit souffert cette mort constamment.
            (1653 B, 56 A, 59 et 62)
 3. *Var.* Ainsi l'amour divin, brisant toute autre chaîne. (1653 B)

Et sans qui l'homme a peine à s'estimer heureux.
Quitte un ami sans trouble, alors que Dieu l'ordonne;
Vois sans trouble un ami te quitter à son tour;
Comme un bien passager regarde son amour;
Sois égal quand il t'aime et quand il t'abandonne. 960
Ne faut-il pas enfin chacun s'entre-quitter [1]?
Où tous les hommes vont, aucuns ne vont ensemble;
Et devant ce grand juge où le plus hardi tremble,
Le roi le mieux suivi se va seul présenter.

  Que l'homme a de combats à faire, 965
   Avant que de se bien soustraire
   A l'empire des passions,
Avant que de soi-même il soit si bien le maître
Qu'il pousse tout l'effort de ses affections
  Jusqu'à l'auteur de tout son être! 970

Qui s'attache à soi-même aussitôt l'en bannit [2],
Et qui peut sur soi-même appuyer sa foiblesse
Glisse et tombe aisément dans l'indigne mollesse
Des consolations que le siècle fournit;
Mais quiconque aime Dieu d'un amour véritable, 975

disce relinquere. Nec graviter feras, cum ab amico derelictus fueris, sciens quoniam oportet nos omnes tandem ab invicem separari.

 Multum et diu oportet hominem in seipso certare, antequam discat seipsum plene superare, et totum affectum suum plene in Deum trahere.

 Quando homo stat super seipsum, facile labitur ad consolationes humanas; sed verus amator Christi, et studiosus sectator virtutum, non cadit super consolationes, nec quærit tales sensibiles dulcedines;

 1. *Var.* Faut-il pas après tout chacun s'entre-quitter (*a*)? (1653 B-62)
 2. *Var.* Qui s'attache à soi-même aisément l'en bannit. (1653 B)

(*a*) Notre texte : « Ne faut-il pas enfin.... » est conforme à une correction de Corneille faite dans l'exemplaire de 1658 déjà mentionné plus haut, p. 205, note 2-*a*.

Quiconque s'étudie à marcher sur ses pas,
Apprend si bien à fuir ces dangereux appas,
Que d'une telle chute il devient incapable[1] :
Rien de la part des sens ne le sauroit toucher ;
Et loin de prêter l'âme à leurs vaines délices, 980
Les grands travaux pour Dieu, les rudes exercices,
Sont tout ce qu'en la vie il se plaît à chercher.

    Quand donc tu sens parmi ton zèle
    Quelque douceur spirituelle
    Dont s'échauffe ta volonté, 985
Rends grâces à ton Dieu de ce feu qu'elle excite[2],
Et reconnois que c'est un don de sa bonté,
    Et non l'effet de ton mérite.

Quoique ce soit un bien sur tous autres exquis,
D'une excessive joie arrête la surprise : 990
N'en sois pas plus enflé quand il t'en favorise[3],
Et n'en présume pas déjà le ciel acquis ;
En toutes actions sois-en mieux sur tes gardes ;
Que ton humilité sache s'en redoubler :
Plus il te donne à perdre, et plus tu dois trembler ; 995
Tant plus il t'enrichit, et tant plus tu hasardes.

sed magis fortes exercitationes, et pro Christo duros sustinere labores.
    Cum igitur spiritualis consolatio a Deo datur, cum gratiarum actione accipe eam, sed Dei munus intellige esse, non tuum meritum.
    Noli extolli, noli nimium gaudere, nec inaniter præsumere ; sed esto magis humilior ex dono, cautior quoque et timoratior in cunctis actibus tuis, quoniam transibit hora illa, et sequetur tentatio.

  1. *Var.* Que d'une telle chute il se rend incapable. (1653 B-62)
  2. *Var.* Rends humble grâce à Dieu de ce feu qu'elle excite. (1653 B-62)
  3. *Var.* N'en sois pas plus enflé quand Dieu t'en favorise.
                                                   (1653 C et 56 A et B)

Ces moments passeront avec tous leurs attraits,
Et la tentation, se coulant en leur place,
Y fera succéder l'orage à la bonace,
Les troubles au repos, et la guerre à la paix. 1000

  Si toute leur douceur partie
  Laisse ta vigueur amortie,
  Ne désespère pas soudain,
Mais à l'humilité joignant la confiance,
Attends que le Très-Haut daigne abaisser la main[1] 1005
  Au secours de ta patience.

Ce Dieu, toujours tout bon et toujours tout-puissant,
Ce Dieu, dans ses bontés toujours inépuisable,
Peut faire un nouveau don d'une grâce plus stable,
D'une vigueur plus ferme à ton cœur languissant. 1010
Vous le savez, dévots qui marchez dans sa voie,
Qu'on y voit tour à tour la paix et les combats,
Qu'on y voit l'amertume enfanter les appas[2],
Qu'on y voit le chagrin succéder à la joie.
Les saints même, les saints, tous comblés de ce don,
Ont éprouvé souvent de ces vicissitudes,
Et senti des moments tantôt doux, tantôt rudes,
Par la pleine assistance et l'entier abandon.

 Cum ablata fuerit consolatio, non statim desperes; sed cum humilitate, et patientia, expecta cœlestem visitationem,
 Quoniam potens est Deus ampliorem tibi redonare gratiam et consolationem. Istud non est novum, nec alienum, viam Dei expertis, quia in magnis sanctis, et in antiquis prophetis, fuit sæpe talis alternationis modus.

---

1. *Var.* Attends que le Très-Haut daigne abaisser sa main. (1659 et 62)
2. *Var.* Qu'on y voit l'amertume y suivre les appas,
 Qu'on y voit le chagrin y céder à la joie. (1653 B)

Crois-en David sur sa parole.
Tant que la grâce le console, 1020
C'est ainsi qu'il en parle à Dieu :
« Lorsque de tes faveurs je goûtois l'abondance,
Je le disois, Seigneur, qu'aucun temps, aucun lieu,
Ne pourroit troubler ma constance. »

A cette fermeté succède la langueur 1025
Par le départ soudain de cette même grâce [1] :
« Tu n'as fait, lui dit-il, que détourner ta face,
Et le trouble aussitôt s'est saisi de mon cœur. »
Cependant il conserve une espérance entière ;
Et dans cette langueur rassemblant ses esprits : 1030
« Jusqu'à toi, poursuit-il, j'élèverai mes cris,
Jusqu'à toi, mon Sauveur, j'envoîrai ma prière [2]. »
Il en obtient le fruit, et change de discours :
« Le Seigneur à mes maux est devenu sensible,
Dit-il, et la pitié l'ayant rendu flexible, 1035
Lui-même il a voulu descendre à mon secours. »

Veux-tu savoir de quelle sorte
Agit cette grâce plus forte?

Unde quidam, præsente jam gratia, dicebat : « Ego dixi in abundantia mea, non movebor in æternum. »
Absente vero gratia, quid in se fuerit expertus, adjungit, dicens : « Avertisti faciem tuam a me, et factus sum conturbatus. » Inter hæc tamen nequaquam desperat, sed instantius Dominum rogat, et dicit : « Ad te, Domine clamabo, et ad Deum meum deprecabor. » Denique orationis suæ fructum reportat, et se exauditum testatur, dicens : « Audivit Dominus, et misertus est mei : Dominus factus est adjutor meus. »
Sed in quo? « Convertisti, inquit, planctum meum in gaudium mihi, et circumdedisti me lætitia. »

1. *Var.* Par le départ subit de cette même grâce. (1653 B-56 A, 59 et 62)
2. *Var.* Oui, jusqu'à toi, mon Dieu, j'envoîrai ma prière.
(1653 B, 56 A, 59 et 62)

Écoute ses ravissements :
« Tu dissipes, ô Dieu ! l'aigreur de ma tristesse,   1040
Tu changes en plaisirs tous mes gémissements,
    Et m'environnes d'allégresse[1]. »

Puisque Dieu traite ainsi même les plus grands saints,
Nous autres malheureux perdrons-nous tout courage,
Pour voir que notre vie ici-bas se partage   1045
Aux inégalités qui troublent leurs desseins ?
Voyons tantôt le feu, voyons tantôt la glace
Dans nos cœurs tour à tour se mêler sans arrêt :
L'Esprit ne va-t-il pas et vient comme il lui plaît ?
Son bon plaisir lui seul le retient ou le chasse ;   1050
Job en sert de témoin : « Tu le veux, ô Seigneur !
Disoit-il[2], que ton bras nous défende et nous quitte,
Et tu nous fais à peine un moment de visite
Qu'aussitôt ta retraite éprouve notre cœur. »

    Sur quoi donc faut-il que j'espère[3],   1055
    Et dans l'excès de ma misère,
    Sur quoi puis-je me confier,
Sinon sur la grandeur de sa miséricorde,
Et sur ce que sa grâce aime à justifier
    Ceux à qui sa bonté l'accorde ?   1060

Si sic actum est cum magnis sanctis, non est desperandum nobis infirmis et pauperibus, si interdum in fervore, et interdum in frigiditate sumus; quoniam Spiritus venit et recedit, secundum suæ voluntatis beneplacitum. Unde beatus Job ait : « Visitas eum diluculo, et subito probas illum. »

Super quid igitur sperare possum, aut in quo confidere debeo nisi in sola magna misericordia Dei, et in sola spe gratiæ cœlestis ?

---

1. *Psaume* XXIX, versets 7-12.
2. *Job*, chapitre VII, verset 18.
3. *Var.* Sur quoi faut-il donc que j'espère. (1653 B, 56 A et B, 59 et 62)

Soit que j'aie avec moi toujours des gens de bien,
De fidèles amis, ou de vertueux frères[1],
Soit que des beaux traités les conseils salutaires,
Soit que les livres saints me servent d'entretien,
Qu'en hymnes tout un chœur autour de moi résonne
Ces frères, ces amis, ces livres et ce chœur,
Tout cela n'a pour moi ni force ni saveur,
Lorsqu'à ma pauvreté la grâce m'abandonne;
Et l'unique remède en cette extrémité
C'est une patience égale au mal extrême, 1070
Une abnégation parfaite de moi-même[3],
Pour accepter de Dieu toute la volonté.

    Je n'ai point vu d'âme si sainte,
    D'âme si fortement atteinte,
    De religieux si parfait, 1075
Qui n'ait senti la grâce, en lui comme séchée,
N'y verser quelquefois aucun sensible attrait,
    Ou vu sa ferveur relâchée.

Aucun n'est éclairé de rayons si puissants,
Aucune âme si haut ne se trouve ravie, 1080

Sive enim adsint homines boni, sive devoti fratres, et amici fideles, sive libri sancti, vel tractatus pulchri, sive dulcis cantus et hymni : omnia hæc modicum juvant, modicum sapiunt, quando desertus sum a gratia, et in propria paupertate relictus. Tunc non est melius remedium, quam patientia, et abnegatio mei in voluntate Dei.

Nunquam inveni aliquem tam religiosum et devotum, qui non habuerit interdum gratiæ subtractionem, aut non senserit fervoris diminutionem.

1. Les éditions de 1659 et de 1662 portent :
    Des fidèles amis, ou de vertueux frères.
2. *Var.* Qu'en hymnes, qu'en doux chants un chœur pour moi résonne.
    (1653 B)
3. *Var.* Une abnégation parfaite de soi-même. (1653 B)

Qui n'ait vu sa clarté précédée ou suivie
D'une attaque, ou du diable, ou de ses propres sens.
Aucun n'est digne aussi de la vive lumière
Par qui Dieu se découvre à l'esprit recueilli,
S'il ne s'est vu pour Dieu vivement assailli, 1085
S'il n'a franchi pour Dieu quelque rude carrière.
Ne t'ébranle donc point dans les tentations ;
Ne t'inquiète point de leurs inquiétudes ;
D'elles naîtra le calme, et leurs coups les plus rudes
Sont les avant-coureurs des consolations. 1090

  Puissant Maître de la nature,
  Ta sainte parole en assure
  Ceux qu'elles auront éprouvés :
« Sur qui vaincra, dis-tu[1], je répandrai ma gloire,
Et de l'arbre de vie il verra réservés 1095
  Les plus doux fruits pour sa victoire. »

Cette douceur du ciel en tombe quelquefois,
Pour fortifier l'homme à vaincre l'amertume ;
L'amertume la suit, de peur qu'il n'en présume
Le ciel ouvert pour lui sans plus porter de croix ; 1100
Car enfin le bien même est souvent une porte
Par où la propre estime entre avec la vertu[2] ;

 Nullus sanctus fuit tam alte raptus et illuminatus, qui prius, vel postea, non fuerit tentatus. Non enim dignus est alta Dei contemplatione, qui pro Deo non est exercitatus aliqua tribulatione. Solet enim sequentis consolationis tentatio præcedens esse signum.
 Nam tentationibus probatis cœlestis promittitur consolatio. « Qui vicerit, inquit, dabo ei edere de ligno vitæ. »
 Datur autem consolatio divina, ut homo fortior sit ad sustinendum adversa. Sequitur etiam tentatio, ne se elevet de bono. Non

---

1. *Apocalypse*, chapitre II, verset 7.
2. *Var.* Par qui la propre estime entre avec la vertu.

(1653 B-56 A et B, 59 et 62)

Et quoique l'ennemi nous paroisse abattu[1],
Le diable ne dort point, et la chair n'est pas morte.
Il se faut donc sans cesse au combat disposer[2],   1105
En craindre à tous moments quelques succès contraires,
Puisque de tous côtés on a des adversaires[3]
Qui ne savent que c'est que de se reposer.

CHAPITRE X[4].

DE LA RECONNOISSANCE POUR LES GRACES DE DIEU[5].

Oh! que tu sais mal te connoître,
Mortel, et que mal à propos,   1110
Toi que pour le travail Dieu voulut faire naître,
Tu cherches ici du repos!
Songe plus à la patience

dormit diabolus, nec caro adhuc mortua est : ideo non cesses te præparare ad certamen; quia a dextris et a sinistris hostes sunt, qui nunquam quiescunt.
X. Cur quæris quietem, cum natus sis ad laborem? Pone te ad pa-

---

1. *Var.* Et bien que l'ennemi nous paroisse abattu. (1653 B)
   Var. Et bien que l'ennemi lui paroisse abattu.
   (1653 C, 54, 56 A, B et C, 59 et 62)
   Var. Et quoique l'ennemi lui paroisse abattu (*a*). (1656 D et 58)
2. *Var.* On se doit donc sans cesse au combat disposer. (1653 B)
   Var. Il se doit donc sans cesse au combat disposer. (1653 C et 54-62)
3. *Var.* Puisqu'à droite et qu'à gauche on a des adversaires. (1653 B)
   Var. Puisqu'à droite et qu'à gauche il a des adversaires.
   (1653 C, 54, 56 A, 59 et 62)
   Var. Puisque de tous côtés il a des adversaires. (1656 B, C et D et 58)
4. Corps ou sujet de l'emblème : « Le pharisien et le publicain priant Dieu dans le temple. » Ame ou sentence : *Auferetur ab elato quod dari solet humili.* (Chapitre x, 5.)
5. Titre latin : *De gratitudine pro gratia Dei.*

(*a*) Les vers 1103, 1105 et 1107 sont corrigés de la main de Corneille dans l'exemplaire de 1658 dont nous avons déjà parlé plusieurs fois : au premier, *lui* a été changé en *nous*; au second, *doit* en *faut*; et au troisième, *il* en *on*.

Qu'à cette aimable confiance
Que versent dans les cœurs ses consolations, 1115
Et te prépare aux croix que sa justice envoie,
Plus qu'à cette innocente joie
Que mêlent ses bontés aux tribulations.

Quels mondains à Dieu si rebelles
De leurs âmes voudroient bannir 1120
Le goût de ces douceurs toutes spirituelles,
S'ils pouvoient toujours l'obtenir ?
Les pompes que le siècle étale
N'ont jamais rien qui les égale :
Les délices des sens n'en sauroient approcher ; 1125
Et de quelques appas qu'elles nous semblent pleines,
Celles du siècle enfin sont vaines,
Et la honte s'attache à celles de la chair.

Mais les douceurs spirituelles,
Seules dignes de nos desirs, 1130
Seules n'ont rien de bas, et seules toujours belles,
Forment de solides plaisirs.
C'est la vertu qui les fait naître,
Et Dieu, cet adorable maître,
N'en est jamais avare aux cœurs purs et constants ; 1135
Mais on n'en jouit pas autant qu'on le souhaite,

tientiam magis, quam ad consolationem; et ad crucem portandam magis, quam ad lætitiam.

Quis enim sæcularium non libenter consolationem et lætitiam spiritualem acciperet, si semper obtinere posset ? Excedunt enim spirituales consolationes, omnes mundi delicias, et carnis voluptates; nam omnes deliciæ mundanæ, aut vanæ sunt, aut turpes.

Spirituales vero deliciæ, solæ jucundæ et honestæ, ex virtutibus progenitæ, et a Deo puris mentibus infusæ. Sed istis divinis consolationibus nemo semper pro suo affectu frui valet, quia tempus tentationis non diu cessat.

Et l'âme la moins imparfaite
Voit la tentation ne cesser pas longtemps.

    Par trop d'espoir en nos mérites
      La fausse liberté d'esprit   1140
S'oppose puissamment à ces douces visites
      Dont nous régale Jésus-Christ.
      Lorsque sa grâce nous console,
      D'un seul accent de sa parole
Il remplit tout l'excès de sa bénignité;   1145
Mais l'homme y répond mal, l'homme l'en désavoue,
      S'il ne rend grâces, s'il ne loue,
      S'il ne rapporte tout à sa haute bonté.

      Veux-tu que la grâce divine
      Coule abondamment dans ton cœur?   1150
Fais remonter ses dons jusqu'à son origine [1];
      N'en sois point ingrat à l'auteur.
      Il fait toujours grâce nouvelle
      A qui, pour la moindre étincelle,
Lui témoigne un esprit vraiment reconnoissant;   1155
Mais il sait bien aussi remplir cette menace
      D'ôter au superbe la grâce
Dont il prodigue à l'humble un effet plus puissant.

    Multum contrariatur supernæ visitationi falsa libertas animi, et magna confidentia sui. Deus bene facit, consolationis gratiam dando; sed homo male agit, non totum Deo, cum gratiarum actione, retribuendo.
    Et ideo non possunt in nobis dona gratiæ fluere, quia ingrati sumus auctori, nec totum refundimus fontali origini. Semper enim gratia debetur digne gratias referenti; et auferetur ab elato quod dari solet humili.

1. *Var.* Fais remonter ses dons jusqu'à leur origine.
                          (1653 B-56 A, B et D, 59 et 62)
  Var. Fais remonter ces dons jusqu'à leur origine. (1656 C et 58)

LIVRE II, CHAPITRE X.

  Loin, consolations funestes,
  Qui m'ôtez la componction !   1160
Loin de moi ces pensers qui semblent tous célestes,
  Et m'enflent de présomption !
  Dieu n'a pas toujours agréable
  Tout ce qu'un dévot trouve aimable ;
Toute élévation n'a pas la sainteté :   1165
On peut monter bien haut sans atteindre aux couronnes ;
  Toutes douceurs ne sont pas bonnes,
Et tous les bons desirs n'ont pas la pureté.

  J'aime, j'aime bien cette grâce
  Qui me sait mieux humilier,   1170
Qui me tient mieux en crainte, et jamais ne se lasse
  De m'apprendre à mieux m'oublier :
  Ceux que ses dons daignent instruire,
  Ceux qui savent où peut réduire
Le douloureux effet de sa substraction[1],   1175
Jamais du bien qu'ils font n'osent prendre la gloire,
  Jamais n'ôtent de leur mémoire
Qu'ils ne sont que misère et qu'imperfection.

  Qu'une sainte reconnoissance
  Rende donc à Dieu tout le sien ;   1180
Et n'impute qu'à toi, qu'à ta propre impuissance,

  Nolo consolationem quæ mihi aufert compunctionem ; nec affecto contemplationem quæ ducit in elationem. Non enim omne altum, sanctum ; nec omne dulce, bonum ; nec omne desiderium, purum ; nec omne carum, Deo gratum.
  Libenter accepto gratiam, unde humilior et timoratior inveniar, atque ad relinquendum me paratior fiam. Doctus dono gratiæ, et eruditus subtractionis verbere, non sibi audebit quidquam boni attribuere ; sed potius se pauperem et nudum confitebitur.
  Da Deo quidquid Dei est ; et tibi adscribe quod tuum est : hoc est,

---

1. On lit : « de *la* substraction, » dans les éditions de 1659 et de 1662.

Tout ce qui s'y mêle du tien :
Je m'explique, et[1] je te veux dire
Que des grâces que Dieu t'inspire
Tu pousses jusqu'à lui d'humbles remercîments,   1185
Et que te chargeant seul de toutes tes foiblesses,
Tu te prosternes, tu confesses
Qu'il ne te peut devoir que de longs châtiments.

Mets-toi dans le plus bas étage,
Il te donnera le plus haut[2] :   1190
C'est par l'humilité que le plus grand courage
Montre pleinement ce qu'il vaut.
La hauteur même dans le monde
Sur ce bas étage se fonde,
Et le plus haut sans lui n'y sauroit subsister :   1195
Le plus grand devant Dieu, c'est le moindre en soi-même,
Et les vertus que le ciel aime
Par les ravalements trouvent l'art d'y monter.

La gloire des saints ne s'achève
Que par le mépris qu'ils en font ;   1200
Leur abaissement croît autant qu'elle s'élève
Et devient toujours plus profond.
La vaine gloire a peu de place
Dans un cœur où règne la grâce,

Deo gratias pro gratia tribue ; tibi autem soli culpam, et dignam pœnam pro culpa deberi sentias.

Pone te semper ad infimum, et dabitur tibi summum ; nam summum non stat sine infimo. Summi sancti apud Deum, minimi sunt apud se ;

Et quanto gloriosiores, tanto in se humiliores. Pleni veritate et gloria cœlesti non sunt vanæ gloriæ cupidi. In Deo firmati et fundati nullo modo possunt esse elati.

1. Le mot *et* manque dans les éditions de 1676 et de 1693.
2. *Var.*   Dieu te donnera le plus haut. (1670 O)

L'amour de la céleste occupe tout le lieu ; 1205
Et cette propre estime, où se plaît la nature,
   Ne sauroit trouver d'ouverture
Dans celui qui se fonde et s'affermit en Dieu.

   Quand l'homme à cet être sublime
   Rend tout ce qu'il reçoit de bien, 1210
D'aucun autre ici-bas il ne cherche l'estime :
   Ici-bas il ne voit plus rien.
   Dans le combat, dans la victoire,
   De tels cœurs ne veulent de gloire
Que celle que Dieu seul y verse de ses mains[1] : 1215
Tout leur amour est Dieu, tout leur but sa louange,
   Tout leur souhait, que sans mélange,
Elle éclate partout, en eux, en tous les saints.

   Aussi sa bonté semble croître
   Des louanges que tu lui rends ; 1220
Et pour ses moindres dons savoir le reconnoître,
   C'est en attirer de plus grands[2].
   Tiens ses moindres grâces pour grandes,
   N'en reçois point que tu n'en rendes :
Crois plus avoir reçu que tu n'as mérité ; 1225
Estime précieux, estime incomparable
   Le don le moins considérable,

   Et qui totum Deo adscribunt, quidquid boni acceperunt, gloriam ab invicem non quærunt; sed gloriam quæ a solo Deo est volunt; et Deum in se et in omnibus sanctis laudare super omnia cupiunt, et semper in idipsum tendunt.
   Esto igitur gratus pro minimo, et eris dignus majora accipere. Sit tibi minimum etiam pro maximo, et magis contemptibile pro speciali dono,

1. *Var.* Que celle que Dieu seul fait tomber de ses mains. (1653 B-65 A)
2. *Var.*   C'est en mériter de plus grands. (1653 B)

Et redouble son prix par ton humilité.

  Si dans les moindres dons tu passes
   A considérer leur auteur,   1230
Verras-tu rien de vil, rien de foible en ses grâces,
  Rien de contemptible à ton cœur?
  On ne peut sans ingratitude
  Nommer rien de bas ni de rude,
Quand il vient d'un si grand et si doux souverain; 1235
Et lorsqu'il fait pleuvoir des maux et des traverses[1],
  Ce ne sont que grâces diverses
Dont avec pleine joie il faut bénir sa main.

  Cette charité, toujours vive,
  Qui n'a que notre bien pour but,   1240
Dispose avec amour tout ce qui nous arrive,
  Et fait tout pour notre salut.
  Montre une âme reconnoissante
  Quand tu sens la grâce puissante;
Sois humble et patient dans sa substraction[2];   1245
Joins, pour la rappeler, les pleurs à la prière,
  Et de peur de la perdre entière,
Unis la vigilance à la soumission[3].

 Si dignitas datoris inspicitur, nullum datum parvum, aut nimis vile videbitur; non enim parvum est quod a summo Deo donatur. Etiamsi pœnas et verbera dederit, gratum esse debet,
 Quia semper pro salute nostra facit, quidquid nobis advenire permittit. Qui gratiam Dei retinere desiderat, sit gratus pro gratia data, patiens pro ablata; oret, ut redeat; cautus sit et humilis, ne amittat.

---

1. *Var.* Et quand il fait pleuvoir des maux et des traverses.
         (1653 B, 56 A et B, 59 et 62)
2. Les éditions de 1665 B et de 1670 ont seules : « *la* substraction. »
3. *Soumission* est ici le texte de toutes nos éditions.

CHAPITRE XI[1].

DU PETIT NOMBRE DE CEUX QUI AIMENT LA CROIX DE JÉSUS-CHRIST[2].

Que d'hommes amoureux de la gloire céleste
Envisagent la croix comme un fardeau funeste,   1250
Et cherchent à goûter les consolations,
Sans vouloir faire essai des tribulations !
Jésus-Christ voit partout cette humeur variable :
Il n'a que trop d'amis pour se seoir à sa table ;
Aucun dans le banquet ne veut l'abandonner ;   1255
Mais au fond du désert il est seul à jeûner[3].
Tous lui demandent part à sa pleine allégresse,
Mais aucun n'en veut prendre à sa pleine tristesse ;
Et ceux que l'on a vus les plus prompts à s'offrir[4]
Le quittent les premiers quand il lui faut souffrir.   1260

Jusqu'à la fraction de ce pain qu'il nous donne,
Assez de monde ici le suit et l'environne ;
Mais peu de son amour s'y laissent enflammer

XI. Habet Jesus nunc multos amatores regni sui cœlestis, sed paucos bajulatores suæ crucis. Multos habet desideratores consolationis, sed paucos tribulationis. Plures invenit socios mensæ, sed paucos abstinentiæ. Omnes cupiunt cum eo gaudere, pauci volunt pro eo aut cum eo aliquid sustinere.

Multi Jesum sequuntur usque ad fractionem panis ; sed pauci

---

1. Corps ou sujet de l'emblème : « L'empereur Lothaire quitte l'Empire pour se faire religieux. » Ame ou sentence : *Nemo illo potentior qui scit se et omnia relinquere.* (Chapitre XI, 11.)
2. Titre latin : *De paucitate amatorum crucis Jesu.*
3. *Var.* Mais dedans le désert il est seul à jeûner. (1653 B-65)
4. *Var.* Et ceux de qui l'ardeur est plus prompte à s'offrir. (1653 B-62)
Var. Ceux dont l'ardeur paroît la plus prompte à s'offrir (*a*). (1665)

(*a*) Dans l'exemplaire de 1658 corrigé par Corneille, le texte de la première variante du vers 1259 a été changé par l'auteur en celui de la seconde.

Jusqu'à boire avec lui dans le calice amer.
Les miracles brillants dont il sème sa vie 1265
Par leur éclat à peine échauffent notre envie,
Que sa honteuse mort refroidit nos esprits
Jusqu'à ne vouloir plus de ce don à ce prix.

Beaucoup avec chaleur l'aiment et le bénissent
Dont, au premier revers, les louanges tarissent. 1270
Tant qu'ils n'ont à gémir d'aucune adversité,
Qu'il n'épanche sur eux que sa bénignité,
Cette faveur sensible aisément sert d'amorce
A soutenir leur zèle et conserver leur force;
Mais lorsque sa bonté se cache tant soit peu [1], 1275
Une soudaine glace amortit tout ce feu,
Et les restes fumants de leur ferveur éteinte
Ne font partir du cœur que murmure et que plainte,
Tandis qu'au fond de l'âme un lâche étonnement
Va de la fermeté jusqu'à l'abattement. 1280

En usez-vous ainsi, vous dont l'amour extrême
N'embrasse Jésus-Christ qu'à cause de lui-même,
Et qui sans regarder votre propre intérêt,
N'avez de passion que pour ce qui lui plaît?
Vous voyez d'un même œil tout ce qu'il vous envoie :
Vous l'aimez dans l'angoisse ainsi que dans la joie;

usque ad bibendum calicem passionis. Multi miracula ejus venerantur; sed pauci ignominiam crucis sequuntur.
Multi Jesum diligunt, quamdiu adversa non contingunt. Multi illum laudant et benedicunt, quamdiu consolationes aliquas ab ipso percipiunt. Si autem Jesus se absconderit, et modicum eos reliquerit, aut in querimoniam vel in dejectionem nimiam cadunt.
Qui autem Jesum propter Jesum, et non propter suam propriam consolationem diligunt, ipsum in omni tribulatione et an-

---

1. *Var.* Mais quand cette bonté se cache tant soit peu.
(1653 B-56 A, B et C, 59 et 62)

Vous le savez bénir dans la prospérité,
Vous le savez louer dans la calamité ;
Une égale constance attachée à ses traces
Dans l'un et l'autre sort trouve à lui rendre grâces ; 1290
Et quand jamais pour vous il n'auroit que rigueurs,
Mêmes remercîments partiroient de vos cœurs.

Pur amour de Jésus, que ta force est étrange,
Quand l'amour-propre en toi ne fait aucun mélange,
Et que de l'intérêt pleinement dépouillé 1295
D'aucun regard vers nous tu ne te vois souillé !

N'ont-ils pas un amour servile et mercénaire,
Ces cœurs qui n'aiment Dieu que pour se satisfaire,
Et ne le font l'objet de leurs affections
Que pour en recevoir des consolations ? 1300

Aimer Dieu de la sorte et pour nos avantages,
C'est mettre indignement ses bontés à nos gages,
Croire d'un peu de vœux payer tout son appui[1],
Et nous-mêmes enfin nous aimer plus que lui ;
Mais où trouvera-t-on une âme si purgée, 1305
D'espoir de tout salaire à ce point dégagée,
Qu'elle aime à servir Dieu sans se considérer,
Et ne cherche en l'aimant que l'heur de l'adorer ?

gustia cordis, sicut in summa consolatione, benedicunt ; et si nunquam eis consolationem dare vellet, ipsum tamen semper laudarent, et semper gratias agere vellent.

O quantum potest amor Jesu purus, nullo proprio commodo vel amore permixtus !

Nonne omnes mercenarii sunt dicendi, qui consolationes semper quærunt ?

Nonne amatores sui magis, quam Christi probantur, qui sua

1. *Var.* Croire d'un peu de vœux payer un grand appui.
(1653 B-56 A, B et C, 59 et 62)

Certes il s'en voit peu de qui l'amour soit pure[1]
Jusqu'à se dépouiller de toute créature; 1310
Et s'il est sur la terre un vrai pauvre d'esprit,
Qui détaché de tout, soit tout à Jésus-Christ,
C'est un trésor si grand, que ces mines fécondes
Que la nature écarte au bout des nouveaux mondes,
Ces mers où se durcit la perle et le coral, 1315
N'en ont jamais conçu qui fût d'un prix égal.

Mais aussi ce n'est pas une conquête aisée
Qu'à ses premiers desirs l'homme trouve exposée :
Quand pour y parvenir il donne tout son bien,
Avec ce grand effort il ne fait encor rien; 1320
Quelque âpre pénitence ici-bas qu'il s'impose,
Ses plus longues rigueurs sont encor peu de chose;
Que sur chaque science il applique son soin,
Qu'il la possède entière, il est encor bien loin;
Qu'il ait mille vertus dont l'heureux assemblage 1325
De tous leurs ornements pare son grand courage;
Que sa dévotion, que ses hautes ferveurs
Attirent chaque jour de nouvelles faveurs :
Sache qu'il lui demeure encor beaucoup à faire,
S'il manque à ce point seul, qui seul est nécessaire[2].
Tu sais quel est ce point, je l'ai trop répété :

commoda et lucra semper meditantur ? Ubi invenietur talis, qui
velit Deo servire gratis ?
Raro invenitur tam spiritualis aliquis qui omnibus sit nudatus;
nam verum pauperem spiritu et ab omni creatura nudum quis inveniet? Procul et de ultimis finibus pretium ejus.
Si dederit homo omnem substantiam suam, adhuc nihil est; et si

---

1. *Var.* Certes il en est peu dont l'amour soit si pure
   Qu'elle en puisse chasser toute la créature.
   Il est rare de voir un vrai pauvre d'esprit. (1653 B)
2. *Var.* S'il manque en ce point seul, qui seul est nécessaire.

(1653 B-56 A et B, 59 et 62)

C'est qu'il se quitte encor, quand il a tout quitté,
Que de tout l'amour-propre il fasse un sacrifice,
Que de lui-même enfin lui-même il se bannisse[1],
Et qu'élevé par là dans un état parfait,   1335
Il croie, ayant fait tout, n'avoir encor rien fait.

Qu'il estime fort peu, suivant cette maxime,
Tout ce qui peut en lui mériter quelque estime[2];
Que lui-même il se die, et du fond de son cœur[3],
Serviteur inutile aux emplois du Seigneur.   1340
La vérité l'ordonne[4] : « Après avoir, dit-elle,
Rempli tous les devoirs où ma voix vous appelle,
Après avoir fait tout ce que je vous prescris[5],
Gardez encor pour vous un sincère mépris,
Et nommez-vous encor disciples indociles,   1345
Serviteurs fainéants, esclaves inutiles. »

Ainsi vraiment tout nu, vraiment pauvre d'esprit,

fecerit pœnitentiam magnam, adhuc exiguum est. Et si apprehenderit omnem scientiam, adhuc longe est. Et si habuerit virtutem magnam et devotionem nimis ardentem, adhuc multum sibi deest : unum scilicet, quod summe sibi necessarium est. Quid illud ? Ut omnibus relictis se relinquat, et a se totaliter exeat, nihilque de privato amore retineat; cumque omnia fecerit quæ facienda noverit, nihil se fecisse sentiat.

Non grande ponderet quod grande æstimari possit; sed in veritate servum inutilem se pronunciet, sicut veritas ait : « Cum feceritis omnia quæ præcepta sunt vobis, dicite : « Servi inutiles « sumus. »

Tunc vere pauper, et nudus spiritu esse poterit, et cum pro-

---

1. *Var.* Que de lui-même enfin lui-même se bannisse. (1658)
2. *Var.* Tout ce qui peut en lui mériter grande estime. (1653 B-65)
3. *Var.* Que lui-même il se dise, et du fond de son cœur. (1653 B-62)
4. *Évangile de saint Luc*, chapitre XVII, verset 10.
5. *Var.* Après avoir tout fait ce que je vous prescris.
(1653 B-56 A et B, 59 et 62)

CORNEILLE. VIII

Tout détaché de tout, et tout à Jésus-Christ,
Avec le roi prophète il aura lieu de dire[1] :
« Je n'ai plus rien en moi que ce que Dieu m'inspire;
J'y suis seul, j'y suis pauvre. » Aucun n'est toutefois
Ni plus riche en vrais biens, ni plus libre en son choix,
Ni plus puissant enfin que ce chétif esclave
Qui foulant tout aux pieds, lui-même encor se brave,
Et rompant avec soi pour s'unir à son Dieu,   1355
Sait en tout et partout se mettre au plus bas lieu.

CHAPITRE XII[2].

DU CHEMIN ROYAL DE LA SAINTE CROIX[3].

Homme, apprends qu'il te faut renoncer à toi-même,
Que pour suivre Jésus il faut porter ta croix :
Pour beaucoup de mortels ce sont de rudes lois[4];
Ce sont de fâcheux mots pour un esprit qui s'aime;   1360
Mais il sera plus rude encore et plus fâcheux
Pour qui n'aura suivi ce chemin épineux,
D'entendre au dernier jour ces dernières paroles :

pheta dicere : « Quia unicus et pauper sum ego. » Nemo tamen isto ditior, nemo liberior, nemo potentior, qui scit se et omnia relinquere, et ad infimum se ponere.

XII. Durus multis videtur hic sermo : « Abnega temetipsum, tolle crucem tuam, et sequere Jesum; » sed multo durius erit, audire illud extremum verbum : « Discedite a me, maledicti, in ignem æternum. »

1. *Psaume* xxiv, verset 16.
2. Corps ou sujet de l'emblème : « Saint Antoine triomphe des diables avec la croix. » Ame ou sentence : *In cruce protectio ab hostibus.* (Chapitre xii, 4.)
3. Texte latin : *De regia via sanctæ crucis.*
4. *Var.* Pour beaucoup de mortels voilà de rudes lois;
   Voilà de fâcheux mots pour un esprit qui s'aime.

(1653-56 A, 59 et 62)

LIVRE II, CHAPITRE XII.

« Loin de moi, malheureux, loin, maudits criminels,
Qui des biens passagers avez fait vos idoles, 1365
Trébuchez loin de moi dans les feux éternels! »

En ce jour étonnant, qui du sein de la poudre
Fera sortir nos os à leur chair rassemblés,
Les bergers et les rois, également troublés,
Craindront de cet arrêt l'épouvantable foudre. 1370
Les abîmes ouverts des célestes rigueurs
D'un tremblement égal rempliront tous les cœurs
Où cette auguste croix ne sera point empreinte;
Mais ceux qui maintenant suivent son étendard
Verront lors tout frémir d'une trop juste crainte, 1375
Et dans ce vaste effroi n'auront aucune part.

Ce signe au haut du ciel tout brillant de lumière,
Quand Dieu se fera voir en son grand tribunal[1],
Sera de ses élus le bienheureux fanal,
Et des victorieux l'éclatante bannière. 1380
Lors du Crucifié les dignes serviteurs,
Qui pour en être ici les vrais imitateurs,
Se sont faits de la croix esclaves volontaires[2],
Auront à son aspect de pleins ravissements,
Et ne s'en promettront que d'éternels salaires, 1385

   Qui enim modo libenter audiunt et sequuntur verbum crucis,
tunc non timebunt ab auditione damnationis æternæ.
   Hoc signum crucis erit in cœlo, cum Dominus ad judicandum
venerit. Tunc omnes servi crucis, qui se Crucifixo conformaverunt
in vita, accedent ad Christum judicem cum magna fiducia.

---

1. *Var.* Quand Dieu se fera voir dedans son tribunal. (1653 B-62)
   Var. Quand Dieu se fera voir dessus son tribunal (*a*). (1665)
2. *Var.* Ont vécu de la croix esclaves volontaires. (1653 B-62)

(*a*) Ici, comme au vers 1259, le texte de notre première variante a été changé par Corneille en celui de la seconde, dans l'exemplaire de 1658 mentionné plus haut. Au vers 1383, il a corrigé *Ont vécu* en *Se sont faits*.

Quand le reste en craindra d'éternels châtiments.

La croix ouvre l'entrée au trône de la gloire;
Par elle ce royaume est facile à gagner :
Aime donc cette croix par qui tu dois régner;
En elle est le salut, la vie et la victoire. 1390
L'invincible soutien contre tous ennemis,
Des célestes douceurs l'épanchement promis,
Et la force de l'âme ont leurs sources en elle;
L'esprit y voit sa joie et sa tranquillité,
Il y voit des vertus le comble et le modèle, 1395
Et la perfection de notre sainteté.

C'est elle seule aussi qui doit être suivie ;
Ce seroit t'abuser que prendre un autre but;
Hors d'elle pour ton âme il n'est point de salut;
Hors d'elle point d'espoir de l'éternelle vie. 1400
Je veux bien te le dire et redire cent fois :
Si tu ne veux périr, charge sur toi ta croix,
Suis du Crucifié les douloureuses traces,
Et les dons attachés à ce glorieux faix,
Attirant dans ton cœur les trésors de ses grâces, 1405
T'élèveront au ciel pour y vivre à jamais.

Il a marché devant, il a porté la sienne,
Il t'a montré l'exemple en y mourant pour toi;

Quid igitur times tollere crucem, per quam itur ad regnum? In cruce salus, in cruce vita, in cruce protectio ab hostibus, in cruce infusio supernæ suavitatis, in cruce robur mentis, in cruce gaudium spiritus; in cruce summa virtutis, in cruce perfectio sanctitatis.

Non est salus animæ, nec spes æternæ vitæ, nisi in cruce. Tolle ergo crucem tuam, et sequere Jesum, et ibis in vitam æternam.

Præcessit ille, bajulans sibi crucem, et mortuus est pro te in cruce, ut et tu tuam portes crucem, et mori affectes in cruce : quia,

Et cette mort te laisse une amoureuse loi
D'en porter une égale, et mourir en la tienne.   1410
Si tu meurs avec lui, tu vivras avec lui;
La part que tu prendras à son mortel ennui,
Tu l'auras aux grandeurs qui suivent sa victoire :
La mesure est pareille; et c'est bien vainement
Qu'on s'imagine au ciel avoir part à sa gloire,   1415
Quand on n'a point ici partagé son tourment.

Ainsi pour arriver à cette pleine joie,
Tout consiste en la croix, et tout gît à mourir :
C'est par là que le ciel se laisse conquérir,
Et Dieu pour te sauver n'a point fait d'autre voie[1].   1420
La véritable vie et la solide paix,
Le calme intérieur de nos plus doux souhaits,
Le vrai repos enfin, c'est la croix qui le donne :
Apprends donc sans relâche à te mortifier,
Et sache que quiconque aspire à la couronne,   1425
C'est à la seule croix qu'il se doit confier.

Revois de tous les temps l'image retracée,
Marche de tous côtés, cherche de toutes parts,
Jusqu'au plus haut des cieux élève tes regards,
Jusqu'au fond de la terre abîme ta pensée;   1430
Vois ce qu'a de plus haut la contemplation,
Vois ce qu'a de plus sûr l'humiliation,

si commortuus fueris, etiam cum illo pariter vives; et si socius fueris pœnæ, eris et gloriæ.

Ecce in cruce totum constat, et in moriendo totum jacet; et non est alia via ad vitam, et ad veram internam pacem, nisi via sanctæ crucis, et quotidianæ mortificationis.

Ambula ubi vis, quære quodcumque volueris; et non invenies

1. *Var.* Et Dieu pour nous sauver n'a point fait d'autre voie. (1653 B-62)

Ne laisse rien à voir dans toute la nature :
Tu ne trouveras point à faire un autre choix[1],
Tu ne trouveras point ni de route plus sûre,   1435
Ni de chemin plus haut que celui de la croix.

Va plus outre, et de tout absolument dispose,
Règle tout sous ton ordre au gré de ton desir,
Tu ne manqueras point d'objets de déplaisir,
Tu trouveras partout à souffrir quelque chose :   1440
Ou de force, ou de gré, quoi qu'on veuille espérer,
Toujours de quoi souffrir et de quoi soupirer
Nous présente partout la croix inévitable ;
Et nous sentons au corps toujours quelque douleur,
Ou quelque trouble en l'âme, encor plus intraitable,
Qui semblent tour à tour nous livrer au malheur.

Dieu te délaissera quelquefois sans tendresse ;
Souvent par le prochain tu seras exercé ;
Souvent dans le chagrin par toi-même enfoncé,
Tu deviendras toi-même à charge à ta foiblesse ; 1450
Souvent, et sans remède et sans allégement,
Tu ne rencontreras dans cet accablement
Rien qui puisse guérir ni relâcher ta peine :
Ton seul recours alors doit être d'endurer

altiorem viam supra, nec securiorem viam infra, nisi viam sanctæ crucis.

Dispone et ordina omnia secundum tuum velle et videre, et non invenies, nisi semper aliquid pati debere, aut sponte, aut invite ; et ita crucem semper invenies. Aut enim in corpore dolorem senties, aut in anima spiritus tribulationem sustinebis.

Interdum a Deo relinqueris, interdum a proximo exercitaberis, et quod amplius est, sæpe tibimetipsi gravis eris ; nec tamen aliquo remedio vel solatio liberari seu alleviari poteris ; sed donec Deus voluerit, oportet ut sustineas.

1. *Var.* Tu ne trouveras point à faire d'autre choix. (1653 B-62)

LIVRE II, CHAPITRE XII.

Par une patience égale à cette gêne, 1455
Tant qu'il plaît à ton Dieu de la faire durer.

Ses ordres amoureux veulent ainsi t'instruire
A souffrir l'amertume, et pleine, et sans douceur,
Afin que ta vertu laisse aller tout ton cœur
Où son vouloir sacré se plaît à le conduire : 1460
Il te veut tout soumis, et par l'adversité
Il cherche à voir en toi croître l'humilité,
A te donner un goût plus pur de sa souffrance [1];
Car aucun ne la goûte enfin si purement
Que celui qu'a daigné choisir sa Providence 1465
Pour lui faire éprouver un semblable tourment.

La croix donc en tous lieux est toujours préparée [2];
La croix t'attend partout, et partout suit tes pas :
Fuis-la de tous côtés, et cours où tu voudras,
Tu n'éviteras point sa rencontre assurée. 1470
Tel est notre destin, telles en sont les lois;
Tout homme pour lui-même est une vive croix [3],
Pesante d'autant plus que plus lui-même il s'aime [4];
Et comme il n'est en soi que misère et qu'ennui,
En quelque lieu qu'il aille, il se porte lui-même, 1475

Vult enim Deus ut tribulationem sine consolatione pati discas, et ut illi totaliter te subjicias, et humilior ex tribulatione fias. Nemo ita cordialiter sentit passionem Christi, sicut is cui contigerit similia pati.
Crux ergo semper parata est, et ubique te expectat. Non potes effugere, ubicumque cucurreris : quia ubicumque veneris, teipsum tecum portas, et semper teipsum invenies.

1. *Var.* Et te donner un goût plus pur de sa souffrance. (1653 B)
2. *Var.* La croix est à toute heure, en tous lieux préparée;
   Elle t'attend partout, et partout suit tes pas. (1670 O)
3. *Var.* Tout l'homme pour lui-même est une vive croix. (1662)
4. *Var.* Pesante d'autant plus qu'il s'estime et qu'il s'aime. (1653 B)

Et rencontre la croix qu'il y porte avec lui.

Regarde sous tes pieds, regarde sur ta tête,
Regarde-toi dedans, regarde-toi dehors,
N'oublie aucuns secrets, n'épargne aucuns efforts,
Tu trouveras partout cette croix toujours prête.   1480
Tu trouveras partout tes secrets confondus,
Ton espérance vaine et tes efforts perdus,
Si tu n'es en tous lieux armé de patience :
C'est là l'unique effort qui te puisse en tous lieux
Sous un ferme repos calmer la conscience,   1485
Et te prêter une aide[1] à mériter les cieux.

Porte-la de bon cœur, cette croix salutaire,
Que tu vois attachée à ton infirmité ;
Fais un hommage à Dieu d'une nécessité,
Et d'un mal infaillible un tribut volontaire.   1490
Elle te portera toi-même en tes travaux,
Elle te conduira par le milieu des maux
Jusqu'à cet heureux port où la peine est finie ;
Mais ce n'est pas ici que tu dois l'espérer :
La fin des maux consiste en celle de la vie,   1495
Et l'on trouve à gémir tant qu'on peut respirer[2].

Si c'est avec regret, lâche, que tu la portes[3],
Si par de vains efforts tu l'oses rejeter,

Converte te supra, converte te infra, converte te extra, converte te intra, et in his omnibus invenies crucem ; et necesse est te ubique tenere patientiam, si internam vis habere pacem, et perpetuam promereri coronam.

Si libenter crucem portas, portabit te, et ducet te ad desideratum finem, ubi scilicet finis patiendi erit, quamvis hic non erit.

1. L'édition de 1693 porte *un aide*, au masculin.
2. *Var.* Et l'on trouve à gémir autant qu'à respirer. (1653 B-56 A, 59 et 62)
3. *Var.* Que si c'est à regret, lâche, que tu la portes. (1653 B-56 A, 59 et 62)
Var. Si c'est avec dépit, lâche, que tu la portes. (1670 O)

Tu t'en fais un fardeau plus fâcheux à porter[1],
Tu l'attaches à toi par des chaînes plus fortes.　　1500
Son joug mal secoué, devenu plus pesant,
Te charge malgré toi d'un amas plus cuisant,
Impose un nouveau comble à tes inquiétudes ;
Ou si tu peux enfin t'affranchir d'une croix[2],
Ce n'est que faire place à d'autres croix plus rudes, 1505
Qui te viennent sur l'heure accabler de leur poids[3].

Te pourrois-tu soustraire à cette loi commune
Dont aucun des mortels n'a pu se dispenser ?
Quel monarque par là n'a-t-on point vu passer ?
Qui des saints a vécu sans croix, sans infortune ?　1510
Ton maître Jésus-Christ n'eut pas un seul moment
Dégagé des douleurs et libre du tourment[4]
Que de sa Passion avançoit la mémoire :
Il fallut comme toi qu'il portât son fardeau ;
Il lui fallut souffrir pour se rendre à sa gloire[5],　1515
Et pour monter au trône, entrer dans le tombeau[6].

Quel privilége as-tu, vil amas de poussière,

> Si invite portas, onus tibi facis, et teipsum magis gravas ; et tamen oportet ut sustineas. Si abjicis unam crucem, aliam procul dubio invenies, et forsitan graviorem.
> Credis tu evadere quod nullus mortalium potuit præterire ? Quis sanctorum in mundo sine cruce et tribulatione fuit ? Nec enim Jesus-Christus, Dominus noster, una hora sine dolore Passionis fuit, quamdiu in hoc mundo vixit. « Oportebat, ait, Christum pati, et resurgere a mortuis, et ita intrare in gloriam suam. »
> Et quomodo tu aliam viam quæris, quam hanc regiam viam, quæ

1. *Var.* Tu te fais un fardeau plus fâcheux à porter. (1653 B-56 A, B et C, 59 et 62)
2. *Var.* Ou bien si tu te peux défaire d'une croix.
　　　　　　　　　　　　　　(1653 B-56 A, B et C, 59 et 62)
3. *Var.* Qui te viendront sur l'heure accabler de leur poids. (1653 B)
4. *Var.* Dégagé des douleurs et libre de tourment. (1653 B)
5. *Var.* Il lui fallut souffrir pour entrer à sa gloire. (1653 B)
6. *Var.* Et pour monter au ciel, descendre en un tombeau. (1670 O)

Dont tu t'oses promettre un plus heureux destin ?
Crois-tu monter au ciel par un autre chemin ?
Crois-tu vaincre ici-bas sous une autre bannière ?   1520
Jésus-Christ, en vivant, n'a fait que soupirer[1],
Il n'a fait que gémir, il n'a fait qu'endurer ;
Les plus beaux jours pour lui n'ont été que supplices ;
Et tu ne veux pour toi que pompe et que plaisirs,
Qu'une oisiveté vague où flottent les délices,   1525
Qu'une pleine licence où nagent tes desirs !

Tu t'abuses, pécheur, si ton âme charmée
Cherche autre chose ici que tribulations :
Elle n'y peut trouver que des afflictions,
Que des croix, dont la vie est toute parsemée.   1530
Souvent même, souvent nous voyons arriver
Que plus l'homme en esprit apprend à s'élever,
Et plus de son exil les croix lui sont pesantes :
Tel est d'un saint amour le digne empressement,
Que plus dans notre cœur ses flammes sont puissantes,
Plus il nous fait sentir notre bannissement.

Ce cœur ainsi sensible et touché de la sorte
N'est pas pourtant sans joie au milieu des douleurs,
Et le fruit qu'il reçoit de ses propres malheurs

est via sanctæ crucis? Tota vita Christi crux fuit et martyrium; et tu tibi quæris requiem et gaudium?

Erras, erras, si aliud quæris quàm pati tribulationes : quia tota vita ista mortalis plena est miseriis, et circumsignata crucibus. Et quanto altius quis in spiritu profecerit, tanto graviores sæpe cruces invenit : quia exilii sui pœna magis ex amore crescit.

Sed tamen iste sic multipliciter afflictus, non est sine levamine consolationis, quia fructum maximum sibi sentit accrescere ex sufferentia suæ crucis. Nam dum sponte se illi subjicit, omne onus tribu-

1. *Var.* Quoi? tant que Jésus-Christ a voulu respirer.
(1653 B, 56 A, B et C, 59 et 62)

S'augmente d'autant plus que sa souffrance est forte :
A peine porte-t-il cette croix sans regret¹,
Que Dieu par un secours et solide et secret
Tourne son amertume en douce confiance ;
Et plus ce triste corps est sous elle abattu,
Plus par la grâce unie à tant de patience   1545
L'esprit fortifié s'élève en la vertu².

Comme l'expérience a toujours fait connoître
Que le nœud de l'amour est la conformité,
Il soupire à toute heure après l'adversité,
Qui le fait d'autant mieux ressembler à son maître.   1550
L'impatient désir de cet heureux rapport
Dans un cœur tout de flamme est quelquefois si fort,
Qu'il ne voudroit pas être un moment sans souffrance,
Et croit avec raison que plus il peut souffrir,
Plus il plaît à ce maître ; et qu'enfin sa constance 1555
Est le plus digne encens qu'il lui sauroit offrir.

Mais ne présume pas que la vertu de l'homme
Produise d'elle-même une telle ferveur :
C'est de ce maître aimé la céleste faveur
Qui la fait naître en nous, l'y nourrit, l'y consomme ;

lationis in fiduciam divinæ consolationis convertitur ; et quanto caro magis per afflictionem atteritur, tanto spiritus amplius per internam gratiam roboratur.

Et nonnunquam in tantum confortatur ex affectu tribulationis et adversitatis, ob amorem conformitatis crucis Christi, ut se sine dolore et tribulatione esse non vellet : quoniam tanto se acceptiorem Deo credit, quanto plura et graviora pro eo perferre potuerit.

Non est istud hominis virtus, sed gratia Christi, quæ tanta potest

---

1. *Var*. Mais dès qu'on peut aussi la porter sans regret,
   Dieu nous prête un secours et solide et secret
   Qui tourne l'amertume en douce confiance. (1670 O)
2. *Var*. L'esprit fortifié s'élève à la vertu. (1653 B-65 et 70 O)

C'est de sa pleine grâce un sacré mouvement
Qui sur la chair fragile agit si puissamment,
Que tout l'homme lui cède et se fait violence,
Et que ce qu'il abhorre et que ce qu'il refuit,
Sitôt que cette grâce entre dans la balance,   1565
Devient tout ce qu'il aime et tout ce qu'il poursuit.

Ce n'est pas de nos cœurs la pente naturelle
De porter une croix, de se plaire à pâtir,
De châtier le corps pour mieux assujettir
Sous les lois de l'esprit ce dangereux rebelle :   1570
Il n'est pas naturel de craindre et fuir l'honneur,
De tenir le mépris à souverain bonheur,
De n'avoir pour soi-même aucune propre estime,
De supporter la peine avec tranquillité[1],
Et d'être des malheurs la butte et la victime,   1575
Sans faire aucun souhait pour la prospérité.

Tu ne peux rien, mortel, de toutes ces merveilles,
Quand ce n'est que sur toi que tu jettes les yeux ;
Mais quand ta confiance est toute entière aux cieux,
Elle en reçoit pour toi des forces sans pareilles :   1580
Alors victorieux de tous tes ennemis,
La chair sous toi domptée et le monde soumis,
Ton âme de tes sens ne se voit plus captive ;

et agit in carne fragili, ut quod naturaliter semper abhorret et fugit, hoc fervore spiritus aggrediatur et diligat.

Non est secundum hominem crucem portare, crucem amare, corpus castigare et servituti subjicere, honores fugere, contumelias libenter sustinere, seipsum despicere et despici optare, adversa quæque cum damnis perpeti, et nihil prosperitatis in hoc mundo desiderare.

Si ad teipsum respicis, nihil hujusmodi ex te poteris ; sed si in Domino confidis, dabitur tibi fortitudo de cœlo, et subjicientur di-

---

1. *Var.* De supporter la perte avec tranquillité. (1653 B, 56, 59 et 62

Et tu braves partout le prince de l'enfer,
Quand ton cœur à sa rage oppose une foi vive,   1585
Et ton front cette croix qui sut en triompher.

Résous-toi, résous-toi, mais d'un courage extrême,
En serviteur fidèle, à porter cette croix
Où ton maître lui-même a rendu les abois,
Pressé du seul amour qu'il avoit pour toi-même.   1590
Te redirai-je encor qu'il te faut préparer
A mille et mille maux que force d'endurer
Le cours de cette triste et misérable vie ?
Te redirai-je encor que le premier péché
En a semé partout une suite infinie,   1595
Qui te sauront trouver, où que tu sois caché [1] ?

Je ne m'en lasse point : oui, c'est l'ordre des choses,
Il n'est point de remède à ce commun malheur ;
Tu te verras sans cesse accablé de douleur,
Si tu ne peux souffrir, si tu ne t'y disposes [2].   1600
Contemple de Jésus l'affreuse Passion,
Bois son calice amer avec affection [3],

tioni tuæ mundus et caro; sed nec inimicum diabolum timebis, si fueris fide armatus, et cruce Christi signatus.

Pone te ergo, sicut bonus et fidelis servus Christi, ad portandam viriliter crucem Domini tui, pro te ex amore crucifixi. Præpara te ad toleranda multa adversa et varia incommoda in hac misera vita, quia sic tecum erit, ubicumque fueris, et sic revera invenies, ubicumque latueris.

Oportet ita esse, et non est remedium evadendi a tribulatione malorum et dolore, quam ut patiaris. Calicem Domini affectanter bibe, si amicus ejus esse, et partem cum eo habere desideras. Conso-

---

1. *Var.* Qui sauront te trouver, où que tu sois caché ? (1653 B-56 A)
   Var. Qui te sauroient trouver, où que tu sois caché ? (1676 et 93)
2. *Var.* Si tu ne veux souffrir, si tu ne t'y disposes. (1653 B-65)
3. *Var.* Bois ce calice amer avec affection. (1659 et 62)

Si tu veux avoir part à son grand héritage[1];
Et remets en souffrant le soin à sa bonté
De consoler tes maux durant cet esclavage, 1605
Et d'ordonner de tout suivant sa volonté.

Cependant de ta part ne reçois qu'avec joie
Ce qu'il te fait souffrir de tribulations,
Répute-les pour toi des consolations,
Des grâces que sur toi sa main propre déploie. 1610
Songe que quoi qu'ici tu puisses supporter,
Tes maux, pour grands qu'ils soient, ne peuvent mériter
Le bien qui t'est promis en la gloire future,
Et que quand tu pourrois souffrir tous les mépris,
Souffrir tous les revers dont gémit la nature, 1615
Tu ne souffrirois rien digne d'un si haut prix.

Veux-tu faire un essai du paradis en terre?
Veux-tu te rendre heureux avant que de mourir?
Prends, pour l'amour de Dieu, prends plaisir à souffrir,
Prends goût à tous ces maux qui te livrent la guerre.
Souffrir avec regret, souffrir avec chagrin,
Tenir l'affliction pour un cruel destin,
La fuir, ou ne chercher qu'à s'en voir bientôt quitte,
C'est se rendre en effet d'autant plus malheureux :

lationes Deo committe : faciat ipse cum talibus, sicut sibi magis placuerit.
   Tu vero pone te ad sustinendum tribulationes, et reputa eas maximas consolationes, quia non sunt condignæ passiones hujus temporis ad futuram gloriam promerendam, etiam si solus omnes posses sustinere.
   Quando ad hoc veneris, quod tribulatio tibi dulcis est, et sapit pro Christo, tunc bene tecum esse æstima, quia invenisti paradisum in terra. Quamdiu pati grave tibi est et fugere quæris, tamdiu male habebis, et sequetur te ubique fuga tribulationis.

1. *Var.* Si tu veux avoir part dedans son héritage. (1653 B-62)

L'affliction s'obstine à suivre qui l'évite, 1625
Et lui porte partout des coups plus rigoureux.

Range à ce que tu dois ton âme en patience,
Je veux dire à souffrir de moment en moment,
Et tes maux recevront un prompt soulagement
De la solide paix qu'aura ta conscience. 1630
Fusses-tu tout parfait, fusses-tu de ces lieux
Ravi, comme saint Paul, au troisième des cieux,
Tu ne te verrois point affranchi de traverses,
Puisqu'enfin ce fut là que le Verbe incarné
Lui fit voir les travaux et les peines diverses 1635
Qu'à souffrir pour son nom il l'avoit destiné.

Tu n'as point à prétendre ici d'autres délices
Qu'une longue souffrance, ou de corps ou d'esprit,
Du moins si ton dessein est d'aimer Jésus-Christ,
Si tu veux jusqu'au bout lui rendre tes services; 1640
Et plût à sa bonté que par un heureux choix[1]
Un violent desir de supporter sa croix
Te fît digne pour lui de souffrir quelque chose !
Que de gloire à ton cœur ainsi mortifié !
Que d'allégresse aux saints dont tu serois la cause ! 1645
Que ton prochain par là seroit édifié !

Si ponis te ad quod esse debes, videlicet ad patiendum et moriendum, fiet cito melius, et pacem invenies. Etiamsi raptus fueris usque ad tertium cœlum cum Paulo, non es propterea securatus de nullo contrario patiendo. « Ego, inquit Jesus, ostendam illi quanta oporteat eum pro nomine meo pati. »
Pati ergo tibi remanet, si Jesum diligere, et perpetuo illi servire placet. Utinam dignus esses aliquid pro nomine Jesu pati ! quam magna gloria remaneret tibi, quanta exultatio omnibus sanctis Dei ! quanta quoque ædificatio esset proximi !

1. *Var.* Plût à sa majesté que par un heureux choix. (1656 D)

On recommande assez la patience aux autres [1],
Mais il s'en trouve peu qui veuillent endurer ;
Et quand à notre tour il nous faut soupirer,
Ce remède à tous maux n'est plus bon pour les nôtres.
Tu devrois bien pourtant souffrir un peu pour Dieu [2],
Toi qui peux reconnoître à toute heure, en tout lieu [3],
Combien plus un mondain endure pour le monde :
Vois ce que sa souffrance espère d'acquérir,
Vois quel but a sa vie en travaux si féconde,   1655
Et fais pour te sauver ce qu'il fait pour périr.

Pour maxime infaillible imprime en ta pensée
Que chaque instant de vie est un pas vers la mort [4],
Et qu'il faut de ton âme appliquer tout l'effort
A goûter chaque jour une mort avancée.   1660
C'est là, pour vivre heureux, que tu dois recourir :
Plus un homme à lui-même étudie à mourir [5],
Plus il commence à vivre à l'auteur de son être ;
Et des biens éternels les célestes clartés
Jamais à nos esprits ne se laissent connoître,   1665
S'ils n'acceptent pour lui toutes adversités.

En ce monde pour toi rien n'est plus salutaire,

Nam patientiam omnes recommendant, quamvis pauci tamen pati velint. Merito deberes libenter modicum pati pro Christo, cum multi majora patiantur pro mundo.
Scias pro certo quia morientem te oportet ducere vitam ; et quanto quisque plus sibi moritur, tanto magis Deo vivere incipit. Nemo aptus est ad comprehendendum cœlestia, nisi se submiserit ad portandum pro Christo adversa.

1. *Var.* On recommande assez la patience à d'autres. (1670 O)
2. *Var.* Aime, pauvre pécheur, aime à souffrir pour Dieu. (1670 O)
3. *Var.* Toi qui vois de tes yeux à toute heure, en tout lieu. (1653 B)
4. Voyez tome VII, p. 263, vers 1486 et note 3.
5. *Var.* Plus un homme en lui-même étudie à mourir.
(1653 B-56 A et B, 59 et 62)

Rien n'est plus agréable aux yeux du Tout-Puissant,
Que d'y souffrir pour lui le coup le plus perçant,
Et par un saint amour le rendre volontaire. 1670
Si Dieu même, si Dieu t'y donnoit à choisir
Ou l'extrême souffrance ou l'extrême plaisir,
Tu devrois au plaisir préférer la souffrance :
Plus un si digne choix régleroit tes desseins,
Plus ta vie à la sienne auroit de ressemblance, 1675
Et deviendroit conforme à celle de ses saints.

Ce peu que nous pouvons amasser de mérite,
Ce peu qu'il contribue à notre avancement,
Ne gît pas aux douceurs de cet épanchement
Qu'une vie innocente au fond des cœurs excite. 1680
Non, ne nous flattons point de ces illusions :
Ce n'est pas la grandeur des consolations
Qui pour monter au ciel rend notre âme plus forte ;
C'est le nombre des croix, c'en est la pesanteur,
C'est la soumission[1] dont cette âme les porte, 1685
Qui l'élève et l'unit à son divin auteur.

S'il étoit quelque chose en toute la nature
Qui pour notre salut fût plus avantageux,
Ce Dieu, qui n'a pris chair que pour nous rendre heureux,
De parole et d'exemple en eût fait l'ouverture. 1690

Nihil Deo acceptius, nihil tibi salubrius in mundo isto, quam libenter pati pro Christo ; et si eligendum tibi esset, magis optare deberes pro Christo adversa pati, quam multis consolationibus recreari, quia Christo similior esses, et omnibus sanctis magis conformior.

Non enim stat meritum nostrum, et profectus status nostri, in multis suavitatibus et consolationibus ; sed potius in magnis gravitatibus et tribulationibus perferendis.

Si quidem aliquid melius et utilius saluti hominum quam pati fuisset, Christus utique verbo et exemplo ostendisset ; nam et se-

---

1. Les éditions de 1653 B-6a portent *submission*.

Ses disciples aimés suivoient par là ses pas ;
Et quiconque après eux veut le suivre ici-bas,
C'est de sa propre voix qu'à souffrir il l'exhorte ;
A tout sexe, à tout âge, il fait la même loi :
« Renonce à toi, dit-il[1], prends ta croix, et la porte[2],
Et par où j'ai marché viens et marche après moi. »

Concluons en un mot, et de tant de passages,
De tant d'instructions et de raisonnements,
Réunissons pour fruit tous les enseignements
A l'amour des malheurs, à la soif des outrages :   1700
Affermissons nos cœurs dans cette vérité,
Que l'amas des vrais biens, l'heureuse éternité,
Ne se peut acquérir qu'à force de souffrances,
Que les afflictions sont les portes des cieux,
Qu'aux travaux Dieu mesure enfin les récompenses, 1705
Et donne la plus haute à qui souffre le mieux.

quentes se discipulos, omnesque eum sequi cupientes, manifeste ad crucem portandam hortatur, et dicit : « Si quis vult venire post me, abneget semetipsum, et tollat crucem suam, et sequatur me. »
Omnibus ergo perlectis et scrutatis, sit hæc conclusio finalis : Quoniam per multas tribulationes oportet nos intrare in regnum Dei.

1. *Évangile de saint Matthieu*, chapitre XVI, verset 24.
2. *Var.* Renonce à toi, dit-il, prends la croix, et la porte. (1659 et 62)

LIVRE TROISIEME.

CHAPITRE I[1].

DE L'ENTRETIEN INTÉRIEUR DE JÉSUS-CHRIST AVEC L'AME FIDÈLE[2].

Je prêterai l'oreille à cette voix secrète[3]
Par qui le Tout-Puissant s'explique au fond du cœur :
Je la veux écouter, cette aimable interprète
De ce qu'à ses élus demande le Seigneur.
Oh! qu'heureuse est une âme alors qu'elle l'écoute! 5
Qu'elle devient savante à marcher dans sa route!
Qu'elle amasse de force à l'entendre parler!
Et que dans ses malheurs son bonheur est extrême,
   Quand de la bouche de Dieu même
Sa misère reçoit de quoi se consoler[4]! 10

Heureuses donc cent fois, heureuses les oreilles
Qui s'ouvrent sans relâche à ses divins accents[5],
Et pleines qu'elles sont de leurs hautes merveilles,

 I. Audiam, quid loquatur Dominus Deus in me. Beata anima quæ Dominum in se loquentem audit, et de ore ejus consolationis verbum accipit.
 Beatæ aures quæ venas divini susurri suscipiunt, et de mundi hujus

---

1. Corps ou sujet de l'emblème : « Saint Matthieu quitte sa banque, pour suivre Jésus-Christ. » Ame ou sentence : *Dimitte transitoria*. (Chapitre I, 4.)
2. Titre latin : *De interna Christi locutione ad animam fidelem*.
3. *Var.* Je veux prêter l'oreille à cette voix secrète. (1654)
4. *Var.* Sa foiblesse reçoit de quoi se consoler! (1654)
5. *Var.* Qui s'ouvrent sans relâche à ces divins accents. (1654)

Se ferment au tumulte et du monde et des sens !
Oui, je dirai cent fois ces oreilles heureuses   15
Qui de la voix de Dieu saintement amoureuses,
Méprisent ces faux tons qui font bruit au dehors,
Pour entendre au dedans la vérité parlante,
      De qui la parole instruisante
N'a pour se faire ouïr que de muets accords.   20

Heureux aussi les yeux que les objets sensibles
Ne peuvent éblouir ni surprendre un moment !
Heureux ces mêmes yeux que les dons invisibles
Tiennent sur leurs trésors fixés incessamment !
Heureux encor l'esprit que de saints exercices   25
Préparent chaque jour par la fuite des vices
Aux secrets que découvre un si doux entretien !
Heureux tout l'homme enfin que ces petits miracles
      Purgent si bien de tous obstacles,
Qu'il n'écoute, hors Dieu, ne voit, ne cherche rien[1] !   30

Prends-y garde, mon âme, et ferme bien la porte
Aux plaisirs que tes sens refusent de bannir,
Pour te mettre en état d'entendre en quelque sorte
Ce dont ton bien-aimé te veut entretenir.
« Je suis, te dira-t-il, ton salut et ta vie :   35
Si tu peux avec moi demeurer bien unie,

susurrationibus nihil advertunt. Beatæ plane aures quæ non vocem foris sonantem, sed intus auscultant veritatem loquentem et docentem.
    Beati oculi qui exterioribus clausi, interioribus autem sunt intenti. Beati qui interna penetrant, et ad capienda arcana cœlestia magis ac magis per quotidiana exercitia se student præparare. Beati qui Deo vacare gestiunt, et ab omni impedimento sæculi se excutiunt.
    Animadverte hæc, anima mea, et claude sensualitatis tuæ ostia, ut possis audire quid in te loquatur Dominus Deus tuus. Hæc

---

1. *Var.* Qu'il ne voit hors de Dieu ni n'écoute plus rien ! (1654)

LIVRE III, CHAPITRE I.   261

Le vrai calme avec toi demeurera toujours :
Renonce pour m'aimer aux douceurs temporelles ;
  N'aspire plus qu'aux éternelles[1] ;
Et ce calme naîtra de nos saintes amours. »   40

Que peuvent après tout ces délices impures,
Ces plaisirs passagers, que séduire ton cœur ?
De quoi te serviront toutes les créatures,
Si tu perds une fois l'appui du Créateur ?
Défais-toi, défais-toi de toute autre habitude ;   45
A ne plaire qu'à Dieu mets toute ton étude[2] ;
Porte-lui tous tes vœux avec fidélité :
Tu trouveras ainsi la véritable joie,
  Tu trouveras ainsi la voie
Qui seule peut conduire à la félicité.   50

CHAPITRE II[3].

QUE LA VÉRITÉ PARLE AU DEDANS DU CŒUR SANS
AUCUN BRUIT DE PAROLES[4].

Parle, parle, Seigneur, ton serviteur écoute :

dicit dilectus tuus : « Salus tua ego sum, pax tua, et vita tua. Serva te apud me, et pacem invenies. Dimitte omnia transitoria, quære æterna. »
 Quid sunt omnia temporalia, nisi seductoria? Et quid juvant omnes creaturæ, si fueris a creatore deserta? Omnibus ergo abdicatis, creatori tuo te redde placitam ac fidelem, ut veram valeas apprehendere beatitudinem.
 II. Loquere, Domine, quia audit servus tuus. Servus tuus sum ego.

---

1. *Var.* Cherche avec soin les éternelles. (1654)
2. *Var.* A ne plaire qu'à lui mets toute ton étude. (1654, 56 B, 59 et 62)
3. Corps ou sujet de l'emblème : « Le prophète Samuel encore jeune écoute Dieu qui lui parle. » Ame ou sentence : *Loquere, Domine, quia audit servus tuus.* (Chapitre II, 1.)
4. Titre latin : *Quod veritas intus loquitur sine strepitu verborum.*

Je dis ton serviteur, car enfin je le suis ;
Je le suis, je veux l'être¹, et marcher dans ta route
    Et les jours et les nuits.

Remplis-moi d'un esprit qui me fasse comprendre²   55
Ce qu'ordonnent de moi tes saintes volontés,
Et réduis mes desirs au seul desir d'entendre
    Tes hautes vérités.

Mais désarme d'éclairs ta divine éloquence,
Fais-la couler sans bruit au milieu de mon cœur :   60
Qu'elle ait de la rosée et la vive abondance
    Et l'aimable douceur.

Vous la craigniez, Hébreux, vous croyiez que la foudre,
Que la mort la suivît, et dût tout désoler,
Vous qui dans le désert ne pouviez vous résoudre   65
    A l'entendre parler.

« Parle-nous, parle-nous, disiez-vous à Moïse³,
Mais obtiens du Seigneur qu'il ne nous parle pas ;
Des éclats de sa voix la tonnante surprise
    Seroit notre trépas. »   70

    Da mihi intellectum, ut sciam testimonia tua. Inclina cor meum in verba oris tui.
    Fluat ut ros eloquium tuum.
    Dicebant olim filii Israel ad Moysem :
    « Loquere tu nobis, et audiemus : non loquatur nobis Dominus, ne forte moriamur. »

1. Cet hémistiche se trouve déjà dans *Cinna* (acte V, scène III, vers 1697) :
    Je suis maître de moi comme de l'univers ;
    Je le suis, je veux l'être.

2. *Var.* Donne-moi ton esprit, que je puisse comprendre. (1654 et 56 C)
3. *Exode*, chapitre xx, verset 19.

LIVRE III, CHAPITRE II.

Je n'ai point ces frayeurs alors que je te prie ;
Je te fais d'autres vœux que ces fils d'Israël,
Et plein de confiance, humblement je m'écrie
    Avec ton Samuel [1] :

« Quoique tu sois le seul qu'ici-bas je redoute,
C'est toi seul qu'ici-bas je souhaite d'ouïr [2] :
Parle donc, ô mon Dieu ! ton serviteur écoute,
    Et te veut obéir. »

Je ne veux ni Moïse à m'enseigner tes voies,
Ni quelque autre prophète à m'expliquer tes lois ;
C'est toi qui les instruis, c'est toi qui les envoies,
    Dont je cherche la voix.

Comme c'est de toi seul qu'ils ont tous ces lumières
Dont la grâce par eux éclaire notre foi [3],
Tu peux bien sans eux tous me les donner entières,
    Mais eux tous rien sans toi.

Ils peuvent répéter le son de tes paroles,
Mais il n'est pas en eux d'en conférer l'esprit,
Et leurs discours sans toi passent pour si frivoles,
    Que souvent on s'en rit.

  Non sic, Domine, non sic oro, sed magis cum Samuele propheta humiliter ac desideranter obsecro :
  « Loquere, Domine, quia audit servus tuus. »
  Non loquatur mihi Moyses, aut aliquis ex prophetis ; sed tu potius loquere, Domine Deus, inspirator et illuminator omnium prophetarum :
  Quia tu solus sine eis potes me perfecte imbuere ; illi autem sine te nihil proficient.
  Possunt quidem verba sonare ; sed spiritum non conferunt.

---

1. *I*er *livre des Rois*, chapitre III, verset 10.
2. *Var.* C'est toi seul qu'ici-bas mon âme veut ouïr. (1654 et 56 C)
3. *Var.* Dont ta grâce par eux éclaire notre foi. (1659 et 62)

Qu'ils parlent hautement, qu'ils disent des merveilles,
Qu'ils déclarent ton ordre avec pleine vigueur :
Si tu ne parles point, ils frappent les oreilles
    Sans émouvoir le cœur.

Ils sèment la parole obscure, simple et nue ;   95
Mais dans l'obscurité tu rends l'œil clairvoyant,
Et joins du haut du ciel à la lettre qui tue
    L'esprit vivifiant.

Leur bouche sous l'énigme annonce le mystère,
Mais tu nous en fais voir le sens le plus caché :   100
Ils nous prêchent tes lois, mais ton secours fait faire
    Tout ce qu'ils ont prêché.

Ils montrent le chemin, mais tu donnes la force
D'y porter tous nos pas, d'y marcher jusqu'au bout ;
Et tout ce qui vient d'eux ne passe point l'écorce,   105
    Mais tu pénètres tout.

Ils n'arrosent sans toi que les dehors de l'âme,
Mais sa fécondité veut ton bras souverain ;
Et tout ce qui l'éclaire, et tout ce qui l'enflamme
    Ne part que de ta main.   110

Ces prophètes enfin ont beau crier et dire :
Ce ne sont que des voix, ce ne sont que des cris,

    Pulcherrime dicunt ; sed, te tacente, cor non accendunt.
    Litteras tradunt ; sed tu sensum aperis.
    Mysteria proferunt ; sed tu reseras intellectum signatorum. Mandata edicunt ; sed tu juvas ad perficiendum.
    Viam ostendunt ; sed tu confortas ad ambulandum. Illi foris tantum agunt ; sed tu corda instruis et illuminas.
    Illi exterius rigant ; sed tu fœcunditatem donas.
    Illi clamant verbis ; sed tu auditui intelligentiam tribuis.

Si pour en profiter l'esprit qui les inspire,
  Ne touche nos esprits.

Silence donc, Moïse! et toi, parle en sa place[1],   115
Éternelle, immuable, immense vérité;
Parle, que je ne meure enfoncé dans la glace[2]
  De ma stérilité.

C'est mourir en effet, qu'à ta faveur céleste[3]
Ne rendre point pour fruit des desirs plus ardents;   120
Et l'avis du dehors n'a rien que de funeste
  S'il n'échauffe au dedans.

Cet avis écouté seulement par caprice,
Connu sans être aimé, cru sans être observé,
C'est ce qui vraiment tue, et sur quoi ta justice   125
  Condamne un réprouvé.

Parle donc, ô mon Dieu! ton serviteur fidèle
Pour écouter ta voix réunit tous ses sens,
Et trouve les douceurs de la vie éternelle
  En ses divins accents.   130

Parle pour consoler mon âme inquiétée;

  Non ergo loquatur mihi Moyses; sed tu, Domine Deus meus,
æterna veritas : ne forte moriar, et sine fructu efficiar,
  Si fuero tantum foris admonitus, et intus non accensus.
Ne sit mihi ad judicium verbum auditum, et non factum ; cognitum, nec amatum ; creditum, et non servatum.
  Loquere igitur, Domine, quia audit servus tuus; verba enim vitæ æternæ habes.

1. *Var.* Silence donc, Moïse! et toi, parle toi-même. (1654 et 56 C)
2. *Var.* Parle, que je ne meure, et que ce cœur qui t'aime
    N'ait trop d'aridité. (1654 et 56 C)
3. *Var.* Car enfin c'est mourir, qu'à ta faveur céleste. (1664 et 56 C)

Parle pour la conduire à quelque amendement;
Parle, afin que ta gloire ainsi plus exaltée
   Croisse éternellement.

CHAPITRE III[1].

QU'IL FAUT ÉCOUTER LA PAROLE DE DIEU AVEC HUMILITÉ[2].

Écoute donc, mon fils, écoute mes paroles : 135
Elles ont des douceurs qu'on ne peut concevoir;
Elles passent de loin cet orgueilleux savoir[3]
Que la philosophie étale en ses écoles;
Elles passent de loin ces discours éclatants[4]
Qui semblent dérober à l'injure des temps 140
Ces fantômes pompeux de sagesse mondaine :
Elles ne sont que vie, elles ne sont qu'esprit;
Mais la témérité de la prudence humaine
   Jamais ne les comprit.

N'en juge point par là : leur goût deviendroit fade, 145

Loquere mihi, ad qualemcunque animæ meæ consolationem, et ad totius vitæ meæ emendationem; tibi autem ad laudem et gloriam, et perpetuum honorem.
III. Audi, fili, verba mea, verba suavissima, omnem philosophorum et sapientium hujus mundi scientiam excedentia. Verba mea spiritus et vita sunt, nec humano sensu pensanda.

1. Corps ou sujet de l'emblème : « Sainte Catherine dispute contre cinquante philosophes et les convertit en présence de l'empereur Maximin. » Ame ou sentence : *Verba Dei omnem philosophorum scientiam excedunt.* (Chapitre III, 1.)
2. *Var.* QU'IL FAUT ÉCOUTER LES PAROLES DE DIEU AVEC HUMILITÉ, ET QUE PLUSIEURS NE LES PÈSENT PAS ASSEZ. (1654-62) — Titre latin : *Quod verba Dei humiliter sunt audienda, et quod multi ea non ponderant.*
3. *Var.* Elles passent bien loin cet orgueilleux savoir. (1654)
4. *Var.* Elles passent bien loin ces discours éclatants. (1654)

Si tu les confondois avec ce vil emploi,
Ou si ta complaisance amoureuse de toi
N'avoit autre dessein que d'en faire parade.
Ces sources de lumière et de sincérité
Dédaignent tout mélange avec la vanité, 150
Et veulent de ton cœur les respects du silence :
Tu les dois recevoir avec soumission[1],
Et n'en peux profiter que par la violence
    De ton affection.

    Heureux l'homme dont la ferveur 155
    Obtient de toi cette haute faveur
    Que ta main daigne le conduire !
Heureux, ô Dieu, celui-là que ta voix
    Elle-même prend soin d'instruire
    Du saint usage de tes lois ! 160

    Cet inépuisable secours
    Adoucira pour lui ces mauvais jours
    Où tu t'armeras du tonnerre :
Il verra lors son bonheur dévoilé,
    Et tant qu'il vivra sur la terre, 165
    Il n'y vivra point désolé.

Ma parole instruisoit dès l'enfance du monde :
Prophètes, de moi seul vous avez tout appris ;
C'est moi dont la chaleur échauffoit vos esprits ;

    Non sunt ad vanam complacentiam trahenda; sed in silentio audienda, et cum omni humilitate atque magno affectu suscipienda.
    Et dixi : « Beatus, quem tu erudieris, Domine, et de lege tua docueris eum,
    Ut mitiges ei a diebus malis, et non desoletur in terra. »
    Ego, inquit Dominus, docui prophetas ab initio, et usque nunc

---

1. On lit *submission* dans les éditions de 1654-62.

C'est moi qui vous donnois cette clarté féconde. 170
J'éclaire et parle encore à tous incessamment,
Et je vois presque en tous un même aveuglement[1],
Je trouve presque en tous des surdités pareilles :
Si quelqu'un me répond, ce n'est qu'avec langueur,
Et l'endurcissement qui ferme les oreilles 175
    Va jusqu'au fond du cœur.

Mais ce n'est que pour moi qu'on est sourd volontaire ;
Tous ces cœurs endurcis ne le sont que pour moi[2],
Et suivent de leur chair la dangereuse loi
Beaucoup plus volontiers que celle de me plaire[3]. 180
Ce que promet le monde est temporel et bas,
Ce sont biens passagers, ce sont foibles appas,
Et l'on y porte en foule une chaleur avide :
Tout ce que je promets est éternel et grand,
Et pour y parvenir chacun est si stupide 185
    Qu'aucun ne l'entreprend.

En peut-on voir un seul qui partout m'obéisse
Avec les mêmes soins, avec la même ardeur,
Qu'on s'empresse à servir cette vaine grandeur

non cesso omnibus loqui ; sed multi ad vocem meam surdi sunt, et duri.
    Plures mundum libentius audiunt quam Deum ; facilius sequuntur carnis suæ appetitum, quam Dei beneplacitum. Promittit mundus temporalia et parva, et servitur ei aviditate magna : ego promitto summa et æterna, et torpescunt mortalium corda.
    Quis tanta cura mihi in omnibus servit et obedit, sicut mundo et

1. *Var.* Et trouve presque en tous un même aveuglement,
   Presque en tous pour ma voix des surdités pareilles :
   Si quelqu'un y répond, ce n'est qu'avec langueur. (1654 et 56 C)
2. *Var.* Tous les cœurs endurcis ne le sont que pour moi. (1659 et 62)
— Au vers précédent, ces deux éditions ont *pas*, au lieu du premier *que*.
3. *Var.* Beaucoup plus volontiers que ce qui me doit plaire. (1654 et 56 C)

Qui fait tourner le monde au gré de son caprice? 190
« Rougis, rougis, Sidon, » dit autrefois la mer[1].
« Rougis, rougis toi-même, et te laisse enflammer,
Te dirai-je à mon tour, d'une sévère honte; »
Et si tu veux savoir pour quel lâche souci
Je veux que la rougeur au visage te monte, 195
  Écoute, le voici :

Pour un malheureux titre on s'épuise d'haleine,
On gravit sur les monts, on s'abandonne aux flots,
Et pour gagner au ciel un éternel repos
On ne lève le pied qu'à regret, qu'avec peine. 200
Un peu de revenu fait tondre les cheveux,
Chercher sur mes autels les intérêts des vœux,
Prendre un habit dévot pour en toucher les gages;
Souvent pour peu de chose on plaide obstinément,
Et souvent moins que rien jette les grands courages 205
  Dans cet abaissement.

On veut bien travailler et se mettre à tout faire,
Joindre aux sueurs du jour les veilles de la nuit,
Pour quelque espoir flatteur d'un faux honneur qui fuit,
Ou pour quelque promesse incertaine et légère : 210
Cependant pour un prix qu'on ne peut estimer,
Pour un bien que le temps ne sauroit consumer,
Pour une gloire enfin qui n'aura point de terme,

---

dominis ejus servitur? « Erubesce, Sidon, » ait mare. Et, si causam quæris, audi quare :
 Pro modica præbenda longa via curritur : pro æterna vita a multis vix pes semel a terra levatur. Vile pretium quæritur; pro uno numismate interdum turpiter litigatur :
 Pro vana re et parva promissione die noctuque fatigari non timetur. Sed, proh dolor! pro bono incommutabili, pro præmio inæsti-

---

1. *Isaïe*, chapitre XXIII, verset 4.

Le cœur est sans desirs[1], l'œil n'y voit point d'appas,
L'esprit est lent et morne, et le pied le plus ferme   215
　　Se lasse au premier pas.

Rougis donc, paresseux, dont l'humeur délicate
Trouve un bonheur si grand à trop haut prix pour toi;
Rougis d'oser t'en plaindre, et d'avoir de l'effroi
D'un travail qui te mène où tant de gloire éclate :   220
Vois combien de mondains se font bien plus d'effort
Pour tomber aux malheurs d'une éternelle mort,
Que toi pour t'assurer une vie éternelle;
Et voyant leur ardeur après la vanité,
Rougis d'être de glace alors que je t'appelle   225
　　A voir ma vérité.

Encor ces malheureux, malgré toute leur peine[2],
Demeurent quelquefois frustrés de leur espoir :
Mes promesses jamais ne surent décevoir,
La confiance en moi ne se vit jamais vaine.   230
Tout l'espoir que j'ai fait, je saurai le remplir;
Et tout ce que j'ai dit, je saurai l'accomplir,
Sans rien donner pourtant qu'à la persévérance :
Je suis de tous les bons le rémunérateur;

mabili, pro summo honore et gloria interminabili, vel ad modicum fatigari pigritatur.

Erubesce ergo, serve piger et querulose, quod illi paratiores inveniuntur ad perditionem, quam tu ad vitam. Gaudent illi amplius ad vanitatem, quam tu ad veritatem.

Equidem a spe sua nonnunquam frustrantur; sed promissio mea neminem fallit, nec confidentem mihi dimittit inanem. Quod promisi, dabo; quod dixi, implebo : si tamen usque in finem fidelis in dilectione mea quis permanserit. Ego remunerator sum omnium bonorum, et fortis probator omnium devotorum.

1. Les éditions de 1656 B, de 1659 et de 1662 donnent *sans desir*, au singulier.
2. *Var.* Encor ces malheureux, avec toute leur peine. (1659 et 62)

Mais je sais fortement éprouver la constance 235
 Qu'ils portent dans le cœur.

Ainsi tu dois tenir mes paroles bien chères,
Les écrire en ce cœur, souvent les repasser :
Quand la tentation viendra t'embarrasser,
Elles te deviendront pleinement nécessaires. 240
Tu pourras y trouver quelques obscurités,
Et ne connoître pas toutes mes vérités
Dans ce que t'offrira la première lecture ;
Mais ces jours de visite auront un jour nouveau,
Qui pour t'en découvrir l'intelligence pure 245
 Percera le rideau.

Je fais à mes élus deux sortes de visites :
L'une par les assauts et par l'adversité,
L'autre par ces douceurs que ma bénignité
Pour arrhes de ma gloire avance à leurs mérites. 250
Comme je les visite ainsi de deux façons,
Je leur fais chaque jour deux sortes de leçons :
L'une pour la vertu, l'autre contre le vice.
Prends-y garde : quiconque ose les négliger,
Par ces mêmes leçons, au jour de ma justice, 255
 Il se verra juger.

 Scribe verba mea in corde tuo, et pertracta diligenter; erunt enim in tempore tentationis valde necessaria. Quod non intelligis, quum legis, cognosces in die visitationis.
 Dupliciter soleo electos meos visitare, tentatione scilicet et consolatione. Et duas lectiones eis quotidie lego: unam, increpando eorum vitia; alteram, exhortando ad virtutum incrementa. Qui habet ea verba mea, et spernit ea, habet qui judicet eum in novissimo die.

ORAISON POUR OBTENIR DE DIEU LA GRACE
DE LA DÉVOTION[1].

Quelles grâces, Seigneur, ne te dois-je point rendre,
A toi, ma seule gloire et mon unique bien?
    Mais qui suis-je pour entreprendre
D'élever mon esprit jusqu'à ton entretien?   260

Je suis un ver de terre, un chétif misérable,
Sur qui jamais tes yeux ne devroient s'abaisser,
    Plus pauvre encor, plus méprisable
Qu'il n'est en mon pouvoir de dire ou de penser.

Sans toi je ne suis rien, sans toi mon infortune   265
Me fait de mille maux l'inutile rebut :
    Je ne puis sans toi chose aucune,
Et je n'ai rien sans toi qui serve à mon salut.

C'est toi dont la bonté jusqu'à nous se ravale,
Qui tout juste et tout saint peux tout et donnes tout, 270
    Et de qui la main libérale
Remplit cet univers de l'un à l'autre bout.

Tu n'en exceptes rien que l'âme pécheresse,
Que tu rends toute vide à sa fragilité,

> Domine Deus meus, omnia bona mea tu es. Et quis ego sum, ut audeam ad te loqui?
> Ego sum pauperrimus servulus tuus, et abjectus vermiculus; multo pauperior et contemptibilior, quam scio, et dicere audeo.
> Memento tamen, Domine, quia nil sum, nil habeo, nihilque valeo.
> Tu solus bonus, justus et sanctus : tu omnia potes, omnia præstas, omnia imples,
> Solum peccatorem inanem relinquens.

1. *Var.* ORAISON POUR DEMANDER A DIEU LA GRACE DE LA DÉVOTION. (1654-62)
— Titre latin : *Oratio ad impetrandam devotionis gratiam.*

Et que ton ire vengeresse
Punit dès ici-bas par cette inanité.

Daigne te souvenir de tes bontés premières,
Toi qui veux que la terre et les cieux en soient pleins,
Et remplis-moi de tes lumières,
Pour ne point laisser vide une œuvre[1] de tes mains.

Comment pourrai-je ici me supporter moi-même,
Dans les maux où je tombe, et dans ceux où je cours,
Si par cette bonté suprême
Tu ne fais choir du ciel ta grâce à mon secours ?

Ne détourne donc point les rayons de ta face,
Visite-moi souvent dans mes afflictions,
Prodigue-moi grâce sur grâce,
Et ne retire point tes consolations.

Ne laisse pas mon âme impuissante et languide
Dans la stérilité que le crime produit,
Et telle qu'une terre aride,
Qui n'ayant aucune eau, ne peut rendre aucun fruit.

Daigne, Seigneur tout bon, daigne m'apprendre à vivre
Sous les ordres sacrés de ta divine loi,

Reminiscere miserationum tuarum, et imple cor meum gratia tua, qui non vis esse vacua opera tua.

Quomodo possum me tolerare in hac misera vita, nisi me confortaverit misericordia et gratia tua ?

Noli avertere faciem tuam a me ; noli visitationem tuam prolongare ; noli consolationem tuam abstrahere,

Ne fiat anima mea, sicut terra sine aqua tibi.

Domine, doce me facere voluntatem tuam ; doce me coram te digne et humiliter conversari :

---

1. Les éditions de 1656 C et D portent : *un œuvre*, au masculin.

Et quelle route il me faut suivre 295
Pour marcher comme il faut humblement devant toi.

Tu peux seul m'inspirer ta sagesse profonde,
Toi qui me connoissois avant que m'animer,
Et me vis avant que le monde
Sortît de ce néant dont tu le sus former. 300

CHAPITRE IV[1].

QU'IL FAUT MARCHER DEVANT DIEU EN ESPRIT DE VÉRITÉ ET D'HUMILITÉ [2].

Marche devant mes yeux en droite vérité,
Cherche partout ma vue avec simplicité,
Fais que ces deux vertus te soient inséparables[3],
Qu'elles soient en tous lieux les guides de tes pas;
Et leurs forces incomparables 305
Contre tous ennemis sauront t'armer le bras.

Oui, quelques ennemis qui s'osent présenter,
Qui marche en vérité n'a rien à redouter;
Il se trouve à couvert des rencontres funestes :
C'est un contre-poison contre les séducteurs, 310

Quia sapientia mea tu es, qui in veritate me cognoscis, et cognovisti antequam fieret mundus, et antequam natus essem in mundo.
IV. Fili, ambula coram me in veritate, et in simplicitate cordis tui quære me semper.
Qui ambulat coram me in veritate, tutabitur ab incursibus malis, et veritas liberabit eum a seductoribus, et detractionibus iniquorum.

1. Corps ou sujet de l'emblème : « Joseph s'enfuit de sa maîtresse qui l'invitoit au péché. » Ame ou sentence : *Nil sic fugias sicut vitia et peccata.* (Chapitre IV, 14.)
2. Titre latin : *Quod in veritate et humilitate coram Deo conversandum est.*
3. *Var.* Et que ces deux vertus te soient inséparables. (1654, 56 B, 59 et 62)

Qui dissipe toutes leurs pestes ;
Et confond tout l'effort des plus noirs détracteurs.

Si cette vérité t'en délivre une fois,
Tu seras vraiment libre, et sous mes seules lois,
Qui font la liberté par un doux esclavage ;   315
Et tous les vains discours de ces lâches esprits
    Ne feront naître en ton courage[1]
Que la noble fierté d'un généreux mépris.

    C'est là tout le bien où j'aspire,
    C'est là mon unique souhait ;
    Ainsi que tu daignes le dire,   320
    Ainsi, Seigneur, me soit-il fait !

    Que ta vérité salutaire
    M'enseigne quel est ton chemin ;
    Qu'elle m'y préserve et m'éclaire   325
    Jusqu'à la bienheureuse fin.

    Qu'elle purge toute mon âme
    De toute impure affection,
    Et de tout ce désordre infâme
    Que fait naître la passion.   330

    Ainsi cheminant dans ta voie

Si veritas te liberaverit, vere liber eris, et non curabis de vanis hominum verbis.

Domine, verum est : sicut dicis, ita, quæso, mecum fiat.

Veritas tua me doceat, ipsa me custodiat, et usque ad salutarem finem conservet.

Ipsa me liberet ab omni affectione mala, et inordinata dilectione ;

---

1. *Var.*   Ne porteront en ton courage
    Que la pitié qu'enfante un généreux mépris. (1654)

Sous cette même vérité,
Je goûterai la pleine joie
Et la parfaite liberté.

Je t'enseignerai donc toutes mes vérités ; 335
Je t'illuminerai de toutes mes clartés,
Pour ne te rien cacher de ce qui peut me plaire.
Tu verras les sentiers que doit suivre ta foi,
　　Tu verras tout ce qu'il faut faire[1],
Et si tu ne le fais, il ne tiendra qu'à toi. 340

Pense à tous tes péchés avec un plein regret,
Avec un déplaisir et profond et secret ;
Le repentir du cœur me tient lieu de victime[2] :
Dans le bien que tu fais, fuis la présomption,
　　Et garde que la propre estime 345
Ne corrompe le fruit de ta bonne action.

Tu n'es rien qu'un pécheur, dont la fragilité,
Sujette aux passions, prend leur malignité,
Et n'a jamais de soi que le néant pour terme :
Elle y penche, elle y glisse, elle y tombe aisément ; 350
　　Et plus ta ferveur se croit ferme[3],
Plus prompte est sa défaite ou son relâchement.

　　Et ambulabo tecum in magna cordis libertate.
　　Ego te docebo, ait veritas, quæ recta sunt, et placita coram me.
　　Cogita peccata tua cum displicentia magna et mœrore ; et nunquam reputes te aliquid esse propter opera tua bona.
　　Revera peccator es, et multis passionibus obnoxius et implicatus. Ex te semper ad nihil tendis, et cito laberis, cito vinceris, cito turbaris, cito dissolveris.

1. Les éditions de 1665 B et de 1670-93 donnent par une erreur d'impression :
　　Tu verras tout ce qu'il *te* faut faire.
2. *Var.* C'est ton seul repentir que je veux pour victime. (1654)
3. *Var.*　　Et plus ta vertu se croit ferme. (1654, 56 B, 59 et 62)

LIVRE III, CHAPITRE IV.

Non, tu n'as rien en toi qui puisse avec raison [1]
Enfler de quelque orgueil la gloire de ton nom,
Tu n'as que des sujets de mépris légitime :   355
Tes défauts sont trop grands pour en rien présumer,
  Et ta foiblesse ne s'exprime
Que par un humble aveu qu'on ne peut l'exprimer.

Ne fais donc point d'état de tout ce que tu fais ;
Ne range aucune chose entre les grands effets ;   360
Ne crois rien précieux, ne crois rien admirable,
Rien noble, rien enfin dans la solidité,
  Rien vraiment haut, rien desirable,
Que ce qui doit aller jusqu'à l'éternité.

De cette éternité le caractère saint,   365
Que sur mes vérités ma main toujours empreint,
Doit plaire à tes desirs par-dessus toute chose ;
Et rien ne doit jamais enfler tes déplaisirs [2]
  A l'égal des maux où t'expose
Le vil abaissement de ces mêmes desirs.   370

Tu n'as rien tant à craindre et rien tant à blâmer
Que l'appas [3] du péché qui cherche à te charmer,

 Non habes quicquam unde possis gloriari, sed multa unde te debeas vilificare : quia multo infirmior es, quam vales comprehendere.
 Nihil ergo magnum tibi videatur ex omnibus quæ agis. Nil grande, nil pretiosum et admirabile, nil reputatione appareat dignum, nil altum, nihil vere laudabile et desiderabile, nisi quod æternum est.
 Placeat tibi super omnia æterna veritas, displiceat tibi super omnia semper maxima vilitas tua.

---

1. *Var.* Non, tu n'as rien en toi dont puisse avec raison
 T'enfler de quelque orgueil la gloire de ton nom. (1654, 56 B, 59 et 62)
2. *Var.* Et rien ne doit d'ailleurs enfler tes déplaisirs. (1654, 56 B, 59 et 62)
3. Voyez tome I, p. 148, note 3.

Et par qui des enfers les portes sont ouvertes :
Fuis-le comme un extrême et souverain malheur;
  L'homme ne peut faire de pertes   375
Qu'il ne doive souffrir avec moins de douleur.

Il est quelques esprits dont l'orgueil curieux
Jusques à mes secrets les plus mystérieux
Tâche à guinder l'essor de leur intelligence :
Bouffis de leur superbe, ils en font tout leur but,   380
  Et laissent à leur négligence
Étouffer les soucis de leur propre salut[1].

Comme ils n'ont point d'amour ni de sincérité,
Comme ils ne sont qu'audace et que témérité,
Moi-même j'y résiste, et j'aime à les confondre;   385
Et l'ordinaire effet de leur ambition,
  C'est de n'y voir enfin répondre
Que le péché, le trouble, ou la tentation.

N'en use pas comme eux, prends d'autres sentiments,
Redoute ma colère, et crains mes jugements,   390
Sans vouloir du Très-Haut pénétrer la sagesse :
Au lieu de mon ouvrage examine le tien,
  Et revois ce que ta foiblesse

 Nil sic timeas, sic vituperes et fugias, sicut vitia et peccata tua, quæ magis displicere debent, quam quælibet rerum damna.
 Quidam non sincere coram me ambulant; sed quadam curiositate et arrogantia ducti, volunt secreta mea scire, et alta Dei intelligere, se et suam salutem negligentes.
 Hi sæpe in magnas tentationes et peccata propter suam superbiam et curiositatem, me eis adversante, labuntur.
 Time judicia Dei, expavesce iram Omnipotentis. Noli autem discutere opera Altissimi, sed tuas iniquitates perscrutare, in quantis deliquisti, et quam multa bona neglexisti.

 1. *Var.* Étouffer tout souci de leur propre salut. (1654)

Aura commis de mal, ou négligé de bien.

Il est d'autres esprits dont la dévotion 395
Attache à des livrets toute son action,
S'applique à des tableaux, s'arrête à des images;
Et leur zèle, amoureux des marques du dehors,
   En sème tant sur leurs visages[1],
Qu'il laisse l'âme vide aux appétits du corps. 400

D'autres parlent de moi si magnifiquement,
Avec tant de chaleur, avec tant d'ornement,
Qu'il semble qu'en effet mon service les touche;
Mais souvent leur discours n'est qu'un discours moqueur,
   Et s'ils ont mon nom à la bouche, 405
Ce n'est pas pour m'ouvrir les portes de leur cœur.

Il est d'autres esprits enfin bien éclairés,
De qui tous les desirs dignement épurés
De l'éternité seule aspirent aux délices :
La terre n'a pour eux ni plaisirs ni trésors; 410
   Et leur zèle prend pour supplices
Tous ces soins importuns que l'âme doit au corps.

Ceux-là sentent en eux l'esprit de vérité
Leur prêcher cette heureuse et vive éternité,
Et suivant cet esprit ils dédaignent la terre: 415

 Quidam solum suam devotionem in libris portant, quidam in imaginibus, quidam autem in signis exterioribus et figuris.
 Quidam habent me in ore; sed modicum est in corde.
 Sunt alii qui intellectu illuminati et affectu purgati, ad æterna semper anhelant, de terrenis graviter audiunt, necessitatibus naturæ dolenter inserviunt ;
 Et hi sentiunt quid spiritus veritatis loquitur in eis : quia docet

---

1. *Var.*   En pousse tant sur leurs visages. (1654 et 56 C)

Ils ferment pour le monde et l'oreille et les yeux,
Ils se font une sainte guerre,
Et poussent jour et nuit leurs souhaits jusqu'aux cieux.

CHAPITRE V [1].

DES MERVEILLEUX EFFETS DE L'AMOUR DIVIN [2].

Je te bénis, Père céleste,
Père de mon divin Sauveur, 420
Qui rends en tous lieux ta faveur
Pour tes enfants si manifeste.

J'en suis le plus pauvre et le moindre,
Et tu daignes t'en souvenir :
Combien donc te dois-je bénir, 425
Et combien de grâces y joindre !

O Père des miséricordes,
O Dieu des consolations,
Reçois nos bénédictions
Pour les biens que tu nous accordes. 430

Tu répands des douceurs soudaines

eos terrena despicere, et amare cœlestia; mundum negligere, et cœlum tota die ac nocte desiderare.
V. Benedico te, Pater cœlestis, Pater Domini mei Jesu-Christi,
Quia mei pauperis dignatus es recordari.
O Pater misericordiarum, et Deus totius consolationis, gratias tibi ago,

---

1. Corps ou sujet de l'emblème : « Jésus-Christ lassé du chemin instruit la Samaritaine. » Ame ou sentence : *Fatigatus non lassatur*. (Chapitre v, 20.)
2. *Var.* DES EFFETS MERVEILLEUX DE L'AMOUR DIVIN. (1654, 56 B, 59 et 62) — *Var.* DES MERVEILLES DE L'AMOUR DIVIN. (1656 C et D et 58) — Titre latin : *De mirabili effectu divini amoris*.

LIVRE III, CHAPITRE V.

Sur l'amertume des ennuis,
Et tout indigne que j'en suis,
Tu consoles toutes mes peines.

J'en bénis ta main paternelle, 435
J'en bénis ton fils Jésus-Christ,
J'en rends grâces au Saint-Esprit :
A tous les trois gloire éternelle !

O Dieu tout bon, ô Dieu qui m'aimes
Jusqu'à supporter ma langueur, 440
Quand tu descendras dans mon cœur,
Que mes transports seront extrêmes !

C'est toi seul que je considère
Comme ma gloire et mon pouvoir,
Comme ma joie et mon espoir, 445
Et mon refuge en ma misère.

Mais mon amour encor débile
Tombe souvent comme abattu,
Et mon impuissante vertu
Ne fait qu'un effort inutile. 450

J'ai besoin que tu me soutiennes,
Que tu daignes me consoler,

Qui me indignum omni consolatione, quandoque tua recreas consolatione.
Benedico te semper et glorifico, cum unigenito Filio tuo, et Spiritu sancto Paracleto, in sæcula sæculorum.
Eia, Domine Deus, amator sancte meus, quum tu veneris in cor meum, exultabunt omnia interiora mea.
Tu es gloria mea, et exultatio cordis mei; tu es spes mea, et refugium meum in die tribulationis meæ;
Sed quia adhuc debilis sum in amore et imperfectus in virtute,

Et que pour ne plus chanceler
Tu prêtes des forces aux miennes!

Redouble tes faveurs divines, 455
Visite mon cœur plus souvent,
Et pour le rendre plus fervent
Instruis-le dans tes disciplines.

Affranchis-le de tous ses vices,
Déracine ses passions, 460
Efface les impressions
Qu'y forment les molles délices.

Qu'ainsi purgé par ta présence,
A tes pieds je le puisse offrir [1],
Net pour t'aimer, fort pour souffrir, 465
Stable pour la persévérance.

Connois-tu bien l'amour, toi qui parles d'aimer?
L'amour est un trésor qu'on ne peut estimer :
Il n'est rien de plus grand, rien de plus admirable;
Il est seul à soi-même ici-bas comparable; 470
Il sait rendre légers les plus pesants fardeaux;
Les jours les plus obscurs, il sait les rendre beaux,
Et l'inégalité des rencontres fatales
Ne trouve point en lui des forces inégales.

Ideo necesse habeo a te confortari et consolari :
Propterea visita me sæpius, et instrue disciplinis sanctis tuis.
Libera me a passionibus malis, et sana cor meum ab omnibus affectionibus inordinatis,
Ut intus sanatus et bene purgatus, aptus efficiar ad amandum, fortis ad patiendum, stabilis ad perseverandum.
Magna res est amor, magnum omnino bonum, quod solum

1. *Var.* Il demeure jusqu'au mourir. (1654)

LIVRE III, CHAPITRE V. 283

Charmé qu'il est partout des beautés de son choix, 475
Quelque charge qu'il porte, il n'en sent point le poids;
Et son attachement au digne objet qu'il aime
Donne mille douceurs à l'amertume même.

Cet amour de Jésus est noble et généreux [1];
Des grandes actions il rend l'homme amoureux, 480
Et les impressions qu'une fois il a faites
Toujours de plus en plus aspirent aux parfaites.
Il va toujours en haut chercher de saints appas [2],
Il traite de mépris tout ce qu'il voit de bas,
Et dédaigne le joug de ces honteuses chaînes, 485
Jusqu'à ne point souffrir d'affections mondaines,
De peur que leur nuage enveloppant ses yeux
A leurs secrets regards n'ôte l'aspect des cieux,
Qu'un frivole intérêt des choses temporelles
N'abatte les desirs qu'il pousse aux éternelles [3], 490
Ou que pour éviter quelque incommodité,
Il n'embrasse un obstacle à sa félicité.

Je te dirai bien plus : sa douceur et sa force
Sont des cœurs les plus grands la plus illustre amorce [4];

leve facit omne onerosum, et fert æqualiter omne inæquale; nam onus sine onere portat, et omne amarum dulce ac sapidum efficit.
    Amor Jesu nobilis ad magna operanda impellit, et ad desideranda semper perfectiora excitat. Amor vult esse sursum, nec ullis infimis rebus retineri. Amor vult esse liber, et ab omni mundana affectione alienus, ne internus ejus impediatur aspectus, ne per aliquod commodum temporale implicationes sustineat, aut per incommodum succumbat.
    Nihil dulcius est amore, nihil fortius, nihil altius, nihil latius,

1. *Var.* Cet amour est tout noble, il est tout généreux. (1670 O)
2. *Var.* Il va toujours en haut chercher de vrais appas. (1654 et 70 O)
3. *Var.* Ne ravale un desir qui vole aux éternelles. (1654)
4. *Var.* Font des cœurs les plus grands la plus illustre amorce;

La terre ne voit rien qui soit plus achevé ;   495
Le ciel même n'a rien qui soit plus élevé :
En veux-tu la raison? en Dieu seul est sa source ;
En Dieu seul est aussi le repos de sa course ;
Il en part, il y rentre, et ce feu tout divin
N'a point d'autre principe et n'a point d'autre fin.   500

Tu sauras encor plus : à la moindre parole,
Au plus simple coup d'œil, l'amant va, court et vole,
Et mêle tant de joie à son activité,
Que rien n'en peut borner l'impétuosité.
Pour tous également son ardeur est extrême ;   505
Il donne tout pour tous, et n'a rien à lui-même ;
Mais quoiqu'il soit prodigue, il ne perd jamais rien,
Puisqu'il retrouve tout dans le souverain bien,
Dans ce bien souverain, à qui tous autres cèdent,
Qui seul les comprend tous, et dont tous ils procèdent.
Il se repose entier sur cet unique appui,
Et trouve tout en tous sans posséder que lui.

Dans les dons qu'il reçoit, tout ce qu'il se propose,
C'est d'en bénir l'auteur par-dessus toute chose :
Il n'a point de mesure, et comme son ardeur   515
Ne peut de son objet égaler la grandeur,
Il la croit toujours foible, et souvent en murmure,

nihil jucundius, nihil plenius, nec melius in cœlo et in terra, quia amor ex Deo natus est, nec potest, nisi in Deo, super omnia creata quiescere.

Amans volat, currit, et lætatur; liber est, et non tenetur. Dat omnia pro omnibus, et habet omnia in omnibus: quia in uno summo super omnia quiescit, ex quo omne bonum fluit et procedit.

Non respicit ad dona, sed ad donantem se convertit super omnia bona. Amor sæpe modum nescit; sed super omnem modum fervescit.

La terre ne voit rien qui soit plus élevé;
Le ciel même n'a rien qui soit plus achevé. (1654, 56 B, 59 et 62)

LIVRE III, CHAPITRE V.

Quand même cette ardeur passe toute mesure.

Rien ne pèse à l'amour, rien ne peut l'arrêter;
Il n'est point de travaux qu'il daigne supputer;   520
Il veut plus que sa force; et quoi qui se présente,
L'impossibilité jamais ne l'épouvante :
Le zèle qui l'emporte au bien qu'il s'est promis
Lui montre tout possible, et lui peint tout permis.

Ainsi qui sait aimer se rend de tout capable :   525
Il réduit à l'effet ce qui semble incroyable ;
Mais le manque d'amour fait le manque de cœur,
Il abat le courage, il détruit la vigueur,
Relâche les desirs, brouille la connoissance,
Et laisse enfin tout l'homme à sa propre impuissance.

L'amour ne dort jamais, non plus que le soleil[1] :
Il sait l'art de veiller dans les bras du sommeil;
Il sait dans la fatigue être sans lassitude;
Il sait dans la contrainte être sans servitude,
Porter mille fardeaux sans en être accablé,   535
Voir mille objets d'effroi sans en être troublé :
C'est d'une vive flamme une heureuse étincelle[2],
Qui pour se réunir à sa source immortelle,

    Amor onus non sentit; labores non reputat, plus affectat, quam valet, de impossibilitate non causatur, quia cuncta sibi posse et licere arbitratur.
    Valet igitur ad omnia, et multa implet, et effectui mancipat, ubi non amans deficit et jacet.
    Amor vigilat, et dormiens non dormitat. Fatigatus non lassatur, arctatus non coarctatur, territus non conturbatur; sed sicut vivax flamma et ardens facula, sursum erumpit, secureque pertransit.

1. *Var.* Jamais il ne s'endort, non plus que le soleil. (1670 O)
2. *Var.* C'est d'une vive flamme une ardente étincelle. (1654-65)

Au travers de la nue et de l'obscurité[1]
Jusqu'au plus haut des cieux s'échappe en sûreté. 540

Quiconque sait aimer sait bien ce que veut dire
Cette secrète voix qui souvent nous inspire,
Et quel bruit agréable aux oreilles de Dieu
Fait cet ardent soupir qui lui crie en tout lieu :

« O mon Dieu, mon amour unique ! 545
Regarde mon zèle et ma foi[2] ;
Reçois-les, et sois tout à moi,
Comme tout à toi je m'applique.

« Dilate mon cœur et mon âme,
Pour les remplir de plus d'amour, 550
Et fais-leur goûter nuit et jour
Ce que c'est qu'une sainte flamme[3].

« Qu'ils trouvent partout des supplices,
Hormis aux douceurs de t'aimer ;
Qu'ils se baignent dans cette mer ; 555
Qu'ils se fondent dans ces délices[4].

« Que cette ardeur toujours m'embrase,

Si quis amat, novit quid hæc vox clamet. Magnus clamor in auribus Dei est ipse ardens affectus animæ, quæ dicit :
« Deus meus, amor meus : tu totus meus, et ego tuus.
« Dilata me in amore, ut discam interiori ore cordis degustare;
« Quam suave sit amare, et in amore liquefieri et natare.

1. *Var.* Au travers des frimas et de l'obscurité. (1654)
2. *Var.*   Regarde mon cœur et ma foi. (1670 O)
3. On lit dans l'édition de 1656 C :
Ce qui n'est qu'une sainte flamme.
C'est sans doute une faute d'impression.
4. *Var.*   Qu'ils s'abîment dans ces délices. (1670 O)

Et que ses transports tout-puissants[1],
Jusqu'au-dessus de tous mes sens
Poussent mon amoureuse extase.   560

« Que dans ces transports extatiques,
Où seul tu me feras la loi,
Tout hors de moi, mais tout en toi,
Je te chante mille cantiques.

« Que je sache si bien te suivre,   565
Que tu me daignes accepter[2],
Et qu'à force de t'exalter
Je me pâme et cesse de vivre.

« Que je t'aime plus que moi-même,
Que je m'aime en toi seulement,   570
Et qu'en toi seul pareillement
Je puisse aimer quiconque t'aime.

« Ainsi mon âme toute entière,
Et toute à toi jusqu'aux abois,
Suivra ces amoureuses lois[3]   575
Que lui montrera ta lumière[4]. »

« Tenear amore, vadens supra me, præ nimio fervore et stupore.
« Cantem amoris canticum.
« Sequar te dilectum meum in altum; deficiat in laude tua anima mea, jubilans ex amore.
« Amem te plusquam me, nec me nisi propter te; et omnes in te, qui vere amant te,
« Sicut jubet lex amoris lucens ex te. »

1. *Var.*   Et que ces transports tout-puissants. (1654 B, 56 B, 59 et 62
2. *Var.*   Que tu me daignes avouer,
             Et qu'à force de me louer. (1654)
3. *Var.*   Suive les amoureuses lois. (1670 O)
4. *Var.*   Qui tirent de toi leur lumière. (1654)

Ce n'est pas encor tout, et tu ne conçois pas,
Ni tout ce qu'est l'amour, ni ce qu'il a d'appas.
Apprends qu'il est bouillant, apprends qu'il est sincère,
Apprends qu'il a du zèle, et qu'il sait l'art de plaire[1],
Qu'il est délicieux, qu'il est prudent et fort[2],
Fidèle, patient, constant jusqu'à la mort,
Courageux, et surtout hors de cette foiblesse
Qui force à se chercher, et pour soi s'intéresse ;
Car enfin c'est en vain qu'on se laisse enflammer : 585
Aussitôt qu'on se cherche, on ne sait plus aimer.

L'amour[3] est circonspect, il est juste, humble et sage ;
Il ne sait ce que c'est qu'être mol ni volage,
Et des biens passagers les vains amusements
N'interrompent jamais ses doux élancements. 590
L'amour est sobre et chaste, il est ferme et tranquille[4] ;
A garder tous ses sens il est prompt et docile.
L'amour est bon sujet, soumis, obéissant,
Plein de mépris pour soi, pour Dieu reconnoissant ;
En Dieu seul il se fie, en Dieu seul il espère, 595
Même quand Dieu l'expose à la pleine misère,
Qu'il est sans goût pour Dieu dans l'effort du malheur ;
Car le parfait amour ne vit point sans douleur ;
Et quiconque n'est prêt de souffrir toute chose,

Est amor velox, sincerus, pius, jucundus, et amœnus, fortis, patiens, fidelis, prudens, longanimis, virilis, et seipsum nunquam quærens ; ubi enim seipsum aliquis quærit, ibi ab amore cadit. Est amor circumspectus, humilis, et rectus ; non mollis, non levis, nec vanis intendens rebus ; sobrius, castus, stabilis, quietus, et in cunctis sensibus custoditus. Est amor subjectus et obediens prælatis, sibi vilis et despectus, Deo devotus et gratificus, fidens, semper spe-

1. *Var.* Que son zèle est dévot, et qu'il sait l'art de plaire. (1654)
2. *Var.* Il est délicieux, il est prudent et fort. (1670 O)
3. L'édition de 1665 B porte : *L'amant*, pour : *L'amour*.
4. *Var.* Il est sobre, il est chaste, il est ferme et tranquille. (1670 O)

D'attendre que de lui son bien-aimé dispose, 600
Quiconque peut aimer si mal, si lâchement,
N'est point digne du nom de véritable amant.

Pour aimer comme il faut, il faut pour ce qu'on aime
Embrasser l'amertume et la dureté même,
Pour aucun accident[1] n'en être diverti, 605
Et pour aucun revers ne quitter son parti.

CHAPITRE VI[2].

DES ÉPREUVES DU VÉRITABLE AMOUR[3].

Tu m'aimes, je le vois, mais ton affection
N'est pas encore au point de la perfection :
Elle a manque de force et manque de prudence,
Et son feu le plus vif et le plus véhément, 610
A la moindre traverse, au moindre empêchement,
  Perd sitôt cette véhémence,
  Que de tout le bien qu'il commence
  Il néglige l'avancement.

Ainsi des bons propos la céleste vigueur 615

rans in eo, etiam cum sibi non sapit Deus : quia sine dolore non vivitur in amore. Qui non est paratus omnia pati, et ad voluntatem stare dilecti, non est dignus amator appellari.
 Oportet amantem omnia dura et amara, propter dilectum, libenter amplecti, nec ob contraria accidentia ab eo deflecti.
 VI. Fili, non es adhuc fortis et prudens amator. Quare, Domine? Quia propter modicam contrarietatem deficis a cœptis,

---

1. On lit : « Pour aucuns accidents, » au pluriel, dans les éditions de 1676 et de 1693. Au vers suivant, l'édition de 1693 donne encore au pluriel : « aucuns revers. »
2. Corps ou sujet de l'emblème : « Saint Pierre et saint André quittent leur nacelle et leurs filets pour suivre Jésus-Christ. » Ame ou sentence : *Affectum potius attendit quam censum.* (Chapitre VI, 4.)
3. Titre latin : *De probatione veri amoris.*

Aisément dégénère en honteuse langueur :
Tu sembles n'en former qu'afin de t'en dédire.
Ce lâche abattement de ton infirmité
Cherche qui te console avec avidité,
    Et ton cœur après moi soupire,   620
    Moins pour vivre sous mon empire
    Que pour vivre en tranquillité.

Le vrai, le fort amour, en soi-même affermi,
Sait bien et repousser l'effort de l'ennemi,
Et refuser l'oreille à ses ruses perverses;   625
Il sait du cœur entier lui fermer les accès,
Et de sa digne ardeur le salutaire excès,
    Égal aux fortunes diverses,
    M'adore autant dans les traverses
    Que dans les plus heureux succès.   630

Quiconque sait aimer, mais aimer prudemment,
A la valeur des dons n'a point d'attachement;
En tous ceux qu'on lui fait c'est l'amour qu'il estime;
C'est par l'affection qu'il en juge le prix;
Et de son bien-aimé profondément épris,   635
    Il ne peut croire légitime
    Que sans lui quelque don imprime
    Autre chose que du mépris.

Ainsi dans tous les miens il n'a d'yeux que pour moi[1],

Et nimis avide consolationem quæris.
Fortis amator stat in tentationibus, nec callidis credit persuasionibus inimici. Sicut ei in prosperis placeo, ita nec ei in adversis displiceo.
Prudens amator non tam donum amantis considerat quam dantis amorem. Affectum potius attendit quam censum,

1. *Var.* Ainsi dans tous mes dons il n'a d'yeux que pour moi,
Ainsi de tous mes dons il fait un digne emploi. (1670 O)

Ainsi de tous les miens il fait un noble emploi,   640
A force de les mettre au-dessous de moi-même;
Il se repose en moi, comme au bien souverain,
Et tous ces autres biens que sur le genre humain
      Laisse choir ma bonté suprême,
      Il ne les estime et les aime,   645
      Qu'en ce qu'ils tombent de ma main.

Si quelquefois pour moi, quelquefois pour mes saints,
Ton zèle aride et lent suit mal tes bons desseins,
Et ne te donne point de sensible tendresse,
Il ne faut pas encor que ton cœur éperdu,   650
Pour voir languir tes vœux estime tout perdu :
      Ce qui manque à leur sécheresse,
      Quoi qu'en présume ta foiblesse,
      Te peut être bientôt rendu.

Tout ce qui coule au cœur de doux saisissements,   655
De liquéfactions, d'épanouissements,
Marque bien les effets de ma grâce présente :
C'est bien quelque avant-goût du céleste séjour;
Mais prompte est sa venue, et prompt est son retour,
      Et sa douceur la plus charmante,   660
      Lorsque tu crois qu'elle s'augmente,
      Soudain échappe à ton amour.

Il ne seroit pas sûr de s'y trop assurer :
Ne songe qu'à combattre, à vaincre, à te tirer

    Et infra dilectum omnia data ponit. Nobilis amator non quiescit in dono, sed in me super omne donum.
    Non est ideo totum perditum si quandoque minus bene de me vel de sanctis meis senseris, quam velles.
    Affectus ille bonus et dulcis quem interdum percipis, effectus gratiæ præsentis est, et quidam prægustus patriæ cœlestis : super quo non nimium innitendum, quia vadit et venit.

De ces lacs[1] dangereux où ton plaisir t'invite.   665
Sous les mauvais desirs n'être point abattu,
Triompher hautement du pouvoir qu'ils ont eu,
  Et du diable qui les suscite,
  C'est la marque du vrai mérite
Et de la solide vertu.   670

Ne te trouble donc point pour les distractions
Qui rompent la ferveur de tes dévotions,
De quelques vains objets qu'elles t'offrent l'image.
Garde un ferme propos sans jamais t'ébranler,
Garde un cœur pur et droit[2] sans jamais chanceler,   675
  Et la grandeur de ton courage
  Dissipera tout ce nuage
Qu'elles s'efforcent d'y mêler.

Quelquefois ton esprit, s'élevant jusqu'aux cieux,
De cette haute extase où j'occupe ses yeux   680
Retombe tout à coup dans quelque impertinence :
Pour confus que tu sois d'un si prompt changement,
Fais un plein désaveu de cet égarement[3],
  Et prends une sainte-arrogance
  Qui dédaigne l'extravagance   685
De son indigne amusement.

Certare autem adversus incidentes malos animi motus, suggestionemque spernere diaboli, insigne est virtutis, et magni meriti.

Non ergo te conturbent alienæ phantasiæ, de quacumque materia ingestæ. Forte serva propositum, et intentionem rectam ad Deum.

Nec est illusio, quod aliquando in excelsum subito raperis, et statim ad ineptas cogitationes solitas cordis reverteris.

1. Ce mot, ici et plus loin au vers 4045 (p. 457), est écrit *laqs* dans toutes les éditions publiées du vivant de l'auteur.
2. Dans les éditions de 1676 et de 1693 : « pur et net. »
3. *Var.* Fais un prompt désaveu de cet égarement. (1654)

LIVRE III, CHAPITRE VI.

Ces foiblesses de l'homme agissent malgré toi;
Et bien que de ton cœur elles brouillent l'emploi,
Elles n'y peuvent rien que ce cœur n'y consente :
Tant que tu te défends d'y rien contribuer,   690
Tu leur défends aussi de rien effectuer[1],
    Et leur embarras te tourmente[2];
    Mais ton mérite s'en augmente,
    Au lieu de s'en diminuer.

L'immortel ennemi des soins de ton salut,   695
Qui ne prend que ma haine et ta perte pour but,
Par là dessous tes pas creuse des précipices :
Il met tout en usage afin de t'arracher
Ces vertueux desirs où je te fais pencher,
    Et ne t'offre aucunes délices   700
    Qu'afin que tes bons exercices
    Trouvent par où se relâcher.

Il hait tous ces honneurs que tu rends à mes saints,
Il hait tous mes tourments dans ta mémoire empreints,
Dont tu fais malgré lui tes plus douces pensées;   705
Il hait ta vigilance à me garder ton cœur;
Il hait tes bons propos qui croissent en vigueur,
    Et ce que tes fautes passées,
    Dans ton souvenir retracées,
    Te laissent pour toi de rigueur.   710

Illas enim magis invite pateris, quam agis; et quamdiu displicent et reniteris, meritum est, et non perditio.

Scito quod antiquus inimicus omnino nititur impedire desiderium tuum in bono, et ab omni devoto exercitio evacuare :

A sanctorum scilicet cultu, a pia Passionis meæ memoria, a peccatorum utili recordatione, a proprii cordis custodia, et a firmo proposito proficiendi in virtute.

1. *Var.* Tu leur défends aussi d'y rien effectuer. (1670 O)
2. *Var.*   Et leur malice te tourmente. (1654)

Il cherche à t'en donner le dégoût ou l'ennui ;
Et pour t'ôter, s'il peut, ces armes contre lui,
Il s'arme contre toi de toute la nature :
De mille objets impurs il unit le poison,
Afin que de leur peste infectant ta raison, 715
    Il s'y fasse quelque ouverture,
    Pour troubler ta sainte lecture,
    Et disperser ton oraison.

L'humble aveu de ton crime aux pieds d'un confesseur,
Qui sur toi de ma grâce attire la douceur, 720
Gêne jusqu'aux enfers l'orgueil de son courage ;
Et comme il hait surtout ces amoureux transports
Où s'élève ton âme en recevant mon corps,
    Les artifices de sa rage[1]
    T'en feroient quitter tout l'usage, 725
    Si l'effet suivoit ses efforts.

Ferme-lui bien l'oreille, et vis sans t'émouvoir
De ces piéges secrets que pour te décevoir
Sous un appas visible il dresse à ta misère :
Ne t'inquiète point de ses subtilités ; 730
Et n'imputant qu'à lui toutes les saletés
    Que sa ruse en vain te suggère,
    Reproche-lui d'un ton sévère
    L'amas de ses impuretés.

Multas malas cogitationes ingerit, ut tædium tibi faciat et horrorem, ut ab oratione revocet et lectione sacra.
Displicet ipsi humilis confessio, et si posset, a communione cessare faceret.
Non credas ei, neque cures illum, licet sæpius tibi deceptionis tetenderit laqueos. Ipsi imputa quum mala ingerit et immunda.

1. *Var.*   La violence de sa rage
             T'en feroit quitter tout l'usage. (1654)

« Va, malheureux esprit, va, va, lui dois-tu dire, 735
Dans les feux immortels de ton funeste empire,
Vas-y rougir de honte, et brûler de courroux
  De perdre ainsi tes coups.

« Tu les perds contre moi, lorsque tu te figures
Que tu vas m'accabler sous ce monceau d'ordures : 740
De quelques faux appas que tu m'oses flatter,
  Je sais les rejeter.

« Va donc, encore un coup, va, séducteur infâme :
N'espère aucune part désormais en mon âme[1];
Jésus-Christ est ma force, et marche à mes côtés, 745
  Contre tes saletés.

« Tel qu'un puissant guerrier armé pour ma défense,
Il dompte qui m'attaque, il abat qui m'offense,
Et réduira l'effet de ton illusion
  A ta confusion. 750

« Je choisirai plutôt les plus cruels supplices,
J'accepterai la mort, j'en ferai mes délices,
Avant que tes efforts m'arrachent un moment
  De vrai consentement[2].

 Dicito illi : « Vade, immunde spiritus, erubesce, miser ;
 « Valde immundus es tu, qui talia infers auribus meis.
 « Discede a me, seductor pessime, non habebis in me partem ullam ; sed Jesus mecum erit,
 « Tanquam bellator fortis, et tu stabis confusus.
 « Malo mori, et omnem pœnam subire, quam tibi consentire.

---

1. *Var.* N'espère aucune part désormais dans mon âme. (1654-65 A)
2. Les éditions de 1659 et de 1662 portent, par erreur : « *Du* vrai consentement. »

« De tes suggestions réprime l'impudence ;   755
Pour épargner ta honte, impose-toi silence[1] ;
Aussi bien tes discours deviennent superflus :
    Je ne t'écoute plus.

« Tu m'as jusqu'à présent donné beaucoup de peine[2] ;
Tu m'as bien fait trembler et bien mis à la gêne ;   760
Mais le Seigneur m'éclaire et se fait mon appui :
    Qu'ai-je à craindre avec lui ?

« Que tes noirs escadrons en bataille rangée
Combattent les desirs de mon âme assiégée,
Je verrai leurs fureurs fondre toutes sur moi   765
    Sans en prendre d'effroi.

« Contre ces escadrons mon Dieu me sert d'escorte ;
Contre tant de fureurs il me prête main-forte ;
Il est mon espérance et mon libérateur :
    Fuis, lâche séducteur. »   770

Ainsi tu dois, mon fils, t'apprêter au combat ;
Ainsi tu dois combattre en courageux soldat,
Et dissiper ainsi les forces qu'il amasse.
S'il t'arrive de choir par ta fragilité,
Relève-toi plus fort que tu n'avois été ;   775
    Et lorsque ta vigueur se lasse,

  « Tace et obmutesce, non audiam te amplius.
  « Licet mihi plures moliaris molestias, Dominus illuminatio mea et salus mea, quem timebo ?
  « Si consistant adversum me castra, non timebit cor meum.
  « Dominus adjutor meus et redemptor meus. »
  Certa tanquam miles bonus ; et si interdum ex fragilitate cor-

---

1. *Var.* Pour épargner ta honte, impose-leur silence. (1654, 56 B, 59 et 62)
2. *Var.* Tu m'as jusqu'à présent assez donné de peine. (1654, 56 B, 59 et 62)

Appelle une plus haute grâce
Au secours de ta lâcheté.

Tu dois t'y confier ; mais prends garde avec soin
Que cette confiance, allant un peu trop loin, 780
Ne se tourne en superbe et folle complaisance :
Plusieurs y sont trompés; et ce vain sentiment,
Les portant de l'erreur jusqu'à l'aveuglement
D'une ingrate méconnoissance,
Les met presque dans l'impuissance 785
D'un véritable amendement.

Instruit par le malheur de ces présomptueux,
Tiens sous l'humilité ton desir vertueux;
Prends-en dans leur ruine une digne matière :
Vois comme leur orgueil, facile à s'ébranler, 790
Tombe d'autant plus bas que haut il crut voler;
Et des chutes d'une âme fière
Tâche à tirer quelque lumière,
Qui t'éclaire à te ravaler.

ruis, resume vires fortiores prioribus, confidens de ampliori gratia mea.

Et multum præcave a vana complacentia et superbia; propter hoc multi in errorem ducuntur, et in cæcitatem pene incurabilem quandoque labuntur.

Sit tibi in cautelam et perpetuam humilitatem ruina hæc superborum de se stulte præsumentium.

CHAPITRE VII[1].

QU'IL FAUT CACHER LA GRACE DE LA DÉVOTION SOUS L'HUMILITÉ[2].

Tu veux être dévot, et je t'en fais la grâce; 795
 Mais apprends qu'il la faut cacher,
 Et qu'un don que tu tiens si cher,
Renfermé dans toi-même aura plus d'efficace.
 Bien que tu saches ce qu'il vaut,
 Ne t'en élève pas plus haut; 800
Parles-en d'autant moins que plus je t'en inspire;
 Et n'en prends pas l'autorité
De donner plus de poids à ce que tu veux dire,
 Par une sotte gravité.

Le mépris de toi-même est le plus heureux signe 805
 Que tu sais connoître son prix :
 Sois donc ferme dans ce mépris,
Et crains de perdre un bien dont tu te sens indigne.
 Toutes ces petites douceurs
 Que le zèle épand dans les cœurs 810
Ne sont pas de ce bien la garde la plus sûre.

VII. Fili, utilius est tibi et securius devotionis gratiam abscondere, nec in altum te efferre, nec multum inde loqui, neque multum ponderare;
Sed magis temetipsum despicere, et tanquam indigno datam timere. Non est huic affectioni tenacius inhærendum, quæ citius potest mutari in contrarium.

1. Corps ou sujet de l'emblème : « Saint Justin martyr foule aux pieds les livres des philosophes *, pour prendre l'Évangile et la croix. » Ame ou sentence : *Melius est sapere modicum cùm humilitate*. (Chapitre VII, 11.)
2. Titre latin : *De occultanda gratia sub humilitatis custodia*.

*. On lit sur un des volumes que saint Justin foule aux pieds : *Platon*, et sur un autre : *Aristote*.

N'y mets aucun attachement;
Je te l'ai déjà dit, que telle est leur nature
Qu'elles passent en un moment.

Dans ces heureux moments où ma grâce t'éclaire[1], 815
Regarde avec humilité
Quelle devient ta pauvreté
Sitôt que cette grâce a voulu se soustraire.
Le grand progrès spirituel
N'est pas au goût continuel 820
Des sensibles attraits dont elle te console,
Mais à souffrir sans murmurer
Les maux qu'elle te laisse alors qu'elle s'envole,
Et ne te point considérer.

Bien qu'en ce triste état tout te nuise et te fâche, 825
Bien qu'une importune langueur
Éteigne presque ta vigueur,
Ne permets pas pourtant que ton feu se relâche :
Veille, prie, et ne quitte rien
De ce que tu faisois de bien 830
Alors que tu sentois ta ferveur plus entière;
Fais enfin suivant ton pouvoir,
Suivant ce qui te reste en l'esprit de lumière,
Et tu rempliras ton devoir.

Cogita in gratia quam miser et inops esse soles sine gratia. Nec est in eo tantum spiritualis vitæ profectus, cum consolationis habueris gratiam, sed cum humiliter et abnegate patienterque tuleris ejus subtractionem :
Ita quod tunc ab orationis studio non torpeas, nec reliqua opera tua, ex usu facienda, omnino dilabi permittas; sed sicut melius potueris et intellexeris, libenter quod in te est facias;

1. *Var.* Dans leur pleine abondance, où ma grâce t'éclaire. (1654 et 56 C)

Je me tiendrai toujours de ton intelligence, 835
    Pourvu que cette aridité,
    Pourvu que cette anxiété
Ne se tourne jamais en pleine négligence.
    Plusieurs bronchent à ce faux pas ;
    Et dès qu'ils perdent ces appas, 840
Il semble par dépit qu'au surplus ils renoncent :
    Tout leur courage s'amollit,
Et dans la nonchalance où leurs âmes s'enfoncent
    Leur plus beau feu s'ensevelit.

Ce n'est pas comme il faut se ranger à ma suite : 845
    L'homme a beau former un dessein,
    Il n'a pas toujours en sa main
Tout ce qu'il se promet de sa bonne conduite.
    Quelle que soit l'ardeur des vœux,
    C'est quand je veux et qui je veux 850
Que console, où je veux, ma grâce toute pure ;
    Et de ses plus charmants attraits
Mon vouloir souverain est la seule mesure,
    Et non la ferveur des souhaits.

Souvent cette ferveur, par ses douces amorces 855
    Fatale aux esprits imprudents,
    Fait succomber les plus ardents
A force d'entreprendre au-dessus de leurs forces :
    Ces dévots trop présomptueux

Nec propter ariditatem, seu anxietatem mentis quam sentis, te totaliter negligas. Multi enim sunt qui cum non bene eis successerit, statim impatientes fiunt aut desides.

Non enim semper est in potestate hominis via ejus ; sed Dei est dare, et consolari, quando vult, et quantum vult, et cui vult, sicut sibi placuerit, et non amplius.

Quidam incauti propter devotionis gratiam seipsos destruxerunt, quia plus agere voluerunt quam potuerunt, non pensantes suæ par-

LIVRE III, CHAPITRE VII.

   Dans leurs élans impétueux   860
Ne daignent réfléchir sur ce qu'ils peuvent faire[1],
  Et changent leur zèle en poison,
Quand ils écoutent plus son ardeur téméraire[2]
  Que les avis de la raison.

Ainsi ces indiscrets perdent bientôt mes grâces,   865
   Pour oser plus qu'il ne me plaît ;
   Et leur vol rencontre un arrêt
Qui les rejette au rang des âmes les plus basses.
   Pour fruit de leur témérité
   Ils retrouvent l'indignité   870
Des imperfections qui leur sont naturelles,
   Afin que n'espérant rien d'eux,
Et ne prétendant plus voler que sous mes ailes,
   Ils me laissent régler leurs feux.

Vous donc qui commencez à marcher dans ma voie, 875
   Chers apprentis de la vertu,
   Dans ce chemin que j'ai battu
Portez, je le consens, grand cœur et grande joie ;
   Mais gardez sous cette couleur
   D'écouter toute la chaleur   880
Qui s'allume sans ordre en vos jeunes courages :

vitatis mensuram, sed magis cordis affectum sequentes quam rationis judicium ;
 Et quia majora præsumpserunt quam Deo placitum fuit, idcirco gratiam perdiderunt. Facti sunt inopes, et viles relicti, qui in cœlum posuerunt nidum sibi : ut humiliati, et depauperati, discant non alis suis volare, sed sub pennis meis sperare.
 Qui adhuc novi sunt et imperiti in via Domini, nisi consilio discretorum se regant, faciliter decipi possunt et elidi.

---

1. *Var.* Ne se mesurent point sur ce qu'ils peuvent faire. (1654)
2. *Var.* Quand ils écoutent plus cette ardeur téméraire.(1654, 56 B, 59 et 62)

Vous pourrez trébucher bien bas[1],
Si vous ne choisissez les conseils des plus sages
Pour guides à vos premiers pas.

C'est vous faire une folle et vaine confiance, 885
De croire plus vos sentiments
Que les solides jugements
Qu'affermit une longue et sainte expérience.
Quelque bien que vous embrassiez,
Quelques progrès[2] que vous fassiez, 890
Ils vous laissent à craindre une funeste issue,
Si ce que vous avez d'amour
Pour ces foibles clartés de votre propre vue,
S'obstine à fuir tout autre jour.

L'esprit persuadé de sa propre sagesse 895
Rarement reçoit sans ennui[3]
L'ordre ni les leçons d'autrui;
Il aime rarement à suivre une autre adresse.
L'innocente simplicité
Que relève l'humilité 900

Quod si suum sentire magis sequi, quam aliis exercitatis credere volunt, erit eis periculosus exitus, si tamen retrahi a proprio conceptu non valuerint.

Raro sibiipsis sapientes ab aliis regi humiliter patiuntur. Melius est modicum sapere cum humilitate et parva intelligentia, quam

---

1. *Var.*   Vous pouvez trébucher bien bas. (1654, 56 B, 59 et 62)
2. On lit : « Quelque progrès, » au singulier, dans les éditions de 1654-62, de 1676 et de 1693.
3. *Var.*   Ne s'abaisse que rarement
A suivre, de son mouvement,
D'un autre que de lui les leçons ou l'adresse ;
Mais la moindre capacité
Qu'accompagne l'humilité
Passe tout le savoir qu'enfle la suffisance. (1654 et 56 C)

Passe le haut savoir qu'enfle la suffisance,
　　Et des fruits qu'il fait recueillir
Le peu vaut mieux pour toi que la pleine abondance[1],
　　Si tu t'en peux enorgueillir.

Sache régler ta joie : une âme est peu discrète[2]　　905
　　Qui dans les plus heureux succès
　　S'y livre avec un tel excès,
Qu'elle va toute entière où ce transport la jette.
　　Avec trop de légèreté,
　　De sa première pauvreté,　　910
Au milieu de mes dons, ingrate, elle s'oublie;
　　Et qui sait l'art d'en bien jouir
Craint toujours de donner à ma grâce affoiblie
　　Quelque lieu de s'évanouir.

Ne sois pas moins soigneux de régler la tristesse :　　915
　　C'est témoigner peu de vertu
　　Que d'avoir un cœur abattu,
Sitôt qu'un déplaisir violemment te presse.
　　Quelque grand que soit le malheur,
　　Il ne faut pas que la douleur　　920
Forme aucun désespoir de ton impatience[3],

magni scientiarum thesauri cum vana complacentia. Melius est tibi minus habere, quam multum unde posses superbire.
　Non satis discrete agit qui se totum lætitiæ tradit, obliviscens pristinæ inopiæ suæ, et casti timoris Domini, qui timet gratiam oblatam amittere.
　Nec etiam satis virtuose sapit, qui tempore adversitatis et cujusque gravitatis, nimis desperate se gerit, et minus fidenter de me, quam oportet, recogitat ac sentit.

1. *Var.* Le peu vaut mieux pour toi que la haute abondance,
　　Qui te pourroit enorgueillir. (1654 et 56 C)
2. *Var.* Il faut régler sa joie, et l'âme est peu discrète. (1654 et 56 C)
3. *Var.* Forme aucun désespoir de son impatience. (1654-62)

Ni que le zèle rebuté
Étouffe par dépit toute la confiance
Qu'il doit avoir en ma bonté.

Fuis ces extrémités : quiconque en la bonace 925
    S'ose tenir trop assuré
    Devient lâche et mal préparé
A la moindre tempête, à sa moindre menace.
    Si tu peux te faire la loi,
    Toujours humble, toujours en toi, 930
Toujours de ton esprit le véritable maître,
    Alors, moins prompt à succomber,
Tu verras les périls que toutes deux font naître
    Presque sans péril d'y tomber.

Dans l'ardeur la plus forte et la mieux éclairée 935
    Conserve bien le souvenir
    De ce que tu dois devenir
Lorsque cette clarté se sera retirée :
    Dans l'éclipse d'un si beau jour
    Pense de même à son retour; 940
Fais briller ses rayons sans cesse en ta mémoire;
    Et s'ils paroissent inconstants,
Crois que c'est pour ton bien et pour ma propre gloire[1]
    Que je t'en prive quelque temps.

Qui tempore pacis nimis securus esse voluerit, sæpe tempore belli nimis dejectus et formidolosus reperietur. Si scires semper humilis et modicus in te permanere, nec non spiritum tuum bene moderari et regere, non incideres tam cito in periculum et offensam.

Consilium bonum est, ut, fervoris spiritu concepto, mediteris quid futurum sit abscedente lumine. Quod dum contigerit, recogita et denuo lucem posse reverti, quam ad cautelam tibi, mihi autem ad gloriam, ad tempus subtraxi.

1. Les éditions de 1665 B et de 1670 donnent par une erreur que la comparaison avec le latin rend évidente : « pour ta propre gloire. »

Cette sorte d'épreuve est souvent plus utile, 945
    Bien qu'un peu rude à ta ferveur,
    Que si tu voyois ma faveur
Rendre à tous tes souhaits l'événement facile.
    L'amas des consolations,
    L'éclat des révélations, 950
Ne sont pas du mérite une marque fort sûre[1] ;
    Et ni par le degré plus haut,
Ni par la suffisance à lire l'Écriture,
    On ne juge bien ce qu'il vaut.

Il veut pour fondements[2] de son prix légitime[3] 955
    Une sincère humilité,
    Une parfaite charité,
Un ferme désaveu de toute propre estime.
    Celui-là seul sait mériter,
    Qui n'aspire qu'à m'exalter, 960
Qui partout et sur tout ne cherche que ma gloire,
    Qui tient les mépris à bonheur,
Et gagne sur soi-même une telle victoire,
    Qu'il les goûte mieux que l'honneur.

Utilior est sæpe talis probatio, quam si semper prospera pro tua haberes voluntate. Nam merita non sunt ex hoc æstimanda, si quis plures visiones aut consolationes habeat; vel si peritus sit in Scripturis, aut in altiori ponatur gradu;
Sed si vera fuerit humilitate fundatus, et divina caritate repletus; si Dei honorem pure et integre semper quærat; si seipsum nihil reputet, et in veritate despiciat, atque ab aliis etiam despici et humiliari magis gaudeat, quam honorari.

1. *Var.* Ne font pas du mérite une marque fort sûre. (1654-65)
2. Il y a *fondement*, au singulier, dans les éditions de 1659 et de 1662.
3. *Var.* Ce n'est pas là-dessus en effet qu'il se fonde,
    Mais sur la vraie humilité,
    Sur la parfaite charité,
Sur un noble dédain des vanités du monde.
    Oui, celui-là sait mériter. (1654 et 56 C)

CHAPITRE VIII[1].

DU PEU D'ESTIME DE SOI-MÊME EN LA PRÉSENCE DE DIEU[2].

 Seigneur, t'oserai-je parler,   965
Moi qui ne suis que cendre et que poussière,
Qu'un vil extrait d'une impure matière,
 Qu'au seul néant on a droit d'égaler?

 Si je me prise davantage,
 Je t'oblige à t'en ressentir,   970
Je vois tous mes péchés soudain me démentir,
 Et contre moi porter un témoignage
  Où je n'ai rien à repartir.

 Mais si je m'abaisse et m'obstine
 A me réduire au néant dont je viens,   975
Si toute estime propre en moi se déracine,
 Et qu'en dépit de tous ses entretiens
Je rentre en cette poudre où fut mon origine,
  Ta grâce avec pleine vigueur
  Est soudain propice à mon âme[3],   980
 Et les rayons de ta céleste flamme
  Descendent au fond de mon cœur.

VIII. Loquar ad Dominum meum, cum sim pulvis et cinis?
Si me amplius reputavero, ecce tu stas contra me, et dicunt testimonium verum iniquitates meæ, nec possum contradicere.
Si autem me vilificavero, et ad nihilum redegero, et ab omni propria reputatione defecero, atque, sicut sum, pulverisavero, erit mihi propitia gratia tua, et vicina cordi meo lux tua;

---

1. Corps ou sujet de l'emblème : « Le roi Nabuchodonosor, après avoir vécu sept ans parmi les bêtes, se convertit à Dieu. » Ame ou sentence : *Nihil sum et nescivi.* (Chapitre VIII, 5.)
2. *Var.* DE L'ABAISSEMENT DE SOI-MÊME EN LA PRÉSENCE DE DIEU. (1654-62) — Titre latin : *De vili æstimatione sui ipsius in oculis Dei.*
3. *Var.* Est soudain propice en mon âme. (1654 A)

LIVRE III, CHAPITRE VIII.

    L'orgueil, contraint à disparoître,
Ne laisse dans ce cœur aucun vain sentiment
Qui ne soit abîmé, pour petit qu'il puisse être,   985
    Dans cet anéantissement,
    Sans pouvoir jamais y renaître.

    Ta clarté m'expose à mes yeux,
Je me vois tout entier, et j'en vois d'autant mieux
Quels défauts ont suivi ma honteuse naissance :   990
Je vois ce que je suis, je vois ce que je fus,
    Je vois d'où je viens, et confus
    De ne voir que de l'impuissance,
Je m'écrie : « O mon Dieu, que je m'étois déçu !
Je ne suis rien, et n'en avois rien su. »   995

    Si tu me laisses à moi-même,
Je n'ai dans mon néant que foiblesse et qu'effroi ;
Mais si dans mes ennuis tu jettes l'œil sur moi,
Soudain je deviens fort, et ma joie est extrême.

    Merveille, que de ces bas lieux,   1000
Élevé tout à coup au-dessus du tonnerre,
    Je vole ainsi jusques aux cieux,
Moi que mon propre poids rabat toujours en terre !
    Que tout à coup de saints élancements,
Tout chargé que je suis d'une masse grossière,   1005
Jusque dans ces palais de gloire et de lumière

Et omnis æstimatio, quantulacumque minima, in valle nihilitatis meæ submergetur, et peribit in æternum.

Ibi ostendes me mihi, quid sum, quid fui, de quo veni : quia nihil sum, et nescivi.

Si mihiipsi relinquor, ecce nihil, et tota infirmitas. Si autem subito me respexeris, statim fortis efficior, et novo repleor gaudio.

Et mirum valde quod sic repente sublevor, et tam benigne a te complector, qui proprio pondere semper ad ima feror.

Me fassent recevoir tes doux embrassements!

  Ton amour fait tous ces miracles:
C'est lui qui me prévient sans l'avoir mérité;
  C'est lui qui brise les obstacles   1010
Qui naissent des besoins de mon infirmité;
  C'est lui qui soutient ma foiblesse,
  Et quelque péril qui me presse,
C'est lui qui m'en préserve et le sait détourner;
C'est lui qui m'affranchit, c'est lui qui me retire   1015
  De tant de malheurs, qu'on peut dire
Que leur nombre sans lui ne se pourroit borner.

Ces malheurs, ces périls, ces besoins, ces foiblesses,
C'est ce que l'amour-propre en nos cœurs a semé,
C'est ce qu'on a pour fruit de ses molles tendresses[1],
Et je me suis perdu quand je me suis aimé;
  Mais quand détaché de moi-même,
  Je t'aime purement et ne cherche que toi,
Je trouve ce que j'aime en un si digne emploi,
Je me retrouve encor, Seigneur, en ce que j'aime; 1025
Et ce feu tout divin, plus il sait pénétrer,
Plus dans mon vrai néant il m'apprend à rentrer.

  Ton amour à t'aimer ainsi me sollicite,
   Et me rappelle à mon devoir

  Facit hoc amor tuus, gratis præveniens me, et in tam multis subveniens necessitatibus, a gravibus quoque custodiens me periculis, et ab innumeris, ut vere dicam, eripiens malis.
  Me siquidem male amando, me perdidi; et te solum quærendo, et pure amando, me et te pariter inveni; atque ex amore profundius ad nihilum me redegi:
  Quia tu, o dulcissime, facis mecum supra meritum omne, et supra id quod audeo sperare vel rogare.

1. On lit : « de *ces* molles tendresses, » dans l'édition de 1693.

Par des faveurs qui passent mon mérite, 1030
Et par des biens plus grands que mon espoir.

 Je t'en bénis, être suprême [1],
  Dont l'immense bénignité
  Étend sa libéralité
 Sur l'indigne et sur l'ingrat même. 1035
Ce torrent que jamais tu ne laisses tarir
  Ne se lasse point de courir
  Même vers ceux qui s'en éloignent ;
  Et souvent sur l'aversion
  Que les plus endurcis témoignent, 1040
Il roule les trésors de ton affection.

 De ces sources inépuisables
 Fais sur nous déborder les flots ;
 Rends-nous humbles, rends-nous dévots,
Rends-nous reconnoissants, rends-nous inébranlables ;
Relève-nous le cœur sous nos maux abattu,
Attire-nous à toi par cette sainte amorce,
  Toi qui seul es notre vertu,
  Notre salut et notre force.

Benedictus sis, Deus meus, quia, licet ego omnibus bonis sim indignus, tua tamen nobilitas, et infinita bonitas nunquam cessat benefacere etiam ingratis, et longe a te aversis.

Converte nos ad te, ut simus grati, humiles, et devoti; quia salus nostra tu es, virtus, et fortitudo nostra.

1. *Var.* Cependant, monarque suprême,
   Ton immense bénignité
   [Sur l'indigne et sur l'ingrat même]
   Répand sa libéralité. (1670 O)

CHAPITRE IX[1].

QU'IL FAUT RAPPORTER TOUT A DIEU COMME A NOTRE DERNIÈRE FIN[2].

Si tu veux du bonheur t'aplanir la carrière, 1050
Choisis-moi pour ta fin souveraine et dernière,
Epure tes desirs par cette intention :
Tes flammes deviendront comme eux droites et pures,
Tes flammes, que souvent ta folle passion
Recourbe vers toi-même ou vers les créatures, 1055
Et qui n'ont que foiblesse, aridité, langueur,
Sitôt qu'à te chercher tu ravales ton cœur.

C'est à moi, c'est à moi qu'il faut que tu rapportes
Les biens les plus exquis, les grâces les plus fortes,
A moi qui donne tout et tiens tout en ma main : 1060
Pour bien user de tout, regarde chaque chose
Comme un écoulement de ce bien souverain,
Que de moi seul je forme, et dont seul je dispose ;
Et prends ce que sur toi j'en verse de ruisseaux
Pour guides vers la source à qui tu dois leurs eaux. 1065

IX. Fili, ego debeo esse finis tuus supremus et ultimatus, si vere desideras esse beatus. Ex hac intentione purificabitur affectus tuus, sæpius ad seipsum et ad creaturas male incurvatus. Nam si teipsum in aliquo quæris, statim in te deficis et arescis.
Omnia ergo ad me principaliter referas, quia ego sum qui omnia dedi. Sic singula considera, sicut ex summo bono manantia ; et ideo ad me, tanquam ad suam originem, cuncta sunt reducenda.

1. Corps ou sujet de l'emblème : « Saint Ignace de Loyola se plonge dans un étang glacé pour détourner un jeune homme d'un péché qu'il alloit commettre. » Ame ou sentence : *Vincit omnia divina caritas.* (Chapitre IX, 6.)
2. Titre latin : *Quod omnia ad Deum, sicut ad finem ultimum, sunt referenda.*

LIVRE III, CHAPITRE IX.

Qui monte jusque-là ne m'en trouve point chiche :
Le petit et le grand, le pauvre avec le riche [1],
Y peuvent sans relâche également puiser.
Mon amour libéral l'ouvre à tous sans réserve :
J'aime à donner mes biens, j'aime à favoriser ;   1070
Mais je veux à mon tour qu'on m'aime et qu'on me serve ;
Je hais le cœur ingrat, le froid, l'indifférent,
Et ma grâce est le prix des grâces qu'on me rend.

Quiconque s'ose enfler de propre suffisance,
Jusqu'à prendre en soi-même ou gloire, ou complaisance,
Ou chercher [2] hors de moi de quoi se réjouir,
Sa joie est inquiète, et si mal établie,
Que son cœur pleinement ne peut s'épanouir :
D'angoisse sur angoisse il la sent affoiblie [3],
Il voit trouble sur trouble, et naître à tout moment   1080
Mille vrais déplaisirs d'un faux contentement.

Ne t'impute donc rien de bon, de salutaire,
Et quoi qu'un autre même à tes yeux puisse faire,
A sa propre vertu n'attribue aucun bien ;
Dans celui que tu fais ne perds point la mémoire   1085

    Ex me pusillus et magnus, pauper et dives, tanquam ex fonte vivo, aquam vivam hauriunt; et qui mihi sponte et libere deserviunt, gratiam pro gratia accipient.
    Qui autem extra me voluerit gloriari, vel in aliquo privato bono delectari, non stabilietur in vero gaudio, neque in corde suo dilatabitur, sed multipliciter impedietur et angustiabitur.
    Nihil ergo tibi de bono adscribere debes, nec alicui homini virtutem attribuas; sed totum da Deo, sine quo nihil habet homo. Ego

---

1. *Var.* Le petit et le grand, et le pauvre et le riche. (1654-62)
2. Les éditions de 1676 et de 1693 portent : « Ou cherche. »
3. Il y a ici, dans l'édition de 1658, une faute typographique, que Corneille a corrigée de sa main dans l'exemplaire dont nous avons parlé : *affoible*, pour *affoiblie*.

Qu'il en faut bénir Dieu, sans qui l'homme n'a rien :
Comme tout vient de moi, j'en veux toute la gloire :
Je veux un plein hommage, un cœur passionné,
Et qu'on me rende ainsi tout ce que j'ai donné.

C'est par ces vérités qu'est soudain mise en fuite 1090
La vanité mondaine avec toute sa suite,
Et fait place à la vraie et vive charité;
C'est ainsi que ma grâce occupe toute une âme,
Et lors plus d'amour-propre et plus d'anxiété,
Plus d'importune envie et plus d'impure flamme : 1095
De tous ses ennemis cette âme vient à bout
Par cette charité qui triomphe de tout.

Par cette charité ses forces dilatées
Ne sont plus en état de se voir surmontées;
Mais je te le redis, saches-en bien user; 1100
Ne prends point hors de moi de joie ou d'espérance :
Je suis cette bonté qu'on ne peut épuiser,
Mais qui ne peut souffrir aucune concurrence;
Je suis et serai seul durant tout l'avenir
Qu'il faille en tout, partout, et louer, et bénir. 1105

totum dedi, ego totum rehabere volo; et cum magna districtione gratiarum actiones requiro.

Hæc est veritas qua fugatur gloriæ vanitas; et si intraverit cœlestis gratia, et vera caritas, non erit aliqua invidia, nec contractio cordis, neque privatus amor occupabit. Vincit enim omnia divina caritas.

Et dilatat omnes animæ vires. Si recte sapis, in me solo gaudebis, in me solo sperabis : quia nemo bonus, nisi solus Deus, qui est super omnia laudandus, et in omnibus benedicendus, in sæcula sæculorum. Amen.

CHAPITRE X[1].

**QU'IL Y A BEAUCOUP DE DOUCEUR A MÉPRISER
LE MONDE POUR SERVIR DIEU[2].**

J'oserai donc parler encore un coup à toi :
Mon silence n'est plus un respect légitime;
    Je ne puis me taire sans crime;
Je dois bénir mon Dieu, mon seigneur et mon roi.
J'irai jusqu'à ton trône assiéger tes oreilles   1110
Du récit amoureux de tes hautes merveilles;
J'en ferai retentir toute l'éternité;
Et je veux qu'à jamais mes cantiques enseignent[3]
Quelles sont les douceurs que ta bénignité
    Ne montre qu'à ceux qui te craignent.   1115

Mais que sont ces douceurs au prix de ces trésors
Qu'à toute heure tes mains prodiguent et réservent[4]
    Pour ceux qui t'aiment et te servent,
Et qui du cœur entier te donnent les efforts?
Ah! ces ravissements, sans borne et sans exemple, 1120
S'augmentent d'autant plus que plus on te contemple;
Nous n'avons rien en nous qui les puisse exprimer;

  X. Nunc iterum loquar, Domine, et non silebo : dicam in auribus Dei mei, Domini mei, et regis mei, qui est in excelso : O quam magna multitudo dulcedinis tuæ, Domine, quam abscondisti timentibus te !
  Sed quid es amantibus? quid toto corde tibi servientibus? Vere ineffabilis dulcedo contemplationis tuæ, quam largiris amantibus te.

---

  1. Corps ou sujet de l'emblème : « Henri Suso, jacobin, grave le nom de Jésus sur son estomac avec la pointe d'un canif. » Ame ou sentence : *Quomodo potero tui oblivisci?* (Chapitre x, 4.)
  2. Titre latin : *Quod, spreto mundo, dulce est servire Deo.*
  3. *Var.* Et je veux que sans fin mes cantiques enseignent. (1654)
  4. *Var.* Que tes bontés sans fin prodiguent et réservent. (1654)

Le cœur les goûte bien, et l'âme les admire;
Tout l'homme les sent croître à force de t'aimer;
    Mais la bouche ne les peut dire.   1125

Tu ne te lasses point, Seigneur, de cet amour,
Et j'en porte sur moi des marques infaillibles :
    Tes bontés incompréhensibles
Du néant où j'étois m'ont daigné mettre au jour.
J'ai couru loin de toi vagabond et sans guide;   1130
Pour un fragile bien j'ai quitté le solide,
Et tu m'as rappelé de cet égarement;
Tu fais plus : pour t'aimer tu m'ordonnes de vivre,
Et joins à la douceur de ce commandement
    La clarté qui montre à le suivre.   1135

O fontaine d'amour, mais d'amour éternel,
Après tant de bienfaits que dirai-je à ta gloire?
    Pourrai-je en perdre la mémoire,
Quand tu ne la perds pas d'un chétif criminel?
Au milieu de ma chute et courant à ma perte,   1140
Par delà tout espoir j'ai vu ta grâce ouverte
Répandre encor sur moi des rayons de pitié,
Et ta miséricorde, excédant tous limites[1],
Accabler un pécheur d'un excès d'amitié
    Qui surpasse tous les mérites.   1145

    In hoc maxime ostendisti mihi dulcedinem caritatis tuæ, quia, quum non essem, fecisti me; et cum errarem longe a te, reduxisti me, ut servirem tibi, et præcepisti ut diligam te.
    O fons amoris perpetui, quid dicam de te? Quomodo potero tui oblivisci, qui mei dignatus es recordari, etiam postquam contabui et perii? Fecisti ultra omnem spem misericordiam cum servo tuo, et ultra omne meritum gratiam et amicitiam exhibuisti.

---

1. Ce mot était quelquefois masculin à cette époque. Voyez le *Lexique*.

Que te rendrai-je donc pour de telles faveurs?
Quel encens[1] unirai-je aux concerts de louanges
    Que de tes saints et de tes anges
Sans fin et sans relâche entonnent les ferveurs?
Tu ne fais pas à tous cette grâce profonde   1150
Qui détache les cœurs des embarras du monde,
Pour se ranger au cloître et n'être plus qu'à toi;
Et ce n'est pas à tous que tu donnes l'envie
De s'enrichir des fruits que fait naître l'emploi
    D'une religieuse vie.   1155

Je ne fais rien de rare alors que je te sers :
J'apprends cette leçon de toute la nature;
    L'hommage de la créature
N'est qu'un tribut commun que te doit l'univers.
Tout ce qu'en te servant je trouve d'admirable,   1160
C'est qu'étant de moi-même et pauvre et misérable,
Tu daignes t'abaisser jusques à t'en servir,
Qu'avec tes plus chéris tu m'y daignes admettre,
Et veux bien m'enseigner comme il te faut ravir
    Ce que tu leur voulus promettre.   1165

Tout vient de toi, Seigneur, et nous en recevons
Tout ce qu'à te servir applique cet hommage;

> Quid retribuam tibi pro gratia ista? Non enim omnibus datum est ut, omnibus abdicatis, sæculo renuntient, et monasticam vitam assumant.
>
> Numquid magnum est ut tibi serviam, cui omnis creatura servire tenetur? Non magnum mihi videri debet servire tibi; sed hoc potius magnum mihi et mirandum apparet, quod tam pauperem et indignum dignaris in servum recipere, et dilectis servis tuis adunare.
>
> Ecce omnia tua sunt quæ habeo, et unde tibi servio. Verum-

---

1. *Var.* Les éditions de 1654, de 1656 B et D, de 1659 et de 1662 ont : « Quels encens, » au pluriel.

J'ose dire encor davantage,
Tu nous sers beaucoup plus que nous ne te servons.
La terre qui nous porte, et qui nous sert de mère, 1170
L'air que nous respirons, le ciel qui nous éclaire,
Ont ces ordres de toi qu'ils ne rompent jamais;
L'ange même nous sert, tous[1] pécheurs que nous sommes,
Et garde exactement ceux où tu le soumets
   Pour le ministère des hommes. 1175

C'est peu pour toi que l'air, et la terre, et les cieux,
C'est peu qu'à nous servir l'ange s'assujettisse;
   Pour mieux nous rendre cet office[2],
Tu choisis un sujet encor plus précieux :
Tu quittes, roi des rois, ton sacré diadème; 1180
Tu descends jusqu'à nous de ton trône suprême;
Tu te revêts pour nous de nos infirmités;
Et nous fortifiant par ta sainte présence,
Tu nous fais triompher de nos fragilités,
   Et te promets pour récompense. 1185

Pour tant et tant de biens que ne puis-je à mon tour
Te servir dignement tout le temps de ma vie!
   Oh! que j'aurois l'âme ravie
De le pouvoir, Seigneur, seulement un seul jour[3]!

tamen vice versa tu magis mihi servis, quam ego tibi. Ecce cœlum
et terra, quæ in ministerium hominis creasti, præsto sunt tibi, et
faciunt quotidie quæcumque mandasti. Et hoc parum est : quin
etiam angelos in ministerium hominis creasti et ordinasti.
 Transcendit autem hæc omnia, quia tu ipse homini servire
dignatus es, et teipsum daturum ei promisisti.
 Quid dabo tibi pro omnibus istis millibus bonis? Utinam

---

1. Les éditions de 1676 et de 1693 portent seules *tout*, invariable.
2. *Var.* Pour nous mieux rendre cet office. (1654-56 B, C et D, 59 et 62)
3. *Var.* De le pouvoir, Seigneur, pour le moins un seul jour!
         (1654, 56 B, 59 et 62)

Te servir à demi, c'est te faire une injure ; 1190
Et comme tes bontés n'ont jamais de mesure,
Il ne faut point de borne aux devoirs qu'on te rend :
A toi toute louange, à toi gloire éternelle,
A toi, Seigneur, est dû ce que peut de plus grand
    Le zèle d'une âme fidèle. 1195

N'es-tu pas, ô mon Dieu, mon seigneur souverain,
Et moi ton serviteur, pauvre, lâche, imbécile,
    Dont tout l'effort est inutile,
A moins qu'avoir l'appui de ta divine main?
Je dois pourtant, je dois de toute ma puissance 1200
Te louer, te servir, te rendre obéissance,
Sans m'en lasser jamais, sans prendre autre souci.
Viens donc à mon secours, bonté toute céleste ;
Tu vois que je le veux et le souhaite ainsi :
    Par ta faveur supplée au reste. 1205

La pompe des honneurs dans son plus haut éclat
N'a rien de comparable à cette servitude,
    A cette glorieuse étude
Qui nous apprend de tout à faire peu d'état.
Mépriser tout pour toi, pour ce noble esclavage 1210
Qui sous tes volontés enchaîne le courage,
C'est se mettre au-dessus des princes et des rois ;

possem tibi servire cunctis diebus vitæ meæ ! Utinam vel uno die dignum servitium exhibere sufficerem ! Vere tu es dignus omni servitio, omni honore, et laude æterna.

Vere dominus meus es, et ego pauper servus tuus, qui totis viribus teneor tibi servire, nec unquam in laudibus tuis debeo fastidire. Sic volo, sic desidero ; et quidquid mihi deest, tu digneris supplere.

Magnus honor, magna gloria, tibi servire, et omnia propter te contemnere. Habebunt enim gratiam magnam, qui sponte se subjecerint tuæ sanctissimæ servituti.

Et l'ineffable excès des grâces que tu donnes
A qui peut s'affermir dans cet illustre choix,
    Vaut mieux que toutes les couronnes.   1215

Par des attraits divins et toujours renaissants [1]
Ton saint Esprit se plaît à consoler les âmes
    Dont les pures et saintes flammes
Dédaignent pour t'aimer tous les plaisirs des sens.
Ces âmes qui pour toi prennent l'étroite voie,   1220
Qui n'ont point d'autre but, qui n'ont point d'autre joie,
Y goûtent de l'esprit l'entière liberté;
Leur retraite en vrais biens se voit toujours féconde,
Et trouve un plein repos dans la digne fierté
    Qui leur fait négliger le monde.   1225

Miraculeux effet, bonheur prodigieux,
Qu'ainsi la liberté naisse de la contrainte!
    O doux liens! ô douce étreinte!
O favorable poids du joug religieux!
Sainte captivité, qu'on te doit de louanges [2]!   1230
Tu rends dès ici-bas l'homme pareil aux anges;
Tu le rends agréable aux yeux de son auteur;
Tu le rends formidable à ces troupes rebelles,
A ces noirs escadrons de l'ange séducteur,
    Et louable à tous les fidèles.   1235

    Invenient suavissimam Spiritus sancti consolationem, qui pro amore tuo omnem carnalem abjecerint delectationem. Consequentur magnam mentis libertatem, qui arctam pro nomine tuo ingrediuntur viam, et omnem mundanam neglexerint curam.
    O grata et jucunda Dei servitus, qua homo veraciter efficitur liber et sanctus! O sacer status religiosi famulatus, qui hominem angelis reddit æqualem, Deo placabilem, dæmonibus terribilem, et cunctis fidelibus commendabilem!

1. L'édition de 1665 A porte seule *ravissants*, pour *renaissants*.
2. *Var.* Sainte captivité, que tes dons sont étranges! (1654 et 56 C)

O fers délicieux et toujours à chérir,
Que vous cachez d'appas sous un peu de rudesse !
    O du ciel infaillible adresse,
Que tu rends ses trésors aisés à conquérir !
O jeûnes, pauvreté, disciplines, cilices,   1240
Amoureuses rigueurs et triomphants supplices !
O cloître ! ô saints travaux, qu'il vous faut souhaiter,
Vous qui donnez à l'âme une joie assurée,
Et qui l'asservissant lui faites mériter
    Un bien d'éternelle durée !   1245

CHAPITRE XI[1].

QU'IL FAUT EXAMINER SOIGNEUSEMENT LES DÉSIRS DU COEUR, ET PRENDRE PEINE A LES MODÉRER[2].

Je vois qu'à me servir enfin tu te disposes ;
    Mais n'en espère pas grand fruit,
A moins que je t'apprenne encor beaucoup de choses
    Dont tu n'es pas encore assez instruit.

        Seigneur, que veux-tu m'apprendre ?   1250
        Je suis prêt de t'écouter ;
        Joins à la grâce d'entendre
        La force d'exécuter.

    O amplectendum et semper optabile servitium, quo summum promeretur bonum, et gaudium acquiritur sine fine mansurum !
    XI. Fili, oportet te adhuc multa addiscere, quæ necdum bene didicisti.
    Quæ sunt hæc, Domine ?

---

1. Corps ou sujet de l'emblème : « Saint Benoît se roule tout nu sur des épines pour vaincre les désirs de la chair. » Âme ou sentence : *Interdum oportet violentia uti.* (Chapitre xi, 14.)
2. *Var.* QU'IL FAUT EXAMINER ET MODÉRER LES DÉSIRS DU COEUR. (1654, 56 B, 59 et 62) — Titre latin : *Quod desideria cordis examinanda sunt et moderanda.*

Toutes tes volontés doivent être soumises
    Purement à mon bon plaisir,   1255
Jusqu'à ne souhaiter en toutes entreprises
    Que les succès que je voudrai choisir.

Tu ne dois point t'aimer, tu ne dois point te plaire
    Dans tes propres contentements ;
Tu dois n'être jaloux que de me satisfaire,   1260
    Et d'obéir à mes commandements.

Quel que soit le desir qui t'échauffe et te pique,
    Considère ce qui t'en plaît,
Et vois si sa chaleur à ma gloire s'applique,
    Ou s'il t'émeut par ton propre intérêt[1].   1265

Lorsque ce n'est qu'à moi que ce desir se donne,
    Qu'il n'a pour but que mon honneur,
Quelque effet qui le suive, et quoi que j'en ordonne,
    Ta fermeté tient tout à grand bonheur.

Mais lorsque l'amour-propre y garde encor sa place,
    Quoique secret et déguisé,
C'est là ce qui te gêne et ce qui t'embarrasse,
    C'est ce qui pèse à ton cœur divisé.

    Ut desiderium tuum ponas totaliter secundum beneplacitum meum;
    Et tuiipsius amator non sis, sed meæ voluntatis cupidus amator, et æmulator.
    Desideria te sæpe accendunt et vehementer impellunt; sed considera an propter honorem meum, an propter tuum commodum magis movearis.
    Si ego sum in causa, bene contentus eris, quomodocumque ordinavero.
    Si autem de proprio quæsito aliquid latet, ecce hoc est quod te impedit et gravat.

1. *Var.*   Ou s'il t'émeut par le propre intérêt. (1670 O)

Défends-toi donc, mon fils, de la première amorce
  D'un desir mal prémédité ;   1275
N'y prends aucun appui, n'y donne aucune force
  Qu'après m'avoir pleinement consulté.

Ce qui t'en plaît d'abord peut bientôt te déplaire,
  Et te réduire au repentir,
Et tu rougiras lors de ce qu'aura pu faire   1280
  Cette chaleur trop prompte à consentir.

Tout ce qui paroît bon n'est pas toujours à suivre,
  Ni son contraire à rejeter ;
L'ardeur impétueuse à mille erreurs te livre,
  Et trop courir c'est te précipiter.   1285

La bride est souvent bonne, et même il en faut une
  A la plus sainte affection ;
Son trop d'empressement[1] la peut rendre importune,
  Et te pousser dans la distraction.

Il te peut emporter hors de la discipline,   1290
  Sous pretexte de faire mieux,
Et laisser du scandale à qui ne l'examine
  Que par la règle où s'attachent ses yeux.

<small>Cave ergo ne nimium innitaris super desiderio præconcepto, me non consulto,
  Ne forte postea pœniteat aut displiceat quod primo placuit, et quasi pro meliore zelasti.
  Non enim omnis affectio quæ videtur bona statim est sequenda ; sed neque omnis contraria affectio ad primum fugienda.
  Expedit interdum refrenatione uti, etiam in bonis studiis et desideriis : ne per importunitatem mentis distractionem incurras,
  Ne aliis per indisciplinationem scandalum generes,</small>

---

1. Par une erreur singulière, les deux éditions de 1665, celle de 1670 et es réimpressions de 1676 et de 1693 portent *empêchement*, pour *empressement*.

Il peut faire en autrui naître une résistance
    Que tu n'auras daigné prévoir,   1295
Et de qui la surprise ébranlant ta constance
    La troublera jusqu'à te faire choir.

Un peu de violence est souvent nécessaire[1]
    Contre les appétits des sens,
Même quand leur effet te paroît salutaire,   1300
    Quand leurs desirs te semblent innocents.

Ne demande jamais à ta chair infidèle
    Ce qu'elle veut ou ne veut pas;
Range-la sous l'esprit, et fais qu'en dépit d'elle
    Son esclavage ait pour toi des appas.   1305.

Qu'en maître, qu'en tyran cet esprit la châtie,
    Qu'il l'enchaîne de rudes nœuds,
Jusqu'à ce que domptée et bien assujettie,
    Elle soit prête à tout ce que tu veux;

Jusqu'à ce que de peu satisfaite et contente,   1310
    Elle aime la simplicité,
Et que chaque revers qui trompe son attente
    Sans murmurer en puisse être accepté.

    Vel etiam per resistentiam aliorum subito turberis et corruas.
    Interdum vero oportet violentia uti, et viriliter appetitui sensitivo contraire;
    Nec advertere quid velit caro, et quid non velit; sed hoc magis satagere, ut subjecta sit, etiam nolens, spiritui.
    Et tamdiu castigari debet, et cogi servituti subesse, donec parata sit ad omnia,
    Paucisque contentari discat, et in simplicibus delectari, nec contra aliquod inconveniens murmurare.

---

1. *Var.* La violence même est souvent nécessaire. (1654)

CHAPITRE XII[1].

COMME IL SE FAUT FAIRE A LA PATIENCE, ET COMBATTRE LES PASSIONS[2].

A ce que je puis voir, Seigneur,
J'ai grand besoin de patience
Contre la rude expérience
Où cette vie engage un cœur.

Elle n'est qu'un gouffre de maux,
D'accidents fâcheux et contraires,
Qu'un accablement de misères,
D'où naissent travaux sur travaux.

Je n'y termine aucuns combats
Que chaque instant ne renouvelle,
Et ma paix y traîne avec elle
La guerre attachée à mes pas.

Les soins même[3] de l'affermir
Ne sont en effet qu'une guerre,
Et tout mon séjour sur la terre
Qu'une occasion de gémir.

XII. Domine Deus, ut video, patientia est mihi valde necessaria;
Multa enim in hac vita accidunt contraria;
Nam qualitercumque ordinavero de pace mea,
Non potest esse sine bello et dolore vita mea.

---

1. Corps ou sujet de l'emblème : « Le P. Laurens de Suniano, capucin, sollicité par une femme impudique, se brûle le doigt en sa présence. » Ame ou sentence : *De duobus malis minus est eligendum*. (Chapitre XII, 6.)
2. *Var.* .... ET COMBATTRE SES PASSIONS. (1659 et 62) — Titre latin : *De informatione patientiæ, et luctamine adversus concupiscentias*.
3. Les éditions de 1665 B et de 1670 ont *mêmes*, au pluriel.

Tu dis vrai, mon enfant; aussi ne veux-je pas 1330
Que tu cherches en terre une paix sans combats,
Un repos sans tumulte, un calme sans orage,
Où toujours la fortune ait un même visage,
Et semble par le cours de ses événements
S'asservir en esclave à tes contentements. 1335
Je veux te voir en paix, mais parmi les traverses,
Parmi les changements des fortunes diverses;
Je veux y voir ton calme, et que l'adversité
Te serve à t'affermir dans la tranquillité.

« Tu ne peux, me dis-tu, souffrir beaucoup de choses;
En vain tu t'y résous, en vain tu t'y disposes,
Tu sens une révolte en ton cœur mutiné
Contre la patience où tu l'as condamné. »
Lâche, qu'oses-tu dire? Ainsi le purgatoire,
Ainsi ses feux cuisants sont hors de ta mémoire? 1345
Auras-tu plus de force? ou les présumes-tu
Plus aisés à souffrir à ce cœur abattu[1]?
Apprends que de deux maux il faut choisir le moindre,
Que tes soins en ce but se doivent tous rejoindre,
Et que pour éviter les tourments éternels, 1350
Tu dois traiter tes sens d'infâmes criminels,
Braver leurs appétits, leur imposer des gênes,
Préparer ta constance aux misères humaines,

Ita est, fili; sed volo te non talem quærere pacem quæ tentationibus careat, aut contraria non sentiat; sed tunc etiam æstimare te pacem invenisse, cum fueris variis tribulationibus exercitatus, et in multis contrarietatibus probatus.

Si dixeris te multa non posse pati, quomodo tunc sustinebis ignem purgatorii? De duobus malis minus est semper eligendum : ut ergo æterna futura supplicia possis evadere, mala præsentia studeas pro Deo æquanimiter tolerare.

1. *Var.* Plus aisés à souffrir à ton cœur abattu? (1654)

Les souffrir sans murmure, et recevoir les croix
Ainsi que des faveurs qui viennent de mon choix. 1355

Crois-tu les gens du monde exempts d'inquiétude ?
Ne vois-tu rien pour eux ni d'amer ni de rude ?
Va chez ces délicats qui n'ont soin que d'unir
Le choix des voluptés aux moyens d'y fournir :
Si tu crois y trouver des roses sans épines, 1360
Tu n'y trouveras point ce que tu t'imagines.

« Mais ils suivent, dis-tu, leurs inclinations ;
Leur seule volonté règle leurs actions,
Et l'excès des plaisirs en un moment consume
Ce peu qui par hasard s'y coule d'amertume. » 1365
Eh bien ! soit, je le veux, ils ont tout à souhait ;
Mais combien doit durer un bonheur si parfait ?

Ces riches, que du siècle adore l'imprudence,
Passent comme fumée avec leur abondance,
Et de leurs voluptés le plus doux souvenir, 1370
S'il ne passe avec eux, ne sert qu'à les punir.
Celles que leur permet une si triste vie[1]
Sont dignes de pitié beaucoup plus que d'envie ;
Elles vont rarement sans mélange d'ennuis ;
Leurs jours les plus brillants ont les plus sombres nuits ;

An putas quod homines sæculi hujus nihil vel parum patiantur ?
Nec hoc invenies, etiamsi delicatissimos quæsieris.
« Sed habent, inquis, multas delectationes, et proprias sequuntur
voluntates, ideoque parum pondérant suas tribulationes. » Esto, ita
sit, ut habeant quidquid voluerint ; sed quamdiu, putas, durabit ?
Ecce, quemadmodum fumus deficient abundantes in sæculo, et
nulla erit recordatio præteritorum gaudiorum. Sed et quum adhuc
vivunt, non sine amaritudine et tædio ac timore in eis quies-

---

1. *Var.* Celles que leur permet une si courte vie. (1670 O)

Souvent mille chagrins empoisonnent leurs charmes,
Souvent mille terreurs y jettent mille alarmes,
Et souvent des objets d'où naissent leurs plaisirs
Ma justice en courroux fait naître leurs soupirs.
L'impétuosité qui les porte aux délices   1380
Elle-même à leur joie enchaîne les supplices,
Et joint aux vains appas d'un peu d'illusion
Le repentir, le trouble et la confusion[1].

Toutes ces voluptés sont courtes et menteuses[2],
Toutes n'ont que désordre, et toutes sont honteuses.
Les hommes cependant n'en aperçoivent rien;
Enivrés qu'ils en sont, ils en font tout leur bien :
Ils suivent en tous lieux, comme bêtes stupides,
Leurs sens pour souverains, leurs passions pour guides;
Et pour l'indigne attrait d'un faux chatouillement,   1390
Pour un bien passager, un plaisir d'un moment,
Amoureux d'une vie ingrate et fugitive,
Ils acceptent pour l'âme une mort toujours vive,
Où mourant à toute heure, et ne pouvant mourir[3],
Ils ne sont immortels que pour toujours souffrir.   1395

Plus sage à leurs dépens, donne moins de puissance
Aux brutales fureurs de ta concupiscence;

cunt. Ex eadem namque re unde sibi delectationem concipiunt, inde doloris pœnam frequenter recipiunt. Juste illis fit ut, quia inordinate delectationes quærunt et sequuntur, non sine confusione et amaritudine eas expleant.

O quam breves, quam falsæ, quam inordinatæ et turpes omnes sunt! Verumtamen præ ebrietate et cæcitate non intelligunt; sed, velut muta animalia, propter modicum corruptibilis vitæ delectamentum, mortem animæ incurrunt.

1. *Var.* L'amertume, le trouble et la confusion. (1654)
2. *Var.* Toutes leurs voluptés sont courtes et menteuses. (1654, 56 B, 59 et 62)
3. *Var.* Où mourants à toute heure, et ne pouvants mourir. (1654-65 A)

Garde-toi de courir après les voluptés,
Captive tes desirs, brise tes volontés,
Mets en moi seul ta joie, et m'en fais une offrande, 1400
Et je t'accorderai ce que ton cœur demande.

Oui, ce cœur ainsi libre, ainsi désabusé,
Ne peut, quoi qu'il demande, en être refusé;
Et si tu veux goûter des plaisirs véritables,
Des consolations et pleines et durables, 1405
Tu n'as qu'à dédaigner par un noble mépris
Cet éclat dont le monde éblouit tant d'esprits;
Tu n'as qu'à t'arracher à ces voluptés basses
Qui repoussent des cœurs les effets de mes grâces;
Tu n'as qu'à te soustraire à leur malignité, 1410
Et je te rendrai plus que tu n'auras quitté.
Plus à leurs faux attraits tu fermeras de portes,
Plus mes faveurs seront et charmantes et fortes;
Et moins la créature aura chez toi d'accès,
Et plus du Créateur les dons auront d'excès. 1415

Ne crois pas toutefois sans peine et sans tristesse
A ce détachement élever ta foiblesse:
Une vieille habitude y voudra résister,
Mais par une meilleure il faudra la dompter;

Tu ergo, fili, post concupiscentias tuas non eas, et a voluntate tua avertere. Delectare in Domino, et dabit tibi petitiones cordis tui.
Etenim, si veraciter vis delectari, et abundantius a me consolari, ecce in contemptu omnium mundanorum, et in abscissione omnium infimarum delectationum erit benedictio tua, et copiosa tibi reddetur consolatio; et quanto te plus ab omni creaturarum solatio subtraxeris, tanto in me suaviores et potentiores consolationes invenies.
Sed primo non sine quadam tristitia et labore certaminis ad has pertinges. Obsistet inolita consuetudo; sed meliori consuetu-

Ta chair murmurera, mais de tout son murmure   1420
La ferveur de l'esprit convaincra l'imposture ;
Enfin le vieux serpent tâchera de t'aigrir[1]
Contre les moindres maux que tu voudras souffrir ;
Il fera mille efforts pour brouiller ta conduite ;
Mais avec l'oraison tu le mettras en fuite,   1425
Et l'obstination d'un saint et digne emploi
Ne lui laissera plus aucun pouvoir sur toi.

CHAPITRE XIII[2].

DE L'OBÉISSANCE DE L'HUMBLE SUJET, A L'EXEMPLE DE JÉSUS-CHRIST[3].

Quiconque se dérobe à l'humble obéissance
    Bannit ma grâce en même temps,
Et se livre lui-même à toute l'impuissance   1430
    De ses desirs vains et flottants.
Ces dévots indiscrets dont le zèle incommode,
    Pour les rendre saints à leur mode,
Leur forme une conduite et fait des lois à part,
Au lieu de s'avancer par un secret mérite,   1435
Perdent ce qu'en commun dans la règle on profite,
    A force de vivre à l'écart.

dine devincetur. Remurmurabit caro; sed fervore spiritus frenabitur. Instigabit et exacerbabit te serpens antiquus; sed oratione fugabitur; insuper et labore utili aditus ei magnus obstruetur.

XIII. Fili, qui se subtrahere nititur ab obedientia, ipse se subtrahit a gratia; et qui quærit habere privata, amittit communia.

---

1. *Var.* Enfin ce vieux serpent tâchera de t'aigrir. (1654)
2. Corps ou sujet de l'emblème : « Saül, pour avoir désobéi à Dieu, est agité du malin esprit. » Ame ou sentence : *Qui se subtrahit ab obedientia se subtrahit a gratia.* (Chapitre XIII, 1.)
3. Titre latin : *De obedientia humilis subditi, ad exemplum Jesu Christi.*

LIVRE III, CHAPITRE XIII.

Qui n'obéit qu'à peine, et dans l'âme s'attriste
  Des ordres d'un supérieur,
Fait bien voir que sa chair à son tour lui résiste[1]   1440
  Par un murmure intérieur;
Qu'il est mal obéi par cette vaine esclave,
  Qui se révolte, qui le brave,
Et n'est jamais d'accord de ce qu'il lui prescrit :
Obéis donc toi-même, et tôt et sans murmure[2],   1445
Si tu veux que ta chair à ton exemple endure
  Le frein que lui doit ton esprit.

Des assauts du dehors une âme tourmentée[3]
  Triomphe tôt des plus ardents,
Quand la rébellion de la chair mal domptée   1450
  Ne ravage point le dedans;
Mais ils trouvent souvent de leur intelligence[4]
  L'amour-propre et la négligence,
Qui leur font de toi-même un renfort contre toi[5];
Et cette âme n'a point d'ennemi plus à craindre[6]   1455
Que cette même chair, quand elle ose se plaindre
  De l'esprit qui lui fait la loi.

Qui non libenter et sponte suo superiori se subdit, signum est quod caro sua necdum perfecte sibi obedit, sed sæpe recalcitrat et remurmurat. Disce ergo superiori tuo celeriter te submittere, si carnem propriam optas subjugare.

Citius namque exterior vincitur inimicus, si interior homo non fuerit devastatus. Non est molestior et pejor animæ hostis, quam tuipse tibi, non bene concordans spiritui.

1. *Var.* Peut bien voir que sa chair à son tour lui résiste.
                                (1654, 56 B, 59 et 62
2. Comparez à cet hémistiche la fin des vers 556 et 568 de *Théodore*.
3. *Var.* L'ennemi du dehors n'a force si vantée
           Qui ne cède à tes vœux ardents,
  Si la rébellion de ta chair mal domptée. (1654)
4. *Var.* Mais il trouve souvent de son intelligence. (1654)
5. *Var.* Qui lui font de toi-même un second contre toi. (1654)
6. *Var.* Et ton âme n'a point d'ennemi plus à craindre. (1654, 56 B, 59 et 62

Prends donc, prends pour toi-même un mépris véritable
    Qui te réduise au dernier rang,
Si tu veux mettre à bas ce pouvoir redoutable   1460
    Qu'ont sur toi la chair et le sang.
Mais tu t'aimes encore ; et ton âme obstinée
    Dans cette amour désordonnée
Ne peut y renoncer sans trouble et sans ennui :
De là vient que ton cœur s'épouvante et s'indigne ;   1465
De là vient qu'il frémit, avant qu'il se résigne
    Pleinement au vouloir d'autrui.

Que fais-tu de si grand, toi qui n'es que poussière,
    Ou pour mieux dire, qui n'es rien,
Quand tu soumets pour moi ton âme un peu moins fière
    A quelque autre vouloir qu'au tien ?
Moi qui suis tout-puissant, moi qui d'une parole
    Ai bâti l'un et l'autre pôle,
Et tiré du néant tout ce qui s'offre aux yeux,
Moi dont tout l'univers est l'ouvrage et le temple,   1475
Pour me soumettre à l'homme et te donner l'exemple,
    Je suis bien descendu des cieux.

De ces palais brillants où ma gloire ineffable
    Remplit tout de mon seul objet,
Je me suis ravalé jusqu'au rang d'un coupable,   1480
    Jusqu'à l'ordre le plus abjet.

Oportet enim verum te assumere tuiipsius contemptum, si vis prævalere adversus carnem et sanguinem. Quia adhuc nimis inordinate te diligis, ideo plene te resignare aliorum voluntati trepidas.

Sed quid magnum, si tu, qui pulvis es et nihil, propter Deum te homini subdis, quando ego omnipotens et altissimus, qui cuncta creavi ex nihilo, me homini propter te subjeci humiliter ?

Factus sum omnium humillimus et infimus, ut tuam superbiam mea humilitate vinceres.

Je me suis fait de tous le plus humble et le moindre,
    Afin que tu susses mieux joindre
Un digne abaissement à ton indignité [1],
Et que malgré le monde et ses vaines amorces,   1485
Pour dompter ton orgueil tu trouvasses des forces
    Dans ma parfaite humilité.

Apprends de moi, pécheur, apprends l'obéissance
    Des sentiments humiliés;
Poudre, terre, limon, apprends de ta naissance   1490
    A te faire fouler aux pieds;
Apprends à te ranger sous le plus rude empire;
    Apprends à te vaincre, à dédire
De ton propre vouloir les desirs les plus doux;
Apprends à triompher des assauts qu'il te donne;   1495
Apprends à t'asservir à tout ce qu'on t'ordonne,
    Apprends à te soumettre à tous.

Fais que contre toi-même un saint zèle t'enflamme
    D'une juste indignation,
Pour étouffer soudain ce qui naît dans ton âme   1500
    De superbe et d'ambition;
Désenfle-la si bien qu'elle soit toujours prête
    A voir que chacun sur ta tête
Par un dernier mépris ose imprimer ses pas,
Que le plus rude affront n'ait pour toi rien d'étrange,

<small>Disce obtemperare, pulvis. Disce te humiliare, terra et limus, et sub omnium pedibus incurvare. Disce voluntates tuas frangere, et ad omnem subjectionem te dare.

Exardesce contra te, nec patiaris tumorem in te vivere; sed ita subjectum et parvulum te exhibe, ut omnes super te ambulare possint, et sicut lutum platearum conculcare.</small>

1. *Var.* L'humble soumission à ton indignité. (1654 et 56 C)

Et qu'alors qu'on te traite à l'égal de la fange,
    Tu te mettes encor plus bas.

De quoi murmures-tu, chétive créature[1],
    Et comment peux-tu repartir,
Alors qu'on te reproche, à toi qui n'es qu'ordure,   1510
    Ce que tu ne peux démentir?
N'es-tu pas un ingrat, un rebelle à ma grâce,
    D'avoir eu tant de fois l'audace
D'offenser, de trahir le dieu de l'univers?
Et tes attachements, tes lâchetés, tes vices,   1515
N'ont-ils pas mille fois mérité les supplices
    Qui me vengent dans les enfers?

Mais parce qu'à mes yeux ton âme est précieuse,
    Il m'a plu de te pardonner,
Et je n'étends sur toi qu'une main amoureuse   1520
    Qui ne veut que te couronner.
Vois par là ma bonté, vois quelle est sa puissance[2];
    Montre par ta reconnoissance
Qu'enfin de mes bienfaits tu sais le digne prix;
Fais de l'humilité ta plus douce habitude,   1525
De la soumission[3] ta plus ardente étude,
    Et tes délices du mépris.

Quid habes, homo inanis, conqueri? Quid, sordide peccator, potes contradicere exprobrantibus tibi, qui toties Deum offendisti, et toties infernum meruisti?
Sed pepercit tibi oculus meus, quia pretiosa fuit anima tua in conspectu meo, ut cognosceres dilectionem meam, et gratus semper beneficiis meis existeres, et ut ad veram subjectionem et humilitatem te jugiter dares, patienterque proprium contemptum ferres.

1. *Var.* Oses-tu murmurer, chétive créature,
    As-tu le front de repartir. (1670 O)
2. *Var.* Vois quelle est ma bonté, vois quelle est sa puissance. (1670 O)
3. Les éditions de 1654 et de 1656 C portent ici *submission*, bien qu'elle aient plus haut (variante du vers 1484) *soûmission* (sic).

CHAPITRE XIV[1].

DE LA CONSIDÉRATION DES SECRETS JUGEMENTS DE DIEU,
DE PEUR QUE NOUS N'ENTRIONS EN VANITÉ POUR NOS
BONNES ACTIONS[2].

Seigneur, tu fais sur moi tonner tes jugements :
Tous mes os ébranlés tremblent sous leur menace ;
Ma langue en est muette ; et mon cœur tout de glace
N'a plus pour s'expliquer que des frémissements.

Mon âme épouvantée à l'éclat de leur foudre
S'égare de frayeur, et s'en laisse accabler ;
Tout ce qu'elle prévoit ne fait que la troubler,
Et mon esprit confus ne sauroit que résoudre.   1535

Je demeure immobile en ce mortel effroi,
Et partout sous mes pas je trouve un précipice ;
Je vois quel est mon crime, et quelle est ta justice,
Et je sais que le ciel n'est pas pur devant toi.

Tes anges devant toi n'ont pas été sans tache[3],   1540
Et tu n'as rien permis à ta pitié pour eux :

XIV. Intonas super me judicia tua, Domine, et timore ac tremore concutis omnia ossa mea,
Et expavescit anima mea valde.
Sto attonitus, et considero quia cœli non sunt mundi in conspectu tuo.
Si in angelis reperisti pravitatem, nec tamen pepercisti, quid fiet de me?

1. Corps ou sujet de l'emblème : « David encore jeune berger surmonte le géant Goliath, et lui coupe la tête. » Ame ou sentence : *Nulla juvat fortitudo.* (Chapitre XIV, 8.)
2. Titre latin : *De occultis Dei judiciis considerandis, ne extollamur in bonis.*
3. *Var.* Tes anges devant toi n'ont point été sans tache. (1670 O)

Étant plus criminel, serois-je plus heureux,
Moi qu'à cette justice aucune ombre ne cache[1]?

Au plus creux de l'abîme elle a fait trébucher
Ces astres si brillants de gloire et de lumière;   1545
Et moi, Seigneur, et moi, qui ne suis que poussière,
Croirai-je avec raison que je te sois plus cher?

Les grands dévots, comme eux, font des chutes étranges :
J'ai vu dégénérer leurs plus nobles travaux,
Et les sales rebuts des plus vils animaux   1550
Plaire à leur mauvais goût après le pain des anges.

La vertu la plus prête à se voir couronner,
Quand ta main se retire, est aussitôt fragile ;
Et toute la sagesse est comme elle inutile,
Quand cette même main cesse de gouverner.   1555

La force et la valeur trompent notre espérance,
Si pour la conserver tu n'avances ton bras ;
Et jamais chasteté n'est bien sûre ici-bas,
Si ta protection ne fait son assurance[2].

Ceciderunt stellæ de cœlo, et ego pulvis quid præsumo?
Quorum opera videbantur laudabilia, ceciderunt ad infima ; et qui comedébant panem angelorum, vidi siliquis delectari porcorum.
Nulla est ergo sanctitas, si manum tuam, Domine, subtrahas.
Nulla sapientia prodest, si gubernare desistas.
Nulla juvat fortitudo, si conservare desinas. Nulla secura castitas, si eam non protegas.

---

1. *Var.* Puisqu'à cette justice il n'est rien qui me cache ? (1654 et 56 C)
   Var. Moi qu'à ton bras vengeur aucune ombre ne cache? (1670 O)
2. Dans l'édition de 1670 :

   Si ta protection n'y fait son assurance.

Enfin si nous n'avons ton aide et ton soutien[1], 1560
Si tu ne nous défends, si tu ne nous regardes,
Tout l'effort qu'on se fait pour être sur ses gardes
N'est qu'un effort qui gêne et qui ne sert de rien.

Le naufrage est certain si tu nous abandonnes;
Le soin de l'éviter nous fait même y courir; 1565
Mais sitôt que ta main daigne nous secourir,
Nous rentrons à la vie, et gagnons les couronnes.

Nous sommes inconstants, mais tu nous affermis;
Notre feu s'amortit, tu lui prêtes des flammes,
Et les saintes ardeurs que tu rends à nos âmes 1570
Sont autant de remparts contre nos ennemis.

Qu'un plein ravalement ainsi m'est nécessaire!
Que je me dois pour moi des sentiments abjets!
Et quand je fais du bien, si quelquefois j'en fais,
Le peu d'état, Seigneur, qu'il m'est permis d'en faire!

Que je dois m'abaisser, que je dois m'avilir
Sous tes saints jugements, sous leurs profonds abîmes,
Où je ne vois en moi qu'un néant plein de crimes[2].

<small>Nulla propria prodest custodia, si non adsit tua sacra vigilantia.
Nam relicti mergimur et perimus; visitati vero vivimus et erigimur.
Instabiles quippe sumus, sed per te confirmamur; tepescimus, sed a te accendimur.
O quam humiliter et abjecte mihi de meipso sentiendum est! quam nihili pendendum, si quid boni videar habere!
O quam profunde me submittere debeo sub abyssalibus judiciis tuis, Domine, ubi nihil aliud me esse invenio, quam nihil et nihil!</small>

<small>1. *Var.* Seigneur, si nous n'avons ton aide et ton soutien. (1670 O)
2. *Var.* Où je me vois sans plus un néant plein de crimes.
(1654, 56 B, C et D, 59 et 62)
Var. Moi qui ne vois en moi qu'un néant plein de crimes. (1670 O)</small>

Qui tout néant qu'il est, ose s'enorgueillir[1] !

O néant! ô vrai rien! mais pesanteur extrême, 1580
Mais charge insupportable à qui veut s'élever !
Mer sans rive où partout chacun se peut trouver,
Mais sans trouver partout qu'un néant en soi-même !

Dans un gouffre si vaste où te retires-tu,
Où te peux-tu cacher, source de vaine gloire ? 1585
Mérite, où vois-tu lieu de flatter la mémoire ?
Où va la confiance en la propre vertu ?

Tout s'abîme[2], Seigneur, dans cette mer profonde
Que tes grands jugements ouvrent de toutes parts ;
Et si tous les mondains y jetoient leurs regards, 1590
Il ne seroit jamais de vaine gloire au monde.

Que verroient-ils en eux qu'ils pussent estimer,
S'ils voyoient devant toi ce qu'est leur chair fragile ?
Comment souffriroient-ils qu'une masse d'argile[3]
S'enflât contre la main qui vient de la former ? 1595

Un cœur vraiment à toi ne prend jamais le change ;

O pondus immensum! o pelagus intransnatabile, ubi nihil de me reperio, quam in toto nihil !
Ubi est ergo latebra gloriæ ? Ubi confidentia de virtute concepta ?
Absorpta est omnis gloriatio vana in profunditate judiciorum tuorum super me.
Quid est omnis caro in conspectu tuo ? Numquid gloriabitur lutum contra formantem se ?
Quomodo potest erigi vaniloquio, cujus cor in veritate subjectum est Deo ?

1. *Var.* Qui, tout néant qu'il est, tâche à s'enorgueillir ! (1670 O)
2. On lit : « Tout abîme, » dans les éditions de 1659 et de 1662.
3. *Var.* Pourroient-ils bien souffrir qu'une bourbeuse argile. (1654)

LIVRE III, CHAPITRE XIV.

Et qui goûte une fois l'esprit de vérité,
Qui se peut y soumettre avec sincérité,
Ne sauroit plus goûter une vaine louange.

Oui, quand ta vérité l'a bien soumis à toi,   1600
Le bien qu'on dit de lui jamais ne le soulève :
Qu'un monde entier le loue, un monde entier achève
D'affermir les mépris qu'il a conçus de soi[1].

Sitôt qu'il fixe en Dieu toute son espérance,
Les éloges sur lui n'ont plus aucun pouvoir ;   1605
Il entend leurs douceurs, mais sans s'en émouvoir,
Sans leur prêter jamais la moindre complaisance.

Aussi tous les flatteurs eux-mêmes ne sont rien[2] :
Ce qu'ils donnent d'encens est comme eux périssable ;
Mais ta vérité seule est toujours immuable,   1610
Et seule nous conduit jusqu'au souverain bien.

Non eum totus mundus eriget quem veritas sibi subjecit ;
Nec omnium laudantium ore movebitur qui totam spem suam in Deo firmavit ;
Nam et ipsi qui loquuntur, ecce omnes nihil ; deficient enim cum sonitu verborum ; veritas autem Domini manet in æternum.

1. On lit dans l'édition de 1676 :
   D'affermir les mépris qu'il a conçu (sic) de toi ;
et dans l'édition de 1693 :
   D'affermir le mépris qu'il a conçu de soi.
2. *Var.* Nos plus zélés flatteurs eux-mêmes ne sont rien :
   Ce qu'ils donnent d'encens comme eux est périssable ;
   Ta vérité, Seigneur, est seule invariable. (1670 O)

CHAPITRE XV[1].

COMME IL FAUT NOUS COMPORTER ET PARLER A DIEU EN TOUS NOS SOUHAITS[2].

Pense à moi, mon enfant; quoi que tu te proposes,
Laisse-m'en disposer, et dis en toutes choses :

« O mon Dieu ! si ton bon plaisir
S'accorde à ce que je souhaite,
Donne-m'en le succès conforme à mon desir :
Sinon, ta volonté soit faite.

« Si ta gloire peut s'exalter
Par l'effet où j'ose prétendre,
Permets qu'en ton saint nom je puisse exécuter
Ce que tu me vois entreprendre.

« S'il doit servir à mon salut,
Si mon âme en tire avantage,
Ainsi que ton honneur en est l'unique but,
Que te servir en soit l'usage.

XV. Fili, sic dicas in omni re :
« Domine, si tibi placitum fuerit, fiat hoc ita.
« Domine, si sit honor tuus, fiat hoc in nomine tuo.
« Domine, si mihi videris expedire, et utile esse probaveris, tunc dona mihi hoc uti ad honorem tuum.

1. Corps ou sujet de l'emblème : « Saint François Xavier dans un naufrage. » Ame ou sentence : *In manu tua ego sum, gira et reversa me.* (Chapitre XV, 12.)
2. *Var.* COMME (*dans l'édition de* 1654 A : COMMENT) IL FAUT NOUS COMPORTER EN TOUS LES SOUHAITS QUE NOUS FAISONS. (1654, 56 B, 59 et 62) — *Var.* COMMENT IL FAUT NOUS COMPORTER EN TOUS NOS SOUHAITS. (1656 C et D et 58) — Titre latin : *Qualiter standum sit ac dicendum in omni re desiderabili.*

« Mais s'il est nuisible à mon cœur,
S'il est inutile à mon âme,
Daigne éteindre, ô mon Dieu, cette frivole ardeur,
Et remplis-moi d'une autre flamme. »

Car souvent un desir peut sembler vertueux,   1630
Qui n'a de la vertu qu'un air tumultueux,
Qu'une ombre colorée, et ce n'est pas à dire,
Quoiqu'il paroisse bon, que c'est moi qui l'inspire.
Il ne t'est pas aisé de juger au certain
Quel esprit meut ton âme, ou ta langue, ou ta main;
S'il est bon ou mauvais; si l'un ou l'autre est cause
Que tu fais un souhait pour telle ou telle chose;
Ou si ce n'est enfin qu'un simple mouvement
Qu'excite dans ton cœur ton propre sentiment.
Plusieurs y sont trompés, et leur fausse lumière   1640
Trouve le précipice au bout de la carrière,
Après avoir cru prendre avec fidélité
Pour guide en tous leurs pas l'esprit de vérité.

Tu dois donc, ô mon fils, toujours avec ma crainte,
Avec l'humilité dedans ton cœur empreinte [1],   1645
M'adresser tous tes vœux, me demander l'effet
De tout ce que tu crois digne de ton souhait,

« Sed si mihi nocivum fore cognoveris, nec animæ meæ saluti prodesse, aufer a me tale desiderium. »
Non enim omne desiderium a Spiritu sancto est, etiamsi homini videatur rectum et bonum. Difficile est pro vero judicare utrum spiritus bonus, an alienus te impellat ad desiderandum hoc vel illud, an etiam ex proprio movearis spiritu. Multi in fine sunt decepti, qui primo bono spiritu videbantur inducti.
Igitur semper cum timore Dei et cordis humilitate desiderandum est et petendum, quidquid desiderabile menti occurrit; maxime-

1. *Var.* Toujours l'humilité dedans ton cœur empreinte. (1654)

Réduire tes desirs sous ce que je desire,
M'en remettre le tout, et toujours me redire :

  « Tu vois ce qui m'est le meilleur,   1650
  De mes maux tu sais le remède
Regarde mon desir, et règle-le, Seigneur,
  Anisi que tu veux qu'il succède.

  « Donne-moi ce que tu voudras ;
  Choisis le temps et la mesure ;   1655
Et comme il te plaira daigne étendre le bras¹
  Sur ta chétive créature.

  « Vois-moi gémir et travailler,
  Et pour tout fruit ne me destine
Que ce qui te plaît mieux, et qui fait mieux briller   1660
  L'éclat de ta gloire divine.

  « Ordonne de tout mon emploi
  Par ta providence suprême ;
Agis partout en maître, et dispose de moi
  Sans considérer que toi-même.   1665

  « Tiens-moi dans ta main fortement ;
  Tourne, retourne-moi sans cesse ;

que cum propria resignatione mihi totum committendum est, atque dicendum :
 « Domine, tu scis qualiter melius est : fiat hoc vel illud, sicut volueris.
 « Da quod vis, et quantum vis, et quando vis.
 « Fac mecum, sicut scis, et sicut tibi magis placuerit, et major honor tuus fuerit.
 « Pone me ubis vis, et libere age mecum in omnibus.
 « In manu tua sum, gira et reversa me per circuitum.

1. L'édition de 1662 a le pluriel : « les bras. »

Porte-moi sans repos de la joie au tourment,
    De la douleur à l'allégresse.

    « Tel qu'un esclave prêt à tout,   1670
    Pour toi, non pour moi, je veux vivre;
C'est là mon seul desir : puissé-je jusqu'au bout,
    O mon Dieu, dignement le suivre ! »

ORAISON POUR FAIRE LE BON PLAISIR DE DIEU[1].

    Doux arbitre de mon sort,
    Daigne m'accorder ta grâce :   1675
    Qu'elle aide mon foible effort,
    Et que sa pleine efficace
    Dure en moi jusqu'à la mort.

    Fais, Seigneur, que mon desir
    N'ait pour but invariable[2]   1680
    Que ce que ton bon plaisir
    Aura le plus agréable,
    Que ce qu'il voudra choisir.

    Que ton vouloir soit le mien,
    Que le mien toujours le suive[3],   1685

« En ego servus tuus paratus ad omnia, quoniam non desidero mihi vivere, sed tibi : utinam digne et perfecte ! »

Concede mihi, benignissime Jesu, gratiam tuam, ut mecum sit, et mecum laboret, mecumque usque in finem perseveret.

Da mihi hoc semper desiderare et velle quod tibi magis acceptum est et carius placet.

Tua voluntas mea sit, et mea voluntas tuam sequatur semper, et optime ei concordet.

1. Titre latin : *Oratio pro bene placito Dei perficiendo.*
2. Dans l'édition de 1676 :
    N'ait pour but inviolable.
3. *Var.*   Que le mien partout le suive. (1670 O)

Et s'y conforme si bien,
Qu'ici-bas, quoi qu'il m'arrive,
Sans toi je ne veuille rien.

Fais-le toujours prévaloir
Sur quoi que je me propose,   1690
Et mets hors de mon pouvoir
De vouloir aucune chose
Que ce qu'il te plaît vouloir.

Fais-moi de sorte mourir
A tout ce qu'on voit au monde,   1695
Que je ne puisse chérir
Sur la terre ni sur l'onde
Que ce qui ne peut périr.

Que ma gloire à l'abandon,
Sous les mépris abîmée,   1700
Conserve si peu mon nom,
Qu'à mes yeux la renommée
Doute si je vis ou non.

Fais que de tous mes souhaits
En toi seul je me repose;   1705
Fais qu'attendant les effets
Où mon âme se dispose,
Elle trouve en toi sa paix.

Toi seul es le vrai repos:

Sit mihi unum velle et nolle tecum; nec aliud posse velle, aut nolle, nisi quod tu vis et non vis.
Da mihi omnibus mori quæ in mundo sunt;
Et propter te amare contemni et nesciri in hoc sæculo.
Da mihi super omnia desiderata in te requiescere, et cor meum in te pacificare.

Hors de toi le calme est rude ; 1710
Et la bonace des flots
Augmente l'inquiétude
Des plus sages matelots.

En cette paix donc, Seigneur[1],
Essentielle et suprême, 1715
En[2] cet unique bonheur
Qui n'est autre que toi-même,
Fais le repos de mon cœur.

CHAPITRE XVI[3].

QUE LES VÉRITABLES CONSOLATIONS NE SE DOIVENT
CHERCHER QU'EN DIEU[4].

J'épuise mon desir, j'épuise ma pensée
 A chercher des contentements 1720
 Qui par de vrais soulagements
Adoucissent les maux dont mon âme est pressée ;
Mais, hélas ! après tout, j'ai beau m'en figurer[5],

Tu vera pax cordis, tu sola requies : extra te omnia sunt dura et inquieta.
In hac pace, in idipsum, hoc est in te uno summo æterno bono, dormiam et requiescam.
XVI. Quidquid desiderare possum, vel cogitare ad solatium meum, non hic expecto, sed in posterum.

1. *Var.* En cette union, Seigneur,
   A ta volonté suprême,
   En cet unique bonheur,
   Ou pour mieux dire, en toi-même. (1670 O)
2. On lit *Est*, pour *En*, dans l'édition de 1665 A.
3. Corps ou sujet de l'emblème : « Saint Louis, roi de France, gagne le ciel par le bon usage des grandeurs. » Ame ou sentence : *Sint temporalia in usu, æterna in desiderio.* (Chapitre XVI, 4.)
4. Titre latin : *Quod verum solatium in solo Deo quærendum est.*
5. *Var.* J'en trouve ; mais, hélas ! j'ai beau m'en figurer. (1654)

J'ai beau les desirer,
Ce n'est point en ces lieux que je les dois attendre : 1725
L'avenir seul me les promet,
Cet heureux avenir où chacun peut prétendre,
Mais qu'on n'obtient qu'au prix¹ où la vertu le met.

Quand par un heureux choix d'événements propices
Le monde me feroit sa cour, 1730
Quand il n'auroit soin nuit et jour
Que d'inventer pour moi de nouvelles délices,
Quand il attacheroit lui-même à mes côtés
Toutes ses voluptés,
De combien de moments en seroit la durée ? 1735
Et quels biens me pourroit donner
Sa faveur la plus ferme et la mieux assurée,
Qu'en un coup d'œil peut-être il faut abandonner ?

N'espère point de joie, ô mon cœur, que frivole ;
N'en espère aucune ici-bas 1740
Qu'en ce grand Dieu de qui le bras
Soutient l'humble et le pauvre, et partout le console.
Quels que soient tes ennuis, attends encore un peu,
Sans attiédir ton feu,
Attends le doux effet des promesses divines ; 1745
Et tu posséderas bientôt
Des biens encor plus grands que tu ne t'imagines,
Et que le ciel pour toi garde comme en dépôt.

Quod si omnia solatia mundi solus haberem, et omnibus divitiis frui possem, certum est quod diu durare non possent.
Unde non poteris, anima mea, plene consolari, nec perfecte recreari, nisi in Deo, consolatore pauperum et susceptore humilium. Expecta modicum, anima mea, expecta divinum promissum, et habebis abundantiam omnium bonorum in cœlo.

1. L'édition de 1670 porte seule *qu'aux prix*, au pluriel.

LIVRE III, CHAPITRE XVI. 345

Ce lâche abaissement aux douceurs temporelles,
  Que le siècle fait trop goûter,   1750
   Sert d'un grand obstacle à monter
Dans ce palais de gloire où sont les éternelles :
Attache tes desirs, mon âme, à celles-ci ;
   Fais-en ton seul souci,
Et regarde en passant celles-là pour l'usage ;   1755
  Ne t'en laisse plus éblouir :
Ce Dieu qui du néant te fit à son image
Eut un plus digne objet que de t'en voir jouir.

De quoi te serviroient tous les trésors du monde,
  Tous ceux que la terre et la mer   1760
   Dans leur sein peuvent enfermer,
Si ce n'est point sur eux qu'un vrai bonheur se fonde ?
Le plus pompeux éclat de ces riches trésors
   N'a qu'un brillant dehors
Qui n'excite au dedans que de l'inquiétude :   1765
   Il n'a point de solide bien ;
Et si tu veux trouver quelque béatitude,
Elle n'est qu'en ce Dieu qui créa tout de rien.

Mais garde-toi surtout de la présumer telle
  Que se la peignent ces mondains   1770
   Dont les desirs brutaux et vains
Au gré de leur caprice en forment un modèle :
Tu t'y dois figurer un amas de vrais biens,
   Tel que les vrais chrétiens

 Si nimis inordinate ista appetis præsentia, perdes æterna et cœlestia. Sint temporalia in usu, æterna in desiderio. Non potes aliquo bono temporali satiari, quia ad hæc fruenda non es creata.
 Et si omnia bona creata haberes, non posses esse felix et beata; sed in Deo, qui cuncta creavit, tota beatitudo tua et felicitas consistit :
 Non qualis videtur et laudatur a stultis mundi amatoribus ; sed

Dans leurs plus longs travaux attendent sans murmure ;
    Un avant-goût délicieux,
Tel que sent quelquefois une âme droite et pure
De qui tout l'entretien s'élève jusqu'aux cieux.

Rempli de cette idée, il te sera facile
        De juger l'instabilité   1780
    Qu'a le monde et sa vanité,
Comme lui décevante, et comme lui fragile.
La seule vérité donne aux afflictions
            Des consolations
Durables à l'égal de sa sainte parole :   1785
    Ainsi l'éprouvent les dévots ;
Et portant en tous lieux un Dieu qui les console,
Ils savent bien aussi lui dire à tous propos :

        « Bénin Sauveur de la nature,
        Prends soin partout de m'assister,   1790
        Et daigne sans cesse prêter
        Ton secours à ta créature.

        « Qu'au milieu de toutes mes peines
        Ce me soit un soulagement
        D'être abandonné pleinement   1795
        Des consolations humaines.

        « Qu'au défaut même de la tienne,

qualem expectant boni Christi fideles, et prægustant interdum spirituales ac mundi corde, quorum conversatio est in cœlis.
Vanum est et breve omne humanum solatium ; beatum et verum solatium, quod intus a veritate percipitur. Devotus homo ubique secum fert consolatorem suum Jesum, et dicit ad eum :
« Adesto mihi, Domine Jesu, in omni loco et tempore.
« Hæc mihi sit consolatio, libenter carere omni humano solatio.

J'en trouve dans ta volonté,
Dont la juste sévérité[1]
Fait cette épreuve de la mienne.   1800

« Car enfin, Seigneur, ta colère
Fera place à des temps plus doux,
Et les fureurs d'un Dieu jaloux
Céderont aux bontés d'un père. »

CHAPITRE XVII[2].

QU'IL FAUT NOUS REPOSER EN DIEU DE TOUT LE SOIN
DE NOUS-MÊMES[3].

Laisse-moi te traiter ainsi que je l'entends :   1805
    Je sais ce qui t'est nécessaire ;
Je juge mieux que toi de ce que tu prétends ;
    Encore un coup, laisse-moi faire.
Tu vois tout comme un homme, et sur tous les objets
Les sentiments humains conduisent tes projets ;   1810
Souvent ta passion elle seule y préside :
Tu lui remets souvent le choix de tes desirs ;
Et recevant ainsi cette aveugle pour guide,
Tu rencontres des maux où tu crois des plaisirs.

    « Et si tua defuerit consolatio, sit mihi tua voluntas et justa probatio pro summo solatio.
    « Non enim in perpetuum irasceris, neque in æternum comminaberis. »
    XVII. Fili, sine me tecum agere quod volo : ego scio quid expedit tibi. Tu cogitas ut homo : tu sentis in multis, sicut humanus suadet affectus.

    1. *Var.*   Dont l'aimable sévérité. (1670 O)
    2. Corps ou sujet de l'emblème : « Saint André. » Ame ou sentence : *Ita promptus esse debes ad patiendum.* (Chapitre XVII, 8.)
    3. Titre latin : *Quod omnis sollicitudo in Deo statuenda est.*

Ce que tu dis, Seigneur, n'est que trop véritable[1] : 1815
 Les soucis que tu prends de moi
Surpassent de bien loin tous ceux dont est capable
 L'amour-propre et son fol emploi.

Aussi faut-il sur toi pleinement s'en démettre,
 Sans se croire, sans se chercher ; 1820
Et qui n'en use ainsi ne sauroit se promettre
 De faire un pas sans trébucher.

Tiens donc ma volonté sous ton ordre céleste,
 Droite en tout temps, ferme en tous lieux ;
Laisse-moi cette grâce, et dispose du reste 1825
 Comme tu jugeras le mieux.

A cela près, Seigneur, que ta main se déploie ;
 Je ne veux examiner rien ;
Et je suis assuré que quoi qu'elle m'envoie,
 Tout est bon, tout est pour mon bien. 1830

Sois béni, si tu veux que tes lumières saintes[2]
 Éclairent mon entendement ;

<small>Domine, verum est quod dicis : major est sollicitudo tua pro me, quam omnis cura quam ego gerere possum pro me.
Nimis enim casualiter stat, qui non projicit omnem sollicitudinem suam in te.
Domine, dummodo voluntas mea recta et firma ad te permaneat, fac de me quidquid tibi placuerit.
Non enim potest esse nisi bonum, quidquid de me feceris.
Si me vis esse in tenebris, sis benedictus ; et si me vis esse in luce, sis iterum benedictus.</small>

<small>1. *Var.* Ta parole, Seigneur, n'est que trop véritable. (1670 O)
2. *Var.* Si tu veux m'éclairer de tes vives lumières,
 Sois bénit de cet heureux choix ;
Si tu veux me laisser mes ténèbres grossières,
 Sois bénit encore une fois. (1654 B)</small>

Et ne le sois pas moins, si leurs clartés éteintes
Me rendent mon aveuglement.

Sois à jamais béni, si tes douces tendresses[1]
    Daignent consoler mes travaux;
Et ne le sois pas moins, si tes justes rudesses[2]
    Se plaisent à croître mes maux.

Ainsi tous tes souhaits se doivent concevoir,
    Si tu veux que je les écoute;
Ainsi tu dois, mon fils, te mettre en mon pouvoir,
    Si tu veux marcher dans ma route.
Tiens ton cœur prêt à tout, et d'un visage égal
Accepte de ma main et le bien et le mal,
Le profond déplaisir et la pleine allégresse :
Sois content, pauvre et riche, et toujours satisfait,
Soit que je te console, ou que je te délaisse,
Bénis ma providence, et chéris-en l'effet.

Volontiers, ô mon Dieu, volontiers je captive
    Mes desirs sous ton saint vouloir,
Et pour l'amour de toi je veux, quoi qu'il m'arrive,
    Souffrir tout sans m'en émouvoir.

    Si me dignaris consolari, sis benedictus; et si me vis tribulari, sis æque semper benedictus.
    Fili, sic oportet te stare, si mecum desideras ambulare : ita promptus esse debes ad patiendum, sicut ad gaudendum ; ita libenter debes esse inops et pauper, sicut plenus et dives.
    Domine, libenter patiar pro te quidquid volueris venire super me.

1. *Var.* Si tu veux m'honorer de tes douces tendresses,
    Sois bénit éternellement. (1654 B)
  Var. Sois béni si tu veux que tes saintes tendresses
    Consolent mes plus durs travaux. (1670 O)
2. *Var.* Et si tu veux pour moi n'avoir que des rudesses,
    Sois-en bénit également. (1654 B)

Le succès le plus triste et le plus favorable,
  Le plus doux et le plus amer,
Me seront tous des choix de ta main adorable,   1855
  Qu'également il faut aimer.

Je les recevrai tous, sans mettre différence
  Entre le bon et le mauvais[1];
Je les aimerai tous, et ma persévérance
  T'en rendra grâces à jamais.   1860

Aux assauts du péché rends mon âme invincible;
  Daigne l'en faire triompher;
Et je ne craindrai point la mort la plus terrible,
  Ni les puissances de l'enfer.

Pourvu que ma langueur ne soit jamais punie   1865
  Par un éternel abandon,
Pourvu, Seigneur, pourvu que du livre de vie
  Jamais tu n'effaces mon nom,

Fais pleuvoir des douleurs, fais pleuvoir des misères,
  Fais-en sur moi fondre un amas :   1870
Rien ne pourra me nuire, et dans les plus amères
  Je ne verrai que des appas.

Indifferenter volo de manu tua bonum et malum, dulce et amarum, lætum et triste suscipere ;
Et pro omnibus mihi contingentibus gratias agere.
Custodi me ab omni peccato, et non timebo mortem nec infernum.
Dummodo in æternum me non projicias, nec deleas me de libro vitæ,
Non mihi nocebit quidquid venerit tribulationis super me.

1. *Var.*   Entre les bons et les mauvais. (1670 O)

CHAPITRE XVIII[1].

QU'IL FAUT SOUFFRIR AVEC PATIENCE LES MISÈRES
TEMPORELLES, A L'EXEMPLE DE JÉSUS-CHRIST[2].

Vois, mortel, combien tu me dois[3] :
J'ai quitté le sein de mon Père,
Je me suis revêtu de toute ta misère, 1875
J'en ai voulu subir les plus indignes lois.
Le ciel étoit fermé, tu n'y pouvois prétendre;
Pour t'en ouvrir la porte il m'a plu d'en descendre,
Sans que rien m'imposât cette nécessité;
Et pour prendre une vie amère et douloureuse, 1880
J'ai suivi seulement la contrainte amoureuse
De mon immense charité.

Mais je veux amour pour amour :
Je veux, mon fils, que tu contemples
Ce que je t'ai laissé de précieux exemples 1885
Comme autant de leçons pour souffrir à ton tour;
Que sous l'accablement des misères humaines,
L'esprit dans les ennuis et le corps dans les gênes,
Tu tiennes toujours l'œil sur ce que j'ai souffert,
Et que malgré l'horreur qu'en conçoit la nature, 1890
Tu t'offres sans relâche à souffrir sans murmure,
Ainsi que je m'y suis offert.

XVIII. Fili, ego descendi de cœlo pro tua salute; suscepi tuas miserias, non necessitate, sed caritate trahente;
Ut patientiam disceres, et temporales miserias non indignanter ferres.

1. Corps ou sujet de l'emblème : « La nativité de Jésus-Christ dans la pauvreté. » Ame ou sentence : *Non necessitate, sed caritate.* (Chapitre XVIII, 1.)
2. *Var.* .... A L'IMITATION DE JÉSUS-CHRIST. (1654 A, 56 C et D et 58) — Titre latin : *Quod temporales miseriæ, exemplo Christi, æquanimiter sunt ferendæ.*
3. *Var.* Vois, pécheur, combien tu me dois. (1654 B, 56 B, 59 et 62

Examine chaque moment
Qu'en terre a duré ma demeure :
Va du premier instant jusqu'à la dernière heure ; 1895
Remonte de la fin jusqu'au commencement;
Tiens-en toute l'image à tes yeux étendue:
Verras-tu de mes maux la course suspendue,
De ces maux où pour toi je me suis abîmé ?
La crèche où je naquis vit mes premières larmes; 1900
Tous mes jours n'ont été que douleurs ou qu'alarmes,
 Et ma croix a tout consommé.

 Au manquement continuel
 Des commodités temporelles
On a joint contre moi les plaintes, les querelles, 1905
Et tout ce que l'opprobre avoit de plus cruel :
J'en ai porté la honte avec mansuétude ;
J'ai vu sans m'indigner la noire ingratitude
Payer tous mes bienfaits d'un outrageux mépris,
La fureur du blasphème attaquer mes miracles, 1910
Et l'orgueil ignorant condamner les oracles
 Dont j'illuminois les esprits.

Il est vrai, mon Sauveur, que toute votre vie
Est de la patience un miroir éclatant,
Et qu'un si grand exemple à souffrir me convie 1915
Tout ce qu'a le malheur le plus persécutant[1].

 Nam ab hora ortus mei, usque ad exitum in cruce, non defuit mihi tolerantia doloris.
 Defectum rerum temporalium magnum habui ; multas querimonias de me frequenter audivi; confusiones et opprobria benigne sustinui; pro beneficiis ingratitudinem recepi, pro miraculis blasphemias, pro doctrina reprehensiones.
 Domine, quia fuisti patiens in vita tua,

1. *Var.* Tout ce qu'a le malheur de plus persécutant. (1654, 56 B, 59 et 62)

Puisque par là surtout vous sûtes satisfaire [1]
Aux ordres que vous fit votre Père éternel,
Avec quelle raison voudrois-je m'y soustraire?
L'innocent lui doit-il plus que le criminel?   1920

Il faut bien qu'à son tour le pécheur misérable
Accepte de ses maux toute la dureté,
Et soumette une vie infirme et périssable
Aux souverains décrets de votre volonté.

Il est juste, ô mon Dieu, que sans impatience [2]   1925
J'en porte le fardeau pour mon propre salut,
Et que de ses ennuis la triste expérience
Ne produise en mon cœur ni dégoût ni rebut.

La foiblesse attachée à notre impure masse
Trouve sa charge lourde et fâcheuse à porter ;   1930
Mais par l'heureux secours de votre sainte grâce,
Plus le poids en est grand, plus il fait mériter.

Votre exemple nous aide à souffrir avec joie ;
Celui de tous vos saints nous rehausse le cœur :
L'un et l'autre du ciel nous aplanit la voie ;   1935

> In hoc maxime implendo præceptum Patris tui,
> Dignum est ut ego miserrimus peccator secundum voluntatem tuam patienter me sustineam ;
> Et donec ipse volueris, onus corruptibilis vitæ pro salute mea portem.
> Nam etsi onerosa sentitur præsens vita, facta est tamen jam per gratiam tuam valde meritoria ;
> Atque exemplo tuo et sanctorum tuorum vestigiis, infirmis tolerabilior et clarior ;

1. *Var.* Seigneur, puisqu'en souffrant il vous plut satisfaire
Aux ordres que donna votre Père éternel. (1670 O)
2. *Var.* Il est juste, à mon tour, que sans impatience. (1654 et 56 C et D)

L'un et l'autre y soutient notre peu de vigueur.

Sous la loi de Moïse et son rude esclavage
La vie avoit bien moins de quoi nous consoler :
Le ciel toujours fermé laissoit peu de passage
Par où jusque sur nous sa douceur pût couler. 1940

Sa route étoit alors beaucoup plus inconnue,
Et sembloit se cacher sous tant d'obscurité,
Que peu pour la trouver avoient assez de vue,
Et très-peu pour la suivre assez de fermeté.

Encor ce petit nombre, en qui l'âme épurée 1945
Avoit fait sur le monde un vertueux effort,
Voyoit bien dans le ciel sa place préparée ;
Mais pour s'y voir assis il falloit votre mort.

Il leur falloit attendre, après tous leurs mérites,
Que votre sang versé les rendît bienheureux, 1950
Et vers votre justice ils n'étoient pas bien quittes,
A moins que votre amour payât encor pour eux.

Que je vous dois d'encens, que je vous dois de grâces
De m'avoir enseigné le bon et droit chemin[1],
Et de m'avoir frayé ces douloureuses traces 1955

 Sed et multo magis consolatoria quam olim in lege veteri fuerat, cum porta cœli clausa persisteret ;
 Et obscurior etiam via ad cœlum videbatur, quando tam pauci regnum cœlorum quærere curabant.
 Sed neque qui tunc salvandi et justi erant, ante Passionem tuam et sacræ mortis debitum,
 Cœleste regnum poterant introire.
 O quantas tibi gratias teneor referre, quod rectam et bonam viam dignatus es mihi,

1. *Var.* De m'avoir enseigné cet âpre et doux chemin. (1670 O)

Qui mènent sur vos pas à des plaisirs sans fin !

La faveur m'est commune avec tous vos fidèles
Qu'unit la charité sous votre aimable loi :
Recevez-en, Seigneur, des grâces éternelles ;
Je vous en rends pour eux aussi bien que pour moi. 1960

Car enfin votre vie est cette voie unique
Où par la patience on marche jusqu'à vous :
Par là votre royaume à tous se communique ;
Par là votre couronne est exposée à tous.

Si vous n'aviez vous-même enseigné cette voie, 1965
Si vous n'y laissiez voir l'empreinte de vos pas[1],
Vous offririez en vain votre couronne en proie :
Prendroit-on un chemin qu'on ne connoîtroit pas ?

Si nous cessions d'avoir votre exemple pour guide,
Les moindres embarras nous feroient rebrousser, 1970
Et toute notre ardeur abattue et languide
Tourneroit en arrière, au lieu de s'avancer.

Hélas ! puisqu'on s'égare avec tant de lumière[2]
Qu'épandent votre vie et vos enseignements,

Et cunctis fidelibus, ad æternum regnum tuum ostendere !
Nam vita tua, via nostra ; et per sanctam patientiam ambulamus ad te, qui es corona nostra.
Nisi tu nos præcessisses et docuisses, quis sequi curaret ?
Heu ! quanti longe retroque manerent, nisi tua præclara exempla inspicerent !
Ecce adhuc tepescimus, auditis tot signis tuis et doctrinis : quid fieret, si tantum lumen ad sequendum te non haberemus ?

1. *Var.* Si vous n'y faisiez voir l'empreinte de vos pas. (1675 O)
2. *Var.* Hélas ! si l'on s'égare avec tant de lumière. (1670 O)

Qui pourroit arriver au bout de la carrière, 1975
Si nous étions réduits à nos aveuglements?

CHAPITRE XIX[1].

DE LA VÉRITABLE PATIENCE[2].

Qu'as-tu, mon fils, que tu soupires?
Considère ma Passion,
Considère mes saints, regarde leurs martyres,
Et baisse après les yeux sur ton affliction : 1980
   Qu'y trouves-tu qui leur soit comparable,
   Toi qui prétends une place en leur rang?
Va, cesse de nommer ton malheur déplorable :
Tu n'en es pas encor jusqu'à verser ton sang.

   Tu souffres, mais si peu de chose 1985
   Au prix de ce qu'ils ont souffert,
Que le fardeau léger des croix que je t'impose
Ne vaut pas que sur lui tu tiennes l'œil ouvert :
   Vois, vois plutôt celles qu'ils ont portées;
   Vois quels tourments a bravés[3] leur vertu, 1990
Que d'assauts repoussés, que d'horreurs surmontées ;
Et si tu le peux voir, dis-moi, que souffres-tu?

XIX. Quid est quod loqueris, fili? Cessa conqueri, considerata mea et aliorum sanctorum passione. Nondum usque ad sanguinem restitisti.

Parum est quod tu pateris, in comparatione eorum qui tam multa passi sunt, tam fortiter tentati, tam graviter tribulati,

---

1. Corps ou sujet de l'emblème : « Saint François renonce à la succession de son père et lui rend ses habits en présence de son évêque. » Ame ou sentence : *Ingens lucrum reputat.* (Chapitre XIX, 10.)
2. *Var.* COMME IL FAUT SUPPORTER LES TORTS QU'ON NOUS FAIT, ET DES MARQUES DE LA VÉRITABLE PATIENCE. (1654-62) — Titre latin : *De tolerantia injuriarum, et quis verus patiens probetur.*
3. Toutes nos éditions donnent *bravé*, sans accord.

LIVRE III, CHAPITRE XIX. 357

    Vois par mille épreuves diverses
    Leurs cœurs sans relâche exercés ;
Vois-les bénir mon nom dans toutes leurs traverses,
Et tomber sous le faix sans en être lassés ;
    Vois leur constance au milieu de leurs gênes
    Monter plus haut, plus on les fait languir [1] ;
Mesure bien tes maux sur l'excès de leurs peines,
Tes maux n'auront plus rien qui mérite un soupir.   2000

    Sans doute, alors que ta foiblesse
    Les trouve trop lourds à porter,
Ta propre impatience est tout ce qui te blesse [2],
Et seule fait le poids qu'elle veut rejeter [3].
    Légers ou lourds, il faut que tu les portes [4] :   2005
    Tu ne peux rompre un ordre fait pour tous,
Et soit que tes douleurs soient ou foibles ou fortes,
Tu dois même constance à soutenir leurs coups.

    Tu te montres d'autant plus sage,

    Tam multipliciter probati et exercitati. Oportet te igitur aliorum graviora ad mentem reducere, ut lenius feras tua minima.
    Et si tibi minima non videntur, vide ne et hoc faciat tua impatientia. Sive tamen parva, sive magna sint, stude cuncta patienter sufferre.
    Quanto melius ad patiendum te disponis, tanto sapientius agis, et

1. *Var.* Se redoubler, plus on les fait languir. (1654 et 56 C)
2. *Var.* Ta seule impatience est tout ce qui te blesse.
                                  (1654, 56 B, 59 et 62)
    Var. La seule impatience est tout ce qui te blesse (*a*).
                                   (1656 C et D, 58 et 65 A)
3. *Var.* Elle augmente le poids qu'elle croit rejeter. (1654 et 56 C)
4. *Var.*   Légers ou lourds ils sont inévitables :
        Toute la vie est en butte aux malheurs ;
    Tâche donc à souffrir les plus insupportables
    Avec même repos que les moindres douleurs. (1654)

(*a*) Corneille a corrigé de sa main *La seule* en *Ta propre*, dans l'exemplaire de 1658 mentionné plus haut.

Que tu t'y prépares le mieux ; 2010
Ton mérite en augmente, et prend un avantage
Qui te rend d'autant plus agréable à mes yeux ;
La douleur même en est d'autant moins rude,
Quand le courage, à souffrir disposé,
S'en est fait par avance une douce habitude ; 2015
Et lorsqu'il s'est vaincu, tout lui devient aisé.

Ne dis jamais pour ton excuse :
« Je ne saurois souffrir d'un tel,
De mon trop de bonté sa calomnie abuse,
Le dommage est trop grand, l'outrage trop mortel ; 2020
A ma ruine il se montre inflexible,
Il prend pour but de me déshonorer ;
Je souffrirai d'un autre, et serai moins sensible,
Selon que je verrai qu'il est bon d'endurer. »

Cette pensée est folle et vaine, 2025
Et l'amour-propre qu'elle suit,
Sous ce discernement de la prudence humaine,
Cache un orgueil secret qui t'enfle et te séduit.
Au lieu de voir ce qu'est la patience,
Et quelle main la doit récompenser, 2030
Il attache tes yeux à voir quelle est l'offense,
Et mesurer la main qui vient de t'offenser.

amplius promereris : feres quoque levius, animo et usu ad hoc non segniter paratis.

Nec dicas : « Non valeo hoc ab homine tali pati, nec hujuscemodi mihi patienda sunt ; grave enim intulit damnum, et improperat mihi quæ nunquam cogitaveram ; sed ab alio libenter patiar, et sicut patienda videro. »

Insipiens est talis cogitatio, quæ virtutem patientiæ non considerat, nec a quo coronanda erit, sed magis personas et offensas sibi illatas perpendit.

LIVRE III, CHAPITRE XIX.

   La patience est délicate
  Qui ne veut souffrir qu'à son choix,
Qui borne ses malheurs, et jusque-là se flatte   2035
Qu'elle en prétend régler et le nombre et le poids.
   La véritable est d'une autre nature ;
  Et quelques maux qui se puissent offrir,
Elle ne leur prescrit ordre, temps, ni mesure,
Et n'a d'yeux que pour moi quand il lui faut souffrir.

   Que son supérieur l'exerce,
   Son pareil, son inférieur,
Elle est toujours la même, et sa peine diverse
Conserve également son calme intérieur :
   Quelle que soit l'épreuve ou la personne,   2045
   Elle y présente un courage affermi,
Et n'examine point si l'essai qui l'étonne
Vient d'un homme de bien, ou d'un lâche ennemi.

   Sa vertueuse indifférence
   Reçoit avec remercîments   2050
Ces odieux trésors d'amertume et d'offense
Qui font partout ailleurs tant de ressentiments :
   Autant de fois qu'elle se voit pressée,
   Autant de fois elle l'impute à gain,
Et regarde si peu la main qui l'a blessée,   2055
Que tout devient pour elle un présent de ma main.

Non est verus patiens qui pati non vult, nisi quantum sibi visum fuerit et a quo sibi placuerit. Verus autem patiens non attendit a quo homine :
  Utrum a prælato suo, an ab aliquo æquali, aut inferiori ; utrum a bono et sancto viro, vel a perverso et indigno exerceatur.
  Sed indifferenter ab omni creatura, quantumcumque et quotiescumque ei aliquid adversi acciderit, totum hoc gratanter de manu Dei accipit, et ingens lucrum reputat :

Instruite dans ma sainte école,
    Elle met son espoir aux cieux,
Et sait que dans ses maux, si je ne la console,
Du moins ce qu'elle souffre est présent à mes yeux ; 2060
    Qu'un jour viendra que ma douce visite
    De ses travaux couronnera la foi,
Et qu'un peu de souffrance amasse un grand mérite,
Quand ce peu qu'on endure est enduré pour moi.

    Tiens donc ton âme toujours prête[1] 2065
    A toute épreuve, à tous combats,
Du moins si tu veux vaincre et couronner ta tête
De ce qu'un beau triomphe a de gloire et d'appas[2] :
    La patience a sa couronne acquise ;
    Mais sans combattre on n'y peut aspirer : 2070
A qui sait bien souffrir ma bouche l'a promise[3],
Et c'en est un refus qu'un refus d'endurer.

    Encore un coup, cette couronne
    N'est que pour les hommes de cœur :
Si tu peux souhaiter qu'un jour je te la donne, 2075
Résiste avec courage, et souffre avec douceur.
    Sans le travail et sans l'inquiétude[4]

Quia nil apud Deum, quantumcumque parvum, pro Deo tamen passum, poterit sine merito transire.
 Esto igitur expeditus ad pugnam, si vis habere victoriam. Sine certamine non potes pervenire ad patientiæ coronam. Si pati non vis, recusas coronari.
Si autem coronari desideras, certa viriliter, sustine patienter. Sine

1. *Var.*   Tiens donc la tienne toujours prête. (1654 et 56 C)
2. *Var.* De ce qu'un plein triomphe a de gloire et d'appas. (1654)
3. *Var.* A qui souffre le mieux ma bouche l'a promise.
                                        (1654 B, 56 B, 59 et 62)
4. *Var.*   Elle connoît que sans inquiétude. (1670 O)

LIVRE III, CHAPITRE XIX.

Le vrai repos ne se peut obtenir [1],
Et sans le dur effort d'un combat long et rude [2]
A la pleine victoire on ne peut parvenir. 2080

Donne-moi donc ta grâce; et par elle, Seigneur,
    Fais pouvoir à ta créature
Ce qui semble impossible à la morne langueur
    Où l'ensevelit la nature.

Tu connois mieux que moi que mon peu de vertu 2085
    Ne peut souffrir que peu de chose;
Tu sais que mon courage est soudain abattu,
    Au moindre obstacle qui s'oppose.

Daigne le relever de cet abattement,
    Quelque injure qui me soit faite; 2090
Et fais-moi pour ton nom souffrir si constamment,
    Que je m'y plaise et le souhaite;

Car endurer pour toi l'outrage et le rebut,
    Être pour toi traité d'infâme,
C'est prendre le chemin qui conduit au salut, 2095
    C'est la haute gloire de l'âme.

labore non tenditur ad requiem, nec sine pugna pervenitur ad victoriam.
  Fac mihi, Domine, possibile per gratiam quod mihi impossibile videtur per naturam.
  Tu scis quod modicum possum pati, et quod cito dejicior, levi exsurgente adversitate.
  Efficiatur mihi quælibet exercitatio tribulationis et adversitatis pro nomine tuo amabilis et optabilis;
  Nam pati et vexari pro te valde salubre est animæ meæ.

1. *Var.*   Le plein repos ne se peut obtenir. (1654)
2. *Var.*   Et que sans un combat opiniâtre et rude. (1670 O)

CHAPITRE XX[1].

DE L'AVEU DE LA PROPRE INFIRMITÉ, ET DES MISÈRES DE CETTE VIE[2].

A ma confusion, Seigneur, je te confesse
Quelle est mon injustice, et quelle est ma foiblesse;
Je veux bien te servir de témoin contre moi :
Peu de chose m'abat, peu de chose m'attriste,   2100
Et dans tous mes souhaits, pour peu qu'on me résiste,
Un orgueilleux chagrin soudain me fait la loi.

J'ai beau me proposer d'agir avec courage,
Le moindre tourbillon me fait peur de l'orage,
Et renverse d'effroi mon plus ferme propos;   2105
D'angoisse et de dépit j'abandonne ma route,
Et me livrant moi-même à ce que je redoute,
Je me fais le jouet et des vents et des flots.

C'est bien pour en rougir de voir quelle tempête
Souvent mes lâchetés attirent sur ma tête,   2110
Et combien ce grand trouble a peu de fondement.
C'est bien pour en rougir de me voir si fragile,
Que souvent dans mon cœur la chose la plus vile

XX. Confitebor adversum me injustitiam meam; confitebor tibi, Domine, infirmitatem meam. Sæpe parva res est quæ me dejicit et contristat.

Propono me fortiter acturum; sed quum modica tentatio venerit, magna mihi angustia fit.

Valde vilis quandoque res est unde gravis tentatio provenit;

---

1. Corps ou sujet de l'emblème : « Saint Eustache, après avoir vu sa femme enlevée par un pirate, voit encore un de ses enfants emporté par un lion, l'autre par un loup. » Ame ou sentence : *Una tribulatione præcedente, alia succedit**. (Chapitre xx, 13.)

2. Titre latin : *De confessione propriæ infirmitatis, et hujus vitæ miseriis*.

* Il y a dans le texte de l'*Imitation* : *recedente* et *accedit*.

Forme d'une étincelle un long embrasement.

Quelquefois, au milieu de ma persévérance,   2115
Lorsque je crois marcher avec quelque assurance,
Et fournir ma carrière avec moins de danger,
Quand j'y pense le moins, je trébuche par terre,
Et lorsque je m'estime à l'abri du tonnerre,
Je me trouve abattu par un souffle léger.   2120

Reçois-en l'humble aveu, Seigneur, et considère
De ma fragilité l'impuissante misère,
Qui me met à toute heure en état de périr.
Sans que je te la montre, elle t'est trop connue ;
Elle est de tous côtés exposée à ta vue :   2125
D'un regard de pitié daigne la secourir.

Tire-moi de la fange où ma chute m'engage ;
De ce bourbier épais arrache ton image,
Que par mon propre poids je n'y reste enfoncé :
Fais que je me relève aussitôt que je tombe ;   2130
Fais que, si l'on m'abat, jamais je ne succombe ;
Fais que je ne sois point tout à fait terrassé.

Ce qui devant tes yeux rend mon âme confuse,
Ce qui dans elle-même à tous moments l'accuse,
Et me force à trembler sous un juste remords,   2135
C'est de me voir si prompt à choir dans cette boue,

   Et dum puto me aliquantulum tutum, cùm non sentio, invenio me nonnunquam pene devictum ex levi flatu.
   Vide ergo, Domine, humilitatem meam, et fragilitatem tibi undique notam. Miserere mei,
   Et eripe me de luto, ut non infigar, non permaneam dejectus usquequaque.
   Hoc est quod frequenter me reverberat, et coram te confundit, quod tam labilis sum, et infirmus ad resistendum passionibus.

Et qu'à mes passions, qu'en vain je désavoue,
Je n'oppose en effet que de lâches efforts.

Bien que ta main, propice à mon cœur qui s'en fâche,
Au plein consentement jamais ne le relâche, 2140
Et contre leurs assauts lui donne un grand appui,
Le combat est fâcheux, il importune, il gêne,
Et comme la victoire est toujours incertaine,
Vivre toujours en guerre accable enfin d'ennui.

De mille objets impurs l'abominable foule, 2145
Qui jusqu'au fond du cœur en moins de rien se coule,
N'a pas pour en sortir même facilité :
Leur plus légère idée a peine à disparoître ;
Le soin de l'effacer souvent l'obstine à croître,
Et montre ainsi l'excès de mon infirmité. 2150

Puissant Dieu d'Israël, qui jaloux de nos âmes,
Ne veux les voir brûler que de tes saintes flammes,
Regarde mes travaux, regarde ma douleur :
Secours par tes bontés ton serviteur fidèle ;
Et de quelque côté que se porte mon zèle[1], 2155
De tes divins rayons prête-lui la chaleur.

Répands dans mon courage une céleste force,

Et si non omnino ad consensionem, tamen mihi etiam molesta et gravis est earum insectatio, et tædet valde sic quotidie vivere in lite.
Exhinc nota mihi fit infirmitas mea, quia multo facilius irruunt abominandæ semper phantasiæ, quam discedunt.
Utinam, fortissime Deus Israel, zelator animarum fidelium, respicias servi tui laborem et dolorem, assistasque illi in omnibus, ad quæcumque perrexerit!
Robora me cœlesti fortitudine, ne vetus homo, misera caro, spiritui necdum plene subjecta, prævaleat dominari :

1. *Var.* Et de quelque côté que se tourne mon zèle. (1654 B, 56 B, 59 et 62)

LIVRE III, CHAPITRE XX. 365

De peur que de la chair la dangereuse amorce,
Le vieil homme, à l'esprit encor mal asservi,
Se prévalant sur moi de toute ma foiblesse, 2160
N'affermisse un empire à cette chair traîtresse,
Et que par l'esprit même il ne soit trop suivi.

C'est contre cette chair, notre fière ennemie,
Que tant que nous traînons cette ennuyeuse vie,
Nous avons à combattre autant qu'à respirer. 2165
Quelle est donc cette vie où tout n'est que misères,
Que tribulations, que rencontres amères,
Que piéges, qu'ennemis prêts à nous dévorer?

Qu'une affliction passe, une autre lui succède :
Souvent elle renaît de son propre remède, 2170
Et rentre du côté qu'on la vient de bannir;
Un combat dure encor, que mille autres surviennent,
Et cet enchaînement dont ils s'entre-soutiennent[1]
Fait un cercle de maux, qui ne sauroit finir.

Peut-on avoir pour toi quelque amour, quelque estime,
O vie, ô d'amertume affreux et vaste abîme,
Cuisant et long supplice et de l'âme et du corps[2]?
Et parmi les malheurs dont je te vois suivie,

<small>Adversus quam certare oportebit, quamdiu spiratur in hac vita miserrima. Heu! qualis est hæc vita, ubi non desunt tribulationes et miseriæ, ubi plena laqueis et hostibus sunt omnia?
Nam, una tribulatione seu tentatione recedente, alia accedit; sed et adhuc priore durante conflictu, alii plures superveniunt, et insperate.
Et quomodo potest amari vita, tantas habens amaritudines, tot</small>

---

1. *Var.* Et par l'enchaînement dont ils s'entre-soutiennent
Font un cercle de maux qui ne sauroit finir. (1654 et 56 C et D)
2. *Var.* Traînant et long supplice et de l'âme et du corps?
(1654, 56 B, 59 et 62)

A quel droit gardes-tu l'aimable nom de vie,
Toi dont le cours funeste engendre tant de morts ? 2180

On t'aime cependant, et la foiblesse humaine,
Bien qu'elle voie en toi les sources de sa peine,
Y cherche avidement celle de ses plaisirs.
Le monde est un pipeur, on dit assez qu'il trompe,
On déclame assez haut contre sa vaine pompe [1], 2185
Mais on ne laisse point d'y porter ses desirs.

Le pouvoir dominant de la concupiscence,
Qu'imprime en notre chair notre impure naissance,
Ainsi sous ce trompeur captive nos esprits ;
Mais il faut que le cœur saintement se rebelle, 2190
Et juge quels motifs font aimer l'infidèle,
Et quels doivent pousser à son juste mépris.

Les appétits des sens, la soif de l'avarice [2],
L'orgueil qui veut monter au gré de son caprice,
Enfantent cet amour que nous avons pour lui ; 2195
Les angoisses d'ailleurs, les peines, les misères,
Qui les suivent partout comme dignes salaires,
En font naître à leur tour le dégoût et l'ennui.

subjecta calamitatibus et miseriis? Quomodo etiam dicitur vita, tot generans mortes et pestes?

Et tamen amatur, et delectari in ea a multis quæritur. Reprehenditur frequenter mundus, quod fallax sit et vanus; nec tamen facile relinquitur,

Quia concupiscentiæ carnis dominantur. Sed alia trahunt ad amandum, alia ad contemnendum.

Trahunt ad amorem mundi desiderium carnis, desiderium oculorum, et superbia vitæ; sed pœnæ et miseriæ juste sequentes ea odium mundi pariunt et tædium.

1. *Var.* Nous déclamons assez contre sa vaine pompe,
Et nous ne laissons point d'y porter nos desirs. (1654)
2. *Var.* Les appétits des sens, la brutale avarice. (1670 O)

Mais une âme à l'aimer lâchement adonnée,
Par d'infâmes plaisirs en triomphe menée, 2200
Ne considère point ce qui le fait haïr :
Ce fourbe à ses regards déguise toutes choses,
Lui peint les nuits en jours, les épines en roses [1],
Et ses yeux subornés aident à la trahir.

Aussi n'a-t-elle rien qui l'en puisse défendre : 2205
Les douceurs que d'en haut Dieu se plaît à répandre
Sont des biens que jamais sa langueur n'a goûtés ;
Elle n'a jamais vu quel charme a ce grand maître,
Ni combien la vertu, qui craint de trop paroître,
Verse en l'intérieur de saintes voluptés. 2210

Le vrai, le plein mépris des vanités mondaines
Qu'embrassent en tous lieux ces âmes vraiment saines [2]
Qui sous la discipline ont Dieu pour leur objet [3],
C'est ce qui leur départ cette douceur exquise ;
Et de sa propre voix Dieu même l'a promise 2215
A qui peut s'affermir dans ce noble projet.

Par là notre ferveur, enfin mieux éclairée,
Promène sur le monde une vue assurée,
Que son flatteur éclat ne sauroit éblouir :

Sed vincit, proh dolor! delectatio prava mentem mundo deditam, et esse sub sentibus delicias reputat,
Quia Dei suavitates, et internam virtutis amœnitatem, nec vidit, nec gustavit.
Qui autem mundum perfecte contemnunt, et Deo vivere sub sancta disciplina student, isti dulcedinem divinam, veris abrenuntiatoribus promissam, non ignorant,

1. *Var.* Les nuits lui sont des jours, les épines des roses,
Tant les yeux subornés aident à la trahir. (1654, 56 B, C et D, 59 et 62)
2. *Var.* Rétablit en nos cœurs ces clartés vraiment saines. (1670 O)
3. *Var.* Qui sous la discipline ont Dieu pour seul objet. (1654-62)

Nous voyons comme il trompe et se trompe lui-même;
Nous le voyons se perdre et perdre ce qu'il aime
Au milieu des faux biens dont il pense jouir.

CHAPITRE XXI[1].

QU'IL FAUT SE REPOSER EN DIEU PAR-DESSUS TOUS LES BIENS
ET TOUS LES DONS DE LA NATURE ET DE LA GRACE[2].

Mon âme, c'est en Dieu par-dessus toutes choses
Qu'il faut qu'en tout, partout, toujours tu te reposes :
Il n'est point de repos ailleurs que criminel, 2225
Et lui seul est des saints le repos éternel.

Fais donc, aimable auteur de toute la nature,
Qu'en toi j'en trouve plus qu'en toute créature,
Plus qu'au plus long bonheur de la pleine santé,
Plus qu'aux plus vifs attraits dont charme la beauté,
Plus qu'au plus noble éclat de l'honneur le plus rare,
Plus qu'en tout le brillant dont la gloire se pare,
Plus qu'en toute puissance, et plus qu'au plus haut rang
Où puissent élever les charges et le sang,
Plus qu'en toute science, et plus qu'en toute adresse,
Plus que dans tous les arts, plus qu'en toute richesse[3],

Et quam graviter mundus errat, et varie fallitur, vident.
XXI. Super omnia, et in omnibus, requiesces, anima mea, in Domino semper, quia ipse sanctorum æterna requies.
Da mihi, dulcissime et amantissime Jesu, in te super omnem creaturam requiescere, super omnem salutem et pulchritudinem, super omnem gloriam et honorem, super omnem potentiam et dignitatem,

---

1. Corps ou sujet de l'emblème : « Jésus-Christ épouse sainte Catherine de Sienne, et lui met l'anneau au doigt en présence de la Vierge et de plusieurs saints. » Âme ou sentence : *O mi dilectissime sponse.* (Chapitre XXI, 6.)
2. Titre latin : *Quod in Deo super omnia bona et dona requiescendum est.*
3. *Var.* Plus qu'en tout artifice et qu'en toute richesse. (1654)

Plus qu'en toute la joie et les ravissements
Que puissent prodiguer de pleins contentements,
Plus qu'en toute louange et toute renommée,
Qu'en toute leur illustre et pompeuse fumée, 2240
Qu'en toutes les douceurs des consolations
Qui soulagent un cœur dans ses afflictions.

Seigneur, puisqu'en toi seul ce vrai repos habite,
Fais-le-moi prendre en toi par-dessus tout mérite,
Par-dessus quoi que fasse espérer de plaisir 2245
La plus douce promesse ou le plus cher desir,
Par-dessus tous les dons que ta main libérale
Pour enrichir une âme abondamment étale,
Par-dessus tout l'excès des plus dignes transports
Dont soit capable un cœur rempli de ces trésors, 2250
Par-dessus les secours que lui prêtent les anges,
Par-dessus le soutien qu'il reçoit des archanges,
Par-dessus tout ce gros de saintes légions
Qui de ton grand palais peuplent les régions,
Par-dessus tout enfin ce que tu rends visible, 2255
Par-dessus ce qui reste aux yeux imperceptible,
Et pour dire en un mot tout ce que je conçoi,
Par-dessus, ô mon Dieu, tout ce qui n'est point toi.

Car tu possèdes seul en un degré suprême
La bonté, la grandeur, et la puissance même : 2260

super omnem scientiam et subtilitatem, super omnes divitias et artes, super omnem lætitiam et exultationem, super omnem famam et laudem, super omnem suavitatem et consolationem,
Super omnem spem et promissionem, super omne meritum et desiderium, super omnia dona et munera quæ potes dare et infundere, super omne gaudium et jubilationem quam potest mens capere et sentire, denique super angelos et archangelos, et super omnem exercitum cœli, super omnia visibilia et invisibilia, et super omne quod tu, Deus meus, non es;

Toi seul suffis à tout[1], toi seul en toi contiens
L'immense plénitude où sont tous les vrais biens;
Toi seul as les douceurs après qui l'âme vole,
Toi seul as dans ses maux tout ce qui la console,
Toi seul as des beautés dignes de la charmer, 2265
Toi seul es tout aimable, et toi seul sais aimer,
Toi seul portes en toi ce noble et vaste abîme
Qui t'environne seul de gloire légitime;
Enfin c'est en toi seul que vont se réunir
Le passé, le présent, avec tout l'avenir; 2270
En toi qu'à tous moments s'assemblent et s'épurent
Tous les biens qui seront, et qui sont, et qui furent;
En toi que tous ensemble ils ont toujours été,
Qu'ils sont et qu'ils seront toute l'éternité.

Ainsi tous tes présents autres que de toi-même 2275
N'ont point de quoi suffire à cette âme qui t'aime :
A moins que de te voir, à moins que d'en jouir,
Rien n'offre à ses desirs de quoi s'épanouir[2].
Quoi qu'assure à ses vœux ta parole fidèle,
Quoi que de tes grandeurs ta bonté lui révèle, 2280
Elle n'y trouve point à se rassasier[3] :
Quelque chose lui manque, où tu n'es pas entier[4];

Quia tu, Domine Deus meus, super omnia optimus es : tu solus altissimus, tu solus potentissimus, tu solus sufficientissimus et plenissimus, tu solus suavissimus et solatiosissimus, tu solus pulcherrimus et amantissimus, tu solus nobilissimus et gloriosissimus super omnia, in quo cuncta bona simul et perfecte sunt, fuerunt, et semper erunt;

Atque ideo minus est et insufficiens quidquid præter teipsum mihi donas, aut de teipso revelas, vel promittis, te non viso, nec

1. Les éditions de 1665 et de 1670 portent : « Toi seul suffis à tous. »
2. *Var.* Son plein contentement ne peut s'épanouir. (1654)
3. *Var.* Elle n'y trouve point où se rassasier. (1654)
4. *Var.* Quelque chose lui manque, où tu n'es point entier. (1665 A)

Et mon cœur n'a jamais ni de repos sincère,
Ni par où pleinement se pouvoir satisfaire,
S'il ne repose en toi, si de tout autre don   2285
Il ne fait pour t'aimer un solide abandon;
Si porté fortement à travers les nuages
Jusqu'au-dessus des airs et de tous tes ouvrages,
Par les sacrés élans d'un zèle plein de foi
Sur les pieds de ton trône il ne s'attache à toi. 2290

Adorable Jésus, cher époux de mon âme,
Qui dans la pureté fais luire tant de flamme,
Souverain éternel, et de tous les humains,
Et de tout ce qu'ont fait et ta voix et tes mains,
Qui pourra me donner ces ailes triomphantes   2295
Que d'un cœur vraiment libre ont les ardeurs ferventes,
Afin que hors des fers de ce triste séjour,
Je vole dans ton sein pour y languir d'amour?

Quand pourrai-je, Seigneur, bannir toute autre idée,
Et l'âme toute en toi, de toi seul possédée,   2300
T'embrasser à mon aise, et goûter à loisir
Combien ta vue est douce au pur et saint desir?

Quand verrai-je cette âme en toi bien recueillie,
Sans plus faire au dehors d'imprudente saillie,
S'oublier elle-même à force de t'aimer,   2305

plene adepto: quoniam quidem non potest cor meum veraciter requiescere, nec totaliter contentari, nisi in te requiescat, omniaque dona omnemque creaturam transcendat.

O mi dilectissime sponse Jesu Christe, amator purissime, dominator universæ creaturæ, quis mihi det pennas veræ libertatis, ad volandum et pausandum in te?

O quando ad plenum dabitur vacare mihi, et videre quam suavis es, Domine Deus meus?

Quando ad plenum me recolligam in te, ut præ amore tuo non

Sensible pour toi seul, en toi se transformer,
Ne se plus servir d'yeux, de langue¹, ni d'oreilles,
Que pour voir, pour chanter, pour ouïr tes merveilles,
Et par ces doux transports que tu rends tout-puissants,
Passer toute mesure et tout effort des sens,   2310
Pour s'unir pleinement aux grandeurs de ton être,
D'une façon qu'à tous tu ne fais pas connoître?

Je ne fais que gémir, et porte avec douleur,
Attendant ce beau jour, l'excès de mon malheur;
Mille sortes de maux dans ce val de misères   2315
Troublent incessamment ces élans salutaires,
M'accablent de tristesse et m'offusquent l'esprit,
Rompent tous les effets de ce qu'il se prescrit,
Le détournent ailleurs, de lui-même le chassent,
Sous de fausses beautés l'attirent, l'embarrassent,   2320
Et m'ôtant l'accès libre à tes attraits charmants,
M'empêchent de jouir de tes embrassements,
M'empêchent d'en goûter les douceurs infinies,
Qu'aux esprits bienheureux jamais tu ne dénies.

Laisse-toi donc toucher, Seigneur, à mes soupirs;   2325
Laisse-toi donc toucher, Seigneur, aux déplaisirs
Qui de tous les côtés tyrannisant la terre,
En cent et cent façons me déclarent la guerre,

sentiam me, sed te solum, supra omnem sensum et modum, in modo non omnibus noto?

Nunc autem frequenter gemo, et infelicitatem meam cum dolore porto, quia multa mala in hac valle miseriarum occurrunt, quæ me sæpius conturbant, contristant, et obnubilant, sæpius impediunt et distrahunt, alliciunt et implicant, ne liberum habeam accessum ad te, et ne jucundis fruar amplexibus, præsto semper beatis spiritibus.

Moveat te suspirium meum, et desolatio multiplex in terra.

1. On lit *de langues*, au pluriel, dans les éditions de 1659 et de 1662.

Et répandant partout leur noire impression,
N'y versent qu'amertume et désolation.

Ineffable splendeur de la gloire éternelle,
Consolateur de l'âme en sa prison mortelle,
En ce pèlerinage où le céleste amour
Lui montrant son pays la presse du retour,
Si ma bouche est muette, écoute mon silence,
Écoute dans mon cœur une voix qui s'élance.
Là, d'un ton que jamais nul que toi n'entendit,
Cette voix sans parler te dit et te redit :

« Combien dois-je encore attendre?
Jusques à quand tardes-tu,
O Dieu tout bon, à descendre
Dans mon courage abattu?

« Mon besoin t'en sollicite,
Toi qui, de tous biens auteur,
Peux d'une seule visite
Enrichir ton serviteur.

« Viens donc, Seigneur, et déploie
Tous tes trésors à mes yeux[1];
Remplis-moi de cette joie
Que tu fais régner aux cieux.

« De l'angoisse qui m'accable

O Jesu, splendor æternæ gloriæ, solamen peregrinantis animæ, apud te est os meum sine voce, et silentium meum loquitur tibi :
« Usquequo tardat venire Dominus meus?
« Veniat ad me pauperculum suum,
« Et lætum faciat.

1. *Var.*   Tous tes trésors en ces lieux. (1670 O)

Daigne être le médecin,
Et d'une main charitable[1]
Dissipes-en le chagrin.

« Viens, mon Dieu, viens sans demeure :   2355
Tant que je ne te vois pas,
Il n'est point de jour ni d'heure
Où je goûte aucun appas.

« Ma joie en toi seul réside ;
Tu fais seul mes bons destins ;   2360
Et sans toi ma table est vide
Dans la pompe des festins.

« Sous les misères humaines,
Infecté de leur poison,
Et tout chargé de leurs chaînes,   2365
Je languis comme en prison,

« Jusqu'à ce que ta lumière
Y répande sa clarté,
Et que ta faveur entière
Me rende ma liberté,   2370

« Jusqu'à ce qu'après l'orage,
La nuit faisant place au jour,

« Mittat manum suam, et miserum eripiat de omni angustia.
« Veni, veni, quia sine te nulla erit læta dies aut hora,
« Quia tu lætitia mea, et sine te vacua est mensa mea.
« Miser sum, et quodammodo incarceratus, et compedibus gravatus,
« Donec luce præsentiæ tuæ me reficias, ac libertati dones,
« Vultumque amicabilem demonstres. »

1. *Var.*   Et d'une main pitoyable. (1670 O)

Tu me montres un visage
Qui soit pour moi tout d'amour. »

Que d'autres, enivrés de leurs folles pensées, 2375
Suivent au lieu de toi leurs ardeurs insensées ;
Que le reste du monde attache ses plaisirs
Aux frivoles objets de ses bouillants desirs :
Rien ne me plaît, Seigneur, rien ne pourra me plaire
Que toi, qui seul de l'âme es l'espoir salutaire. 2380
Je ne m'en tairai point, et sans cesse je veux
Jusqu'au ciel, jusqu'à toi, pousser mes humbles vœux,
Tant que ma triste voix enfin mieux entendue,
Tant que ta grâce enfin à mes soupirs rendue,
Tu daignes, pour réponse à cette voix sans voix, 2385
D'un même accent me dire et redire cent fois :

« Me voici, je viens à ton aide ;
Je viens guérir les maux où tu m'as appelé,
Et ma main secourable apporte le remède
Dont tu dois être consolé. 2390

« De mon trône j'ai vu tes larmes ;
J'ai vu de tes desirs l'amoureuse langueur ;
J'ai vu tes repentirs, tes douleurs, tes alarmes,
Et l'humilité de ton cœur.

« J'ai voulu si peu me défendre 2395

Quærant alii pro te aliud quodcumque libuerit · mihi aliud interim nil placet, nec placebit, nisi tu, Deus meus, spes mea, salus æterna. Non reticebo, nec deprecari cessabo, donec gratia tua revertatur, mihique tu intus loquaris :

« Ecce adsum, ecce ego ad te, quia invocasti me.

« Lacrymæ tuæ, et desiderium animæ tuæ, humiliatio tua, et contritio cordis tui

« Inclinaverunt me et adduxerunt ad te. »

De tout ce que leur vue attiroit de pitié,
Que jusque dans ton sein il m'a plu de descendre
Par un pur excès d'amitié. »

A ces mots, tout saisi d'un transport extatique,
Ma joie et mon amour te diront pour réplique : 2400

« Il est vrai, mes gémissements
Ont eu recours à ta clémence,
Pour obtenir la jouissance
De tes sacrés embrassements.

« Il est vrai, tout mon cœur, épris[1] 2405
Du bonheur que tu lui proposes,
Veut bien pour toi de toutes choses
Faire un illustre et saint mépris.

« Mais tu m'excites le premier
A rechercher ta main puissante, 2410
Et sans ta grâce prévenante
Je me plairois dans mon bourbier.

« Sois donc béni de la faveur
Que ta haute bonté m'accorde,
Et presse ta miséricorde 2415
D'augmenter toujours ma ferveur. »

Et dixi :
« Domine, invocavi te, et desideravi frui te,
« Paratus omnia respuere propter te;
« Tu enim prior excitasti me, ut quærerem te.
« Sis ergo benedictus, Domine, qui fecisti hanc bonitatem cum servo tuo, secundum multitudinem misericordiæ tuæ. »

1. *Var.* Il est vrai que mon cœur, épris. (1654-62)

Qu'ai-je à dire de plus? que puis-je davantage,
Que te rendre à jamais un juste et plein hommage,
Sous tes saintes grandeurs toujours m'humilier,
De mon propre néant jamais ne m'oublier,   2420
Et par un souvenir fidèle et magnanime
Déplorer à tes pieds ma bassesse et mon crime?

Quoi qui charme sur terre ou l'oreille ou les yeux,
Quoi que l'esprit lui-même admire dans les cieux,
Ces miracles n'ont rien qui te soit comparable :   2425
Tu demeures toi seul à toi-même semblable[1].
Sur tout ce que tu fais ta haute majesté
Grave l'impression de sa propre bonté;
Dans tous tes jugements la vérité préside;
Ta seule providence au monde sert de guide,   2430
Et son ordre éternel, qui régit l'univers,
En fait, sans se changer, les changements divers.

A toi gloire et louange, ô divine sagesse !
Puisse ma voix se plaire à te bénir sans cesse !
Puisse jusqu'au tombeau mon cœur l'en avouer,   2435
Et tout être créé s'unir à te louer !

> Quid habet ultra dicere servus tuus coram te, nisi ut humiliet se valde ante te, memor semper propriæ iniquitatis et vilitatis?
> Non enim est similis tui in cunctis mirabilibus cœli et terræ. Sunt opera tua bona valde, judicia vera; et providentia tua reguntur universa.
> Laus ergo tibi et gloria, o Patris sapientia! te laudet et benedicat os meum, anima mea, et cuncta creata simul.

1. *Var.* Et tu demeures seul à toi-même semblable. (1654 et 56 C)

CHAPITRE XXII[1].

QU'IL FAUT CONSERVER LE SOUVENIR DE LA MULTITUDE DES BIENFAITS DE DIEU[2].

De tes lois à mon cœur ouvre l'intelligence,
Seigneur; conduis mes pas sous tes enseignements,
Et dans l'étroit sentier de tes commandements
Fais-moi sous tes clartés marcher sans négligence. 2440
Instruis-moi de ton ordre et de tes volontés;
Élève mes respects jusques à tes bontés,
Pour faire de tes dons une exacte revue,
Soit qu'ils me soient communs avec tous les humains,
Soit que par privilége une grâce imprévue, 2445
Pour me les départir, les choisisse en tes mains.

Que tous en général présents à ma mémoire[3],
Que de chacun à part le digne souvenir,
De ce que je te dois puissent m'entretenir,
Afin que je t'en rende une immortelle gloire. 2450
Mais ma reconnoissance a beau le projeter,
Tous mes remercîments ne sauroient m'acquitter :
A ma honte, ô mon Dieu, je le sais et l'avoue;

XXII. Aperi, Domine, cor meum in lege tua, et in præceptis tuis doce me ambulare. Da mihi intelligere voluntatem tuam, et cum magna reverentia ac diligenti consideratione, beneficia tua, tam in generali quam in speciali, memorari,
Ut digne tibi exhinc valeam gratias referre. Verum scio et confiteor, nec pro minimo puncto me posse debitas gratiarum laudes persolvere.

1. Corps ou sujet de l'emblème : « Saint Pierre, célestin, se démet avec joie du pontificat. » Ame ou sentence : *Ita contentus in novissimo loco, sicut in primo.* (Chapitre XXII, 12.)
2. Titre latin : *De recordatione multiplicium beneficiorum Dei.*
3. *Var.* Que tous en général présents en ma mémoire. (1659 et 62)

Et pour peu que de toi je puisse recevoir,
S'il faut que dignement ma foiblesse t'en loue,   2455
Ma foiblesse jamais n'en aura le pouvoir.

Non, il n'est point en moi de pouvoir bien répondre
Au moindre écoulement de tes sacrés trésors ;
Et quand pour t'en bénir je fais tous mes efforts,
Les efforts que je fais ne font que me confondre.   2460
Quand je porte les yeux jusqu'à ta majesté,
Quand j'ose en contempler l'auguste immensité,
Et mesurer l'excès de ta magnificence,
Soudain, tout ébloui de ses vives splendeurs [1],
Je sens dans mon esprit d'autant plus d'impuissance,
Qu'il a vu de plus près tes célestes grandeurs.

Nos âmes et nos corps de ta main libérale
Tiennent toute leur force et tous leurs ornements ;
Ils ne doivent qu'à toi ces embellissements
Que le dedans recèle, ou le dehors étale :   2470
Tout ce que la nature ose faire de dons,
Tout ce qu'au-dessus d'elle ici nous possédons,
Sont des épanchements de ta pleine richesse ;
Toi seul nous as fait naître, et toi seul nous maintiens [2] ;
Et tes bienfaits partout nous font voir ta largesse,   2475
Qui nous prodigue ainsi toute sorte de biens.

<small>Minor ergo sum omnibus bonis mihi præstitis ; et cum tuam nobilitatem attendo, deficit præ magnitudine illius spiritus meus.

Omnia quæ in anima habemus et corpore, et quæcumque exterius vel interius, naturaliter vel supernaturaliter possidemus, tua sunt beneficia ; et te beneficum, pium ac bonum commendant, a quo bona cuncta accepimus.</small>

1. *Var.* Soudain, tout ébloui de ces vives splendeurs. (1654-65 A)
2. *Var.* Tu nous as seul fait naître, et seul tu nous maintiens. (1670 O)

Si l'inégalité se trouve en leur partage,
Si l'un en reçoit plus, si l'autre en reçoit moins,
Tout ne laisse pas d'être un effet de tes soins,
Et ce plus et ce moins te doivent même hommage. 2480
Sans toi le moindre don ne se peut obtenir,
Et qui reçoit le plus se doit mieux prémunir
Contre ce doux orgueil où l'abondance invite;
Et de quoi que sur tous il soit avantagé,
Il ne doit ni s'enfler de son propre mérite, 2485
Ni traiter de mépris le plus mal partagé.

L'homme est d'autant meilleur que moins il s'attribue ;
Il est d'autant plus grand qu'il s'abaisse le plus,
Et qu'en te bénissant pour tant de biens reçus
Il reconnoît en soi sa pauvreté plus nue. 2490
C'est par le zèle ardent, c'est par l'humilité,
C'est par le saint aveu de son indignité
Qu'il attire sur lui de plus puissantes grâces;
Et qui se peut juger le plus foible de tous
S'affermit d'autant plus à marcher sur tes traces, 2495
Et va d'autant plus haut, qu'il prend mieux le dessous.

Celui pour qui ta main semble être plus avare,
Doit le voir sans tristesse et souffrir sans ennui;
Et sans porter d'envie aux plus riches que lui,

Etsi alius plura, alius pauciora accepit, omnia tamen tua sunt, et sine te nec minimum potest haberi. Ille qui majora accepit, non potest merito suo gloriari, neque super alios extolli, nec minori insultare:

Quia ille major et melior qui sibi minus adscribit, et in regratiando humilior est atque devotior. Et qui omnibus viliorem se existimat, et indigniorem se judicat, aptior est ad percipiendum majora.

Qui autem pauciora accepit, contristari non debet, nec indignanter ferre, neque ditiori invidere; sed te potius attendere, et

Attendre avec respect ce qu'elle lui prépare.   2500
Au lieu de murmurer contre ta volonté,
C'est à lui de louer ta divine bonté,
Qui fait tous ses présents sans égard aux personnes :
Tu donnes librement, et préviens le desir;
Mais il est juste aussi que de ce que tu donnes   2505
Le partage pour loi n'ait que ton bon plaisir.

Ainsi que d'une source en biens inépuisable,
De ta bénignité tout découle sur nous ;
Sans devoir à personne elle départ à tous,
Et quoi qu'elle départe, elle est toute adorable :   2510
Tu sais ce qu'à chacun il est bon de donner,
Et quand il faut l'étendre, ou qu'il la faut borner,
Ton ordre a ses raisons qui règlent toutes choses.
L'examen de ton choix sied mal à nos esprits,
Et du plus et du moins tu connois seul les causes,   2515
Toi qui connois de tous le mérite et le prix.

Aussi veux-je tenir à faveur souveraine
D'avoir peu de ces dons qui brillent au dehors,
De ces dons que le monde estime des trésors,
De ces dons que partout suit la louange humaine.   2520
Je sais qu'assez souvent ce sont de faux luisants[1],
Que la pauvreté même est un de tes présents,

    tuam bonitatem maxime laudare, quod tam affluenter, tam gratis et libenter, sine personarum acceptione, tua munera largiris.
    Omnia ex te, et ideo in omnibus es laudandus. Tu scis quid unicuique donari expediat; et cur iste minus, et ille amplius habeat, non nostrum, sed tuum est hoc discernere, apud quem singulorum definita sunt merita :
    Unde, Domine Deus, pro magno etiam reputo beneficio, non multa habere, unde exterius et secundum homines laus et gloria

    1. Dans les éditions de 1665 B et de 1670 : « des faux luisants. »

382 L'IMITATION DE JÉSUS-CHRIST.

Qui porte de ton doigt l'inestimable empreinte ;
Et qu'entre les mortels être bien ravalé
Donne moins un sujet de chagrin et de plainte   2525
Qu'une digne matière à vivre consolé.

Tu n'as point fait ici dans l'or ni dans l'ivoire
Le choix de tes amis et de tes commensaux ;
Mais dans le plus bas rang et les plus vils travaux
Que le monde orgueilleux ait bannis de sa gloire.   2530
Tes apôtres, Seigneur, en sont de bons témoins :
Eux à qui du troupeau tu laissas tous les soins,
Eux qu'ordonnoit ta main pour princes de la terre[1],
De quel ordre éminent les avois-tu tirés ?
Et quelle étoit la pourpre et de Jean et de Pierre[2],   2535
Dans une barque usée et des rets déchirés ?

Cependant sans se plaindre ils ont traîné leur vie,
Et plongés qu'ils étoient dans la simplicié,
Le précieux éclat de leur humilité
Aux plus grands potentats ne portoit point d'envie.   2540
Ils agissoient partout sans malice et sans fard,
Et la superbe en eux avoit si peu de part,
Que de l'ignominie ils faisoient leurs délices ;
Les opprobres pour toi ne les pouvoient lasser,

apparet, ita ut quis, considerata paupertate et vilitate personæ suæ,
non modo nullam gravitatem aut tristitiam, vel dejectionem inde
concipiat, sed potius consolationem et hilaritatem magnam :
   Quia tu, Deus, pauperes et humiles, atque huic mundo despectos,
tibi elegisti in familiares et domesticos. Testes sunt ipsi apostoli tui,
quos principes super omnem terram constituisti.
   Fuerunt tamen sine querela conversati in mundo, tam humiles
et simplices, sine omni malitia et dolo, ut etiam pati contumelias

1. *Var.* Eux qu'ordonnoît ta main pour princes sur la terre. (1654-65 A)
2. *Var.* Et quel étoit l'éclat de Jacques et de Pierre.
                                    (1654, 56 B, C et D, 59 et 62)

Et ce que fuit le monde à l'égal des supplices,　2545
C'étoit ce qu'avec joie ils couroient embrasser.

Ainsi qui de tes dons connoît bien la nature[1]
N'en conçoit point d'égal à celui d'être à toi,
D'avoir ta volonté pour immuable loi,
D'accepter ses décrets sans trouble et sans murmure.
Il te fait sur lui-même un empire absolu;
Et quand ta providence ainsi l'a résolu,
Il tombe sans tristesse au plus bas de la roue :
Ce qu'il est sur un trône, il l'est sur un fumier,
Humble dans les grandeurs, content parmi la boue,　2555
Et tel au dernier rang qu'un autre est au premier.

Son âme, de ta gloire uniquement charmée,
Et maîtresse partout de sa tranquillité,
La trouve dans l'opprobre et dans l'obscurité,
Comme dans les honneurs et dans la renommée.　2560
Pour règle de sa joie il n'a que ton vouloir;
Partout sur toute chose il le fait prévaloir,
Soit que ton bon plaisir l'élève, ou le ravale;
Et son esprit se plaît à le voir s'accomplir

gauderent pro nomine tuo; et quæ mundus abhorret, ipsi amplecterentur affectu magno.

Nihil ergo amatorem tuum, et cognitorem beneficiorum tuorum ita lætificare debet, sicut voluntas tua in eo, et beneplacitum æternæ dispositionis tuæ, de qua tantum contentari debet et consolari, ut ita libenter velit esse minimus, sicut aliquis optaret esse maximus; et ita pacificus et contentus in novissimo, sicut in loco primo;

Atque ita libenter despicabilis et abjectus, nullius quoque nominis et famæ, sicut cæteris honorabilior et major in mundo; nam voluntas tua, et amor honoris tui, omnia excedere debet, et plus

1. *Var.* Aussi qui de tes dons connoît bien la nature. (1670 O)

Plus qu'en tous les présents dont ta main le régale, 2565
Et plus qu'en tous les biens dont tu le peux remplir.

CHAPITRE XXIII[1].

DE QUATRE POINTS FORT IMPORTANTS POUR ACQUÉRIR LA PAIX[2].

« Maintenant que je vois ton âme plus capable
  De mettre un ordre[3] à tes souhaits,
Je te veux enseigner comme on obtient la paix
  Et la liberté véritable. »   2570

  Dégage tôt cette promesse,
J'en recevrai, Seigneur, l'effet avec plaisir :
Hâte-toi de répondre à l'ardeur qui m'en presse,
  Et donne-moi cette allégresse,
  Toi qui fais naître ce desir.   2575

« En premier lieu, mon fils, tâche plutôt à faire
  Le vouloir d'autrui que le tien.
Aime si peu l'éclat, le plaisir et le bien,
  Que le moins au plus s'en préfère[4].

eum consolari, magisque placere, quam omnia beneficia sibi data vel danda.
  XXIII. « Fili, nunc docebo te viam pacis et veræ libertatis. »
Fac, Domine, quod dicis, quia hoc mihi gratum est audire.
  « Stude, fili, alterius potius facere voluntatem, quam tuam. Elige semper minus, quam plus habere.

---

1. Corps ou sujet de l'emblème : « Jésus-Christ lavant les pieds à ses apôtres. » Ame ou sentence : *Quære semper omnibus subesse.* (Chapitre XXIII, 4.)
2. Titre latin : *De quatuor magnam importantibus pacem.*
3. Dans les éditions de 1659 et de 1662 : « de mettre ordre. »
4. *Var.*   Que le moins au plus se préfère. (1670 O)

LIVRE III, CHAPITRE XXIII.

« Cherche le dernier rang, prends la dernière place,
    Vis avec tous comme sujet ;
Et donne à tous tes vœux pour seul et plein objet
    Qu'en toi ma volonté se fasse.

« Qui de ces quatre points embrasse la pratique
    Prend le chemin du vrai repos,   2585
Et s'y conservera, pourvu qu'à tous propos
    A leur saint usage il s'applique. »

    Seigneur, voilà peu de paroles,
Mais qui font l'abrégé de la perfection ;
Et ce long embarras de questions frivoles   2590
    Dont retentissent nos écoles
    Laisse bien moins d'instruction.

    Ces deux mots que ta bouche avance
Ouvrent un sens profond au cœur qui les comprend ;
Et quand il en peut joindre avec pleine constance   2595
    La pratique à l'intelligence,
    Le fruit qu'il en reçoit est grand [1].

    Si pour les bien mettre en usage
J'avois assez de force et de fidélité,
Le trouble qui souvent déchire mon courage   2600

    « Quære semper inferiorem locum, et omnibus subesse. Opta semper et ora ut voluntas Dei integre in te fiat.
    « Ecce talis homo ingreditur fines pacis et quietis. »
    Domine, sermo tuus iste brevis multum in se continet perfectionis.
    Parvus est dictu, sed plenus sensu, et uber in fructu.
    Nam si posset a me fideliter custodiri, non deberet tam facilis in me turbatio oriri;

1. *Var.*   O Dieu, que le fruit en est grand ! (1654)
  Var.   Le fruit qu'on en reçoit est grand. (1659 et 62)

N'y feroit pas ce grand ravage
Avec tant de facilité.

Autant de fois que me domine
La noire inquiétude ou le pesant chagrin,
Je sens autant de fois que de cette doctrine   2605
J'ai quitté la route divine,
Pour suivre un dangereux chemin.

Toi qui peux tout, toi dont la grâce
Aime à nous soutenir, aime à nous éclairer,
Redouble en moi ses dons, et fais tant qu'elle passe   2610
Jusqu'à cette heureuse efficace
Qui m'empêche de m'égarer.

Que mon âme, ainsi mieux instruite,
Embrasse de la gloire un glorieux rebut,
Et que de tes conseils l'invariable suite   2615
Soit d'achever sous leur conduite
Le grand œuvre de mon salut.

ORAISON CONTRE LES MAUVAISES PENSÉES[1].

N'éloigne point de moi ta dextre secourable :
Viens, ô maître du ciel, viens, ô Dieu de mon cœur ;
Ne me refuse pas un regard favorable   2620
A fortifier ma langueur.

Nam quoties me impacatum sentio et gravatum, ab hac doctrina me recessisse invenio.
Sed tu, qui omnia potes, et animæ profectum semper diligis, adauge majorem gratiam,
Ut possim tuum complere sermonem, et meam perficere salutem.
Domine Deus meus, ne elongeris a me; Deus meus, in auxilium meum respice :

1. Titre latin : *Oratio contra malas cogitationes.*

LIVRE III, CHAPITRE XXIII.

Vois les pensers divers qui m'assiégent en foule;
Vois-en des légions contre moi se ranger;
Vois quel excès de crainte en mon âme se coule :
  Vois-la gémir et s'affliger.   2625

Contre tant d'ennemis prête-moi tes miracles,
Pour passer au travers sans en être blessé,
Et donne-moi ta main pour briser les obstacles
  Dont tu me vois embarrassé.

Ne m'as-tu pas promis de leur faire la guerre?   2630
Ne m'as-tu pas promis de marcher devant moi,
Et d'abattre à mes pieds ces tyrans de la terre,
  Qui pensent me faire la loi?

Oui, tu me l'as promis, et de m'ouvrir les portes,
Si jamais leurs fureurs me jetoient en prison,   2635
Et d'apprendre à ce cœur qu'enfoncent leurs cohortes
  Les secrets d'en avoir raison.

Viens donc tenir parole, et fais quitter la place
A ces noirs escadrons qu'arme et pousse l'enfer :
Ta présence est leur fuite; et leur montrer ta face, 2640
  C'est assez pour en triompher.

C'est là l'unique espoir que mon âme troublée[1]

 Quoniam insurrexerunt in me variæ cogitationes, et timores magni, affligentes animam meam.
 Quomodo pertransibo illæsus? quomodo perfringam eas?
 « Ego, inquis, ante te ibo, et gloriosos terræ humiliabo.
 « Aperiam januas carceris, et arcana secretorum revelabo tibi. »
 Fac, Domine, ut loqueris; et fugiant a facie tua omnes iniquæ cogitationes.

 1. *Var.* C'est là l'unique espoir dont mon âme troublée
  Adoucit la rigueur des tribulations. (1654, 56 B, 59 et 62)

Oppose à la rigueur des tribulations ;
C'est là tout son recours quand elle est accablée
    Sous le poids des afflictions. 2645

Toi seul es son refuge, et seul sa confiance,
C'est toi seul qu'au secours son zèle ose appeler,
Cependant qu'elle attend avecque patience
    Que tu daignes la consoler.

ORAISON POUR OBTENIR L'ILLUMINATION DE L'AME[1].

    Éclaire-moi, mon cher Sauveur, 2650
Mais de cette clarté qui cachant sa splendeur,
Chasse mieux du dedans tous les objets funèbres,
    Et qui purge le fond du cœur
    De toute sorte de ténèbres.

    Étouffe ces distractions 2655
Qui pour troubler l'effet de mes intentions[2]
A ma plus digne ardeur mêlent leur insolence ;
    Et dompte les tentations
    Qui m'osent faire violence[3].

    Secours-moi d'un bras vigoureux ; 2660
Terrasse autour de moi ces monstres dangereux,

  Hæc spes et unica consolatio mea, ad te in omni tribulatione confugere,
  Tibi confidere, te ex intimo invocare, et patienter consolationem tuam expectare.
  Clarifica me, bone Jesu, claritate interni luminis, et educ de habitaculo cordis mei tenebras universas.
  Cohibe evagationes malas, et vim facientes elide tentationes.

1. Titre latin : *Oratio pro illuminatione mentis.*
2. *Var.* Que pour troubler l'effet de mes intentions. (1654, 56 B, 59 et 62)
3. *Var.*   Qui me font tant de violence. (1670 O)

Ces avortons rusés d'une subtile flamme,
  Qui sous un abord amoureux
  Jettent leur poison dans mon âme[1].

  Que la paix ainsi de retour   2665
Te fasse de mon cœur comme une sainte cour,
Où ta louange seule incessamment résonne,
  Par un épurement d'amour[2]
  A qui tout ce cœur s'abandonne.

  Abats les vents, calme les flots;   2670
Tu n'as qu'à dire aux uns : « Demeurez en repos; »
Aux autres : « Arrêtez, c'est moi qui le commande; »
  Et soudain après ces deux mots
  La tranquillité sera grande.

  Répands donc tes saintes clartés[3],   2675
Fais briller jusqu'ici tes hautes vérités,
Et que toute la terre en soit illuminée[4],
  En dépit des obscurités
  Où ses crimes l'ont condamnée.

Pugna fortiter pro me, et expugna malas bestias, concupiscentias dico illecebrosas,
  Ut fiat pax in virtute tua, et abundantia laudis tuæ resonet in aula sancta, hoc est in conscientia pura.
  Impera ventis et tempestatibus; dic mari : « Quiesce, » et aquiloni : « Ne flaveris, » et erit tranquillitas magna.
  Emitte lucem tuam et veritatem, ut luceant super terram :

1. *Var.*   Jettent leur poison dans une âme. (1654, 56 B, C et D, 59 et 62
2. *Var.*   Et rende grâce à ton amour
            Du puissant appui qu'il me donne (*a*). (1654-62)
3. *Var.*   Répands tes plus vives clartés. (1670 O)
4. *Var.*   Fais que toute la terre en soit illuminée. (1670 O)

(*a*) Ce vers et le précédent ont été biffés de la main de Corneille dans l'exemplaire de 1658 dont nous avons déjà parlé souvent, et remplacés par les deux vers du texte définitif.

Je suis cette terre sans fruit, 2680
Dont la stérilité sous une épaisse nuit
N'enfante que chardons, que ronces et qu'épines :
  Vois, Seigneur, où je suis réduit[1]
  Jusqu'à ce que tu m'illumines.

  Verse tes grâces dans mon cœur ; 2685
Fais-en pleuvoir du ciel l'adorable liqueur ;
A mon aridité prête leurs eaux fécondes ;
  Prête à ma traînante langueur
  La vivacité de leurs ondes.

  Qu'ainsi par un prompt changement[2] 2690
Ce désert arrosé se trouve en un moment
Un champ délicieux où règne l'affluence[3],
  Et paré de tout l'ornement
  Que des bons fruits a l'abondance[4].

  Mais ce n'est pas encore assez : 2695
Élève à toi mes sens sous le vice oppressés,
Et romps si bien pour eux des chaînes si funestes,
  Que mes desirs débarrassés
  N'aspirent qu'aux plaisirs célestes.

Quia terra sum inanis et vacua, donec illumines me.
Effunde gratiam desuper; perfunde cor meum rore cœlesti, ministra devotionis aquas,
Ad irrigandam faciem terræ, ad producendum fructum bonum et optimum.
Eleva mentem pressam mole peccatorum, et ad cœlestia totum desiderium meum suspende,

1. *Var.*   Vois, Seigneur, où j'en suis réduit.
       (1654, 56 B, 59, 62 et 70 O)
2. *Var.*   Qu'ainsi par un doux changement
 Ce désert arrosé devienne en un moment. (1670 O)
3. *Var.* Un champ délicieux où règne l'abondance. (1654)
4. *Var.*   Que des bons fruits a l'excellence. (1654)

LIVRE III, CHAPITRE XXIII.

  Que le goût du bien souverain   2700
Déracine en mon cœur l'attachement humain,
Et faisant aux faux biens une immortelle guerre,
  M'obstine au généreux dédain
  De tout ce qu'on voit sur la terre.

  Fais plus encore : use d'effort,   2705
Use de violence, et m'arrache d'abord
A cette indigne joie, à ces douceurs impures,
  A ce périssable support
  Que promettent les créatures.

  Car ces créatures n'ont rien   2710
Qui forme un plein repos, qui produise un vrai bien :
Leurs charmes sont trompeurs, leurs secours infidèles,
  Et tout leur appui sans le tien
  S'ébranle, et trébuche comme elles.

  Daigne donc t'unir seul à moi;   2715
Attache à ton amour par une ferme foi
Toutes mes actions, mes désirs, mes paroles,
  Puisque toutes choses sans toi
  Ne sont que vaines et frivoles.

 Ut, gustata suavitate supernæ felicitatis, pigeat de terrenis cogitare.
 Rape me, et eripe ab omni creaturarum indurabili consolatione ;
 Quia nulla res creata appetitum meum valet plenarie quietare et consolari.
 Junge me tibi inseparabili dilectionis vinculo, quoniam tu solus sufficis amanti, et absque te frivola sunt universa.

CHAPITRE XXIV[1].

QU'IL NE FAUT POINT AVOIR DE CURIOSITÉ POUR LES ACTIONS D'AUTRUI[2].

Bannis, mon fils, de ton esprit
La curiosité vagabonde et stérile ;
Son empressement inutile
Peut étouffer les soins de ce qui t'est prescrit :
Si tu n'as qu'une chose à faire,
Qu'ont tel et tel succès qui t'importe en effet ?
Préfère au superflu ce qui t'est nécessaire,
Et suis-moi, sans penser à ce qu'un autre fait.

Qu'un tel soit humble, qu'il soit vain[3],
Qu'il parle, qu'il agisse en telle ou telle sorte,
Encore une fois, que t'importe ?
Ai-je mis sa conduite ou sa langue en ta main ?
As-tu quelque part en sa honte ?
Répondras-tu pour lui de son peu de vertu ?
Ou si c'est pour toi seul que tu dois rendre conte,
Quels que soient ses défauts, de quoi t'embrouilles-tu[4] ?

2720

2725

2730

XXIV. Fili, noli esse curiosus, nec vagas gerere sollicitudines. Quid hoc, vel illud ad te ? tu me sequere.

Quid enim ad te utrum ille sit talis vel talis ; aut iste sic et sic agit vel loquitur ? Tu non indiges respondere pro aliis, sed pro teipso rationem reddes. Quid ergo te implicas ?

1. Corps ou sujet de l'emblème : « Saint Arnoul refuse la couronne ducale et l'évêché de Metz. » Ame ou sentence : *Non sit tibi curæ de magni nominis umbra.* (Chapitre xxiv, 5.)
2. Titre latin : *De evitatione curiosæ inquisitionis super alterius vita.*
3. *Var.* Qu'un tel soit humble ou qu'il soit vain.
(1654, 56 B, C et D, 59 et 62)
4. *Var.* De grâce, enfin dis-moi, de quoi t'embrouilles-tu ?
(1654 et 56 C et D)

LIVRE III, CHAPITRE XXIV.

    Souviens-toi que du haut des cieux
Je perce d'un regard l'un et l'autre hémisphère,
    Et que le plus secret mystère
N'a point d'obscurité qui le cache à mes yeux :
    Rien n'échappe à ma connoissance ;   2740
Je vois tout ce que font les méchants et les saints ;
J'entends tout ce qu'on dit ; je sais tout ce qu'on pense,
Et jusqu'au fond des cœurs je lis tous les desseins.

    Tu dois donc me remettre tout,
Puisque tout sur la terre est présent à ma vue :   2745
    Que tout autre à son gré remue,
Conserve en plein repos ton âme jusqu'au bout ;
    Quoi qu'il excite de tempête,
Quelques lâches soucis qui puissent l'occuper,
Tout ce qu'il fait et dit reviendra sur sa tête,   2750
Et pour rusé qu'il soit, il ne peut me tromper[1].

    Ne cherche point l'éclat du nom :
Ce qu'il a de brillant ne va jamais sans ombre ;
    Ne cherche en amis ni le nombre,
Ni les étroits liens d'une forte union :   2755
    Tout cela ne fait que distraire,
Et ce peu qu'au dehors il jette de splendeur,

    Ecce ego omnes cognosco, et cuncta quæ sub sole fiunt video, et scio, qualiter cum unoquoque sit, quid cogitet, quid velit, et ad quem finem tendat ejus intentio.
    Mihi igitur omnia committenda sunt : tu vero serva te in bona pace, et dimitte agitantem agitare quantum voluerit. Veniet super eum quidquid fecerit vel dixerit, quia me fallere non potest.
    Non sit tibi curæ de magni nominis umbra, non de multorum familiaritate, nec de privata hominum dilectione. Ista enim generant distractiones, et magnas in corde obscuritates.

1. *Var.* Et pour rusé qu'il soit, il ne me peut tromper. (1654-65)

Par la malignité d'un effet tout contraire,
T'enfonce plus avant les ténèbres au cœur.

  Je t'entretiendrai volontiers :   2760
Je te veux bien instruire en ma savante école,
  Jusqu'à t'expliquer ma parole,
Jusqu'à t'en révéler les secrets tous entiers;
  Mais il faut que ta diligence
Sache bien observer les moments où je viens,   2765
Et qu'avec mes bontés ton cœur d'intelligence
Ouvre soudain la porte à mes doux entretiens.

  Tu n'en peux recevoir le fruit,
Si ce cœur avec soin ne prévoit ma venue :
  Commence donc, et continue;   2770
Prépare-moi la place, et m'attends jour et nuit;
  Joins la vigilance aux prières :
L'oraison redoublée est un puissant secours;
Mais rien n'attire mieux mes célestes lumières
Que de t'humilier et partout et toujours.   2775

Libenter loquerer tibi verbum meum, et abscondita revelarem, si adventum meum diligenter observares, et ostium cordis mihi aperires.

Esto providus, et vigila in orationibus, et humilia te in omnibus.

CHAPITRE XXV[1].

EN QUOI CONSISTE LA VÉRITABLE PAIX [2].

Je l'ai dit autrefois [3] : « Je vous laisse ma paix,
Je vous la donne à tous, et les dons que je fais
N'ont rien de périssable, ainsi que ceux du monde. »
Tous aiment cette paix, tous voudroient la trouver;
Mais tous ne cherchent pas le secret où se fonde   2780
Le bien de l'acquérir et de la conserver.

Ma paix est avec l'humble, avec le cœur bénin;
Si tu veux posséder un bonheur si divin,
Joins à ces deux vertus beaucoup de patience;
Mais ce n'est pas encore assez pour l'obtenir :   2785
Prête-moi donc, mon fils, un moment de silence,
Et je t'enseignerai tout l'art d'y parvenir.

Tiens la bride sévère à tous tes appétits;
Prends garde exactement à tout ce que tu dis;
N'examine pas moins tout ce que tu veux faire;   2790

XXV. Fili, ego locutus sum : « Pacem relinquo vobis, pacem meam do vobis; non quomodo mundus dat, ego do vobis. » Pacem omnes desiderant; sed quæ ad veram pacem pertinent, non omnes curant.
    Pax mea cum humilibus et mansuetis corde. Pax tua erit in multa patientia. Si me audieris, et vocem meam secutus fueris, poteris multa pace frui.
    Quid igitur faciam ? In omni re attende tibi quid facias, et quid

---

    1. Corps ou sujet de l'emblème : « Boëce, emprisonné injustement pour la foi, compose dans sa prison quantité de beaux livres. » Ame ou sentence : *Pax tua erit in multa patientia*. (Chapitre XXV, 2.)
    2. *Var*. EN QUOI CONSISTE LA VÉRITABLE PAIX ET LE VÉRITABLE AVANCEMENT. (1654-62) — Titre latin : *In quibus vera pax cordis et verus profectus consistit*.
    3. *Évangile de saint Jean*, chapitre XIV, verset 27.

Et donne à tes desirs pour immuable loi
Que leur unique objet soit le bien de me plaire,
Et leur unique but de ne chercher que moi[1].

Ne t'embarrasse point des actions d'autrui :
Laisse là ce qu'il dit et ce qu'on dit de lui, 2795
A moins qu'à tes soucis sa garde soit commise;
Chasse enfin tout frivole et vain empressement,
Et le trouble en ton cœur trouvera peu de prise,
Ou s'il l'agite encor, ce sera rarement.

Mais ne t'y trompe pas, vivre exempt de malheur, 2800
Le cœur libre d'ennuis, et le corps de douleur,
N'être jamais troublé d'aucune inquiétude,
Ce n'est point un vrai calme en ces terrestres lieux;
Et ce don n'appartient qu'à la béatitude
Que pour l'éternité je te réserve aux cieux. 2805

Ainsi quand tu te vois sans aucuns déplaisirs,
Que tout de tous côtés répond à tes desirs,
Qu'il ne t'arrive rien d'amer ni de contraire,
N'estime pas encore avoir trouvé la paix,

dicas; et omnem intentionem tuam ad hoc dirige, ut mihi soli placeas, et extra me nihil cupias vel quæras.

Sed et de aliorum dictis vel factis nil temere judices, nec cum rebus tibi non commissis te implices, et poterit fieri ut parum vel raro turberis.

Nunquam autem sentire aliquam turbationem, nec aliquam pati cordis vel corporis molestiam, non est præsentis temporis, sed status æternæ quietis.

Non ergo æstimes te veram pacem invenisse, si nullam senseris gravitatem; nec tunc totum esse bonum, si neminem pateris adversarium; nec hoc esse perfectum, si cuncta fiant secundum tuum affectum.

1. *Var.* Et leur unique but de t'unir tout à moi. (1670 O)

Ni que tout soit en toi si bon, si salutaire, 2810
Qu'on ait lieu de te mettre au nombre des parfaits.

Ne te crois pas non plus ni grand ni bien aimé[1],
Pour te sentir un zèle à ce point enflammé,
Qu'à force de tendresse il te baigne de larmes :
Des solides vertus la vraie affection[2] 2815
Ne fait point consister en tous ces petits charmes
Ni ton avancement ni ta perfection.

« En quoi donc, me dis-tu, consiste pleinement
Cette perfection et cet avancement?
Cette paix véritable, où se rencontre-t-elle? » 2820
Je veux bien te l'apprendre : elle est, en premier lieu,
A t'offrir tout entier d'un cœur vraiment fidèle
Aux ordres souverains du vouloir de ton Dieu.

Cette soumission[3] à mes sacrés décrets
Te doit fermer les yeux pour[4] tous tes intérêts, 2825
Soit qu'ils soient de petite ou de grande importance :
N'en cherche dans le temps ni dans l'éternité,
Et souhaite le ciel, moins pour ta récompense,

Neque tunc aliquid magni te reputes, aut specialiter dilectum existimes, si in magna fueris devotione atque dulcedine : quia in istis non cognoscitur verus amator virtutis, nec in istis consistit profectus et perfectio hominis.
« In quo ergo, Domine? » In offerendo te ex toto corde tuo voluntati divinæ;
Non quærendo quæ tua sunt, nec in parvo, nec in magno, nec in tempore, nec in æternitate :

---

1. *Var.* Garde-toi de te croire ou grand ou bien aimé,
   Pour te sentir un zèle à tel point enflammé. (1670 O)
2. *Var.* Des solides vertus la sainte ambition. (1670 O)
3. Toutes nos éditions donnent ici *soúmission*.
4. Les éditions de 1654-62 ont *par*, au lieu de *pour*.

Que pour y voir mon nom à jamais exalté.

Montre un visage égal aux changements divers : 2830
Dans le plus doux bonheur, dans le plus dur revers,
Rends-moi, sans t'émouvoir, même action de grâces ;
Tiens la balance droite à chaque événement,
Tiens-la ferme à tel point, que jamais tu ne passes
Jusque dans la foiblesse ou dans l'emportement. 2835

Si tu sens qu'au milieu des tribulations
Je retire de toi mes consolations,
Et te laisse accablé sous ce qui te ravage[1],
Forme des sentiments d'autant plus résolus,
Et soutiens ton espoir avec tant de courage, 2840
Qu'il prépare ton cœur à souffrir encor plus.

Ne te retranche point sur ton intégrité,
Comme si tu souffrois sans l'avoir mérité,
Et que pour tes vertus ce fût un exercice :
Fuis cette vaine idée, et comme criminel, 2845
En toutes mes rigueurs adore ma justice,
Et bénis mon courroux et saint et paternel.

C'est comme il te faut mettre au droit et vrai chemin,
Qui seul te peut conduire à cette paix sans fin
Qu'à mes plus chers amis moi-même j'ai laissée : 2850
Suis-le sur ma parole, et crois sans t'ébranler

Ita ut una æquali facie in gratiarum actione permaneas, inter prospera et contraria, omnia æqua lance pensando.
Si fueris tam fortis et longanimus in spe, ut, subtracta interiori consolatione, etiam ad ampliora sustinenda cor tuum præparaveris,
Nec te justificaveris, quasi hæc tantaque pati non deberes, sed me in omnibus dispositionibus meis justificaveris, et sanctum laudaveris,

1. *Var.* Et te laisse abîmé sous ce qui te ravage. (1654)

Qu'après ta patience à mon choix exercée,
Mes clartés de nouveau te viendront consoler.

Que si jamais l'effort d'un zèle tout de foi
Par un parfait mépris te détache de toi   2855
Pour ne plus respirer que sous ma providence,
Sache qu'alors tes sens, à moi seul asservis,
Posséderont la paix dans sa pleine abondance,
Autant qu'en peut souffrir cet exil où tu vis.

CHAPITRE XXVI[1].

DES EXCELLENCES DE L'AME LIBRE [2].

Seigneur, qu'il faut être parfait   2860
Pour tenir vers le ciel l'âme toujours tendue.
    Sans jamais relâcher la vue
    Vers ce que sur la terre on fait!

    A travers tant de soins cuisants
Passer comme sans soin, non ainsi qu'un stupide   2865

  Tunc in vera et recta via pacis ambulas, et spes indubitata erit quod rursus in jubilo faciem meam sis visurus.
  Quod si ad plenum tuiipsius contemptum perveneris, scito quod tunc abundantia pacis perfrueris, secundum possibilitatem tui incolatus.
  XXVI. Domine, hoc opus est perfecti viri, nunquam ab intentione cœlestium animum relaxare,
  Et inter multas curas quasi sine cura transire, non more torpentis,

---

1. Corps ou sujet de l'emblème : « Saint Jean Calybite demande l'aumône à sa mère, et est chassé par elle de sa maison, sans qu'il se fasse connoître. » Ame ou sentence : *Non te vincant caro et sanguis.* (Chapitre XXVI, 14.)
2. *Var.* DES EXCELLENCES DE L'AME LIBRE, QUE L'HUMBLE PRIÈRE FAIT PLUTÔT MÉRITER QUE L'ÉTUDE. (1654-62) — Titre latin : *De eminentia liberæ mentis, quam supplex oratio magis meretur quam lectio.*

Que son esprit morne et languide
Assoupit sous les plus pesants ;

Mais par la digne fermeté
D'une âme toute pure et toute inébranlable,
Par un privilége admirable 2870
De son entière liberté,

Détacher son affection
De tout ce qu'ici-bas un cœur mondain adore :
Seigneur, j'ose le dire encore,
Qu'il y faut de perfection ! 2875

O Dieu tout bon, Dieu tout-puissant,
Défends-moi des soucis où cette vie engage,
Qu'ils n'enveloppent mon courage
D'un amas trop embarrassant.

Sauve-moi des nécessités 2880
Dont le soutien du corps m'importune sans cesse,
Que leur surprise ou leur mollesse
Ne donne entrée aux voluptés.

Enfin délivre-moi, Seigneur,
De tout ce qui peut faire un obstacle à mon âme, 2885
Et changer sa plus vive flamme
En quelque mourante langueur.

Ne m'affranchis pas seulement

Sed prærogativa quadam liberæ mentis,
Nulli creaturæ inordinata affectione adhærendo.
Obsecro te, piissime Deus meus, præserva me a curis hujus vitæ,
ne nimis implicer;
A multis necessitatibus corporis, ne voluptate capiar,
Ab universis animæ obstaculis, ne molestiis fractus dejiciar;

Des folles passions dont la terre est si pleine,
 Et que la vanité mondaine   2890
 Suit avec tant d'empressement;

 Mais de tous ces petits malheurs
Dont répand à toute heure une foule importune
 La malédiction commune
 Pour peine sur tous les pécheurs;   2895

 De tout ce qui peut retarder
La liberté d'esprit où ta bonté m'exhorte,
 Et semble lui fermer la porte,
 Quand tu veux bien me l'accorder.

 Ineffable et pleine douceur,   2900
Daigne, ô mon Dieu, pour moi changer en amertume[1]
 Tout ce que le monde présume
 Couler de plus doux dans mon cœur.

 Bannis ces consolations
Qui peuvent émousser le goût des éternelles[2],   2905
 Et livrer mes sens infidèles
 A leurs folles impressions.

 Bannis tout ce qui fait chérir

 Non dico ab his rebus quas toto affectu ambit vanitas mundana;
 Sed ab his miseriis quæ animam servi tui, communi maledicto mortalitatis, pœnaliter gravant,
 Et retardant, ne in libertatem spiritus, quoties libuerit, valeat introire.
 O Deus meus, dulcedo ineffabilis, verte mihi in amaritudinem omnem consolationem carnalem,
 Ab æternorum amore me abstrahentem,

---

1. *Var.* Daigne, ô mon Dieu, pour moi tourner en amertume. (1670 O)
2. *Var.* Qui peuvent amortir le goût des éternelles. (1670 O)

L'ombre d'un bien présent sous un attrait sensible,
     Et dont le piége imperceptible¹   2910
          Nous met en état de périr.

          Fais, Seigneur, avorter en moi
De la chair et du sang les dangereux intrigues;
     Fais que leurs ruses ni leurs ligues
          Ne me fassent jamais la loi;   2915

          Fais que cet éclat d'un moment
Dont le monde éblouit quiconque ose le croire²,
     Cette brillante et fausse gloire,
          Ne me déçoive aucunement.

          Quoi que le diable ose inventer   2920
Pour ouvrir sous mes pas un mortel précipice,
     Fais que sa plus noire malice³
          N'ait point de quoi me supplanter.

          Pour combattre et pour souffrir tout⁴,
Donne-moi de la force et de la patience :   2925
     Donne à mon cœur une constance
          Qui persévère jusqu'au bout.

Et ad se, intuitu cujusdam boni delectabilis præsentis, male alli‑
cientem.
     Non me vincant, Deus meus, non me vincant caro et sanguis;
     Non me decipiat mundus, et brevis gloria ejus;
     Non me supplantet diabolus, et astutia illius.
     Da mihi fortitudinem resistendi, patientiam tolerandi, constan‑
tiam perseverandi;

1. *Var.*   De qui le piége imperceptible. (1654-62)
2. *Var.*   Dont le monde éblouit quiconque aime à le croire. (1670 O)
   Var.   Fais que son plus noir artifice. (1670 O)
   Var.   Pour combattre, pour souffrir tout. (1659 et 62)

LIVRE III, CHAPITRE XXVI.

  Fais que j'en puisse voir proscrit
Le goût de ces douceurs où le monde préside :
  Fais qu'il laisse la place vide
  A l'onction de ton esprit.

  Au lieu de cet amour charnel[1]
Dont l'impure chaleur souille ce qu'elle enflamme,
  Fais couler au fond de mon âme[2]
  Celui de ton nom éternel.

  Boire, et manger, et se vêtir,
Sont d'étranges fardeaux qu'impose la nature :
  Oh ! qu'un esprit fervent endure
  Quand il s'y faut assujettir !

  Fais-m'en user si sobrement
Pour réparer un corps où l'âme est enfermée,
  Qu'elle ne soit point trop charmée
  De ce qu'ils ont d'alléchement.

  Leur bon usage est un effet
Que le propre soutien a rendu nécessaire,
  Et[3] ce corps qu'il faut satisfaire

Da, pro omnibus mundi consolationibus, suavissimam spiritus tui unctionem;
 Et pro carnali amore tui nominis infunde amorem.
 Ecce cibus, potus, vestis, ac cætera utensilia, ad corporis sustentaculum pertinentia, ferventi spiritui sunt onerosa.
 Tribue talibus fomentis temperate uti, non desiderio nimio implicari.
 Abjicere omnia non licet, quia natura sustentanda est;

---

1. *Var.*   Enfin, pour cet amour charnel. (1670 O)
2. *Var.*   Seigneur, allume dans mon âme. (1670 O)
3. L'édition de 1658 a ici une faute typographique, *En*, pour *Et*, que Corneille a corrigée de sa main dans l'exemplaire mentionné plus haut.

N'y peut renoncer tout à fait;

Mais de cette nécessité
Aller au superflu, passer jusqu'aux délices,
Et par de lâches artifices 2950
Y chercher sa félicité :

C'est ce que nous défend ta loi,
De peur que de la chair l'insolence rebelle
A son tour ne range sous elle
L'esprit qui doit être son roi. 2955

Entre ces deux extrémités,
De leur juste milieu daigne si bien m'instruire,
Que les excès qui peuvent nuire
Soient de part et d'autre évités.

CHAPITRE XXVII[1].

QUE L'AMOUR-PROPRE NOUS DÉTOURNE DU SOUVERAIN BIEN[2].

Donne-moi tout pour tout, donne-toi tout à moi, 2960
Sans te rien réserver, sans rien garder en toi

Requirere autem superflua, et quæ magis delectant,
Lex sancta prohibet; nam alias caro adversus spiritum insolesceret.
Inter hæc, quæso, manus tua me regat et doceat, ne quid nimium fiat.
XXVII. Fili, oportet te dare totum pro toto ; et nihil tuiipsius

---

1. Corps ou sujet de l'emblème : « Héliodorus voulant piller les trésors du Temple, est terrassé par un cavalier armé, et flagellé par deux anges. » Ame ou sentence : *Noli concupiscere quod non licet habere.* (Chapitre xxvii, 3.)
2. *Var.* ..... NOUS DÉTOURNE EXTRÊMEMENT DU SOUVERAIN BIEN. (1654, 56 B, 59 et 62) — Titre latin : *Quod privatus amor a summo bono maxime retardat.*

   Par où tu te sois quelque chose :
L'amour-propre est pour l'âme un dangereux poison,
Et les autres malheurs où son exil l'expose,
   Quelle qu'en puisse être la cause,   2965
   N'entrent point en comparaison.

Selon l'empressement, l'affection, les soins,
Chaque chose à ton cœur s'attache plus ou moins.
   Ils en sont l'unique mesure :
Si ton amour est pur, simple et bien ordonné,   2970
Tu pourras hautement braver la créature,
   Sans craindre en toute la nature
   Que rien te retienne enchaîné.

Ne desire donc point, fuis même à regarder
Tout ce que sans péché tu ne peux posséder[1],   2975
   Tout ce qui brouille ton courage :
Bannis tout ce qui peut offusquer sa clarté
Sous l'obscure épaisseur d'un indigne nuage,
   Et changer en triste esclavage
   L'intérieure liberté.   2980

Chose étrange, mon fils, parmi tant d'embarras,
Que du fond de ton cœur tu ne te ranges pas
   Sous ma providence ineffable,

esse. Scito quod amor tuiipsius magis nocet tibi, quam aliqua res mundi.

 Secundum amorem et affectum quem geris, quælibet res plus vel minus adhæret. Si fuerit amor tuus purus, simplex, et bene ordinatus, eris sine captivitate rerum.

 Noli concupiscere quod non licet habere : noli habere quod te potest impedire, et libertate interiori privare.

 Mirum quod non ex toto fundo cordis teipsum mihi committis, cum omnibus quæ desiderare potes vel habere.

1. *Var.* Tout ce que sans faillir tu ne peux posséder. (1654)

Et qu'une folle idée, étouffant ton devoir,
T'empêche de soumettre à mon ordre adorable 2985
    Tout ce que tu te sens capable
    Et de souhaiter et d'avoir !

Pourquoi t'accables-tu de soucis superflus,
Et qui te fait livrer tes sens irrésolus
    Au vain chagrin qui les consume ? 2990
Arrête ta conduite à mon seul bon plaisir,
N'admets aucune flamme, à moins que je l'allume,
    Et l'angoisse ni l'amertume
    Ne te pourront jamais saisir.

Si pour l'intérêt seul de tes contentements 2995
Tu veux choisir les lieux et les événements
    Que tu penses devoir te plaire,
Tu ne te verras point dans un entier repos,
Et les mêmes soucis dont tu te crois défaire
    Sur ton bonheur imaginaire 3000
    Reviendront fondre à tous propos.

Le succès le plus doux et le plus recherché
Aura pour ton malheur quelque défaut caché
    Par où corrompre tes délices,
Et de quelque séjour[1] que tu fasses le choix, 3005
Ou l'envie, ou la haine, ou d'importuns caprices,

> Quare vano mœrore consumeris? Cur superfluis curis fatigaris? Sta ad beneplacitum meum, et nullum patieris detrimentum.
> Si quæris hoc vel illud, et volueris esse ibi vel ibi, propter tuum commodum, et proprium beneplacitum tuum magis habendum, nunquam eris in quietudine, nec liber a sollicitudine :
> Quia in omni re reperietur aliquis defectus, et in omni loco erit qui adversetur.

1. On lit *secours*, pour *séjour*, dans l'édition de 1656 D.

Ou de secrètes injustices,
T'y feront bien porter ta croix.

Ce n'est point ni l'acquis par d'assidus efforts,
Ni ce qu'un long bonheur multiplie au dehors
  Qui te sert pour ma paix divine :
C'est un intérieur et fort détachement,
Qui retranchant du cœur jusques à la racine
  L'indigne amour qui te domine,
  T'y donne un prompt avancement[1].

Joins au mépris des biens celui des dignités ;
Joins au mépris du rang celui des vanités
  D'une inconstante renommée :
On condamne demain ce qu'on loue aujourd'hui,
Et cette gloire enfin dont l'âme est si charmée,
  Comme le monde l'a formée,
  S'éclipse et passe comme lui.

Ne t'assure non plus au changement de lieux :
Le cloître le plus saint ne garantit pas mieux,
  Si la ferveur d'esprit n'abonde ;
Et la paix qu'on y trouve en sa pleine vigueur
Ne devient qu'une paix stérile et vagabonde,
  Si le zèle ardent ne la fonde
  Sur la stabilité du cœur.

Juvat igitur non quælibet res adepta, vel multiplicata exterius, sed potius contempta, et decisa ex corde radicitus·

Quod non tantum de censu æris ac divitiarum intelligas ; sed de honoris etiam ambitu, ac vanæ laudationis desiderio : quæ omnia transeunt cum mundo.

Munit parum locus, si deest spiritus fervoris ; nec diu stabit pax illa quæsita forinsecus, si vacat a vero fundamento status cordis,

1. *Var.* T'y donne un plein avancement. (1659 et 62)

Tiens-y donc ce cœur stable et soumis à mes lois,   3o3o
Ou tu t'y changeras et mille et mille fois
    Sans être meilleur ni plus sage ;
Et les occasions y sauront rejeter,
Y sauront, malgré toi, semer pour ton partage
      Autant de trouble, et davantage,   3o35
    Que tu n'en voulus éviter.

ORAISON POUR OBTENIR LA PURETÉ DU COEUR [1].

Affermis donc, Seigneur, par les grâces puissantes
Dont ton Esprit divin est le distributeur [2],
Les doux élancements de ces ferveurs naissantes
    Dont tu daignes être l'auteur.   3o4o

Détache-moi si bien de la foiblesse humaine,
Que l'homme intérieur se fortifie en moi,
Et purge tout mon cœur de tout ce qui le gêne,
    Et de tout inutile emploi.

Que d'importuns desirs jamais ne le déchirent ;   3o45
Que d'un mépris égal il traite leurs objets,
Sans que les plus brillants de leur côté l'attirent,
    Sans qu'il s'amuse aux plus abjets [3].

Fais-moi voir les plaisirs, les richesses, la gloire,

    Hoc est nisi steteris in me : permutare te potes, sed non meliorare ; nam occasione orta et accepta, invenies quod fugisti, et amplius.
    Confirma me, Deus, per gratiam sancti Spiritus.
    Da virtutem corroborari in interiori homine, et cor meum ab omni inutili sollicitudine et angore evacuare,
    Nec variis desideriis trahi cujuscumque rei, vilis aut pretiosæ ;

1. Titre latin : *Oratio pro purgatione cordis.*
2. *Var.* De qui ton saint Esprit est le distributeur. (1654-62)
3. Voyez tome I, p. 169, note 1.

Ainsi que de faux biens qui passent en un jour ; 3050
Fais-leur pour tout effet graver en ma mémoire
    Que je dois passer à mon tour.

Sous le ciel rien ne dure, et partout sa lumière
Ne voit que vanités, que trouble, qu'embarras :
Oh! que sage est celui qui de cette manière 3055
    Envisage tout ici-bas !

Donne-la-moi, Seigneur, cette haute sagesse
Qui te cherchant sur tout, te trouve jour et nuit,
Et qui t'aimant sur tout, n'a ni goût ni tendresse
    Que pour ce qu'elle y fait de fruit. 3060

Qu'elle peigne à mes yeux toutes les autres choses,
Non telles qu'on les croit, mais telles qu'elles sont,
Pour en user dans l'ordre à quoi tu les disposes,
    Dans l'impuissance qu'elles ont.

Que son dédain accort rejette avec prudence 3065
Du plus adroit flatteur l'hommage empoisonné,
Et ne murmure point de voir par l'impudence[1]
    Son meilleur avis condamné.

    Sed omnia inspicere sicut transeuntia, et me pariter cum illis transiturum,
    Quia nihil permanens sub sole, ubi omnia vanitas, et afflictio spiritus. O quam sapiens qui ita considerat !
    Da mihi, Domine, cœlestem sapientiam, ut discam te super omnia quærere et invenire, super omnia sapere et diligere,
    Et cætera secundum ordinem sapientiæ tuæ, prout sunt, intelligere.
    Da prudenter declinare blandientem, et patienter ferre adversantem :

---

1. On lit *par l'imprudence* dans les éditions de 1665 B-93.

Ne se point émouvoir pour des paroles vaines,
Qui font bruit au dehors et ne sont que du vent, 3070
Et refuser l'oreille à la voix des sirènes,
 Dont tout le charme est décevant,

C'est un des grands secrets par qui l'âme, avancée
Sous ta sainte conduite au bon et vrai sentier,
Poursuit en sûreté la route commencée, 3075
 Et se fait un bonheur entier.

CHAPITRE XXVIII[1].

CONTRE LES LANGUES MÉDISANTES[2].

Mon fils, si quelques-uns forment des sentiments
 Qui soient à ton désavantage,
S'ils tiennent des discours, s'ils font des jugements
Qui ternissent ta gloire et te fassent outrage, 3080
Ne t'en indigne point, n'en fais point le surpris :
 Quels que soient leurs mépris,
Ton estime pour toi doit être encor plus basse;
Tu dois croire, au milieu de leur indignité,
Quelque puissante en toi que tu sentes ma grâce, 3085
Qu'il n'est foiblesse égale à ton infirmité.

 Quia hæc magna sapientia, non moveri omni vento verborum, nec aurem male blandienti præbere sirenæ;
 Sic enim incœpta pergitur via secure.
 XXVIII. Fili, non ægre feras si quidam de te male senserint, et dixerint quod non libenter audias. Tu deteriora de teipso sentire debes, et neminem infirmiorem te credere.

---

 1. Corps ou sujet de l'emblème : « David méprise les injures que lui conte Séméï et les pierres qu'il lui jette. » Ame ou sentence : *Non multum ponderabis volantia verba*. (Chapitre xxviii, 2.)
 2. *Var.* CONTRE LES LANGUES MÉDISANTES, ET DU PEU D'ÉTAT QU'IL EN FAUT FAIRE. (1658) — Titre latin : *Contra linguas obtrectatorum*.

LIVRE III, CHAPITRE XXVIII.

Si dans l'intérieur un bon et saint emploi
    Te donne une démarche forte,
Tu ne prendras jamais le mal qu'on dit de toi
Que pour un son volage et que le vent emporte.   3090
Il faut de la prudence en ces moments fâcheux;
    Et celle que je veux,
Celle que je demande, est qu'on sache se taire,
Qu'on sache au fond du cœur vers moi se retourner,
Sans relâcher en rien son allure ordinaire,   3095
Pour chose que le monde en veuille condamner.

Ne fais point cet honneur aux hommes imparfaits,
    Que leur vain langage te touche;
Ne fais point consister ta gloire ni ta paix
En ces discours en l'air qui sortent de leur bouche.   3100
Que de tes actions ils jugent bien ou mal,
    Tout n'est-il pas égal?
Ton âme en devient-elle ou plus nette ou plus noire?
En as-tu plus ou moins ou d'amour ou de foi?
Et pour tout dire enfin, la véritable gloire,   3105
La véritable paix, est-elle ailleurs qu'en moi?

Si tu peux t'affranchir de cette lâcheté,
    Dont l'esclavage volontaire
Cherche à leur agréer avec avidité,
Et compte à grand malheur celui de leur déplaire,   3110
Tu jouiras alors d'une profonde paix,
    Et dans tous tes souhaits

    Si ambulas ab intra, non multum ponderabis volantia verba. Est non parva prudentia silere in tempore malo, et introrsus ad me converti, nec humano judicio disturbari.
    Non sit pax tua in ore hominum : sive enim bene, sive male interpretati fuerint, non es ideo alter homo. Ubi est vera pax et vera gloria? Nonne in me?
    Et qui non appetit hominibus placere, nec timet displicere, multa

Tu la verras passer en heureuse habitude.
Les indignes frayeurs, le fol emportement,
C'est ce qui dans ton cœur jette l'inquiétude, 3115
C'est ce qui de tes sens fait tout l'égarement.

CHAPITRE XXIX[1].

COMMENT IL FAUT INVOQUER DIEU, ET LE BÉNIR AUX APPROCHES DE LA TRIBULATION[2].

Tu le veux, ô mon Dieu, que cette inquiétude,
Ce profond déplaisir, vienne troubler ma paix :
Après tant de douceurs ta main veut m'être rude,
Et moi j'en veux bénir ton saint nom à jamais. 3120

Je ne saurois parer ce grand coup de tempête :
Ses approches déjà me font pâlir d'effroi;
Et tout ce que je puis, c'est de baisser la tête,
C'est de forcer mon cœur à recourir à toi.

Je ne demande point que tu m'en garantisses; 3125
Il suffit que ton bras daigne être mon appui,
Et que l'heureux succès de tes bontés propices[3]

perfruetur pace. Ex inordinato amore et vano timore oritur omnis inquietudo cordis et distractio sensuum.

XXIX. Sit nomen tuum, Domine, benedictum in sæcula, qui voluisti hanc tentationem et tribulationem venire super me.
Non possum eam effugere; sed necesse habeo ad te confugere,
Ut me adjuves, et in bonum mihi convertas.

1. Corps ou sujet de l'emblème : « Jésus-Christ priant Dieu au jardin des Olives. » Ame ou sentence : *Fiat voluntas tua.* (Chapitre XXIX, 9.)
2. *Var.* COMMENT IL FAUT INVOQUER DIEU AUX APPROCHES DE LA TRIBULATION. (1654-62) — Titre latin : *Qualiter, instante tribulatione, Deus invocandus et benedicendus est.*
3. *Var.* Et que l'heureux secours de tes bontés propices.
(1654 B, 56 B, 59 et 62)

LIVRE III, CHAPITRE XXIX.

Me rende¹ salutaire un si cuisant ennui.

Je le sens qui m'accable : ah! Seigneur, que j'endure!
Que d'agitations me déchirent le cœur!
Qu'il se trouve au milieu d'une étrange torture!
Et qu'il y soutient mal sa mourante vigueur!

Père doux et bénin, qui connois ma foiblesse,
Que faut-il que je die en cet accablement?
Tu vois de toutes parts quelle rigueur me presse :
Sauve-moi, mon Sauveur, d'un si cruel moment².

Mais il n'est arrivé, ce moment qui me tue,
Qu'à dessein que ta gloire en prenne plus d'éclat,
Lorsqu'après avoir vu ma constance abattue,
On la verra par toi braver ce qui l'abat.

Etends donc cette main puissante et débonnaire
Qui par notre triomphe achève nos combats;
Car chétif que je suis, sans toi que puis-je faire?
De quel côté sans toi puis-je tourner mes pas?

Encor pour cette fois donne-moi patience :
Aide-moi par ta grâce à ne point murmurer³;

Domine, modo sum in tribulatione, et non est cordi meo bene; sed multum vexor a præsenti passione.
Et nunc, Pater dilecte, quid dicam? Deprehensus sum inter angustias. Salvifica me ex hora hac.
Sed propterea veni in hanc horam, ut tu clarificeris, cum fuero valde humiliatus, et per te liberatus.
Complaceat tibi, Domine, ut eruas me; nam ego pauper quid agere possum, et quo ibo sine te?

1. *Var.* Toutes nos éditions ont *Me rendent*, au pluriel.
2. *Var.* Sauve-moi, mon Sauveur, d'un si cruel tourment. (1654-65 A)
3. *Var.* Aide-moi par ta grâce à n'en point murmurer. (1670 O)

Et je ne craindrai point sur cette confiance,
Pour grands que soient les maux qu'il me faille endurer.

Cependant derechef que faut-il que je die ?
Ton saint vouloir soit fait, ton ordre exécuté. 3150
Perte de biens, disgrâce, opprobre, maladie,
Tout est juste, Seigneur, et j'ai tout mérité.

C'est à moi de souffrir, et plaise à ta clémence
Que ce soit sans chagrin, sans bruit, sans m'échapper,
Jusqu'à ce que l'orage ait moins de véhémence, 3155
Jusqu'à ce que le calme ait pu le dissiper[1] !

Ta main toute-puissante est encore aussi forte
Que l'ont sentie en moi tant d'autres déplaisirs,
Et peut rompre le coup que celui-ci me porte,
Comme elle a mille fois arrêté mes soupirs. 3160

Elle qui de mes maux domptant la barbarie,
A souvent des abois rappelé ma vertu,
Peut encor de ceux-ci modérer la furie,
De peur que je n'en sois tout à fait abattu.

Oui, ta pitié, mon Dieu, soutenant mon courage[2], 3165

   Da patientiam, Domine, etiam hac vice. Adjuva me, Deus meus, et non timebo, quantumcumque gravatus fuero.
   Et nunc inter hæc quid dicam? Domine, fiat voluntas tua. Ego bene merui tribulari et gravari.
   Oportet utique ut sustineam, et utinam patienter, donec transeat tempestas et melius fiat !
   Potens est autem omnipotens manus tua, etiam hanc tentationem a me auferre,
   Et ejus impetum mitigare, ne penitus succumbam, quemadmodum et prius sæpius egisti mecum,

  1. *Var.* Jusqu'à ce que ta main daigne le dissiper. (1670 O)
  2. *Var.* Car enfin ta pitié, soutenant mon courage,

Peut le rendre vainqueur de leur plus rude assaut;
Et plus ce changement m'est un pénible ouvrage,
Plus je le vois facile à la main du Très-Haut [1].

CHAPITRE XXX [2].

COMMENT IL FAUT DEMANDER LE SECOURS DE DIEU [3].

Viens à moi, mon enfant, lorsque tu n'es pas bien;
Fais-moi de ton angoisse un secret entretien :   3170
Dans les plus mauvais jours, quelque coup qu'elle porte,
Je suis toujours ce Dieu qui console et conforte;
Mais tout ce qui retient ces consolations
Que je verse d'en haut sur les afflictions,
C'est que bien qu'elles soient leurs remèdes uniques,
A me les demander un peu tard tu t'appliques.
Avant que je te voie à mes pieds prosterné
M'invoquer dans les maux dont tu te sens gêné,
Tu fais de vains essais de tout ce que le monde
Promet d'amusements à ta douleur profonde,   3180

> Deus meus, misericordia mea. Et quanto mihi difficilius, tanto tibi facilior est hæc mutatio dexteræ Excelsi.
> XXX. Fili, ego Dominus, confortans in die tribulationis. Venias ad me, cum tibi non fuerit bene. Hoc est quod maxime consolationem impedit cœlestem, quia tardius te convertis ad orationem; nam antequam me intente roges, multa interim solatia quæris, et recreas te in externis.

   Peut le rendre vainqueur du plus puissant assaut. (1670 O)
   1. *Var.* Et plus il est facile à la main du Très-Haut. (1654-65 A)
   2. Corps ou sujet de l'emblème : « Jésus-Christ rend la vue à un aveugle. » Ame ou sentence : *Venias ad me, cum tibi non fuerit bene.* (Chapitre xxx, 1.)
   3. *Var.* COMME (*dans les éditions de* 1656 B, *de* 1658, *de* 1659 *et de* 1662 : COMMENT) IL FAUT DEMANDER LE SECOURS DE DIEU AVEC CONFIANCE DE RECOUVRER SA GRACE. (1654-62) — Titre latin : *De divino petendo auxilio, et confidentia recuperandæ gratiæ.*

Et cet égarement de tes vœux imprudents
Va chercher au dehors ce que j'offre au dedans

Ainsi ce que tu fais te sert de peu de chose,
Ainsi ce que tu fais à d'autres maux t'expose,
Jusqu'à ce qu'il souvienne à ton reste de foi 3185
Que j'en sais garantir quiconque espère en moi,
Et qu'il n'est ni secours ailleurs qui ne leur cède,
Ni conseil fructueux, ni durable remède.

De quelques tourbillons que ton cœur soit surpris,
Après qu'ils sont passés, rappelle tes esprits, 3190
Vois ma miséricorde, et reprends dans sa vue
La première vigueur de ta force abattue
Je suis auprès de toi, tout prêt à rétablir
Tout ce que la tempête y pourroit affoiblir,
Et non pas seulement d'une égale mesure, 3195
Mais avec abondance, avec excès d'usure,
En sorte que les biens qui te seront rendus
Servent de comble à ceux qui te semblent perdus.

D'où vient que sur ce point ta croyance vacille?
Peux-tu rien concevoir qui me soit difficile? 3200
Ou ressemblé-je à ceux dont le foible soutien
Ose beaucoup promettre et n'exécute rien?
Qu'as-tu fait de ta foi? que fait ton espérance?

Ideoque fit ut parum omnia prosint, donec advertas quia ego sum qui eruo sperantes in me, nec est extra me valens auxilium, neque utile consilium, sed neque durabile remedium.
Sed, jam resumpto spiritu post tempestatem, reconvalesce in luce miserationum mearum, quia prope sum, dicit Dominus, ut restaurem universa non solum integre, sed et abundanter ac cumulate.
Numquid mihi quicquam est difficile, aut ero similis dicenti, et non facienti? Ubi est fides tua? Sta firmiter et perseveranter;

LIVRE III, CHAPITRE XXX.

Montre une âme plus ferme en sa persévérance,
Sois fort, sois courageux, endure, espère, attends; 3205
Les consolations te viendront en leur temps :
Moi-même je viendrai te retirer de peine,
Je viendrai t'apporter ta guérison certaine.
Le trouble où je te vois n'est qu'un peu de frayeur
Qui t'accable l'esprit d'une vaine terreur : 3210
L'avenir inconstant fait ton inquiétude;
Tu crains ses prompts revers et leur vicissitude;
Mais à quoi bon ces soins, qu'à te donner enfin
Tristesse sur tristesse et chagrin sur chagrin?
Cesse d'aller si loin mendier un supplice; 3215
Chaque jour n'a que trop de sa propre malice,
Chaque jour n'a que trop de son propre tourment:
Qui se charge de plus souffre inutilement,
Et tu ne dois fonder ni déplaisirs[1] ni joie
Sur ces douteux succès que l'avenir déploie, 3220
Qui peut-être suivront ce que tu t'en promets,
Et qui peut-être aussi n'arriveront jamais.

Mais l'homme de soi-même a ces désavantages,
Qu'il se laisse éblouir par de vaines images,
Et qu'il s'en fait souvent un fantôme trompeur 3225
Qui tire tout à lui son espoir et sa peur.

esto longanimis, et vir fortis : veniet tibi consolatio in tempore suo. Expecta me, expecta : veniam, et curabo te. Tentatio est, quæ te vexat; et formido vana, quæ te exterret. Quid importat sollicitudo de futuris contingentibus, nisi ut tristitiam super tristitiam habeas? Sufficit diei malitia sua. Vanum est et inutile de futuris contingentibus conturbari vel gratulari, quæ forte nunquam evenient.
Sed humanum est, hujusmodi imaginationibus illudi; et parvi adhuc animi signum, tam leviter trahi ad suggestionem inimici.

1. Il y a *déplaisir*, au singulier, dans les éditions de 1654 B, de 1656 B, de 1659 et de 1662.

C'est la marque d'une âme encor foible et légère,
Que d'être si facile à ce qu'on lui suggère,
Et de porter soudain un pied mal affermi
Vers ce qu'à ses regards présente l'ennemi. 3230

Cet imposteur rusé tient dans l'indifférence
S'il déçoit par la vraie ou la fausse apparence;
Il n'importe des deux à ses illusions
Qui remplisse[1] ton cœur de folles visions.
Tout lui devient égal, pourvu qu'il te séduise; 3235
Tout lui devient égal, pourvu qu'il te détruise.
Si l'amour du présent ne l'y fait parvenir,
Il y mêle aussitôt l'effroi de l'avenir;
Sa haine en cent façons à te perdre est savante;
Mais ne te trouble point, ne prends point l'épouvante; 3240
Crois en moi, tiens en moi ton espoir arrêté;
Prends confiance entière en ma haute bonté;
Oppose-la sans crainte aux traits qu'il te décoche.
Quand tu me crois bien loin, souvent je suis bien proche;
Souvent quand ta langueur présume tout perdu, 3245
C'est lors que ton soupir est le mieux entendu,
Et tu touches l'instant dont tu me sollicites,
Qui te doit avancer à de plus grands mérites.

Non, tout n'est pas perdu pour quelque contre-temps,
Pour quelque effet contraire à ce que tu prétends : 3250

Ipse enim non curat utrum veris an falsis illudat et decipiat; utrum præsentium amore, aut futurorum formidine prosternat. Non ergo turbetur cor tuum, neque formidet. Crede in me, et in misericordia mea habeto fiduciam. Quando tu putas te elongatum a me, sæpe sum propinquior. Quando tu æstimas pene totum perditum, tunc sæpe majus merendi instat lucrum.

Non est totum perditum, quando res accidit in contrarium. Non

---

1. L'édition de 1670 porte seule : « Qui remplissent, » au pluriel.

Tu n'en dois pas juger suivant ce qu'en présume
Le premier sentiment d'une telle amertume,
Ni de quelque côté que viennent tes malheurs,
Toi-même aveuglément t'obstiner aux douleurs,
Comme si d'en sortir toute espérance éteinte   3255
Abandonnoit ton âme à leur mortelle atteinte.

Ne te répute pas tout à fait délaissé,
Bien que pour quelque temps je t'y laisse enfoncé,
Bien que pour quelque temps tu sentes retirées
Ces consolations de toi si desirées.   3260
Ainsi ta fermeté s'éprouve beaucoup mieux,
Et c'est ainsi qu'on passe au royaume des cieux :
Le chemin est plus sûr, plus il est difficile ;
Et pour quiconque m'aime, il est bien plus utile
Qu'il se voie exercé par quelques déplaisirs,   3265
Que si l'effet partout secondoit ses désirs.

Je lis du haut du ciel jusque dans ta pensée ;
Je vois jusqu'à quel point ton âme est oppressée,
Et juge avantageux qu'elle soit quelquefois
Sans aucune douceur au milieu de ses croix,   3270
De peur qu'un bon succès ne t'enfle et ne t'élève
Jusqu'à t'attribuer ce que ma main achève,

debes judicare secundum præsens sentire; nec sic gravitati alicui, undecumque venienti, inhærere, et accipere tanquam omnis spes sit ablata emergendi.

   Noli putare te relictum ex toto, quamvis ad tempus tibi miserim aliquam tribulationem, vel etiam optatam subtraxerim consolationem; sic enim transitur ad regnum cœlorum. Et hoc sine dubio magis expedit tibi, et cæteris servis meis, ut exercitemini adversis, quam si cuncta ad libitum haberetis.

   Ego novi cogitationes absconditas; quia multum expedit pro salute tua ut interdum sine sapore relinquaris, ne forte eleveris in bono successu, et tibiipsi placere velis in eo quod non es.

Jusqu'à te plaire trop en ce qu'il a d'appas,
Et prendre quelque gloire en ce que tu n'es pas.

Quelque grâce sur toi qu'il m'ait plu de répandre, 3275
Je puis, quand il me plaît, te l'ôter et la rendre.
Quelques dons que j'accorde à tes plus doux souhaits,
Ils sont encore à moi quand je te les ai faits :
Je te donne du mien quand ce bonheur t'arrive,
Et ne prends point du tien alors que je t'en prive. 3280
Ces biens, ces mêmes biens, après t'être donnés[1],
Font part de mes trésors dont ils sont émanés,
Et leur perfection tirant de moi son être[2],
Quand je t'en fais jouir, j'en suis encor le maître.

Tout est à moi, mon fils, tout vient, tout part de moi;
Reçois tout de ma main sans chagrin, sans effroi :
Si je te fais traîner un destin misérable,
Si je te fais languir sous l'ennui qui t'accable,
Ne perds sous ce fardeau patience ni cœur :
Je puis en un moment ranimer ta langueur; 3290
Je puis mettre une borne aux maux que je t'envoie,
Et changer tout leur poids en des sujets de joie[3];
Mais je suis toujours juste en te traitant ainsi,
Toujours digne de gloire, et j'en attends aussi;

Quod dedi auferre possum et restituere, cum mihi placuerit. Cum dedero, meum est; cum subtraxero, tuum non tuli; quia meum est omne datum bonum et omne donum perfectum.
Si tibi immisero gravitatem aut quamlibet contrarietatem, ne indigneris, neque concidat cor tuum ; ego cito sublevare possum, et omne onus in gaudium transmutare. Verumtamen justus sum et recommendabilis multum, cum sic facio tecum.

1. *Var.* Parce que ces biens même après t'être donnés.
(1654 B, 56 B, 59 et 62)
2. *Var.* Et leur perfection me devant tout son être. (1654 B, 56 B, 59 et 62)
3. *Var.* Et changer tes douleurs en des torrents de joie. (1670 O)

Et soit que je t'élève ou que je te ravale, 3295
Je veux d'un sort divers une louange égale.

Si tu peux bien juger de ma sévérité,
Si tu peux sans nuage en voir la vérité,
Les coups les plus perçants d'une longue infortune
N'auront rien qui t'abatte, et rien qui t'importune : 3300
Loin de t'en attrister, de meilleurs sentiments
Ne t'y feront voir lieu que de remercîments,
Ne t'y feront voir lieu que de pleine allégresse ;
Dans cette dureté tu verras ma tendresse,
Et réduiras ta joie à cet unique point, 3305
Que ma faveur t'afflige et ne t'épargne point.

Tel que jadis pour moi fut l'amour de mon Père [1],
Tel est encor le mien pour qui cherche à me plaire,
Et tel étoit celui qu'autrefois je promis
A ce troupeau choisi de mes plus chers amis : 3310
Cependant, tu le sais, je les livrai sur terre [2]
Aux cruelles fureurs d'une implacable guerre,
A d'éternels combats, à d'éternels dangers,
Et non pas aux douceurs des plaisirs passagers.
Je les envoyai tous au mépris, à l'injure, 3315
Et non à ces honneurs qui flattent la nature,

   Si recte sapis et in veritate aspicis, nunquam debes propter adversa tam dejecte contristari, sed magis gaudere et gratias agere ; imo hoc unicum reputare gaudium, quod affligens te doloribus, non parco tibi.
   « Sicut dilexit me Pater, et ego vos diligo, » dixi dilectis discipulis meis : quos utique non misi ad gaudia temporalia, sed ad magna certamina ; non ad honores, sed ad despectiones ; non ad otium, sed ad

1. *Var.* Oui, je te fais faveur, quand je te suis sévère :
   J'ai pour toi tout l'amour qu'avoit pour moi mon Père ;
   J'ai pour toi tout l'amour qu'autrefois je promis. (1654 B)
2. *Var.* Ces disciples aimés que je livrai sur terre. (1654 B)

Non à l'oisiveté, mais à de longs travaux,
Et je les plongeai tous dans ces gouffres de maux,
Afin que leur amère et rude expérience
Les enrichît des fruits que fait la patience. 3320

Souviens-toi donc, mon fils, de ces instructions,
Sitôt que tu te vois dans les afflictions.

CHAPITRE XXXI[1].

DU MÉPRIS DE TOUTES LES CRÉATURES POUR S'ÉLEVER AU CRÉATEUR[2].

Seigneur, si jusqu'ici tu m'as fait mille grâces,
   Il n'est pas temps que tu t'en lasses :
J'ai besoin d'un secours encor bien plus puissant, 3325
Puisqu'il faut m'élever par-dessus la nature,
Et prendre un vol si haut, qu'aucune créature
   N'ait pour moi rien d'embarrassant.

A cet heureux effort en vain je me dispose :
   Tant qu'ici-bas la moindre chose 3330
Vers ses foibles attraits saura me ravaler,
L'imperceptible joug d'une indigne contrainte

labores; non ad requiem, sed ad afferendum fructum multum in patientia.
   Horum memento, fili mi, verborum.
   XXXI. Domine, bene indigeo adhuc majori gratia, si debeam illuc pervenire, ubi me nemo poterit, nec ulla creatura impedire;
   Nam, quamdiu res aliqua me retinet, non possum libere ad te volare.

   1. Corps ou sujet de l'emblème : « Saint François de Paule refuse l'or et l'argent que lui présente le roi Louis onzième. » Ame ou sentence : *Quid liberius nil desiderante in terris?* (Chapitre XXXI, 4.)
   2. Var. ..... POUR ALLER AU CRÉATEUR. (1656 B-62) — Titre latin : *De neglectu omnis creaturæ, ut Creator possit inveniri.*

Ne me permettra point cette liberté sainte
    Qui jusqu'à toi nous fait voler.

Ton David à ce vol ne vouloit point d'obstacle,   3335
    Et te demandoit ce miracle,
Lorsque dans ses ennuis il tenoit ce propos [1] :
« Qui pourra me donner des ailes de colombe,
Et du milieu des maux sous qui mon cœur succombe
    Je volerai jusqu'au repos? »   3340

Cet oiseau du vrai calme est le portrait visible ;
    On ne voit rien de si paisible
Que la simplicité que nous peignent ses yeux :
On ne voit rien de libre à l'égal d'un vrai zèle,
Qui sans rien desirer s'élève à tire-d'aile   3345
    Au-dessus de tous ces bas lieux.

Il faut donc pleinement s'abandonner soi-même,
    S'arracher à tout ce qu'on aime,
Pousser jusques au ciel des transports plus qu'humains,
Et bien considérer quels sont les avantages   3350
Que l'auteur souverain a sur tous les ouvrages
    Qu'ont daigné façonner ses mains.

Sans ce détachement, sans cette haute extase,

    Cupiebat libere volare, qui dicebat : « Quis dabit mihi pennas sicut columbæ, et volabo, et requiescam? »
    Quid simplici oculo quietius? et quid liberius nil desiderante in terris ?
    Oportet igitur omnem supertransire creaturam, et seipsum perfecte deserere, ac in excessu mentis stare, et videre te omnium conditorem cum creaturis nil simile habere.
    Et nisi quis ab omnibus creaturis fuerit expeditus, non poterit

---

1. *Psaume* LIV, verset 7.

L'âme que ton amour embrase
Ne peut en liberté goûter tes entretiens : 3355
Peu savent en effet contempler tes mystères,
Mais peu forment aussi ces mépris salutaires
  De toutes sortes de faux biens.

Ainsi l'homme a besoin que ta bonté suprême,
  L'élevant par-dessus lui-même, 3360
Prodigue en sa faveur son trésor infini[1];
Qu'un excès de ta grâce en esprit le ravisse,
Et de tout autre objet tellement l'affranchisse,
  Qu'à toi seul il demeure uni.

A moins que jusque-là l'enlève ainsi ton aide, 3365
  Quoi qu'il sache, quoi qu'il possède,
Tout n'est pas de grand poids, tout ne lui sert de rien :
Il rampe et rampera toujours foible et débile,
S'il peut s'imaginer rien de grand ou d'utile
  Que l'immense et souverain bien. 3370

Tout ce qui n'est point Dieu n'est point digne d'estime,
  Et son prix le plus légitime,
Comme enfin ce n'est rien, c'est d'être à rien compté :
Vous le savez, dévots que la grâce illumine;

libere intendere divinis. Ideo enim pauci inveniuntur contemplativi, quia pauci sciunt se a perituris et creaturis ad plenum sequestrare.

Ad hoc magna requiritur gratia, quæ animam levet, et supra semetipsum rapiat. Et nisi homo sit in spiritu elevatus, et ab omnibus creaturis liberatus, ac Deo totus unitus,

Quidquid scit, quidquid etiam habet, non est magni ponderis. Diu parvus erit, et infra jacebit, qui aliquid magnum æstimat, nisi solum unum immensum, æternum bonum.

Nam quidquid Deus non est, nihil est, et pro nihilo computar

1. *Var.* Prodigue en sa faveur un trésor infini. (1659 et 62)

Votre doctrine aussi de toute autre doctrine   3375
    Diffère bien en dignité.

Sa noblesse est bien autre; et comme l'influence[1]
    De la suprême intelligence
Par un sacré canal d'en haut la fait couler,
Ce qu'à l'esprit humain en peut donner l'étude,   3380
Ce qu'en peut acquérir la longue inquiétude,
    Ne la peut jamais égaler.

Le bien de contempler ce que les cieux admirent
    Est un bien où plusieurs aspirent,
Et que de tout leur cœur ils voudroient obtenir;   3385
Mais ils suivent si mal la route nécessaire,
Que souvent ils ne font que ce qu'il faudroit faire
    Pour éviter d'y parvenir.

Le trop d'abaissement vers les objets sensibles
    Fait des obstacles invincibles,   3390
Comme le trop de soin des marques du dehors;
Et la sévérité la mieux étudiée,
Si l'âme n'est en soi la plus mortifiée,
    Ne sert qu'au supplice du corps.

J'ignore, à dire vrai, de quel esprit nous sommes,   3395

debet. Est magna differentia, sapientia illuminati et devoti viri, et scientia litterati atque studiosi clerici.
    Multo nobilior est illa doctrina, quæ desursum ex divina influentia manat, quam quæ laboriose humano acquiritur ingenio.
    Plures reperiuntur contemplationem desiderare; sed quæ ad eam requiruntur, non student exercere.
    Est magnum impedimentum quia in signis et sensibilibus rebus statur, et parum de perfecta mortificatione habetur.

1. *Var.* Sa noblesse est bien haute; et comme l'influence. (1662)

Nous autres qui parmi les hommes
Passons pour éclairés et pour spirituels,
Et nous plongeons ainsi pour des choses légères,
De vils amusements, des douceurs passagères[1],
  En des travaux continuels. 3400

Parmi de tels soucis que pouvons-nous prétendre,
  Nous qui savons si peu descendre
Dans le fond de nos cœurs indignement remplis,
Et qui si rarement de toutes nos pensées
Appliquons au dedans les forces ramassées 3405
  Pour en voir les secrets replis?

Notre âme en elle-même à peine est recueillie,
  Qu'une extravagante saillie
Nous emporte au dehors, et fait tout avorter,
Sans repasser jamais sous l'examen sévère 3410
Ce que nous avons fait, ce que nous voulions faire[2],
  Ni ce qu'il nous faut projeter.

Nous suivons nos desirs sans même y prendre garde,
  Et rarement notre œil regarde
Combien à leurs effets d'impureté se joint. 3415

Nescio quid est, et quo spiritu ducimur, et quid prætendimus, qui spirituales dici videmur; quod tantum laborem, et ampliorem sollicitudinem, pro transitoriis et vilibus rebus agimus,
 Et de interioribus nostris vix aut raro, plene recollectis sensibus, cogitamus.
 Proh dolor! statim post modicam recollectionem foras erumpimus; nec opera nostra distracta examinatione trutinamus.
 Ubi jacent affectus nostri, non attendimus; et quam impura sint omnia nostra, non deploramus. Omnis quippe caro corruperat viam suam, et ideo sequebatur diluvium magnum.

1. *Var.* Des vils amusements, des douceurs passagères. (1659 et 62)
2. *Var.* Ce que nous avions fait, ce que nous voulions faire. (1665 B)

Lorsque toute la chair eut corrompu sa voie,
Nous savons que des eaux elle devint la proie,
  Cependant nous ne tremblons point.

L'affection interne étant toute gâtée,
  Les objets dont l'âme est flattée   3420
N'y faisant qu'une impure et folle impression,
Il faut bien que l'effet, pareil à son principe,
Pour marque qu'au dedans la vigueur se dissipe,
  Porte même corruption.

Quand un cœur est bien pur, une vertu solide   3425
  A tous ses mouvements préside;
La bonne et sainte vie en est le digne fruit[1];
Mais ce dedans n'est pas ce que l'on considère,
Et depuis qu'une fois l'effet a de quoi plaire,
  N'importe comme il est produit.   3430

La beauté, le savoir, les forces, la richesse,
  L'heureux travail, la haute adresse,
C'est ce qu'on examine, et qui fait estimer :
Qu'un homme soit dévot, patient, humble, affable,
Qu'il soit pauvre d'esprit, recueilli, charitable,   3435
  On ne daigne s'en informer.

Ce n'est qu'à ces dehors que se prend la nature[2]

 Cum ergo interior affectus noster multum corruptus sit, necesse est ut actio sequens, index carentiæ interioris vigoris, corrumpatur.
 Ex puro corde procedit fructus bonæ vitæ. Quantum quis fecerit, quæritur; sed ex quanta virtute agit, non tam studiose pensatur.
 Si fuerit fortis, dives, pulcher, habilis, vel bonus scriptor, bonus cantor, bonus laborator, investigator; quam pauper sit spiritu, quam patiens et mitis, quam devotus et internus, a multis tacetur.

1. *Var.* De qui la bonne vie est le précieux fruit. (1656 B-62)
2. *Var.* Ce n'est qu'à ses dehors que se prend la nature. (1656 B-65 A)

Pour s'en former une peinture;
Mais c'est l'intérieur que la grâce veut voir :
L'une est souvent déçue à suivre l'apparence;   3440
Mais l'autre met toujours toute son espérance
En Dieu, qui ne peut décevoir.

CHAPITRE XXXII[1].

QU'IL FAUT RENONCER A SOI-MÊME ET A TOUTES SORTES DE CONVOITISES[2].

Cherche la liberté comme un bonheur suprême;
Mais souviens-toi, mon fils, de cette vérité,
Qu'il te faut renoncer tout à fait à toi-même,   3445
Ou tu n'obtiendras point d'entière liberté.

Ceux qui pensent ici posséder quelque chose
La possèdent bien moins qu'ils n'en sont possédés,
Et ceux dont l'amour-propre en leur faveur dispose
Sont autant de captifs par eux-mêmes gardés.   3450

Les appétits des sens ne font que des esclaves;
La curiosité comme eux a ses liens,

> Natura exteriora hominis respicit; gratia ad interiora se convertit. Illa frequenter fallitur; ista in Deo sperat, ut non decipiatur.
> XXXII. Fili, non potes perfectam possidere libertatem, nisi totaliter abneges temetipsum.
> Compediti sunt omnes proprietarii, et suiipsius amatores,
> Cupidi, curiosi, gyrovagi,

---

1. Corps ou sujet de l'emblème : « Sainte Thaïs brûle en la place publique d'Alexandrie tous les meubles précieux qu'elle avoit acquis par le péché. » Ame ou sentence : *Peribit totum quod non est ex Deo ortum.* (Chapitre xxxii, 5.)
2. On lit CONVOITISE, au singulier, dans l'édition de 1665 B. — Titre latin : *De abnegatione sui, et abdicatione omnis cupiditatis.*

Et les plus grands coureurs ne courent qu'aux entraves
Que jettent sous leurs pas les charmes des faux biens.

Ils recherchent partout les douceurs passagères   3455
Plus que ce qui conduit jusqu'à l'éternité ;
Et souvent pour tout but ils se font des chimères,
Qui n'ont pour fondement que l'instabilité.

Hors ce qui vient de moi, tout passe, tout s'envole[1] ;
Tout en son vrai néant aussitôt se résout ;   3460
Et pour te dire tout d'une seule parole,
Quitte tout, mon enfant, et tu trouveras tout.

Tu trouveras la paix, quittant la convoitise ;
C'est ce que fortement il te faut concevoir :
Du ciel en ces deux mots la science est comprise ;   3465
Qui les pratique entend tout ce qu'il faut savoir.

  Oui, leur pratique est ma félicité,
Mais, Seigneur, d'un seul jour elle n'est pas l'ouvrage,
   Ni de ces jeux dont la facilité
Amuse des enfants l'esprit foible et volage,   3470
   Et suit leur imbécillité.

  De ces deux mots le précieux effet

Quærentes semper mollia, non quæ Jesu-Christi, sed hoc sæpe fingentes et componentes quod non stabit.
Peribit enim totum, quod non est ex Deo ortum. Tene breve et consummatum verbum : « Dimitte omnia, et invenies omnia. »
Dimitte cupiditatem, et reperies requiem. Hoc mente pertracta ; et cum impleveris, intelliges omnia.
Domine, hoc non est opus unius diei, nec ludus parvulorum :

---

1. *Var.* Hors ce qui vient de Dieu, tout passe, tout s'envole. (1670 O)

Demande bien du temps, bien des soins, bien des veilles ;
Et ces deux traits forment le grand portrait
De tout ce que le cloître enfante de merveilles   3475
Dans son état le plus parfait.

Il est vrai, des parfaits c'est la sublime voie ;
Mais quand je te la montre, en dois-tu perdre cœur ?
Ne dois-tu pas plutôt t'y porter avec joie,
Ou du moins soupirer après un tel bonheur ?   3480

Ah ! si je te voyois en venir à ce terme,
Que l'amour-propre en toi fût bien déraciné,
Que sous mes volontés tu demeurasses ferme,
Et sous celle du Père à qui je t'ai donné[1] !

Alors tu me plairois, et le cours de ta vie   3485
Seroit d'autant plus doux que tu serois soumis :
De mille vrais plaisirs tu la verrois suivie,
Et s'écouler en paix entre mille ennemis.

Mais il te reste encore à quitter bien des choses,
Que si tu ne me peux résigner tout à fait,   3490
Tu n'acquerras jamais ce que tu te proposes,

Imo in hoc brevi includitur omnis perfectio religiosorum.
Fili, non debes averti, nec statim dejici, audita via perfectorum ; sed magis ad sublimiora provocari, et ad minus ad hæc ex desiderio suspirare.
Utinam sic tecum esset, et ad hoc pervenisses, ut tuiipsius amator non esses, sed ad nutum meum pure stares, et ejus quem tibi proposui, Patris !
Tunc mihi valde placeres, et tota vita tua in gaudio et pace transiret.
Adhuc multa habes ad relinquendum : quæ nisi mihi ex integro resignaveris, non acquires quod postulas.

1. *Var.* Et sous celles du Père à qui je t'ai donné ! (1656 B-65 A)

LIVRE III, CHAPITRE XXXII.

Jamais de tes desirs tu n'obtiendras l'effet.

Veux-tu mettre en ta main la solide richesse?
Achète de la mienne un or tout enflammé :
Je veux dire, mon fils, la céleste sagesse,   3495
Qui foule aux pieds ces biens dont le monde est charmé.

Préfère ses trésors à l'humaine prudence,
A tout ce qu'elle prend pour son plus digne emploi,
A tout ce que sur terre il est de complaisance,
A tout ce que toi-même en peux avoir pour toi.   3500

Préfère, encore un coup, ce qu'on méprise au monde
A tout ce que son choix a le plus ennobli,
Puisque cette sagesse en vrais biens si féconde
Y traîne dans l'opprobre et presque dans l'oubli.

Elle ne s'enfle point aussi de ces pensées   3505
Que la vanité pousse en sa propre faveur,
Et voit avec dédain ces ardeurs empressées
Dont la soif des honneurs entretient la ferveur.

Beaucoup en font sonner l'estime ambitieuse,
Qui montrent par leur vie en faire peu d'état;   3510
Et tu la peux nommer la perle précieuse
Qui cache à beaucoup d'yeux son véritable éclat.

Suadeo tibi emere a me aurum ignitum, ut locuples fias, id est cœlestem sapientiam, omnia infima conculcantem.

Postpone terrenam sapientiam, omnem humanam et propriam complacentiam.

Dixi viliora tibi emenda pro pretiosis et altis, in rebus humanis. Nam valde vilis et parva, ac pene oblivioni tradita videtur vera cœlestis sapientia,

Non sapiens alta de se, nec magnificari quærens in terra:

Quam multi ore tenus prædicant, sed vita longe dissentiunt; ipsa tamen est pretiosa margarita, a multis abscondita.

CHAPITRE XXXIII[1].

DE L'INSTABILITÉ DU COEUR, ET DE L'INTENTION FINALE QU'IL FAUT DRESSER VERS DIEU[2].

Sur l'état de ton cœur ne prends point d'assurance;
Son assiette, mon fils, se change en un moment :
Un moment la renverse, et ce renversement   3515
Des plus justes desseins peut tromper l'espérance.
Tant que dure le cours de ta mortalité,
L'inévitable joug de l'instabilité
T'impose une fâcheuse et longue servitude :
En dépit de toi-même elle te fait la loi,   3520
Et l'ordre chancelant de sa vicissitude
Ne prend point ton aveu pour triompher de toi.

Ainsi tantôt la joie et tantôt la tristesse
De ton cœur, malgré lui, s'emparent tour à tour;
Tantôt la paix y règne, et dans le même jour   3525
Mille troubles divers surprennent sa foiblesse.
La ferveur, la tiédeur, ont chez toi leur instant;
Ton soin le plus actif n'est jamais si constant
Qu'il ne cède la place à quelque nonchalance;

XXXIII. Fili, noli credere affectui tuo : qui nunc est cito mutabitur in aliud. Quamdiu vixeris, mutabilitati subjectus es, etiam nolens,
Ut modo lætus, modo tristis; modo pacatus, modo turbatus; nunc devotus, nunc indevotus; nunc studiosus, nunc acediosus; nunc gravis, nunc levis inveniaris.

1. Corps ou sujet de l'emblème : « Saint Raimont fuyant de la cour d'Espagne* pour n'approuver pas le péché du Roi, passe la mer sur son manteau. » Ame ou sentence : *Tanto constantius inter diversas itur procellas.* (Chapitre XXXIII, 4.)
2. Titre latin : *De instabilitate cordis, et intentione finali ad Deum habenda.*

* Dans l'édition de 1656 D : « fuyant d'Espagne. »

LIVRE III, CHAPITRE XXXIII.

Et le poids qui souvent règle tes actions 3530
Laisse en moins d'un coup d'œil emporter la balance
A la légèreté de tes affections.

Parmi ces changements le sage se tient ferme :
Il porte au-dessus d'eux l'ordre qu'il s'est prescrit[1],
Et bien instruit qu'il est des routes de l'esprit, 3535
Il suit toujours sa voie, et va jusqu'à son terme.
Il agit sur soi-même en véritable roi,
Sans regarder jamais à ce qu'il sent en soi,
Ni d'où partent des vents de si peu de durée ;
Et son unique but dans le plus long chemin, 3540
C'est que l'intention de son âme épurée
Se tourne vers la bonne et desirable fin.

Ainsi sans s'ébranler il est toujours le même
Dans la diversité de tant d'événements,
Et son cœur, dégagé des propres sentiments, 3545
N'aimant que ce qu'il doit, s'attache à ce qu'il aime ;
Ainsi l'œil simple et pur de son intention
S'élève sans relâche à la perfection,
Dont il voit en moi seul l'invariable idée ;
Et plus cet œil est net, et plus sa fermeté, 3550
Au travers de l'orage heureusement guidée,
Vers ce port qu'il souhaite avance en sûreté.

Sed stat super hæc mutabilia sapiens et bene doctus in spiritu, non attendens quid in se sentiat, vel qua parte flet ventus instabilitatis, sed ut tota intentio mentis ejus ad debitum et optatum proficiat finem.

Nam sic poterit unus et idem inconcussusque permanere, simplici intentionis oculo, per tot varios eventus, ad me impraetermisse directo. Quanto autem purior fuerit intentionis oculus, tanto constantius inter diversas itur procellas.

1. *Var.* Il porte au-dessus d'eux l'ordre qu'il se prescrit. (1656 B, 59 et 62)

Mais souvent ce bel œil de l'intention pure
Ne s'ouvre pas entier, ou se laisse éblouir,
Et ce détachement dont tu penses jouir 3555
Ne ferme pas la porte à toute la nature.
Aussitôt qu'un objet te chatouille et te plaît,
Un regard dérobé par le propre intérêt
Te rappelle et t'amuse à voir ce qui te flatte;
Et tu peux rarement si bien t'en affranchir, 3560
Que de ce propre amour l'amorce délicate
Vers toi, sans y penser, ne te fasse gauchir.

Crois-tu, lorsque les Juifs couroient en Béthanie,
Que ce fût seulement pour y voir Jésus-Christ?
La curiosité partageoit leur esprit 3565
Pour y voir le Lazare et sa nouvelle vie.
Tâche donc que cet œil dignement épuré
Tienne un regard si droit et si bien mesuré,
Que d'une ou d'autre part jamais il ne s'égare,
Qu'il soit simple, et surtout que parmi tant d'objets,
Malgré tout ce qu'ils ont de charmant et de rare,
Ton âme jusqu'à moi dresse tous ses projets.

Sed in multis caligat oculus puræ intentionis; respicitur enim cito in aliquod delectabile, quod occurrit; nam et raro totus liber quis invenitur a nævo propriæ exquisitionis.

Sic Judæi olim venerant in Bethaniam, ad Martham et Mariam, non propter Jesum tantum, sed et ut Lazarum viderent. Mundandus est ergo intentionis oculus, ut sit simplex et rectus, atque ultra omnia varia media ad me dirigendus.

CHAPITRE XXXIV[1].

QUE CELUI QUI AIME DIEU LE GOUTE EN TOUTES CHOSES ET PAR-DESSUS TOUTES CHOSES [2].

  Voici mon Dieu, voici mon tout.
  Que puis-je vouloir davantage?
Qu'a de plus l'univers de l'un à l'autre bout? 3575
Et quel plus grand bonheur peut m'échoir en partage?

  O mot délicieux sur tous!
  O parole en douceurs féconde!
Qu'elle en a, mon Sauveur, pour qui n'aime que vous!
Qu'elle en a peu pour ceux qui n'aiment que le monde!

  Voici mon tout, voici mon Dieu :
  A qui l'entend, c'est assez dire,
Et la redite est douce à toute heure, en tout lieu[3],
A quiconque pour vous de tout son cœur soupire.

  Oui, tout est doux, tout est charmant, 3585
  Tout ravit en votre présence;
Mais quand votre bonté se retire un moment,

XXXIV. Ecce Deus meus, et omnia. Quid volo amplius, et quid felicius desiderare possum?
O sapidum et dulce verbum! sed amanti Verbum, non mundum, nec ea quæ in mundo sunt.
Deus meus, et omnia : intelligenti satis dictum est; et sæpe repetere jucundum est amanti.
Te siquidem præsente, jucunda sunt omnia; te autem absente, fastidiunt cuncta.

1. Corps ou sujet de l'emblème: « La Transfiguration. » Ame ou sentence : *O lux perpetua, cuncta creata transcendens lumina.* (Chapitre xxxiv, 16.)
2. Titre latin ; *Quod amanti sapit Deus super omnia et in omnibus.*
3. *Var.* Et la redite est douce en tout temps, en tout lieu. (1670 O)

Tout fâche, tout ennuie en ce moment d'absence.

  Vous faites la tranquillité
   Et le calme de notre course,   3590
Et ce que notre joie a de stabilité
N'est qu'un écoulement dont vous êtes la source.

  Vous faites juger sainement
   De tous effets, de toutes causes,
Et vous nous inspirez ce digne sentiment   3595
Dont la céleste ardeur vous loue en toutes choses.

  Rien ne plaît longtemps ici-bas,
   Rien ne peut nous y satisfaire,
A moins que votre grâce y joigne ses appas,
Et que votre sagesse y verse de quoi plaire.   3600

  Quel dégoût peut jamais trouver
   Celui qui goûte vos délices ?
Et qui les goûte mal, que peut-il éprouver
Où son juste dégoût ne trouve des supplices ?

  Que je vois de sages mondains   3605
   Se confondre dans leur sagesse !
Que je vois de charnels porter haut leurs desseins,
Et soudain trébucher sous leur propre foiblesse !

  Tu facis cor tranquillum, et pacem magnam, lætitiamque festivam.
  Tu facis bene sentire de omnibus, et in omnibus te laudare ;
  Nec potest aliquid sine te diu placere ; sed si debet gratum esse et bene sapere, oportet gratiam tuam adesse, et condimento tuæ sapientiæ condiri.
  Cui tu sapis, quid ei recte non sapiet ? Et cui tu non sapis, quid ei ad jucunditatem esse poterit ?
  Sed deficiunt in sapientia tua mundi sapientes, et qui carnem sapiunt,

Des uns l'aveugle vanité
 Au précipice est exposée; 3610
Les autres, accablés de leur brutalité,
Traînent toute leur vie une mort déguisée.

Mais ceux qui par un plein mépris
 Du monde et de ses bagatelles,
A marcher sur vos pas appliquent leurs esprits, 3615
Et domptent de la chair les sentiments rebelles,

Ceux-là, vrais sages en effet,
 Vous immolant toute autre envie,
Du vain bonheur au vrai font un retour parfait,
De la chair à l'esprit, de la mort à la vie. 3620

Ceux-là dans le suprême auteur
 Goûtent des douceurs toutes pures;
Ceux-là font remonter la gloire au Créateur
De tout ce qu'ont de bon toutes les créatures.

Mais le goût est bien différent 3625
 De l'ouvrier et de l'ouvrage,
De ce que le temps donne ou de bon ou de grand,
Et de ce qu'aux élus l'éternité partage.

Les lumières que nous voyons

Quia ibi plurima vanitas, et hic mors invenitur.
 Qui autem te per contemptum mundanorum et carnis mortificationem sequuntur,
 Vere sapientes esse cognoscuntur : quia de vanitate ad veritatem, de carne ad spiritum transferuntur.
 Istis sapit Deus; et quicquid boni invenitur in creaturis, totum ad laudem referunt sui Creatoris.
 Dissimilis tamen, et multum dissimilis, sapor Creatoris et creaturæ, æternitatis et temporis,

S'effacent près de la divine, 3630
Et sa source incréée a bien d'autres rayons
Que toutes ces clartés qu'elle seule illumine.

Éternelle et vive splendeur,
Qui surpassez toutes lumières,
Lancez du haut du ciel votre éclat dans mon cœur, 3635
Percez-en jusqu'au fond les ténèbres grossières.

Daignez, Seigneur, purifier
Mon âme et toutes ses puissances,
La combler d'allégresse, et la vivifier,
Remplir de vos clartés toutes ses connoissances. 3640

Que malgré les desirs du corps,
Une extase tranquille et sainte,
Pour l'attacher à vous par de sacrés transports,
Lui fasse des liens d'une amoureuse crainte.

Quand viendra pour moi cet instant 3645
Où tant de douceurs sont encloses,
Où de votre présence on est plein et content [1],
Où vous serez enfin mon tout en toutes choses?

Jusqu'à ce qu'il soit arrivé,

Lucis increatæ et lucis illuminatæ.
O lux perpetua, cuncta creata transcendens lumina, fulgura coruscationem de sublimi, penetrantem omnis cordis mei intima;
Purifica, lætifica, clarifica, et vivifica spiritum meum, cum suis potentiis,
Ad inhærendum tibi jubilosis excessibus.
O quando veniet hæc beata et desiderabilis hora, ut tua me saties præsentia, et sis mihi omnia in omnibus!

1. *Var.* Où de votre présence étant plein et content,
Vous serez à jamais mon tout en toutes choses? (1656 B et C, 59 et 62)

LIVRE III, CHAPITRE XXXIV.

   Quoi que votre faveur m'envoie,   3650
Je ne jouirai point d'un bonheur achevé,
Je ne goûterai point une parfaite joie.

    Hélas! malgré tout mon effort,
     Le vieil Adam encor respire :
Il n'est pas bien encor crucifié ni mort,   3655
Il veut encor sur moi conserver son empire.

    Ce vieil esclave mal dompté
     Émeut une guerre intestine,
Pousse contre l'esprit un orgueil empesté,
Et ne veut point souffrir que l'âme le domine.   3660

    Vous donc qui commandez aux flots,
     Qui des mers calmez la furie,
Venez, Seigneur, venez rétablir mon repos,
Accourez au secours d'un cœur qui vous en prie.

    Rompez, dissipez les bouillons   3665
     De ces ardeurs séditieuses,
Et brisant la fureur de leurs noirs bataillons,
Faites mordre la terre aux plus impétueuses.

    Montrez ainsi de votre bras
     Les triomphes et les miracles,   3670

 Quamdiu hoc datum non fuerit, nec plenum gaudium erit.
 Adhuc, proh dolor! vivit in me vetus homo, non est totus crucifixus, non est perfecte mortuus.
 Adhuc concupiscit fortiter contra spiritum, bella movet intestina, nec regnum animæ patitur esse quietum.
 Sed tu, qui dominaris potestati maris, et motum fluctuum ejus mitigas, exsurge, adjuva me :
 Dissipa gentes quæ bella volunt, contere eas in virtute tua;
 Ostende, quæso, magnalia tua, et glorificetur dextera tua :

Et pour faire exalter votre nom ici-bas
Faites tomber sous lui toute sorte d'obstacles.

Vous êtes mon unique espoir ;
Je mets en vous tout mon refuge ;
Je dédaigne l'appui de tout autre pouvoir :   3675
Soyez mon défenseur avant qu'être mon juge.

CHAPITRE XXXV[1].

QUE DURANT CETTE VIE ON N'EST JAMAIS EN SURETÉ CONTRE LES TENTATIONS[2].

La vie est un torrent d'éternelles disgrâces ;
Jamais la sûreté n'accompagne son cours :
Entre mille ennemis il faut que tu la passes ;
A la gauche, à la droite, il en renaît toujours :   3680
    Ce sont guerres continuelles,
Qui portent dans ton sein chaque jour mille morts,
Si tu n'es bien muni d'armes spirituelles
    Pour en repousser les efforts.

De leur succès douteux la juste défiance   3685
Demande à ta vertu de vigoureux apprêts ;
Mais il te faut surtout l'écu de patience

    Quia non est spes alia, nec refugium mihi, nisi in te, Domine Deus meus.
    XXXV. Fili, nunquam securus es in hac vita ; sed quoad vixeris, semper arma spiritualia tibi sunt necessaria : inter hostes versaris, et a dextris et a sinistris inpugnaris.

    1. Corps ou sujet de l'emblème : « Sainte Marie, nièce de saint Abraham, est convertie par son oncle dans le lieu même où elle se prostituoit. » Ame ou sentence : *Noli diffidere.* (Chapitre xxxv, 12.)
    2. Titre latin : *Quod non est securitas a tentatione in hac vita.*

Qui te dérobe entier aux pointes de leurs traits.
    Que de tous côtés il te couvre,
Sans que par art ni force il puisse être enfoncé;   3690
Autrement tiens-toi sûr que pour peu qu'il s'entr'ouvre,
    Tu te verras soudain percé.

A moins qu'à mes bontés ton âme abandonnée
Embrasse aveuglément ce que j'aurai voulu,
Et qu'une volonté ferme et déterminée   3695
A tout souffrir pour moi te tienne résolu,
    Ne te promets point cette gloire
De pouvoir soutenir l'ardeur d'un tel combat,
Et d'emporter enfin cette pleine victoire
    Qui de mes saints fait tout l'éclat.   3700

Tu dois donc, ô mon fils! franchir avec courage
Les plus affreux périls qui t'osent menacer,
Et d'une main puissante arracher l'avantage
Aux plus fiers escadrons qui te veuillent forcer.
    Je vois d'en haut tout comme père,   3705
Prêt à donner la manne au généreux vainqueur;
Mais je réserve aussi misère sur misère
    A quiconque manque de cœur.

Si durant une vie où rien n'est perdurable,
Tu te rends amoureux de la tranquillité,   3710

Si ergo non uteris undique scuto patientiæ, non eris diu sine vulnere.
Insuper, si non ponis cor tuum fixe in me, cum mera voluntate cuncta patiendi propter me, non poteris ardorem istum sustinere, nec ad palmam pertingere beatorum.
Oportet te ergo viriliter omnia pertransire, et potenti manu uti adversus objecta. Nam vincenti datur manna, et torpenti relinquitur multa miseria.
Si quæris in hac vita requiem, quomodo tunc pervenies ad æter-

Oseras-tu prétendre à ce calme ineffable
Que gardent les trésors de mon éternité?
    Quitte ces folles espérances,
Préfère à ces desirs les desirs d'endurer,
Et sache que ce n'est qu'à de longues souffrances   3715
    Que ton cœur se doit préparer.

La véritable paix a des douceurs bien pures,
Mais en vain sur la terre on pense l'obtenir :
Il n'est aucuns mortels, aucunes créatures,
Dont les secours unis y fassent parvenir.   3720
    C'est moi, c'est moi seul qui la donne,
Ne la cherche qu'au ciel, ne l'attends que de moi;
Mais apprends qu'il t'en faut acheter la couronne
    Par les épreuves de ta foi.

Les travaux, les douleurs, les ennuis, les injures,   3725
La pauvreté, le trouble et les anxiétés,
Souffrir la réprimande, endurer les murmures,
Ne se point rebuter de mille infirmités,
    Accepter pour moi les rudesses,
L'humiliation, les affronts, les mépris,   3730
Prendre tout de ma main comme autant de caresses,
    C'en est le véritable prix.

C'est par de tels sentiers qu'enfin la patience
A la haute vertu guide un nouveau soldat;

nam requiem? Non ponas te ad multam requiem, sed ad magnam patientiam.

    Quære veram pacem, non in terris, sed in cœlis, non in hominibus, nec in cæteris creaturis, sed in Deo solo.

    Pro amore Dei debes omnia libenter subire, labores scilicet et dolores, tentationes, vexationes, anxietates, necessitates, infirmitates, injurias, oblocutiones, reprehensiones, humiliationes, confusiones, correctiones et despectiones.

C'est par cette fâcheuse et rude expérience 3735
Qu'il trouve un diadème au sortir du combat.
    Ainsi d'une peine légère
La longue récompense est un repos divin,
Et pour quelques moments de honte passagère
    Je rends une gloire sans fin. 3740

Cependant tu te plains sitôt que sans tendresse
Je laisse un peu durer les tribulations;
Comme si ma bonté, soumise à ta foiblesse,
Devoit à point nommé ses consolations!
    Tous mes saints ne les ont pas eues, 3745
Alors que sur la terre ils vivoient exilés,
Et dans leurs plus grands maux mes faveurs suspendues
    Souvent les laissoient désolés.

Mais dans ces mêmes maux qui sembloient sans limites,
Armés de patience, ils souffroient jusqu'au bout, 3750
Et s'assuroient bien moins en leurs propres mérites [1]
Qu'en la bonté d'un Dieu dont ils espéroient tout :
    Ils savoient bien, ces vrais fidèles,
De quel immense prix étoit l'éternité,
Et que pour l'obtenir les gênes temporelles 3755
    N'avoient point de condignité [2].

Hæc juvant ad virtutem, hæc probant Christi tironem, hæc fabricant cœlestem coronam. Ego reddam mercedem æternam pro brevi labore, et infinitam gloriam pro transitoria confusione.
Putas tu quod semper habebis pro tua voluntate consolationes spirituales? Sancti mei non habuerunt tales, sed multas gravitates, et tentationes varias, magnasque desolationes.
Sed patienter sustinuerunt in omnibus, et magis confisi sunt Deo, quam sibi, scientes quia non sunt condignæ passiones hujus temporis, ad futuram gloriam promerendam.

1. Voyez ci-dessus, p. 58, note 1.
2. Terme dogmatique : valeur ou mérite égal, proportionné (à la récompense).

As-tu droit de vouloir dès les moindres alarmes,
Toi qui n'es en effet qu'ordure et que péché,
Ce qu'en un siècle entier de travaux et de larmes
Tant et tant de parfaits m'ont à peine arraché? 3760
  Attends que l'heure en soit venue,
Cette heure où tu seras visité du Seigneur;
Travaille en l'attendant, commence, et continue
  Avec grand amour et grand cœur.

Ne relâche jamais, jamais ne te défie, 3765
Quelques tristes succès qui suivent tes efforts;
Redouble ta constance, expose et sacrifie
Pour ma plus grande gloire et ton âme et ton corps.
  Je rendrai tout avec usure;
Je suis dans le combat sans cesse à tes côtés, 3770
Et je reconnoîtrai ce que ton cœur endure
  Par de pleines félicités.

CHAPITRE XXXVI[1].

CONTRE LES VAINS JUGEMENTS DES HOMMES [2].

Fixe en moi de ton cœur tous les attachements,
Sans te mettre en souci de ces vains jugements

>Vis tu statim habere quod multi post multas lacrymas et magnos labores vix obtinuerunt? Expecta Dominum, viriliter age, et confortare;
>Noli diffidere, noli discedere; sed corpus et animam expone constanter pro gloria Dei. Ego reddam plenissime; ego tecum ero in omni tribulatione.

---

1. Corps ou sujet de l'emblème : « Les trois enfants d'Israël dans la fournaise de Babylone. » Ame ou sentence : *Deum time et hominum terrores non expavesces.* (Chapitre XXXVI, 9.)

2. *Var.* CONTRE LES VAINS JUGEMENTS DES HOMMES, ET COMMENT IL FAUT LES MÉPRISER. (1658) — Titre latin : *Contra vana hominum judicia.*

            Que les hommes en voudront faire : 3775
L'innocence leur doit un mépris éternel,
    Lorsque l'âme droite et sincère
Dans ses replis secrets n'a rien de criminel.

Quand on souffre pour moi les injustes discours,
La plus dure souffrance a de charmants retours, 3780
    Qui sentent la béatitude :
L'humble qui se confie en son Dieu plus qu'en soi
    Jamais n'y trouve rien de rude,
Et relève d'autant son espoir et sa foi.

Plusieurs parlent beaucoup sans être bien instruits,
Et leur témérité sème tant de faux bruits,
    Qu'on croit fort peu tant de paroles :
Ne conçois donc, mon fils, ni chagrin ni courroux
    Pour leurs discernements frivoles,
Puisqu'il n'est pas en toi de satisfaire à tous. 3790

Paul même, dont l'ardente et vive charité
Se donnoit avec tous tant de conformité
    Qu'il étoit tout à tout le monde,
Ne put si bien conduire un si noble dessein,
    Que sa vertu la plus profonde 3795
Ne passât pour un crime au tribunal humain.

XXXVI. Fili, jacta cor tuum firmiter in Domino, et humanum ne metuas judicium, ubi te conscientia pium reddit et insontem.

Bonum est et beatum taliter pati, nec hoc erit grave humili cordi, et Deo magis quam sibiipsi confidenti.

Multi multa loquuntur, et ideo parva fides est adhibenda. Sed et omnibus satis esse non est possibile.

Etsi Paulus omnibus studuit in Domino placere, et omnibus omnia factus est, tamen etiam pro minimo duxit, quod ab humano die judicatus fuit.

Bien qu'il n'épargnât rien pour le salut d'autrui,
Bien qu'il fît sans relâche autant qu'il fût en lui,
  Bien qu'en lui tout fût exemplaire,
Il ne put empêcher que de mauvais esprits   3800
  Ne fissent de quoi qu'il pût faire
Un jugement sinistre et d'injustes mépris.

Il remit tout à Dieu, qui connoissoit le tout,
Et quoique assez souvent on le poussât à bout
  Par la calomnie et l'outrage,   3805
Contre tous les auteurs de tant d'indignité
  Les armes que prit son courage
Furent sa patience et son humilité.

Au gré de leur caprice ils eurent beau parler,
Ils eurent beau mentir, médire, quereller,   3810
  A se taire il mit sa défense;
Ou si de temps en temps sa bouche l'entreprit,
  Ce fut de peur que son silence
Ne laissât du scandale en quelque foible esprit.

Peux-tu donc te connoître, et prendre quelque effroi[1]
De quoi que puisse dire un mortel comme toi,
  Qui comme toi n'est que poussière?

 Egit satis pro aliorum ædificatione et salute, quantum in se erat et poterat; sed ne ab aliis aliquando judicaretur vel despiceretur cohibere non potuit.
 Ideo totum Deo commisit, qui totum noverat; et patientia ac humilitate, contra ora loquentium iniqua, aut etiam vana ac mendosa cogitantium,
 Atque pro libitu suo quæque jactantium, se defendit. Respondit tamen interdum, ne infirmis ex sua taciturnitate generaretur scandalum.

 1. *Var.* Peux-tu te bien connoître, et prendre quelque effroi. (1670 O)

Tu le vois aujourd'hui tout près de t'accabler,
  Et dès demain un cimetière
Cachera pour jamais ce qui te fait trembler.   3820

Tu le crains toutefois, tu pâlis devant lui;
Mais veux-tu t'affranchir d'un si pressant ennui?
  Chasse la crainte par la crainte :
Crains Dieu, crains son courroux; et ton indigne peur,
  Par ces justes frayeurs éteinte,   3825
Laissera rétablir le calme dans ton cœur.

Les injures ne sont que du vent et du bruit;
Et quiconque t'en charge en a si peu de fruit,
  Qu'il te nuit bien moins qu'à soi-même :
Pour grand qu'il soit en terre, un Dieu voit ce qu'il fait,
  Et de son jugement suprême
Il ne peut éviter l'irrévocable effet.

Tiens-le devant tes yeux, à toute heure, en tout lieu,
Ce juge universel, ce redoutable Dieu,
  Et vis sans soin de tout le reste;   3835
Quoi qu'on t'ose imputer, ne daigne y repartir,
  Et dans un silence modeste
Trouve, sans t'indigner, l'art de tout démentir.

Tu paroîtras peut-être en quelque occasion
Tout couvert d'infamie ou de confusion [1],   3840

    Quis tu, ut timeas a mortali homine? Hodie est, et cras non comparet.
    Deum time, et hominum terrores non expavesces.
    Quid potest aliquis in te verbis aut injuriis? Sibi potius nocet quam tibi; nec poterit judicium Dei effugere, quicumque est ille.
    Tu habe Deum præ oculis, et noli contendere verbis querulosis.
    Quod si ad præsens tu videris succumbere, et confusionem pati

1. *Var.* Couvert d'ignominie et de confusion. (1670 O)

Malgré ce grand art du silence;
Mais ne t'en émeus point, n'en sois pas moins content,
    Et crains que ton impatience
Ne retranche du prix du laurier qui t'attend.

Quelque honte à ton front qui semble s'attacher,   3845
Souviens-toi que mon bras peut toujours t'arracher
    A toute cette ignominie,
Que je sais rendre à tous suivant leurs actions,
    Et sur l'imposture punie
Élever la candeur de tes intentions.   3850

CHAPITRE XXXVII[1].

DE LA PURE ET ENTIÈRE RÉSIGNATION DE SOI-MÊME, POUR OBTENIR LA LIBERTÉ DU COEUR[2].

« Quitte-toi, mon enfant, et tu me trouveras;
Prépare-toi sans choix à quoi que je t'envoie,
Sans aucun propre amour, sans aucun embarras
De ce qui peut causer ta douleur ou ta joie :
Tu gagneras beaucoup en quittant tout ainsi,   3855
Ma grâce remplira la place du souci,

quam non meruisti, ne indigneris ex hoc, neque per impatientiam minuas coronam tuam;
    Sed ad me potius respice in cœlum, qui potens sum eripere ab omni confusione et injuria, et unicuique reddere secundum opera sua.
    XXXVII. « Fili, relinque te, et invenies me. Sta sine electione, et omni proprietate, et lucraberis semper. Nam et adjicietur tibi amplior gratia, statim ut te resignaveris, nec resumpseris. »

---

    1. Corps ou sujet de l'emblème : « Le sacrifice d'Abraham. » Ame ou sentence : *Resigna te*. (Chapitre xxxvii, 7.)
    2. Titre latin : *De pura et integra resignatione sui, ad obtinendam cordis libertatem.*

LIVRE III, CHAPITRE XXXVII.

  Plus forte et mieux accompagnée;
   Et je te la ferai sentir,
Sitôt qu'entre mes mains ton âme résignée
   Ne voudra plus se revêtir[1]. »   3860

 Pour arriver où ta bonté m'invite,
 Pour tant de biens qu'elle m'offre à gagner,
 Combien de fois me dois-je résigner?
 En quoi faut-il, Seigneur, que je me quitte?

« En tout, mon fils, en tout, et partout, et toujours,
Aux points les plus petits, aux choses les plus grandes;
Je n'en excepte rien : si tu veux mon secours,
Tout dépouillé de tout il faut que tu l'attendes.
Tu ne peux autrement te donner tout à moi,
Et je ne puis non plus me donner tout à toi,   3870
  Si tu réserves quelque chose :
  Je veux l'âme, je veux le corps,
Sans que jamais en toi ta volonté dispose
  Ni du dedans ni du dehors.

« D'autant plus promptement que par ce grand effort
Tu brises de ta chair le honteux esclavage,
D'autant plus tôt en toi le vieil Adam est mort,
Et le nouveau succède avec plus d'avantage.
Résigne-toi surtout avec sincérité,

 Domine, quoties me resignabo, et in quibus me relinquam?
 « Semper, et omni hora; sicut in parvo, sic et in magno. Nihil excipio; sed in omnibus te nudatum inveniri volo. Alioquin, quomodo poteris esse meus, et ego tuus, nisi fueris ab omni propria voluntate intus et foris spoliatus?
 « Quanto celerius hoc agis, tanto melius habebis; et quanto plenius et sincerius, tanto mihi plus placebis, et amplius lucraberis.

---

1. « Se revêtir » est ici le contraire de « se dépouiller de soi-même, se quitter. » Voyez plus loin, p. 553, vers 6050; et p. 628, vers 1014.

CORNEILLE. VIII

450 L'IMITATION DE JÉSUS-CHRIST.

Si tu veux obliger ma libéralité. 3880
 A t'en payer avec usure :
 Elle aime à prodiguer mes biens,
Mais l'effort qu'elle y fait souvent prend sa mesure
 Sur la plénitude des tiens.

« J'en vois se résigner avec retranchement, 3885
De la moitié du cœur se remettre en ma garde,
Et ne s'assurer pas en moi si fortement
Qu'ils ne veuillent pourvoir à ce qui les regarde.
Quelques autres d'abord m'offrent bien tous leurs vœux,
Mais la tentation marche à peine vers eux 3890
 Qu'ils font retraite vers eux-mêmes ;
 Et leur courage rabattu,
Cherchant d'autres appuis que mes bontés suprêmes,
 N'avance point en la vertu.

« Ni ceux-ci ni ceux-là n'arriveront jamais 3895
A la liberté vraie, inébranlable, entière,
A cette pure joie, à cette ferme paix
Qu'entretient dans les cœurs ma grâce familière.
C'est peu que d'élever jusque-là son desir,
A moins que de soumettre à tout mon bon plaisir 3900
 Son âme pleinement captive ;
 Et sans s'immoler chaque jour,
On ne conserve point l'union fruitive
 Que donne le parfait amour.

« Je te l'ai déjà dit, je te le dis encor, 3905

 « Quidam se resignant, sed cum aliqua exceptione ; non enim plene Deo confidunt, ideo sibi providere satagunt. Quidam etiam primo totum offerunt; sed postea, tentatione pulsante, ad propria redeunt : ideo minime in virtute proficiunt.
 « Hi ad veram puri cordis libertatem, et jucundæ familiaritatis meæ gratiam non pertingent, nisi integra resignatione et quotidiana sui immolatione prius facta, sine qua non stat, nec stabit unio fruitiva.

Quitte, résigne-toi, déprends-toi de toi-même,
Et tu posséderas ce précieux trésor,
Ce calme intérieur, qui fuit tout ce qui s'aime.
Donne-moi tout pour tout, ne forme aucun desir,
Ne redemande rien, n'envoie aucun soupir   3910
    Vers ce tout que pour moi tu quittes :
    Tiens enfin ton cœur tout en moi ;*
Et moi, qui paye enfin par delà les mérites,
    Je me donnerai tout à toi.

« Ainsi tu seras libre, et l'ange ténébreux   3915
Ne te pourra jamais réduire en servitude ;
Mais n'épargne ni soins, ni prières, ni vœux,
Pour ce digne avant-goût de la béatitude.
Ce plein dépouillement des soucis superflus,
Te laissant nu dans l'âme, ainsi que je le fus,   3920
    Te rendra digne de me suivre ;
    Et par un bienheureux transport
Tu sauras en moi-même éternellement vivre,
    Sitôt qu'en toi tu seras mort.

« Alors disparoîtront tous ces fantômes vains   3925
Qui t'obsèdent partout de leurs folles images,
Cet inutile amas d'empressements mondains,
Ces troubles qui chez toi font de si grands ravages.
La crainte immodérée, et l'amour déréglé,
Ces infâmes tyrans de ton cœur aveuglé,   3930
    Verront leur force dissipée ;

   « Dixi tibi sæpissime, et nunc iterum dico : Relinque te, resigna te, et frueris magna interna pace. Da totum pro toto : nil exquire, nil repete; sta pure et inhæsitanter in me, et habebis me;
   « Eris liber in corde, et tenebræ non conculcabunt te. Ad hoc conare, hoc ora, hoc desidera, ut ab omni proprietate possis expoliari, et nudus nudum Jesum sequi; tibi mori, et mihi æternaliter vivere.
   « Tunc deficient omnes vanæ phantasiæ, conturbationes iniquæ, et

Et leur nuit faisant place au jour,
Celle qu'ils y tenoient sera toute occupée
Par ma crainte et par mon amour. »

CHAPITRE XXXVIII[1].

DE LA BONNE CONDUITE AUX CHOSES EXTÉRIEURES, ET DU RECOURS A DIEU DANS LES PÉRILS[2].

Quelque chose, mon fils, qui t'occupe au dehors, 3935
Conserve le dedans vraiment libre et tranquille,
Et te souviens toujours que de ces deux trésors
La conquête est pénible, et la perte facile.
En tout temps, en tous lieux, en toutes actions,
Ce digne épurement de tes intentions 3940
Doit garder sur toi-même une puissance égale,
T'élever au-dessus de tous les biens humains,
Sans permettre jamais que ton cœur se ravale
Sous l'objet de tes yeux, ou l'œuvre de tes mains.

Ainsi, maître absolu de tout ce que tu fais, 3945
Et non plus de tes sens le sujet ou l'esclave,
Tu te verras partout affranchi pour jamais
De ce qui t'importune et de ce qui te brave.

---

curæ superfluæ; tunc etiam recedet immoderatus timor, et inordinatus amor morietur. »

XXXVIII. Fili, ad istud diligenter tendere debes, ut in omni loco, et actione, seu occupatione externa, sis intus liber et tuiipsius potens, et sint omnia sub te, et non tu sub eis;

Ut sis dominus actionum tuarum et rector, non servus, nec empti-

---

1. Corps ou sujet de l'emblème : « Josaphat, roi des Indes, quitte son royaume, pour prendre un cilice des mains de Barlaam. » Ame ou sentence : *Sint omnia sub te.* (Chapitre xxxviii, 1.)

2. Titre latin : *De bono regimine in externis, et recursu ad Deum in periculis.*

Tu quitteras l'Égypte en véritable Hébreu,
Qu'à travers les déserts la colonne de feu   3950
Guide, sans s'égarer, vers la terre promise;
Et de tous ennemis tes exploits triomphants
Passeront, en dépit de toute leur surprise,
Au partage que Dieu destine à ses enfants.

Mais ces enfants de Dieu, sais-tu bien ce qu'ils sont?   3955
Pour être de leur rang, sais-tu ce qu'il faut être?
Sais-tu quelle est leur vie, et quels projets ils font?
A quelle digne marque il te les faut connoître?
De tout ce qui du siècle attire l'amitié
Ces esprits épurés se font un marchepied,   3960
Pour voir d'autant plus près l'éclat des biens célestes;
Et leur constance est telle à conduire leurs yeux,
Que quoi qui se présente à leurs regards modestes,
Le gauche est pour la terre, et le droit pour les cieux.

Bien loin que des objets le dangereux attrait   3965
Jusqu'à l'attachement abaisse leur courage,
Ils savent ramener par un contraire effet
Leur plus flatteuse amorce au bon et saint usage :
En vain un vieil abus en grossit le pouvoir;
Ils savent les réduire au sincère devoir   3970
Que l'auteur souverain leur a voulu prescrire;
Et comme en faisant tout il n'a rien négligé,
Ils savent rejeter sous un si juste empire
Tout ce qu'un long désordre en auroit dégagé.

tius, sed magis exemptus verusque Hebræus, in sortem ac libertatem transiens filiorum Dei :

Qui stant super præsentia, et speculantur æterna; qui transitoria sinistro intuentur oculo, et dextro cœlestia;

Quos temporalia non trahunt ad inhærendum, sed trahunt ips magis ea ad bene serviendum, prout ordinata sunt a Deo, et instituta a summo opifice, qui nil inordinatum in sua reliquit creatura.

Tiens-toi ferme au-dessus de tous événements : 3975
Que leur extérieur ne puisse te surprendre;
Et jamais de ta chair ne prends les sentiments
Sur ce qu'on te fait voir, ou qu'on te fait entendre.
De peur d'être ébloui par leur illusion,
Fais ainsi que Moïse à chaque occasion, 3980
Viens consulter ton Dieu sur toute ta conduite :
Sa réponse souvent daignera t'éclairer,
Et tu n'en sortiras que l'âme mieux instruite
De tout ce qui se passe, ou qu'il faut espérer.

Ce grand législateur qui publioit mes lois 3985
Ainsi sur chaque doute entroit au tabernacle,
Sur chaque question il écoutoit ma voix,
Et mes avis reçus, il prononçoit l'oracle.
De quelques grands périls qu'il fût embarrassé,
Quelques séditions dont il se vît pressé, 3990
Il fit de l'oraison son recours ordinaire :
Entre, entre à son exemple au cabinet du cœur,
Et pour tirer de moi le conseil nécessaire,
Du zèle en tes besoins redouble la ferveur.

Josué son disciple, et les fils d'Israël 3995
Dont l'imprudence aveugle excéda ces limites,
Pour n'avoir pas ainsi consulté l'Éternel,

Si etiam in omni eventu stas, non in apparentia externa, nec oculo carnali lustras visa vel audita, sed mox in qualibet causa intras cum Moyse in tabernaculum, ad consulendum Dominum, audies nonnunquam divinum responsum, et redies instructus de multis præsentibus et futuris.

Semper enim Moyses recursum habuit ad tabernaculum, pro dubiis et quæstionibus solvendis; fugitque ad orationis adjutorium, pro periculis et improbitatibus hominum sublevandis. Sic et tu confugere debes in cordis tui secretarium, divinum intentius implorando suffragium.

Propterea namque Josue et filii Israel a Gabaonitis leguntur de-

Se virent abusés par les Gabaonites :
Le flatteur apparat d'un discours affecté,
S'étant saisi d'abord de leur crédulité,   4000
Mit la compassion où la haine étoit due ;
Ils perdirent des biens qui leur étoient promi,
Et le charme imposteur de leur pitié déçue
Dedans leur propre sein sauva leurs ennemis.

CHAPITRE XXXIX[1].

QUE L'HOMME NE DOIT POINT S'ATTACHER AVEC EMPRESSEMENT A SES AFFAIRES [2].

« Mon fils, entre mes mains remets toujours ta cause :
Je saurai bien de tout ordonner en son temps ;
Sans ennui, sans murmure attends que j'en dispose,
Et je ferai trouver à tes desirs contents
    Plus d'avantage en toute chose
    Que toi-même tu n'en prétends. »   4010

Je vous remets le tout, Seigneur, sans répugnance ;
Je vous remets le tout ; et plus j'ose y penser,
Plus je vois qu'en effet je ne suis qu'impuissance,
Et que tous mes efforts ne peuvent m'avancer.

cepti, quia os Domini prius non interrogaverunt, sed nimium creduli dulcibus sermonibus, falsa pietate delusi sunt.

XXXIX. « Fili, committe mihi semper causam tuam, ego bene disponam in tempore suo. Expecta ordinationem meam, et senties inde profectum. »

Domine, satis libenter tibi omnes res committo, quia parum potest cogitatio mea proficere.

---

1. Corps ou sujet de l'emblème : « David pressé de la soif épand l'eau que trois cavaliers lui avoient été querir au péril de leur vie. » Ame ou sentence : *Non est minimum etiam in minimis se relinquere.* (Chapitre XXXIX, 5.)

2. Titre latin : *Quod homo non sit importunus in negotiis.*

Plût à votre bonté que l'âme peu touchée 4015
De tout ce qui peut suivre ou tromper son desir,
Je la pusse à toute heure offrir bien détachée
Aux ordres souverains de votre bon plaisir !

« Mon fils, l'homme est changeant, et souvent il s'emporte
Avec empressement vers ce qu'il veut avoir : 4020
Tant qu'il ne l'obtient pas, sa passion est forte ;
Mais quelque estime enfin qu'il veuille en concevoir,
  Il en juge d'une autre sorte,
  Sitôt qu'il est en son pouvoir.

« Dans tout ce qu'il possède il voit moins de mérite ; 4025
Une flamme nouvelle éteint le premier feu ;
Du propre attachement l'inconstance l'agite ;
Un desir fait de l'autre un soudain désaveu,
  Et ce n'est pas peu qu'on se quitte
  Même dans les choses de peu. 4030

« C'est l'abnégation, mais sincère et parfaite,
Qui peut seule affermir son instabilité :
Qui se bannit de soi trouve en moi sa retraite ;
L'esclavage qu'il prend devient sa liberté,
  Et dans la perte qu'il a faite 4035
  Il rencontre sa sûreté.

Utinam non multum adhærerem futuris eventibus, sed ad beneplacitum tuum incunctanter me offerrem !
« Fili, sæpe homo rem aliquam vehementer agitat, quam desiderat ; sed cum ad eam pervenerit, aliter sentire incipit,
« Quia affectiones circa idem non sunt durabiles, sed magis de uno ad aliud impellunt. Non est ergo minimum etiam in minimis seipsum relinquere.
« Verus profectus hominis est abnegatio suiipsius ; et homo abnegatus, valde liber est et securus.

LIVRE III, CHAPITRE XXXIX.

« Mais ce vieil ennemi de la nature humaine
De tes meilleurs desseins cherche à gâter le fruit ;
Et tout impatient de renouer ta chaîne,
Pour rétablir en toi son empire détruit,   4040
　　Il tient les ruses de sa haine
　　En embuscade jour et nuit.

« Il étale à tes sens des douceurs sans pareilles,
Qu'eux-mêmes prennent soin de te faire goûter ;
Il cache tous ses lacs sous de fausses merveilles,   4045
Pour voir si par surprise il t'y pourra jeter ;
　　Et sans l'oraison et les veilles
　　Tu ne les saurois éviter. »

CHAPITRE XL[1].

QUE L'HOMME N'A RIEN DE BON DE SOI-MÊME, ET NE SE PEUT GLORIFIER D'AUCUNE CHOSE[2].

Seigneur, qu'est-ce que l'homme, et dans ton souvenir
Qui lui donne le rang que tu l'y fais tenir ?   4050
Que sont les fils d'Adam, que sont tous leurs mérites,
Pour attirer chez eux l'honneur de tes visites[3] ?
Que t'a fait l'homme enfin, que ta grâce pour lui

« Sed antiquus hostis omnibus bonis adversans, a tentatione non cessat ; sed die noctuque graves molitur insidias,
« Si forte in laqueum deceptionis possit præcipitare incautum. Vigilate et orate, dicit Dominus ; ut non intretis in tentationem. »
XL. Domine, quid est homo quod memor es ejus, aut filius homi-

---

1. Corps ou sujet de l'emblème : « Le roi Ézéchias montrant ses trésors aux ambassadeurs du roi de Babylone, est averti par le prophète Isaïe que Dieu l'en punira. » Âme ou sentence : *Dum homo complacet sibi, displicet Deo.* (Chapitre XL, 8.)
2. Titre latin : *Quod homo nihil boni ex se habet, et de nullo gloriari potest.*
3. *Var.* Pour attirer chez eux l'effet de tes visites ? (1670 O)

Aime à se prodiguer, et lui servir d'appui?
Ai-je lieu de m'en plaindre avec quelque justice,   4055
Quand elle m'abandonne à mon propre caprice?
Et puis-je à ta rigueur reprocher quelque excès,
Quand toute ma prière obtient peu de succès?

C'est bien alors à moi d'avouer ma foiblesse;
C'est à moi de penser et de dire sans cesse :   4060
« Seigneur, je ne suis rien, je ne puis rien de moi,
Et je n'ai rien de bon, s'il ne me vient de toi. »

Mes défauts sont si grands, mon impuissance est telle[1],
Qu'elle a vers le néant une pente éternelle.
A moins que ton secours me relève le cœur,   4065
A moins que ta bonté ranime ma langueur,
Qu'elle daigne au dedans me former et m'instruire,
Mes plus ardents efforts ne peuvent rien produire,
Et mon infirmité retrouve en un moment

nis quia visitas eum? Quid promeruit homo, ut dares illi gratiam tuam? Domine, quid possum conqueri, si me deseris? aut quid juste obtendere possum, si quod peto non feceris?

Certe hoc in veritate cogitare possum, et dicere : « Domine, nihil sum, nihil possum, nihil boni ex me habeo;

« Sed in omnibus deficio, et ad nihil semper tendo; et nisi a te fuero adjutus, et interius informatus, totus efficior tepidus et dissolutus. »

1. *Var.* Ses défauts sont si grands, son impuissance est telle,
   Qu'il a vers le néant une pente éternelle.
   A moins que ton secours lui relève le cœur,
   A moins que ta bonté ranime sa langueur,
   Qu'elle daigne au dedans le former et l'instruire,
   Ses plus ardents efforts ne peuvent rien produire,
   Et son infirmité retrouve en un moment. (1670 O)

Dans l'*Office de la Vierge*, d'où cette variante est tirée, ces vers viennent immédiatement après le vers 4054 :

   Aime à se prodiguer, et lui servir d'appui?

Les huit suivants (4055-4062) sont omis.

La tiédeur, le désordre et le relâchement. 4070

Toi seul, toujours le même et toujours immuable,
Te soutiens dans un être à jamais perdurable,
Toujours bon, toujours saint, toujours juste, et toujours
Dispensant saintement ton bienheureux secours.
Ta bonté, ta justice agit en toutes choses, 4075
Et de tout et partout sagement tu disposes ;
Mais pour moi, qui toujours penche plus fortement
Vers l'imperfection que vers l'avancement,
Je n'ai pas un esprit toujours en même assiette :
Il cherche, il craint, il fuit, il embrasse, il rejette ; 4080
Et son meilleur état, par un triste retour,
Est sujet à changer plus de sept fois le jour[1].

Tous mes maux toutefois rencontrent leur remède[2],
Aussitôt qu'il t'a plu d'accourir à mon aide ;
Et pour faire à mon âme un bonheur souverain, 4085
Tu n'as qu'à lui prêter, qu'à lui tendre la main.
Tu le peux, ô mon Dieu, de ta volonté pure,
Sans emprunter le bras d'aucune créature :
Tu me peux de toi seul si bien fortifier,
Que mon âme n'ait plus de quoi se défier, 4090
Que ma constante ardeur ne tourne plus en glace,

Tu autem, Domine, semper idem ipse es, et permanes in æternum, semper bonus, justus et sanctus, bene, juste, ac sancte agens omnia, et disponens in sapientia. Sed ego, qui ad defectum sum magis pronus, quam ad profectum, non sum semper in uno statu perdurans, quia septem tempora mutantur super me.
Verumtamen cito melius fit, cum tibi placuerit, et manum porrexeris adjutricem ; quia tu solus sine humano suffragio poteris auxi-

1. *Var.* Est sujet à changer plus de sept fois par jour. (1656 B-62)
2. *Var.* Tous ses maux toutefois rencontrent leur remède
Aussitôt qu'il t'a plu d'accourir à son aide ;
Et pour faire à son âme un bonheur souverain. (1670 O)

Que mon sort affermi ne change plus de face,
Et que mon cœur enfin, plein de zèle et de foi,
Ainsi que dans son centre ait son repos en toi.

Ah! si jamais ce cœur pouvoit bien se défaire 4095
Des consolations que la terre suggère,
Soit pour mieux faire place aux célestes faveurs
Qui font naître ici-bas et croître les ferveurs,
Soit par ce grand besoin qui réduit ma foiblesse
A la nécessité d'implorer ta tendresse, 4100
Puisque dans les malheurs où je me sens couler
Il n'est aucun mortel qui puisse consoler,
Alors certes, alors j'aurois pleine matière
D'espérer de ta grâce une abondance entière,
Et de m'épanouir à ces charmes nouveaux 4105
Dont je verrois ta main adoucir mes travaux.

C'est de toi, mon Sauveur, c'est de toi, source vive,
Que se répand sur moi tout le bien qui m'arrive.
Je ne suis qu'un néant bouffi de vanité[1],
Je ne suis qu'inconstance et qu'imbécillité; 4110
Et quand je me demande un titre légitime
D'où prendre quelque gloire, et chercher quelque estime,
Je vois, pour tout appui de mes plus hauts efforts[2],

liari, et in tantum confirmare, ut vultus meus amplius in diversa non mutetur, sed in te uno cor meum convertatur et quiescat.

Unde, si bene scirem omnem humanam consolationem abjicere, sive propter devotionem adipiscendam, sive propter necessitatem qua compellor, te quærere, quia non est homo qui me consoletur, tunc possem merito de gratia tua sperare, et de dono novæ consolationis exultare.

Gratias tibi, unde totum venit, quotiescumque mihi bene succedit! Ego autem vanitas et nihilum ante te, inconstans homo et

1. *Var.* Je ne suis qu'un néant rempli de vanité. (1670 O)
2. *Var.* Je vois, pour tout appui de mes plus hauts essors. (1656 B-62)

Le néant que je suis, et le rien d'où je sors,
Et que fonder sa gloire ainsi sur le rien même, 4115
C'est une vanité qui va jusqu'à l'extrême.

O vent pernicieux! ô poison des esprits!
Que le monde sait peu ton véritable prix!
O fausse et vaine gloire! ô dangereuse peste,
Qui n'es rien qu'un néant, mais un néant funeste! 4120
Tes décevants attraits retirent tous nos pas[1]
Du chemin où la vraie étale ses appas,
Et l'âme, de ton souffle indignement souillée[2],
Des grâces de son maître est par toi dépouillée.
Oui, notre âme, Seigneur, tout ton portrait qu'elle est,
Commence à te déplaire alors qu'elle se plaît,
Et son avidité pour de vaines louanges
La prive des vertus qui l'égaloient aux anges.

On peut[3] se réjouir et se glorifier,
Mais ce n'est qu'en toi seul qu'il faut tout appuyer; 4130
En toi seul, non en soi, qu'il faut prendre sans cesse
La véritable gloire et la sainte allégresse,
Rapporter à toi seul, et non à sa vertu,

infirmus. Unde ergo possum gloriari, aut cur appeto reputari? Numquid de nihilo? et hoc vanissimum est.

Vere inanis gloria, mala pestis, vanitas maxima, quia a vera trahit gloria, et cœlesti spoliat gratia. Dum enim homo complacet sibi, displicet tibi; dum inhiat laudibus humanis, privatur veris virtutibus.

Est autem vera gloria et exultatio sancta, gloriari in te, et non in se, gaudere in nomine tuo, non in propria virtute, nec in aliqua creatura delectari, nisi propter te.

1. *Var.* Ton faux et vain attrait retire tous nos pas.
(1656 B, C et D, 59 et 62)
2. *Var.* Et l'âme, par ton souffle indignement souillée. (1670 O)
3. Les deux éditions de 1665 et celle de 1670 donnent: « On doit, » pour: « On peut. »

Le plus solide éclat dont on soit revêtu,
Louer en tous ses dons l'auteur de la nature, 4135
Et ne voir que lui seul en toute créature.

Je le veux, ô mon Dieu, si je fais quelque bien,
Pour en louer ton nom qu'on supprime le mien,
Que l'univers entier par de communs suffrages
Sur le mépris des miens élève tes ouvrages, 4140
Que même en celui-ci mon nom soit ignoré
Afin que le tien seul en soit mieux adoré,
Que ton Saint-Esprit seul en ait toute la gloire,
Sans que louange aucune honore ma mémoire,
Et que puisse à mes yeux s'emparer qui voudra 4145
De la plus douce odeur que mon vers répandra.

En toi seul est ma gloire, en toi seul est ma joie,
Et quoi que l'avenir en ma faveur déploie,
Je les veux prendre en toi, sans faire vanité
Que du sincère aveu de mon infirmité. 4150

C'est aux Juifs, c'est aux cœurs que ta grâce abandonne,
A chercher cet honneur qu'ici l'on s'entre-donne :
Ils peuvent y courir avec empressement,
Sans que je porte envie à leur aveuglement.
La gloire que je cherche, et l'honneur où j'aspire, 4155
C'est celle, c'est celui que fait ton saint empire,
Qu'à tes vrais serviteurs départ ta seule main,
Et qui ne peut souffrir aucun mélange humain.

Laudetur nomen tuum, non meum; magnificetur opus tuum, non meum; benedicatur nomen sanctum tuum, nihil mihi autem attribuatur de laudibus hominum.

Tu gloria mea, tu exultatio cordis mei. In te gloriabor et exultabo tota die; pro me autem nihil, nisi in infirmitatibus meis.

Quærant Judæi gloriam quæ ab invicem est, ego hanc requiram

Ces honneurs temporels qui rendent l'âme vaine,
Ces orgueilleux dehors de la grandeur mondaine,   4160
A ta gloire éternelle une fois comparés¹,
Ne sont qu'amusements de cerveaux égarés.

O vérité suprême et toujours adorable,
Miséricorde immense et toujours ineffable,
Je ne réclame point dans ma fragilité   4165
D'autre miséricorde ou d'autre vérité.

A toi, Trinité sainte, espoir du vrai fidèle,
A toi pleine louange, à toi gloire immortelle !
Puisse tout l'univers, puisse tout l'avenir,
Toute l'éternité te louer et bénir !   4170
Ce sont là tous mes vœux, c'est là tout l'avantage
Que mes foibles travaux demandent en partage,
Trop heureux si l'éclat de mon plus digne emploi
Laisse mon nom obscur pour rejaillir² sur toi !

quæ a solo Deo est. Omnis quidem gloria humana, omnis honor temporalis, omnis altitudo mundana, æternæ gloriæ tuæ comparata, vanitas est et stultitia.
  O veritas mea et misericordia mea, Deus meus,
  Trinitas beata, tibi soli laus, honor, virtus, et gloria, per infinita sæculorum sæcula !

1. *Var.* A la gloire éternelle une fois comparés. (1656 B, C et D, 59 et 62)
2. Il y a dans toutes nos éditions *rejallir*, sans *i*.

CHAPITRE XLI[1].

DU MÉPRIS DE TOUS LES HONNEURS[2].

« Ne prends point de mélancolie 4175
De voir qu'à tes vertus on refuse leur prix,
Qu'un autre est dans l'estime, et toi dans le mépris,
Qu'on l'honore partout, durant qu'on t'humilie.
Lève les yeux au ciel, lève-les jusqu'à moi,
Et tout ce que la terre ose juger de toi 4180
Ne te donnera plus aucune inquiétude :
Tu ne sentiras plus de mouvements jaloux,
Et ce ravalement qui te sembloit si rude
N'aura plus rien en soi qui ne te semble doux. »

Il est tout vrai, Seigneur; mais cette chair fragile[3] 4185
De ses aveuglements aime l'épaisse nuit,
Et de la vanité l'amorce est si subtile,
    Qu'en un moment elle séduit.

A bien considérer la chose en sa nature,
Je ne mérite amour, ni pitié, ni support; 4190
Et quoi qu'on m'ait pu faire, aucune créature
    Ne m'a jamais fait aucun tort.

XLI. « Fili, noli tibi attrahere, si videas alios honorari et elevari, te autem despici et humiliari. Erige cor tuum ad me in cœlum, et non contristabit te contemptus hominum in terris. »
Domine, in cæcitate sumus, et vanitate cito seducimur.
Si recte me inspicio, nunquam mihi facta est injuria ab aliqua creatura,

1. Corps ou sujet de l'emblème : « L'empereur Maurice, voyant égorger ses enfants par le commandement de Phocas, loue la justice de Dieu qui le punit de son péché. » Ame ou sentence : *Merito armatur contra me omnis creatura*. (Chapitre XLI, 5.)
2. Titre latin : *De contemptu omnis temporalis honoris*.
3. *Var.* Je l'avoûrai, Seigneur, que cette chair fragile. (1670 O)

Mes plaintes auroient donc une insolence extrême,
Si j'osois t'accuser de trop de dureté,
Et qu'ainsi j'imputasse à la justice même   4195
  Une injuste sévérité.

Mon crime a dû forcer toutes les créatures
A me persécuter, à s'armer contre moi[1],
Et quiconque m'accable ou d'opprobre ou d'injures,
  N'en fait qu'un légitime emploi.   4200

A moi la honte est due, à moi l'ignominie;
Leur plus durable excès ne peut trop me punir :
A toi seul la louange et la gloire infinie
  Dans tous les siècles à venir.

Prépare-toi, mon âme, à souffrir sans tristesse   4205
Les mépris des méchants et ceux des gens de bien,
A me voir ravalé jusqu'à cette bassesse,
  Que même on ne me compte à rien.

Enfin de ton orgueil éteins les moindres restes,
Ou n'espère autrement de paix en aucun lieu[2],   4210
Ni de stabilité, ni de clartés célestes,
  Ni d'union avec ton Dieu.

 Unde nec juste habeo conqueri adversum te.
  Quia autem frequenter et graviter peccavi tibi, merito armatur contra me omnis creatura.
  Mihi igitur juste debetur confusio et contemptus ; tibi autem laus, honor et gloria.
  Et nisi me ad hoc præparavero, quod velim libenter ab omni creatura despici et relinqui, atque penitus nihil videri,
  Non possum interius pacificari et stabiliri, nec spiritualiter illuminari, neque plene tibi uniri.

1. *Var.* A me persécuter et s'armer contre moi. (1659 et 62)
2. *Var.* Ou n'espère autrement la paix en aucun lieu. (1670 O)

CHAPITRE XLII[1].

QU'IL NE FAUT POINT FONDER SA PAIX SUR LES HOMMES, MAIS SUR DIEU, ET S'ANÉANTIR EN SOI-MÊME[2].

Si la douceur de vivre ensemble,
D'avoir les mêmes sentiments,
Te fait de ton repos asseoir les fondements 4215
Sur ceux de qui l'humeur à la tienne ressemble,
Quelque sûr que tu sois de leur fidélité,
    Toute cette tranquillité,
Que tes yeux éblouis trouvent si bien fondée,
    Ne sera qu'une vaine idée 4220
Que suivront l'embarras et l'instabilité.

    Mais si ton zèle invariable
    Réunit ses desirs flottants
A cette vérité qui parmi tous les temps
Demeure toujours vive et toujours immuable, 4225
Qu'un ami parte ou meure, ou que son cœur léger
    Ose même te négliger,
Ni son triste départ, ni sa perte imprévue,
    Ni même son change à ta vue,
N'auront rien dont jamais tu daignes t'affliger. 4230

XLII. Fili, si ponis pacem tuam cum aliqua persona, propter tuum sentire et convivere, instabilis eris et implicatus.
Sed si recursum habes ad semper viventem et manentem veritatem, non constristabit amicus recedens aut moriens.

1. Corps ou sujet de l'emblème : « Saint Siméon Stylite passa sa vie sur une colonne de quarante coudées de haut. » Ame ou sentence : *Tanto magis Deo appropinquat*. (Chapitre XLII, 6.)
2. Dans les éditions de 1655 B-62, le titre est simplement : QU'IL NE FAUT POINT FONDER SA PAIX SUR LES HOMMES. — L'édition de 1655 A donne : « .... MAIS EN DIEU..., » pour « .... MAIS SUR DIEU.... » — Titre latin : *Quod pax non est ponenda in hominibus*.

LIVRE III, CHAPITRE XLII.

  En moi seul doit être établie
   Cette sincère affection,
Qui n'ayant pour objet que la perfection,
Par aucun changement ne peut être affoiblie.
Tous ceux que leur bonté donne lieu d'estimer,   4235
  Et chez qui tu vois s'enflammer
Et l'amour des vertus et la haine des vices,
   Je veux bien que tu les chérisses,
Mais ce n'est qu'en moi seul que tu les dois aimer.

   L'amitié la plus assurée   4240
   Tient de moi toute sa valeur :
Tu n'en peux voir sans moi qu'une fausse couleur,
Qui n'est ni d'aucun prix ni d'aucune durée.
Son ardeur n'a jamais aucuns louables feux,
  Que soumis à ce que je veux;   4245
Et tu ne saurois voir dans toute la nature
   D'union bien solide et pure,
Si de ma propre main je n'en ai fait les nœuds.

   Ces vrais amis que je te donne,
   Ces unions que je te fais,   4250
Doivent me résigner si bien tous tes souhaits,
Que tu sois mort à tout sitôt que je l'ordonne.
Je veux avoir ton cœur tout entier en ma main,
   Par un détachement si plein,
Qu'autant qu'il est en toi ta sainte inquiétude   4255
   Aspire à cette solitude
Qui te doit retrancher de tout commerce humain.

In me debet amici dilectio stare, et propter me diligendus est quisquis tibi bonus visus est et multum carus in hac vita.

Sine me non valet nec durabit amicitia; nec est vera et munda dilectio quam ego non copulo.

Ita mortuus debes esse talibus affectionibus dilectorum hominum, ut, quantum ad te pertinet, sine omni humano optares esse consortio.

Quiconque me choisit pour maître,
Et ne cherche qu'à me gagner,
M'approche d'autant plus qu'il sait mieux s'éloigner
Des consolations que les hommes font naître :
Plus dans leur folle estime il se trouve compris,
Plus il ravale de son prix,
Et va d'autant plus haut vers ma grandeur suprême,
Qu'il descend plus bas en lui-même, 4265
Et se tient abîmé dans le propre mépris.

Mais une âme présomptueuse,
Qui s'ose imputer quelque bien,
Se refuse à ma grâce, et ne se porte à rien
Où toute sa chaleur ne soit infructueuse : 4270
Elle ferme la porte à ma bénignité
Par son aveugle vanité,
Puisque du Saint-Esprit les faveurs prévenantes[1],
Les entières, les triomphantes,
N'entrent jamais au cœur que par l'humilité. 4275

Homme, si tu pouvois apprendre
L'art de te bien anéantir,
De bien purger ce cœur, d'en bien faire sortir[2]

Tanto homo Deo magis appropinquat, quanto ab omni solatio terreno longius recedit. Tanto etiam altius ad Deum ascendit, quanto profundius in se descendit, et plus sibiipsi vilescit.
Qui autem sibi aliquid boni attribuit, gratiam Dei in se venire impedit, quia gratia Spiritus sancti cor humile semper quærit.
Si scires te perfecte annihilare, atque ab omni creato amore evacuare, tunc deberem in te cum magna gratia emanare.

1. *Var.* Et de mon Saint-Esprit les faveurs prévenantes.
(1656 B et C, 59 et 62)
Var. Puisque de mon Esprit les faveurs prévenantes. (1656 D)
2. *Var.* De bien purger ton cœur, d'en bien faire sortir
Ce que l'amour terrestre y peut couler de tendre. (1670 O)

Ce que l'amour terrestre y peut jeter de tendre;
Si tu savois, mon fils, pratiquer ce grand art,   4280
    Tu verrois bientôt de ma part
S'épandre au fond du tien l'abondance des grâces[1],
    Et tes actions les plus basses
Sauroient jusqu'à mon trône élever ton regard

    Une affection mal conçue   4285
    Dérobe tout l'aspect des cieux;
Et quand la créature a détourné tes yeux,
Tu perds tout aussitôt le Créateur de vue.
Sache te vaincre en tout, et partout te dompter,
    Sache pour lui tout surmonter,   4290
Bannis tout autre amour, coupes-en les racines,
    Et les connoissances divines
A leurs plus hauts degrés te laisseront monter.

    Ne dis point que c'est peu de chose,
    Ne dis point que c'est moins que rien,   4295
A qui ton âme prête un moment d'entretien,
Sur qui par échappée un coup d'œil se repose :
Ce peu, ce moins que rien, quand son amusement
    Attire trop d'empressement,
Quand trop de complaisance à ce coup d'œil s'attache,
    Imprime aux vertus une tache,
Et retarde l'esprit du haut avancement[2].

    Quando tu respicis ad creaturas, subtrahitur tibi aspectus Creatoris. Disce te in omnibus propter Creatorem vincere: tunc ad divinam valebis cognitionem pertingere.
    Quantumcumque modicum sit, si inordinate diligitur et respicitur, retardat a summo et vitiat.

1. *Var*. S'épandre au fond du cœur l'abondance des grâces. (1659 et 62)
  Var. Se répandre en ce cœur l'abondance des grâces. (1670 O)
2. *Var*. Et retarde l'effet du haut avancement. (1670 O)

CHAPITRE XLIII[1].

CONTRE LA VAINE SCIENCE DU SIÈCLE, ET DE LA VRAIE ÉTUDE DU CHRÉTIEN[2].

Défends ton cœur de ton oreille ;
Souvent une fausse merveille
Entre par elle et te surprend :   4305
Ne t'émeus donc point, et n'admire,
Quoi que les hommes puissent dire
De beau, de subtil, ou de grand.
Mon royaume n'est pas pour ces brillants frivoles
Dont l'humaine éloquence orne ses fictions ;   4310
Il se donne aux vertus, et non pas aux paroles,
Et fuit les beaux discours sans bonnes actions.

Ma seule parole sacrée
Est celle à qui tu dois l'entrée ;
C'est elle qui te doit charmer ;   4315
C'est elle qui verse dans l'âme
Les ardeurs de la sainte flamme
Qui seule s'y doit allumer.
Elle éclaire l'esprit par des rayons célestes,
Elle jette les cœurs dans la componction,   4320

XLIII. Fili, non te moveant pulchra et subtilia hominum dicta. Non enim est regnum Dei in sermone, sed in virtute.

Attende verba mea, quæ corda accendunt et mentes illuminant, inducunt compunctionem et variam ingerunt consolationem.

1. Corps ou sujet de l'emblème : « Frère Girard, convers de l'ordre des Chartreux, sans avoir étudié, dispute contre des docteurs et les instruit. » Ame ou sentence : *Plus profecit in relinquendo omnia quam in studendo subtilia.* (Chapitre XLIII, II.)
2. Les éditions de 1656 B, C et D, de 1659 et de 1662 portent seulement : CONTRE LA VAINE SCIENCE DU SIÈCLE. — Titre latin : *Contra vanam et secularem scientiam.*

Et répand sur l'aigreur des maux les plus funestes
En cent et cent façons ma consolation.

   Jamais à lire ne t'anime
   Par un vain desir qu'on t'estime
   Plus habile homme, ou plus savant :   4325
   De cette ambitieuse étude
   L'inépuisable inquiétude
   Ne produit jamais que du vent.
Sache dompter tes sens, sache amortir tes vices,
Et de cette science espère plus de fruit   4330
Que si de tout autre art les épineux caprices
T'avoient laissé percer leur plus obscure nuit.

   Quand tu saurois par ta lecture
   Connoître toute la nature,
   Tu n'as qu'un point à retenir :   4335
   Un seul principe est nécessaire ;
   On a beau dire, on a beau faire,
   C'est là qu'il en faut revenir.
C'est moi seul qui dépars la solide science ;
C'est de mes seuls trésors que je la fais couler,   4340
Et j'en prodigue plus à l'humble confiance
Que tout l'esprit humain ne t'en peut étaler.

   Oui, le cœur humble qui m'adore,
   Le cœur épuré que j'honore
   De mon amoureux entretien,   4345

Nunquam ad hoc legas verbum, ut doctior aut sapientior possis videri, sed stude mortificationi vitiorum ; quia hoc amplius tibi proderit, quam notitia multarum difficilium quæstionum.

Cum multa legeris et cognoveris, ad unum semper oportet redire principium. Ego sum qui doceo hominem scientiam ; et clariorem intelligentiam parvulis tribuo, quam ab homine possit doceri.

Cui ego loquor, cito sapiens erit, et multum in spiritu proficiet.

Abonde bientôt en sagesse,
Et s'avance en la haute adresse
Qui mène l'esprit au vrai bien.
Malheur, malheur à ceux qui se laissant conduire
Aux desirs empressés d'un curieux savoir, 4350
En l'art de me servir dédaignent de s'instruire,
Et veulent ignorer leur unique devoir !

    Un jour viendra que le grand maître,
    Le grand roi se fera paroître,
    Armé de foudres et d'éclairs ; 4355
    Qu'assis sur un trône de gloire,
    Il rappellera la mémoire
    De ce qu'aura fait l'univers :
Il faudra voir alors quelle est votre science,
Savants ; il entendra notre leçon à tous, 4360
Et sur cet examen de chaque conscience
Un moment réglera sa grâce ou son courroux.

    Alors on verra sa lumière
    De Hiérusalem[1] toute entière
    Éplucher jusqu'au moindre trait ; 4365
    Alors les plus obscures vies,
    Dans les ténèbres éclaircies,
    Ne trouveront plus de secret.
Les grands raisonnements de ces langues disertes

Væ eis qui multa curiosa ab hominibus inquirunt, et de via mihi serviendi parum curant !

Veniet tempus, quando apparebit magister magistrorum, Christus, dominus angelorum, cunctorum auditurus lectiones, hoc est singulorum examinaturus conscientias ;

Et tunc scrutabitur Hierusalem in lucernis, et manifesta erunt abscondita tenebrarum, tacebuntque argumenta linguarum.

1. *Hiérusalem* est l'orthographe de toutes nos éditions.

N'auront force ni poids en cette occasion : 4370
La parole mourra dans les bouches ouvertes,
Et cédera la place à la confusion.

  Plus une âme est humiliée,
  Plus elle s'est étudiée
  A ce noble ravalement, 4375
  D'autant mieux cette ferme base
  Soutient la haute et sainte extase
  Où je l'élève en un moment.
C'est alors qu'en secret une de mes paroles
Lui fait comprendre mieux ce qu'est l'éternité, 4380
Que si toute la poudre et le bruit des écoles
Avoient lassé dix ans son assiduité.

  J'instruis, j'inspire, j'illumine,
  J'explique toute ma doctrine
  Sans aucun embarras de mots, 4385
  Sans que les âmes balancées
  D'aucunes confuses pensées
  En perdent jamais le repos.
Jamais des vains degrés la pompe imaginaire[1]
De son fast[2] orgueilleux n'embrouille mes savants, 4390
Et les rusés détours d'un argument contraire
Ne leur tendent jamais de piéges décevants[3].

 Ego sum qui humilem in puncto elevo mentem, ut plures æternæ veritatis capiat rationes, quam si quis decem annis studuisset in scholis.
 Ego doceo sine strepitu verborum, sine confusione opinionum, sine fastu honoris, sine impugnatione argumentorum.

1. *Var.* Jamais de vains degrés la pompe imaginaire. (1659 et 62)
2. Telle est l'orthographe de toutes nos éditions.
3. Dans l'édition de 1656 C : « des piéges décevants. »

L'IMITATION DE JÉSUS-CHRIST.

      Ainsi je montre, ainsi j'enseigne
      Comme il faut que l'homme dédaigne
      Toutes les douceurs d'ici-bas,   4395
        Qu'il néglige les temporelles,
        Qu'il n'aspire qu'aux éternelles,
         Qu'il ne goûte que leurs appas :
J'enseigne à fuir l'honneur, à souffrir le scandale;
Pour but, pour seul espoir j'enseigne à me choisir   4400
J'enseigne à me chérir d'une ardeur sans égale,
J'enseigne à ramasser en moi tout son desir.

      Un grand dévot m'a su connoître,
      Sans en consulter d'autre maître
      Que le feu qui sut l'enflammer :   4405
        Il dit des choses admirables
        De mes attributs ineffables,
        Et n'avoit appris qu'à m'aimer.
Il dégagea son cœur de toute la nature,
Et se fit bien plus docte en quittant tout ainsi,   4410
Que s'il eût attaché jusqu'à la sépulture
Sur des subtilités un long et vain souci.

      Ma façon d'instruire est diverse :
      Je parle aux uns et les exerce
      Sur des préceptes généraux ;   4415
        Je parle à d'autres à l'oreille
        Du secret de quelque merveille,

Ego sum qui doceo terrena despicere, præsentia fastidire, æterna quærere, æterna sapere, honores fugere, scandala sufferre, omnem spem in me ponere, extra me nil cupere, et super omnia me ardenter amare.

Nam quidam, amando me intime, didicit divina, et loquebatur mirabilia. Plus profecit in relinquendo omnia quam in studendo subtilia.

Sed aliis loquor communia, aliis specialia; aliquibus in signis et

Ou du choix de quelques travaux ;
Je ne me montre aux uns que sous quelque figure
Qui leur fait doucement comprendre ma bonté, 4420
Et sur d'autres j'épands cette lumière pure
Qui fait voir le mystère avec pleine clarté.

    Les livres à leur ouverture
    Offrent à tous même lecture,
    Mais non pas même utilité : 4425
    J'en suis au dedans l'interprète,
    Et seul à seul dans la retraite
    J'en explique la vérité.
Je pénètre les cœurs, je vois dans les pensées,
J'excite, je prépare aux bonnes actions, 4430
Et je tiens mes faveurs plus ou moins avancées,
Suivant qu'on fait profit de mes instructions.

CHAPITRE XLIV[1].

QU'IL NE FAUT POINT S'EMBARRASSER DES CHOSES EXTÉRIEURES[2].

    Mon fils, il est bon d'ignorer
    Beaucoup de choses qui se passent,
    Et de ne point considérer 4435

figuris dulciter appareo ; quibusdam vero in multo lumine revelo mysteria.

    Una vox librorum, sed non omnes æque informat, quia intus sum doctor veritatis, scrutator cordis, cogitationum intellector, actionum promotor, distribuens singulis, sicut dignum judicavero.

    XLIV. Fili, in multis oportet te esse inscium, et æstimare te tanquam mortuum super terram, et cui totus mundus crucifixus sit.

---

1. Corps ou sujet de l'emblème : « Jésus-Christ ne répond point à Pilate, qui l'interroge sur les accusations des Juifs. » Ame ou sentence : *Multa oportet surda aure pertransire.* (Chapitre XLIV, 2.)

2. Titre latin : *De non attrahendo sibi res exteriores.*

Mille événements qui s'entassent.
Sois comme mort sur terre; et par le saint emploi
De cette indifférence en mérites féconde,
Tiens-toi crucifié pour les choses du monde,
Et les choses du monde autant de croix pour toi. 4440

    Fais la sourde oreille à ces bruits
    Que roule un indiscret murmure,
    Et pense les jours et les nuits
    Au repos que je te procure.
Il est beaucoup meilleur de retirer tes yeux 4445
De tout ce qui te choque ou qui te peut déplaire,
Que d'être tout de feu sur un avis contraire,
Pour un frivole honneur de raisonner le mieux.

    Laisse à chacun son sentiment :
    Qu'il parle et discoure à sa mode; 4450
    Tiens ton cœur en moi fortement,
    Et fuis ce débat incommode.
Comme mes jugements ne sont jamais déçus,
Préfère leur conduite à la prudence humaine;
Attaches-y ta vue, et tu verras sans peine 4455
Que dans tes démêlés un autre ait le dessus.

A quelle extrémité, Seigneur, vont nos malheurs!
La perte temporelle est digne de nos pleurs :
Pour un peu d'intérêt on court, on se tourmente;
Mais ce qui touche l'âme, on le laisse au hasard, 4460

    Multa etiam oportet surda aure pertransire, et quæ tuæ pacis sunt magis cogitare. Utilius est oculos a rebus displicentibus avertere,
    Et unicuique suum sentire relinquere, quam contentiosis sermonibus deservire. Si bene steteris cum Deo, et ejus judicium aspexeris, facilius te victum portabis.
    O Domine, quousque venimus? Ecce damnum defletur tempo-

Et l'oubli d'heure en heure à tel point s'en augmente,
Qu'on n'y jette qu'à peine un coup d'œil sur le tard.

On cherche avec chaleur ce qui ne sert de rien;
On n'a d'yeux qu'en passant pour le souverain bien;
Ce qui n'importe plaît; le nécessaire gêne :   4465
Tout l'homme aisément glisse et s'échappe au dehors;
Et si le repentir soudain ne le ramène,
Il se livre avec joie aux appétits du corps.

CHAPITRE XLV[1].

QU'IL NE FAUT PAS CROIRE TOUTES PERSONNES ET QU'IL
EST AISÉ DE S'ÉCHAPPER EN PAROLES[2].

Envoie à mon secours tes bontés souveraines,
Seigneur, contre les maux qui m'ont choisi pour but,
Puisqu'en vain je mettrois aux amitiés humaines
    L'espoir de mon salut.

O mon Dieu, qu'ici-bas j'ai trouvé d'infidèles

rale, pro modico quæstu laboratur et curritur, et spirituale detrimentum in oblivionem transit, et vix sero reditur.
  Quod parum vel nil prodest attenditur, et quod summe necessarium est negligenter præteritur, quia totus homo ad externa defluit; et nisi cito resipiscat, libens in exterioribus jacet.
  XLV. Da mihi auxilium, Domine, de tribulatione; quia vana salus hominis.
  Quam sæpe ibi non inveni fidem, ubi me habere putavi? Quoties etiam ibi reperi, ubi minus præsumpsi?

  1. Corps ou sujet de l'emblème : « Sainte Lucie refuse le mari que sa mère lui présente, pour se donner à Jésus-Christ. » Ame on sentence : *Mens mea solidata est et*[*] *in Christo fundata*. (Chapitre XLV, 12.)
  2. Titre latin : *Quod omnibus non est credendum, et de facili lapsu verborum.*

[*] L'édition de 1656 D omet *et*.

Dont je m'imaginois occuper tous les soins !
Et que j'ai rencontré de véritables zèles 4475
　　　Où j'en croyois le moins !

En vain donc on voudroit fonder quelque espérance
Sur l'effet incertain de leur douteuse foi,
Et les justes jamais ne trouvent l'assurance
　　　De leur salut qu'en toi. 4480

Que sous tes ordres saints notre esprit se captive
Jusqu'à tout recevoir d'un sentiment égal,
Et bénir ton saint nom de quoi qui nous arrive
　　　Ou de bien ou de mal.

Nous n'y contribuons qu'un importun mélange 4485
De foiblesse, d'erreur, et d'instabilité,
Qui des meilleurs desseins nous fait prendre le change
　　　Avec facilité.

Quelqu'un applique-t-il à toute sa conduite
Une âme si prudente, un esprit si réglé, 4490
Que souvent il ne voie ou cette âme séduite,
　　　Ou cet esprit troublé ?

Mais qui sur ton vouloir forme sa patience,
Qui simplement te cherche, et n'a point d'autre espoir,

　　Vana ergo spes in hominibus, salus autem justorum in te, Deus.
　　Benedictus sis, Domine Deus meus, in omnibus quæ accidunt nobis.
　　Infirmi sumus et instabiles, cito fallimur et permutamur.
　　Quis est homo qui ita caute et circumspecte in omnibus se custodire valet, ut aliquando in aliquam deceptionem vel perplexitatem non veniat ?
　　Sed qui in te, Domine, confidit, ac simplici ex corde quærit, non tam facile labitur ;

Qui remet en toi seul toute sa confiance,   4495
    N'est pas si prompt à choir.

Quelque pressé qu'il soit du malheur qui l'accable,
Sitôt que vers le ciel tu l'entends soupirer,
Ton bras étend sur lui cette main secourable
    Qui l'en sait retirer.   4500

Rien ne le fait gémir dont tu ne le consoles,
Et quiconque en ta grâce espère jusqu'au bout
Reçoit enfin l'effet de tes saintes paroles,
    Et triomphe de tout.

Il est rare de voir qu'un ami persévère[1]   4505
Dans nos afflictions jusqu'à l'extrémité,
Et nous aide à porter toute notre misère
    Sans être rebuté.

Toi seul es cet ami, fidèle, infatigable,
Que de nos intérêts rien ne peut détacher,   4510
Et toute autre amitié n'a rien de si durable
    Qu'il en puisse approcher.

Oh! que cette âme sainte avoit sujet de dire[2]:
« J'ai pour base mon Dieu, pour appui Jésus-Christ;

    Et si inciderit in aliquam tribulationem, quocumque modo fuerit etiam implicatus, citius per te eruetur,
    Aut a te consolabitur, quia tu non deseres in te sperantem usque in finem.
    Rarus fidus amicus, in cunctis amici perseverans pressuris.
    Tu, Domine, tu solus es fidelissimus in omnibus, et præter te non est alter talis.

---

1. *Var.* Il est rare après tout qu'un ami persévère. (1670 O)
2. *Var.* Oh! que cette âme sainte avoit raison de dire. (1656 B-65 A)

En lui seul je me fonde, en lui seul je respire 4515
  Et m'affermis l'esprit! »

Si je lui ressemblois, j'aurois moins d'épouvante
Des jugements du monde et de tout son pouvoir,
Et les traits les plus forts d'une langue insolente
  Ne pourroient m'émouvoir. 4520

Mais qui pourra, Seigneur, par sa propre sagesse
Pressentir tous les maux qui doivent arriver?
Et si quelqu'un le peut, aura-t-il quelque adresse
  Qui puisse l'en sauver?

Ah! si ce qu'en prévoit la prudence ou la crainte 4525
Abat encor souvent toute notre vigueur,
Que font les imprévus, et quelle rude atteinte
  N'enfoncent-ils au cœur?

En vain pour me flatter je me le dissimule,
Il me falloit des miens prévenir mieux l'effet, 4530
Et je ne devois pas une âme si crédule
  Aux rapports qu'on m'a fait.

Mais l'homme est toujours homme, et les vaines louanges
Le dépouillent si peu de sa fragilité,

O quam bene sapuit sancta illa anima, quæ dixit : « Mens mea solidata est et in Christo fundata! »

Si ita mecum foret, non tam facile timor humanus me sollicitaret, nec verborum jacula moverent.

Quis omnia prævidere, quis præcavere futura mala sufficit?

Si prævisa sæpe etiam lædunt, quid improvisa nisi graviter feriunt?

Sed quare mihi misero non melius providi? Cur etiam tam facile aliis credidi?

Sed homines sumus, nec aliud quam fragiles homines sumus, etiamsi angeli a multis æstimamur et dicimur.

Que ceux même qu'on nomme et qu'on croit de vrais
        Ne sont qu'infirmité.   [anges

Qui croirai-je que toi, Vérité souveraine,
Qui jamais n'es déçue et ne peux décevoir?
Qui prendrai-je que toi dans cette course humaine
        Pour règle à mon devoir?   4540

L'homme est muable et foible, et ses discours frivoles
Portent l'impression de son déréglement:
Il se méprend et trompe; et surtout en paroles
        Il s'échappe aisément.

Aussi ne doit-on pas donner prompte croyance   4545
A tout ce qui d'abord semble la mériter,
Et ce qu'il dit de vrai laisse à la défiance
        De quoi s'inquiéter.

Tu m'avertis assez de ses lâches pratiques,
Tu m'en instruis assez, Seigneur, quand tu me dis[1] 4550
Qu'il faut que je m'en garde, et que nos domestiques[2]
        Sont autant d'ennemis;

Qu'il n'est pas sûr de croire à quiconque vient dire:
« Mon avis est le bon, l'infaillible est le mien; »

    Cui credam, Domine? cui, nisi tibi? Veritas es, quæ non fallis, nec falli potes.
    Et rursum : Omnis homo mendax, infirmus, instabilis, labilis maxime in verbis;
    Ita ut statim vix credi debeat, quod rectum in facie sonare videtur.
    Quam prudenter præmonuisti, cavendum ab hominibus; et quia inimici hominis, domestici ejus;
    Nec credendum, si quis dixerit : « Ecce hic, aut ecce illic! »

1. *Michée*, chapitre VII, verset 6.
2. *Var.* Qu'il faut que je m'en garde, et que mes domestiques. (1656 B-62)

Et que tel en décide avec un plein empire, 4555
    Qui souvent ne sait rien.

Je ne l'ai que trop vu, Seigneur, pour mon dommage ;
Et puissé-je en former quelques saintes terreurs
Qui ne me laissent pas égarer davantage
    Dans mes folles erreurs ! 4560

Par une impertinente et fausse confidence[1],
Quelqu'un me dit un jour : « Écoute, sois discret,
Et conserve en ton cœur sous un profond silence
    Le fruit de mon secret. »

A peine je promets de cacher le mystère, 4565
Qu'il trouve de sa part le silence fâcheux,
Me quitte, va conter ce qu'il m'oblige à taire,
    Et nous trahit tous deux[2].

Préserve-moi, Seigneur, de ces gens tous de langues,
De ces illusions d'un esprit inconstant, 4570
Garde partout le mien de leurs folles harangues,
    Et moi d'en faire autant.

Daigne mettre en ma bouche une parole vraie,
Qui soit pleine de force et de stabilité ;

  Doctus sum damno meo, et utinam ad cautelam majorem, et non ad insipientiam mihi !
  « Cautus esto, ait quidam, cautus esto, serva apud te quod dico ; » Et dum ego sileo, et absconditum credo, nec ille silere potest quod silendum petiit, sed statim prodit me et se, et abiit.
  Ab hujusmodi fabulis et incautis hominibus protege me, Domine, ne in manus eorum incidam, nec unquam talia committam.

    1. L'édition de 1670 a seule *confiance*, au lieu de *confidence*.
    2. *Var.*   Et nous trahir tous deux. (1659 et 62)

Et ne souffre jamais que ma langue s'essaie[1]   4575
    A la duplicité.

Accorde à ma foiblesse assez de prévoyance
Pour aller au-devant du mal qui peut s'offrir[2],
Et détourner les maux que sans impatience
    Je ne pourrois souffrir.   4580

Qu'il est bon de se taire, et qu'en paix on respire,
Quand de parler d'autrui soi-même on s'interdit,
Sans être prompt à croire, ou léger à redire
    Plus qu'on ne nous a dit !

Une seconde fois, qu'il est bon de se taire,   4585
De n'ouvrir tout son cœur à personne qu'à toi,
Et n'abandonner pas aux rapports qu'on vient faire
    Une indiscrète foi !

Qu'heureux est, ô mon Dieu ! qu'heureux est qui souhaite
Que ton seul bon plaisir soit partout accompli,   4590
Qu'au dedans, qu'au dehors ta volonté soit faite,
    Et ton ordre rempli !

Que ta grâce en un cœur se trouve en assurance

   Verbum verum et stabile da in os meum, et linguam callidam longe fac a me.
   Quod pati nolo, omnimode cavere debeo.
   O quam bonum et pacificum de aliis silere, nec indifferenter omnia credere, neque de facili ulterius effari ;
   Paucis seipsum revelare, te semper inspectorem cordis quærere ; nec omni vento verborum circumferri ;
   Sed omnia intima et externa, secundum placitum tuæ voluntatis, optare perfici !

   1. *Var.* Et ne souffre jamais que ma bouche s'essaie. (1670 O)
   2. *Var.* Pour aller au-devant de ce qui peut s'offrir. (1670 O)

484   L'IMITATION DE JÉSUS-CHRIST.

Alors qu'à fuir l'éclat il met tous ses efforts,
Et qu'il sait dédaigner cette vaine apparence   4595
    Qu'on admire au dehors!

Qu'une âme à ton vouloir saintement asservie[1]
Ménage bien les dons que lui fait ta faveur,
Lorsqu'elle applique tout à corriger sa vie,
    Ou croître sa ferveur!   4600

La gloire du mérite un peu trop épandue
A fait perdre à plusieurs les trésors qu'ils ont eus,
Et j'ai vu la louange un peu trop tôt rendue
    Gâter bien des vertus.

Mais quand la grâce en nous demeure bien cachée,   4605
Elle redouble en fruits, en forces, en appas,
Et secourt d'autant mieux une vie attachée
    A d'éternels combats.

 Quam tutum, pro conservatione cœlestis gratiæ, humanam fugere apparentiam, nec appetere quæ foris admirationem videntur præbere;
 Sed ea tota sedulitate sectari quæ vitæ emendationem dant et fervorem!
 Quam multis nocuit virtus scita, ac præpropere laudata!
 Quam sane profuit gratia silentio servata in hac fragili vita, quæ tota tentatio fertur et militia!

 1. *Var.* Une âme en ton vouloir saintement affermie
  Ménage tous les dons que lui fait ta faveur,
  Et les applique tous à corriger sa vie. (1670 O)

CHAPITRE XLVI[1].

DE LA CONFIANCE QU'IL FAUT AVOIR EN DIEU, QUAND ON EST ATTAQUÉ DE PAROLES[2].

Eh bien! on te querelle, on te couvre d'injures;
La calomnie est grande et te remplit d'effroi : 4610
Veux-tu rompre aisément ses pointes les plus dures?
Affermis ton espoir et ta constance en moi.
Ne t'inquiète point de ces discours frivoles;
Les paroles enfin ne sont que des paroles,
Que des sons parmi l'air vainement dispersés; 4615
Elles peuvent briser quelques âmes de verre,
  Et ne tombent point sur la pierre
  Que leurs traits n'en soient émoussés.

Quand leur plus gros déluge insolemment t'accable,
Sache faire profit de son plus vaste effort; 4620
Songe à te corriger, si tu te sens coupable,
Songe à souffrir pour moi, si rien ne te remord.
C'est du moins qu'il te faille endurer quelque chose
D'un conte qui te blesse, ou d'un mot qui t'impose,
Toi que de rudes coups auroient bientôt lassé, 4625
Et qui verrois bientôt tes forces chancelantes

 XLVI. Fili, sta firmiter, et spera in me. Quid enim sunt verba, nisi verba? Per aerem volant, sed lapidem non lædunt.
 Si reus es, cogita quod libenter emendare te velis; si nihil tibi conscius es, pensa quod velis libenter pro Deo hoc sustinere. Parum satis est ut vel verba interdum sustineas, qui necdum fortia verbera tolerare vales.

 1. Corps ou sujet de l'emblème : « Judith, se confiant en Dieu, coupe la tête d'Holopherne au milieu de son camp. » Ame ou sentence : *Qui in Deo confidit absque humano terrore erit.* (Chapitre XLVI, 6.)
 2. Titre latin : *De confidentia in Deo habenda, quando insurgunt verborum iacula.*

Sous les épreuves violentes
　　Par où tant de saints ont passé.

D'où vient que pour si peu le chagrin te dévore,
Qu'un mot jusqu'en ton cœur va trouver ton défaut,
Si ce n'est que la chair, qui te domine encore,
Te fait considérer l'homme plus qu'il ne faut?
C'est le mépris humain que ton âme appréhende,
Qui soulève ce cœur contre la réprimande,
Lors même qu'elle est due à ta légèreté :　　　4635
C'est là ce qui te force à chercher quelque ruse,
　　Qui sous une mauvaise excuse
　　Mette à couvert ta lâcheté.

Examine-toi mieux, et quoi qu'on t'ose dire,
Descends jusqu'en toi-même, et vois ce que tu crains :
Tu verras que le monde encore en toi respire
Avec le vain souci d'agréer aux mondains.
Craindre pour tes défauts qu'on ne te mésestime,
Que la confusion sur ton front ne s'imprime,
C'est montrer que ton cœur s'est mal sacrifié,　　　4645
Que tu n'as point encor d'humilité profonde,
　　Et que tu n'es ni mort au monde,
　　Ni lui pour toi crucifié.

Mais écoute, mon fils, écoute ma parole,
Et dix mille d'ailleurs ne te pourront toucher,　　　4650

　　Et quare tam parva tibi ad cor transeunt, nisi quia adhuc carnalis es, et homines magis quam oportet attendis? Nam, quia despici metuis, reprehendi pro excessibus non vis, et excusationum umbracula quæris.
　　Sed inspice te melius, et agnosces quia vivit adhuc in te mundus, et vanus amor placendi hominibus. Cum enim bassari refugis, et confundi pro defectibus, constat utique quod nec verus humilis sis, nec vere mundo mortuus, nec mundus tibi crucifixus.

LIVRE III, CHAPITRE XLVI.

Quand même la malice en sa plus noire école
Forgeroit tous leurs dards pour te les décocher :
Qu'à son choix contre toi le mensonge travaille,
Laisse-le s'épuiser, prise moins qu'une paille
Toute l'indignité dont il te veut couvrir : 4655
Que te peut nuire enfin une telle tempête ?
    Est-il un cheveu sur ta tête
    Dont elle puisse t'appauvrir ?

Ceux qui vers le dehors poussant toute leur âme,
N'ont ni d'yeux au dedans, ni Dieu devant les yeux,
Sensibles jusqu'au fond aux atteintes du blâme,
Frémissent à toute heure, et tremblent en tous lieux ;
Mais ceux dont la sincère et forte patience
Porte jusqu'en moi seul toute sa confiance,
Et ne s'arrête point au propre sentiment, 4665
Ceux-là craignent si peu ces discours de la terre,
    Que jamais leur plus rude guerre
    Ne les fait pâlir un moment.

Tu dis qu'il est fâcheux de voir la calomnie
De la vérité même emprunter les couleurs, 4670
Que la plus juste gloire en demeure ternie [1],
Et peut des plus constants tirer quelques douleurs ;

    Sed audi verbum meum, et non curabis decem millia verba hominum : ecce, si cuncta contra te dicerentur quæ fingi malitiosissime possent, quid tibi nocerent, si omnino transire permitteres, nec plusquam festucam perpenderes ? Numquid vel unum capillum tibi extrahere possent ?
    Sed qui cor intus non habet, nec Deum præ oculis, faciliter verbo movetur vituperationis. Qui autem in me confidit, nec proprio judicio stare appetit, absque humano terrore erit.
    Ego enim sum judex, et cognitor omnium secretorum : ego scio, qualiter res acta est; ego injuriantem novi, et sustinentem.

    1. *Var.* Que la plus sainte gloire en demeure ternie. (1665 A)

Mais que t'importe enfin, si tu m'as pour refuge ?
N'en suis-je pas au ciel l'inévitable juge,
Qui vois sans me tromper comme tout s'est passé ? 4675
Et pour le châtiment, et pour la récompense,
    Ne sais-je pas qui fait l'offense,
    Et qui demeure l'offensé ?

Rien ne va sans mon ordre, et c'est moi qui t'envoie
Ce mot que contre toi lancent tes ennemis[1] : 4680
Je veux qu'ainsi des cœurs le secret se déploie,
Et tout ce qui t'arrive, exprès je l'ai permis.
Tu verras quelque jour mon arrêt équitable
Séparer l'innocent d'avecque le coupable,
Et rendre à tous les deux ce qu'ils ont mérité : 4685
Cependant il me plaît qu'en secret ma justice
    De l'un éprouve la malice,
    Et de l'autre la fermeté.

Tout ce que l'homme ici te rend de témoignage
Est sujet à l'erreur et périt avec lui ; 4690
La vérité des miens leur fait cet avantage
Qu'ils sont au bout des temps les mêmes qu'aujourd'hui.
Je les cache souvent, et fort peu de lumières
Savent en pénétrer les ténèbres entières ;
Mais l'erreur n'entre point dans leur obscurité, 4695
Et dans le même instant qu'on y trouve à redire,

  A me exiit verbum istud, me permittente hoc accidit, ut revelentur ex multis cordibus cogitationes. Ego reum et innocentem judicabo ; sed occulto judicio utrumque ante probare volui.
  Testimonium hominum sæpe fallit : meum judicium verum est, stabit, et non subvertetur. Latet plerumque, et paucis ad singula patet ; nunquam tamen errat, nec errare potest, etiamsi oculis insipientium non rectum videatur.

1. *Var.* Ce trait que contre toi lancent tes ennemis. (1670 O)

L'âme bien éclairée admire
Leur inconcevable équité.

Il faut donc me remettre à juger chaque chose,
Et sur le propre sens jamais ne s'appuyer : 4700
C'est ainsi que le juste, à quoi que je l'expose,
Ne sent rien qui le trouble ou le puisse ennuyer.
Quoique la calomnie élève à sa ruine
De ses noirs attentats la plus forte machine,
Il en attend le coup sans aucun tremblement; 4705
Et si quelqu'un l'excuse, et prenant sa défense
Fait triompher son innocence,
Sa joie est sans emportement.

Il prend peu de souci de la honte et du blâme;
Il sait que j'en connois les injustes efforts, 4710
Que je sonde le cœur, que je vois toute l'âme,
Et ne m'éblouis point des plus brillants dehors :
Il me voit au-dessus de la fausse apparence,
Et reconnoît par là quelle est la différence
Du jugement de l'homme et de mon jugement, 4715
Et que souvent mes yeux regardent comme un crime [1]
Ce que trouve digne d'estime
Son aveugle discernement [2].

Ad me ergo recurrendum est in omni judicio, nec proprio innitendum arbitrio. Justus enim non conturbabitur, quidquid a Deo ei acciderit. Etiamsi injuste aliquid contra eum prolatum fuerit, non multum curabit; sed nec vane exultabit, si per alios rationabiliter excusetur.

Pensat namque quia ego sum scrutans corda et renes, qui non judico secundum faciem et humanam apparentiam; nam sæpe in oculis meis reperitur culpabile, quod hominum judicio creditur laudabile.

1. *Var.* Et que souvent mes yeux condamnent pour un crime.
(1656 B-65 et 70 O)
2. *Var.* Son injuste discernement. (1670 O)

Seigneur, qui par de vifs rayons
Pénètres chaque conscience,
Juste juge, en qui nous voyons
Et la force et la patience,
Tu sais quelle fragilité,
Quelle pente à l'impureté
Suit partout la nature humaine[1] :
Daigne me servir de soutien,
Et sois la confiance pleine
Qui me guide au souverain bien.

Pour ne voir point de tache en moi,
Mon innocence n'est pas sûre ;
Tu vois bien plus que je ne voi,
Tu fais bien une autre censure :
Aussi devrois-je avec douceur
M'humilier sous la noirceur
De tous les défauts qu'on m'impute[2] ;
Et souffrir d'un esprit remis,
Lors même qu'on me persécute
Pour ce que je n'ai point commis.

Pardon, mon cher Sauveur, pardon,
Quand j'en use d'une autre sorte ;
Ne me refuse pas le don

Domine Deus, judex juste, fortis et patiens, qui hominum nosti fragilitatem et pravitatem, esto robur meum, et tota fiducia mea ;

Non enim mihi sufficit conscientia mea. Tu nosti quod ego non novi ; et ideo in omni reprehensione humiliare me debui, et mansuete sustinere.

Ignosce quoque mihi propitius, quoties sic non egi ; et dona iterum gratiam amplioris sufferentiæ. Melior est enim mihi tua copiosa

---

1. *Var.*   Suit partout la foiblesse humaine. (1670 O)
2. *Var.*   De tous les crimes qu'on m'impute. (1670 O)

D'une patience plus forte.
Ta miséricorde vaut mieux,
Pour rencontrer grâce à tes yeux
Dans l'excès de ton indulgence, 4745
Qu'une apparente probité
Ne peut servir à la défense
De la secrète infirmité.

Quand un long amas de vertus
M'érigeroit un haut trophée 4750
Sur tous les vices abattus
Et la convoitise étouffée,
Ces vertus n'auroient pas de quoi
Me justifier devant toi,
Quelque mérite qui les suive; 4755
Il y faut encor ta pitié,
Puisque sans elle homme qui vive
A tes yeux n'est justifié.

CHAPITRE XLVII[1].

QUE POUR LA VIE ÉTERNELLE IL FAUT ENDURER
LES CHOSES LES PLUS FACHEUSES[2].

Ne te rebute point, mon fils, de ces travaux

misericordia, ad consecutionem indulgentiæ, quam mea opinata justitia, pro defensione latentis conscientiæ.
Etsi nihil mihi conscius sum, tamen in hoc justificare me non possum, quia, remota misericordia tua, non justificabitur in conspectu tuo omnis vivens.
XLVII. Fili, non te frangant labores quos assumpsisti propter me,

1. Corps ou sujet de l'emblème : « La mère des Machabées exhorte ses enfants au martyre. » Ame ou sentence : *Fili, non te frangant labores quos assumpsisti.* (Chapitre XLVII, 1.)
2. Titre latin : *Quod omnia gravia pro æterna vita sunt toleranda.*

Que l'ardeur de ton zèle entreprend pour ma gloire ;
Ne te laisse jamais abattre sous les maux
Qui te veulent des mains enlever la victoire.
En quelque triste état que leur rigueur t'ait mis,
  Songe à ce que je t'ai promis,
Reprends cœur là-dessus, espère, et te console : 4765
Je rendrai tes desirs pleinement satisfaits,
Et j'ai toujours de quoi dégager ma parole
  Par l'abondance des effets.

Tu n'auras point ici longtemps à te lasser,
Tes douleurs n'y sont pas d'une éternelle suite : 4770
Un peu de patience, et tu verras passer
Ce torrent de malheurs où ta vie est réduite.
Un jour, un jour viendra que ce rude attirail
  De soins, de troubles, de travail,
Fera place aux douceurs de la paix desirée : 4775
Cependant souviens-toi que les maux les plus grands
Ne sont que peu de chose, et de peu de durée,
  Quand ils cessent avec le temps.

Applique à me servir une assiduité
Qui de ce que tu dois jamais ne se dispense ; 4780
Travaille dans ma vigne avec fidélité,
Et je serai moi-même enfin ta récompense.
Écris, lis, chante, prie, et gémis tout le jour,
  Garde le silence à son tour,

nec tribulationes te dejiciant usquequaque ; sed mea promissio in omni eventu te roboret et consoletur. Ego sufficiens sum ad reddendum supra omnem modum et mensuram.

Non diu hic laborabis, nec semper gravaberis doloribus. Expecta paulisper, et videbis celerem finem malorum. Veniet una hora quando cessabit omnis labor et tumultus. Modicum est et breve omne quod transit cum tempore.

Age quod agis : fideliter labora in vinea mea, ego ero merces

Supporte avec grand cœur tous les succès contraires :
Leur plus longue amertume aura de doux reflus,
Et la vie éternelle a d'assez grands salaires
    Pour être digne encor de plus.

Oui, tu verras un jour finir tous ces ennuis;
Dieu connoît ce grand jour, qu'autre ne peut connoîtr :
Tu ne verras plus lors ni les jours ni les nuits,
Comme ici tu les vois, s'augmenter ou décroître;
D'une clarté céleste un long épanchement
    Fera briller incessamment
D'un rayon infini la splendeur ineffable;   4795
Et d'une ferme paix le repos assuré
Versera dans ton cœur le calme invariable
    Que ces maux t'auront procuré.

Tu ne diras plus lors : « Qui pourra m'affranchir
De la mort que je traîne, et des fers que je porte ? »
Tu ne crieras plus lors : « Faut-il ainsi blanchir?
Faut-il voir prolonger mon exil de la sorte ? »
La mort, précipitée aux gouffres du néant,
    N'aura plus ce gosier béant,
Dont tout ce qui respire est l'infaillible proie;   4805
Et la santé sans trouble et sans anxiété
N'y laissera goûter que la parfaite joie
    D'une heureuse société.

---

tua. Scribe, lege, canta, geme, tace, ora, sustine viriliter contraria : digna est his omnibus et majoribus prœliis vita æterna.
  Veniet pax in die una, quæ nota est Domino; et erit non dies nec nox hujus scilicet temporis; sed lux perpetua, claritas infinita, pax firma, et requies secura.
  Non dices tunc : « Quis me liberabit de corpore mortis hujus? » Nec clamabis : « Heu mihi, quia incolatus meus prolongatus est! » quoniam præcipitabitur mors, et salus erit indefectiva; anxietas nulla, jucunditas beata, societas dulcis et decora.

Que ne peux-tu, mon fils, percer jusques aux cieux,
Pour y voir de mes saints la couronne éternelle, 4810
Les pleins ravissements qui brillent dans leurs yeux,
Le glorieux éclat dont leur front étincelle !
Voyant ces grands objets d'un injuste mépris
  En remporter un si haut prix,
Eux qu'à peine le monde a crus dignes de vivre, 4815
Ta sainte ambition les voudroit égaler,
Te régleroit sur eux, et sauroit pour les suivre
  Jusqu'en terre te ravaler.

Tous les abaissements te sembleroient si doux,
Qu'en haine des honneurs où ta folie aspire, 4820
Tu choisirois plutôt d'être soumis à tous,
Que d'avoir sur un seul quelque reste d'empire.
Les beaux jours de la vie et les charmes des sens,
  Pour toi devenus impuissants,
Te laisseroient choisir ce mépris en partage : 4825
Tu tiendrois à bonheur d'être persécuté,
Et tu regarderois comme un grand avantage
  Le bien de n'être à rien compté.

Si tu pouvois goûter toutes ces vérités,
Si jusque dans ton cœur elles étoient empreintes, 4830
Tout un siècle de honte et de calamités
Ne t'arracheroit pas un seul moment de plaintes :

 O si vidisses sanctorum in cœlo coronas perpetuas, quanta quoque nunc exultant gloria, qui huic mundo olim contemptibiles, et quasi vita ipsa indigni putabantur ! profecto te statim humiliares usque ad terram,
 Et affectares potius omnibus subesse, quam uni præesse. Nec hujus vitæ lætos dies concupisceres, sed magis pro Deo tribulari gauderes ; et pro nihilo inter homines computari, maximum lucrum duceres.
 O si tibi hæc saperent, et profunde ad cor transirent, quomodo

Tu dirois qu'il n'est rien de si laborieux
    Que pour un prix si glorieux
Il ne faille accepter, sitôt qu'on le propose,   4835
Et que perdre ou gagner le royaume de Dieu,
Quoi qu'en jugent tes sens, n'est pas si peu de chose,
    Qu'il faille y chercher un milieu.

Lève donc l'œil au ciel pour m'y considérer,
Vois-y mes saints assis au-dessus du tonnerre,   4840
Après tant de tourments soufferts sans murmurer,
Après tant de combats qu'ils ont rendus sur terre.
Ces illustres vainqueurs des tribulations
    Goûtent les consolations
D'une joie assurée et d'un repos sincère :   4845
Assis à mes côtés sans trouble et sans effroi,
Ils règnent avec moi dans le sein de mon Père,
    Et vivront sans fin avec moi.

auderes vel semel conqueri? Nonne, pro vita æterna, cuncta laboriosa sunt toleranda? Non est parvum quid, perdere aut lucrari regnum Dei.

    Leva igitur faciem tuam in cœlum. Ecce ego, et omnes sancti mei mecum, qui in hoc sæculo magnum habuere certamen, modo gaudent, modo consolantur, modo securi sunt, modo requiescunt, et sine fine mecum in regno Patris mei permanebunt.

CHAPITRE XLVIII[1].

DU JOUR DE L'ÉTERNITÉ, ET DES ANGOISSES DE CETTE VIE[2].

O séjour bienheureux de la cité céleste,
Où de l'éternité le jour se manifeste,   4850
Jour que jamais n'offusque aucune obscurité,
Jour qu'éclaire toujours l'astre de vérité,
Jour où sans cesse brille une joie épurée,
Jour où sans cesse règne une paix assurée,
Jour toujours immuable et dont le saint éclat   4855
Jamais ne dégénère en un contraire état!
Que déjà ne luit-il! et pour le laisser luire
Que ne cessent les temps de perdre et de produire!
Que déjà ne fait place à ce grand avenir[3]
Tout ce qu'ici leur chute avec eux doit finir!   4860
Il luit, il luit déjà, mais sa vive lumière
Aux seuls hôtes du ciel se fait voir toute entière.
Tant que nous demeurons sur la terre exilés,
Il n'en tombe sur nous que des rayons voilés;
L'éloignement confond ou dissipe l'image   4865

XLVIII. O supernæ civitatis mansio beatissima! O dies æternitatis clarissima, quam nox non obscurat, sed summa veritas semper irradiat; dies semper læta, semper secura, et nunquam statum mutans in contraria! O utinam dies illa illuxisset, et cuncta hæc temporalia finem accepissent! Lucet quidem sanctis perpetua claritate splendida; sed non nisi a longe, et per speculum, peregrinantibus in terra.

1. Corps ou sujet de l'emblème : « Sainte Natalie tient les mains à son mari* saint Adrian, cependant que les bourreaux les lient, et l'encourage au martyre. » Ame ou sentence : *Beatus qui naturæ vim facit.* (Chapitre XLVIII, 16.)
2. Titre latin : *De die æternitatis, et hujus vitæ angustiis.*
3. *Var.* Que ne fait déjà place à ce grand avenir. (1656 B et C, 59 et 62)

* Dans l'édition de 1656 D : « tient les mains de son mari. »

De ce qui s'en échappe au travers d'un nuage,
Et tout ce qu'à nos yeux il est permis d'en voir,
Ce sont traits réfléchis qu'en répand un miroir.

Ces habitants du ciel en savent les délices,
Tandis qu'en ces bas lieux nous traînons nos supplices,
Et qu'un accablement d'amertume et d'ennuis
De nos jours les plus beaux fait d'effroyables nuits.

Ces jours, que le temps donne et dérobe lui-même,
Longs pour qui les connoît, et courts pour qui les aime,
Ont pour l'un et pour l'autre un tissu de malheurs 4875
D'où naissent à l'envi l'angoisse et les douleurs.
Tant que l'homme en jouit, que de péchés le gênent!
Combien de passions l'assiégent ou l'enchaînent!
Que de justes frayeurs, que de soucis cuisants
Lui déchirent le cœur et brouillent tous les sens! 4880
La curiosité de tous côtés l'engage;
La folle vanité le tient en esclavage ;
Enveloppé d'erreurs, atterré de travaux,
Entre mille ennemis pressé de mille assauts,
Le repos l'affoiblit, et le plaisir l'énerve; 4885
Tout le cours de sa vie a des maux de réserve;
Le riche par ses biens n'en est pas exempté,
Et le pauvre a pour comble encor sa pauvreté.

Quand verrai-je, Seigneur, finir tant de supplices?

Norunt cœli cives quam gaudiosa sit illa : gemunt exules filii Evæ quod amara et tædiosa sit ista.
Dies hujus temporis parvi et mali, pleni doloribus et angustiis : ubi homo multis peccatis inquinatur, multis passionibus irretitur, multis timoribus stringitur, multis curis distenditur, multis curiositatibus distrahitur, multis vanitatibus implicatur, multis erroribus circumfunditur, multis laboribus atteritur, tentationibus gravatur, deliciis enervatur, egestate cruciatur.

Quand cesserai-je d'être un esclave des vices? 4890
Quand occuperas-tu, toi seul, mon souvenir?
Quand mettrai-je ma joie entière à te bénir?
Quand verrai-je en mon cœur une liberté sainte,
Sans aucun embarras, sans aucune contrainte?
Et quand ne sen irai-je en mes ardents transports 4895
Rien qui pèse à l'esprit, rien qui gêne le corps?
Quand viendra cette paix, et profonde et solide,
Où la sûreté règne, où ton amour préside,
Paix dedans et dehors, paix sans anxiétés,
Paix sans trouble, paix ferme enfin de tous côtés? 4900

Doux Sauveur de mon âme, hélas! quand te verrai-je?
Quand m'accorderas-tu ce dernier privilége?
Quand te pourront mes yeux contempler à loisir,
Te voir en tout, partout, être mon seul desir?
Quand te verrai-je assis sur ton trône de gloire, 4905
Et quand aurai-je part aux fruits de ta victoire,
A ce règne sans fin, que ta bénignité
Prépare à tes élus de toute éternité?

Tu sais que je languis, abandonné sur terre
Aux cruelles fureurs d'une implacable guerre, 4910
Où toujours je me trouve en pays ennemi,
Où rien ne me console après avoir gémi,

O quando finis horum malorum? quando liberabor a misera servitute vitiorum? Quando memorabor, Domine, tui solius? quando ad plenum lætabor in te? Quando ero sine omni impedimento in vera libertate, sine omni gravamine mentis et corporis? Quando erit pax solida, pax imperturbabilis et secura, pax intus et foris, pax ex omni parte firma?

Jesu bone, quando stabo ad videndum te? quando contemplabor gloriam regni tui? quando eris mihi omnia in omnibus? O quando ero tecum in regno tuo, quod præparasti dilectis tuis ab æterno?

Relictus sum pauper et exul in terra hostili, ubi bella quotidiana, et infortunia maxima.

Où de mon triste exil les suites importunes
Ne sont qu'affreux combats et longues infortunes.

Modère les rigueurs de ce bannissement, 4915
Verse en mes déplaisirs quelque soulagement :
Tu sais que c'est pour toi que tout mon cœur soupire;
Tu vois que c'est à toi que tout mon cœur aspire [1];
Le monde m'est à charge; et ne fait que grossir
Ce fardeau de mes maux qu'il tâche d'adoucir : 4920
Ni de lui ni de moi je ne dois rien attendre;
Je veux te posséder, et ne te puis comprendre;
Je forme à peine un vol pour m'attacher aux cieux,
Qu'un souci temporel le ravale en ces lieux [2];
Et de mes passions les forces mal domptées 4925
Me rendent aux douceurs qu'elles m'avoient prêtées :
L'esprit prend le dessus; mais le poids de la chair
Jusqu'au-dessous de tout me force à trébucher.
Ainsi je me combats et me pèse à moi-même,
Ainsi de mon dedans le désordre est extrême : 4930
La chair rappelle en bas, quand l'esprit tire en haut,
Et la foible partie est celle qui prévaut.

Que je souffre, Seigneur, quand mon âme élevée

Consolare exilium meum, mitiga dolorem meum, quia ad te suspirat omne desiderium meum. Nam onus mihi totum est, quidquid hic mundus offert ad solatium. Desidero te intime frui; sed nequeo apprehendere. Opto inhærere cœlestibus; sed deprimunt res temporales, et immortificatæ passiones. Mente omnibus rebus superesse volo; carne autem invite subesse cogor. Sic ego homo infelix mecum pugno, et factus sum mihimetipsi gravis, dum spiritus sursum, et caro quærit esse deorsum.
O quid intus patior, dum mente cœlestia tracto, et mox carnalium turba occurrit oranti!

1. *Var.* Tu sais que c'est à toi que tout mon cœur aspire. (1670 O)
2. *Var.* Qu'un souci temporel me ravale en ces lieux. (1670 O)

Jusqu'aux pieds de son Dieu qui l'a faite et sauvée,
Un damnable escadron de sentiments honteux   4935
Vient troubler sa prière et distraire ses vœux !

Toi, qui seul de mes maux tiens en main le remède,
En ces extrémités n'éloigne pas ton aide,
Et ne retire point par un juste courroux
Le bras qui seul pour moi peut rompre tous leurs coups.
Lance du haut du ciel un éclat de ta foudre,
Qui dissipe leur force et les réduise en poudre;
Précipite sur eux la grêle de tes dards;
Rends-les à leur néant d'un seul de tes regards,
Et renvoie aux enfers, comme souverain maître,   4945
Ces fantômes impurs que leur prince fait naître.

D'autre côté, Seigneur, recueille en toi mes sens,
Ranime, réunis mes desirs languissants;
Fais qu'un parfait oubli des choses de la terre
Tienne à couvert mon cœur de toute cette guerre;   4950
Ou si par quelque embûche il se trouve surpris,
Fais que par les efforts d'un prompt et saint mépris
Il rejette soudain ces délices fardées
Dont le vice blanchit ses plus noires idées.

Viens, viens à mon secours, suprême vérité,   4955
Que je ne donne entrée à quelque vanité;
Viens, céleste douceur, viens occuper la place,
Et toute impureté fuira devant ta face.

    Deus meus, ne elongeris a me, neque declines in ira a servo tuo. Fulgura coruscationem tuam, et dissipa eas; emitte sagittas tuas, et conturbentur omnes phantasiæ inimici.
    Recollige sensus meos ad te; fac me oblivisci omnium mundanorum; da cito abjicere et contemnere phantasmata vitiorum.
    Succurre mihi, æterna veritas, et nulla me moveat vanitas. Adveni, cœlestis suavitas, et fugiat a facie tua omnis impuritas.

Cependant fais-moi grâce, et ne t'offense pas
Si dans le vrai chemin je fais quelques faux pas,   4960
Si quelquefois de toi mon oraison s'égare,
Si quelque illusion malgré moi m'en sépare ;
Car enfin, je l'avoue à ma confusion,
Je ne cède que trop à cette illusion :
L'ombre d'un faux plaisir follement retracée   4965
S'empare à tous moments de toute ma pensée ;
Je ne suis pas toujours où se trouve mon corps ;
Souvent j'occupe un lieu dont mon cœur est dehors ;
Et mon extravagance emportant l'infidèle,
Je suis bien loin de moi quand il est avec elle.   4970

L'homme, sans y penser, pense à ce qu'il chérit,
Ainsi que l'œil de soi tourne à ce qui lui rit.
Ce qu'aime la nature ou qui plaît par l'usage,
C'est ce qui le plus tôt nous offre son image,
Et l'offre rarement, que notre esprit touché[1]   4975
Ne s'attache sans peine où le cœur est penché.

Aussi ta bouche même a bien voulu me dire[2]
Qu'où je mets mon trésor, là mon âme respire :
Si je le mets au ciel, il m'est doux d'y penser ;
Si je le mets au monde, il m'y sait rabaisser ;   4980

    Ignosce quoque mihi, et misericorditer indulge, quoties præter te aliud in oratione revolvo. Confiteor etenim vere, quia valde distracte me habere consuevi; nam ibi multoties non sum ubi corporaliter sto aut sedeo; sed ibi magis sum quo cogitationibus feror. Ibi sum ubi cogitatio mea est.

    Ibi est frequenter cogitatio mea, ubi est quod amo. Hoc mihi cito occurrit quod naturaliter delectat, aut ex usu placet.

    Unde tu, Veritas, aperte dixisti : « Ubi enim est thesaurus tuus, ibi est et cor tuum. » Si cœlum diligo, libenter de cœlestibus penso. Si

---

1. *Var.* Et paroît rarement, que notre esprit touché. (1656 B et C, 59 et 62)
2. *Évangile de saint Matthieu*, chapitre VI, verset 21.

De ses prospérités je fais mon allégresse,
Et ses coups de revers excitent ma tristesse.

Si les plaisirs des sens saisissent mon amour,
Ce qui peut les flatter[1] m'occupe nuit et jour ;
Si j'aime de l'esprit la parfaite science,   4985
Je fais mon entretien de tout ce qui l'avance :
Enfin tout ce que j'aime et tout ce qui me plaît
Me tient comme enchaîné par un doux intérêt,
J'en parle avec plaisir, avec plaisir j'écoute
Tout ce qui peut m'instruire à marcher dans sa route,
Et j'emporte chez moi l'image avec plaisir
De tout ce qui chatouille et pique mon desir.

Qu'heureux est donc, ô Dieu, celui dont l'âme pure
Bannit, pour t'aimer seul, toute la créature,
Qui se fait violence, et n'osant s'accorder   4995
Rien de ce que lui-même aime à se demander,
De la chair et des sens tellement se défie,
Qu'à force de ferveur l'esprit les crucifie !
C'est ainsi qu'en son cœur rétablissant la paix[2],
Sur le mépris du monde élevant ses souhaits,   5000
Il t'offre une oraison, il t'offre des louanges

mundum amo, mundi felicitatibus congaudeo, et de adversitatibus ejus tristor.
Si carnem diligo, quæ carnis sunt sæpe imaginor. Si spiritum amo, de spiritualibus cogitare delector. Quæcumque enim diligo, de his libenter loquor, et audio ; atque talium imagines mecum ad domum reporto.
Sed beatus ille homo, qui propter te, Domine, omnibus creaturis licentiam abeundi tribuit ; qui naturæ vim facit, et concupiscentias carnis fervore spiritus crucifigit, ut serenata conscientia puram tibi

1. Dans les éditions de 1659 et de 1662 : « Ce qui peut *me* flatter. »
2. *Var.* Dissipes-en le trouble et rétablis ma paix ;
Fais qu'à te voir sans cesse élevant mes souhaits,
Je t'offre une oraison, je t'offre des louanges. (1670 O)

Dignes de se mêler à celles de tes anges,
Puisqu'en lui ton amour par ses divins transports [1]
Étouffe le terrestre et dedans et dehors.

CHAPITRE XLIX.[2]

DU DESIR DE LA VIE ÉTERNELLE, ET COMBIEN D'AVANTAGES
SONT PROMIS A CEUX QUI COMBATTENT [3].

Lorsque tu sens, mon fils, s'allumer dans ton cœur 5005
Un desir amoureux de la béatitude,
Qu'il soupire après moi d'une douce langueur,
Pour me voir sans ombrage et sans vicissitude ;
Quand tu le sens pousser d'impatients transports
Pour se voir affranchi de la prison du corps, 5010
Et contempler de près mes clartés infinies :
Ouvre ton âme entière à cette ambition,
Et porte de ce cœur les forces réunies
A ce que veut de toi cette inspiration.

Surtout, quand tu reçois cet amoureux desir, 5015
Souviens-toi de m'en rendre un million de grâces,
A moi dont la bonté daigne ainsi te choisir,

orationem offerat, dignusque sit angelicis interesse choris, omnibus
terrenis foris et intus exclusis.
XLIX. Fili, cum tibi desiderium æternæ beatitudinis desuper infundi sentis, et de tabernaculo corporis exire concupiscis, ut claritatem meam sine vicissitudinis umbra contemplari possis : dilata cor tuum, et omni desiderio hanc sanctam inspirationem suscipe.
Redde amplissimas supernæ bonitati gratias, quæ tecum sic di-

1. *Var.* Et qu'en moi ton amour par ses divins transports. (1670 O)
2. Corps ou sujet de l'emblème : « Jésus-Christ tirant les âmes des limbes. » Ame ou sentence : *Clementer visitat.* (Chapitre XLIX, 2.)
3. Titre latin : *De desiderio æternæ vitæ, et quanta sint certantibus bona promissa.*

Te daigne ainsi tirer d'entre les âmes basses.
C'est moi dont la clémence abaisse ma grandeur
Jusqu'à te visiter, et faire cette ardeur   5020
Qui jusque dans ton sein de là-haut s'est coulée ;
C'est moi qui jusqu'à moi t'élève et te soutiens,
De peur que par ton poids ton âme ravalée
N'embrasse, au lieu de moi, la terre dont tu viens[1].

Ni tes efforts d'esprit, ni ceux de ta ferveur   5025
N'enfantent ce desir qu'il me plaît de produire :
Il est un pur effet de ma haute faveur,
De mon aspect divin qui sur toi daigne luire.
Sers-t'en pour t'avancer avec facilité[2]
Au chemin des vertus et de l'humilité ;   5030
Fais qu'aux plus grands combats sans peine il te prépare ;
Fais que jusqu'en mon sein il te puisse ravir,
Qu'il t'y puisse attacher sans que rien t'en sépare,
Ni refroidisse en toi l'ardeur de me servir.

Le feu brûle aisément, mais il est malaisé   5035
Que sa pointe aille haut sans un peu de fumée :
Ainsi de quelques-uns le zèle est embrasé,
En qui l'impureté n'est pas bien consumée.
Un reste mal détruit de leurs engagements

gnanter agit, clementer visitat, ardenter excitat, potenter sublevat, ne proprio pondere ad terrena labaris.

Neque enim hoc cogitatu tuo aut conatu accipis, sed sola dignatione supernæ gratiæ et divini aspectus, quatenus in virtutibus et majori humilitate proficias, et ad futura certamina te præpares, mihique toto cordis affectu adhærere, ac ferventi voluntate studeas deservire.

Fili, sæpe ignis ardet ; sed sine fumo flamma non ascendit : sic et aliquorum desideria ad cœlestia flagrant, et tamen a tentatione

1. *Var.* N'embrasse, au lieu de moi, la terre d'où tu viens. (1656-65 A)
2. *Var.* Sers-t'en pour avancer avec facilité. (1656 B, 59 et 62)

LIVRE III, CHAPITRE XLIX.

Attiédit la chaleur des bons élancements 5040
Sous les tentations que la chair leur suggère ;
Et ces vœux qu'à toute heure ils m'offrent en tribut
Ne sont pas tous conçus purement pour me plaire,
N'ont pas tous mon honneur pour leur unique but.

Les tiens mêmes, les tiens, dont l'importunité 5045
Avec tant de chaleur souvent me sollicite,
Et presse les effets de ma bénignité
Par le sincère aveu de ton peu de mérite :
Tes vœux, dis-je, souvent, sans s'en apercevoir,
Couvrant ton intérêt de cet humble devoir, 5050
Cherchent ta propre joie, aussi bien que ma gloire,
Et ce peu qui s'y joint de propre affection
Leur imprime aussitôt une tache assez noire
Pour les tenir bien loin de la perfection.

Demande donc, mon fils, demande fortement, 5055
Non ce qui t'est commode et te doit satisfaire,
Mais un succès pour moi, mais un événement
Qui me soit glorieux et digne de me plaire.
Si d'un esprit bien sain tu sais régler tes vœux,
Tu sauras les soumettre à tout ce que je veux, 5060
Sans rien considérer de ce que tu desires,
Et préférer si bien mon ordre à ton desir,
Que tu ne parles plus, ni penses, ni respires,

carnalis affectus liberi non sunt. Idcirco nec omnino pure pro honore Dei agunt, quod tam desideranter ab eo petunt.
Tale est et tuum sæpe desiderium, quod insinuasti fore tam importunum ; non enim est hoc purum et perfectum, quod propria commoditate est infectum.
Pete, non quod tibi est delectabile et commodum, sed quod mihi est acceptabile atque honorificum, quia, si recte judicas, meam ordinationem tuo desiderio et omni desiderato præferre debes, ac sequi.

Que pour suivre le choix de mon seul bon plaisir.

Je sais de ce desir quel est le digne objet, 5065
A gémir si souvent je vois ce qui t'engage,
Et comme tes soupirs ne vont pas sans sujet,
J'entends du haut du ciel leur plus secret langage.
Un dédain de la terre, une sainte fierté
Te voudroient déjà voir dans cette liberté 5070
Qu'assure à mes élus le séjour de la gloire :
Il charme ton esprit ici-bas captivé,
Et sera quelque jour le prix de ta victoire;
Mais le temps, ô mon fils, n'en est pas arrivé.

Avant ce temps heureux un autre est à passer, 5075
Un temps tout de combats, et tout d'inquiétudes,
Un temps où les travaux ne doivent point cesser,
Un temps plein de malheurs, et d'épreuves bien rudes.
Tu languis cependant, et tes ardents souhaits
Pour le bien souverain, pour la céleste paix, 5080
Ont une impatience, ont une soif extrême :
Tu ne peux pas sitôt atteindre où tu prétends;
Prie, espère, attends-moi, je suis ce bien suprême,
Mais mon royaume enfin ne viendra qu'en son temps.

Il faut encore en terre éprouver ta vertu; 5085
Il faut sous mille essais encor que tu soupires;
Je saurai consoler ton esprit abattu,

Novi desiderium tuum, et frequentes gemitus audivi. Jam velles esse in libertate gloriæ filiorum Dei; jam te delectat domus æterna et cœlestis patria gaudio plena; sed nondum venit hora ista;

Sed est adhuc aliud tempus, scilicet tempus belli, tempus laboris et probationis. Optas summo repleri bono, sed non potes hoc assequi modo. « Ego sum; expecta me, dicit Dominus, donec veniat regnum Dei. »

Probandus es adhuc in terris, et in multis exercitandus. Con-

Mais non pas à ton choix, ni tant que tu desires.
Montre un courage ferme à ce qui vient s'offrir,
Soit qu'il faille embrasser, soit qu'il faille souffrir   5090
Des choses où tu sens la nature contraire :
Revêts un nouvel homme et dépouille le vieux,
Et pour faire souvent ce que tu hais à faire,
Et pour quitter souvent ce qui te plaît le mieux.

Tu pourras à toute heure être mal satisfait   5095
Des inégalités dont la vie est semée :
Tous les projets d'un autre auront leur plein effet,
Tandis que tous les tiens s'en iront en fumée ;
Tu verras applaudir à tout son entretien,
Et ta voix à ses yeux n'être comptée à rien,   5100
Quoiqu'à ton sentiment on dût la préférence ;
Tu verras sa demande aisément parvenir
Aux plus heureux succès qui flattent l'espérance,
Et tu demanderas sans pouvoir obtenir.

Des autres le grand nom sans mérite ennobli   5105
Aura ce qui t'est dû de gloire et de louange,
Cependant que le tien traînera dans l'oubli,
S'il ne tombe assez bas pour traîner dans la fange ;
Ainsi que dans l'estime ils seront dans l'emploi,
Et l'injuste mépris que l'on aura pour toi   5110

solatio tibi interdum dabitur, sed copiosa satietas non concedetur. Confortare igitur, et esto robustus, tam in agendo, quam in patiendo naturæ contraria. Oportet te novum induere hominem, et in alterum virum mutari. Oportet te sæpe agere quod non vis, et quod vis oportet relinquere.

Quod aliis placet processum habebit : quod tibi placet ultra non proficiet. Quod alii dicunt audietur : quod tu dicis pro nihilo computabitur. Petent alii, et accipient : tu petes, nec impetrabis.

Erunt alii magni in ore hominum ; de te autem tacebitur. Aliis hoc vel illud committetur ; tu autem ad nihil utilis judicaberis.

Te fera réputer serviteur inutile :
L'orgueil de la nature en voudra murmurer,
Et ce sera beaucoup, si ton esprit docile
Peut apprendre à se taire et toujours endurer.

C'est par là, mon enfant, qu'ici-bas il me plaît   5115
D'éprouver jusqu'au bout le cœur du vrai fidèle,
Pour voir comme il renonce à son propre intérêt,
Comme il sait rompre en tout la pente naturelle.
Voir arriver sans trouble et supporter sans bruit
Tout ce qu'obstinément ta volonté refuit,   5120
T'imputer à bonheur tout ce qui t'importune,
C'est le dernier effort d'un courage fervent,
Et tu ne verras point qu'aucune autre infortune
T'oblige à te mieux vaincre, ou mourir plus avant.

Surtout il t'est bien dur qu'on te veuille ordonner   5125
Ce qui semble à tes yeux une injustice extrême,
Ce qui n'est bon à rien, ce qu'on peut condamner
Ainsi qu'un attentat contre la raison même.
A cause que tu vis sous le pouvoir d'autrui,
Il te faut, malgré toi, prendre la loi de lui,   5130
Obéir à son ordre, et suivre son empire;
Et c'est là ce qui fait tes plus cruels tourments,
Quand tu sens ta raison puissamment contredire,

Propter hoc natura quandoque contristabitur; et magnum, si silens portaveris.
In his et similibus multis probari solet fidelis Domini servus, qualiter se abnegare, et in omnibus frangere quiverit. Vix est aliquid tale, in quo tantumdem mori indiges, sicut videre et pati quæ voluntati tuæ adversa sunt;
Maxime autem, cum disconvenientia, et quæ minus utilia tibi apparent, fieri jubentur. Et quia non audes resistere altiori potestati, sub dominio constitutus, ideo durum tibi videtur ad nutum alterius ambulare, et omne proprium sentire omittere.

LIVRE III, CHAPITRE XLIX.

Et qu'il faut accepter de tels commandements[1].

Mais ne pense pas tant à l'excès de ces maux[2], 5135
Que tu ne puisses voir qu'un moment les termine,
Que leur fruit passe enfin la grandeur des travaux,
Et que la récompense en est toute divine.
Au lieu de t'être à charge, au lieu de t'accabler,
Ils sauront faire naître, ils sauront redoubler 5140
La douceur nécessaire à soulager ta peine;
Et ce moment d'effort dessus ta volonté
La rendra dans le ciel à jamais souveraine
Sur l'infini trésor de toute ma bonté.

Dans ces palais brillants que moi seul je remplis, 5145
Tu trouveras sans peine en moi seul toutes choses,
Tu verras tes souhaits aussitôt accomplis,
Tu tiendras en ta main quoi que tu te proposes.
Toutes sortes de biens avec profusion
Y naîtront d'une heureuse et claire vision, 5150
Sans crainte que le temps les change ou les enlève;
Ton vouloir et le mien n'y seront qu'un vouloir,
Et tu n'y voudras rien qui hors de moi s'achève,
Ni dont ton intérêt s'ose seul prévaloir.

Sed pensa, fili, horum fructum laborum, celerem finem, atque præmium nimis magnum, et non habebis inde gravamen, sed fortissimum patientiæ tuæ solamen. Nam et pro modica hac voluntate quam nunc sponte deseris, habebis semper voluntatem tuam in cœlis.

Ibi quippe invenies omne quod volueris, omne quod desiderare poteris. Ibi aderit tibi totius facultas boni, sine timore amittendi. Ibi voluntas tua, una semper mecum, nil cupiet extraneum vel privatum.

---

1. *Var.* Et qu'il faut l'asservir à ses commandements. (1656 B et C, 59 et 62)
2. *Var.* Ne pense jamais tant à l'excès de tes maux. (1670 O)

Là personne à tes vœux ne viendra[1] résister ;   5155
Personne contre toi ne formera de plainte ;
Tu n'y trouveras point d'obstacle à surmonter ;
Tu n'y rencontreras aucun sujet de crainte.
Les objets desirés s'offrants tout à la fois[2]
N'y balanceront point ton amour ni ton choix   5160
Sur les ébranlements de ton âme incertaine :
Tu possèderas tout sans besoin de choisir,
Et tu t'abîmeras dans l'abondance pleine,
Sans que la plénitude émousse le desir.

Là ma main libérale, épanchant le bonheur[3],   5165
De tous maux en tous biens fera d'entiers échanges :
Pour l'opprobe souffert je rendrai de l'honneur,
Pour le blâme et l'ennui, d'immortelles louanges.
L'humble ravalement jusques au dernier lieu,
Relevé sur un trône au royaume de Dieu,   5170
De ses submissions recevra la couronne ;
L'aveugle obéissance aura ses dignes fruits,
Et les gênes qu'ici la pénitence donne
T'en feront là goûter qu'elles auront produits.

Range-toi donc, mon fils, sous le vouloir de tous,   5175

Ibi nullus resistet tibi, nemo de te conqueretur, nemo impediet, nihil obviabit ; sed cuncta desiderata simul erunt præsentia, totumque affectum tuum reficient, et adimplebunt usque ad summum.
Ibi reddam gloriam pro contumelia perpessa ; pallium laudis, pro mœrore ; pro loco novissimo, sedem regni in sæcula. Ibi apparebit fructus obedientiæ, gaudebit labor pœnitentiæ et humilis subjectio coronabitur gloriose.
Nunc ergo inclina te humiliter sub omnium manibus ; nec sit

---

1. L'édition de 1670 donne seule *voudra*, au lieu de *viendra*.
2. *Var.* Les objets desirés s'offrants tous à la fois. (1656 B-65 A)
   Var. Les objets desirés s'offrant tous à la fois. (1670 O)
3. *Var.* Là ma main libérale, épandant le bonheur. (1656 B-65 et 70 O)

Par une humilité de jour en jour plus grande;
Trouve tout de leur part juste, facile, doux,
Et n'examine point qui parle ou qui commande :
Que ce soit ton sujet[1], ton maître, ou ton égal,
Qu'il te veuille du bien, ou te veuille du mal,   5180
Reçois à cœur ouvert son ordre, ou sa prière;
Entends même un coup d'œil, quand il s'adresse à toi;
Porte à l'exécuter une franchise entière,
Et t'en fais aussitôt une immuable loi.

Que d'autres à leur gré sur différents objets   5185
Attachent des desirs que le succès avoue;
Qu'ils fassent vanité de tels ou tels projets;
Que mille et mille fois le monde les en loue :
Toi, mets toute ta joie à souffrir les mépris[2];
En mon seul bon plaisir unis tous tes esprits;   5190
Que de mon seul honneur ton âme soit ravie[3];
Et souhaite surtout avec sincérité
Que soit que je t'envoie ou la mort ou la vie,
En tout ce que tu fais mon nom soit exalté.

tibi curæ quis hoc dixerit vel jusserit. Sed hoc magnopere curato, ut sive prælatus, seu junior, aut æqualis, aliquid a te exposcerit vel innuerit, pro bono totum accipias, et sincera voluntate studeas adimplere.

Quærat alius hoc, alius illud; glorietur ille in illo, et iste in isto, laudeturque millies mille : tu autem nec in isto, nec in illo, sed in tuiipsius gaude contemptu, et in mei solius beneplacito ac honore. Hoc optandum est tibi, ut, sive per vitam, sive per mortem, Deus semper in te glorificetur.

1. On lit, par erreur évidemment, *ton esprit*, pour *ton sujet*, dans les éditions de 1659 et de 1662.
2. *Var.* Mets donc toute ta joie à souffrir les mépris. (1670 O)
3. *Var.* Ne prends point d'autre but, n'admets point d'autre envie. (1670 O)

CHAPITRE L[1].

COMMENT[2] UN HOMME DÉSOLÉ DOIT SE REMETTRE
ENTRE LES MAINS DE DIEU[3].

Qu'à présent, qu'à jamais soit béni ton saint nom; 5195
La chose arrive ainsi que tu l'as résolue :
Tu l'as faite, ô mon Dieu! puisque tu l'as voulue,
 Et tout ce que tu fais est bon.

Ce n'est pas en autrui, ce n'est pas en soi-même
Que doit ton serviteur prendre quelque plaisir,   5200
Mais en tous les succès que tu lui veux choisir,
 Mais en ta volonté suprême.

Toi seul remplis un cœur de vrai contentement,
Toi seul de mes travaux es le prix légitime;
Et l'honneur que je cherche et l'espoir qui m'anime 5205
 En toi seul ont leur fondement.

Que vois-je en moi, Seigneur, qu'y puis-je voir paroître
Que ce que tu dépars sans l'avoir mérité[4]?

 L. Domine Deus, sancte Pater, sis nunc et in æternum benedictus, quia sicut vis, sic factum est, et quod facis bonum est.
 Lætetur in te servus tuus, non in se, nec in aliquo alio,
Quia tu solus lætitia vera, tu spes mea et corona mea, tu gaudium meum et honor meus, Domine.
 Quid habet servus tuus, nisi quod a te accepit, etiam sine merito suo? Tua sunt omnia quæ dedisti, et quæ fecisti.

---

1. Corps ou sujet de l'emblème : « Saint Norbert, allant prendre possession d'un grand bénéfice, tombe de cheval, et honteux de cette disgrâce, quitte le monde et se donne à Dieu. » Ame ou sentence : *Bonum mihi quia humiliasti me.* (Chapitre L, 20.)
2. *Var.* COMME. (1656 B, C et D, 59 et 62)
3. Titre latin : *Qualiter homo desolatus se debet in manus Dei offerre.*
4. *Var.* Que ce que tu dépars sans qu'on l'ait mérité? (1670 O)

LIVRE III, CHAPITRE L.

Et ce que donne et fait ta libéralité,
    N'en es-tu pas toujours le maître ?

Je suis pauvre, fragile, assiégé de malheurs;
Dès mes plus jeunes ans l'angoisse m'environne,
Et mon âme aux ennuis quelquefois s'abandonne[1]
    Jusqu'à l'indignité des pleurs.

Souvent même, souvent, au milieu de mes larmes,
Ce que je souffre cède à ce que je prévoi,
Et d'un triste avenir l'impitoyable effroi
    Me déchire à force d'alarmes.

Je souhaite ardemment la paix de tes enfants
Qu'ici-bas tu nourris de ta vive lumière,
Attendant que là-haut ta gloire toute entière
    Les rende à jamais triomphants.

Donne-moi cette paix, cette sainte allégresse :
Ta louange aisément suivra cette faveur ;
Et mes ennuis changés en heureuse ferveur
    N'auront que des pleurs de tendresse.

Mais si tu te soustrais, comme tu fais souvent,

> Pauper sum, et in laboribus meis a juventute mea; et contristatur anima mea nonnunquam usque ad lacrymas;
> Quandoque etiam conturbatur ad se, propter imminentes passiones.
> Desidero pacis gaudium, pacem filiorum tuorum flagito, qui in lumine consolationis a te pascuntur.
> Si das pacem, si gaudium sanctum infundis, erit anima servi tui plena modulatione, et devota in laude tua;

1. Les éditions de 1656 B et C, de 1659 et de 1662 portent, par erreur, *l'abandonne*, pour *s'abandonne*.

Tu me verras soudain rebrousser en arrière,
Et sans pouvoir fournir cette sainte carrière,
   Gémir ainsi qu'auparavant.   5230

Tu me verras, courbé sous ma propre impuissance,
De foiblesse et d'ennui tomber sur mes genoux,
Me battre la poitrine, et montrer à grands coups
   Combien je souffre en ton absence.

Qu'ils étoient beaux ces jours où sur tous mes travaux
Ta clarté répandoit ses vives étincelles[1],
Où mon âme, à couvert sous l'ombre de tes ailes[2],
   Bravoit les plus rudes assauts !

Maintenant une autre heure aux souffrances m'expose ;
Le moment est venu d'éprouver mon amour :   5240
Père aimable, il est juste; et je dois à mon tour
   Endurer pour toi quelque chose.

De toute éternité tu prévis ce moment
Qui m'abat au dehors durant un temps qui passe,
Pour me faire au dedans revivre dans ta grâce,   5245

   Sed si te subtraxeris, sicut sæpissime soles, non poterit currere viam mandatorum tuorum ;
   Sed magis ad tundendum pectus genua ejus incurvantur,
   Quia non est illi sicut heri et nudiustertius, quando splendebat lucerna tua super caput ejus, et sub umbra alarum tuarum protegebatur a tentationibus irruentibus.
   Pater juste et semper laudande, venit hora ut probetur servus tuus. Pater amande, dignum est ut hac hora patiatur pro te aliquid servus tuus.
   Pater perpetuo venerande, venit hora quam ab æterno præsciebas affuturam, ut ad modicum tempus succumbat foris servus tuus, vivat vero semper apud te intus;

---

1. *Var.* Ta lumière épandoit ses vives étincelles. (1656 B-65)
2. *Var.* Et mon âme, à couvert sous l'ombre de tes ailes. (1656-62)

Et t'aimer éternellement.

Il faut qu'un peu de temps je traîne dans la honte
Cet objet de mépris et de confusion[1];
Que je semble tomber à chaque occasion
    Sous la langueur qui me surmonte.

Père saint, tu le veux; mais ce n'est qu'à dessein
Que mon âme avec toi de nouveau se relève[2],
Et que du haut du ciel un nouveau jour achève
    De s'épandre au fond de mon sein.

Ton ordre est accompli, ta volonté suivie:
Je souffre, je languis, je vis dans le rebut,
Et je prends tous ces maux dont tu me fais le but
    Pour arrhes d'une heureuse vie.

Ce sont traits de ta grâce, et c'est ton amitié
Qui donne à tes amis à souffrir pour ta gloire,
Et ce qu'ose contre eux la fureur la plus noire
    Marque un effet de ta pitié.

Toutes les fois qu'ainsi ta bonté se déploie,
Ils nomment ces malheurs un bienheureux hasard,

  Paululum vilipendatur, humilietur, et deficiat coram hominibus, passionibus conteratur et languoribus,
  Ut iterum tecum in aurora novæ lucis resurgat, et in cœlestibus clarificetur.
  Pater sancte, tu sic ordinasti, et sic voluisti; et hoc factum est quod ipse præcepisti.
  Hæc est enim gratia ad amicum tuum, pati et tribulari in mundo pro amore tuo,
  Quotiescumque et a quocumque id permiseris fieri.

1. *Var.* Un objet de mépris et de confusion. (1656 B et C, 59 et 62)
2. *Var.* Que mon cœur avec toi de nouveau se relève. (1670 O)

Et n'examinent point quelle main les départ, 5265
Lorsque la tienne les envoie.

Seigneur, sans ton vouloir rien n'arrive ici-bas :
Il fait la pauvreté comme il fait l'abondance ;
Et les raisons de tout sont en ta Providence,
    Que ce grand tout suit pas à pas. 5270

Il est juste, il est bon qu'ainsi tu m'humilies,
Pour m'apprendre à marcher sous tes enseignements,
Et bannir de mon cœur les vains emportements
    De mes orgueilleuses folies.

Il m'est avantageux que mon front soit couvert 5275
D'une confusion qui vers toi me rappelle,
Pour chercher mon refuge en ta main paternelle,
    Plutôt qu'en l'homme qui me perd.

J'en apprends à trembler sous l'abîme inscrutable
Que présente à mes yeux ton profond jugement, 5280
Lorsque je vois ton bras frapper également
    Sur le juste et sur le coupable.

Bien que d'abord cet ordre ait de quoi m'étonner,
Il est l'équité même et la même justice,
Puisqu'il afflige l'un pour hâter son supplice, 5285

    Sine consilio et providentia tua, et sine causa, nihil fit in terra.
    Bonum mihi, Domine, quod humiliasti me, ut discam justificationes tuas, et omnes elationes cordis atque præsumptiones abjiciam.
    Utile mihi quod confusio cooperuit faciem meam, ut te potius quam homines ad consolandum requiram.
    Didici etiam ex hoc inscrutabile judicium tuum expavescere, qui affligis justum cum impio,
    Sed non sine æquitate et justitia.

LIVRE III, CHAPITRE L.

Et l'autre pour le couronner.

Quelles grâces, Seigneur, ne te dois-je point rendre
De ne m'épargner point les grâces des travaux,
Et de me prodiguer l'amertume des maux
    Dont le vrai bien se doit attendre !   5290

Ces maux, à pleines mains sur ma tête versés,
A l'esprit comme au corps font sentir leurs atteintes,
Et dedans et dehors je porte les empreintes
    Des carreaux que tu m'as lancés.

L'angoisse et les douleurs deviennent mon partage, 5295
Sans que rien sous le ciel m'en puisse consoler :
Toi seul les adoucis, toi seul y sais mêler
    Ce qui me soutient le courage.

Céleste médecin de ceux que tu chéris,
Ainsi jusqu'aux enfers tu mènes et ramènes ;   5300
Tu nous ouvres le ciel par l'essai de leurs gênes ;
    Tu blesses, et puis tu guéris[1].

Étends sur moi, Seigneur, étends ta discipline ;
Décoche ces doux traits de ta sévérité,
Qui servent de remède à la fragilité   5305

    Gratias tibi ago, qui non pepercisti malis meis ;
Sed attrivisti me verberibus amaris, infligens dolores, et immittens angustias foris et intus.
    Non est qui me consoletur ex omnibus quæ sub cœlo sunt, nisi tu, Domine Deus meus.
    Cœlestis medicus animarum, qui percutis et sanas, deducis ad inferos et reducis.
    Disciplina tua super me, et virga tua ipsa me docebit.

  1. *Var.*   Tu fais la plaie et la guéris. (1670 O)
— Tu frappes et guéris....
        (Racine, *Athalie*, acte III, scène VII.)

Par leur instruction divine.

Me voici, Père aimé, prêt à les recevoir :
Je m'incline et m'abats sous ta main amoureuse;
Fais-lui prendre à ton gré ta verge rigoureuse
    Qui me rejette en mon devoir.

Ce corps bouffi d'orgueil, cette âme ingrate et vaine,
De leur propre vouloir courbent sous le fardeau;
Frappe, et redresse-les au juste et droit niveau
    De ta volonté souveraine.

Fais de moi ton disciple humble, dévot, soumis,
Comme, quand il te plaît, ta coutume est d'en faire,
Afin que tous mes pas n'aillent qu'à satisfaire
    A ce que tu m'auras commis.

Une seconde fois frappe, je t'en convie[1],
Je me remets entier sous ta correction :
Elle est ici l'effet de ta dilection,
    Et de ta haine en l'autre vie.

Ne la réserve pas à ce long avenir :
Tu vois au fond du cœur jusqu'à la moindre tache,

    Ecce, Pater dilecte, in manibus tuis sum ego, sub virga correctionis tuæ me inclino :
    Percute dorsum meum et collum meum, ut incurvem ad voluntatem tuam tortuositatem meam.
    Fac me pium et humilem discipulum, sicut bene facere consuevisti, ut ambulem ad omnem nutum tuum.
    Tibi me, et omnia mea, ad corrigendum committo : melius est hic corripi, quam in futuro.
    Tu scis omnia et singula, et nil te latet in humana conscientia.

---

1. *Var.* Frappe, Sauveur bénin, frappe, je t'en convie. (1670 O)

Et dans la conscience il n'est rien qui te cache
    Ce que ta bonté doit punir.   5325

Tu vois nos lâchetés avant qu'elles arrivent,
Et tu n'as point besoin qu'aucun te donne avis
Ni de quelle façon tes ordres sont suivis,
    Ni de quel air les hommes vivent.   5330

Tu sais, et mieux que moi, quelles impressions
Me peuvent avancer en ton divin service,
Et combien est puissante à dérouiller le vice
    L'aigreur des tribulations.

Ne dédaigne donc pas cette âme pécheresse, 5335
Toi qui vois mieux que tous son foible et son secret:
Fais-la se conformer à l'aimable décret
    De ton éternelle sagesse.

Fais-moi savoir, Seigneur, ce que je dois savoir,
Fais-moi ne rien aimer que ce qu'il faut que j'aime, 5340
Louer tout ce qui plaît à ta bonté suprême,
    Et qui remplit un saint devoir.

Fais-moi n'estimer rien en toute la nature
Que ce qui devant toi conserve quelque prix;

  Antequam fiant, nosti ventura; et non opus est tibi ut quis te doceat, aut admoneat de his quæ geruntur in terra.
  Tu scis quid expedit ad profectum meum, et quantum deservit tribulatio ad rubiginem vitiorum purgandam.
  Fac mecum desideratum beneplacitum tuum, et ne despicias peccaminosam vitam meam, nulli melius nec clarius quam tibi soli notam.
  Da mihi, Domine, scire quod sciendum est; hoc amare quod amandum est; hoc laudare quod tibi summe placet;
  Hoc reputare quod tibi pretiosum apparet; hoc vituperare quod oculis tuis sordescit.

Fais-moi ne rien blâmer que ce qu'à tes mépris 5345
 Expose sa propre souillure.

Ne me laisse juger biens ni maux apparents
Par cet extérieur qui n'a rien de solide,
Et ne souffre jamais que mon âme en décide 5350
 Sur le rapport des ignorants.

Fais-moi d'un jugement simple, mais véritable,
Discerner le visible et le spirituel,
Et rechercher surtout d'un soin continuel
 Ce que veut ton ordre adorable.

Souvent le sens humain, d'erreurs enveloppé, 5355
Précipite avec lui la prudence déçue,
Et l'amour qui s'attache à ce qu'offre la vue
 Est encor plus souvent trompé.

De quoi nous peut servir l'éloge qui nous flatte?
Pour être mis plus haut en devient-on meilleur? 5360
Et reçoit-on son prix de la vaine couleur
 Dont une fausse gloire éclate?

Je dois fuir qui m'en donne, ou ne le regarder[1]

 Non me sinas secundum visionem oculorum exteriorum judicare, neque secundum auditum aurium hominum imperitorum sententiare;
 Sed in judicio vero de visibilibus et spiritualibus discernere; atque super omnia beneplacitum voluntatis tuæ semper inquirere.
 Falluntur sæpe hominum sensus in judicando; falluntur et amatores sæculi, visibilia tantummodo amando.
 Quid est homo inde melior, quia reputatur ab homine major?
 Fallax fallacem, vanus vanum, cæcus cæcum, infirmus infirmum decipit, dum exaltat;

1. *Var.* Fais-moi fuir qui m'encense, ou ne le regarder. (1670 O)

Que comme un abuseur qui séduit ce qu'il loue,
Un infirme insolent qui d'un foible se joue,   5365
    Un aveugle qui veut guider.

La louange mal due aussi bien n'est qu'un conte
Que le peu de mérite en soi-même dédit,
Et qui donne au dehors beaucoup moins de crédit
    Qu'au dedans il ne fait de honte.   5370

Il faut donc s'en défendre à toute heure, en tous lieux,
Puisqu'aucun après tout n'est ni grand ni louable,
Si l'humble saint François en peut être croyable,
    Qu'autant qu'il l'est devant tes yeux.

CHAPITRE LI[1].

QU'IL FAUT NOUS APPLIQUER AUX ACTIONS EXTÉRIEURES ET RAVALÉES, QUAND NOUS NE POUVONS NOUS ÉLEVER AUX PLUS HAUTES[2].

Lorsque tu sens, mon fils, ton âme inquiétée   5375
De voir tes bons desirs lâchement rabattus,
Apprends que la ferveur qu'allument les vertus
    N'est pas toujours de ta portée.

    Et veraciter magis confundit, dum inaniter laudat;
    Nam « quantum unusquisque est in oculis tuis, tantum est, et non amplius, » ait humilis sanctus Franciscus.
    LI. Fili, non vales semper in ferventiori desiderio virtutum stare, nec in altiori gradu contemplationis consistere;

---

[1]. Corps ou sujet de l'emblème : « Saint Joseph s'emploie à travailler de ses mains avec la sainte Vierge. » Ame ou sentence : *Expedit ad humilia opera confugere*. (Chapitre LI, 6.)
[2]. *Var.* QU'IL FAUT NOUS APPLIQUER AUX ACTIONS RAVALÉES, QUAND, etc. (1656 D) — Titre latin : *Quod humilibus insistendum est operibus, cum deficitur a summis*.

Tu ne peux pas toujours soutenir à ton gré
La contemplation dans le plus haut degré : 5380
C'est en dépit de toi qu'ainsi tu te ravales ;
Et le honteux besoin que l'esprit a du corps,
Lui donnant malgré lui des heures inégales,
Malgré lui le rejette aux œuvres du dehors.

Telle est l'impression que fait ton origine 5385
Sur la plus digne ardeur dont tu sois emporté ;
Tel est le sang impur et le suc infecté
  Que tu tires de ta racine :
Tu vois avec dégoût et souffres à regret
L'importune langueur et le fardeau secret 5390
Dont t'accable une vie infirme et corruptible ;
Il le faut toutefois, et ton malheur est tel,
Que ce dégoût de l'âme y devient invincible,
Tant que pour sa prison elle a ce corps mortel.

Gémis donc, et souvent, sous le poids que t'impose 5395
Une chair qui te lie à son être imparfait ;
Gémis des rudes lois que cette chair te fait ;
  Gémis des maux qu'elle te cause ;
Gémis de ne pouvoir avec un plein effort
Attacher ton étude à ce divin transport 5400
Qui dégage l'esprit de toute la matière ;
Gémis de n'avoir pas assez de fermeté
Pour me donner sans cesse une âme toute entière,
Et sans relâche aucune admirer ma bonté.

 Sed necesse habes interdum, ob originalem corruptelam, ad inferiora descendere, et onus corruptibilis vitæ, etiam invite, et cum tædio, portare. Quamdiu mortale corpus geris, tædium senties et gravamen cordis.
 Oportet ergo sæpe in carne de carnis onere gemere : eo quod non vales spiritualibus studiis et divinæ contemplationi indesinenter inhærere.

Ne dédaigne pas lors ces actions plus basses   5405
Où le corps s'exerçant l'âme en a tout le fruit,
Ces emplois du dehors où tu te sens conduit
    Par un doux reste de mes grâces.
Attends en patience, attends l'heureux retour
Qui du plus haut du ciel rappelant mon amour,   5410
Reportera chez toi les biens de ma visite;
Et ne murmure point de cette aridité
Qui saisissant ton cœur sitôt que je le quitte,
Le tient comme en exil dans son infirmité.

Il est mille actions pour cette mauvaise heure   5415
Qui peuvent adoucir et tromper ton chagrin,
Attendant que je vienne et qu'il me plaise enfin
    Rétablir chez toi ma demeure.
Je viendrai t'affranchir de tes anxiétés,
Et de tant de travaux pour mon nom supportés   5420
Une solide joie éteindra la mémoire;
Je me conformerai moi-même à tes souhaits,
Et te ferai goûter, pour essai de ma gloire,
Le calme intérieur d'une céleste paix.

J'ouvrirai devant toi le pré des Écritures,   5425
Afin qu'à cœur ouvert tes saints ravissements
Y courent le sentier de mes commandements
    Avec des intentions pures.
Alors, perçant de l'œil toute l'éternité,

    Tunc expedit tibi ad humilia et exteriora opera confugere, et in bonis actibus te recreare, adventum meum et supernam visitationem firma confidentia expectare; exilium tuum, et ariditatem mentis patienter sufferre,
    Donec iterum a me visiteris, et ab omnibus anxietatibus libereris. Nam faciam te laborum oblivisci, et interna quiete perfrui.
    Expandam coram te prata Scripturarum; et dilatato corde currere incipies viam mandatorum meorum; et dices : « Non sunt con-

Pour voir de ton bonheur la haute immensité, 5430
Tu t'écrieras soudain : « Ah ! qu'il est ineffable !
Seigneur, quelques tourments qu'il nous faille sentir,
Tout ce qu'on souffre ici n'a rien de comparable
A la gloire qu'un jour tu dois nous départir. »

CHAPITRE LII[1].

QUE L'HOMME NE SE DOIT POINT ESTIMER DIGNE DE CONSOLATION, MAIS PLUTÔT DE CHATIMENT[2].

Seigneur, si je m'arrête au peu que je mérite, 5435
Je ne puis espérer tes consolations,
Ni que du haut du ciel ta secrète visite
Daigne adoucir l'aigreur de mes afflictions.

Je n'en fus jamais digne, et lorsque tu me laisses
Dénué, pauvre, infirme, impuissant, éperdu, 5440
Tu ne fais que justice à mes lâches foiblesses,
Et ce triste abandon me rend ce qui m'est dû[3].

Quand de tout mon visage un océan de larmes
Pourroit à gros torrents incessamment couler,

dignæ passiones hujus temporis, ad futuram gloriam, quæ revelabitur in nobis. »

LII. Domine, non sum dignus consolatione tua, nec aliqua spirituali visitatione ;

Et ideo juste mecum agis, quando me inopem et desolatum relinquis.

1. Corps ou sujet de l'emblème : « Saint Jacques, ermite, passe sa vie en pénitence auprès du cadavre d'une fille qu'il avoit violée et tuée. » Ame ou sentence : *Nihil dignus sum quam flagellari et puniri.* (Chapitre LII, 4.)
2. Dans l'édition de 1658, on lit simplement : QUE L'HOMME NE SE DOIT POINT ESTIMER DIGNE DE CONSOLATION. — Titre latin : *Quod homo non reputet se consolatione dignum, sed magis dignum verberibus.*
3. *Var.* Et ce plein abandon n'est que ce qui m'est dû. (1670 O)

Je n'aurois aucun droit au moindre de ces charmes 5445
Que versent tes bontés quand tu viens consoler.

Après m'être noirci d'un million d'offenses,
M'être fait un rebelle à tes commandements,
Tu ne me peux devoir pour justes récompenses
Que d'âpres coups de fouet, et de longs châtiments. 5450

Je l'avoue à ma honte; et plus je m'examine,
Plus je découvre en moi cette indigne noirceur,
Qui ne peut mériter de ta faveur divine
Ni le moindre secours, ni la moindre douceur.

Mais toi, dont la bonté passe toute mesure 5455
A prodiguer les biens dont ses trésors sont pleins,
Et qui dans cette indigne et vile créature
Considères encor l'ouvrage de tes mains;

Toi, qui ne veux jamais que tes œuvres périssent,
Tu ne regardes point ce que j'ai mérité, 5460
Et de ces grands vaisseaux qui jamais ne tarissent
Tu fais couler les dons de ta bénignité.

Tu les répands sur moi, Seigneur; tu me consoles,
Non pas à la façon des hommes tels que nous :
Leurs consolations se bornent aux paroles; 5465

> Si enim ad instar maris lacrymas fundere possem, adhuc consolatione dignus non essem :
> Unde nihil dignus sum quam flagellari et puniri, quia graviter et sæpe te offendi, et in multis valde deliqui.
> Ergo, vera pensata ratione, nec minima sum dignus consolatione;
> Sed tu clemens et misericors Deus, qui non vis perire opera tua, ad ostendendum divitias bonitatis tuæ
> In vasa misericordiæ, etiam præter omne proprium meritum, dignaris consolari servum tuum,

Les tiennes ont l'effet aussi prompt qu'il est doux.

Que t'ai-je fait, ô Dieu, digne que ta clémence
M'envoie ainsi d'en haut un céleste rayon ?
Et qui me fait ainsi jouir de ta présence,
Moi qui ne me souviens d'avoir rien fait de bon ? 5470

Je force ma mémoire à retracer ma vie,
Et n'y vois que désordre et que déréglement,
Qu'une pente au péché honteusement suivie,
Qu'une morne langueur pour mon amendement.

C'est une vérité que je ne te puis taire ; 5475
Et si mon impudence osoit la dénier,
Tes yeux me convaincroient aussitôt du contraire,
Sans qu'aucun entreprît de me justifier.

Qu'ai-je pu mériter par cet amour du vice,
Que d'être mis au rang des plus grands criminels ? 5480
Et si tu fais agir seulement ta justice,
Qu'aura-t-elle pour moi que des feux éternels ?

Je ne suis digne au plus que de voir sur ma face
L'opprobre et le mépris rejaillir[1] à grands flots ;

Supra humanum modum; tuæ enim consolationes, non sunt sicut humanæ consolationes.
Quid egi, Domine, ut mihi conferres aliquam cœlestem consolationem ? Ego nihil boni me egisse recolo,
Sed semper ad vitia pronum, et ad emendationem pigrum fuisse ;
Verum est, et negare non possum. Si aliter dicerem, tu stares contra me, et non esset qui defenderet.
Quid merui pro peccatis meis, nisi infernum, et ignem æternum ?

1. Les éditions de 1665 B et de 1670 ont *rejaillir*; toutes les autres *rejallir*. Voyez plus haut, p. 463, note 2.

Et c'est injustement que j'occupe une place   5485
Dans cette maison sainte où vivent tes dévots.

Je veux bien contre moi rendre ce témoignage,
Quelque dur qu'il me soit d'entendre ce discours,
Afin que ta pitié plus aisément s'engage
A remettre mon crime et me prêter secours.   5490

Tout confus que je suis de me voir si coupable,
Que dirai-je, sinon : « J'ai péché, mon Sauveur,
J'ai péché ; mais pardonne, et d'un œil pitoyable
Regarde un criminel qui demande faveur ;

« Ne la refuse pas aux peines que j'endure,   5495
Et laisse-moi du moins plaindre un peu mes douleurs,
Avant que je descende en cette terre obscure,
Qu'enveloppe la mort de ses noires couleurs ? »

Ce que tu veux surtout d'une âme ensevelie [1]
Dans cette juste horreur que lui fait son péché,   5500
C'est que le cœur se brise, et qu'elle s'humilie [2]
Sous le saint repentir dont ce cœur est touché.

In veritate confiteor quoniam dignus sum omni ludibrio et contemptu, nec decet me inter tuos devotos commorari ;
Et licet hoc ægre audiam, tamen adversum me, pro veritate, peccata mea arguam, ut facilius misericordiam tuam merear impetrare.
Quid dicam reus, et omni confusione plenus ? Non habeo os loquendi, nisi hoc tantum verbum : « Peccavi, Domine, peccavi : miserere mei, ignosce mihi.
« Sine me paululum, ut plangam dolorem meum, antequam vadam ad terram tenebrosam, et opertam mortis caligine. »
Quid tam maxime a reo et misero peccatore requiris, nisi ut conteratur, et humiliet se pro delictis suis ?

1. *Var.* Car enfin tu ne veux d'une âme ensevelie. (1670 O)
2. *Var.* Sinon qu'elle s'accuse et qu'elle s'humilie
Sous le saint repentir dont le cœur est touché. (1670 O)

Cette contrition humble, sincère, vraie,
Autorise l'espoir du pardon attendu,
Calme si bien l'esprit, ferme si bien sa plaie, 5505
Que ta grâce lui rend ce qu'il avoit perdu.

C'est une sauvegarde à l'âme pénitente
Contre l'ire future et l'effroyable jour :
Dieu vient au-devant d'elle, et remplit son attente
Par un baiser de paix qui rejoint leur amour. 5510

C'est, ô Dieu tout-puissant, c'est l'heureux sacrifice
Qu'accepte à bras ouverts ton immense grandeur;
Et tout l'encens du monde offert à ta justice
N'a point de quoi répandre une si douce odeur.

C'est l'onguent précieux, c'est le nard dont toi-même
As voulu qu'ici-bas l'homme embaumât tes pieds;
Et jamais on n'a vu que ta bonté suprême
Ait dédaigné les vœux des cœurs humiliés.

C'est l'asile assuré contre la fière audace
Dont nos vieux ennemis osent nous assaillir; 5520
Par là de tout l'impur la souillure s'efface;
Par là nous dépouillons tout ce qui fait faillir.

In vera contritione et cordis humiliatione nascitur spes veniæ, reconciliatur perturbata conscientia, reparatur gratia perdita.

Tuetur homo a futura ira, et occurrunt sibi mutuo in osculo sancto Deus et pœnitens anima.

Humilis peccatorum contritio acceptabile tibi est, Domine, sacrificium; longe suavius odorans in conspectu tuo, quam turis incensum.

Hæc est gratum etiam unguentum, quod sacris pedibus tuis infundi voluisti, quia cor contritum et humiliatum nunquam despexisti.

Ibi locus refugii a facie iræ inimici; ibi emendatur et abluitur, quidquid aliunde contractum est et inquinatum.

CHAPITRE LIII[1].

QUE LA GRACE DE DIEU EST INCOMPATIBLE AVEC LE GOUT
DES CHOSES TERRESTRES [2].

Ma grâce est précieuse, et l'impur alliage
Des attraits du dehors et des plaisirs mondains,
Ces douceurs dont la terre empoisonne un courage, 5525
Sont l'éternel objet de ses justes dédains :
Elle n'en souffre point l'injurieux mélange,
Et depuis qu'avec elle on pense les unir [3],
    Elle prend aussitôt le change,
Et leur cède le cœur qui les veut retenir. 5530

Défais-toi donc, mon fils, de tout le corruptible,
Bannis bien loin de toi tout cet empêchement,
Si tu veux que ton cœur demeure susceptible
De ce qu'a de plus doux son plein épanchement.
Plongé dans la retraite, et seul avec toi-même, 5535
Fais-en ton seul plaisir et ton unique bien;
    Adore son auteur suprême,
Et fuis l'amusement de tout autre entretien.

Redouble à tous moments l'ardeur de ta prière,
Afin que je te donne un esprit recueilli, 5540

  LIII. Fili, pretiosa est gratia mea, non patitur se misceri extraneis rebus, nec consolationibus terrenis.
  Abjicere ergo oportet omnia impedimenta gratiæ, si optas ejus infusionem suscipere. Pete secretum tibi, ama solus habitare tecum, nullius require confabulationem;
  Sed magis ad Deum devotam effunde precem, ut compunctam

---

  1. Corps ou sujet de l'emblème : « Saint Jean-Baptiste dans le désert. » Ame ou sentence : *A notis et a caris oportet elongari*. (Chapitre LIII, 4.)
  2. Titre latin : *Quod gratia Dei non miscetur sapientibus terrena*.
  3. *Var.* Et dès lors qu'avec elle on pense les unir. (1656 D)

Une pureté d'âme inviolable, entière,
Un tendre et long regret d'avoir longtemps failli :
Ne compte à rien le monde; et quand cet infidèle
Par quelques hauts emplois émeut ta vanité,
  Préfère ceux où je t'appelle   5545
A tout l'extérieur dont tu te vois flatté.

Tu ne peux contempler mes augustes mystères,
M'offrir une âme pure et des vœux innocents,
Et laisser tout ensemble aux douceurs passagères
Ce dangereux aveu de chatouiller tes sens.   5550
Il faut qu'un saint exil, par un pieux divorce,
De tes plus chers amis sache te retrancher,
  Et rejette toute l'amorce
Des satisfactions qui viennent de la chair.

Ainsi Pierre autrefois, ce prince des apôtres,   5555
Savoit en éviter le piége décevant,
Et pour à son exemple attirer tous les autres,
Il les prioit lui-même, et leur disoit souvent[1] :
« Contenez[2] vos desirs, et marchez sur la terre
Comme si vous étiez en pays étranger;   5560
  Ce sont eux qui vous font la guerre,
Et leur plus doux appas[3] fait le plus grand danger. »

teneas mentem, et puram conscientiam. Totum mundum nihil æstima : Dei vacationem omnibus exterioribus antepone.
 Non enim poteris mihi vacare, et in transitoriis pariter delectari. A notis et a caris oportet elongari, et ab omni temporali solatio mentem tenere privatam.
 Sic obsecrat beatus apostolus Petrus ut tanquam advenas et peregrinos in hoc mundo se contineant Christi fideles a carnalibus desideriis quæ militant adversus animam.

1. *Épître I de saint Pierre*, chapitre II, verset 11.
2. Les éditions de 1659 et de 1662 donnent, par erreur : *Contentez*, pour *Contenez*.
3. Voyez tome I, p. 148, note 3.

Oh! que l'homme à la mort porte de confiance,
Quand il n'a dans le monde aucun attachement[1],
Qu'il s'est dépris de tout, et que sa conscience   5565
A su se faire un fort de ce retranchement !
Mais il n'est pas aisé, ni que l'esprit malade
Rompe ainsi tous les fers dont il est arrêté;
    Ni que la chair se persuade
Quels biens a de l'esprit l'entière liberté.   5570

Il le faut toutefois, du moins si tu veux vivre
Ainsi qu'un vrai dévot, avec ordre, avec soin;
Il te faut affranchir des assauts que te livre
Tout ce qui te regarde ou de près ou de loin :
Il est besoin surtout de vigilance extrême,   5575
D'un cœur bien résolu, d'un courage affermi,
    Et de te garder de toi-même,
Comme de ton plus grand et plus fier ennemi.

Tout le reste aisément avoûra sa défaite,
Si tu sais de toi-même une fois triompher :   5580
Le combat est fini, la victoire est parfaite,
Quand l'amour-propre fuit, ou se laisse étouffer.
Qui se dompte à ce point qu'il tient partout soumise [2]

  O quanta fiducia erit morituro, quem nullius rei affectus detinet in mundo! Sed sic segregatum cor habere ab omnibus æger necdum capit animus; nec animalis homo novit interni hominis libertatem.
  Attamen si vere velit esse spiritualis, oportet eum renuntiare tam remotis quam propinquis, et a nemine magis cavere, quam a seipso.
  Si temetipsum perfecte viceris, cætera facilius subjugabis. Perfecta victoria est, de semetipso triumphare. Qui enim semetipsum subjectum tenet, ut sensualitas rationi, et ratio in cunctis obediat mihi, hic vere victor est sui, et dominus mundi.

  1. *Var.* Quand il n'a sur la terre aucun attachement. (1670 O)
  2. *Var.* Qui se dompte à tel point qu'il tient partout soumise. (1670 O)
— Dans l'édition de 1665 A : « pour tout soumise. »

Sa chair à sa raison, et sa raison à moi,
 Ne craint plus aucune surprise, 5585
Et demeure le maître et du monde et de soi.

Oui, quand l'homme en est là, la bataille est gagnée;
Mais pour y parvenir il faut bien commencer,
Avec force et courage empoigner la cognée,
Et jusqu'en la racine à grands coups l'enfoncer : 5590
C'est ainsi qu'on détruit, c'est ainsi qu'on arrache
L'amour désordonné qu'on se porte en secret,
 Et c'est ainsi qu'on se détache
Et de l'intérêt propre, et de tout faux attrait[1].

De ce vice commun, de cet amour trop tendre 5595
Où par sa propre main on se laisse enchaîner,
Coulent tous les desirs dont il se faut défendre,
S'élèvent tous les maux qu'il faut déraciner[2];
De là descend le trouble, et de là prend naissance
Tout cet égarement qui brouille tes souhaits; 5600
 Et qui peut briser sa puissance
S'assure en même temps une profonde paix.

Mais il en est fort peu dont la vertu sublime
Réduise tous leurs soins à bien mourir en eux,

> Si ad hunc apicem scandere gliscis, oportet viriliter incipere, et securim ad radicem ponere, ut evellas et destruas occultam inordinatam inclinationem ad teipsum, et ad omne privatum et materiale bonum.
> Ex hoc vitio, quod homo semetipsum nimis inordinate diligit, pene totum pendet, quidquid radicaliter vincendum est : quo devicto et subacto malo, pax magna et tranquillitas erit continuo.
> Sed quia pauci sibiipsis perfecte mori laborant, nec plene extra se

---

1. *Var.* Et du propre intérêt, et de tout faux attrait. (1670 O)
2. *Var.* S'élèvent tous ces maux qu'il faut déraciner. (1656 B, 59 et 62)

A bien anéantir toute la propre estime, 5605
Et du propre regard purifier leurs vœux.
Ce charmant embarras les retient, les rappelle :
Enveloppés en eux, ils n'en peuvent sortir,
  Et leur âme toute charnelle
A prendre un vol plus haut ne sauroit consentir. 5610

Quiconque cependant veut marcher dans ma voie,
Et suivre en liberté la trace de mes pas,
Doit de tous ces desirs que l'amour-propre envoie
Sous de saintes rigueurs ensevelir l'appas,
Combattre dans son cœur et vaincre la nature, 5615
Ne lui rien accorder qu'elle ait trop desiré,
  Et pour aucune créature
N'avoir aucun amour qui ne soit épuré.

CHAPITRE LIV[1].

DES DIVERS MOUVEMENTS DE LA NATURE ET DE LA GRÂCE[2].

Considère, mon fils, en tout ce qui se passe,
  De la nature et de la grâce 5620
Les mouvements subtils l'un à l'autre opposés :
Leurs images souvent en lieu même épandues,

tendunt, propterea in se implicati remanent, nec supra se in spiritu elevari possunt.
 Qui autem libere mecum ambulare desiderat, necesse est ut omnes pravas inordinatas affectiones suas mortificet, atque nulli creaturæ privato amore concupiscenter inhæreat.
 LIV. Fili, diligenter adverte motus naturæ et gratiæ, quia valde

---

1. Corps ou sujet de l'emblème : « Saint François revêt ses compagnons d'habits vieux et rapetassés. » Ame ou sentence : *Gratia vetustis non refugit indui pannis.* (Chapitre LIV, 10.)
2. Titre latin : *De diversis motibus naturæ et gratiæ.*

L'une dans l'autre confondues,
Ont des traits si pareils et si peu divisés,
Que les plus grands dévots, après s'être épuisés   5625
　　En des recherches assidues,
A peine, quelque soin qu'ils s'en puissent donner,
Ont des yeux assez vifs pour les bien discerner.

Chacun se porte au bien, et le desir avide
　　Jamais n'embrasse d'autre objet;   5630
Mais il en est de faux ainsi que de solide;
Et comme l'apparence attire le projet,
La fausse avec tant d'art quelquefois y préside,
Que l'un passe pour l'autre, et les yeux les meilleurs
　　Se trompent aux mêmes couleurs.   5635

C'est ainsi que souvent à force d'artifices
　　La nature enchaîne et déçoit,
Se considère seule aux vœux qu'elle conçoit,
Et se prend pour seul but en toutes ses délices;
Mais la grâce chemine avec simplicité,   5640
Ne peut souffrir du mal l'ombre ni l'apparence,
Ne tend jamais de piége à la crédulité,
　　Voit toujours Dieu par préférence,
Ne fait rien que pour lui, le prend pour seule fin,
Et met tout son repos en cet être divin.   5645

S'il faut mourir en soi, se vaincre, se soumettre,

contrarie et subtiliter moventur, et vix, nisi a spirituali et intime illuminato homine, discernuntur.

Omnes quidem bonum appetunt, et aliquid boni in suis dictis, vel factis prætendunt; ideo sub specie boni multi falluntur.

Natura callida est, et multos trahit, illaqueat, et decipit, et se semper pro fine habet; sed gratia simpliciter ambulat, et ab omni specie mala declinat; fallacias non prætendit, et omnia pure propter Deum agit, in quo et finaliter requiescit.

Se laisser opprimer, se voir assujettir,
La nature jamais ne veut y consentir,
  Jamais n'ose se le permettre ;
Mais la grâce prend peine à se mortifier, 5650
Sous le vouloir d'autrui cherche à s'humilier,
A se dompter partout met toute son étude ;
  Et de la sensualité
Le joug, si doux pour l'autre, est pour elle si rude,
Qu'à lui seul elle oppose un esprit révolté. 5655

  Pour en mieux briser l'esclavage,
La propre liberté, chez elle hors d'usage,
  N'a rien qu'elle daigne garder :
Elle aime à se tenir dessous la discipline,
Jamais avec plaisir sur aucun ne domine, 5660
  Jamais n'aspire à commander.
Être et vivre sous Dieu, s'attacher en captive
  A l'ordre aimable de ses lois,
Et se ranger pour lui sous le moindre qui vive,
C'est de tous ses desirs l'inébranlable choix. 5665

  Regarde comme la nature
   S'empresse avec activité
A la moindre couleur, à la moindre ouverture
Que fait son intérêt ou sa commodité.
Dans son plus beau travail tout ce qu'elle examine, 5670
C'est combien sur un autre un tel emploi butine ;
L'estime s'en mesure à ce qu'il rend de fruit :

 Natura invite vult mori, nec premi, nec superari, nec subesse, nec sponte subjugari ; gratia vero studet mortificationi propriæ, resistit sensualitati, quærit subjici, appetit vinci,
 Nec propria vult libertate fungi ; sub disciplina amat teneri, nec alicui cupit dominari ; sed sub Deo semper vivere, stare et esse ; atque propter Deum omni humanæ creaturæ humiliter parata est inclinari.
 Natura pro suo commodo laborat, et quid lucri ex alio sibi pro-

La grâce cherche aussi l'utile et le commode[1];
    Mais la sainte ardeur qu'elle suit,
      Par une contraire méthode,   5675
Sans se considérer, embrasse à cœur ouvert
Ce qui sert à plusieurs, et non ce qui lui sert.

L'une aime les honneurs où le monde l'appelle,
Les reçoit avec joie, et court même au-devant :
L'autre m'en fait toujours un hommage fidèle,   5680
Et sur ceux qu'on lui rend son zèle s'élevant
Me les réfère tous, sans en vouloir pour elle.

L'une craint les mépris et la confusion :
    L'autre en bénit l'occasion,
    Et d'une allégresse infinie   5685
Au nom de Jésus-Christ souffre l'ignominie.

La molle oisiveté, le repos nonchalant,
    Pour la nature ont de douces amorces ;
Mais la grâce, au contraire, est d'un esprit bouillant
Qui veut faire sans cesse un essai de ses forces :   5690
    Sa vie est toute d'action,
Et ne peut subsister sans occupation.

    Les nouveautés plaisent à la nature ;

veniat, attendit ; gratia autem, non quid sibi utile et commodum sit, sed quod multis proficiat, magis considerat.

Natura libenter honorem et reverentiam accipit ; gratia vero omnem honorem et gloriam Deo fideliter attribuit.

Natura confusionem timet et contemptum ; gratia autem gaudet pro nomine Jesu pati contumeliam.

Natura otium amat et quietem corporalem ; gratia vero vacua esse non potest, sed libenter amplectitur laborem.

1. *Var.* La grâce cherche ainsi l'utile et le commode.

(1656 B, C et D, 59 et 62)

Elle aime l'ajusté, le beau, le précieux ;
Le vil et le grossier sont l'horreur de ses yeux,   5695
L'en vouloir revêtir, c'est lui faire une injure :
La grâce aime l'habit simple et sans ornement ;
　　Elle n'affecte point la mode ;
Le plus vieux drap n'a rien qui lui semble incommode,
Et le plus mal poli lui plaît également.   5700

La nature a le cœur aux choses de la terre,
　　Dont le vain éclat l'éblouit,
　　Et si le gain l'épanouit,
　　La perte aussitôt le resserre :
Il chancelle, il s'abat sous le moindre revers,   5705
Et s'aigrit fortement pour un mot de travers.

　　Comme la grâce est éloignée
　　De cet indigne attachement,
Les seuls biens éternels attirent pleinement
　　L'œil d'une âme qu'elle a gagnée :   5710
　　Elle tient pour indifférents
Et la perte et le gain de ces biens apparents ;
Contre elle sans effet l'opprobre se déploie ;
Rien ne la peut troubler, rien ne la peut aigrir ;
Et ne mettant qu'au ciel ses trésors et sa joie,   5715
Elle ne peut rien perdre où rien ne peut périr.

La nature est cupide autant qu'elle est avare,

<small>Natura quærit habere curiosa et pulchra, abhorret vilia et grossa ; gratia vero simplicibus delectatur et humilibus, aspera non aspernatur, nec vetustis refugit indui pannis.
Natura respicit temporalia, gaudet ad lucra terrena, tristatur de damno, irritatur levis injuriæ verbo ;
Sed gratia attendit æterna, non inhæret temporalibus, nec in perditione rerum turbatur, neque verbis durioribus acerbatur : quia thesaurum suum et gaudium in cœlo, ubi nil perit, constituit.</small>

Et sa brûlante soif d'avoir
La rend plus prompte à recevoir
Qu'à faire part de ce qu'elle a de rare ; 5720
Tout ce qu'elle possède émeut le propre amour,
Et la possédant à son tour,
A l'usage privé par cet amour s'applique :
La grâce est libérale, et contente de peu,
Ne veut point de trésors qu'elle ne communique, 5725
Et du propre intérêt fait un tel désaveu,
Qu'elle trouve à donner plus de béatitude
Qu'à recevoir d'autrui la juste gratitude.

Emprunte, emprunte mes clartés
Pour voir où penche la nature, 5730
Comme elle incline aux vanités,
A la chair, à la créature,
Comme elle se plaît à courir.
Et pour voir et pour discourir,
Cependant que vers Dieu la grâce attire une âme, 5735
Et que sur le vice abattu[1]
Elle aplanit aux cœurs qu'un saint desir enflamme
L'heureux sentier de la vertu.

Elle fait bien plus, cette grâce,
Elle renonce au monde, et son feu généreux 5740
Devient une invincible glace

Natura cupida est, et libentius accipit quam donat, amat propria et privata; gratia autem pia est et communis, vitat singularia, contentatur paucis, beatius dare judicat, quam accipere.
Natura inclinat ad creaturas, ad carnem propriam, ad vanitates et discursus; sed gratia trahit ad Deum et ad virtutes,

1. *Var.* Et sur les vices abattus
Aplanit aux ferveurs d'une céleste flamme
L'heureuse route des vertus. (1656 B et C, 59 et 62)

LIVRE III, CHAPITRE LIV.

Pour tout ce que la terre a d'attraits dangereux.
Tout ce qu'aime la chair est l'objet de sa haine ;
Et bien loin de courir vagabonde, incertaine,
  Au gré de quelque folle ardeur,
La retraite a pour elle une si douce chaîne
Que paroître en public fait rougir sa pudeur.

Leurs consolations sont même si diverses,
Que l'une les arrête à ce qu'aiment les sens :
  L'autre, qui les tient impuissants,
Ne regarde que Dieu dans toutes ses traverses,
N'a recours qu'à lui seul, et ne se plaît à rien
  Qu'en l'unique et souverain bien.

  Retrancher l'espoir du salaire,
C'est rendre la nature à son oisiveté ;
Et détourner ses yeux de sa commodité,
C'est la mettre en état de ne pouvoir rien faire.
Elle ne prête point ses soins officieux,
Sans prétendre aussitôt ou la pareille ou mieux ;
Quelques dons qu'elle fasse, elle veut qu'on les prise,
Que ses moindres bienfaits soient tenus de grand poids,
Qu'elle en ait la louange ou qu'on l'en favorise,
Et qu'un foible service acquière de pleins droits.

  Oh ! que la grâce est différente !

 Renuntiat creaturis, fugit mundum, odit carnis desideria, restringit evagationes, erubescit in publico apparere.
 Natura libenter aliquod solatium habet externum, in quo delectetur ad sensum ; sed gratia in solo Deo quærit consolari, et in summo bono super omnia visibilia delectari.
 Natura totum agit propter lucrum et commodum proprium, nihil gratis facere potest, sed aut æquale, aut melius, aut laudem, vel favorem pro benefactis consequi sperat ; et multum ponderari sua gesta et dona concupiscit ;

Qu'elle fait du salaire un généreux mépris ! 5765
　　Son Dieu seul est le digne prix
　　Qui puisse remplir son attente.
　　Comme l'humaine infirmité
Fait des biens temporels une nécessité,
C'est pour ce besoin seul qu'elle en souffre l'usage ; 5770
　　Et ne consent d'en obtenir
　　Que pour mieux se faire un passage
　　A ceux qui ne sauroient finir.

Si le nombre d'amis, si la haute alliance,
　　Si le vieil amas des trésors, 5775
Si le rang que tu tiens, si le lieu dont tu sors,
De quelque vaine gloire enflent[1] ta confiance ;
　　Si tu fais ta cour aux puissants,
　　Si les riches ont tes encens
　　Par une molle flatterie ; 5780
Si tu vantes partout ce que font tes pareils :
Tu ne suis que le cours de cette afféterie
Qu'inspire la nature à qui croit ses conseils.

　　La grâce agit d'une autre sorte :
　　Elle chérit ses ennemis, 5785
　　Et la foule épaisse d'amis
　　Jamais hors d'elle ne l'emporte.

Gratia vero nil temporale quærit ; nec aliud præmium quam Deum solum pro mercede postulat ; nec amplius de temporalibus necessariis desiderat, nisi quantum hæc sibi ad assecutionem æternorum valeant deservire.

Natura gaudet de amicis multis et propinquis, gloriatur de nobili loco et ortu generis ; arridet potentibus, blanditur divitibus, applaudit sibi similibus ;

Gratia autem et inimicos diligit, nec de amicorum turba extolli-

1. Il y a *enfle*, au singulier, dans les éditions de 1656 B-1662.

LIVRE III, CHAPITRE LIV.   541

Quoiqu'elle fasse état des qualités, du rang,
    De l'illustre et haute naissance,
Elle n'en prise point l'éclat ni la puissance,   5790
Si la haute vertu ne passe encor le sang.

Le pauvre en sa faveur la trouve plus flexible
    Que ne fait le riche orgueilleux;
Avec l'humble innocence elle est plus compatible
    Qu'avec le pouvoir sourcilleux.   5795
Ses applaudissements sont pour les cœurs sincères,
    Non pour ces bouches mensongères
    Que la seule fourbe remplit:
Elle exhorte les bons à ces œuvres parfaites,
Ces hautes charités publiques et secrètes,   5800
Par qui du Fils de Dieu l'image s'accomplit;
Et sa pieuse adresse aux vertus les avance
Par l'émulation de cette ressemblance.

La nature jamais ne veut manquer de rien,
Jamais du moindre mal n'aime à souffrir l'atteinte; 5805
Tout ce qu'elle n'a pas, faute d'un peu de bien,
    Lui donne un grand sujet de plainte :
La grâce n'en vient point à cette lâcheté,
Et porte constamment toute la pauvreté.

La nature sur soi fixe toute sa vue,   5810
Y jette tout l'effort de ses réflexions,

tur, nec locum, nec ortum natalium reputat, nisi virtus major ibi fuerit;

Favet magis pauperi quam diviti; compatitur plus innocenti quam potenti; congaudet veraci, non fallaci; exhortatur semper bonos meliora charismata æmulari, et Filio Dei per virtutes assimilari.

Natura de defectu et molestia cito conqueritur : gratia constanter fert inopiam.

Et n'a point de combats ni d'agitations
Où par l'intérêt propre elle ne soit émue.
  La grâce a d'autres mouvements¹,
  Dont les sacrés épurements   5815
Rapportent tout à Dieu comme à leur origine² :
Elle ne s'attribue aucun bien qu'elle ait fait,
Et toute sa vertu jamais ne s'imagine
Que son plus grand mérite ait rien que d'imparfait.

  Elle n'est point contentieuse,   5820
  Et ne donne point ses avis
  D'une manière impérieuse
  Qui demande à les voir suivis.
Jamais à ceux d'un autre elle ne les préfère ;
Et de quoi qu'elle juge ou qu'elle délibère,   5825
A l'examen divin elle soumet le tout,
  Et fait la Sagesse éternelle
Arbitre souveraine et de ce qu'on croit d'elle,
  Et de tout ce qu'elle résout.

L'âpre démangeaison d'entendre des nouvelles,   5830
  Ou de pénétrer un secret,
  Pour la nature a tant d'attrait,

  Natura omnia ad se reflectit, pro se certat et arguit; gratia autem ad Deum cuncta reducit, unde originaliter emanant; nihil boni sibi adscribit, nec arroganter præsumit;
  Non contendit, nec suam sententiam aliis præfert ; sed, in omni sensu et intellectu, æternæ sapientiæ ac divino examini se submittit.
  Natura appetit scire secreta, et nova audire ; vult exterius appa-

1. *Var.*   La grâce a de saints mouvements. (1670 O)
2. *Var.* Rapportent tout à Dieu, comme à son (*a*) origine.
             (1656 B-65 A et 70 O)

(*a*) Corneille a corrigé *son* en *leur* dans l'exemplaire de 1658 mentionné plus haut.

Qu'elle prête l'oreille à mille bagatelles ;
L'ambitieuse soif de paroître au dehors
   Lui fait consumer mille efforts   5835
A lasser de ses sens la vaine expérience ;
Et l'éclat d'un grand nom lui semble un tel bonheur,
Qu'il la force à courir avec impatience
Où brille quelque espoir de louange et d'honneur.

La grâce n'a jamais cette humeur curieuse   5840
  Qui court après les raretés ;
  Jamais les folles nouveautés
N'allument dans son sein d'amour capricieuse :
Toutes naissent aussi de ces corruptions
Que du cercle des temps les révolutions   5845
Sous de nouveaux dehors rendent à la nature,
Et jamais sur la terre on n'a lieu d'espérer
Du retour déguisé de cette pourriture
Aucun effet nouveau, ni qui puisse durer.

Elle enseigne à ranger tes sens sous ta puissance[1],   5850
  A bannir de tes actions
  L'orgueil des ostentations,
  Et le fard de la complaisance ;
Elle enseigne à cacher dessous l'humilité
Ce que de tes vertus l'effort a mérité,   5855
  Quand même il est tout admirable ;

rere, et multa per sensus experiri ; desiderat agnosci, et agere unde laus et admiratio procedit ;

Sed gratia non curat nova nec curiosa percipere, quia totum hoc de vetustate corruptionis est ortum, cum nihil novum et durabile sit super terram.

Docet itaque sensus restringere, vanam complacentiam et ostentationem devitare, laudanda et digne miranda humiliter abscondere,

1. *Var.* Elle enseigne à tenir tes sens sous ta puissance. (1670 O)

En toute science, en tout art,
Elle cherche quel fruit en peut être estimable,
Et combien de son Dieu la gloire y tient de part.

Elle ne veut jamais ni qu'on la considère, 5860
Ni qu'on daigne priser quoi qu'elle puisse faire,
Mais que dans tous ses dons ce Dieu seul soit béni,
Ce Dieu qui les fait tous de sa pure largesse,
    Et se plaît à livrer sans cesse
Aux prodigalités d'un amour infini 5865
L'inépuisable fonds de toute sa richesse.

Pour t'exprimer enfin ce que la grâce vaut,
C'est un don spécial du souverain monarque,
Un trait surnaturel des lumières d'en haut,
Le grand sceau des élus et leur céleste marque, 5870
Du salut éternel le gage précieux,
L'arrhe du paradis, et l'avant-goût des cieux.

C'est par elle que l'homme, arraché de la terre,
Pousse jusqu'à leur voûte un feu continuel,
De charnel qu'il étoit devient spirituel, 5875
Et se fait à soi-même une implacable guerre.
Plus tu vaincs la nature et l'oses maltraiter,
Plus cette grâce abonde, et sème des mérites,

et de omni re, et in omni scientia, utilitatis fructum, atque Dei laudem et honorem quærere.

Non vult se nec sua prædicari; sed Deum in donis suis optat benedici, qui cuncta ex mera caritate largitur.

Hæc gratia supernaturale lumen, et quoddam Dei speciale donum est, et proprie electorum signaculum, et pignus salutis æternæ:

Quæ hominem de terrenis ad cœlestia amanda sustollit, et de carnali spiritualem facit. Quanto igitur natura amplius premitur et vincitur, tanto major gratia infunditur; et quotidie novis visitationibus interior homo, secundum imaginem Dei, reformatur.

Que moi-même honorant de mes douces visites
Je fais de jour en jour d'autant plus haut monter ; 5880
Et ma main, d'autant mieux réparant mon ouvrage,
Dans ton intérieur rétablit mon image.

CHAPITRE LV[1].

DE LA CORRUPTION DE LA NATURE, ET DE L'EFFICACE DE LA GRACE [2].

Seigneur, à ton image il t'a plu me former :
Ton souffle dans mon âme a daigné l'imprimer
  Par un amoureux caractère ;   5885
Mais ce n'est pas assez : il faut, il faut encor
  Cette grâce, ce grand trésor,
Que tu viens de montrer m'être si nécessaire ;
Je ne puis autrement vaincre l'orgueil caché
  De ma nature pervertie,   5890
Qui faisant triompher la plus foible partie,
Me précipite au mal et m'entraîne au péché.

Malgré moi j'y succombe, et j'en sens malgré moi
Régner sur tout mon cœur l'impérieuse loi,
  Aux lois de l'esprit opposée :   5895
Esclave qu'il en est, il l'aide à me trahir [3].

 LV. Domine Deus meus, qui me creasti ad imaginem et similitudinem tuam, concede mihi hanc gratiam, quam ostendisti tam magnam, et necessariam ad salutem : ut vincam pessimam naturam meam, trahentem ad peccata, et in perditionem.
 Sentio enim in carne mea legem peccati, contradicentem legi

---

 1. Corps ou sujet de l'emblème : « Sainte Élisabeth, reine de Hongrie, pardonne aux meurtriers de son père. » Ame ou sentence : *Opus est magna gratia ut vincatur natura.* (Chapitre LV, 3.)
 2. Titre latin : *De corruptione naturæ et efficacia gratiæ divinæ.*
 3. *Var.* Esclave qu'il en est, il aide à me trahir. (1656 B, 59 et 62)

Jusqu'à me forcer d'obéir
Aux sensualités de la chair abusée.
Je n'en saurois dompter les folles passions
  Sans l'assistance de ta grâce,   5900
Et si tu ne répands son ardente efficace
Sur la malignité de leurs impressions.

Oui, Seigneur, il faut grâce, il en faut grand secours[1],
Il en faut grand effort qui croisse tous les jours,
  Pour assujettir la nature: 5905
Elle qui du moment qu'elle peut respirer,
  Sans aucun soin de s'épurer,
Penche vers la révolte et glisse vers l'ordure.
Le péché fit sa chute et sa corruption,
  Et depuis le premier des hommes   5910
Cette tache a passé dans tous tant que nous sommes,
Avec tous les malheurs de sa punition.

Ce chef-d'œuvre si beau qui sortit de tes mains,
Paré des ornements si brillants et si saints
  De la justice originelle,   5915
En a si bien perdu l'éclat et les vertus,
  Que son nom même ne sert plus
Qu'à nommer la nature infirme et criminelle.
Ce qui lui reste encor de propre mouvement

mentis meæ, et captivum me ducentem ad obediendum sensualitati in multis; nec possum resistere passionibus ejus, nisi assistat tua sanctissima gratia, cordi meo ardenter infusa.
 Opus est gratia tua, et magna gratia, ut vincatur natura, ad malum semper prona ab adolescentia sua; nam per primum hominem Adam lapsa, et vitiata per peccatum, in omnes homines pœna hujus maculæ descendit,
 Ut ipsa natura, quæ bene et recta te condita fuit, pro vitio jam et

---

1. *Var.* Seigneur, il faut ta grâce, il en faut grand secours. (1670 O)

N'est qu'un triste amas de foiblesses,
Qui n'ayant pour objet que d'infâmes bassesses,
Ne fait que l'abîmer dans son déréglement.

Malgré tout ce désordre et sa morne langueur,
Il lui demeure encor quelque peu de vigueur,
  Mais qui ne la sauroit défendre :
Ce n'est du premier feu qu'un rayon égaré,
Une pointe mourante, un trait défiguré,
  Une étincelle sous la cendre ;
C'est enfin cette foible et tremblante raison,
  Qu'enveloppe un épais nuage,
Qui mêle tant de trouble à son plus clair usage,
Que souvent son remède est un nouveau poison.

Elle peut discerner aux dehors inégaux
Le bien d'avec le mal, le vrai d'avec le faux,
  Ce qu'elle doit aimer ou craindre[1] ;
Elle a, pour en juger, quelquefois de bons yeux ;
Mais pour mettre en effet ce qu'elle a vu le mieux,
  Ses forces n'y sauroient atteindre,
Et ne la font jouir ni des pleines clartés[2]
  Que la vérité pure inspire,
Ni d'un ordre bien sain dans ce qu'elle desire,

---

infirmitate corruptæ naturæ ponatur, eo quod motus ejus sibi relictus ad malum et inferiora trahat.
 Nam modica vis quæ remansit est tanquam scintilla quædam latens in cinere. Hæc est ipsa ratio naturalis, circumfusa magna caligine.
 Adhuc judicium habens boni et mali, veri falsique distantiam, licet impotens sit adimplere omne quod approbat, nec pleno jam lumine veritatis, nec sanitate affectionum suarum potiatur.

1. *Var.*   Ce qu'il faut desirer ou craindre. (1670 O)
2. *Var.*   Elle ne jouit point, ni des pleines clartés. (1656 B et C, 59 et 62)

Ni d'un droit absolu dessus nos volontés.

De là vient, ô mon Dieu, qu'en tout ce que je fais
L'esprit me porte en haut, et fait que je me plais
  En la loi que tu m'as prescrite :   5945
Je sais que ton précepte est bon, et juste, et saint,
Je sais qu'il montre à fuir le vice qui l'enfreint,
  Et le mal qu'il faut que j'évite;
Mais une loi contraire où m'asservit la chair[1],
  Forte de ma propre impuissance,   5950
Me contraint d'obéir à sa concupiscence
Plutôt qu'à la raison qui m'en veut détacher[2].

Ainsi je vois souvent tomber à mes côtés
Les efforts languissants des bonnes volontés
  Qu'à l'effet je ne puis conduire;   5955
Ainsi pour la vertu contre les vains plaisirs
J'ai force bons propos, j'ai force bons desirs,
  Mais qui ne peuvent rien produire.
La grâce n'aidant pas d'un secours assez plein
  Ma foiblesse et mon inconstance[3],   5960
Ce qui jette au-devant la moindre résistance
Me fait perdre courage et changer de dessein[4].

Hinc est, Deus meus, quod condelector legi tuæ secundum interiorem hominem, sciens mandatum tuum fore bonum, justum et sanctum, arguens etiam omne malum et peccatum fugiendum. Carne autem servio legi peccati, dum magis sensualitati obedio, quam rationi.

Hinc est quod velle bonum mihi adjacet, perficere autem non invenio. Hinc sæpe multa bona propono; sed quia gratia deest ad adjuvandum infirmitatem meam, ex levi resistentia resilio et deficio.

1. *Var*. Mais la chair m'asservit à la loi du péché,
   Et forte de mon impuissance. (1656 B et C, 59 et 62)
2. *Var*. Plutôt qu'à la raison qui m'en eût détaché. (1656 B et C, 59 et 62)
3. *Var*.   Sa foiblesse et notre inconstance. (1670 O)
4. *Var*. Nous fait perdre courage et changer de dessein. (1670 O)

Vacillante clarté, qui manques de pouvoir,
Raison, pourquoi faut-il que tu me fasses voir
    La droite manière de vivre ?   5965
Pourquoi m'enseignes-tu le chemin des parfaits ?
Si de soi ton idée, impuissante aux effets,
    Ne peut fournir d'aide à la suivre ;
Si cet infâme poids de ma corruption
    Rabat l'effort dont tu m'élèves,   5970
Et si ces grands projets que jamais tu n'achèves
Ne peuvent me tirer de l'imperfection[1] ?

Sainte grâce du ciel, sans qui je ne puis rien,
Que tu m'es nécessaire à commencer le bien,
    A le poursuivre, à le parfaire !   5975
Oui, Seigneur, oui, mon Dieu, je pourrai tout en toi,
Pourvu qu'elle m'assiste à régler mon emploi,
    Pourvu que son rayon m'éclaire.
Il n'est point de mérite où la grâce n'est pas ;
    Et tous les dons de la nature,   5980
S'ils n'en ont point l'appui, ne sont qu'une imposture
Dont l'œil bien éclairé ne peut faire de cas.

La richesse, les arts[2], la force, la beauté,

  Hinc accidit quod viam perfectionis agnosco, et qualiter agere debeam, clare satis video; sed propriæ corruptionis pondere pressus, ad perfectionem non assurgo.
  O quam maxime est mihi necessaria, Domine, tua gratia, ad inchoandum bonum, ad proficiendum, et ad perficiendum! Nam sine ea nihil possum facere; omnia autem possum in te, confortante me gratia. O vere cœlestis gratia, sine qua nulla sunt propria merita, nulla quoque dona naturæ ponderanda!
  Nihil artes, nihil divitiæ, nihil pulchritudo, nihil fortitudo, nihil ingenium vel eloquentia valent apud te, Domine, sine gratia. Nam

---

1. *Var.* Ne peuvent m'affranchir de l'imperfection? (1670 O)
2. Les éditions de 1656 B et C, de 1659 et de 1662 donnent *les ans*, pour *les arts*, que veut le latin.

L'éloquence et l'esprit, devant ta majesté
    Ne sont d'aucun poids sans la grâce :   5985
La nature est aveugle à départir ses dons,
Elle en est libérale aux méchants comme aux bons [1],
    Et n'y mêle rien qui ne passe;
Mais la dilection que ta grâce produit
    Est la marque du vrai fidèle,   5990
Qu'on ne porte jamais sans devenir par elle
Digne de ce grand jour qui n'aura point de nuit.

La grâce donne à tout le rang qu'il doit tenir :
Sans elle, ce n'est rien de prévoir l'avenir,
    Et d'en prononcer les oracles;   5995
Sans elle, c'est en vain qu'on perce jusqu'aux cieux,
Qu'on rend l'oreille aux sourds, aux aveugles les yeux;
    Ce n'est rien que tous ces miracles :
L'espérance, la foi, le reste des vertus,
    Sans la charité, sans la grâce,   6000
Pour hautes qu'elles soient, tombent devant ta face,
Ainsi que des épis de langueur abattus.

O trésor que jamais le monde ne comprit,
O grâce qui répands sur le pauvre d'esprit

dona naturæ bonis et malis sunt communia; electorum autem proprium donum est gratia, sive dilectio, quæ insigniti, digni habentur vita æterna.
    Tantum eminet hæc gratia, ut nec donum prophetiæ, nec signorum operatio, nec quantalibet alta speculatio, aliquid æstimetur sine ea; sed neque fides, neque spes, neque aliæ virtutes, tibi acceptæ sunt sine caritate et gratia.
    O beatissima gratia, quæ pauperem spiritu virtutibus divitem

---

1. *Var.* Elle s'en rend prodigue aux méchants comme aux bons (*a*).
(1656 B-62)

(*a*) Dans l'exemplaire de 1658 corrigé de la main de Corneille, *Elle s'en rend prodigue* a été remplacé par la leçon définitive : *Elle en est libérale.*

Des vertus les saintes richesses, 6005
Et rends sainte à son tour l'abondance des biens
Par cette humilité qu'en l'âme tu soutiens
  Contre l'orgueil de nos foiblesses,
Viens dès le point du jour, descends, verse en mon cœur
  Tes consolations divines, 6010
De peur qu'aride et las dans ce champ plein d'épines[1],
Il n'y demeure enfin sans force et sans vigueur.

Accorde-moi[2] ce don, et j'accepte un refus
De quoi qu'osent chercher les sentiments confus
  De l'infirmité naturelle. 6015
Ta grâce me suffit, et si je suis tenté,
Battu d'afflictions, trahi, persécuté,
  Je ne craindrai rien avec elle.
J'y mets toute ma force, et j'en fais tout mon bien :
  Elle secourt, elle conseille; 6020
Il n'est sagesse aucune à la sienne pareille,
Ni pouvoir ennemi qui soit égal au sien.

C'est elle qui du cœur est la vive clarté,
Elle qui nous instruit et de la vérité

facis, et divitem multis bonis humilem corde reddis! Veni, descende ad me, reple me mane consolatione tua; ne deficiat præ lassitudine et ariditate mentis anima mea.

Obsecro, Domine, ut inveniam gratiam in oculis tuis; sufficit enim mihi gratia tua, cæteris non obtentis quæ desiderat natura. Si fuero tentatus et vexatus tribulationibus multis, non timebo mala, dum mecum fuerit gratia tua. Ipsa fortitudo mea, ipsa consilium confert et auxilium. Cunctis hostibus potentior est, et sapientior universis sapientibus.

Magistra est veritatis, doctrix disciplinæ, lumen cordis, solamen

---

1. *Var.* De peur qu'aride et las en ce champ plein d'épines. (1656 B-62)
2. On lit: *Accordez-moi*, au pluriel, dans les éditions de 1670, de 1676 et de 1693.

552 L'IMITATION DE JÉSUS-CHRIST.

<pre>
        Et de l'heureuse discipline;   6025
C'est elle qui soutient parmi l'oppression;
C'est elle qui nourrit dans la dévotion,
        Et bannit tout ce qui chagrine :
Elle ne souffre en l'âme aucun indigne effroi,
        Elle en dissipe les alarmes,   6030
Et donne au saint amour des soupirs et des larmes,
Qu'elle-même prend soin d'élever jusqu'à toi.

Sans elle je ne suis qu'un arbre infortuné,
Une souche inutile, un tronc déraciné,
        Qui n'est bon qu'à jeter aux flammes.   6035
O grand Dieu, dont la main nous prête un tel secours,
Fais-moi donc prévenir, fais-moi suivre toujours
        Par cette lumière des âmes;
Fais qu'elle m'affermisse aux bonnes actions,
        Père éternel, je t'en conjure,   6040
Par ton Fils Jésus-Christ, par cette source pure
D'où part le doux torrent de ses impressions!
</pre>

pressuræ, fugatrix tristitiæ, ablatrix timoris, nutrix devotionis, productrix lacrymarum.

Quid sum sine ea, nisi aridum lignum, et stipes inutilis ad ejiciendum? Tua ergo me, Domine, gratia semper præveniat et sequatur, ac bonis operibus jugiter præstet esse intentum, per Jesum Christum Filium tuum. Amen.

CHAPITRE LVI[1].

QUE NOUS DEVONS RENONCER A NOUS-MÊMES, ET IMITER JÉSUS-CHRIST EN PORTANT NOTRE CROIX[2].

Autant que tu pourras t'écarter de toi-même,
Autant passeras-tu dans mon être suprême.
Comme l'âme au dedans enracine la paix 6045
Quand pour tout le dehors elle éteint ses souhaits,
Ainsi lorsqu'au dedans elle-même se quitte,
Elle s'unit à moi par un si haut mérite.
Je te veux donc apprendre à te bien détacher,
Sans plus te revêtir[3], sans plus te rechercher, 6050
T'instruire à te soumettre à ma volonté pure,
Sans contradiction, sans bruit et sans murmure.

Suis-moi, je suis et vie, et voie, et vérité :
On ne va point sans voie au terme projeté,
On ne vit point sans vie, on ne peut rien connoître 6055
Si de la vérité le jour ne vient paroître.

C'est moi qui suis la vie où tu dois aspirer,
La vérité suprême où tu dois t'assurer,

LVI. Fili, quantum a te vales exire, tantum in me poteris transire. Sicut nihil foris concupiscere internam pacem facit, sic se interius relinquere Deo conjungit. Volo te addiscere perfectam abnegationem tui in voluntate mea, sine contradictione et querela.
Sequere me : Ego sum via, veritas, et vita. Sine via, non itur; sine veritate, non cognoscitur; sine vita, non vivitur.
Ego sum via, quam sequi debes; veritas, cui credere debes; vita,

1. Corps ou sujet de l'emblème : « Simon le Cyrénéen aide à Jésus-Christ à porter sa croix. » Ame ou sentence : *Si vis regnare mecum, porta crucem mecum.* (Chapitre LVI, 5.)
2. Titre latin : *Quod nos ipsos abnegare debemus, et Christum per crucem imitari.*
3. Voyez plus haut, p. 449, note 1.

La voie à suivre en tout, mais voie inviolable,
Vérité hors de doute, et vie interminable. 6060

Je suis la droite voie, et dont le juste cours
Pour arriver au ciel ne souffre aucuns détours;
Je suis la vérité souveraine et sacrée;
Je suis la vie enfin, vraie, heureuse, incréée.
Si tu prends bien ma voie, et marches sans gauchir, 6065
La vérité saura pleinement t'affranchir ;
Tu la verras entière, et sa clarté fidèle
Te servira de guide à la vie éternelle.

Pour la connoître bien, écoute et crois ma voix;
Pour entrer à la vie, aime et garde mes lois ; 6070
Pour te rendre parfait, vends tout, et te détache ;
Quiconque est mon disciple à soi-même s'arrache ;
De la présente vie il fait un saint mépris :
Si tu prétends à l'autre, on ne l'a qu'à ce prix[1].
Tu dois à tous tes sens faire une rude guerre, 6075
Pour être grand au ciel t'humilier en terre,
Pour régner avec moi te charger de ma croix;
Ma couronne est acquise à qui soutient son poids,
Et c'est l'aimable joug de cette servitude

quam sperare debes. Ego sum via inviolabilis, veritas infallibilis, vita interminabilis.
    Ego sum via rectissima, veritas suprema, vita vera, vita beata, vita increata. Si manseris in via mea, cognosces veritatem, et veritas liberabit te, et apprehendes vitam æternam.
    Si vis ad vitam ingredi, serva mandata. Si vis veritatem cognoscere, crede mihi. Si vis perfectus esse, vende omnia. Si vis esse discipulus meus, abnega temetipsum. Si vis beatam vitam possidere, præsentem vitam contemne. Si vis exaltari in cœlo, humilia te in mundo. Si vis regnare mecum, porta crucem mecum. Soli enim servi crucis inveniunt viam beatitudinis, et veræ lucis.

1. *Var.* Si tu prétends à l'autre, elle n'est qu'à ce prix. (1656 B et C, 59 et 62)

Qui seul ouvre la voie à la béatitude[1]. 6080

Seigneur, puisqu'il t'a plu de choisir ici-bas
Les rigueurs d'une vie étroite et méprisée,
Fais qu'aux mêmes rigueurs ma constance exposée
Par le mépris du monde avance sur tes pas.
J'aurois mauvaise grâce à ne vouloir pas être 6085
    Au même rang que mon auteur :
Le disciple n'est pas au-dessus du docteur,
    Ni l'esclave au-dessus du maître.

Fais que ton serviteur s'exerce à t'imiter ;
Fais qu'à suivre ta vie à toute heure il s'essaie : 6090
En elle est mon salut, et la sainteté vraie ;
C'est par là seulement qu'on te peut mériter.
Quoi que je lise ailleurs, quoi que je puisse entendre,
    Je n'en puis être satisfait,
Et je n'y trouve rien de ce plaisir parfait 6095
    Que d'elle seule on doit attendre.

Puisque tu sais, mon fils, toutes ces vérités,
Que ta sainte lecture a toutes ces clartés,
Tu seras bienheureux, si tu fais sans réserve
Ce que tu vois assez que je veux qu'on observe. 6100
Celui qui bien instruit par ces enseignements,

    Domine Jesu, quia arcta est vita tua, et mundo despecta, dona mihi te cum mundi despectu imitari. Non enim major est servus domino suo, nec discipulus supra magistrum.
    Exerceatur servus tuus in vita tua, quia ibi est salus mea, et sanctitas vera. Quidquid extra eam lego, vel audio, non me recreat, nec delectat plene.
    Fili, quia hæc scis, et legisti omnia, beatus eris, si feceris ea. Qui habet mandata mea, et servat ea, ipse est qui diligit me ; et ego

---

1. Dans les éditions de 1659 et de 1662 :
    Qui seule ouvre la voie et la béatitude.

Garde un profond respect pour mes commandements,
C'est celui-là qui m'aime ; et comme je sais rendre
A qui me sait aimer plus qu'il n'ose prétendre,
Je l'aime, et l'aimerai jusqu'à lui faire voir   6105
Ma gloire en cet éclat qu'on ne peut concevoir,
L'en couronner moi-même, et pour digne salaire
L'asseoir à mes côtés au trône de mon Père.

Seigneur, dont la bonté ne s'épuise jamais,
Et qui dans tous nos maux toi-même nous consoles, 6110
Puissé-je voir l'effet de tes saintes paroles !
Puissé-je mériter ce que tu me promets !
J'ai reçu de ta main le fardeau salutaire
    De cette aimable et sainte croix,
Et je la porterai jusqu'aux derniers abois   6115
    Telle que tu la voudras faire.

La croix est en effet du bon religieux
La véritable vie, et le chemin solide,
La lumière assurée, et l'infaillible guide
Qui le mène à la gloire et l'introduit aux cieux.   6120
Quand on a commencé d'en suivre la bannière,
    Il ne faut plus en désister,
Et l'on devient infâme à la vouloir quitter,
    Ou faire deux pas en arrière.

Mes frères, marchons donc sous cet heureux drapeau ;

diligam eum, et manifestabo ei meipsum ; et faciam eum consedere mecum in regno Patris mei.

Domine Jesu, sicut dixisti et promisisti, sic utique fiat, et mihi promereri contingat. Suscepi, suscepi de manu tua crucem ; portabo eam usque ad mortem, sicut imposuisti mihi.

Vere vita boni monachi crux est, sed dux paradisi. Inceptum est, retro abire non licet, nec relinquere oportet.

Eia, fratres, pergamus simul, Jesus erit nobiscum. Propter Jesum

Marchons d'un même pas, Jésus sera des nôtres :
Pour lui nous l'avons pris, ainsi que ses apôtres ;
Nous le devons pour lui suivre jusqu'au tombeau.
Le plus âpre sentier ne peut donner de peine,
  Puisqu'il nous est frayé par lui :   6130
Il marche devant nous, et sera notre appui[1],
  Comme il est notre capitaine.

Pourrions-nous reculer en voyant notre roi
Les armes à la main commencer la conquête ?
Il combattra pour nous, il est à notre tête ;   6135
Suivons avec ardeur, n'ayons aucun effroi ;
Soyons prêts de mourir dans ce champ de victoire
  Que lui-même a teint de son sang :
La retraite est un crime, et qui sort de son rang[2]
  Souille et trahit toute sa gloire.   6140

suscepimus hanc crucem; propter Jesum perseveremus in cruce. Erit adjutor noster, qui est dux noster, et præcessor.
 En rex noster, ingreditur ante nos, qui pugnabit pro nobis. Sequamur viriliter, nemo metuat terrores ; simus parati mori fortiter in bello ; nec inferamus crimen gloriæ nostræ, ut fugiamus a cruce.

1. *Var.* Il a pris le devant, et sera notre appui. (1656 B et C, 59 et 62)
2. *Var.* La retraite est un crime, et qui sort d'un tel rang. (1656 B-65 A)

CHAPITRE LVII[1].

QUE L'HOMME NE DOIT PAS PERDRE COURAGE QUAND IL TOMBE EN QUELQUES DÉFAUTS[2].

Mon fils, je me plais mieux à l'humble patience
    Parmi les tribulations,
Qu'au zèle affectueux de ces dévotions
Dont la prospérité nourrit la confiance.
Pourquoi donc t'émeus-tu pour un foible revers?   6145
Pourquoi t'affliges-tu pour un mot de travers?
Un reproche léger n'est pas un grand outrage :
Quand même jusqu'au cœur il t'auroit pu blesser,
Il ne te devroit pas ébranler le courage;
Va, fais la sourde oreille, et laisse-le passer.   6150

Ce n'est pas le premier dont tu sentes l'atteinte;
    Il n'a pour toi rien de nouveau;
Et si tu peux longtemps reculer du tombeau,
Ce n'est pas le dernier dont tu feras ta plainte.
Tu n'es que trop constant hors de l'adversité;   6155
Tu secours même un autre avec facilité,
Ta pitié le conseille, et ta voix le conforte,

LVII. Fili, magis placent mihi patientia et humilitas in adversis, quam multa consolatio et devotio in prosperis. Ut quid te contristat parvum factum contra te dictum? Si amplius fuisset, commoveri non debuisses; sed nunc dimitte transire.

Non est primum, nec novum, nec ultimum erit, si diu vixeris. Satis virilis es, quamdiu nil obviat adversi. Bene etiam consulis, et

---

1. Corps ou sujet de l'emblème : « Les apôtres fuient chacun de leur côté, quand Jésus-Christ fut pris au jardin des Olives. » Ame ou sentence : *Satis virilis es, quamdiu nihil obviat adversi.* (Chapitre LVII, 2.)

2. Titre latin : *Quod homo non sit nimis dejectus, quando in aliquos labitur defectus.*

Tu sais à tous ses maux mettre un prompt appareil ;
Mais quand l'affliction vient frapper à ta porte,
Tu n'as plus aussitôt ni force ni conseil.   6160

Par là tu peux juger l'excès de ta foiblesse,
  Que mille épreuves te font voir,
Puisque le moindre obstacle a de quoi t'émouvoir,
Et que le moindre mal t'accable de tristesse.
Je sais qu'il t'est fâcheux de te voir mépriser[1] :   6165
Tel qui te foule aux pieds te devroit courtiser ;
Tel devroit t'obéir qui sous lui te captive ;
Mais souviens-toi qu'enfin tout est pour ton salut,
Que ce qui te déplaît par mon ordre t'arrive,
Et que ton bonheur propre en est l'unique but.   6170

Je ne demande point que tu sois insensible[2] ;
  Mais tâche à bien régler ton cœur,
Tâche à bien soutenir ce qu'il a de vigueur,
Et si tu ne peux tout, fais du moins ton possible.
A chaque déplaisir tiens-toi ferme en ce point,   6175
Que s'il te peut toucher, il ne t'abatte point,
Que jamais son aigreur longtemps ne t'embarrasse[3] :
Souffre avec allégresse, ou si c'est trop pour toi,
Souffre avec patience, et conserve une place
A recevoir sans bruit tout ce qui vient de moi.   6180

 alios nosti roborare verbis; sed cum ad januam tuam venit repentina tribulatio, deficis consilio et robore.
 Attende magnam fragilitatem tuam, quam sæpe experiris in modicis objectis : tamen pro salute tua ista fiunt.
 Cum hæc et similia contingunt, propone, ut melius nosti, ex corde ea compescere; et si te tetigit adversitas, non tamen dejiciat, nec diu implicet. Ad minus sustine patienter, si non potes gaudenter.

 1. *Var.* Je sais qu'il est fâcheux de te voir mépriser. (1656 B-65 A)
 2. *Var.* Je ne demande pas que tu sois insensible. (1656 B-65 A)
 3. *Var.* Que jamais trop longtemps son coup ne t'embarrasse. (1656 B-65)

Que si tu ne saurois sans trop de répugnance[1]
    Endurer tant d'oppression,
Si tu ne peux ouïr sans indignation
Ce que la calomnie à ton opprobre avance,
Rends-toi maître du moins de tous ces mouvements,
Réprime la chaleur de leurs soulèvements,
De crainte qu'à les voir quelqu'un ne s'effarouche;
Et de quelque façon que tu sois méprisé,
Prends garde qu'un seul mot ne sorte de ta bouche
Dont puisse un esprit foible être scandalisé.   6190

La tempête, bientôt cédant à la bonace,
    N'aura plus ces éclats ardents,
Et toute la douleur qu'elle excite au dedans[2]
Perdra son amertume au retour de ma grâce.
Je suis le Dieu vivant encor prêt à t'aider,   6195
Prêt à venger ta honte, et prêt à t'accorder
Des consolations l'abondante lumière;
Mais pour en obtenir les nouvelles faveurs,
Il faut remettre en moi ta confiance entière,
Et prendre à m'invoquer de nouvelles ferveurs.   6200

Montre-toi plus égal durant ce peu d'orage,
    Fais ton effort pour le braver,
Et quelques grands malheurs qui puissent t'arriver,

Etiamsi minus libenter audis, et indignationem sentis, reprime te, nec patiaris aliquid inordinatum ex ore tuo exire, unde parvuli scandalizentur.

Cito conquiescet commotio excitata, et dolor internus revertente dulcorabitur gratia. « Adhuc vivo ego, dicit Dominus, juvare te paratus, et solito amplius consolari, si confisus fueris mihi, et devote invocaveris. »

Animæquior esto, et ad majorem sustinentiam accingere. Non

1. *Var.* Que si tu ne saurois sans forte répugnance. (1656 B-65)
2. *Var.* Et cette aigre douleur qu'elle excite au dedans. (1656 B-65)

Prépare encor ton âme à souffrir davantage.
Pour te sentir pressé des tribulations, 6205
Pour te voir chanceler sous les tentations,
Ne crois pas tout perdu, n'y trouve rien d'étrange :
Tu n'es qu'homme, et non Dieu, mais homme tout de chair,
Mais chair toute fragile, et non pas tel qu'un ange.[1]
Que de l'abus des sens il m'a plu détacher[2]. 6210

Les anges même au ciel, le premier homme en terre,
    Où je lui fis un paradis,
Conservèrent si peu l'état où je les mis
Qu'ils devinrent bientôt dignes de mon tonnerre.
Ne prétends non plus qu'eux conserver ta vertu 6215
Sans te voir ébranlé, sans te voir combattu ;
Mais en ce triste état offre-moi ta foiblesse :
J'élève qui gémit avec humilité,
Et plus l'homme à mes yeux reconnoît sa bassesse,
Plus je le fais monter vers ma divinité. 6220

Béni sois-tu, Seigneur, dont la sainte parole
    Me fortifie et me console ;
    Il n'est rien ailleurs de si doux :
Que ferois-je, ô mon Dieu, parmi tant de misères,
    Parmi tant d'angoisses amères, 6225

est totum frustratum, si te sæpius percipis tribulatum, vel graviter tentatum. Homo es, et non Deus; caro es, non angelus.

Quomodo tu posses semper in eodem statu virtutis permanere, quando hoc defuit angelo in cœlo, et primo homini in paradiso, qui non diu steterunt? Ego sum qui mœrentes erigo sospitate, et suam cognoscentes infirmitatem ad meam proveho divinitatem.

Domine, benedictum sit verbum tuum, dulce super mel et favum ori meo. Quid facerem in tantis tribulationibus et angustiis meis, nisi me confortares tuis sanctis sermonibus?

1. *Var.* Mais chair toute fragile, et non pas comme un ange. (1656 B, 59 et 62)
2. *Var.* Que de l'abus des sens j'ai voulu détacher. (1656 B-62)

Si tu ne m'enseignois à rabattre leurs coups?

Pourvu qu'heureusement j'achève ma carrière,
  Pourvu que ta sainte lumière
  Me conduise au port de salut,
Que m'importe combien je souffre de traverses,   6230
  Et combien de peines diverses
Me font du monde entier le glorieux rebut?

Fais qu'une bonne fin de ces maux me dégage;
  Donne-moi cet heureux passage
  De ce monde à l'éternité :   6235
Aplanis-moi la route à monter dans ta gloire,
  Et ne perds jamais la mémoire
Du besoin qu'a de toi mon imbécillité.

CHAPITRE LVIII[1].

QU'IL NE FAUT POINT VOULOIR PÉNÉTRER LES HAUTS MYSTÈRES, NI EXAMINER LES SECRETS JUGEMENTS DE DIEU [2].

N'abuse point, mon fils, de tes foibles lumières
Jusqu'à vouloir percer les plus hautes matières,   6240
Jusqu'à vouloir entrer dans les profonds secrets

 Dummodo tandem ad portum salutis perveniam; quid curæ est quæ et quanta passus fuero?
 Da finem bonum, da felicem ex hoc mundo transitum. Memento mei, Deus meus, et dirige me recto itinere in regnum tuum. Amen.
 LVIII. Fili, caveas disputare de altis materiis, et de occultis Dei

---

 1. Corps ou sujet de l'emblème : « La mort du mauvais riche. » Ame ou sentence : *Væ divitibus qui habent hic consolationes!* (Chapitre LVIII, 25.)
 2. Titre latin : *De altioribus rebus et occultis judiciis Dei non scrutandis.*

LIVRE III, CHAPITRE LVIII.

De l'inégal dehors de mes justes décrets ;
Ne cherche point à voir quelle raison pressante
Fait que ma grâce agit où paroît impuissante[1],
Est avare ou prodigue, abandonne ou soutient ;
N'examine jamais d'où ce partage vient,
Ni pourquoi l'un ainsi languit dans la misère,
Et que l'autre est si haut au-dessus du vulgaire :
Il n'est raisonnement, il n'est effort humain
Qui puisse pénétrer mon ordre souverain,
Ni s'éclaircir au vrai par la longue dispute
D'où vient que je caresse ou que je persécute.

Quand le vieil ennemi fait ces suggestions,
Qu'un esprit curieux émeut ces questions,
Au lieu de perdre temps à leur vouloir répondre,
Lève les yeux au ciel, et dis pour les confondre :
« Seigneur, vous êtes juste en tous vos jugements,
La vérité préside à vos discernements,
Et l'équité qui règne en vos ordres suprêmes
Les rend toujours en eux justifiés d'eux-mêmes :
Qu'il leur plaise abaisser, qu'il leur plaise agrandir,
On doit trembler sous eux, sans les approfondir,
Et jamais sans folie on ne peut l'entreprendre,
Puisque l'esprit humain ne les sauroit comprendre. »

judiciis : cur iste sic relinquitur, et ille ad tantam gratiam assumitur ; cur etiam iste tantum affligitur, et ille tam eximie exaltatur. Ista omnem humanam facultatem excedunt ; nec ad investigandum judicium divinum ulla ratio prævalet vel disputatio.

Quando ergo hæc tibi suggerit inimicus, vel etiam quidam curiosi inquirunt homines, responde illud prophetæ : « Justus es, Domine, et rectum judicium tuum. » Et illud : « Judicia Domini vera, justificata in semetipsa. » Judicia mea metuenda sunt, non discutienda, quia humano intellectui sunt incomprehensibilia.

---

[1]. *Var.* Fait que ma grâce abonde ou paroît impuissante. (1656 B et C)
Var. Fait que ma grâce abonde et paroît impuissante. (1659 et 62)

564   L'IMITATION DE JÉSUS-CHRIST.

Ne t'informe non plus qui des saints m'est aux cieux
Le plus considérable ou le moins précieux,
Et ne conteste point sur la prééminence
Que de leur sainteté mérite l'excellence.
Ces curiosités sont autant d'attentats,
Qui ne font qu'exciter d'inutiles débats,   6270
Enfler les cœurs d'orgueil, brouiller les fantaisies,
Jusqu'aux dissensions pousser les jalousies,
Lorsque de part et d'autre un cœur passionné[1]
A préférer son saint porte un zèle obstiné.

Les contestations de ces recherches vaines   6275
Ne laissent aucun fruit après beaucoup de peines :
Ce n'est que se gêner d'un frivole souci,
Et l'on déplaît aux saints quand on les loue ainsi.
Jamais avec ce feu mon esprit ne s'accorde :
Je suis le Dieu de paix, et non pas de discorde;   6280
Et cette paix consiste en vraie humilité,
Plus qu'aux vaines douceurs d'avoir tout emporté.

Je sais qu'en bien des cœurs souvent le zèle imprime
Pour tel ou tel des saints plus d'ardeur et d'estime;
Mais cette ardeur, ce zèle, et cette estime enfin,   6285

Noli etiam inquirere, nec disputare de meritis sanctorum : quis alio sit sanctior, aut quis major fuerit in regno cœlorum. Talia generant sæpe lites et contentiones inutiles; nutriunt quoque superbiam et vanam gloriam : unde oriuntur invidiæ et dissensiones, dum iste istum sanctum, et alius alium conatur superbe præferre.

Talia autem velle scire et investigare, nullum fructum afferunt, sed magis sanctis displicent : quia non sum Deus dissensionis, sed pacis, quæ pax magis in humilitate vera, quam in propria exaltatione consistit.

Quidam zelo dilectionis trahuntur ad hos vel ad illos ampliori

---

1. *Var.* Lorsque de part et d'autre un obstiné soutien
S'attache avec chaleur à préférer le sien. (1656 B et C, 59 et 62)

LIVRE III, CHAPITRE LVIII. 565

Partent d'un mouvement plus humain que divin.
C'est de moi seul qu'au ciel ils tiennent tous leur place :
Je leur donne la gloire, et leur donnai la grâce;
Je connois leur mérite, et les ai prévenus
Par un épanchement de trésors inconnus,   6290
De bénédictions, de douceurs toujours prêtes
A redoubler leur force au milieu des tempêtes.

Je n'ai point attendu la naissance des temps
Pour chérir mes élus, et les juger constants[1].
De toute éternité ma claire prescience   6295
A su se faire jour dedans leur conscience;
De toute éternité j'ai vu tout leur emploi,
Et j'ai fait choix d'eux tous, et non pas eux de moi.

Ma grâce les appelle à mon céleste empire,
Et ma miséricorde après moi les attire;   6300
Ma main les a conduits par les tentations;
Je les ai remplis seul de consolations;
Je leur ai donné seul de la persévérance,
Et seul j'ai couronné[2] leur humble patience.

Ainsi je les connois du premier au dernier;   6305
Ainsi j'ai pour eux tous un amour singulier;

affectu, sed humano potius quam divino. Ego sum qui cunctos condidi sanctos; ego donavi gratiam, ego præstiti gloriam; ego novi singulorum merita; ego præveni eos in benedictionibus dulcedinis meæ;

Ego præscivi dilectos ante sæcula; ego eos elegi de mundo, non ipsi me præelegerunt;

Ego vocavi per gratiam, attraxi per misericordiam; ego perduxi eos per tentationes varias; ego infudi consolationes magnificas; ego dedi perseverantiam; ego coronavi eorum patientiam.

Ego primum et novissimum agnosco; ego omnes inæstimabili di-

1. *Var.* A chérir mes élus et les juger constants. (1656 B, C et D, 59 et 62)
2. Dans les éditions de 1676 et de 1693 : « Et j'ai seul couronné.... »

Ainsi de ce qu'ils sont la louange m'est due;
Toute la gloire ainsi m'en doit être rendue;
Ainsi par-dessus tout doit être en eux béni,
Par-dessus tout vanté mon amour infini, 6310
Qui pour montrer l'excès de sa magnificence,
Les élève à ce point de gloire et de puissance,
Et sans qu'aucun mérite en eux ait précédé,
Les prédestine au rang que je leur ai gardé.

Qui méprise le moindre au plus grand fait outrage, 6315
Parce que de ma main l'un et l'autre est l'ouvrage :
On ôte à leur auteur tout ce qu'on ôte à l'un;
On l'ôte à tout le reste, et l'opprobre est commun.
L'ardente charité qui ne fait d'eux qu'une âme
Les unit tous entre eux par des liens de flamme : 6320
Tous n'ont qu'un sentiment et qu'une volonté;
Tous s'entr'aiment en un par cette charité.

Je dirai davantage : ils m'aiment plus qu'eux-mêmes;
Ravis au-dessus d'eux vers mes bontés suprêmes,
Après avoir banni la propre affection, 6325
Ils s'abîment entiers dans ma dilection,
Et de l'objet aimé possédants la présence,
Ils trouvent leur repos dans cette jouissance.

lectione amplector; ego laudandus sum in omnibus sanctis meis;
ego super omnia benedicendus sum, et honorandus in singulis, quos
sic gloriose magnificavi et prædestinavi, sine ullis præcedentibus
propriis meritis.

Qui ergo unum de minimis meis contempserit, nec magnum honorat, quia pusillum et magnum ego feci. Et qui derogat alicui sanctorum, derogat et mihi, et cæteris omnibus in regno cœlorum : omnes unum sunt per caritatis vinculum; idem sentiunt, idem volunt, et omnes in unum se diligunt.

Adhuc autem (quod multo altius est) plus me, quam se et sua merita, diligunt. Nam supra se rapti, et extra propriam dilectionem tracti, toti in amorem mei pergunt, in quo et fruitive quiescunt.

LIVRE III, CHAPITRE LVIII.

Rien d'un si digne amour ne les peut détourner ;
Rien vers d'autres objets ne les peut ramener :   6330
L'immense vérité dont leurs âmes sont pleines
Par sa vive lumière entretient dans leurs veines
Et de la charité l'inextinguible feu,
Et de toute autre ardeur un constant désaveu.

Que ces hommes charnels, que ces âmes brutales   6335
Qui leur osent donner des places inégales,
Ces cœurs qui n'ont pour but que les plaisirs mondains,
Cessent de discourir de l'état de mes saints.
L'ardeur qu'ils ont pour eux, ou foible, ou véhémente,
Au gré de son caprice ôte, déguise, augmente,   6340
Sans consulter jamais sur leur félicité
La voix de ma sagesse et de ma vérité.

L'ignorance en plusieurs fait ce mauvais partage
Qu'ils font entre mes saints de mon propre héritage,
Surtout en ces esprits foiblement éclairés,   6345
Qui de leur propre amour encor mal séparés,
Ont peine à conserver dans une âme charnelle
Une dilection toute spirituelle.
Le penchant naturel de l'humaine amitié
De leur zèle imprudent fait plus de la moitié :   6350
Comme ils n'en forment point que leurs sens n'examinent,
Ce qui se passe en bas, en haut ils l'imaginent,

Nihil est quod eos avertere possit aut deprimere, quippe qui, æterna veritate pleni, igne ardescunt inextinguibilis caritatis.

Taceant igitur carnales et animales homines de sanctorum statu disserere, qui non norunt nisi privata gaudia diligere. Demunt et addunt, pro sua inclinatione, non prout placet æternæ veritati.

In multis est ignorantia, eorum maxime qui parum illuminati, raro aliquem perfecta dilectione spirituali diligere norunt. Multum adhuc naturali affectu, et humana amicitia, ad hos vel ad illos trahuntur ; et sicut in inferioribus se habent, ita et de cœlestibus ima-

Et tel que sur la terre en est l'ordre et le cours,
Tel le présume au ciel leur aveugle discours.
Cependant la distance en est incomparable, 6355
Et pour les imparfaits est si peu concevable,
Que des illuminés la spéculation
N'atteint point jusque-là sans révélation.

Garde bien donc, mon fils, par trop de confiance,
De sonder des secrets qui passent ta science; 6360
Ne porte point si haut ton esprit curieux,
Et sans vouloir régler le rang qu'on tient aux cieux,
Réunis seulement tes soins et ta lumière
Pour y trouver ta place, et fût-ce la dernière.

Quand tu pourrois connoître avec pleine clarté 6365
Quels saints en mon royaume ont plus de dignité,
De quoi t'en serviroit l'entière connoissance,
Si tu n'en devenois plus humble en ma présence,
Et si tu n'en prenois une plus forte ardeur
A publier ma gloire, et bénir ma grandeur? 6370

Vois ton peu de mérite et l'excès de tes crimes;
Et si tu peux des saints voir les vertus sublimes,
Vois combien tes défauts et ton manque de soin
De leur perfection te laissent encor loin :

ginantur. Sed est distantia incomparabilis, quam imperfecti non cogitant, et quam illuminati viri per revelationen supernam speculantur.

Cave ergo, fili, de istis curiose tractare quæ tuam scientiam excedunt; sed hoc magis satage et intende, ut vel minimus in regno Dei queas inveniri.

Et si quispiam sciret quis alio sanctior esset, vel major haberetur in regno cœlorum, quid ei hæc notitia prodesset, nisi se ex hac cogitatione coram me humiliaret, et in majorem nominis mei laudem exsurgeret?

Multo acceptius Deo facit qui de peccatorum suorum magnitu-

Tu feras beaucoup mieux que celui qui conteste   6375
Touchant leur préférence au royaume céleste,
Et sur l'emportement de son esprit malsain
Du moindre et du plus grand décide en souverain.

Oui, mon fils, il vaut mieux leur rendre tes hommages,
Les yeux baignés de pleurs implorer leurs suffrages,
Mendier leur secours, leur offrir d'humbles vœux,
Que de juger ainsi de leurs secrets et d'eux.

Puisqu'ils ont tous au ciel de quoi se satisfaire,
Que les hommes en terre apprennent à se taire,
Et donnent une bride à la témérité   6385
Où de leurs vains discours va l'importunité.

Les saints ont du mérite, et n'en font point de gloire;
Ils ne se donnent point l'honneur de leur victoire :
Comme de mes trésors tout leur bien est sorti,
Et que ma charité leur a tout départi,   6390
Ils rapportent le tout au pouvoir adorable
De cette charité pour eux inépuisable.

Ils ont un tel amour pour ma divinité,

dine, et virtutum suarum parvitate cogitat, et quam longe a perfectione sanctorum distat, quam is qui de eorum majoritate vel parvitate disputat.

Melius est sanctos devotis precibus et lacrymis exorare, et eorum gloriosa suffragia humili mente implorare, quam eorum secreta vana inquisitione perscrutari.

Illi bene et optime contentantur, si homines scirent contentari, et vaniloquia sua compescere.

Non gloriantur de propriis meritis, quippe qui sibi nihil bonitatis adscribunt, sed totum mihi, quoniam ipsis cuncta ex infinita caritate mea donavi.

Tanto amore divinitatis, et gaudio supereffluenti replentur, ut nihil eis desit gloriæ, nihilque possit deesse felicitatis.

Un tel ravissement de ma bénignité,
Que cette sainte joie en vrais plaisirs féconde, 6395
Qui toujours les remplit et toujours surabonde,
Par un regorgement qu'on ne peut expliquer,
Fait que rien ne leur manque, et ne leur peut manquer.

Plus ils sont élevés dans ma gloire suprême,
Plus leur esprit soumis se ravale en lui-même, 6400
Et mon amour par là redoublant ses attraits,
Le plus humble d'entre eux m'approche de plus près.
Aussi devant l'éclat qui partout m'environne
L'Écriture t'apprend qu'ils baissent leur couronne,
Qu'ils tombent sur leur face aux pieds du saint Agneau
Qui daigna de son sang racheter le troupeau,
Et qu'ainsi prosternés ils adorent sans cesse
Du Dieu toujours vivant l'éternelle sagesse[1].

Plusieurs veulent savoir ce que chaque saint vaut[2],
Et qui d'eux tient au ciel le grade le plus haut, 6410
Qui sont mal assurés s'ils pourront les y joindre,
Et s'ils mériteront d'être reçus au moindre.
C'est beaucoup de se voir le dernier en un lieu
Où tous sont grands, tous rois, tous vrais enfants de Dieu.
Le moindre y vaut plus seul que mille rois en terre,

> Omnes sancti, quanto altiores in gloria, tanto humiliores in seipsis, et mihi viciniores et dilectiores existunt; ideoque habes scriptum : quia mittebant coronas suas ante Deum, et ceciderunt in facies suas coram Agno, et adoraverunt viventem in sæcula sæculorum.
> Multi quærunt quis major sit in regno Dei, qui ignorant an cum minimis erunt digni computari. Magnum est, vel minimum esse in cœlo, ubi omnes magni sunt, quia omnes filii Dei vocabuntur et erunt. Minimus erit in mille, et peccator centum annorum morietur.

1. *Apocalypse*, chapitre VI, verset 14.
2. *Var.* Plusieurs veulent savoir combien chaque saint vaut. (1656 B-65)

Et l'orgueil de cent ans frappé de mon tonnerre
N'a de part qu'au séjour de l'éternelle mort
Qui du plus vieux pécheur doit terminer le sort.

Ainsi je dis moi-même autrefois aux apôtres[1] :
« Si vous voulez au ciel être au-dessus des autres, 6420
Sachez qu'auparavant il faut se convertir,
Qu'il faut s'humilier, qu'il faut s'anéantir,
Se ranger aussi bas que cette foible enfance
Qui vit soumise à tous par sa propre impuissance :
Autrement, point d'accès au royaume des cieux. 6425
Oui, ce petit enfant qui se traîne à vos yeux
De votre humilité doit être la mesure :
Rendez-vous ses égaux, ma gloire vous est sûre ;
L'amour vous y conduit, et l'espoir, et la foi ;
Mais le plus humble enfin est le plus grand chez moi. »

Voyez donc, orgueilleux, quelle est votre disgrâce :
Bien que le ciel soit haut, la porte en est si basse,
Qu'elle en ferme l'entrée à ceux qui sont trop grands
Pour se pouvoir réduire à l'égal des enfants.

Malheur encore à vous, riches pour qui le monde 6435
En consolations de tous côtés abonde !
Les pauvres entreront, cependant qu'au dehors
Vos larmes et vos cris feront de vains efforts.
Humble, réjouis-toi ; pauvres, prenez courage :

Cum enim quærerent discipuli, quis major esset in regno cœlorum, tale audierunt responsum : « Nisi conversi fueritis, et efficiamini sicut parvuli, non intrabitis in regnum cœlorum. Quicumque ergo humiliaverit se, sicut parvulus iste, hic major est in regno cœlorum. »

Væ eis qui cum parvulis humiliare se sponte dedignantur, quoniam humilis janua regni cœlestis eos non admittet intrare !

Væ etiam divitibus qui habent hic consolationes suas, quia, pau-

1. *Évangile de saint Matthieu*, chapitre xviii, versets 3 et 4.

Le royaume du ciel est votre heureux partage ; 6440
Il l'est, si toutefois dans votre humilité
Vous pouvez jusqu'au bout marcher en vérité.

CHAPITRE LIX[1].

QU'IL FAUT METTRE EN DIEU SEUL TOUT NOTRE ESPOIR ET TOUTE NOTRE CONFIANCE[2].

Seigneur, quelle est ma confiance
Au triste séjour où je suis ?
Et de quelles douceurs l'heureuse expérience 6445
Rompt le mieux cette impatience
Où me réduisent mes ennuis ?

En puis-je trouver qu'en toi-même,
Sauveur amoureux et bénin,
Dont la miséricorde en un degré suprême 6450
Verse dans une âme qui t'aime
Des plaisirs sans nombre et sans fin ?

En quels lieux hors de ta présence
M'est-il arrivé quelque bien ?

peribus intrantibus in regnum Dei, ipsi stabunt foris ejulantes ! Gaudete humiles, et exultate pauperes ; quia vestrum est regnum Dei, si tamen in veritate ambulatis.

LIX. Domine, quæ est fiducia mea, quam in hac vita habeo ? aut quod majus solatium meum, ex omnibus apparentibus sub cœlo ?
Nonne tu, Domine Deus meus, cujus misericordiæ non est numerus ?
Ubi mihi bene fuit sine te ? aut quando male esse potuit præsente te ?

1. Corps ou sujet de l'emblème : « Mardochée monté sur la mule du Roi et mené en triomphe par son ennemi Aman. » Ame ou sentence : *Omnia mihi in bonum convertis.* (Chapitre LIX, 10.)
2. Titre latin : *Quod omnis spes et fiducia in solo Deo figenda est.*

Et quels maux à mon cœur font sentir leur puissance,
    Sinon alors que ton absence
    Me prive de ton cher soutien ?

    La fortune avec ses largesses
    A tous les mondains fait la loi ;
Mais si la pauvreté jouit de tes caresses,
    Je la préfère à ces richesses
    Qui séparent l'homme de toi.

    Le ciel même, quelque avantage
    Que sur la terre il puisse avoir,
Me verroit mieux aimer cet exil, ce passage,
    Si tu m'y montrois ton visage,
    Que son paradis sans te voir.

    C'est le seul aspect du grand maître
    Qui fait le bon ou mauvais sort :
Tu mets le ciel partout où tu te fais paroître,
    Et les lieux où tu cesses d'être,
    C'est là qu'est l'enfer et la mort.

    Puisque c'est à toi que j'aspire[1],
    Qu'en toi seul est ce que je veux,
Il faut bien qu'après toi je pleure, je soupire,
    Et que jusqu'à ce que j'expire,

Malo pauper esse propter te, quam dives sine te.
Eligo potius tecum in terra peregrinari, quam sine te cœlum possidere.
Ubi tu, ibi cœlum ; atque ibi mors et infernus, ubi tu non es.
Tu mihi in desiderio es ; et ideo post te gemere, clamare et exorare necesse est.

1. *Var.*   Seigneur, c'est à toi que j'aspire,
           En toi seul est ce que je veux :
Souffre donc qu'après toi je pleure, je soupire. (1670 O)

J'envoie après toi tous mes vœux.

Quelle autre confiance pleine
Pourroit me promettre un secours
Qui de tous les besoins de la misère humaine,   6480
Par une vertu souveraine,
Pût tarir ou borner le cours ?

Toi seul es donc mon espérance,
L'appui de mon infirmité,
Le Dieu saint, le Dieu fort, qui fait mon assurance,
Qui me console en ma souffrance,
Et m'aime avec fidélité.

Chacun cherche ses avantages ;
Tu ne regardes que le mien,
Et c'est pour mon salut qu'à m'aimer tu t'engages,   6490
Que tu calmes tous mes orages,
Que tu me tournes tout en bien.

La rigueur même des traverses
A pour but mon utilité :
C'est la part des élus ; par là tu les exerces,   6495
Et leurs tentations diverses
Sont des marques de ta bonté.

In nullo denique possum plene confidere, qui in necessitatibus auxilietur opportunius, nisi in te solo Deo meo.
Tu es spes mea et fiducia mea, tu consolator meus, et fidelissimus in omnibus.
Omnes quæ sua sunt quærunt ; tu salutem meam et profectum meum solummodo prætendis, et omnia in bonum mihi convertis.
Etiamsi variis tentationibus et adversitatibus exponas, hoc totum ad utilitatem meam ordinas, qui mille modis dilectos tuos probare consuevisti.

Ton nom n'est pas moins adorable
Parmi les tribulations,
Et dans leur dureté tu n'es pas moins aimable   6500
Que quand ta douceur ineffable
Répand ses consolations.

Aussi ne mets-je mon refuge
Qu'en toi, mon souverain auteur;
Et de tous mes ennuis quel que soit le déluge,   6505
Hors du sein de mon propre juge
Je ne veux point de protecteur.

Je ne vois ailleurs que foiblesse,
Qu'une lâche instabilité,
Qui laisse trébucher au moindre assaut qui presse   6510
L'effort de sa vaine sagesse
Sous sa propre imbécillité.

Hors de toi point d'ami qui donne
De favorables appareils,
Point de secours si fort qui soudain ne s'étonne,   6515
Point de prudence qui raisonne;
Point de salutaires conseils.

Il n'est sans toi docteur ni livre
Qui me console en ma douleur;

In qua probatione non minus diligi debes et laudari, quam si cœlestibus consolationibus me repleres.

In te ergo, Domine Deus, pono totam spem meam et refugium; in te omnem tribulationem et angustiam meam constituo:

Quia totum infirmum et instabile invenio quidquid extra te conspicio.

Non enim proderunt multi amici, neque fortes auxiliarii adjuvare poterunt, nec prudentes consiliarii responsum utile dare.

Neque libri doctorum consolari, nec aliqua pretiosa substantia liberare, nec locus aliquis secretus et amœnus contutari,

Il n'est de tant de maux trésor qui me délivre,   6520
　　Ni lieu sûr où je puisse vivre
　　Exempt de trouble et de malheur.

　　A moins que ta sainte parole
　　Relève mon cœur languissant,
A moins qu'elle m'instruise en ta divine école[1],   6525
　　Qu'elle m'assiste et me console,
　　Le reste demeure impuissant[2].

　　Tout ce qui semble ici produire
　　La paix dont on pense jouir,
N'est sans toi qu'un éclair si prompt à se détruire,   6530
　　Que le moment qui le fait luire
　　Le fait aussi s'évanouir.

　　Non, ce n'est qu'une vaine idée
　　D'une fausse tranquillité,
Une couleur trompeuse, une image fardée,   6535
　　Qui n'a ni douceur bien fondée,
　　Ni solide félicité.

　　Ainsi tout ce qu'a cette vie
　　D'éminent et d'illustre emploi,
Les plus profonds discours dont l'âme y soit ravie,   6540

　　Si tu ipse non assistas, juves, confortes, consoleris, instruas, et custodias.
　　Omnia namque quæ ad pacem videntur esse et felicitatem habendam, te absente nihil sunt,
　　Nihilque felicitatis conferunt.
　　Finis ergo omnium bonorum, et altitudo vitæ, et profunditas eloquiorum tu es;

1. *Var.* A moins qu'elle m'instruise en sa divine école. (1656 B et C, 59 et 62)
2. *Var.*　　　Tout le reste n'est qu'impuissant, (1656 B-65)

Tous les biens dont elle est suivie,
    N'ont fin ni principe que toi.

        Ainsi de toute la misère
        Où nous plonge son embarras
L'âme sait adoucir l'aigreur la plus amère,   6545
        Quand par-dessus tout elle espère
        Aux saintes faveurs de ton bras.

        C'est en toi seul que je me fie;
        A toi seul j'élève mes yeux;
Dieu de miséricorde, éclaire, sanctifie[1],   6550
        Épure, bénis, fortifie
        Mon âme du plus haut des cieux.

        Fais-en un siége de ta gloire,
        Un lieu digne de ton séjour,
Un temple où, parmi l'or et l'azur et l'ivoire,   6555
        Aucune ombre ne soit si noire
        Qu'elle déplaise à ton amour.

        Joins à ta clémence ineffable
        De ta pitié l'immense effort,

Et in te super omnia sperare, fortissimum solatium servorum tuorum.

Ad te sunt oculi mei; in te confido, Deus meus, misericordiarum pater. Benedic et sanctifica animam meam benedictione cœlesti,

Ut fiat habitatio sancta tua, et sedes æternæ gloriæ tuæ, nihilque in templo tuæ dignitatis inveniatur quod oculos tuæ majestatis offendat.

Secundum magnitudinem bonitatis tuæ, et multitudinem miserationum tuarum, respice in me, et exaudi orationem pauperis servi tui, longe exulantis in regione umbræ mortis.

1. *Var.* Dieu de miséricorde, éclaire, fortifie,
        Épure, bénis, sanctifie. (1656 B-65 A, et 70 O)

Et ne rejette pas les vœux d'un misérable 6560
    Qui traîne un exil déplorable
    Parmi les ombres de la mort.

    Rassure mon âme alarmée;
    Et contre la corruption,
Contre tous les périls dont la vie est semée, 6565
    Toi qui pour le ciel l'as formée,
    Prends-la sous ta protection.

    Qu'ainsi ta grâce l'accompagne,
    Et par les sentiers de la paix,
A travers cette aride et pierreuse campagne, 6570
    La guide à la sainte montagne
    Où ta clarté luit à jamais.

Protege et conserva animam servuli tui, inter tot discrimina vitæ corruptibilis;
Ac comitante gratia tua, dirige per viam pacis, ad patriam perpetuæ claritatis. Amen.

LIVRE QUATRIÈME.

DU TRÈS-SAINT SACREMENT DE L'AUTEL[1].

PRÉFACE[2].

« Vous dont un poids trop lourd étouffe la vigueur,
Vous que je vois gémir sous un travail trop rude,
Accourez tous à moi, venez, dit le Seigneur,
Venez, je vous rendrai de la force et du cœur,
Je vous affranchirai de toute lassitude.   5
Le pain que je réserve à qui me sait chercher
    N'est autre que ma propre chair,
Que je dois à mon Père offrir pour votre vie :
    Prenez, mangez, c'est mon vrai corps
Qu'on livrera pour vous aux rages de l'envie,   10
Et qui d'un pain visible emprunte les dehors.

« Faites en ma mémoire un jour à votre rang

PROŒMIUM. — «Venite ad me, omnes qui laboratis et onerati estis, et ego reficiam vos, dicit Dominus. Panis, quem ego dabo, caro mea est, pro mundi vita. Accipite et comedite : hoc est corpus meum, quod pro vobis tradetur ;

    1. Titre latin : *De sacramento corporis Christi*.
    2. La place où le sujet est indiqué d'ordinaire est laissée en blanc dans la gravure qui est en regard de la préface, et qui représente une foule de gens de tous états agenouillés devant le saint ciboire, posé sur un nuage et entouré d'anges. Une banderole gravée sur le nuage porte pour âme ou sentence : *Venite ad me omnes*. (Préface, 1.) — L'édition de 1656 D a seule, au-dessous du mot PRÉFACE, ce titre : « DÉVOTE EXHORTATION A LA COMMUNION. » Il répond à celui qu'on lit dans la plupart des éditions modernes de l'*Imitation* latine : *Devota exhortatio ad sacram communionem*.

Ce qu'à vos yeux je fais avant ma dernière heure.
Ceux qui mangent ma chair, ceux qui boivent mon sang,
Ce sang qui dans ce vase est tel que dans mon flanc, 15
Demeurent dans moi-même, et dans eux je demeure.
Dites ce que je dis pour faire comme moi :
    L'efficace de votre foi
Produira même effet par les paroles mêmes ;
    Donnez aux miennes plein crédit, 20
Et n'oubliez jamais que mes bontés suprêmes
Les remplissent toujours et de vie et d'esprit. »

CHAPITRE I[1].

AVEC QUEL RESPECT IL FAUT RECEVOIR LE CORPS DE JÉSUS-CHRIST [2].

Ce sont là tes propos, vérité souveraine :
Ta bouche en divers temps les a tous prononcés ;
Je les vois par écrit en divers lieux tracés ; 25
Mais ce sont tous ruisseaux de la même fontaine.
Ils sont tiens, ils sont vrais, et mon infirmité
Les doit recevoir tous avec fidélité,
    Avec pleine reconnoissance,
En faire tout mon bien, et les considérer 30

   « Hoc facite in meam commemorationem. Qui manducat carnem meam, et bibit meum sanguinem, in me manet, et ego in illo. Verba quæ ego locutus sum vobis spiritus et vita sunt. »
   I. Hæc sunt verba tua, Christe, Veritas æterna, quamvis non uno tempore prolata, nec uno in loco conscripta. Quia ergo tua sunt, et vera, gratanter mihi et fideliter cuncta sunt accipienda. Tua sunt, et tu ea protulisti ; et mea quoque sunt, quia pro salute mea ea edidisti.

   1. Corps ou sujet de l'emblème : « L'abaissement de Jésus-Christ dans le saint sacrement est une marque de sa grandeur. » Ame ou sentence : *Tanto major apparet.* (Chapitre 1, 25.)
   2. Titre latin : *Cum quanta reverentia Christus sit suscipiendus.*

Comme autant de trésors que ta magnificence
Pour mon propre salut a voulu m'assurer.

Je les prends avec joie au sortir de ta bouche
Pour les faire passer jusqu'au fond de mon cœur,
Et comme ils n'ont en eux qu'amour et que douceur, 35
Leur sainte impression sensiblement me touche;
Mais la terreur que mêle à de si doux transports
De mes impuretés le sensible remords,
  Par d'inévitables reproches
Retarde tout l'effet de leurs plus forts attraits, 40
D'un mytère si haut me défend les approches,
Et me laisse accablé du poids de mes forfaits.

Cependant tu le veux, Seigneur, tu me l'ordonnes,
Qu'opposant tes bontés à tout ce juste effroi,
Je marche en confiance et m'approche de toi; 45
Si je veux avoir part aux vrais biens que tu donnes:
Tu veux me préparer par un céleste mets
Au bienheureux effet de ce que tu promets
  Dans une abondance éternelle,
Et que mon impuissance et ma fragilité, 50
Si je veux obtenir une vie immortelle,
Se nourrissent du pain de l'immortalité.

« Vous donc qui gémissez sous un travail trop rude,

Libenter suscipio ea ex ore tuo, ut arctius inserantur cordi meo. Excitant me verba tantæ pietatis, plena dulcedinis et dilectionis; sed terrent me delicta propria, et ad capienda tanta mysteria, me reverberat impura conscientia. Provocat me dulcedo verborum tuorum; sed onerat me multitudo vitiorum meorum.

Jubes ut fiducialiter ad te accedam, si tecum velim habere partem; et ut immortalitatis accipiam alimoniam, si æternam cupiam obtinere vitam et gloriam.

« Venite, inquis, ad me, omnes qui laboratis et onerati estis, et

Vous dont un poids trop lourd étouffe la vigueur,
Venez tous, nous dis-tu[1], je vous rendrai du cœur, 55
Je vous affranchirai de toute lassitude. »
O termes pleins d'amour! ô mots doux et charmants!
Qu'ils ont pour le pécheur de hauts ravissements[2],
 Quand tu l'appelles à ta table!
Un pauvre, un mendiant, s'en voir par toi pressés! 60
S'y voir par toi repus de ton corps adorable!
Mais enfin tu l'as dit, Seigneur, et c'est assez.

Que suis-je, ô mon Sauveur, pour oser y prétendre[3]?
Qui me peut enhardir à m'approcher de toi?
Et qui te fait nous dire : « Accourez tous à moi, » 65
Toi que ne peut le ciel contenir ni comprendre?
D'où te vient cet amour qui m'y daigne inviter,
Moi dont les actions ne font que t'irriter,
 Moi qui ne suis qu'ordure et glace?
L'ange ne peut te voir sans en frémir d'effroi, 70
Les justes et les saints tremblent devant ta face,
Et tu dis aux pécheurs : « Accourez tous à moi. »

ego reficiam vos. » O dulce et amicabile verbum in aure peccatoris, quod tu, Domine Deus meus, egenum et pauperem invitas ad communionem tui sanctissimi corporis!

Sed quis ego sum, Domine, ut ad te præsumam accedere? Ecce cœli cœlorum te non capiunt; et tu dicis : « Venite ad me, omnes. » Quid sibi vult ista piissima dignatio, et tam amicabilis invitatio? Quomodo ausus ero venire, qui nihil boni mihi conscius sum, unde possim præsumere? Quomodo te introducam in domum meam, qui sæpius offendi benignissimam faciem tuam? Reverentur angeli et archangeli, metuunt sancti et justi; et tu dicis : « Venite ad me, omnes. »

---

1. *Évangile de saint Matthieu*, chapitre XI, verset 28.
2. *Var.* Qu'ils ont pour le pécheur de doux ravissements. (1659 et 62)
3. *Var.* Qui suis-je, ô mon Sauveur, pour oser y prétendre?

(1656 B-65)

Si tu ne le disois, quel homme oseroit croire
Qu'un Dieu jusqu'à ce point se voulût abaisser?
Et si tu n'ordonnois à tous de s'avancer,   75
Quel homme attenteroit à cet excès de gloire?
Si Noé fut cent ans à bâtir un vaisseau
Qui contre le ravage et les fureurs de l'eau
  Devoit garantir peu de monde,
Quelle apparence, ô Dieu, qu'ayant à recevoir   80
Le créateur du ciel, de la terre et de l'onde,
Une heure à ces respects prépare mon devoir?

Si ton grand serviteur, ton bien-aimé Moïse,
Pour enfermer la pierre écrite de tes doigts,
Fit une arche au désert d'incorruptible bois,   85
Et vêtit ses dehors d'une dorure exquise;
Si de ce bois choisi le précieux emploi
Ne fut que pour garder les tables d'une loi
  Que tu voulois être suivie:
Moi qui ne suis qu'un tronc tout pourri, tout gâté,   90
Pour recevoir l'auteur des lois et de la vie,
Oserai-je apporter tant de facilité[1]?

Ce modèle accompli des têtes couronnées,

Nisi tu, Domine, hoc diceres, quis verum esse crederet? et nisi tu juberes, quis accedere attentaret? Ecce Noe, vir justus, in arcæ fabrica centum annis laboravit, ut cum paucis salvaretur; et ego quomodo me potero una hora præparare, ut mundi fabricatorem cum reverentia sumam?

Moyses, famulus tuus magnus, et specialis amicus tuus, arcam ex lignis imputribilibus fecit, quam et mundissimo vestivit auro, ut tabulas legis in ea reponeret; et ego, putrida creatura, audebo te, conditorem legis ac vitæ datorem, tam facile suscipere?

Salomon, sapientissimus regum Israel, templum magnificum sep-

---

1. Dans les éditions de 1659 et de 1662, le mot *facilité* a été changé, par erreur, en *félicité*.

Le plus sage des rois, le grand roi Salomon,
Pour élever un temple à l'honneur de ton nom, 95
Tout grand roi qu'il étoit, employa sept années;
Il fit huit jours de fête à le sanctifier;
Il mit sur tes autels, pour te le dédier,
    Mille victimes pacifiques;
Et les chants d'allégresse, et le son des clairons, 100
Quand il plaça ton arche en ces lieux magnifiques,
En apprirent la pompe à tous les environs.

Et moi qui des pécheurs suis le plus misérable,
Oserai-je introduire un Dieu dans ma maison,
Lui présenter pour temple une sale prison, 105
Lui donner pour demeure un séjour effroyable?
Au lieu d'un siècle entier, de sept ans, de huit jours,
Un quart d'heure amortit, un moment rompt le cours
    De toute l'ardeur de mon zèle;
Et puissé-je du moins m'acquitter dignement 110
Des amoureux devoirs d'un serviteur fidèle,
Ou durant ce quart d'heure, ou durant ce moment!

Qu'ils ont pour t'obéir, qu'ils ont pour te mieux plaire,
Tous trois consumé d'art, de travaux et de temps!
Qu'auprès de leur ferveur mes feux sont inconstants! 115
Et que je te sers mal pour un si grand salaire[1]!

tem annis in laudem nominis tui ædificavit, et octo diebus festum dedicationis ejus celebravit; mille hostias pacificas obtulit; et arcam fœderis, in clangore buccinæ et jubilo, in locum sibi præparatum solemniter collocavit;

Et ego, infelix et pauperrimus hominum, quomodo te in domum meam introducam, qui vix mediam expendere devote novi horam? et utinam vel semel digne fere mediam!

O mi Deus, quantum illi, ad placendum tibi, agere studue-

1. *Var.* Et que je te sers mal pour un plus grand salaire! (1656 B, 59 et 62)

Alors que ta bonté m'attire à ce festin
Où ton corps est la viande et ton sang est le vin,
  Que lâchement je m'y prépare !
Que rarement en moi je me tiens recueilli !   120
Qu'aisément mon esprit de lui-même s'égare,
Et suit les vains objets dont il est assailli !

Certes en ta présence un penser salutaire
Devroit fermer la porte à tous autres desirs,
Et réunir en toi si bien tous nos plaisirs,   125
Qu'aucune autre douceur ne pût nous en distraire.
Tout ce qui du respect s'écarte tant soit peu,
Tout ce dont les parfaits font quelque désaveu,
  Devroit de tout point disparoître,
Puisque les anges même ont lieu d'être jaloux   130
De voir, non un d'entre eux, mais leur souverain maître
Ravaler sa grandeur jusqu'à loger en nous.

Quelques honneurs qu'on dût à l'arche d'alliance,
De quelque sacré prix que fussent ses trésors,
La différence est grande entre elle et ton vrai corps, 135
Entre eux et la vertu de ta sainte présence [1].
Tout ce qu'on immoloit sous l'ancienne loi
N'étoit de l'avenir promis à notre foi

runt ! Heu, quam pusillum est quod ago ! quam breve expleo tempus, cum me ad communicandum dispono, raro totus collectus, rarissime ab omni distractione purgatus !
  Et certe in tua salutari Deitatis præsentia, nulla deberet occurrere indecens cogitatio, nulla etiam occupare creatura, quia non angelum, sed angelorum Dominum, suscepturus sum hospitio.
  Est tamen valde magna distantia inter arcam fœderis cum suis reliquiis, et mundissimum corpus tuum cum suis ineffabilibus virtutibus; inter legalia illa sacrificia, futurorum præfigurativa, et

1. *Var.* Entre eux et les vertus de ta sainte présence. (1656 B-65)

Qu'une ombre, qu'une image obscure ;
Et dessus nos autels on offre à tout moment 140
Le parfait sacrifice, et la victime pure
Qui de tout ce vieil ordre est l'accomplissement.

Que ne conçois-je donc une ardeur plus sincère,
Un zèle plus fervent, à ton divin aspect !
Que ne me préparé-je avec plus de respect 145
A la réception de ton sacré mystère !
Dans les siècles passés, prophètes, princes, rois,
Patriarches et peuple en ont cent et cent fois
  Donné le précepte et l'exemple ;
Et leurs cœurs pour ton culte ardemment embrasés 150
Me forcent à rougir, quand je porte à ton temple
Des vœux si languissants et sitôt épuisés.

Le dévot roi David, sautant devant ton arche,
Publioit tes bienfaits reçus par ses aïeux ;
Des instruments divers le son mélodieux 155
Concerté par son ordre en régloit la démarche ;
Des psaumes le doux son tout autour s'entendoit ;
Poussé du Saint-Esprit lui-même il accordoit
  Sa harpe à chanter tes merveilles ;
Lui-même il enseignoit tout son peuple à s'unir 160
Pour louer chaque jour tes grandeurs sans pareilles ;

veram tui corporis hostiam, omnium antiquorum sacrificiorum completivam.

Quare igitur non magis ad tuam venerabilem inardesco præsentiam ? Cur non majori me præparo sollicitudine ad tua sancta sumenda, quando illi antiqui sancti patriarchæ et prophetæ, reges quoque et principes, cum universo populo, tantum devotionis demonstrarunt affectum erga cultum divinum ?

Saltavit devotissimus rex David coram arca Dei totis viribus, recolens beneficia olim indulta patribus ; fecit diversi generis organa, psalmos edidit, et cantari instituit cum lætitia ; cecinit et ipse fre-

Lui-même il l'instruisoit en l'art de te bénir.

Si telle étoit jadis la ferveur pour ta gloire,
Si le zèle agissoit alors si fortement,
Que de son seul aspect l'arche du Testament   165
De ta sainte louange excitoit la mémoire,
Quelle est la révérence, et quels sont les transports
Que ce grand sacrement, que ton précieux corps
      Doit m'imprimer au fond de l'âme ?
Et que ne doivent point tous les peuples chrétiens   170
Apporter de respect, de tendresse et de flamme,
Quand ils vont recevoir cette source de biens ?

Les reliques des saints et leurs superbes temples
Font courir les mortels en mille et mille lieux ;
Ils s'y laissent charmer et l'oreille et les yeux   175
Par la haute structure et par leurs hauts exemples ;
Ils baisent à genoux les précieux dépôts
De leur chair vénérable et de leurs sacrés os,
      Qu'enveloppent l'or et la soie ;
Et je te vois, mon Dieu, tout entier à l'autel,   180
Toi le grand saint des saints, toi l'auteur de leur joie,
Toi de tout l'univers le monarque immortel !

quenter in cithara, Spiritus sancti afflatus gratia ; docuit populum Israel toto corde Deum laudare, et ore consono diebus singulis benedicere et prædicare.

Si tanta agebatur tunc devotio, ac divinæ laudis exstitit recordatio coram arca Testamenti, quanta nunc mihi, et omni populo Christiano, habenda est reverentia et devotio in præsentia sacramenti, in sumptione excellentissimi corporis Christi !

Currunt multi ad diversa loca, pro visitandis reliquiis sanctorum ; et mirantur, auditis gestis eorum ; ampla ædificia templorum inspiciunt, et osculantur sericis et auro involuta sacra ossa ipsorum ; et ecce, tu præsens es hic apud me in altari, Deus meus, sanctus sanctorum, creator omnium, et dominus angelorum.

Souvent même l'esprit de ces pèlerinages
N'est qu'un chatouillement de curiosité,
Et l'attrait qu'a toujours en soi la nouveauté   185
Vers ce qu'on n'a point vu tire ainsi les courages.
Quand un motif si vain les pousse et les conduit,
Le travail le plus long rapporte peu de fruit,
    Et ne laisse rien qui corrige,
Surtout en ces esprits follement empressés,   190
Qu'une ardeur trop légère à ces courses oblige,
Sans aucun saint retour sur leurs crimes passés.

Mais en ce sacrement ton auguste présence,
Véritable Homme-Dieu, rend le fruit assuré,
Toutes les fois qu'un cœur dignement préparé   195
Y porte ferveur pleine et pleine révérence.
Il n'y va point aussi ni par légèreté,
Ni par démangeaison de curiosité,
    Ni par autre sensible amorce :
Tout ce qui l'y conduit, c'est une ferme foi,   200
C'est d'un solide espoir l'inébranlable force,
C'est un ardent amour qui n'a d'objet que toi.

De la terre et du ciel créateur invisible,
Que grande est la bonté que tu montres pour nous!
Que ton ordre aux élus est favorable et doux,   205
De leur offrir pour mets ton corps incorruptible!

    Sæpe in talibus videndis curiositas est hominum, et novitas invisorum, et modicus reportatur emendationis fructus, maxime ubi est tam levis, sine vera contritione, discursus.
    Hic autem in Sacramento altaris totus præsens es, Deus meus, homo Christus Jesus : ubi et copiosus percipitur æternæ salutis fructus, quotiescumque fueris digne ac devote susceptus. Ad istud vero non trahit levitas aliqua, nec curiositas, aut sensualitas; sed firma fides, devota spes, et sincera caritas.
    O invisibilis conditor mundi Deus, quam mirabiliter agis nobiscum! quam suaviter et gratiose cum electis tuis disponis, qui-

De ta façon d'agir les miracles charmants
Épuisent la vigueur de nos entendements,
    Et ne s'en laissent point comprendre :
C'est ce qui des dévots attire tous les cœurs ;   210
C'est ce qui dans leurs cœurs verse un amour si tendre ;
C'est ce qui les élève aux plus hautes ferveurs.

Aussi ces vrais dévots, dont les saints exercices
Appliquent de leurs soins toute l'activité
A corriger en eux cette facilité   215
Que prête la nature aux attaques des vices ;
Ces rares serviteurs, qui n'ont point d'autre but
Que d'avancer leur vie au chemin du salut[1],
    Et rendre leurs âmes parfaites,
Reçoivent d'ordinaire en ce grand sacrement   220
Un zèle plus soumis à ce que tu souhaites,
Et l'amour des vertus empreint plus fortement.

O grâce merveilleuse autant qu'elle est cachée,
Qu'éprouve le fidèle, et que ne peut goûter
Ni le manque de foi qui s'arrête à douter,   225
Ni l'âme aux vains plaisirs en esclave attachée !
Par tes rayons secrets l'esprit mieux éclairé,
Loin des sentiers obscurs qui l'avoient égaré,
    Reprend sa route légitime :

bus temetipsum in sacramento sumendum proponis ! Hoc namque omnem intellectum superat ; hoc specialiter devotorum corda trahit, et accendit affectum.

Ipsi enim veri fideles tui, qui totam vitam suam ad emendationem disponunt, ex hoc dignissimo sacramento magnam devotionis gratiam ; et virtutis amorem, frequenter recipiunt.

O admirabilis et abscondita gratia sacramenti, quam norunt tantum Christi fideles ; infideles autem, et peccatis servientes, experiri non possunt ! In hoc sacramento confertur spiritualis gra-

---

1. *Var.* Que d'avancer leur vie au chemin de salut. (1656 B, C et D, 59 et 62)

Sa beauté se répare, ainsi que sa vertu, 230
Et tout ce qu'en gâtoit la souillure du crime
Rend à ses premiers traits l'éclat qu'ils avoient eu.

Tu descends quelquefois avec telle abondance,
Qu'après l'âme remplie un doux regorgement
En répand sur le corps le rejaillissement[1], 235
Et l'anime à son tour par sa vive influence.
La prodigalité de la divine main
Veut que tout l'homme ait part à ce bien souverain
    Au milieu de sa lassitude;
Et du corps tout usé la traînante langueur 240
Dans le débordement de cette plénitude
Souvent trouve un trésor de nouvelle vigueur.

Est-il rien cependant honteux et déplorable
Comme nos lâchetés, comme notre tiédeur,
De ne pas nous porter avecque plus d'ardeur 245
A prendre Jésus-Christ, à manger à sa table?
C'est en lui, c'est aux biens qu'il nous y fait trouver
Que consistent[2] de ceux qui se doivent sauver
    Tout l'espoir et tous les mérites;
C'est lui qui sanctifie, et nous a rachetés, 250
Qui nous console ici par ses douces visites,

tia, et reparatur in anima virtus amissa; et per peccatum deformata, redit pulchritudo.
    Tanta est aliquando hæc gratia, ut ex plenitudine collatæ devotionis, non tantum mens, sed et debile corpus, vires sibi præstitas sentiant ampliores.
    Dolendum tamen valde et miserandum super tepiditate et negligentia nostra, quod non majori affectione trahimur ad Christum sumendum, in quo tota spes salvandorum consistit, et meritum. Ipse enim est sanctificatio nostra, et redemptio; ipse consolatio viatorum, et sanctorum æterna fruitio.

1. Il y a *rejallissement*, sans *i*, dans toutes nos éditions.
2. Dans l'édition de 1662 : *consiste*, au singulier.

LIVRE IV, CHAPITRE I.

Et qui des saints au ciel fait les félicités.

Nous avons donc bien lieu d'une douleur profonde
De voir tant de mortels ouvrir si peu les yeux
Sur un mystère saint qui réjouit les cieux,   255
Et qui par sa vertu conserve tout le monde.
Oh! quel aveuglement! oh! quelle dureté
De regarder si peu quelle est la dignité
      D'un don si grand, si salutaire!
L'usage trop commun semble la rabaisser,   260
Et tel prend chaque jour cet auguste mystère,
Qui le prend par coutume et ne daigne y penser.

Si nous n'avions qu'un lieu, si nous n'avions qu'un prêtre
Par qui ton corps sacré s'offrît sur nos autels,
Avec combien de foule y courroient les mortels[1]!   265
Quelle ardeur pour le voir ne feroient-ils paroître!
Mais tu n'épargnes point un bien si précieux :
Tant de prêtres partout l'offrent en tant de lieux,
      Que nos froideurs n'ont point d'excuse[2].
On le voit, on l'adore, on le prend chaque jour;   270
Et plus cette faveur sur la terre est diffuse,

    Dolendum itaque valde quod multi tam parum hoc salutare mysterium advertunt, quod cœlum lætificat, et mundum conservat universum. Heu cæcitas, et duritia cordis humani, tam ineffabile donum non magis attendere, et ex quotidiano usu etiam ad inadvertentiam defluere!
    Si enim hoc sanctissimum sacramentum in uno tantum celebraretur loco, et ab uno tantum consecraretur sacerdote in mundo, quanto putas desiderio ad illum locum, et ad talem Dei sacerdotem homines afficerentur, ut divina mysteria celebrari viderent! Nunc autem multi facti sunt sacerdotes, et in multis locis offertur Christus, ut tanto major appareat gratia, et dilectio Dei ad hominem, quanto latius est sacra communio diffusa per orbem.

  1. *Var.* Avec combien de joie y courroient les mortels! (1659 et 62)
  2. *Var.*   Que nos glaces n'ont point d'excuse. (1656 B-62)

Plus elle y fait briller ta grâce et ton amour[1].

Ton nom en soit béni, sauveur de la nature,
Dieu de miséricorde, et pasteur éternel,
Dont l'amour excessif pour l'homme criminel   275
Lui donne en cet exil ton corps pour nourriture !
Pauvre et banni qu'il est, loin de le rejeter,
A ce banquet sacré tu daignes l'inviter ;
    Ta propre bouche l'y convie :
« O vous qui succombez sous le faix des travaux,   280
Venez tous, nous dis-tu[2], doux auteur de la vie,
Et je soulagerai la grandeur de vos maux. »

CHAPITRE II[3].

QUE LE SACREMENT DE L'AUTEL NOUS DÉCOUVRE UNE GRANDE BONTÉ ET UN GRAND AMOUR DE DIEU[4].

Je m'approche, Seigneur, plein de la confiance
Que tu veux que je prenne en ta haute bonté :
Je m'approche en malade, avec impatience   285
De recevoir de toi la parfaite santé.

    Gratias tibi, Jesu bone, pastor æterne, qui nos pauperes et exules dignatus es pretioso corpore et sanguine tuo reficere ; et ad hæc mysteria percipienda etiam proprii oris tui alloquio invitare, dicendo : « Venite ad me, omnes qui laboratis et onerati estis, et ego reficiam vos. »
    II. Super bonitate tua et magna misericordia tua, Domine, confisus, accedo æger ad Salvatorem ;

---

    1. *Var.* Plus elle fait briller ta grâce et ton amour. (1659 et 62)
    2. *Évangile de saint Matthieu*, chapitre XI, verset 28.
    3. Corps ou sujet de l'emblème : « Saint Guillaume, duc d'Aquitaine, se prosterne devant le saint sacrement, que lui présente saint Bernard, et se convertit. » Ame ou sentence : *Quomodo audet peccator coram te apparere.* (Chapitre II, 5.)
    4. *Var.* .... ET UN GRAND AMOUR DE DIEU POUR L'HOMME. (1656 B-62) — Titre latin : *Quod magna bonitas et caritas Dei in sacramento exhibetur homini.*

Je cherche en altéré la fontaine de vie;
Je cherche en affamé le pain vivifiant;
Et c'est sur cet espoir que mon âme ravie
Au monarque du ciel présente un mendiant.   290

Aux faveurs de son maître ainsi l'esclave espère,
Ainsi la créature aux dons du Créateur;
Ainsi le désolé cherche dans sa misère
Un doux refuge au sein de son consolateur.

Qui peut m'avoir rendu ta bonté si propice,   295
Que jusqu'à moi, Seigneur, il te plaise venir?
Et qui suis-je après tout, que ton corps me nourrisse,
Qu'au mien en ce banquet tu le daignes unir?

De quel front un pécheur devant toi comparoître?
De quel front jusqu'à toi s'ose-t-il avancer?   300
Comment le souffres-tu, toi, son juge et son maître?
Et comment jusqu'à lui daignes-tu t'abaisser?

Ce n'est point avec toi qu'il faut que je raisonne :
Tu connois ma foiblesse et mon peu de ferveur,
Et tu sais que de moi je n'ai rien qui me donne   305
Aucun droit de prétendre une telle faveur.

Plus je contemple aussi l'excès de ma bassesse,

> Esuriens et sitiens ad fontem vitæ, egenus ad regem cœli,
> Servus ad dominum, creatura ad Creatorem, desolatus ad meum pium consolatorem.
> Sed unde hoc mihi, ut venias ad me? Quid ego sum, ut præstes mihi teipsum?
> Quomodo audet peccator coram te apparere? et tu quomodo dignaris ad peccatorem venire?
> Tu nosti servum tuum, et scis quia nil boni in se habet, unde hoc illi præstes.
> Confiteor igitur vilitatem meam, agnosco tuam bonitatem, laudo pietatem, et gratias ago propter nimiam caritatem.

Plus j'admire aussitôt celui de ton amour :
J'adore ta pitié, je bénis ta largesse,
Je t'en veux rendre gloire et grâces nuit et jour [1].   310

C'est par cette clémence, et non pour mes mérites,
Que tu fais à mes yeux luire ainsi ta bonté,
Pour faire croître en moi l'amour où tu m'invites,
Et mieux enraciner la vraie humilité.

Puis donc que tu le veux, puisque tu le commandes,   315
J'ose me présenter au don que tu me fais;
Et puissé-je ne mettre à des bontés si grandes
Aucun empêchement par mes lâches forfaits !

Débonnaire Jésus, quelles sont les louanges,
Quels sont et les respects et les remercîments   320
Que te doivent nos cœurs pour ce vrai pain des anges
Que ta main nous prodigue en ces festins [2] charmants ?

Telle est la dignité de ce pain angélique,
Que son expression passe notre pouvoir,
Et nous voulons en vain que la bouche l'explique,   325
Lorsque l'entendement ne la peut concevoir.

    Propter temetipsum enim hoc facis, non propter mea merita: ut bonitas tua mihi magis innotescat, caritas amplior ingeratur, et humilitas perfectius commendetur.
    Quia ergo tibi hoc placet, et tu sic fieri jussisti, placet et mihi dignatio tua; et utinam iniquitas mea non obsistat!
    O dulcissime et benignissime Jesu, quanta tibi reverentia et gratiarum actio cum perpetua laude pro susceptione sacri corporis tui debetur,
    Cujus dignitatem nullus hominum explicare potens invenitur !

---

1. *Var.* Et t'en veux rendre gloire et grâces nuit et jour. (1656 B et C, 59 et 62)
2. Dans l'édition de 1676 : « en *tes* festins. »

Mais que dois-je penser à cette table sainte?
M'approchant de mon Dieu, de quoi m'entretenir?
J'y porte du respect, du zèle et de la crainte,
Et ne le puis assez respecter ni bénir.   330

Je n'ai rien de meilleur ni de plus salutaire,
Que de m'humilier devant ta majesté,
Et de tenir l'œil bas sur toute ma misère[1],
Pour élever d'autant l'excès de ta bonté.

Je te loue, ô mon Dieu, je t'exalte sans cesse;   335
De mon propre mépris je me fais une loi,
Et je m'abîme au fond de toute ma bassesse,
Pour de tout mon pouvoir me ravaler sous toi.

Toi, la pureté même, et moi, la même ordure,
Toi, le grand saint des saints, toi, leur unique roi, 340
Tu viens à cette indigne et vile créature
Qui ne mérite pas de porter l'œil sur toi!

Tu viens jusques à moi pour loger en moi-même,
Tu m'invites toi-même à ces divins banquets,

Sed quid cogitabo in hac communione, in accessu ad Dominum meum, quem debite venerari nequeo, et tamen devote suscipere desidero?

Quid cogitabo melius et salubrius, nisi meipsum totaliter humiliando coram te, et tuam infinitam bonitatem exaltando supra me.

Laudo te, Deus meus, et exalto in æternum. Despicio me, et subjicio tibi, in profundum vilitatis meæ.

Ecce tu sanctus sanctorum, et ego sordes peccatorum; ecce tu inclinas te ad me, qui non sum dignus ad te respicere.

Ecce tu venis ad me, tu vis esse mecum, tu invitas ad convivium tuum. Tu mihi dare vis cœlestem cibum, et panem angelorum, ad manducandum;

---

1. *Var.* Et tenir les yeux bas sur toute ma misère. (1656 B et C, 59, 62 et 70 O)

Où la profusion de ton amour extrême 345
Sert un pain angélique et de célestes mets !

Ce pain, ce mets sacré que tu nous y fais prendre,
C'est toi, c'est ton vrai corps, arbitre de mon sort,
Pain vivant, qui du ciel as bien voulu descendre
Pour redonner la vie aux enfants de la mort. 350

Quels tendres soins pour nous ton amour fait paroître !
Que grande est la bonté dont part ce grand amour !
Que ta louange, ô Dieu ! chaque jour en doit croître !
Que de remercîments on t'en doit chaque jour !

Que tu pris un dessein utile et salutaire, 355
Quand tu te fis auteur de ce grand sacrement !
Et l'aimable festin qu'il te plut de nous faire,
Quand tu nous y donnas ton corps pour aliment !

Qu'en cet effort d'amour tes œuvres admirables
Montrent de ta vertu le pouvoir éclatant ! 360
Et que ces vérités sont pour nous ineffables,
Que ta voix exécute aussitôt qu'on l'entend !

Ta parole jadis fit si tôt toutes choses,
Que rien n'en sépara le son d'avec l'effet ;
Et ta vertu passant dans les secondes causes, 365

Non alium sane, quam teipsum : panem vivum, qui de cœlo descendisti, et das vitam mundo.
Ecce, unde dilectio procedit, qualis dignatio illucescit ! quam magnæ gratiarum actiones et laudes tibi pro his debentur !
O quam salutare et utile consilium tuum, cum istud instituisti ! quam suave et jucundum convivium, cum teipsum in cibum donasti !
O quam admirabilis operatio tua, Domine ! quam potens virtus tua ! quam ineffabilis veritas tua !
Dixisti enim, et facta sunt omnia ; et hoc factum est quod ipse jussisti.

A peine l'homme parle, et ton vouloir est fait.

Chose étrange, et bien digne enfin que la foi vienne
Au secours de nos sens et de l'esprit humain,
Que l'espèce du vin tout entier te contienne,
Que tu sois tout entier sous l'espèce du pain ! 370

Tu fais de leur substance en toi-même un échange,
Tu les anéantis, et revêts leurs dehors ;
Et bien qu'à tous moments on te boive et te mange,
On ne consume point ni ton sang ni ton corps.

Grand monarque du ciel, qui dans ce haut étage 375
N'as besoin de personne, et ne manques de rien,
Tu veux loger en nous, et faire un alliage,
Par ce grand sacrement, de notre sang au tien !

Conserve donc mon cœur et tout mon corps sans tache,
Afin qu'un plein repos dans mon âme épandu, 380
A ce mystère saint un saint amour m'attache,
Et qu'à le célébrer je me rende assidu ;

Que souvent je le puisse offrir en ta mémoire,
Comme de ta voix propre il t'a plu commander,
Et qu'après l'avoir pris pour ta plus grande gloire, 385
Au salut éternel il me puisse guider.

Mira res, et fide digna, ac humanum vincens intellectum, quod tu, Domine Deus meus, verus Deus et homo, sub modica specie panis et vini integer contineris, et sine consumptione a sumente manducaris.

Tu, Domine universorum, qui nullius habes indigentiam, voluisti per sacramentum tuum habitare in nobis :

Conserva cor meum et corpus immaculatum, ut læta et pura conscientia sæpius tua valeam celebrare mysteria;

Et ad meam perpetuam accipere salutem, quæ ad tuum præcipue honorem, et memoriale perenne sanxisti et instituisti.

Par des transports de joie et de reconnoissance,
Bénis ton Dieu, mon âme, en ce val de malheurs,
Où tu reçois ainsi de sa toute-puissance
Un don si favorable à consoler tes pleurs[1].   390

Sais-tu qu'autant de fois que ton zèle s'élève
A prendre du Sauveur le véritable corps,
L'œuvre de ton salut autant de fois s'achève,
Et de tous ses tourments t'applique les trésors?

Il n'a rien mérité qu'il ne t'y communique;   395
Et comme son amour ne peut rien refuser,
Sa bonté toujours pleine et toujours magnifique
Est un vaste océan qu'on ne peut épuiser.

Portes-y de ta part l'attention sévère
D'un cœur renouvelé pour s'y mieux préparer,   400
Et pèse mûrement la grandeur d'un mystère
Dont dépend ton salut que tu vas opérer;

Lorsque ta propre main offre cette victime,
Quand tu la vois offrir par un autre à l'autel,

Lætare, anima mea, et gratias age Deo, pro tam nobili munere et solatio singulari, in hac lacrymarum valle tibi relicto.
Nam quoties hoc mysterium recolis, et Christi corpus accipis, toties tuæ redemptionis opus agis, et particeps omnium meritorum Christi efficeris.
Caritas etenim Christi nunquam minuitur, et magnitudo propitiationis ejus nunquam exhauritur.
Ideo nova semper mentis renovatione ad hoc disponere te debes, et magnum salutis mysterium attenta consideratione pensare.
Ita magnum, novum, et jucundum tibi videri debet, cum celebras, aut missam audis, ac si eodem die Christus primum in uterum Virginis descendens, homo factus esset,

1. *Var.* Un don si favorable à calmer tes douleurs. (1670 O)

Tout doit être pour toi surprenant, doux, sublime, 405
Comme si de nouveau Dieu se faisoit mortel.

Oui, tout t'y doit sembler aussi grand, aussi rare
Que si ce jour-là même il naissoit ici-bas,
Ou que la cruauté d'une troupe barbare
Pour le salut de tous le livrât au trépas. 410

CHAPITRE III[1].

QU'IL EST UTILE DE COMMUNIER SOUVENT[2].

Je viens à toi, Seigneur, afin de m'enrichir
Des dons surnaturels qu'il te plaît de nous faire;
J'en viens chercher la joie, afin de m'affranchir
Des longs et noirs chagrins qui suivent ma misère.
Je cours à ce banquet que ta pleine douceur 415
  Tient prêt pour le pauvre pécheur;
Je ne puis, je ne dois souhaiter autre chose :
Toi seul es mon salut et ma rédemption;
En toi tout mon espoir se fonde et se repose,
Tout mon bonheur en toi voit sa perfection. 420

Je n'ai point ici-bas d'autre gloire à chercher;

Aut in cruce pendens, pro salute hominum pateretur et moreretur.
 III. Ecce ego ad te venio, Domine, ut bene mihi sit ex munere tuo, et lætificer in convivio sancto tuo, quod parasti in dulcedine tua pauperi, Deus. Ecce in te est totum quod desiderare possum et debeo : tu salus mea et redemptio, spes,
 Et fortitudo, decus et gloria. Lætifica ergo hodie animam servi

1. Corps ou sujet de l'emblème : « Jésus-Christ bénit cinq pains et deux poissons, et en repaît cinq mille hommes. » Ame ou sentence : *Nolo eos jejunos dimittere.* (Chapitre III, 5.)
2. Titre latin : *Quod utile sit sæpe communicare.*

Je n'ai point d'autre force en qui prendre assurance;
Je n'ai point d'autres biens où je puisse attacher
La juste ambition de ma persévérance.
Comble donc aujourd'hui de solides plaisirs   425
    Ce cœur, ces amoureux desirs,
Que pousse jusqu'à toi ton serviteur fidèle :
Vois les empressements de son humble devoir,
Et ne rejette pas cette ardeur de son zèle[1],
Qu'un vrai respect prépare à te bien recevoir.   430

Entre dans ma maison, où j'ose t'inviter;
Répands-y les douceurs de ta vertu cachée;
Que de ta propre main je puisse mériter
D'être à jamais béni comme un autre Zachée.
Daigne m'admettre au rang, par ce comble de biens,
    Des fils d'Abraham et des tiens :
C'est le plus cher desir, c'est le seul qui m'enflamme;
Et comme tout mon cœur soupire après ton corps,
Comme il le reconnoît pour sa véritable âme,
Mon âme pour s'y joindre unit tous ses efforts.   440

Donne-toi donc, Seigneur, donne-toi tout à moi[2];
Par ce don précieux dégage ta parole :
Tu me suffiras seul, je trouve tout en toi;
Mais sans toi je n'ai rien qui m'aide ou me console.

tui, quoniam ad te, Domine Jesu, animam meam levavi. Desidero te tunc devote ac reverenter suscipere.

Cupio te in domum meam introducere, quatenus cum Zachæo merear a te benedici, ac inter filios Abrahæ computari. Anima mea corpus tuum concupiscit, cor meum tecum uniri desiderat.

Trade te mihi, et sufficit; nam præter te, nulla consolatio valet. Sine te esse nequeo, et sine visitatione tua vivere non valeo. Ideo-

---

1. *Var.* Et ne rejette pas les ardeurs de son zèle. (1670 O)
2. *Var.* Donne-toi donc, Seigneur, donne-toi donc à moi. (1659 et 62)

Sans toi je ne puis vivre, et tout autre soutien   445
    N'est qu'un vain appui, qu'un faux bien ;
Je ne puis subsister sans tes douces visites ;
Et mes propres langueurs m'abattroient en chemin,
Si je me confiois à mon peu de mérites[1],
Sans recourir souvent à ce mets tout divin.   450

Souviens-toi que ce peuple à qui dans les déserts
Ta sagesse elle-même annonçoit tes oracles,
Guéri qu'il fut par toi de mille maux divers,
Vit ta pitié s'étendre à de plus grands miracles :
De crainte qu'au retour il ne languît de faim,   455
    Tu lui multiplias le pain ;
Seigneur, fais-en de même avec ta créature,
Toi qui, pour consoler un peuple mieux aimé,
Lui veux bien chaque jour servir de nourriture
Sous les dehors d'un pain où tu t'es enfermé.   460

Quiconque en ces bas lieux te reçoit dignement,
Pain vivant, doux repas de l'âme du fidèle,
S'établit un partage au haut du firmament,
Et s'assure un plein droit à la gloire éternelle.
Mais las ! que je suis loin d'un état si parfait,   465
    Moi que souvent le moindre attrait

quæ oportet me frequenter ad te accedere, et in remedium salutis
meæ recipere, ne forte deficiam in via, si fuero cœlesti fraudatus
alimonia.

Sic enim tu, misericordissime Jesu, prædicans populis, et varios
curans languores, aliquando dixisti : « Nolo eos jejunos dimittere
in domum suam, ne deficiant in via. » Age igitur hoc mecum modo,
qui te pro fidelium consolatione in sacramento reliquisti.

Tu es enim suavis refectio animæ ; et qui te digne manducaverit,
particeps et hæres erit æternæ gloriæ. Necessarium quidem mihi
est, qui tam sæpe laboro et pecco, tam cito torpesco et deficio,

1. *Var.* Si je fiois ma course à mon peu de mérites. (1656 B-65)

Jusque dans le péché traîne sans répugnance,
Et qu'une lenteur morne, un sommeil croupissant,
Tiennent enveloppé de tant de nonchalance,
Qu'à tous les bons effets je demeure impuissant[1] !   470

C'est là ce qui m'impose une nécessité
De porter, et souvent, mes pleurs aux pieds d'un prêtre;
D'élever, et souvent, mes vœux vers ta bonté,
De recevoir souvent le vrai corps de mon maître.
Je dois, je dois souvent renouveler mon cœur,   475
    Combattre ma vieille langueur,
Purifier mon âme en ce banquet céleste,
De peur qu'enseveli sous l'indigne repos
Où plonge d'un tel bien l'abstinence funeste,
Je n'échappe à toute heure à tous mes bons propos.   480

Notre imbécillité, maîtresse de nos sens,
Conserve en tous les cœurs un tel penchant aux vices,
Que l'homme tout entier dès ses plus jeunes ans
Glisse et court aisément vers leurs molles délices.
S'il n'avoit ton secours contre tous leurs assauts,   485
    Chaque moment croîtroit ses maux[2] :
C'est la communion qui seule l'en dégage;
C'est elle qui lui prête un assuré soutien,
Dissipe sa paresse, anime son courage,
Le retire du mal, et l'affermit au bien.   490

Ut per frequentes orationes, et confessiones, ac sacram corporis tui perceptionem, me renovem, mundem, et accendam, ne forte diutius abstinendo, a sancto proposito defluam.
Proni enim sunt sensus hominis ad malum ab adolescentia sua; et nisi succurrat divina medicina, labitur homo mox ad pejora. Retrahit ergo sancta communio a malo, et confortat in bono.

1. *Var.*   Qu'à tous les bons desseins je demeure impuissant! (1670 O)
2. *Var.*   Il iroit jusqu'aux derniers maux. (1656 B et C, 59 et 62)

Si telle est ma foiblesse et ma tépidité
Au milieu d'un secours de puissance infinie,
Si j'ai tant de langueur et tant d'aridité
Alors que je célèbre ou que je communie,
En quel abîme, ô Dieu, serois-je tôt réduit,   495
    Si j'osois me priver du fruit
Que tu m'offres toi-même en ce divin remède !
Et dessous quels malheurs me verrois-je abattu,
Si j'osois me trahir jusqu'à refuser l'aide
Que ta main y présente à mon peu de vertu !   500

Certes, si je ne puis me trouver chaque jour
En état de t'offrir cet auguste mystère,
Du moins de temps en temps l'effort de mon amour
Tâchera d'avoir part à ce don salutaire.
Tant que l'âme gémit sous l'exil ennuyeux   505
    Qui l'emprisonne en ces bas lieux,
Ce qui plus la console est ta sainte mémoire,
La repasser souvent, et d'un zèle enflammé,
Qui n'a point d'autre objet que celui de ta gloire,
S'unir par ce grand œuvre à son cher bien-aimé.   510

O merveilleux effet de ton amour pour nous,
Que toi, source de vie, et première des causes,
Le créateur de tout, le rédempteur de tous,

   Si enim modo tam sæpe negligens sum et tepidus, quando communico aut celebro, quid fieret si medelam non sumerem, et tam grande juvamen non quærerem ?
   Et licet omni die non sim aptus, nec ad celebrandum bene dispositus, dabo tamen operam congruis temporibus divina percipere mysteria, ac tantæ gratiæ participem me præbere. Nam hæc est una principalis fidelis animæ consolatio, quamdiu peregrinatur a te in mortali corpore, ut sæpius memor Dei sui, dilectum suum devota suscipiat mente.
   O mira circa nos tuæ pietatis dignatio, quod tu, Domine Deus,

Le souverain arbitre enfin de toutes choses,
Tu daignes ravaler cette immense grandeur 515
    Jusqu'à venir vers un pécheur,
Jusqu'à le visiter, homme et Dieu tout ensemble !
Tu descends jusqu'à lui pour le rassasier,
Par un abaissement devant qui le ciel tremble,
D'un homme tout ensemble et d'un Dieu tout entier !

Heureuse mille fois l'âme qui te reçoit,
Toi, son espoir unique et son unique maître,
Avec tous les respects et l'amour qu'elle doit[1]
A l'excès des bontés que tu lui fais paroître !
Est-il bouche éloquente, est-il esprit humain 525
    Qui ne se consumât en vain
S'il vouloit exprimer toute son allégresse ?
Et peut-on concevoir ces hauts ravissements,
Ces avant-goûts du ciel, que ta pleine tendresse
Aime à lui prodiguer en ces heureux moments? 530

Qu'elle reçoit alors pour hôte un grand seigneur !
Qu'elle en prend à bon titre une joie infinie,
Et brave de ses maux la plus âpre rigueur,
Voyant l'auteur des biens lui faire compagnie !
Qu'elle se souvient peu du temps qu'elle a gémi, 535
    Quand elle loge un tel ami !

creator et vivificator omnium spirituum, ad pauperculam dignaris venire animam, et cum totâ divinitate tua ac humanitate, ejus impinguare esuriem !

O felix mens, et beata anima, quæ te Dominum Deum suum meretur devote suscipere, et in tua susceptione spirituali gaudio repleri !

O quam magnum suscipit dominum, quam dilectum inducit hospitem, quam jucundum recipit socium, quam fidelem acceptat ami-

1. *Var.* Avec tout le respect et l'amour qu'elle doit. (1670 O)

Qu'elle trouve d'attraits en l'époux qu'elle embrasse !
Qu'il est grand, qu'il est noble, et digne d'être aimé,
Puisqu'il n'a rien en soi dont le lustre n'efface
Tout ce dont ici-bas le desir est charmé ! 540

Que la terre et les cieux et tout leur ornement
Apprennent à se taire en ta sainte présence :
Tout ce qui brille en eux le plus pompeusement
Vient des profusions de ta magnificence ;
Tout ce qu'ils ont de beau, tout ce qu'ils ont de bon,
    Jamais des grandeurs de ton nom
Ne pourra nous tracer qu'une foible peinture :
Ta sagesse éternelle a ses trésors à part,
Le nombre en est sans nombre ainsi que sans mesure,
Et ne met point de borne aux biens qu'elle départ. 550

CHAPITRE IV[1].

QUE CEUX QUI COMMUNIENT DÉVOTEMENT EN REÇOIVENT DE GRANDS BIENS[2].

Préviens ton serviteur par cette douce amorce
Que versent dans les cœurs tes bénédictions ;
Joins à la pureté de leurs impressions

cum, quam speciosum et nobilem amplectitur sponsum, præ omnibus dilectis et super omnia desiderabilia amandum !
  Sileant a facie tua, dulcissime dilecte mi, cœlum et terra, et omnis ornatus eorum, quoniam quidquid laudis habent ac decoris, ex dignatione tuæ est largitatis, nec ad decorem tui pervenient nominis, cujus sapientiæ non est numerus.
  IV. Domine Deus meus, præveni servum tuum in benedictionibus

---

1. Corps ou sujet de l'emblème : « Saint Basile célébrant est environné de feu. » Ame ou sentence : *Quis juxta ignem copiosum stans non parum caloris inde percipit?* (Chapitre IV, 11.)
2. Titre latin *Quod multa bona præstantur devote communicantibus.*

Tout ce que le respect et le zèle ont de force;
Donne-moi les moyens d'approcher dignement   555
  De ton auguste sacrement;
Remplis mon sein pour toi d'une céleste flamme,
Et daigne m'arracher à la morne lenteur
  De l'assoupissement infâme
Où me plonge à tous coups ma propre pesanteur[1].   560

Viens, avec tout l'effet de ce don salutaire,
D'une sainte visite aujourd'hui m'honorer;
Que je puisse en esprit pleinement savourer
Les douceurs qu'enveloppe un si sacré mystère[2];
Détache en ma faveur un vif rayon des cieux   565
  Qui fasse pénétrer mes yeux
Au fond de cet abîme où tout mon bien s'enferme;
Et si pour y descendre ils ont trop peu de jour,
  Fais qu'une foi solide et ferme
En croie aveuglément l'excès de ton amour[3].   570

Car enfin c'est lui seul qui met en évidence
Ce miracle impossible à tout l'effort humain,
C'est ton saint institut, c'est l'œuvre de ta main,
Qui passe de bien loin toute notre prudence.

dulcedinis tuæ, ut ad tuum magnificum sacramentum digne ac devote merear accedere. Excita cor meum in te, et a gravi corpore exue me.
 Visita me in salutari tuo, ad gustandam in spiritu suavitatem tuam, quæ in hoc sacramento, tanquam in fonte, plenarie latet. Illumina quoque oculos meos, ad intuendum tantum mysterium; et ad credendum illud, indubitata fide me robora.
 Est enim operatio tua, non humana potentia; tua sacra institutio, non hominis adinventio. Non enim ad hæc capienda et intelligenda

1. *Var.* Sous qui m'ensevelit ma propre pesanteur. (1656 B-62, et 70 O)
2. *Var.* Les douceurs qu'enveloppe un si profond mystère. (1670 O)
3. Il y a, par erreur : « de *mon* amour, » dans l'édition de 1665 A.

Il n'est point de mortel qui puisse concevoir   575
    Ce qui n'est pas même au pouvoir
De la subtilité que tu dépars à l'ange;
Et je serois coupable autant comme indiscret,
    Moi qui ne suis que terre et fange,
D'attenter à comprendre un si profond secret.   580

J'approche donc, Seigneur, puisque tu me l'ordonnes,
Mais avec un cœur simple, une sincère foi,
Et mon respect y porte un vertueux effroi
Qui n'intimide point l'espoir que tu me donnes.
Je crois, et je suis prêt de signer de mon sang[1]   585
    Que sous ce rond, que sous ce blanc,
Véritable Homme-Dieu, tu caches ta présence,
Et que ce que les yeux jugent encor du pain
    N'en conserve que l'apparence,
Qui voile à tous nos sens ton être souverain.   590

Je vais te recevoir, tu le veux, tu commandes
Que mon cœur à ton cœur s'unisse en charité;
Porte donc jusqu'à toi son imbécillité
Par un don spécial et des grâces plus grandes.
Qu'au feu d'un saint amour ce cœur liquéfié   595
    Trouve en un Dieu crucifié
L'océan où sans cesse il s'écoule et s'abîme;

aliquis idoneus per se reperitur, quæ angelicam etiam subtilitatem transcendunt. Quid ergo ego peccator indignus, terra et cinis, de tam alto sacramento potero investigare et capere?
    Domine, in simplicitate cordis mei, in bona firma fide, et in tua jussione, ad te cum spe ac reverentia accedo; et vere credo quia tu præsens es hic in sacramento, Deus et homo.
    Vis ergo ut te suscipiam, et meipsum tibi in caritate uniam; unde tuam precor clementiam, et specialem ad hoc imploro mihi

1. *Var.* Je crois, et suis tout prêt de signer de mon sang. (1670 O)

Et que tout autre attrait, effacé par le tien,
    Me laisse abhorrer comme un crime
Les vains chatouillements de tout autre entretien. 600

Quels souhaits dans nos maux peut former la pensée,
Que ne puisse remplir un si grand sacrement?
D'où pouvons-nous attendre un tel soulagement,
Ou pour le corps malade, ou pour l'âme oppressée[1]?
Quelles vives douleurs, quelles afflictions, 605
    Bravent ses consolations[2]?
Quels imprévus revers triomphent de son aide?
Ne relève-t-il pas l'abattement des cœurs?
    Et n'est-il pas le vrai remède
Pour ce que leur foiblesse enfante de langueurs? 610

Par lui la convoitise, au fond de l'âme éteinte,
Voit mettre sous le frein toutes les passions;
Et l'empire qu'il prend sur les tentations,
Ou les dompte, ou du moins en affoiblit l'atteinte;
C'est par lui que la grâce avance à gros torrents, 615
    Et que sur les vices mourants
S'affermit la vertu que lui-même il fait naître;
C'est par lui que la foi plus fortement agit,
    Que l'espérance a de quoi croître,
Et que la charité s'enflamme et s'élargit. 620

donari gratiam, ut totus in te liquefiam et amore pereffluam, atque de nulla aliena consolatione amplius me intromittam.
    Est enim hoc altissimum et dignissimum sacramentum, salus animæ et corporis, medicina omnis spiritualis languoris :
    In quo vitia mea curantur, passiones frenantur, tentationes vincuntur, aut minuuntur, gratia major infunditur, virtus incœpta augetur, firmatur fides, spes roboratur, et caritas ignescit ac dilatatur.

1. *Var.* Ou pour le corps malade, ou pour l'âme blessée. (1670 O)
2. *Var.*   Bravent ces consolations? (1665 B)

LIVRE IV, CHAPITRE IV.

Puissant réparateur des misères humaines,
Protecteur de mon âme, espoir de tous ses vœux,
Qui dans l'intérieur verses, quand tu le veux,
Tout ce qui nous console et soulage nos peines,
Tu fais des biens sans nombre, et souvent tu les fais 625
  A ces dévots, à ces parfaits,
Qui savent dignement approcher de ta table[1];
Et tu mêles par là dans leurs divers travaux
  Une douceur inépuisable
Qui dissipe aisément l'aigreur de tous leurs maux. 630

C'est ce qui du néant de leur propre bassesse
Les élève à l'espoir de ta protection,
Et prête un nouveau jour à leur dévotion,
Que la grâce accompagne, et que suit l'allégresse.
Ainsi ceux dont l'esprit triste, aride, inquiet, 635
  Avant cet amoureux banquet,
Gémissoit sous un trouble au vrai repos funeste,
Sitôt qu'ils sont repus de ce mets tout divin,
  De ce breuvage tout céleste,
En pleins ravissements changent tout leur chagrin. 640

Tu leur fais de la sorte éprouver que d'eux-mêmes
Leur force est peu de chose, ou plutôt moins que rien;

 Multa namque bona largitus es et adhuc sæpius largiris in sacramento dilectis tuis devote communicantibus, Deus meus, susceptor animæ meæ, reparator infirmitatis humanæ, et totius dator consolationis internæ; nam multam ipsis consolationem adversus variam tribulationem infundis;
 Et de imo dejectionis propriæ ad spem tuæ protectionis erigis; atque nova quadam gratia eos intus recreas et illustras : ut qui anxii primum et sine affectione se ante communionem senserant, postea refecti cibo potuque cœlesti, in melius se mutatos inveniant:
 Quod idcirco cum electis tuis dispensanter agis, ut veraciter

---

1. *Var.* Qui savent dignement s'approcher de ta table. (1656 B-65)

Que s'ils ont quelque grâce, ou s'ils font quelque bien,
Ils en doivent le tout à tes bontés suprêmes ;
Que les plus beaux talents de leur infirmité   645
    Ne sont que glace et dureté,
Qu'angoisse, que langueur, que vague incertitude ;
Mais qu'alors que sur eux tu répands ta faveur,
    Ils ont zèle, ils ont promptitude,
Ils ont calme, ils ont joie, ils ont stable ferveur.   650

Aussi lorsqu'en douceurs une source est féconde,
Peut-on s'en approcher qu'on n'en remporte un peu ?
Peut-on sans s'échauffer être auprès d'un grand feu ?
Peut-on l'avoir au sein que la glace n'y fonde ?
N'es-tu pas, ô mon Dieu, cette source de biens   655
    Toujours ouverte aux vrais chrétiens,
Toujours vive, toujours pleine et surabondante ?
Et n'es-tu pas ce feu toujours pur, toujours saint,
    Dont la flamme toujours ardente
Se nourrit d'elle-même, et jamais ne s'éteint ?   660

Si mon indignité ne peut monter encore
Au haut de cette source, et puiser en pleine eau,
Si je ne puis en boire à même le ruisseau,
Jusqu'à rassasier la soif qui me dévore,
Je collerai ma bouche au canal précieux   665

agnoscant, et patenter experiantur, quantum infirmitatis ex seipsis habeant, et quid bonitatis ac gratiæ ex te consequantur : quia ex semetipsis frigidi, duri, et indevoti ; ex te autem ferventes, alacres, et devoti esse merentur.

Quis enim ad fontem suavitatis humiliter accedens, non modicum suavitatis inde reportat ? Aut quis juxta ignem copiosum stans, non parum caloris inde percipit ? Et tu fons es semper plenus et superabundans, ignis jugiter ardens, et nunquam deficiens :

Unde, si mihi non licet haurire de plenitudine fontis, nec usque ad satietatem potare, apponam tamen os meum ad foramen cœlestis

Que tu fais descendre des cieux,
Afin que dans mon cœur une goutte en distille,
Que ma soif s'en apaise, et que l'aridité,
    Qui rend mon âme si stérile,
Ne la dessèche pas jusqu'à l'extrémité.   670

Si d'ailleurs de ma glace un invincible reste
M'empêche d'égaler l'ardeur des séraphins,
Si je ne puis encor, comme les chérubins,
Pour m'unir tout à toi, devenir tout céleste,
J'attacherai du moins ce que j'ai de vigueur   675
    A si bien préparer mon cœur
Par un effort d'amour qui toujours renouvelle,
Que sur mes humbles vœux ce divin sacrement
    Fera voler quelque étincelle
Du feu vivifiant de cet embrasement.   680

Tu vois ce qui me manque, ô Sauveur adorable,
Doux Jésus, bonté seule en qui j'ose espérer :
Supplée à mes défauts, et daigne réparer
Ce que détruit en moi la langueur qui m'accable.
Tu t'en es fait toi-même une amoureuse loi,   685
    Quand nous appelant tous à toi,
Ta bouche toute sainte a bien voulu nous dire[1] :

fistulæ, ut saltem modicam inde guttulam capiam ad refocillandam sitim meam, ut non penitus exarescam.
    Et si necdum totus cœlestis, et tam ignitus ut cherubim et seraphim esse possum, conabor tamen devotioni insistere, et cor meum præparare, ut vel modicam divini incendii flammam ex humili sumptione vivifici sacramenti conquiram.
    Quidquid autem mihi deest, Jesu bone, Salvator sanctissime, tu pro me supple benigne ac gratiose, qui omnes ad te dignatus es vocare, dicens : « Venite ad me, omnes qui laboratis et onerati estis, et ego reficiam vos. »

1. *Évangile de saint Matthieu*, chapitre XI, verset 28.

« Accourez tous à moi, vous dont sous les travaux
    Le cœur incessamment soupire,
Et je soulagerai la grandeur de vos maux. »   690

D'une sueur épaisse ils couvrent mon visage;
Mon cœur outré d'ennuis en est presque aux abois;
Mille et mille péchés me courbent sous leur poids;
Mille tentations me troublent le courage :
Je ne fais que gémir sous les oppressions   695
    Des insolentes passions,
Dont je trouve en tous lieux l'embarras qui m'obsède;
Et dans tous ces malheurs où je me vois blanchir[1],
    Dénué de support et d'aide,
Je n'ai que toi, Seigneur, qui m'en puisse affranchir.   700

Aussi je te remets tout ce qui me regarde;
Je me remets entier à ton soin paternel :
Daigne, ô Dieu, me conduire au salut éternel,
Et durant le chemin reçois-moi sous ta garde.
Fais que puisse mon âme à jamais t'honorer,   705
    Toi qui m'as daigné préparer
Ton corps sacré pour viande, et ton sang pour breuvage;
Fais enfin que mon zèle augmente chaque jour
    Par le fréquent et saint usage
De ce divin mystère où brille tant d'amour.   710

Ego quidem laboro in sudore vultus mei, dolore cordis torqueor, peccatis oneror, tentationibus inquietor, multis malis passionibus implicor et premor; et non est qui adjuvet, non est qui liberet, et salvum faciat, nisi tu, Domine Deus, Salvator meus,

Cui committo me et omnia mea, ut me custodias, et perducas in vitam æternam. Suscipe me in laudem et gloriam nominis tui, qui corpus tuum et sanguinem in cibum et potum mihi parasti. Præsta, Domine Deus, salutaris meus, ut cum frequentatione mysterii tui crescat meæ devotionis affectus.

1. *Var.* Et dans tous les malheurs où je me vois blanchir. (1659 et 62)

CHAPITRE V[1].

DE LA DIGNITÉ DU SACREMENT, ET DE L'ÉTAT DU SACERDOCE[2].

D'un ange dans les cieux atteins la pureté,
D'un Baptiste au désert joins-y la sainteté ;
Mais pur à leur égal, mais saint à son exemple,
Ne crois pas l'être assez pour pouvoir dignement
Et tenir en tes mains et m'offrir en mon temple　　715
　　Un si grand sacrement.

Conçois, si tu le peux, quelle est cette faveur
De tenir en tes mains le corps de ton Sauveur,
Le consacrer toi-même, et le prendre pour viande ;
Et tu connoîtras lors qu'il n'est mérite humain　　720
A qui doive l'effet d'une bonté si grande
　　L'arbitre souverain.

Ce mystère est bien grand, puisque du haut des cieux
Il fait descendre un Dieu jusques en ces bas lieux[3],
Et le met en état qu'on le touche et le mange ;　　725

　　V. Si haberes angelicam puritatem, et sancti Joannis-Baptistæ sanctitatem, non esses dignus hoc sacramentum accipere, nec tractare.
　　Non enim hoc meritis debetur hominum, quod homo consecret et tractet Christi sacramentum, et sumat in cibum panem angelorum.
　　Grande mysterium, et magna dignitas sacerdotum, quibus datum est, quod angelis non est concessum.

---

　1. Corps ou sujet de l'emblème : « Saint Malachie, après avoir dit la messe pour sa sœur, la voit entrer au ciel. » Ame ou sentence : *Defunctis requiem præstat.* (Chapitre v, 18.)
　2. Titre latin : *De dignitate sacramenti et statu sacerdotali.*
　3. Dans les éditions de 1676 et de 1693 :
　　Il fait descendre un Dieu jusque dans ces bas lieux.

Du sacerdoce aussi grande est la dignité,
Puisqu'on reçoit par là ce que jamais de l'ange
   N'obtint la pureté.

Prêtres, c'est à vous seuls que, sans vous le devoir,
Ma main par mon Église accorde ce pouvoir, 730
Cette émanation de ma vertu céleste :
A vous seuls appartient de consacrer mon corps,
D'en faire un sacrifice, et départir au reste
   Ce qu'il a de trésors.

En prononçant les mots que je vous ai dictés, 735
Suivant mon institut, suivant mes volontés,
Vous opérez l'effet de votre ministère :
Un invisible agent concourt d'un pas égal,
Et tout Dieu que je suis, soudain j'y coopère
   Comme auteur principal. 740

Ma voix toute-puissante, à qui tout est soumis,
Moi-même me soumet à ce que j'ai promis,
M'assujettit aux lois de mon ordre suprême ;
Et ma divinité ne croit point se trahir
A descendre du ciel pour donner elle-même 745
   L'exemple d'obéir.

Crois-en donc plus ton Dieu que tes aveugles sens,
Crois-en plus de sa voix les termes tout-puissants[1],

 Soli namque sacerdotes, rite in Ecclesia ordinati, potestatem habent celebrandi, et corpus Christi consecrandi.
 Sacerdos quidem minister est Dei, utens verbo Dei, per jussionem et institutionem Dei; Deus autem ibi principalis est auctor, et invisibilis operator,
 Cui subest omne quod voluerit, et paret omne quod jusserit.

 1. Les éditions de 1656 C, de 1658 et de 1659 ont *tous-puissants ;* celle de 1656 B *touts-puissants.*

LIVRE IV, CHAPITRE V.

Que le rapport trompeur d'aucun signe visible ;
Et sans que ces dehors te rendent rien suspect,   750
Porte à cette action tout ce qui t'est possible
      D'amour et de respect.

Pense à toi, prends-y garde, aime, respecte, crains :
Vois de quel ministère, en t'imposant les mains,
L'évêque t'a commis le divin exercice :   755
Il t'a consacré prêtre, et c'est à toi d'offrir
Ce doux mémorial de tout l'affreux supplice
      Qu'il m'a plu de souffrir.

Songe à t'en acquitter avec fidélité,
Avec dévotion, avec humilité :   760
N'offre point qu'avec foi, n'offre point qu'avec zèle ;
Songe à régler ta vie, et la règle si bien
Qu'elle soit sans reproche, et serve de modèle
      Aux devoirs d'un chrétien.

Ton rang, loin d'alléger le poids de ton fardeau,   765
En redouble la charge, et jusques au tombeau
Il te met sous le joug d'une loi plus sévère[1] :
Il te prescrit à suivre un chemin plus étroit,
Et la perfection que doit ton caractère
      Veut qu'on marche plus droit.   770

Plus ergo credere debes Deo omnipotenti, in hoc excellentissimo sacramento, quam proprio sensui, aut alicui signo visibili ; ideoque cum timore et reverentia ad hoc opus est accedendum.

Attende igitur, et vide cujus ministerium tibi traditum est per impositionem manus episcopi. Ecce sacerdos factus es, et ad celebrandum consecratus.

Vide nunc ut fideliter et devote, in suo tempore, Deo sacrificium offeras, et teipsum irreprehensibilem exhibeas.

Non alleviasti onus tuum, sed arctiori jam alligatus es vinculo disciplinæ, et ad majorem teneris perfectionem sanctitatis.

1. *Var.* Il te met sous le joug d'une foi plus sévère. (1665 A)

Oui, tu dois un exemple au reste des mortels,
Qui fasse rejaillir[1] du pied de mes autels
Jusqu'au fond de leurs cœurs une clarté solide[2];
Et toutes les vertus qui brillent ici-bas
Doivent former d'un prêtre un infaillible guide   775
    Pour qui va sur ses pas.

Loin de suivre le train des hommes du commun,
Un prêtre doit en fuir le commerce importun,
De peur d'être souillé de leurs honteux mélanges;
Et dans tout ce qu'il fait, un vigilant souci   780
Lui doit pour entretien choisir au ciel les anges,
    Et les parfaits ici.

Des ornements sacrés lorsqu'il est revêtu,
Il a de Jésus-Christ l'image et la vertu;
Ainsi que son ministre il agit en sa place;   785
Et ce n'est qu'en son nom que les vœux qu'il conçoit
Pour le peuple et pour lui montent devant la face
    D'un Dieu qui les reçoit.

Ces habits sont aussi comme l'expression
Des plus âpres tourments par qui ma Passion   790
Pour le salut humain termina ma carrière :

    Sacerdos omnibus virtutibus debet esse ornatus, et aliis bonæ vitæ exemplum præbere.
    Ejus conversatio non cum popularibus et communibus hominum viis, sed cum angelis in cœlo, aut cum perfectis viris in terra.
    Sacerdos, sacris vestibus indutus, Christi vices gerit, ut Deum pro se, et pro omni populo suppliciter et humiliter roget.
    Habet ante se et retro Dominicæ crucis signum, ad memorandam jugiter Christi Passionem :

    1. Toutes nos éditions ont ici *rejallir*, sans *i*. Voyez plus haut, p. 463, vers 4174; p. 526, vers 5484; et p. 590, vers 235.
    2. *Var.* Jusqu'au fond de leur cœur une clarté solide. (1659 et 62)

La croix sur eux empreinte en fait le souvenir,
Et le prêtre la porte et devant et derrière,
    Pour mieux le retenir.

Il la porte devant, afin que son regard   795
S'arrêtant fixement sur ce digne étendard,
Ses ardeurs à le suivre en deviennent plus promptes ;
Il la porte derrière, afin qu'en ses malheurs
Il souffre sans ennuis les travaux et les hontes
    Qui lui viennent d'ailleurs.   800

Il la porte devant pour pleurer ses forfaits ;
Derrière, afin que ceux que son prochain a faits
De sa compassion tirent aussi des larmes ;
Et que comme il agit au nom du Rédempteur,
Entre le peuple et Dieu, qui tient en main les armes,
    Il soit médiateur.

C'est par cette raison qu'il s'y doit attacher,
Et que sa fermeté ne doit rien relâcher
Ni de ses vœux fervents, ni de ses sacrifices,
Tant qu'il obtienne grâce, et que du souverain   810
Il se rende à l'autel les bontés si propices,
    Qu'il désarme sa main.

Enfin quand il célèbre, il m'honore, il me sert :

<small>Ante se crucem in casula portat, ut Christi vestigia diligenter inspiciat, et sequi ferventer studeat ; post se cruce signatus est, ut adversa quælibet ab aliis illata clementer pro Deo toleret.
Ante se crucem gerit, ut propria peccata lugeat ; post se, ut aliorum etiam commissa per compassionem defleat, et se medium inter Deum et peccatorem constitutum esse sciat ;
Nec ab oratione et oblatione sancta torpescat, donec gratiam et misericordiam impetrare mereatur.
Quando sacerdos celebrat, Deum honorat, angelos lætificat, Ec-</small>

Tout le ciel applaudit par un sacré concert ;
Tout l'enfer est confus, l'Église édifiée ; 815
Il secourt les vivants, des morts il fait la paix,
Et son âme devient l'heureuse associée
  Des bons et des parfaits.

CHAPITRE VI[1].

PRÉPARATION A S'EXERCER AVANT LA COMMUNION[2].

  Quand je contemple ta grandeur,
  Quand j'y compare ma bassesse, 820
  Je tremble, et toute mon ardeur
  Résiste à peine à ma foiblesse,
Tant la confusion qui saisit tous mes sens
  Balance mes vœux languissants !

  N'approcher point du sacrement[3], 825
  C'est fuir la source de la vie ;
  En approcher indignement,
  C'est offenser qui m'y convie,
Et par une honteuse et lâche trahison,
  Changer le remède en poison. 830

  Daigne donc, Seigneur, m'éclairer

clesiam ædificat, vivos adjuvat, defunctis requiem præstat, et sese omnium bonorum participem efficit.

VI. Cum tuam dignitatem, Domine, et meam vilitatem penso, valde contremisco, et in meipso confundor.

Si enim non accedo, vitam fugio ; et si indigne me ingessero, offensam incurro.

  1. Corps ou sujet de l'emblème : « Udo, évêque de Magdebourg, pour avoir célébré indignement, est décapité par les anges dans sa cathédrale. » Ame ou sentence : *Si indigne me ingessero, offensam incurro.* (Chapitre VI, 2.)
  2. Titre latin : *Interrogatio de exercitio ante communionem.*
  3. *Var.* N'approcher pas du sacrement. (1656 B-65 A)

Touchant ce qu'il faut que je fasse,
Toi qui ne me vois espérer
Qu'en l'heureux appui de ta grâce[1],
Et de qui seul j'attends en un trouble pareil   835
Et le secours et le conseil.

Dissipe ma vieille langueur,
Inspire-moi quelque exercice
Par qui je prépare mon cœur
A cet amoureux sacrifice;   840
Et par le droit sentier conduis-moi sur tes pas
A ce doux et sacré repas.

Fais-moi, Seigneur, fais-moi savoir
Avec quel zèle et révérence
Un Dieu, pour le bien recevoir,   845
Veut que je m'apprête et m'avance,
Et comment pour t'offrir des mystères si saints
Je dois purifier mes mains.

Quid ergo faciam, Deus meus, auxiliator meus, et consiliator in necessitatibus?

Tu doce me viam rectam; propone breve aliquod exercitium, sacræ communioni congruum.

Utile est enim scire qualiter, scilicet devote ac reverenter, tibi præparare debeam cor meum, ad recipiendum salubriter tuum sacramentum, seu etiam celebrandum tam magnum et divinum sacrificium.

1. *Var.*   Qu'en l'heureux succès de ta grâce. (1659 et 62)

CHAPITRE VII[1].

DE L'EXAMEN DE SA CONSCIENCE, ET DU PROPOS DE S'AMENDER[2].

Prêtre, qui que tu sois, qui vas sur mon autel
Offrir un Dieu vivant à son Père immortel,   850
Et tenir en tes mains et recevoir toi-même
De mon amour pour toi le mystère suprême,
Approche, mais surtout prépare dans ton sein
Une humilité forte, un respect souverain,
Une foi pleine et ferme, une intention pure   855
D'honorer, de bénir l'auteur de la nature :
Sur ton intérieur jette l'œil avec soin,
En juge incorruptible, en fidèle témoin;
Et si de mon honneur un vrai souci te touche[3],
Fais que le cœur contrit et l'humble aveu de bouche   860
Sachent si bien purger le désordre caché,
Que rien par le remords ne te soit reproché,
Que rien plus ne te pèse, et que rien que tu saches
N'empêche un libre accès par ses honteuses taches.

Porte empreint sur ce cœur un regret général   865

VII. Super omnia, cum summa humilitate cordis et supplici reverentia, cum plena fide et pia intentione honoris Dei, ad hoc sacramentum celebrandum, tractandum et sumendum, oportet Dei accedere sacerdotem. Diligenter examina conscientiam tuam; et pro posse tuo, vera contritione et humili confessione eam munda et clarifica : ita ut nil grave habeas, aut scias, quod te remordeat, et liberum accessum impediat.

1. Corps ou sujet de l'emblème : « Saint Étienne, pape, reçoit la couronne du martyre en achevant la messe. » Ame ou sentence : *Offer te ipsum.* (Chapitre VII, 8.)
2. Titre latin : *De discussione propriæ conscientiæ et emendationis proposito.*
3. *Var.* Et si de ton salut un vrai souci te touche. (1670 O)

Pour tout ce que jamais il a commis de mal;
Joins à ce déplaisir des douleurs singulières
Pour les infirmités qui te sont journalières;
Et si l'heure le souffre, en secret devant Dieu
Repasses-en le nombre, et le temps, et le lieu; 870
Et de tous les défauts où ton âme s'engage,
Étends devant ses yeux la pitoyable image.

Gémis, soupire, pleure aux pieds de l'Éternel,
D'être encor si mondain, d'être encor si charnel,
D'avoir des passions si peu mortifiées, 875
Des inclinations si mal purifiées,
Que les mauvais desirs demeurent tout-puissants[1]
Sur qui veille si mal à la garde des sens.

Gémis d'en voir souvent les approches saisies
Par les vains embarras de tant de fantaisies, 880
D'avoir pour le dehors tant de soupirs ardents,
Et si peu de retour aux choses du dedans;
De souffrir que ton âme à toute heure n'aspire
Qu'à ce qui divertit, qu'à ce qui te fait rire,
Tandis que pour les pleurs et la componction 885
Ton endurcissement a tant d'aversion;

Habeas displicentiam omnium peccatorum tuorum in generali, et pro quotidianis excessibus magis in speciali doleas et gemas; et, tempus patitur, Deo in secreto cordis cunctas confitere passionum tuarum miserias.

Ingemisce, et dole quod adhuc ita carnalis sis et mundanus; tam immortificatus a passionibus; tam plenus concupiscentiarum motibus; tam incustoditus in sensibus exterioribus,

Tam sæpe multis vanis phantasiis implicatus; tam multum inclinatus ad exteriora; tam negligens ad interiora; tam levis ad risum et dissolutionem; tam durus ad fletum et compunctionem; tam

---

1. Ce mot est écrit *tous-puissants*, dans les éditions de 1656 B et C, 1658, 1659, 1662 et 1670 O. Voyez plus haut, p. 614, note 1.

De te voir tant de pente à vivre plus au large,
Dans l'aise et les plaisirs d'une chair qui te charge,
Cependant que ton cœur a tant de lâcheté
Pour la ferveur du zèle et pour l'austérité ; 890
D'être si curieux d'entendre des nouvelles,
De voir des raretés surprenantes et belles,
Et si lent à choisir de ces emplois abjets
Que prend l'humilité pour ses plus doux objets.

Gémis de tant d'ardeur pour amasser et prendre, 895
Et de tant de réserve à départir ou rendre,
Qu'on a raison de croire et de te reprocher
Que ce que tient ta main ne s'en peut détacher.

Pleure ton peu de soin à régler tes paroles,
Ton silence rempli d'égarements frivoles, 900
Le peu d'ordre en tes mœurs, le peu de jugement
Que dans tes actions fait voir chaque moment.
Gémis d'avoir aimé les plaisirs de la table,
Et fait la sourde oreille à ma voix adorable ;
D'avoir pris pour vrai bien la molle oisiveté, 905
D'avoir pris le travail pour infélicité ;
Pour des contes en l'air eu vigilance entière,
Long assoupissement pour la sainte prière,
Hâte d'être à la fin, et l'esprit vagabond

promptus ad laxiora, et carnis commoda; tam segnis ad rigorem et fervorem; tam curiosus ad nova audienda, et pulchra intuenda; tam remissus ad humilia et vilia amplectenda;

Tam cupidus ad multa habenda; tam parcus ad dandum; tam tenax ad retinendum;

Tam inconsideratus in loquendo; tam incontinens ad tacendum; tam incompositus in moribus; tam importunus in actibus; tam effusus super cibum; tam surdus ad Dei verbum; tam velox ad quietem; tam tardus ad laborem; tam vigilans ad fabulas; tam somnolentus ad vigilias sacras; tam festinus ad finem; tam vagus ad attendendum;

Vers ce qu'il ne fait pas ou que les autres font. 910

Pleure ta nonchalance à rendre ton office[1],
Gémis de ta tiédeur pendant ton sacrifice,
De tant d'aridité dans tes communions,
De tant de complaisance en tes distractions;
D'avoir si rarement l'âme bien recueillie[2], 915
De faire hors de toi toujours quelque saillie,
Prompt à te courroucer, prompt à fâcher autrui,
Sévère à le reprendre, et juger mal de lui.
Pleure l'emportement de tes humeurs diverses,
Qu'enflent les bons succès, qu'abattent les traverses; 920
Pleure enfin ta misère, et l'ouvrage imparfait
De tant de bons desseins que suit si peu d'effet.

Ces défauts déplorés, et tout ce qui t'en reste,
Avec un vif regret d'un cœur qui les déteste[3],
Avec de ta foiblesse un aveu douloureux, 925
D'où naisse un déplaisir cuisant, mais amoureux,
Passe au ferme propos de corriger ta vie,
D'avancer aux vertus où ma voix te convie,
D'élever tes desirs sans plus les ravaler,

Tam negligens in horis persolvendis; tam tepidus in celebrando; tam aridus in communicando; tam cito distractus; tam raro tibi bene collectus; tam subito commotus ad iram; tam facilis ad alterius displicentiam; tam pronus ad judicandum; tam rigidus ad arguendum; tam lætus ad prospera; tam debilis in adversis; tam sæpe multa bona proponens, et modicum ad effectum perducens.
His et aliis defectibus tuis, cum dolore et magna displicentia propriæ infirmitatis, confessis ac deploratis, firmum statue propositum semper emendandi vitam tuam, et in melius proficiendi. Deinde,

1. *Var.* Pleure ta nonchalance à me rendre service,
   Gémis de ta tiédeur pendant le sacrifice. (1670 O)
2. *Var.* D'avoir si rarement une âme recueillie. (1670 O)
3. *Var.* Avec le vif regret d'un cœur qui les déteste. (1656 B, 59, 62 et 70 O)

D'aller de mieux en mieux sans jamais reculer; 930
Puis d'une volonté fortement résignée,
Qui tienne sous tes pieds la terre dédaignée,
Offre-toi tout entier toi-même en mon honneur
Pour holocauste pur sur l'autel de ton cœur;
Remets entre mes mains et ton corps et ton âme, 935
Afin que tout rempli d'une céleste flamme,
Tu sois en digne état par cet humble devoir
De consacrer mon corps et de le recevoir.

Car, si tu ne le sais, pour plaire au Dieu qui t'aime,
L'offrande la plus digne est celle de toi-même : 940
C'est elle qu'il faut joindre à celle de mon corps
Par d'amoureux élans, par de sacrés transports,
Qui puissent jusqu'à moi les élever unies,
Et quand tu dis la messe, et quand tu communies.
Rien ne t'affranchit mieux de ce qu'a mérité 945
Ou ta noire malice, ou ta fragilité,
Et rien n'efface mieux les taches de tes crimes,
Que la sainte union qu'ont lors ces deux victimes.

Quand le pécheur a fait autant qu'il est en lui,
Qu'une douleur sensible, un véritable ennui, 950
Un profond repentir le prosterne à ma face,

cum plena resignatione, et integra voluntate, offer teipsum in honorem nominis mei, in ara cordis tui holocaustum perpetuum, corpus tuum scilicet et animam mihi fideliter committendo : quatenus et sic digne merearis ad offerendum Deo sacrificium accedere, et sacramentum corporis mei salubriter suscipere.

Non est enim oblatio dignior, et satisfactio major pro peccatis diluendis, quam seipsum pure et integre, cum oblatione corporis Christi, in missa et in communione Deo offerre.

Si fecerit homo quod in se est, et vere pœnituerit, quotiescumque pro venia et gratia ad me accesserit : « Vivo ego, dicit Dominus, qui nolo mortem peccatoris, sed ut magis convertatur et vivat : quoniam

Pour obtenir pardon et me demander grâce[1];
Je suis le Dieu vivant qui ne veux point sa mort,
Mais qu'à se convertir il fasse un digne effort;
Qu'il vive en mon amour pour revivre en ma gloire, 955
Et de tous ses péchés je perdrai la mémoire :
Tous lui seront par moi si pleinement remis[2],
Qu'il aura place au rang de mes plus chers amis.

CHAPITRE VIII[3].

DE L'OBLATION DE JÉSUS-CHRIST EN LA CROIX, ET DE LA PROPRE RÉSIGNATION[4].

Vois comme tout nu sur la croix,
Victime pure et volontaire, 960
Les deux bras étendus sur cet infâme bois,
Jadis pour tes péchés je m'offris à mon Père :
Y réservai-je rien de ce qui fut en moi,
Qu'afin de te sauver et de lui satisfaire
Mon amour n'immolât pour toi ? 965

Tel tu dois de tout ton pouvoir
M'offrir chaque jour en la messe

peccatorum suorum non recordabor amplius, sed cuncta ipsi indulta erunt. »
VIII. Sicut ego meipsum, expansis in cruce manibus, et nudo corpore, pro peccatis tuis Deo Patri sponte obtuli, ita ut nihil in me remaneret, quin totum in sacrificium divinæ placationis transiret;
Ita debes et tu temetipsum mihi voluntarie in oblationem puram

---

1. *Var.* Pour obtenir pardon et demander ma grâce. (1670 O)
2. *Var.* Et tous seront par moi si pleinement remis. (1656 B et C, 59 et 62)
3. Corps ou sujet de l'emblème : « Jésus-Christ mourant. » Ame ou sentence : *Ego me totum obtuli pro te.* (Chapitre VIII, 5.)
4. Titre latin : *De oblatione Christi in cruce, et propria resignatione.*

Toute l'affection que tu peux concevoir,
Avec toute sa force et toute sa tendresse;
Tel tu me dois, mon fils, immoler à ton tour   970
Un cœur qui tout entier pour moi seul s'intéresse,
　　Et me rende amour pour amour.

　　Ainsi tu sauras me gagner;
　　Et ce que plus je te demande,
C'est que tu prennes soin de te bien résigner,   975
De faire de toi-même une sincère offrande :
Tous autres dons pour moi ne sont point suffisants;
Je ne regarde point si leur valeur est grande,
　　Je te cherche, et non tes présents.

　　Comme il ne te suffiroit pas   980
　　D'avoir sans moi mille avantages,
Ainsi n'espère point que je fasse aucun cas
De tout ce que sans toi m'offriront tes hommages :
Offre-toi tout entier, et de tes volontés,
En te donnant à moi, ne fais aucuns partages,   985
　　Et tes dons seront acceptés.

　　Tu vois que je me suis offert
　　Pour toi tout entier à mon Père;
Tu vois que je te donne, après avoir souffert,
Tout mon corps et mon sang en ce divin mystère :   990

et sanctam, quotidie in missa, cum omnibus viribus et affectibus tuis, quanto intimius vales, offerre.

Quid magis a te requiro, quam ut te studeas mihi ex integro resignare? Quidquid præter teipsum das, nihil curo, quia non quæro datum tuum, sed te.

Sicut non sufficeret tibi, omnibus habitis, præter me; ita nec mihi placere poterit, quidquid dederis, te non oblato. Offer te mihi et da te totum pro Deo, et erit accepta oblatio.

Ecce ego me totum obtuli Patri pro te; dedi etiam totum cor-

LIVRE IV, CHAPITRE VIII. 627

Ce don que je te fais pour être tout à toi
Te sert d'un grand exemple, et t'apprend pour me plaire
  Que tu dois être tout à moi[1].

  Si dans toi ton propre intérêt
    Se peut réserver quelque chose,   995
Si tu ne t'offres pas à tout ce qui me plaît[2],
Si tu n'es point d'accord que moi seul j'en dispose,
Tu ne me feras point d'entière oblation,
Et l'art de nous unir, qu'ici je te propose,
    N'aura point sa perfection.   1000

  Cette oblation de ton cœur,
    Quelques actions que tu fasses,
Doit précéder entière avec pleine vigueur,
Doit se faire à toute heure et sans que tu t'en lasses.
Aime ce digne joug de ma captivité,   1005
Et n'attends que de lui l'abondance des grâces
    Et la parfaite liberté.

  D'où crois-tu qu'on voit ici-bas
    Si peu d'âmes illuminées,
Si peu dont le dedans soit purgé d'embarras[3],   1010

pus meum et sanguinem in cibum, ut totus tuus essem, et tu meus permaneres.
  Si autem in teipso steteris, nec sponte te ad voluntatem meam obtuleris, non est plena oblatio, nec integra erit inter nos unio.
  Igitur omnia opera tua præcedere debet spontanea tuiipsius in manus Dei oblatio, si libertatem consequi vis et gratiam.
  Ideo enim tam pauci illuminati et liberi intus efficiuntur, quia seipsos ex toto abnegare nesciunt.

1. *Var.*   Qu'il faut te donner tout à moi. (1670 O)
2. *Var.* Si tu ne t'offres pas à tout ce qu'il me plaît. (1670 O)
3. Dans l'édition de 1670 O, par une erreur évidente :
    Si peu dont le dehors soit purgé d'embarras. (1670 O)

Si peu dont les ferveurs ne se trouvent bornées ?
C'est qu'à se dépouiller peu savent consentir,
Qui par le propre amour vers elles ramenées,
    Ne penchent à se revêtir [1].

Souviens-toi que j'ai prononcé   1015
    Cette irrévocable parole [2] :
« Quiconque pour me suivre à tout n'a renoncé
N'est point un vrai disciple instruit en mon école. »
Si tu le veux donc être en ce mortel séjour,
Donne-toi tout à moi, sans souffrir qu'on me vole   1020
    La moindre part en ton amour [3].

CHAPITRE IX [4].

QU'IL FAUT NOUS OFFRIR A DIEU AVEC TOUT CE QUI EST
EN NOUS, ET PRIER POUR TOUT LE MONDE [5].

Et le ciel, et la terre, et tout ce qu'ils contiennent,
Leurs effets, leurs vertus à jamais t'appartiennent :
Tout est à toi, Seigneur, tout marche sous ta loi,
Et je m'y viens offrir en volontaire hostie,   1025
Moi qui de ce grand tout fais la moindre partie,

Est firma sententia mea : « Nisi quis renuntiaverit omnibus, non potest meus esse discipulus. » Tu ergo, si optas meus esse discipulus, offer teipsum mihi, cum omnibus affectibus tuis.

IX. Domine, omnia tua sunt quæ in cœlo sunt et quæ in terra.

---

1. Voyez ci-dessus, p. 449, vers 3860; et p. 553, vers 6050.
2. *Évangile de saint Luc*, chapitre XIV, verset 33.
3. Dans l'édition de 1676 : « à ton amour; » dans celle de 1693 : « à mon amour. »
4. Corps ou sujet de l'emblème : « La présentation de la sainte Vierge. » Ame ou sentence : *Offero me tibi hodie.* (Chapitre IX, 2.)
5. Titre latin : *Quod nos et omnia nostra Deo debemus offerre, et pro omnibus orare.*

LIVRE IV, CHAPITRE IX.

Pour être par cette offre[1] encor mieux tout à toi.

Dans la simplicité d'un cœur qui te réclame,
Je t'offre tous entiers et mon corps et mon âme ;
J'en fais un saint hommage à tes commandements ; 1030
J'offre à tes volontés un serviteur fidèle
En sacrifice pur de louange immortelle,
Et réunis en toi tous mes attachements.

Daigne avoir, ô mon Dieu, la victime agréable ;
A cette oblation de ton corps adorable   1035
Mon amour aujourd'hui l'ajoute pour tribut :
Je t'offre l'une et l'autre en présence des anges ;
Reçois cet holocauste, et fais de ces louanges
Pour moi, pour tout le peuple, un œuvre de salut.

Ces bienheureux esprits, témoins de tant d'offenses[2] 1040
Par qui j'ai tant de fois mérité tes vengeances,
Seront aussi témoins des vœux que je te fais[3] ;
Et tout ce qu'à leurs yeux j'ai fait de punissable
Depuis le premier jour qui m'en a vu capable,
Je te l'offre à leurs yeux sur cet autel de paix. 1045

Desidero meipsum tibi in spontaneam oblationem offerre, et tuus perpetuo permanere.

Domine, in simplicitate cordis mei offero meipsum tibi hodie in servum sempiternum, in obsequium, et in sacrificium laudis perpetuæ.

Suscipe me cum hac sancta oblatione tui pretiosi corporis, quam tibi hodie in præsentia angelorum, invisibiliter assistentium, offero ; ut sit pro me et pro cuncto populo tuo in salutem.

Domine, offero tibi omnia peccata et delicta mea, quæ commisi coram te, et sanctis angelis tuis, a die quo primum peccare potui, usque ad horam hanc, super placabili altari tuo ;

1. L'édition de 1670 O porte *cet offre*, au masculin.
2. *Var.* Je veux que ces esprits, témoins de tant d'offenses.
(1656 B et C, 59 et 62)
3. *Var.* Soient aussi les témoins des vœux que je te fais. (1656 B et C, 59 et 62)

Lance de ton amour une vive étincelle,
Qui m'allumant au sein une ferveur nouvelle,
Y brûle pour jamais cet amas de péché :
Fais que ce feu divin en consume l'ordure,
Et que l'embrasement d'une flamme si pure   1050
Efface tout l'impur dont tu me vois taché.

Qu'un pardon général, par sa pleine efficace
Abolissant mon crime et me rendant ta grâce,
Sous l'ordre de tes lois range tout mon vouloir :
Entre mon âme et toi rétablis la concorde,   1055
Et par ce haut effet de ta miséricorde
Au saint baiser de paix daigne me recevoir.

Après tant de péchés que ferois-je autre chose?
Je vois que leur excès à ta rigueur m'expose,
Qu'il arme contre moi ta juste inimitié :   1060
Que puis-je donc, ô Dieu, pour t'arracher les armes,
Que t'avouer ma faute, et fondant tout en larmes,
Implorer à genoux l'excès de ta pitié?

Exauce, exauce-moi, Seigneur, je t'en conjure;
Exauce cette indigne et vile créature   1065
Que prosterne à tes pieds un humble repentir :
Mon péché me déplaît, et la plus douce idée

Ut tu omnia pariter incendas et comburas igne caritatis tuæ, et deleas universas maculas peccatorum meorum,

Et conscientiam meam ab omni delicto emundes, et restituas mihi gratiam tuam, quam peccando amisi, omnia mihi plene indulgendo, et in osculum pacis me misericorditer assumendo.

Quid possum agere pro peccatis meis, nisi humiliter ea confitendo et lamentando, et tuam propitiationem incessanter deprecando?

Deprecor te, exaudi me propitius, ubi asto coram te, Deus meus. Omnia peccata mea mihi maxime displicent; nolo ea unquam amplius perpetrare;

Que m'ose présenter son image fardée
Ne m'ôtera jamais l'horreur d'y consentir.

Je pleure, et veux pleurer tout le temps de ma vie 1070
Sa route jusqu'ici honteusement suivie ;
Je veux à mes forfaits égaler mes ennuis ;
Et si pour t'obéir j'eus trop peu de constance,
J'en accepte, ô mon Dieu, j'en fais la pénitence,
Et veux te satisfaire autant que je le puis. 1075

Pardonne, encore un coup, pardonne pour ta gloire,
Pour l'amour de ton nom bannis de ta mémoire
Tout ce que mes desirs ont eu de vicieux ;
Et pour sauver mon âme à les croire emportée,
Souviens-toi seulement que tu l'as rachetée 1080
Par la profusion de ton sang précieux.

Je sais, Seigneur, je sais, pour grand que soit mon crime,
Que ta miséricorde est un profond abîme ;
Je me résigne entier à son immensité :
N'agis que suivant elle, et lorsque ta justice 1085
Pressera ton courroux de hâter mon supplice,
Laisse-lui fermer l'œil sur mon iniquité.

J'ose te faire encore, en ce divin mystère [1],

> Sed pro eis doleo, et dolebo quamdiu vixero ; paratus pœnitentiam agere, et, pro posse, satisfacere.
> Dimitte mihi, Deus, dimitte mihi peccata mea, propter nomen sanctum tuum ; salva animam meam, quam pretioso sanguine tuo redemisti.
> Ecce committo me misericordiæ tuæ, resigno me manibus tuis. Age mecum secundum bonitatem tuam, non secundum meam malitiam et iniquitatem.

Var. Souffre que je te fasse, en ce divin mystère. (1670 O)

L'offre de tout le bien que jamais j'ai pu faire,
Quoique tout imparfait et de peu de valeur, 1090
Quoique ces actions soient en si petit nombre,
Qu'à peine du vrai bien elles font voir une ombre [1]
Dont les informes traits n'ont aucune couleur.

Donne-leur ce qui manque à leur foible teinture;
Corrige, sanctifie, agrée, achève, épure; 1095
Fais-les de jour en jour aller de mieux en mieux :
Comble-les d'une grâce en vertus si fertile,
Que cet homme chétif, paresseux, inutile,
Trouve une heureuse fin qui le conduise aux cieux.

Je t'offre tous les vœux de ces dévotes âmes 1100
Qui ne conçoivent plus que de célestes flammes;
De mes plus chers parents je t'offre les besoins,
Ceux de tous les amis que tu m'as fait connoître,
Des frères et des sœurs que m'a donnés le cloître,
Et de tous ceux enfin qui méritent mes soins. 1105

Pourrois-je oublier ceux dont le cœur charitable
A mes nécessités se montre favorable,
Ou qui pour ton amour à d'autres font du bien?
Pourrois-je oublier ceux dont les saints artifices

Offero etiam tibi omnia bona mea, quamvis valde pauca et imperfecta,

Ut tu ea emendes et sanctifices, ut ea grata habeas, et accepta tibi facias, et semper ad meliora trahas, necnon ad beatum ac laudabilem finem, me pigrum et inutilem homuncionem, perducas.

Offero quoque tibi omnia pia desideria devotorum, necessitates parentum, amicorum, fratrum, sororum, omniumque carorum meorum,

Et eorum qui mihi vel aliis propter amorem tuum benefecerunt;

1, *Var.* Qu'à peine du vrai bien elles marquent une ombre. (1656 B, 59 et 62)

Ou de mes oraisons ou de mes sacrifices   1110
Empruntent le secours pour obtenir le tien?

Je t'offre pour eux tous, soit qu'ils vivent encore,
Soit qu'en ton purgatoire un juste feu dévore
Les péchés qu'en ce monde ils ont mal su purger :
Fais-leur sentir la force et l'appui de ta grâce ;   1115
Console, soutiens-les dans ce tourment qui passe,
Et dans tous leurs périls daigne les protéger.

Abrége en leur faveur la peine méritée ;
Avance à tous leurs maux cette fin souhaitée,
Qui change l'amertume en doux ravissements,   1120
Afin qu'en liberté leur sainte gratitude
Fasse avec allégresse et hors d'inquiétude
Retentir tout le ciel de leurs remercîments.

J'offre ces mêmes vœux et ces mêmes hosties
Pour ceux dont la malice ou les antipathies   1125
M'ont rendu déplaisir, m'ont nui, m'ont offensé ;
Pour ceux qui m'ont causé quelques désavantages,
Procuré quelque perte, ou fait quelques outrages,
Contredit à ma vue, ou sous main traversé.

Je te les offre encor d'une ferveur égale   1130

et qui orationes et missas pro se suisque omnibus dici a me desideraverunt et petierunt;
    Sive in carne adhuc vivant, sive jam sæculo defuncti sint; ut omnes sibi auxilium gratiæ tuæ, opem consolationis, protectionem a periculis,
    Liberationem a pœnis, advenire sentiant; et ut ab omnibus malis erepti, gratias tibi magnificas læti persolvant.
    Offero etiam tibi preces et hostias placationis pro illis specialiter qui me in aliquo læserunt, contristaverunt, aut vituperaverunt, vel aliquod damnum vel gravamen intulerunt;
    Pro his quoque omnibus quos aliquando contristavi, conturbavi,

Pour ceux à qui j'ai fait ou dépit ou scandale,
Pour ceux que j'ai fâchés, même sans le savoir :
Je t'offre pour eux tous, pour eux tous je t'invoque ;
Pardonne-nous à tous la froideur réciproque,
Et remets-nous ensemble au chemin du devoir.   1135

Arrache de nos cœurs cette indigne semence
D'envie et de soupçon, de colère et d'offense,
Tout ce qui peut nourrir la contestation,
Tout ce qui peut blesser l'amitié fraternelle,
Et par une chaleur à tes ordres rebelle   1140
Éteindre le beau feu de la dilection.

Prends, Seigneur, prends pitié de ceux qui la demandent ;
Fais un don de ta grâce aux pécheurs qui l'attendent ;
Dans nos pressants besoins laisse-nous l'obtenir ;
Et rends-nous tels enfin que notre âme ravie   1145
En puisse dignement jouir durant la vie,
Et dans le ciel un jour à jamais t'en bénir.

gravavi, et scandalizavi, verbis, factis, scienter, vel ignoranter, ut nobis omnibus pariter indulgeas peccata nostra et mutuas offensiones.

Aufer, Domine, a cordibus nostris omnem suspicionem, indignationem, iram et disceptationem, et quidquid potest caritatem lædere, et fraternam dilectionem minuere.

Miserere, miserere, Domine, misericordiam tuam poscentibus ; da gratiam indigentibus ; et fac nos tales existere, ut simus digni gratia tua perfrui, et ad vitam proficiamus æternam. Amen.

CHAPITRE X[1].

QU'IL NE FAUT PAS AISÉMENT QUITTER LA SAINTE COMMUNION [2].

Tu dois avoir souvent recours
A la source de grâce et de miséricorde,
Cette fontaine pure où se forme le cours   1150
D'un torrent de bonté qui sur toi se déborde.
    Ainsi tu sauras t'affranchir
    De tout ce qui te fait gauchir
    Vers les passions et les vices ;
Ainsi plus vigoureux, ainsi plus vigilant,   1155
Des attaques du Diable et de ses artifices
Tu braveras la ruse et l'effort insolent.

    Ce fier ennemi des mortels[3].
De la communion sait quel bonheur procède,
Et combien on reçoit au pied de mes autels,   1160
En ce festin sacré, de fruit et de remède.
    Il ne perd point d'occasions
    De semer ses illusions
    Pour en détourner les fidèles :

X. Frequenter recurrendum est ad fontem gratiæ et divinæ misericordiæ, ad fontem bonitatis et totius puritatis, quatenus a passionibus tuis et vitiis curari valeas, et contra universas tentationes et fallacias diaboli fortior atque vigilantior effici merearis.
Inimicus, sciens fructum et remedium maximum in sacra communione positum, omni modo et occasione nititur fideles et devotos, quantum prævalet, retrahere et impedire.

1. Corps ou sujet de l'emblème : « Un ange réveille le prophète Élie, et lui présente un pain cuit sous la cendre, qui le fortifie. » Ame ou sentence : *A præsenti gravitate te excutias*. (Chapitre x, 9.)
2. Titre latin : *Quod sacra communio de facili non est relinquenda*.
3. *Var.*   Le fier ennemi des mortels. (1670 O)

Il en fait son grand œuvre, et met tout son pouvoir 1165
A ne laisser en l'âme aucunes étincelles
Qui puissent rallumer l'ardeur de ce devoir.

  Plus il te voit t'y préparer
Avec une ferveur d'un saint espoir guidée,
Plus les fantômes noirs qu'il te vient figurer 1170
Font un épais nuage et brouillent ton idée[1].
  Tu lis dans Job en plus d'un lieu
  Que parmi les enfants de Dieu
  Cet esprit ténébreux se coule;
C'est contre eux qu'il s'efforce, et sa malignité 1175
Prend mille objets impurs que devant eux il roule,
Pour les remplir de crainte ou de perplexité.

  Il tâche par mille embarras
De vaincre ou d'affoiblir le zèle qui t'enflamme,
Et de se rendre maître à force de combats 1180
De cette aveugle foi qui t'illumine l'âme.
  Il ne néglige aucun secret
  Pour t'éloigner de ce banquet[2],
  Ou t'en faire approcher plus tiède;
Mais il est en ta main de le rendre impuissant : 1185
Son plus heureux effort n'abat que qui lui cède[3],
Et ne peut t'ébranler, si ton cœur n'y consent.

  Cum enim quidam sacræ communioni se aptare disponunt, pejores satanæ immissiones patiuntur. Ipse nequam spiritus, ut in Job scribitur, venit inter filios Dei, ut solita illos nequitia sua perturbet, aut timidos nimium reddat et perplexos ;
  Quatenus affectum eorum minuat, vel fidem impugnando auferat, si forte aut omnino communionem relinquant, aut cum tepore accedant.

1. *Var.* Font un épais nuage à brouiller ton idée. (1670 O)
2. *Var.*   A t'éloigner de ce banquet. (1670 O)
3. *Var.* Ce qu'il livre d'assauts n'abat que qui lui cède. (1670 O)

LIVRE IV, CHAPITRE X.

   Quelques horribles saletés
Dont contre toi sa rage excite la tempête,
Tu n'as qu'à te moquer de leurs impuretés,   1190
Et tu renverseras leurs foudres sur sa tête :
   Tu n'as qu'à traiter de mépris
   Ce roi des malheureux esprits,
   Pour le dépouiller de sa force.
Ris donc de son insulte, et quelque émotion   1195
Dont il ose à tes yeux jeter l'indigne amorce,
Ne te relâche point de la communion.

   Souvent, à force d'y penser,
Le soin d'être dévot trop longtemps inquiète ;
Souvent l'anxiété de se bien confesser   1200
Enveloppe l'esprit d'une langueur secrète.
   Fais choix alors de confidents
   Qui soient éclairés et prudents,
   Et bannis tout le vain scrupule :
Il empêche ma grâce, et la précaution   1205
Que lui fait apporter son effroi ridicule
Éteint le plus beau feu de la dévotion.

   Faut-il pour un trouble léger,
Pour un amusement qu'un vain objet excite,
Pour une pesanteur qui te vient assiéger,   1210

 Sed non est quicquam curandum de versutiis et phantasiis illius, quantumlibet turpibus et horridis ; sed cuncta phantasmata in caput ejus sunt retorquenda. Contemnendus est miser et deridendus ; nec propter insultus ejus et commotiones quas suscitat, sacra est omittenda communio.
 Sæpe etiam impedit nimia sollicitudo pro devotione habenda, et anxietas quædam de confessione facienda. Age secundum consilium sapientum, et depone anxietatem et scrupulum, quia gratiam Dei impedit, et devotionem mentis destruit.
 Propter aliquam parvam tribulationem vel gravitatem, sacram ne

Que ta communion se diffère ou se quitte ?
   Porte tout à ce tribunal,
   Où, par un bonheur sans égal,
   Qui s'accuse aussitôt s'épure[1] :
Pardonne à qui t'offense, et cours aux pieds d'autrui
Lui demander pardon, si tu lui fis injure;
Tu l'obtiendras de moi, si tu le veux de lui.

   Que peut avoir d'utilité
De la confession cette folle remise ?
De quoi te peut servir cette facilité   1220
A reculer un bien que t'offre mon Église ?
   Vomis tout ce maudit poison,
   Et pour en purger ta raison
   Cours en hâte à ce grand remède :
Tu t'en trouveras mieux, et tu dois redouter   1225
Qu'à l'obstacle présent quelque autre ne succède,
Plus fâcheux à souffrir et plus fort à dompter.

   Remettre ainsi de jour en jour
Pour te mieux préparer à ce bonheur insigne,
C'est te priver longtemps de ce gage d'amour,   1230

dimittas communionem; sed vade citius confiteri, et omnes offensiones aliis libenter indulge. Si vero tu aliquem offendisti, veniam humiliter precare, et Deus libenter indulgebit tibi.
 Quid prodest diu tardare confessionem, aut sacram differre communionem ? Expurga te cumprimis, exspue velociter venenum, festina accipere remedium, et senties melius, quam si diu distuleris. Si hodie propter istud dimittis, cras forsitan aliud majus eveniet ;
 Et sic diu posses a communione impediri, et magis ineptus fieri.

1. Cette belle périphrase n'est pas dans le texte latin. Bossuet l'a-t-il empruntée à Corneille, quand il a dit dans l'*Oraison funèbre de la reine d'Angleterre* : « Les enfants de Dieu étoient étonnés de ne voir plus ni l'autel, ni le sanctuaire, ni ces tribunaux de miséricorde qui justifient ceux qui s'accusent ? »

Et peut-être à la fin t'en rendre plus indigne.
  Romps le plus tôt que tu pourras
  Les chaînes de ces embarras
  Dont ta propre lenteur t'accable :
Nourrir l'inquiétude apporte peu de fruit,   1235
Et l'on s'avance mal quand on refuit ma table
Pour des empêchements que chaque jour produit.

    Sais-tu que l'assoupissement
Où te laisse plonger ta langueur insensible[1]
T'achemine à grands pas[2] à l'endurcissement,   1240
Et qu'à force de temps il devient invincible ?
  Qu'il est de lâches, qu'il en est,
  Dont la tépidité s'y plaît
  Jusqu'à le rendre volontaire,
Et dont la nonchalance aime à prendre aux cheveux
La moindre occasion d'éloigner un mystère
Qui les obligeroit d'avoir mieux l'œil sur eux !

    Oh ! que foible est leur charité !
Que leur dévotion est traînante et débile !
Et que ce zèle est faux dont l'imbécillité   1250
A quitter un tel bien se trouve si facile !

Quanto citius vales, a præsenti gravitate et inertia te excutias, quia nihil prodest diu anxiari, diu cum turbatione transire, et ob quotidiana obstacula se a divinis sequestrare.

Imo plurimum nocet, diu communionem protelare, nam et gravem torporem consuevit inducere. Proh dolor! quidam tepidi, et dissoluti, moras confitendi libenter accipiunt, et communionem sacram idcirco differri cupiunt, ne ad majorem sui custodiam se dare teneantur.

Heu! quam modicam caritatem, et debilem devotionem habent, qui sacram communionem tam faciliter postponunt! Quam felix ille

---

1. *Var.* Où te laisse tomber ta langueur insensible. (1665 A)
2. Dans l'édition de 1670 : « à grand pas. »

Heureux l'homme qui tous les jours
Pour recevoir un tel secours
Épure assez sa conscience,
Et n'en passeroit point sans un si grand appui,   1255
Si de ses directeurs il en avoit licence,
Ou qu'il ne craignît point qu'on parlàt trop de lui !

Quand par un humble sentiment
Le respect en conseille une sainte abstinence,
Ou qu'on y voit d'ailleurs un juste empêchement,   1260
Un homme est à louer de cette révérence;
    Mais lorsque parmi ce conseil
    Il se glisse un morne sommeil,
    On se doit exciter soi-même[1],
Faire tout ce que peut l'humaine infirmité :   1265
Mon secours est tout prêt, et ma bonté suprême
Considère surtout la bonne volonté[2].

    Alors que ta dévotion[3]

et Deo acceptus habetur, qui sic vivit, et in tali puritate conscientiam suam custodit, ut etiam omni die communicare paratus, et bene affectatus esset, si ei liceret, et sine nota agere posset!

Si quis interdum abstinet, humilitatis gratia, aut legitima impediente causa, laudandus est de reverentia. Si autem torpor obrepserit, seipsum excitare debet, et facere quod in se est; et Dominus aderit desiderio suo pro bona voluntate, quam specialiter respicit.

1. *Var.*   Il se doit exciter soi-même,
    Faire tout ce que peut sa propre infirmité. (1656 B, 59 et 62)

2. L'auteur de l'*Avant-propos* de l'édition de l'*Imitation* publiée par le libraire Jules Gay en 1862, fait la remarque suivante : « Ce vers d'*Horace* (acte II, scène VIII, vers 710) :

    Faites votre devoir, et laissez faire aux Dieux,

semble inspiré par une ligne du texte latin : *Fac quod in te est, et Deus adiibonæ voluntati tuæ.* » Le rapprochement est ingénieux, et il seroit même assez frappant si la citation latine était exacte; il le devient beaucoup moins quand on rétablit le vrai texte.

3. *Var.*   Alors que sa dévotion. (1656 B, 59 et 62)

LIVRE IV, CHAPITRE X.

A pour s'en abstenir des causes légitimes,
Ton desir vertueux, ta bonne intention[1],   1270
Te peuvent en donner les fruits les plus sublimes.
    Quiconque a Dieu devant les yeux
    Peut en tout temps, peut en tous lieux
    Goûter en esprit ce mystère :
Il n'est obstacle aucun qui l'en puisse empêcher,   1275
Et c'est toujours pour l'âme un repas salutaire
Quand, au défaut du corps, elle en sait approcher;

    Non que cette communion,
Qu'il peut faire en tout temps, toute spirituelle,
Doive monter si haut en son opinion   1280
Que son esprit content néglige l'actuelle :
    Il faut que souvent sa ferveur
    De la bouche comme du cœur
    Reçoive ce vrai pain des anges,
Qu'il ait des temps réglés pour un si digne effet, 1285
Et s'y donne pour but ma gloire et mes louanges,
Plus que ce qui le flatte et qui le satisfait.

    Attendant ces jours bienheureux,
Contemple dans la crèche un Dieu qui s'est fait homme;

Cum vero legitime præpeditus est, habebit semper bonam voluntatem, et piam intentionem communicandi, et sic non carebit fructu sacramenti. Potest enim quilibet devotus, omni die et omni hora, ad spiritualem Christi communionem salubriter et sine prohibitione accedere;

Et tamen certis diebus et statuto tempore corpus sui redemptoris, cum affectuosa reverentia, sacramentaliter debet suscipere; et magis laudem Dei et honorem prætendere, quam suam consolationem quærere.

Nam toties mystice communicat, et invisibiliter reficitur, quoties

---

1. *Var.* Son desir vertueux, sa bonne intention
Lui peuvent en donner les fruits les plus sublimes. (1656 B, 59 et 62).

Repasse en ton esprit mon trépas douloureux; 1290
Vois l'œuvre du salut qu'en la croix je consomme :
  Autant de fois qu'un saint transport
  Dans ma naissance ou dans ma mort
  Prendra de quoi croître ta flamme,
Ton zèle autant de fois saura mystiquement 1295
D'une invisible main communier ton âme,
Et recevra le fruit de ce grand sacrement.

  Qui ne daigne s'y préparer
Qu'alors qu'il est pressé par quelque grande fête,
Et que le jour pour lui semble le desirer, 1300
Y portera souvent une âme fort mal prête[1].
  Heureux qui du plus digne apprêt,
  Sans attache au propre intérêt,
  Fait son ordinaire exercice,
Et s'offre en holocauste à son Père immortel, 1305
Quand pour le sacrement ou pour le sacrifice
Il se met à ma table, ou monte à mon autel !

  Observe pour dernier avis
De n'être ni trop long, ni trop court en ta messe :
Contente ainsi que toi ceux avec qui tu vis, 1310
Et garde un train commun en qui rien ne les blesse.
  Un prêtre n'est bon que pour lui,
  S'il gêne le zèle d'autrui,

incarnationis Christi mysterium Passionemque devote recolit, et in amore ejus accenditur.
 Qui aliter se non præparat, nisi instante festo, vel consuetudine compellente, sæpius imparatus erit. Beatus, qui se Domino in holocaustum offert, quoties celebrat aut communicat.
 Non sis in celebrando nimis prolixus aut festinus, sed serva bonum communem modum cum quibus vivis. Non debes aliis generare molestiam et tædium, sed communem servare viam secundum

---

1. *Var.* Y portera souvent une âme assez mal prête. (1656 B-65)

Faute de suivre la coutume ;
Et tu dois regarder ce qui profite à tous   1315
Plus que toute l'ardeur qui dans ton cœur s'allume,
Et que tous ces élans qui te semblent si doux.

CHAPITRE XI[1].

QUE LE CORPS DE JÉSUS-CHRIST ET LA SAINTE ÉCRITURE
SONT ENTIÈREMENT NÉCESSAIRES A L'AME FIDÈLE[2].

Oh ! que ta douceur infinie
Répand de charmantes faveurs,
Sauveur bénin, sur les ferveurs   1320
De qui dignement communie !
Ce grand banquet où tu l'admets
N'a point pour lui de moindres mets
Que son bien-aimé, son unique ;
Que toi, dis-je, seul à choisir,   1325
Et seul à qui son cœur s'applique
Par-dessus tout autre desir.

Que j'en verrois croître les charmes,
Si d'un amoureux sentiment

majorum institutionem, et potius aliorum servire utilitati, quam propriæ devotioni vel affectui.

XI. O dulcissime Domine Jesu, quanta est dulcedo devotæ animæ, tecum epulantis in convivio tuo, ubi ei non alius cibus manducandus proponitur, nisi tu unicus dilectus ejus, super omnia desideria ejus desiderabilis !

Et mihi quidem dulce foret, in præsentia tua ex intimo affectu

1. Corps ou sujet de l'emblème : « Saint Paul, après avoir été trois jours sans voir ni manger, recouvre la vue par le moyen d'Ananias, qui le baptise et le communie. » Ame ou sentence : *Duobus me indigere fateor, cibo et lumine.* (Chapitre xi, 15.)

2. Titre latin : *Quod corpus Christi et sacra Scriptura maxime sunt animæ fideli necessaria.*

Le tendre et long épanchement 1330
M'y donnoit un torrent de larmes!
Que tous mes vœux seroient[1] contents
D'en baigner tes pieds en tout temps
Avec la sainte pécheresse!
Mais où sont ces vives ardeurs? 1335
Où cette amoureuse tendresse?
Où cet épanchement de pleurs?

En présence d'un tel monarque,
A l'aspect de toute sa cour,
Un transport de joie et d'amour 1340
En devroit porter cette marque:
Mon cœur par mille ardents soupirs
Devroit pousser mille desirs
Jusques à la voûte étoilée,
Et dans cet avant-goût des cieux 1345
Ma joie en larmes distillée
Couler à grands flots de mes yeux.

En cet adorable mystère
Je te vois présent en effet,
Dieu véritable, homme parfait, 1350
Sous une apparence étrangère:
Tu me caches cette splendeur

lacrymas fundere, et cum pia Magdalena pedes tuos lacrymis irrigare; sed ubi est hæc devotio ? ubi lacrymarum sanctarum copiosa effusio ?

Certe in conspectu tuo et sanctorum angelorum tuorum totum cor meum ardere deberet, et ex gaudio flere;

Habeo enim te in sacramento vere præsentem, quamvis aliena specie occultatum; nam in propria et divina claritate te conspicere, oculi mei ferre non possent;

---

1. L'édition de 1658 porte, très-probablement par erreur, *seront*, pour *seroient*.

Dont ta souveraine grandeur[1]
Avant les temps est revêtue.
Seigneur, que je te dois bénir   1355
D'épargner à ma foible vue
Ce qu'elle n'eût pu soutenir !

Les yeux même de tout un monde
En un seul regard assemblés,
De tant de lumière aveuglés,   1360
Rentreroient sous la nuit profonde :
Ils ne pourroient pas subsister,
S'ils attentoient à supporter
Des clartés si hors de mesure ;
Et l'éclat de ta majesté,   1365
Quand elle emprunte une figure,
Fait grâce à notre infirmité.

Sous ces dehors où tu te ranges
Je te vois tel qu'au firmament :
Je t'adore en ce sacrement   1370
Tel que là t'adorent les anges.
La différence entre eux et moi,
C'est que les seuls yeux de la foi
M'y font voir ce que j'y révère,
Et qu'en ce lumineux pourpris[2]   1375

Sed neque totus mundus in fulgore gloriæ majestatis tuæ subsistere. In hoc ergo imbecillitati meæ consulis, quod te sub sacramento abscondis.
Habeo vere et adoro, quem angeli adorant in cœlo ; sed ego adhuc interim in fide, illi autem in specie et sine velamine.

1. *Var.*   De qui ton immense grandeur (*a*). (1656 B-62)
2. *Pourpris*, enceinte. Voyez le *Lexique*.

(*a*) Corneille, dans l'exemplaire de 1658 corrigé de sa main, a fait le changement qui a produit la leçon définitive.

Une vision pleine et claire
Te montre à ces heureux esprits.

Mais il faut que je me contente
D'avoir pour guide ce flambeau,
En attendant qu'un jour plus beau   1380
Remplisse toute mon attente :
C'est ce jour de l'éternité
Dont la brillante immensité
Dissipera toutes les ombres,
Et de la pointe de ses traits   1385
Détruira tous ces voiles sombres
Qui couvrent tes divins attraits.

La parfaite béatitude,
Éclairant nos entendements,
Fera cesser les sacrements   1390
Dans son heureuse plénitude.
Ce glorieux prix des travaux,
Qui nous met au-dessus des maux,
Ote le besoin du remède;
Face à face tu t'y fais voir;   1395
Sans fin, sans trouble, on t'y possède;
On t'y contemple sans miroir.

L'esprit, de lumière en lumière
Montant dans ton infinité,

Me oportet contentum esse in lumine veræ fidei, et in ea ambulare, donec aspiret dies æternæ claritatis, et umbræ figurarum inclinentur.

Cum autem venerit quod perfectum est, cessabit usus sacramentorum, quia beati in gloria cœlesti non egent medicamine sacramentali; gaudent enim sine fine in præsentia Dei, facie ad faciem gloriam ejus speculantes;

Et de claritate in claritatem abyssalis deitatis transformati, gus-

S'y transforme en ta déité, 1400
Qu'il embrasse et voit toute entière[1] :
Cet esprit tout illuminé
Y goûte le Verbe incarné,
Toi-même à ses yeux tu l'exposes,
Tel que dans ces vastes palais 1405
Il étoit avant toutes choses,
Et tel qu'il demeure à jamais.

Le souvenir de ces merveilles
Fait qu'ici tout m'est ennuyeux,
Que tout y déplaît à mes yeux, 1410
Tout importune mes oreilles ;
Le goût même spirituel
M'est un chagrin continuel,
Près de cette douce mémoire ;
Et quoi qu'il m'arrive de bien, 1415
Tant que je ne vois point ta gloire,
Tout m'est à charge, tout n'est rien.

Tu le sais, ô Dieu de ma vie,
Qu'ici-bas il n'est point d'objet
Où se termine mon projet, 1420
Où se repose mon envie.
A te contempler fixement,

tant Verbum Dei caro factum, sicut fuit ab initio et manet in æternum.
   Memor horum mirabilium, grave mihi fit tædium etiam quodlibet spirituale solatium, quia quamdiu Dominum meum aperte in sua gloria non video, pro nihilo duco omne quod in mundo conspicio et audio.
   Testis es tu mihi, Deus, quod nulla me res potest consolari, nulla creatura quietare, nisi tu, Deus meus, quem desidero æter-

1. Les éditions de 1659 et de 1662 portent seules *tout entière*, sans accord.

Sans fin et sans empêchement,
Je mets ma gloire souveraine;
Mais avant que de voir finir
La mortalité que je traîne,
Ce bonheur ne peut s'obtenir.

Je dois donc avec patience
Te soumettre tous mes desirs,
Ne chercher point d'autres plaisirs,
N'avoir point d'autre confiance.
Les saints qui règnent avec toi
Vécurent au monde avec foi,
Avec patience y languirent;
Et leur cœur en toi satisfait
De ce que leurs vœux se promirent
Attendit constamment l'effet.

J'ai la même foi qu'ils ont eue;
J'ai le même espoir qu'ils ont eu;
Et croyant tout ce qu'ils ont cru,
J'aspire comme eux à ta vue.
Avec ta grâce et pareils vœux
J'espère d'arriver comme eux
A tes promesses les plus amples,
Et jusqu'à cette fin sans fin
Ma foi, qu'appuieront leurs exemples,

naliter contemplari. Sed non est hoc possibile, durante me in hac mortalitate.

Ideo oportet ut me ponam ad magnam patientiam, et meipsum in omni desiderio tibi submittam; nam et sancti tui, Domine, qui tecum jam in regno cœlorum exultant, in fide et patientia magna, dum viverent, adventum gloriæ tuæ expectabant.

Quod illi crediderunt, ego credo; quod illi speraverunt, ego spero; quo illi pervenerunt, per gratiam tuam me venturum confido. Ambulabo interim in fide, exemplis confortatus sanctorum.

LIVRE IV, CHAPITRE XI.

Suivra sous toi le vrai chemin.

J'aurai de plus pour ma conduite
Les livres saints, dont le secours
A toute heure adoucit le cours   1450
Des maux où mon âme est réduite :
Je trouve en leurs instructions
Des miroirs pour mes actions,
Sur qui je les règle et me juge ;
Et par-dessus tous leurs trésors   1455
J'ai pour remède et pour refuge
Le banquet de ton sacré corps.

Cet accablement de misères
Qui m'environne incessamment,
Pour le supporter doucement,   1460
Me rend deux choses nécessaires :
J'ai besoin en toutes saisons
De deux choses dans ces prisons.[1]
Où me renferme la nature ;
Et manque de l'une des deux,   1465
De lumière, ou de nourriture,
Mon séjour n'y peut être heureux.

Seigneur, ta bonté singulière,

Habebo etiam libros sanctos pro solatio et vitæ speculo, atque super hæc omnia sanctissimum corpus tuum pro singulari remedio et refugio.

Duo namque mihi necessaria permaxime sentio in hac vita, sine quibus mihi importabilis foret ista miserabilis vita : in carcere corporis hujus detentus, duobus me egere fateor, cibo scilicet et lumine.

Dedisti itaque mihi infirmo sacrum corpus tuum ad refectionem

---

1. Dans les éditions de 1676 et de 1693 :
    De deux choses en ces prisons.

Pour m'aider à suivre tes pas,
M'y donne ton corps pour repas, 1470
Et ta parole pour lumière.
Dans ces misérables vallons,
Sans l'un et l'autre de ces dons
Ta route seroit mal suivie;
Car l'un est l'immuable jour, 1475
Et l'autre le vrai pain de vie
Qui nourrit l'âme en ton amour.

L'âme de ton amour éprise
Peut regarder ces deux soutiens
Comme deux tables que tu tiens 1480
Dans le trésor de ton Église :
L'une est celle de ton autel,
Où se prend ton corps immortel
Pour nourriture et médecine;
Et l'autre, celle de ta loi, 1485
Qui nous instruit de ta doctrine,
Et nous affermit en la foi.

C'est elle qui du sanctuaire
Tirant pour nous le voile épais,
Jusqu'en ses plus profonds secrets 1490
Nous introduit et nous éclaire :
C'étoit pour nous la préparer

mentis et corporis; et posuisti lucernam pedibus meis, verbum tuum. Sine his duobus bene vivere non possum : nam verbum Dei, lux animæ meæ; et sacramentum tuum panis vitæ.

Hæc possunt etiam dici mensæ duæ, hinc et inde in gazophylacio sanctæ Ecclesiæ positæ. Una mensa est sacri altaris, habens panem sanctum, id est, corpus Christi pretiosum; altera est divinæ legis, continens doctrinam sanctam, erudiens fidem rectam,

Et firmiter usque ad interiora velaminis, ubi sunt sancta sanctorum, perducens. Gratias tibi, Domine Jesu, lux lucis æternæ, pro

Qu'il te plut jadis inspirer
Les prophètes et les apôtres;
Et tes augustes vérités   1495
Chaque jour encor par mille autres
Répandent sur nous leurs clartés.

Créateur et sauveur des hommes,
Qu'on te doit de remercîments
D'avoir fait ces banquets charmants   1500
Pour des malheureux que nous sommes!
Tu nous les tiens à tous ouverts,
Pour montrer à tout l'univers
Cette charité magnifique
Qui déployant tous ses trésors,   1505
N'y donne plus l'agneau mystique,
Mais ton vrai sang et ton vrai corps.

Là sans cesse tous les fidèles,
Des traits de ton amour navrés,
Et de ton calice enivrés,   1510
Goûtent quelques douceurs nouvelles.
Toutes les délices des cieux
Font un raccourci précieux
Dans ce calice salutaire;
L'ange les y goûte avec nous;   1515
Mais comme sa vue est plus claire,

doctrinæ sacræ mensa, quam nobis per servos tuos prophetas et apostolos, aliosque doctores, ministrasti.

Gratias tibi, creator ac redemptor hominum, qui ad declarandam toti mundo caritatem tuam, cœnam parasti magnam, in qua non agnum typicum, sed tuum sanctissimum corpus et sanguinem, proposuisti manducandum,

Lætificans omnes fideles convivio sacro, et calice inebrians salutari, in quo sunt omnes deliciæ paradisi, et epulantur nobiscum angeli sancti, sed suavitate feliciori.

Ses plaisirs sont aussi plus doux.

Prêtres, qu'illustre est votre office !
Que haute est cette dignité
Dont vous tenez l'autorité 1520
De faire ce grand sacrifice !
Deux mots sacrés et souverains
Font descendre un Dieu dans vos mains ;
Vous le prenez dans votre bouche ;
Et dans ces festins solennels 1525
Cette même main qui le touche
Le donne au reste des mortels.

Que ces mains doivent être pures !
Que cette bouche, que ce lieu
Où loge si souvent un Dieu 1530
Doit être bien purgé d'ordures !
O prêtres, que tout votre corps
Doit avoir dedans et dehors
Une intégrité consommée !
Et qu'il faut voir de sainteté 1535
Dans cette demeure animée
De l'auteur de la pureté !

Une bouche si souvent prête
A recevoir le sacrement
Doit prendre garde exactement 1540

O quam magnum et honorabile est officium sacerdotum, quibus datum est Dominum majestatis verbis sacris consecrare, labiis benedicere, manibus tenere, ore proprio sumere, et cæteris ministrare !

O quam mundæ debent esse manus illæ ! quam purum os, quam sanctum corpus, quam immaculatum cor erit sacerdotis, ad quem totius ingreditur auctor puritatis !

Ex ore sacerdotis nihil nisi sanctum, nihil nisi honestum et utile

Qu'il n'en sorte rien que d'honnête.
Loin tous inutiles discours
D'un organe qui tous les jours
A Jésus-Christ sert de passage !
Point, point d'entretien que fervent ;   1545
Point d'œil que simple, chaste et sage,
En qui l'approche si souvent.

Vos mains, qui touchent à toute heure
L'auteur de la terre et des cieux,
Doivent accompagner vos yeux   1550
A s'élever vers sa demeure.
Songez bien surtout que sa loi
Vous demande un sévère emploi
Qui réponde au grand nom de prêtre ;
Et que lorsqu'il y dit à tous[1] :   1555
« Soyez saints comme votre Maître, »
Il parle aux autres moins qu'à vous.

Seigneur, qui de ce caractère
Nous as daigné favoriser,
Ne nous laisse pas abuser   1560
De son auguste ministère :
Aide-nous, fais-nous dignement
Former un dévot sentiment

procedere debet verbum, qui tam sæpe Christi accipit sacramentum. Oculi ejus simplices et pudici, qui Christi corpus solent intueri ; »

Manus puræ, et in cœlum elevatæ, quæ creatorem cœli et terræ solent contrectare. Sacerdotibus specialiter in lege dicitur : « Sancti estote, quoniam ego sanctus sum Dominus Deus vester. »

Adjuvet nos gratia tua, omnipotens Deus ; ut qui officium sacerdotale suscepimus, digne ac devote in omni puritate et conscientia bona tibi famulari valeamus ;

1. *Lévitique*, chapitre XIX, verset 2.

Par l'assistance de tes grâces,
Afin qu'en toute pureté   1565
Nous puissions marcher sur tes traces,
Et mieux servir ta majesté.

Que si de l'humaine impuissance
L'insensible et commun pouvoir
Relâche trop notre devoir   1570
De ce qu'il lui faut d'innocence,
Fais que de sincères douleurs
Effacent à force de pleurs
Tout ce qui s'y coule de vice;
Et que ravis de ta bonté,   1575
Nous attachions à ton service
Une humble et ferme volonté.

CHAPITRE XII[1].

QU'IL FAUT SE PRÉPARER AVEC GRAND SOIN A LA COMMUNION[2].

J'aime la pureté par-dessus toute chose :
Je cherche le cœur net, c'est là que je repose[3];

Et si non possumus in tanta innocentia vitæ conversari ut debemus, concede nobis tamen digne flere mala quæ gessimus, et in spiritu humilitatis, ac bonæ voluntatis proposito, tibi ferventius de cætero deservire.

XII. Ego sum puritatis amator, et dator omnis sanctitatis. Ego cor

---

1. Corps ou sujet de l'emblème : « Jésus-Christ appelle Zachée, et lui commande de le recevoir en sa maison. » Ame ou sentence : *Veni et suscipe me.* (Chapitre XII, 6.)

2. Titre latin : *Quod magna ailigentia se debeat communicaturus Christo præparare.*

3. Dans l'édition de 1670 O, où les huit vers suivants sont omis, celui-ci est ainsi modifié :

Si tu veux que chez toi je vienne, et m'y repose.

C'est moi qui donne ici toute la sainteté, 1580
Et j'en fais bonne part à cette pureté.
Je l'ai dit autrefois¹, et je te le répète :
« Prépare en ta maison une salle bien nette,
Et nous viendrons soudain, mes disciples et moi,
Y célébrer la Pâque, et la faire avec toi. » 1585

Si tu veux que j'y vienne établir ma demeure,
Purge ce vieux levain qui s'enfle d'heure en heure,
Et par l'austérité d'une sainte rigueur²
Sache purifier le séjour de ton cœur :
Des vanités du monde exclus-en les tumultes; 1590
Des folles passions bannis-en les insultes;
Tiens-y-toi solitaire, et tel qu'un passereau
Qui d'un arbre écarté s'est choisi le coupeau³,
Repasse en ton esprit avec mille amertumes
Et tes honteux défauts et tes lâches coutumes. 1595
Quiconque pour un autre a quelque affection
Prépare un digne lieu pour sa réception,
Et le soin qu'il en prend est d'autant plus extrême
Que par là cet ami juge à quel point on l'aime.

Mais ne présume pas qu'il soit en ton pouvoir 1600

purum quæro, et ibi est locus requietionis meæ. « Para mihi cœnaculum grande stratum, et faciam apud te Pascha cum discipulis meis. »

Si vis ut veniam ad te, et apud te maneam, expurga vetus fermentum, et munda cordis tui habitaculum. Exclude totum sæculum, et omnem vitiorum tumultum; sede tanquam passer solitarius in tecto, et cogita excessus tuos in amaritudine animæ tuæ. Omnis namque amans suo dilecto amatori optimum et pulcherrimum præparat locum, quia in hoc cognoscitur affectus suscipientis dilectum.

Scito tamen te non posse satisfacere huic præparationi ex merito

1. *Évangile de saint Marc*, chapitre XIV, versets 13 et suivants.
2. *Var.* Par les austérités d'une sainte rigueur. (1670 O)
— Voyez la note 3 de la p. 654.
3. *Le coupeau*, le sommet. Voyez le *Lexique*.

Par ta propre vertu de me bien recevoir,
Ni que ton plus grand soin ait en soi le mérite
De m'apprêter un lieu digne que je l'habite.
Quand durant tout le temps qu'à tes jours j'ai prescrit
Il ne te passeroit autre chose en l'esprit,   1605
Tu verrois que l'esprit qu'une vie y dispose,
Si je n'y mets la main, ne fait que peu de chose.

Ma bonté qui t'invite à ce divin repas
T'y permet un accès qu'elle ne te doit pas;
Et comme à cette table elle seule t'appelle,   1610
Lorsque je t'y reçois, je ne regarde qu'elle.
Viens-y, mais seulement en me remerciant,
Tel qu'à celle d'un roi se sied un mendiant,
Qui n'ayant rien d'égal à de si hautes grâces,
S'humilie à ses pieds, en adore les traces,   1615
Et lui fait ce qu'il peut de rétributions[1]
Par ses remercîments et ses submissions.

Viens-y, non par coutume, ou par quelque contrainte,
Mais avec du respect, mais avec de la crainte[2],

tuæ actionis, etiamsi per integrum annum te præparares, et nihil
aliud in mente haberes.
Sed ex sola pietate et gratia mea permitteris ad mensam meam
accedere, ac si mendicus ad prandium vocaretur divitis, et ille nihil
aliud habeat ad retribuendum beneficiis ejus, nisi se humiliando et
ei regratiando.
Fac quod in te est, et diligenter facito : non ex consuetudine, non
ex necessitate, sed cum timore, et reverentia, et affectu accipe corpus
dilecti Domini Dei tui, dignantis ad te venire.

1. *Var.* Et lui rend ce qu'il peut de rétributions (*a*). (1665 A)
2. *Var.* Mais avec de l'amour, mais avec de la crainte,
   Mais avec du respect, mais avec de la foi. (1670 O)

(*a*) L'édition de 1658 porte *tribulations*, pour *rétributions*. Corneille a corrigé cette faute de sa main dans l'exemplaire mentionné plus haut.

Mais avec de l'amour, mais avec de la foi,   1620
Fais avec diligence autant qu'il est en toi;
Viens ainsi, prends ainsi le corps d'un Dieu qui t'aime,
Et que tu dois aimer au delà de toi-même.

Il veut loger en toi, lui qui remplit les cieux;
Il descend jusqu'à toi pour t'encourager mieux;   1625
Lui-même il te convie à ce banquet céleste[1];
Lui-même il te l'ordonne, et suppléera le reste :
Si tes défauts sont grands, plus grand est son pouvoir;
Approche en confiance, et viens le recevoir.

Si tu sens qu'un beau feu fonde ta vieille glace,   1630
Rends grâces à ce Dieu qui te fait cette grâce;
Non qu'il t'ait pu devoir une telle amitié,
Mais parce que son œil te regarde en pitié.
Si ton zèle au contraire impuissant ou languide[2]
De moment en moment te laisse plus aride,   1635
Redouble ta prière et tes gémissements
Pour arracher de lui de meilleurs sentiments[3] :
Persévère, importune, obstine-toi de sorte
A pleurer à ses pieds, à frapper à sa porte,
Qu'il t'ouvre, ou que du moins de ce bien souverain 1640
Il laisse distiller quelque goutte en ton sein.

Cette importunité n'est jamais incivile :

> Ego sum qui voavi, ego jussi fieri ; ego supplebo quod tibi deest; veni, et suscipe me.
> Cum gratiam devotionis tribuo, gratias age Deo tuo ; non quia dignus es, sed quia tui misertus sum. Si non habes, sed magis aridum te sentis, insiste orationi, ingemisce et pulsa; nec desistas, donec merearis micam aut guttam gratiæ salutaris accipere.

---

1. *Var.* Viens, un Dieu te convie à ce banquet céleste. (1670 O)
2. *Var.* Si tu sens que ton zèle impuissant ou languide. (1670 O)
3. *Var.* Pour obtenir de lui de meilleurs sentiments. (1670 O)

Je te suis nécessaire et tu m'es inutile ;
Tu ne viens pas à moi pour me sanctifier,
Mais je m'abaisse à toi pour te justifier,　　　　1645
Pour te combler de biens, pour te donner la voie
De croître ton bonheur et d'affermir ta joie.
Tu viens à mon banquet pour en sortir plus saint,
Pour rallumer en toi la ferveur qui s'éteint,
Pour mieux t'unir à moi d'une chaîne éternelle,　　1650
Pour recevoir d'en haut une grâce nouvelle,
Et pour voir naître en toi de son épanchement
De plus pressants desirs pour ton amendement.
Garde de négliger une faveur si grande,
Tiens-lui ton cœur ouvert, fais-m'en entière offrande[1] ;
Et m'ayant dignement préparé ce séjour,
Introduis-y l'objet de ton céleste amour.

Mais ce n'est pas assez d'y préparer ton âme
Avec toute l'ardeur d'une céleste flamme :
Si pour l'y disposer il faut beaucoup de soins[2],　　1660
Le sacrement reçu n'en demande pas moins,
Et le recueillement après ce grand remède
Doit égaler du moins l'ardeur qui le précède.
Oui, la retraite sainte après le sacrement
Est un sublime apprêt pour le redoublement,　　1665

Tu mei indiges, non ego tui indigeo ; nec tu me sanctificare venis, sed ego te sanctificare et meliorare venio. Tu venis, ut ex me sanctificeris, et mihi uniaris ; ut novam gratiam recipias, et de novo ad emendationem accendaris. Noli negligere hanc gratiam ; sed præpara cum omni diligentia cor tuum, et introduc ad te dilectum tuum.
Oportet autem ut non solum te præpares ad devotionem ante communionem, sed ut etiam te sollicite conserves in ea post sacramenti perceptionem. Nec minor custodia post exigitur, quam devota

1. *Var.* Ouvre-lui tout ton cœur, fais-m'en entière offrande. (1670 O)
2. *Var.* Si pour t'y disposer il faut beaucoup de soins. (1670 O)

Et la communion où la ferveur abonde
A de plus grands effets prépare la seconde.

Qui trop tôt s'y relâche en perd soudain le fruit,
Et se dispose mal à celle qui la suit.
Tiens-toi dans le silence, et rentre dans toi-même, 1670
Pour jouir en secret de ce bonheur suprême :
Si tu sais une fois l'art de le conserver,
Le monde tout entier ne t'en sauroit priver.
Mais il faut qu'à moi seul ton cœur entier se donne,
Pour vivre plus en moi qu'en ta propre personne, 1675
Sans que tout l'univers sous aucunes couleurs
T'inquiète l'esprit pour ce qui vient d'ailleurs.

CHAPITRE XIII[1].

QUE L'AME DÉVOTE DOIT S'EFFORCER DE TOUT SON COEUR
A S'UNIR A JÉSUS-CHRIST DANS LE SACREMENT[2].

Qui me la donnera, Seigneur,
Cette joie où mon âme aspire,

præparatio prius; nam bona postmodum custodia, optima iterum est præparatio ad majorem gratiam consequendam.
Ex eo quippe valde indispositus quis redditur, si statim fuerit nimis effusus ad exteriora solatia. Cave a multiloquio, mane in secreto, et fruere Deo tuo; ipsum enim habes quem totus mundus tibi auferre non potest. Ego sum cui te totum dare debes, ita ut jam ultra non in te, sed in me, absque omni sollicitudine, vivas.
XIII. Quis mihi det, Domine, ut inveniam te solum, et aperiam tibi totum cor meum, et fruar te, sicut desiderat anima mea;

---

1. Corps ou sujet de l'emblème : « Saints Faustin et Jovite, martyrs, ayant baptisé dans la prison un soldat qui les gardoit, une colombe leur apporte la sainte hostie pour le communier. » Ame ou sentence : *Quis mihi det ut inveniam te?* (Chapitre XIII, 1.)
2. Titre latin : *Quod toto corde anima devota Christi unionem in sacramento affectare debet.*

De pouvoir seul à seul te montrer tout mon cœur, 1680
Et de jouir de toi comme je le desire ?

  Que je rirai lors des mépris
  Qu'auront pour moi les créatures !
Qu'il m'importera peu si leurs foibles esprits
Me comblent de faveurs, ou m'accablent d'injures ! 1685

  Je te dirai tout mon secret,
  Tu me diras le tien de même,
Tel qu'un ami s'explique avec l'ami discret,
Tel qu'un amant fidèle entretient ce qu'il aime.

  C'est là, Seigneur, tout mon desir, 1690
  C'est tout ce dont je te conjure,
Qu'une sainte union à ton seul bon plaisir
Arrache de mon cœur toute la créature ;

  Qu'à force de communions,
  D'offrandes et de sacrifices, 1695
Élevant jusqu'au ciel toutes mes passions,
J'apprenne à ne goûter que ses pures délices.

  Quand viendra-t-il, cet heureux jour,
  Ce moment tout beau, tout céleste,

Et jam me nemo despiciat, nec ulla creatura me moveat vel respiciat ;

Sed tu solus mihi loquaris, et ego tibi, sicut solet dilectus ad dilectum loqui, et amicus cum amico convivari ?

Hoc oro, hoc desidero, ut tibi totus uniar, et cor meum ab omnibus creatis rebus abstraham,

Magisque per sacram communionem ac frequentem celebrationem, cœlestia et æterna sapere discam.

Ah ! Domine Deus, quando ero tecum totus unitus et absorptus, meique totaliter oblitus ?

LIVRE IV, CHAPITRE XIII.

Qu'absorbé tout en toi par un parfait amour,   1700
Je m'oublierai moi-même et fuirai tout le reste?

    Viens en moi, tiens-toi tout en moi;
    Souffre à tes bontés adorables
De nous faire à tous deux cette immuable loi[1],
Qu'à jamais cet amour nous rende inséparables.   1705

    N'es-tu pas ce cher bien-aimé,
    Cet époux choisi d'entre mille[2],
A qui veut s'attacher mon cœur tout enflammé,
Tant qu'il respirera dedans ce tronc mobile?

    N'es-tu pas seul toute ma paix,   1710
    Paix véritable et souveraine,
Hors de qui les travaux ne finissent jamais,
Hors de qui tout plaisir n'est que trouble et que peine?

    N'es-tu pas cette déité
    Ineffable, incompréhensible,   1715
Qui fuyant tout commerce avec l'impiété,
Au cœur simple, au cœur humble es toujours accessible?

    Seigneur, que ton esprit est doux!
    Que pour tes enfants il est tendre!

Tu in me et ego in te, et sic nos pariter in unum manere concede.

Vere tu es dilectus meus, electus ex millibus, in quo complacuit animæ meæ habitare omnibus diebus vitæ suæ.

Vere tu pacificus meus, in quo pax summa et requies vera, extra quem labor et dolor et infinita miseria.

Vere tu es Deus absconditus; et consilium tuum non est cum impiis, sed cum humilibus et simplicibus sermo tuus.

1. *Var.* De nous faire à jamais cette amoureuse loi. (1670 O)
2. *Var.*   Ce choisi d'entre mille et mille. (1656 B, 59 et 62)

Et que c'est les aimer que de les nourrir tous 1720
De ce pain que du ciel tu fais pour eux descendre!

  Est-il une autre nation
  Si grande, si favorisée,
Qui possède ses dieux avec telle union,
Qui trouve leur approche également aisée ? 1725

  Chaque jour, pour nous soulager,
  Pour nous porter au bien suprême,
Tu nous offres à tous ton vrai corps à manger,
Tu nous donnes à tous à jouir de toi-même.

  Quel climat est si précieux 1730
  Sur qui nous n'ayons l'avantage ?
Et quelle créature obtint jamais des cieux
Rien d'égal à ce don qui fait notre partage ?

  Un Dieu venir jusqu'en nos cœurs !
  De sa chair propre nous repaître ! 1735
O grâce inexplicable ! ô célestes faveurs !
Par quels dignes présents puis-je les reconnoître[1]?

O quam suavis est, Domine, spiritus tuus, qui ut dulcedinem tuam in filios demonstrares, pane suavissimo, de cœlo descendente, illos reficere dignaris !
Vere non est alia natio tam grandis, quæ habeat deos appropinquantes sibi, sicut tu, Deus noster, ades universis fidelibus tuis ;
Quibus ad quotidianum solatium, et cor erigendum in cœlum, te tribuis ad edendum et fruendum.
Quæ est enim alia gens tam inclyta, sicut plebs christiana ? aut quæ creatura sub cœlo tam dilecta, ut anima devota,
Ad quam ingreditur Deus, ut pascat eam carne sua gloriosa ? O ineffabilis gratia ! o admirabilis dignatio ! o amor immensus homini singulariter impensus !

1. *Var.* Par quels dignes présents puis-je le reconnoître? (1670 O)

LIVRE IV, CHAPITRE XIII. 663

  Que te rendrai-je, ô Dieu tout bon,
  Après ce trait d'amour immense ?
Où pourrai-je trouver de quoi te faire un don[1] 1740
Qui puisse tenir lieu d'une reconnoissance[2] ?

  Je l'ai, mon Dieu, j'ai ce de quoi
  Te faire une agréable offrande ;
Je n'ai qu'à me donner de tout mon cœur à toi,
Et je te rendrai tout ce qu'il faut qu'on te rende. 1745

  Oui, c'est là tout ce que tu veux
  Pour cette faveur infinie.
Seigneur, que d'allégresse animera mes vœux,
Quand je verrai mon âme avec toi bien unie[3] !

  D'un ton amoureux et divin 1750
  Tu me diras lors à toute heure :
« Si tu veux avec moi vivre jusqu'à la fin,
Avec toi jusqu'au bout je ferai ma demeure. »

  Et je te répondrai soudain :

 Sed quid retribuam Domino pro gratia ista, pro caritate tam eximia ?
 Non est aliud quod gratius donare queam, quam ut cor meum Deo meo totaliter tribuam, et intime conjugam.
 Tunc exultabunt omnia interiora mea, cum perfecte fuerit unita Deo anima mea.
 Tunc dicet mihi : « Si tu vis esse mecum, ego volo esse tecum. »
 Et ego respondebo illi : « Dignare, Domine, manere mecum, ego

1. *Var.* Que pourrai-je trouver de quoi te faire un don. (1670 O)
2. *Var.* Qui puisse tenir lieu de quelque récompense (*a*) ?
            (1656 B-62, et 70 O)
3. *Var.* Quand je verrai mon âme avec toi toute unie ! (1656 B-65)

(*a*) Une modification faite par Corneille, dans l'exemplaire de 1658 corrigé de sa main, a donné à ce vers la forme définitivement adoptée.

« Si tu m'en veux faire la grâce, 1755
Seigneur, c'est de ma part mon unique dessein ;
Fais que d'un si beau nœud jamais je ne me lasse. »

CHAPITRE XIV[1].

DE L'ARDENT DÉSIR DE QUELQUES DÉVOTS POUR LE SACRÉ CORPS DE JÉSUS-CHRIST[2].

Que de charmes, Seigneur, ta bonté juste et sainte[3]
Réserve pour les cœurs qui vivent sous ta crainte !
    Qu'immense en est l'excès ! 1760
    Et qu'il porte une douce atteinte
Dans l'âme qui par là s'ouvre chez toi l'accès !

Quand j'ai devant les yeux ce zèle inépuisable
Dont tant de vrais dévots s'approchent de ta table,
    J'en deviens tout confus, 1765
    Et sous la honte qui m'accable,
A force d'en rougir, je ne me connois plus.

Soit que j'aille à l'autel, soit que je me présente
A ce banquet sacré dont ton amour ardente

volo libenter esse tecum. Hoc est totum desiderium meum, ut cor meum tibi sit unitum. »

XIV. O quam magna multitudo dulcedinis tuæ, Domine, quam abscondisti timentibus te !

Quando recordor devotorum aliquorum, ad sacramentum tuum, Domine, cum maxima devotione et affectu accedentium, tunc sæpius in meipso confundor et erubesco,

---

1. Corps ou sujet de l'emblème : « Les pèlerins d'Émaüs reconnoissent Jésus-Christ à la fraction du pain. » Ame ou sentence : *Isti veraciter agnoscunt Dominum in fractione panis.* (Chapitre xiv, 9.)
2. Titre latin : *De quorumdam devotorum ardenti desiderio ad corpus Christi.*
3. *Var.* Que de charmes, Seigneur, ta bonté juste, sainte. (1662)

Daigne nous régaler, 1770
J'y vais l'âme si languissante
Que je ne trouve point par où m'en consoler.

J'y porte une tiédeur qui dégénère en glace;
Mes élans les plus doux y font aussitôt place
A mon aridité, 1775
Et me laissent devant ta face
Stupide aux saints attraits de ta bénignité.

Je n'y sens point comme eux ces ardeurs empressées;
Je n'y vois point régner sur toutes mes pensées
Ces divines chaleurs, 1780
Dont leurs âmes comme forcées
Distillent leur tendresse en des torrents de pleurs.

De la bouche et du cœur je les vois tous avides,
Tous gros des bons desirs qui leur servent de guides,
Courir à ces appas, 1785
Et voler à ces mets solides
Que ta main leur prodigue en ces divins repas.

S'ils n'ont ton corps pour viande et ton sang pour breuvage,
Leur faim en ces bas lieux n'a rien qui la soulage,
Qui puisse l'assouvir; 1790
Et de ton amour ce saint gage

Quod ad altare tuum, et sacræ communionis mensam, tam tepide et frigide accedo;
Quod ita aridus, et sine affectione cordis maneo;
Quod non sum totaliter accensus coram te Deo meo; nec ita vehementer attractus et affectus, sicut multi devoti fuerunt, qui præ nimio desiderio communionis, et sensibilis cordis amore, a fletu se non potuerunt continere;
Sed ore cordis et corporis pariter ad te Deum fontem vivum medullitus inhiabant,

A seul de quoi leur plaire et de quoi les ravir.

Que leurs ravissements, que leur impatience,
Que leurs ardents transports marquent bien ta présence !
   Et que leur vive foi   1795
   Fait une pleine expérience
Des célestes douceurs qu'on ne goûte qu'en toi !

Ces disciples aimés font hautement paroître
La véritable ardeur qu'ils sentent pour leur maître
   Durant tout le chemin,   1800
   Et comme ils savent le connoître
A cette fraction de ce pain tout divin.

C'est ce qui me confond alors que je compare
Aux sublimes ferveurs d'une vertu si rare
   Mon lâche égarement,   1805
   Et la froideur dont je prépare
Mon âme vagabonde à ce grand sacrement[1].

Daigne, Sauveur bénin, daigne m'être propice ;
Fais que souvent je sente en ce grand sacrifice
   Un peu de cet amour ;   1810

Suam esuriem non valentes aliter temperare nec satiare, nisi corpus tuum cum omni jucunditate et spirituali aviditate accepissent.
O vera ardens fides eorum, probabile existens argumentum sacræ præsentiæ tuæ !
Isti enim veraciter cognoscunt Dominum suum in fractione panis, quorum cor tam valide ardet in eis de Jesu ambulante cum eis.
Longe est a me sæpe talis affectus et devotio, tam vehemens amor et ardor.
Esto mihi propitius, Jesu bone, dulcis et benigne ; et concede pauperi mendico tuo, vel interdum modicum de cordiali affectu amoris tui, in sacra communione sentire,

1. *Var.* Une âme vagabonde à ce grand sacrement. (1656 B, 59 et 62

Fais que souvent il me ravisse,
Que souvent il m'éclaire, et m'embrase à mon tour.

Fais que par là ma foi d'autant mieux s'illumine,
Que par là mon espoir d'autant mieux s'enracine
   En ta haute bonté,   1815
  Et que cette manne divine
Fortifie en mon cœur l'esprit de charité.

Que cette charité vivement allumée
Ne s'éteigne jamais, jamais sous la fumée
   Ne se laisse étouffer ;   1820
  Jamais par le temps désarmée
Ne cède aux vanités que suggère l'enfer.

Tu peux bien, ô mon Dieu, me faire cette grâce ;
Tu peux m'en accorder l'abondante efficace
   Que cherche mon desir :   1825
  Ta pitié jamais ne se lasse,
Et pour prendre ton temps tu n'as qu'à le choisir.

En ces bienheureux jours dont je te sollicite,
Tu sauras abaisser vers mon peu de mérite
   Ton immense grandeur,   1830
  Et par une douce visite
M'inspirer cet esprit d'union et d'ardeur.

Si je n'ai pas encor cette ferveur puissante

<small>Ut fides mea magis convalescat, spes in bonitate tua proficiat, et caritas, cœleste manna experta,
Semel perfecte accensa, et nunquam deficiat.
Potens est autem misericordia tua etiam hanc gratiam desideratam mihi præstare,
Et in spiritu ardoris, cum dies beneplaciti tui venerit, me clementissime visitare.</small>

Que de tes grands dévots l'âme reconnoissante
  Mêle dans tous ses vœux,   1835
 La mienne, quoique languissante,
Du moins, Seigneur, aspire à de semblables feux.

Fais que je participe à toutes leurs extases,
Et rends si digne enfin l'ardeur dont tu m'embrases
  D'avoir place en leur rang[1],   1840
 Qu'appuyé sur les mêmes bases
J'atteigne aussi bien qu'eux au vrai prix de ton sang.

CHAPITRE XV[2].

QUE LA GRACE DE LA DÉVOTION S'ACQUIERT PAR L'HUMILITÉ
ET PAR L'ABNÉGATION DE SOI-MÊME[3].

Pour devenir dévot, prends de la confiance,
Recherche cette grâce avec attachement;
Sache la demander avec empressement;   1845
Attends-la sans chagrin et sans impatience.
D'un cœur reconnoissant tu dois la recevoir,
Conserver ses trésors sous un humble devoir,
Appliquer toute l'âme à leur plus digne usage,

 Etenim, licet tanto desiderio tam specialium devotorum tuorum non ardeo, tamen, de gratia tua, illius magni inflammati desiderii desiderium habeo,
 Orans et desiderans omnium talium fervidorum amatorum tuorum participem me fieri, et eorum sancto consortio annumerari.
 XV. Oportet te devotionis gratiam instanter quærere, desideranter petere, patienter et fiducialiter expectare, gratanter recipere, humi-

---

1. *Var.*   D'avoir place à leur rang. (1656 B-62.)
2. Corps ou sujet de l'emblème : « Sainte Mathilde, mère de l'empereur Othon, passe les nuits en prière devant le saint sacrement. » Ame ou sentence: *Oportet devotionis gratiam instanter quærere.* (Chapitre xv, 1.)
3. Titre latin : *Quod gratia devotionis humilitate et suiipsius abnegatione acquiritur.*

Et remettre avec joie au grand dispensateur 1850
Le temps et la façon d'avancer un ouvrage
Qui n'a que lui pour but, et que lui pour auteur.

Quand le zèle te manque, où qu'il n'a que foiblesse,
Trouve à t'humilier dans ton peu de vertu ;
Mais garde que ton cœur n'en soit trop abattu, 1855
Et ne t'en laisse pas accabler de tristesse.
Dieu souvent est prodigue après de longs refus,
Le bonheur qu'il diffère en devient plus diffus,
Les faveurs qu'il recule en sont plus singulières :
Il se plaît à surprendre, il choisit son moment, 1860
Et souvent il accorde à la fin des prières
La grâce qu'il dénie à leur commencement.

S'il en faisoit le don sitôt qu'on le demande,
L'homme ne sauroit pas ce que vaut un tel bien,
Tant il oublieroit tôt sa foiblesse et son rien, 1865
Tant il voudroit peu voir que sa misère est grande !
Le prix en décroîtroit par la facilité.
Attends donc cette grâce avec humilité,
Avec un ferme espoir armé de patience ;
Et si tu ne l'obtiens, ou s'il te veut l'ôter, 1870
N'en cherche la raison que dans ta conscience :
C'est à tes seuls péchés que tu dois l'imputer.

---

liter conservare, studiose cum ea operari, ac Deo tempus et modum supernæ visitationis, donec veniat, committere.

Humiliare præcipue te debes, cum parum aut nihil devotionis interius sentis ; sed non nimium dejici, nec inordinate contristari. Dat sæpe Deus in uno brevi momento, quod longo negavit tempore. Dat quandoque in fine, quod in principio orationis distulit dare.

Si semper cito gratia daretur, et pro voto adesset, non esset infirmo homini bene portabile. Propterea in bona spe, et humili patientia, expectanda est devotionis gratia. Tibi tamen et peccatis tuis imputa, cum non datur, vel etiam occulte tollitur.

Peu de chose souvent à mes faveurs s'oppose ;
Peu de chose repousse ou rétraint[1] leur pouvoir ;
Si l'on peut toutefois ou dire ou concevoir 1875
Que ce qui le rétraint ne soit que peu de chose.
L'obstacle est toujours grand de qui l'amusement
A de pareils bonheurs forme un empêchement ;
Mais soit grand, soit léger, apprends à t'en défaire :
Triomphe pleinement de ce qui le produit ; 1880
Et sans plus craindre alors qu'un tel bien se diffère,
De tes plus doux souhaits tu recevras le fruit.

Aussitôt qu'une entière et fidèle retraite
En Dieu de tout ton cœur t'aura su résigner,
Et que ton propre choix s'y verra dédaigner 1885
Jusqu'à tenir égal quoi qu'il aime ou rejette,
En de si bonnes mains ce cœur vraiment remis
Dans l'heureuse union de ton esprit soumis
D'un repos assuré trouvera l'abondance ;
Et rien ne touchera ton goût ni ton desir 1890
Comme l'ordre éternel de cette Providence,
Dont tu rechercheras partout le bon plaisir.

Quiconque, le cœur simple et l'intention pure,
Me donne tous ses soins avec sincérité,

Modicum quandoque est, quod gratiam impedit et abscondit, si tamen modicum, et non potius grande dici debeat, quod tantum bonum prohibet. Et si hoc ipsum modicum, vel grande, amoveris, et perfecte viceris, erit quod petisti.
Statim namque, ut te Deo ex toto corde tradideris, nec hoc vel illud pro tuo libito seu velle quæsieris, sed integre et in ipso posueris, unitum te invenies, et pacatum, quia nil ita bene sapiet et placebit, sicut beneplacitum divinæ voluntatis.
Quisquis ergo intentionem suam simplici corde sursum ad Deum

---

1. Telle est ici, et au vers 1876, l'orthographe des éditions de 1665 et de 1670 ; les précédentes ont *restraint*. Voyez tome I, p. 35, note 2.

Quiconque sait porter cette simplicité 1895
Au-dessus de soi-même et de la créature :
Au moment qu'il bannit ces folles passions¹,
Et le déréglement de ces aversions
Que souvent l'amour-propre inspire aux âmes basses,
Il mérite aussitôt de recevoir des cieux 1900
Les pleins écoulements du torrent de mes grâces,
Et l'ardeur qui rend l'homme agréable à mes yeux.

Ma libéralité, féconde en biens solides,
Ne peut voir de mélange où je viens m'établir :
Je veux remplir moi seul ce que je veux remplir, 1905
Et ne verse mes dons que dans des vaisseaux vides.
Plus un homme renonce aux choses d'ici-bas²,
Plus un parfait mépris de tous leurs vains appas³
L'avance en l'art sacré de mourir à soi-même,
D'autant plus tôt ma grâce anime sa langueur, 1910
D'autant plus de ses dons l'affluence est extrême⁴,
Et porte haut en lui la liberté du cœur.

En cet heureux état avec pleine tendresse
Il saura s'abîmer dans mes doux entretiens,

levaverit, seque ab omni inordinato amore, seu displicentia cujuslibet rei creatæ evacuaverit, aptissimus gratiæ percipiendæ, ac dignus devotionis munere erit.
    Dat enim Dominus ibi benedictionem tuam, ubi vasa vacua invenerit; et quanto perfectius infimis quis renunciaverit, et magis sibi ipsi per contemptum sui moritur, tanto gratia celerius venit, copiosius intrat, et altius liberum cor elevat.
    Tunc videbit, et affluet, et mirabitur, et dilatabitur cor ejus in

---

1. *Var.* Au moment qu'il bannit ses folles passions. (1670 O)
2. *Var.* Plus un homme renonce à toutes vanités. (1656 B et C, 59 et 62)
   Var. Plus un homme renonce aux choses de là-bas. (1670 O)
3. *Var.* Plus ce propre mépris fait naître de clartés
   Qui l'avancent en l'art de mourir à soi-même. (1656 B et C, 59 et 62)
4. *Var.* D'autant plus de mes dons l'abondance est extrême. (1670 O)

Et lui-même admirant ces abîmes de biens, 1915
Il verra tout son cœur dilaté d'allégresse.
Moi-même, prenant soin de conduire ses pas,
Je lui ferai partout goûter les saints appas
Que je verse dans l'âme où je fais ma demeure ;
Et comme dans ma main tout entier il s'est mis, 1920
Ma main toute-puissante, en tous lieux, à toute heure,
Lui servira d'appui contre tous ennemis.

Ainsi sera béni l'homme qui ne s'enflamme
Que des saintes ardeurs de ne chercher que moi[1],
L'homme qui ne voulant que mon vouloir pour loi, 1925
N'a pas en vain reçu l'empire de son âme.
Il n'approchera point de la communion
Sans emporter en soi l'amoureuse union[2]
Qui doit être le fruit de ce divin mystère ;
Et j'épandrai sur lui cet excès de bonheur, 1930
Pour avoir moins cherché par où se satisfaire
Que par où soutenir ma gloire et mon honneur.

ipso, quia manus Domini cum eo, et ipse se posuit totaliter in manu ejus usque in sæculum.

Ecce sic benedicetur homo, qui quærit Deum in toto corde suo, nec in vanum accipit animam suam. Hic in accipiendo sacram Eucharistiam magnam promeretur divinæ unionis gratiam, quia non respicit ad propriam devotionem et consolationem, sed super omnem devotionem et consolationem, ad Dei gloriam et honorem.

1. *Var.* Que de saintes ardeurs de ne chercher que moi. (1659 et 62)
2. *Var.* Sans remporter en soi l'amoureuse union. (1656 B-65 A)

CHAPITRE XVI[1].

QUE NOUS DEVONS DÉCOUVRIR TOUTES NOS NÉCESSITÉS
A JÉSUS-CHRIST [2].

Source de tous les biens où nous devons prétendre,
  Aimable et doux Sauveur,
Qu'en cet heureux moment je souhaite de prendre 1935
  Avec pleine ferveur,

De toutes mes langueurs, de toutes mes foiblesses
  Tes yeux sont les témoins,
Et du plus haut du ciel, d'où tu fais tes largesses,
  Tu vois tous mes besoins. 1940

Tu connois mieux que moi tous mes maux, tous mes vices,
  Toutes mes passions,
Et n'ignores aucun des plus secrets supplices
  De mes tentations.

Le trouble qui m'offusque et le poids qui m'accable 1945
  Sont présents devant toi :
Tu vois quelle souillure en mon âme coupable
  Imprime un juste effroi.

XVI. O dulcissime atque amantissime Domine, quem nunc devote desidero suscipere,
 Tu scis infirmitatem meam, et necessitatem quam patior;
 In quantis malis et vitiis jaceo, quam sæpe sum tentatus,
 Gravatus, turbatus, et inquinatus.

---

1. Corps ou sujet de l'emblème : « Les Sarrasins voulant piller le monastère de Sainte-Claire, elle leur en empêche l'entrée en leur montrant le saint ciboire. » Ame ou sentence : *Tu solus potes me adjuvare.* Chapitre XVI, 6.)
2. *Var.* QUE NOUS DEVONS DÉCOUVRIR TOUTES NOS NÉCESSITÉS A JÉSUS-CHRIST, ET LUI DEMANDER SA GRACE. (1656 B-62) — Titre latin : *Quod necessitates nostras Christo aperire et ejus gratiam postulare debemus.*

Je cherche en toi, Seigneur, le souverain remède
  De toutes mes douleurs,   1950
Et le consolateur qui me prête son aide
  Contre tant de malheurs.

Je parle à qui sait tout, à qui dans mon courage
  Voit tout à découvert,
Et peut seul adoucir les fureurs de l'orage   1955
  Qui m'entraîne et me perd.

Tu sais quels biens surtout sont les plus nécessaires
  A mon cœur abattu,
Et combien dans l'excès de toutes mes misères
  Je suis pauvre en vertu.   1960

Je me tiens à tes pieds, chétif, nu, misérable;
  J'implore ta pitié,
Et j'attends, quoique indigne, un effort adorable[1]
  De ta sainte amitié.

Daigne, daigne repaître un cœur qui te mendie 1965
  Un morceau de ton pain,
De ce pain tout céleste, et qui seul remédie
  Aux rigueurs de sa faim.

Pro remedio ad te venio, pro consolatione et sublevamine te deprecor.
 Ad omnia scientem loquor, cui manifesta sunt omnia interiora mea, et qui solus potes me perfecte consolari, et adjuvare.
 Tu scis quibus bonis indigeo præ omnibus, et quam pauper sum in virtutibus.
 Ecce sto ante te, pauper et nudus, gratiam postulans, et misericordiam implorans.
 Refice esurientem mendicum tuum,

---

1. *Var.* Et j'attends, quoique indigne, un effet adorable. (1656 B-65 A)

Dissipe mes glaçons par cette heureuse flamme
    Qu'allume ton amour,   1970
Et sur l'aveuglement qui règne dans mon âme
    Répands un nouveau jour.

De la terre pour moi rends les douceurs amères,
    Quoi qu'on m'y puisse offrir;
Mêle aux sujets d'ennuis, mêle aux succès contraires 1975
    Les plaisirs de souffrir.

Fais qu'en dépit du monde et de ses impostures
    Mon esprit ennobli
Regarde avec mépris toutes les créatures,
    Ou les traite d'oubli.   1980

Élève tout mon cœur au-dessus du tonnerre;
    Fixe-le dans les cieux;
Et ne le laisse plus divaguer sur la terre
    Vers ce qui brille aux yeux.

Sois l'unique douceur, sois l'unique avantage   1985
    Qui puisse l'arrêter[1];
Sois seul toute la viande et seul tout le breuvage
    Qu'il se plaise à goûter.

<small>Accende frigiditatem meam igne amoris tui, illumina cæcitatem meam claritate præsentiæ tuæ.

Verte mihi omnia terrena in amaritudinem, omnia gravia et contraria in patientiam,

Omnia infima et creata in contemptum et oblivionem.

Erige cor meum ad te in cœlum, et ne dimittas me vagari super terram.

Tu solus mihi ex hoc jam dulcescas usque in sæculum, quia tu solus cibus et potus meus,</small>

---

1. *Var.*   Qui le puisse arrêter. (1670 O)

Deviens tout son amour, toute son allégresse,
    Tout son bien, tout son but; 1990
Deviens toute sa gloire et toute sa tendresse,
    Comme tout son salut.

Fais-y naître un beau feu par ta bonté suprême[1],
    Et si bien l'enflammer,
Qu'il l'embrase, consume, et transforme en toi-même
    A force de t'aimer.

Que par cette union avec toi je devienne
    Un seul et même esprit,
Et qu'un parfait amour à jamais y soutienne
    Ce que tu m'as prescrit. 2000

Ne souffre pas, Seigneur, que de ta sainte table,
    Où tu m'as invité,
Je sorte avec la faim et la soif déplorable
    De mon aridité.

Par ta miséricorde inspire, avance, opère, 2005
    Achève tout en moi,
Ainsi que dans tes saints on t'a vu souvent faire,
    En faveur de leur foi.

Amor meus et gaudium meum, dulcedo mea et totum bonum meum.

Utinam me totaliter ex tua præsentia accendas, comburas, et in te transmutes,

Ut unus tecum efficiar spiritus, per gratiam internæ unionis, et liquefactionem ardentis amoris!

Ne patiaris me jejunum et aridum a te recedere;

Sed operare mecum misericorditer, sicut sæpius operatus es cum sanctis tuis mirabiliter.

1. *Var.* Daigne enfin, ô mon Dieu, par ta bonté suprême
    A tel point l'enflammer,
Qu'il s'embrase, consume et transforme en toi-même. (1670 O

Seroit-ce une merveille, ô Dieu, si ta clémence
   Me mettoit tout en feu,   2010
Sans qu'en moi de moi-même en ta sainte présence
   Il restât tant soit peu?

N'es-tu pas ce brasier, cette flamme divine
   Qui ne s'éteint jamais,
Et dont le vif rayon purifie, illumine   2015
   Et l'âme et ses souhaits?

CHAPITRE XVII[1].

DU DÉSIR ARDENT DE RECEVOIR JÉSUS-CHRIST[2].

Avec tous les transports dont est capable une âme,
Avec toute l'ardeur d'une céleste flamme;
Avec tous les élans d'un zèle affectueux,
Et les humbles devoirs d'un cœur respectueux,   2020
Je souhaite approcher de ta divine table,
J'y souhaite porter cet amour véritable,
Cette ferveur sincère et ces fermes propos
Qu'y portèrent jadis tant d'illustres dévots,
Tant d'élus, tant de saints, dont la vie exemplaire 2025
Sut le mieux pratiquer le grand art de te plaire.

 Quid mirum, si totus ex te ignescerem, et in meipso deficerem,
 Cum tu sis ignis semper ardens et nunquam deficiens, amor corda purificans et intellectum illuminans?
 XVII. Cum summa devotione et ardenti amore, cum toto cordis affectu et fervore, desidero te, Domine, suscipere, quemadmodum multi sancti et devotæ personæ in communicando te desideraverunt,

 1. Corps ou sujet de l'emblème : « L'Annonciation. » Ame ou sentence : *Cum tali fide, spe et caritate sicut beata Maria**. (Chapitre XVII, 5.)
 2. Titre latin : *De ardenti amore, et vehementi affectu suscipiendi Christum.*

 * Cette sentence diffère beaucoup du texte de l'*Imitation* : pour le sens, le changement principal est celui de *puritate* en *caritate*.

Oui, mon Dieu, mon seul bien, mon amour éternel,
Tout chétif que je suis, tout lâche et criminel,
Je veux te recevoir avec autant de zèle
Que jamais de tes saints ait eu le plus fidèle, 2030
Et je souhaiterois qu'il fût en mon pouvoir
D'en avoir encor plus qu'il n'en put concevoir.

Je sais qu'à ces desirs en vain mon cœur s'excite :
Ils passent de trop loin sa force et son mérite[1];
Mais tu vois sa portée, il va jusques au bout : 2035
Il t'offre ce qu'il a, comme s'il avoit tout,
Comme s'il avoit seul en sa pleine puissance
Ces grands efforts d'amour et de reconnoissance,
Comme s'il avoit seul tous les pieux desirs
Qui d'une âme épurée enflamment les soupirs, 2040
Comme s'il avoit seul toute l'ardeur secrète,
Tous les profonds respects d'une vertu parfaite.

Si ce qu'il t'offre est peu, du moins c'est tout son bien :
C'est te donner beaucoup que ne réserver rien.
Qui de tout ce qu'il a te fait un plein hommage 2045

qui tibi maxime in sanctitate vitæ placuerunt, et in ardentissima devotione fuerunt.
 O Deus meus, amor æternus, totum bonum meum, felicitas interminabilis, cupio te suscipere, cum vehementissimo desiderio, et dignissima reverentia, quam aliquis sanctorum unquam habuit, et sentire potuit;
 Et licet indignus sum omnia illa sentimenta devotionis habere, tamen offero tibi totum cordis mei affectum, ac si omnia illa gratissima inflammata desideria solus haberem. Sed et quæcumque potest pia mens concipere et desiderare, hæc omnia tibi, cum summa veneratione ac intimo favore, præbeo et offero.
 Nihil opto mihi reservare, sed me et omnia mea tibi sponte et libentissime immolare.

1. *Var.* ls passent trop sa force et son peu de mérite. (1670 O)

T'offriroit beaucoup plus, s'il pouvoit davantage.
Je m'offre donc entier, et tout ce que je puis,
Sans rien garder pour moi de tout ce que je suis :
Je m'immole moi-même, et pour toute ma vie,
Au pied de tes autels, en volontaire hostie.   2050

Que ne puis-je, ô mon Dieu, suppléer mon défaut
Par tout ce qu'après toi le ciel a de plus haut !
Et pour mieux exprimer tout ce que je desire
(Mais, ô mon rédempteur, t'oserai-je le dire ?
Si je te fais l'aveu de ma témérité,   2055
Lui pardonneras-tu d'avoir tant souhaité ?);
Je souhaite aujourd'hui recevoir ce mystère
Ainsi que te reçut ta glorieuse mère,
Lorsqu'aux avis qu'un ange exprès lui vint donner
Du choix que faisoit d'elle un Dieu pour s'incarner, 2060
Elle lui répondit[1] et confuse et constante :
« Je ne suis du Seigneur que l'indigne servante;
Qu'il fasse agir sur moi son pouvoir absolu,
Comme tu me le dis et qu'il l'a résolu. »
Tout ce qu'elle eut alors pour toi de révérence,   2065
De louanges, d'amour, et de reconnoissance,
Tout ce qu'elle eut de foi, d'espoir, de pureté,
Durant ce digne effort de son humilité,
Je voudrois tout porter à cette sainte table
Où tu repais les tiens de ton corps adorable.   2070

Domine Deus meus, creator meus et redemptor meus, cum tali affectu, reverentia, laude et honore, cum tali gratitudine, dignitate et amore, cum tali fide, spe et puritate, te affecto hodie suscipere, sicut te suscepit et desideravit sanctissima mater tua, gloriosa virgo Maria, quando angelo evangelizanti sibi Incarnationis mysterium, humiliter ac devote respondit : « Ecce ancilla Domini, fiat mihi secundum verbum tuum. »

1. *Évangile de saint Luc*, chapitre 1, verset 38.

Que ne puis-je du moins par un céleste feu
A ton grand précurseur ressembler tant soit peu,
A cet illustre saint, dont la haute excellence
Semble sur tout le reste emporter la balance!
Que n'ai-je les élans dont il fut animé   2075
Lorsqu'aux flancs maternels encor tout enfermé,
Impatient déjà de préparer ta voie,
Il sentit ta présence, et tressaillit de joie,
Mais d'une sainte joie et d'un tressaillement
Dont le Saint-Esprit seul formoit le mouvement!   2080

Lorsqu'il te vit ensuite être ce que nous sommes,
Converser, enseigner, vivre parmi les hommes,
Tout enflammé d'ardeur : « Quiconque aime l'époux,
Cria-t-il[1], de sa voix trouve l'accent si doux,
Que de ses tons charmeurs l'amoureuse tendresse,   2085
Sitôt qu'il les entend, le comble d'allégresse. »

Que n'ai-je ainsi que lui ces hauts ravissements,
Ces desirs embrasés, et ces grands sentiments,
Afin que tout mon cœur dans un transport sublime
T'offre une plus entière et plus noble victime?   2090

J'ajoute donc au peu qu'il m'est permis d'avoir
Tout ce que tes dévots en peuvent concevoir,

Et sicut beatus præcursor tuus, excellentissimus sanctorum Joannes Baptista, in præsentia tua lætabundus exultavit in gaudio Spiritus sancti, dum adhuc maternis clauderetur visceribus,
Et postmodum cernens inter homines Jesum ambulantem, valde se humilians, devoto cum affectu dicebat : « Amicus antem sponsi, qui stat, et audit eum, gaudio gaudet propter vocem sponsi, »
Sic et ego magnis et sacris desideriis opto inflammari, et tibi ex toto corde meipsum præsentare :

1. *Évangile de saint Jean*, chapitre III, verset 29.

Ces entretiens ardents, ces ferveurs extatiques [1]
Où seul à seul toi-même avec eux tu t'expliques,
Ces lumières d'en haut qui leur ouvrent les cieux, 2095
Ces claires visions pour qui l'âme a des yeux,
Ces amas de vertus, ces concerts de louanges,
Que les hommes sur terre et qu'au ciel tous les anges [2],
Que toute créature enfin pour tes bienfaits
Et te rend chaque jour, et te rendra jamais. 2100
J'offre tous ces desirs, ces ardeurs, ces lumières,
Pour moi, pour les pécheurs commis à mes prières,
Pour nous unir ensemble et nous sacrifier
A te louer sans cesse et te glorifier.

Reçois de moi ces vœux d'allégresse infinie, 2105
Ces desirs que partout ta bonté soit bénie,
Ces vœux justement dus à ton infinité,
Ces desirs que tout doit à ton immensité :
Je te les rends, Seigneur, et je te les veux rendre,
Tant que de mon exil le cours pourra s'étendre, 2110
Chaque jour, chaque instant, devant tous, en tous lieux.
Puisse tout ce qu'il est d'esprits saints dans les cieux,

Unde et omnium devotorum cordium jubilationes, ardentes affectus, mentales excessus, ac supernales illuminationes, et cœlicas visiones tibi offero et exhibeo, cum omnibus virtutibus et laudibus, ab omni creatura in cœlo et in terra celebratis et celebrandis, pro me et omnibus mihi in oratione commendatis, quatenus ab omnibus digne lauderis, et in perpetuum glorificeris.

Accipe vota mea, Domine Deus meus, et desideria infinitæ laudationis, ac immensæ benedictionis, quæ tibi, secundum multitudinem ineffabilis magnitudinis tuæ, jure debentur. Hæc tibi reddo, et reddere desidero, per singulos dies et momenta temporum; atque ad reddendum mecum tibi gratias et laudes, omnes cœlestes spiritus, et cunctos fideles tuos, precibus et affectibus invito et exoro.

1. *Var.* Ces entretiens secrets, ces ferveurs extatiques. (1670 O)
2. *Var.* Que les hommes sur terre et dans le ciel les anges. (1670 O)

Puisse tout ce qu'il est en terre de fidèles,
Te rendre ainsi que moi des grâces éternelles,
Te bénir avec moi de l'excès de tes biens,　　　2115
Et joindre avec ferveur tous leurs encens aux miens [1] !

Que des peuples divers les différents langages [2]
Ne fassent qu'une voix pour t'offrir leurs hommages!
Que tous mettent leur gloire et leur ambition
A louer à l'envi les grandeurs de ton nom!　　　2120

Fais, Seigneur, que tous ceux qu'un zèle véritable
Anime à célébrer ton mystère adorable,
Que tous ceux dont l'amour te reçoit avec foi
Obtiennent pour eux grâce et t'invoquent pour moi.
Quand la sainte union où leurs souhaits aspirent　　　2125
Les aura tous remplis des douceurs qu'ils desirent,
Qu'ils sentiront en eux ces consolations
Que versent à grands flots tes bénédictions,
Qu'ils sortiront ravis de ta céleste table,
Fais qu'ils prennent souci d'aider un misérable,　　　2130
Et que leurs saints transports, avant que de finir,
D'un pécheur comme moi daignent se souvenir.

Laudent te universi populi, tribus, et linguæ, et sanctum ac mellifluum nomen tuum, cum summa jubilatione et ardenti devotione, magnificent;
Et quicumque reverenter ac devote altissimum sacramentum tuum celebrant, et plena fide recipiunt, gratiam et misericordiam apud te invenire mereantur, et pro me peccatore suppliciter exorent; cumque optata devotione, ac fruibili unione, potiti fuerint, et bene consolati, ac mirifice refecti, de sacra mensa cœlesti abscesserint, mei pauperis recordari dignentur.

1. *Var.* Et joindre avec ferveur tous leurs desirs aux miens! (1670 O)
2. *Var.* Que des peuples diver de différents langages. (1659 et 62)

CHAPITRE XVIII[1].

QUE L'HOMME NE DOIT POINT APPROFONDIR LE MYSTÈRE DU SAINT SACREMENT AVEC CURIOSITÉ, MAIS SOUMETTRE SES SENS A LA FOI[2].

Toi qui suis de tes sens les dangereuses routes,
Et veux tout pénétrer par ton raisonnement,
Sache qu'approfondir un si grand sacrement,   2135
C'est te plonger toi-même en l'abîme des doutes.
Quiconque ose d'un Dieu sonder la majesté,
Dans ce vaste océan de son immensité,
Opprimé de sa gloire, aisément fait naufrage;
Et tu voudrois en vain comprendre son pouvoir,   2140
Puisqu'un mot de sa bouche opère davantage
Que tout l'esprit humain ne sauroit concevoir.

Je ne te défends pas la recherche pieuse
Des saintes vérités dont tu dois être instruit :
Leur pleine connoissance est toujours de grand fruit,

XVIII. Cavendum est tibi a curiosa et inutili perscrutatione hujus profundissimi sacramenti, si non vis in dubitationis profundum submergi. Qui scrutator est majestatis, opprimetur a gloria. Plus valet Deus operari, quam homo intelligere potest.
Tolerabilis pia et humilis inquisitio veritatis, parata semper doceri, et per sanas Patrum sententias studens ambulare. Beata sim-

---

1. Corps ou sujet de l'emblème : « L'institution du saint sacrement. » Ame ou sentence : *Plus valet Deus operari, quam homo intelligere.* (Chapitre XVIII, 1.)
2. *Var.* QUE L'HOMME NE DOIT POINT APPROFONDIR LE MYSTÈRE DU SAINT SACREMENT AVEC CURIOSITÉ, MAIS IMITER HUMBLEMENT JÉSUS-CHRIST ET SOUMETTRE SES SENS A LA FOI. (1656 B et C, 59 et 62) — *Var.* QUE L'HOMME NE DOIT POINT APPROFONDIR LE MYSTÈRE DU SAINT SACREMENT AVEC CURIOSITÉ. (1665 B) Le titre finit là dans cette édition. — Titre latin : *Quod homo non sit curiosus scrutator sacramenti, sed humilis imitator Christi, subdendo sensum sacræ fidei.*

Pourvu qu'elle soit humble, et non pas curieuse.
Que des Pères surtout les fidèles avis
Avec soumission soient reçus et suivis :
Tu te rendras heureux si tu te rends docile ;
Mais plus heureuse encore est la simplicité 2150
Qui fuit des questions le sentier difficile,
Et sous les lois de Dieu marche avec fermeté.

Que le monde en a vu dont l'indiscrète audace,
A force de chercher, est tombée en défaut,
Et pour avoir porté ses lumières trop haut, 2155
De la dévotion a repoussé la grâce !
Ton Dieu sait ta foiblesse, et n'exige de toi
Que la sincérité d'une solide foi,
Qu'une vie obstinée à la haine du crime ;
Et non pas ces clartés qu'un haut savoir produit, 2160
Ni cette intelligence, et profonde et sublime,
Qui du mystère obscur perce toute la nuit.

Si ce que tu peux voir au-dessous de toi-même
Se laisse mal comprendre à ton esprit confus,
Comment comprendras-tu ce qu'à mis au-dessus, 2165
Ce que s'est réservé le monarque suprême ?
Rabats de cet esprit l'essor[1] tumultueux[2] ;

plicitas quæ difficiles quæstionum relinquit vias, et plena ac firma
pergit semita mandatorum Dei.
Multi devotionem perdiderunt, dum altiora scrutari voluerunt.
Fides a te exigitur et sincera vita, non altitudo intellectus, neque
profunditas mysteriorum Dei.
Si non intelligis nec capis quæ infra te sunt, quomodo comprehendes quæ supra te sunt ? Subde te Deo, et humilia sensum tuum

1. Les éditions de 1676 et de 1693 ont changé *l'essor* en *l'effort*.
2. *Var.* Mais rabats de l'esprit l'essor tumultueux ;
   A la rébellion des sens présomptueux
   Oppose de la foi l'aimable tyrannie. (1670 O)

A ces rébellions des sens présomptueux
Impose de la foi l'aimable tyrannie :
Soumets-toi tout entier ; remets-moi tout le soin[1] 2170
De répandre sur toi ma science infinie,
Et j'en mesurerai le don à ton besoin.

Souvent, touchant la foi d'un si profond mystère,
Plusieurs, et fortement, sont tentés de douter ;
Mais ces tentations ne doivent s'imputer 2175
Qu'à la suggestion du commun adversaire :
Ne t'en mets point en peine, évite l'embarras
Où jetteroient ton cœur ces périlleux débats ;
Quoi qu'il t'ose objecter, dédaigne d'y répondre ;
Crois-moi, crois ma parole et celle de mes saints : 2180
Cet unique secret suffit pour le confondre,
Et fera par sa fuite avorter ses desseins.

S'il revient à l'attaque et la fait plus pressée,
Soutiens-en tout l'effort sans en être troublé ;
Et souviens-toi qu'enfin cet assaut redoublé 2185
Est la marque d'une âme aux vertus avancée.
Ces méchants endurcis, ces pécheurs déplorés,
Comme il les tient pour lui déjà tous assurés,
A les inquiéter jamais il ne s'amuse :
C'est aux bons qu'il s'attache ; et c'est contre leur foi 2190

fidei, et dabitur tibi scientiæ lumen, prout tibi fuerit utile ac necessarium.
 Quidam graviter tentantur de fide et sacramento ; sed non est hoc ipsis imputandum, sed potius inimico. Noli curare, noli disputare cum cogitationibus tuis, nec ad immissas a diabolo dubitationes responde ; sed crede verbis Dei, crede sanctis ejus et prophetis, et fugiet a te nequam inimicus.
 Sæpe multum prodest quod talia sustinet Dei servus ; nam infi-

1. Il y a *ton soin*, pour *le soin*, évidemment par erreur, dans les éditions de 1659 et de 1662.

Qu'il déploie à toute heure et sa force et sa ruse,
Pour m'enlever, s'il peut, ce qu'il voit tout à moi.

Viens, et n'apporte point une foi chancelante
Que la raison conseille et qui tient tout suspect ;
Je la veux simple et ferme, avec l'humble respect   2195
Qu'à ce grand sacrement doit ta sainte épouvante.
Viens donc, et pour garant en ce divin repas
De tout ce que tu crois et que tu n'entends pas,
Ne prends que mon vouloir et ma toute-puissance :
Je ne déçois jamais, et ne puis décevoir ;   2200
Mais quiconque en soi-même a trop de confiance
Se trompe, et ne sait rien de ce qu'il croit savoir.

Je marche avec le simple, et ne fais ouverture
Qu'aux vrais humbles de cœur de mes plus hauts secrets ;
Aux vrais pauvres d'esprit j'aplanis mes décrets,   2205
Et dessille les yeux où je vois l'âme pure.
La curiosité qu'un vain orgueil conduit
Se fait de ses faux jours une plus sombre nuit,
Qui cache d'autant plus mes clartés à sa vue :
Plus la raison s'efforce, et moins elle comprend ;   2210
Aussi comme elle est foible, elle est souvent déçue[1] ;
Mais la solide foi jamais ne se méprend.

deles et peccatores non tentat, quos secure jam possidet; fideles autem devotos variis modis tentat et vexat.

Perge ergo cum simplici et indubitata fide, et cum simplici reverentia ad sacramentum accede; et quidquid intelligere non vales, Deo omnipotenti secure committe. Non fallit te Deus; fallitur, qui sibi ipsi nimium credit.

Graditur Deus cum simplicibus, revelat se humilibus, dat intellectum parvulis, aperit sensum puris mentibus, et abscondit gratiam curiosis et superbis. Ratio humana debilis est, et falli potest; fides autem vera falli non potest.

1. *Var.* Comme elle est toujours foible, elle est souvent déçue. (1670 O)

Tous ces discernements que la nature inspire,
Toute cette recherche où le sens peut guider,
Doivent suivre la foi qu'ils veulent précéder, 2215
Doivent la soutenir, et non pas la détruire.
C'est la foi, c'est l'amour, qui tous deux triomphants,
Dans ce festin que Dieu présente à ses enfants,
Marchent d'un pas égal, ont des forces pareilles ;
Et leur sainte union, par d'inconnus ressorts, 2220
Fait tout ce grand ouvrage et toutes ces merveilles
Qui du raisonnement passent tous les efforts.

Le pouvoir souverain de cet absolu maître,
Que ne peuvent borner ni les temps ni les lieux,
Opère mille effets sur terre et dans les cieux, 2225
Que l'homme voit, admire, et ne sauroit connoître.
Plus l'esprit s'y travaille, et plus il s'y confond ;
Plus il les sonde avant, moins il en voit le fond :
Ils sont toujours obscurs et toujours admirables ;
Et si par la raison ils étoient entendus, 2230
Le nom de merveilleux et celui d'ineffables,
Quelques hauts[1] qu'on les vît, ne leur seroient pas dus.

Omnis ratio et naturalis investigatio fidem sequi debet, non præcedere nec infringere; nam fides et amor ibi maxime præcellunt, et occultis modis in hoc sanctissimo et superexcellentissimo sacramento operantur.

Deus æternus et immensus, infinitæque potentiæ, facit magna et inscrutabilia in cœlo et in terra; nec est investigatio mirabilium operum ejus. Si talia essent opera Dei, ut facile ab humana ratione caperentur, non essent mirabilia nec ineffabilia dicenda.

1. Telle est l'orthographe de toutes les éditions : voyez tome I, p. 205, note 3.

FIN DE L'IMITATION DE JÉSUS-CHRIST.

TABLE DES MATIÈRES

CONTENUS DANS LE HUITIÈME VOLUME.

L'IMITATION DE JÉSUS-CHRIST.

Notice..	I
Liste des éditions qui ont été collationnées pour les variantes de *l'Imitation de Jésus-Christ*................	xx
Au souverain pontife Alexandre VII...................	1
Avertissements placés par Corneille en tête des diverses éditions partielles ou complètes de *l'Imitation*.......	8

TABLE DES CHAPITRES.

LIVRE PREMIER.

Chapitre	I.	De l'imitation de Jésus-Christ, et du mépris de toutes les vanités du monde..........	29
—	II.	Du peu d'estime de soi-même............	34
—	III.	De la doctrine de la vérité................	38
—	IV.	De la prudence en sa conduite............	48
—	V.	De la lecture de l'Écriture sainte...........	51
—	VI.	Des affections désordonnées...............	54
—	VII.	Qu'il faut fuir la vaine espérance et la présomption................................	57

TABLE DES MATIÈRES.

Chapitre		Page
VIII.	Qu'il faut éviter la trop grande familiarité.	61
IX.	De l'obéissance et de la subjétion.........	64
X.	Qu'il faut se garder de la superfluité des paroles............................	67
XI.	Qu'il faut tâcher d'acquérir la paix intérieure et de profiter en la vie spirituelle......	70
XII.	Des utilités de l'adversité...............	75
XIII.	De la résistance aux tentations...........	78
XIV.	Qu'il faut éviter le jugement téméraire....	87
XV.	Des œuvres faites par la charité..........	90
XVI.	Comme il faut supporter d'autrui........	94
XVII.	De la vie monastique...................	98
XVIII.	Des exemples des saints Pères...........	100
XIX.	Des exercices du bon religieux...........	107
XX.	De l'amour de la solitude et du silence....	114
XXI.	De la componction du cœur.............	123
XXII.	Des considérations de la misère humaine...	130
XXIII.	De la méditation de la mort............	140
XXIV.	Du jugement, et des peines du péché.....	153
XXV.	Du fervent amendement de toute la vie....	163

LIVRE SECOND.

Chapitre		Page
I.	De la conversation intérieure............	176
II.	De l'humble soumission................	188
III.	De l'homme pacifique..................	191
IV.	De la pureté du cœur et de la simplicité de l'intention.......................	195
V.	De la considération de soi-même........	198
VI.	Des joies de la bonne conscience.........	202
VII.	De l'amour de Jésus-Christ par-dessus toutes choses...........................	209
VIII.	De l'amitié familière de Jésus-Christ......	213
IX.	Du manquement de toute sorte de consolations............................	220
X.	De la reconnoissance pour les grâces de Dieu.	230

TABLE DES MATIÈRES. 691

Chapitre XI. Du petit nombre de ceux qui aiment la croix de Jésus-Christ......................... 237
— XII. Du chemin royal de la sainte croix......... 242

LIVRE TROISIEME.

Chapitre I. De l'entretien intérieur de Jésus-Christ avec l'âme fidèle.......................... 259
— II. Que la vérité parle au dedans du cœur sans aucun bruit de paroles................. 261
— III. Qu'il faut écouter la parole de Dieu avec humilité.............................. 266
— IV. Qu'il faut marcher devant Dieu en esprit de vérité et d'humilité.................... 274
— V. Des merveilleux effets de l'amour divin...... 280
— VI. Des épreuves du véritable amour........... 289
— VII. Qu'il faut cacher la grâce de la dévotion sous l'humilité.............................. 298
— VIII. Du peu d'estime de soi-même en la présence de Dieu.............................. 306
— IX. Qu'il faut rapporter tout à Dieu comme à notre dernière fin....................... 310
— X. Qu'il y a beaucoup de douceur à mépriser le monde pour servir Dieu............... 313
— XI. Qu'il faut examiner soigneusement les desirs du cœur, et prendre peine à les modérer... 319
— XII. Comme il se faut faire à la patience, et combattre les passions....................... 323
— XIII. De l'obéissance de l'humble sujet, à l'exemple de Jésus-Christ........................ 328
— XIV. De la considération des secrets jugements de Dieu, de peur que nous n'entrions en vanité pour nos bonnes actions................ 333
— XV. Comme il faut nous comporter et parler à Dieu en tous nos souhaits............... 338
— XVI. Que les véritables consolations ne se doivent chercher qu'en Dieu..................... 343
— XVII. Qu'il faut nous reposer en Dieu de tout le soin de nous-mêmes.................... 347

TABLE DES MATIÈRES.

Chapitre XVIII.	Qu'il faut souffrir avec patience les misères temporelles, à l'exemple de Jésus-Christ....................	351
— XIX.	De la véritable patience.............	356
— XX.	De l'aveu de la propre infirmité et des misères de cette vie...............	362
— XXI.	Qu'il faut se reposer en Dieu par-dessus tous les biens et tous les dons de la nature et de la grâce...............	368
— XXII.	Qu'il faut conserver le souvenir de la multitude des bienfaits de Dieu......	378
— XXIII.	De quatre points fort importants pour acquérir la paix...................	384
— XXIV.	Qu'il ne faut point avoir de curiosité pour les actions d'autrui...........	392
— XXV.	En quoi consiste la véritable paix......	395
— XXVI.	Des excellences de l'âme libre........	399
— XXVII.	Que l'amour-propre nous détourne du souverain bien..................	404
— XXVIII.	Contre les langues médisantes.........	410
— XXIX.	Comment il faut invoquer Dieu et le bénir aux approches de la tribulation..	412
— XXX.	Comment il faut demander le secours de Dieu............................	415
— XXXI.	Du mépris de toutes les créatures pour s'élever au Créateur.............	422
— XXXII.	Qu'il faut renoncer à soi-même et à toutes sortes de convoitises................	428
— XXXIII.	De l'instabilité du cœur, et de l'intention finale qu'il faut dresser vers Dieu.	432
— XXXIV.	Que celui qui aime Dieu le goûte en toutes choses et par-dessus toutes choses....	435
— XXXV.	Que durant cette vie on n'est jamais en sûreté contre les tentations.........	440
— XXXVI.	Contre les vains jugements des hommes.	444
— XXXVII.	De la pure et entière résignation de soi-même pour obtenir la liberté du cœur.	448
— XXXVIII.	De la bonne conduite aux choses extérieures, et du recours à Dieu dans les périls.......................	452

TABLE DES MATIÈRES.

Chapitre XXXIX.	Que l'homme ne doit point s'attacher avec empressement à ses affaires............	455
— XL.	Que l'homme n'a rien de bon de soi-même, et ne se peut glorifier d'aucune chose..	457
— XLI.	Du mépris de tous les honneurs..........	464
— XLII.	Qu'il ne faut point fonder sa paix sur les hommes, mais sur Dieu, et s'anéantir en soi-même........................	466
— XLIII.	Contre la vaine science du siècle, et de la vraie étude du chrétien..............	470
— XLIV.	Qu'il ne faut point s'embarrasser des choses extérieures......................	475
— XLV.	Qu'il ne faut pas croire toutes personnes, et qu'il est aisé de s'échapper en paroles.	477
— XLVI.	De la confiance qu'il faut avoir en Dieu quand on est attaqué de paroles.......	485
— XLVII.	Que pour la vie éternelle il faut endurer les choses les plus fâcheuses..........	491
— XLVIII.	Du jour de l'éternité, et des angoisses de cette vie........................	496
— XLIX.	Du desir de la vie éternelle, et combien d'avantages sont promis à ceux qui combattent............................	503
— L.	Comment un homme désolé doit se remettre entre les mains de Dieu.............	512
— LI.	Qu'il faut nous appliquer aux actions extérieures et ravalées, quand nous ne pouvons nous élever aux plus hautes......	521
— LII.	Que l'homme ne se doit point estimer digne de consolation, mais plutôt de châtiment............................	524
— LIII.	Que la grâce de Dieu est incompatible avec le goût des choses terrestres..........	529
— LIV.	Des divers mouvements de la nature et de la grâce........................	533
— LV.	De la corruption de la nature, et de l'efficace de la grâce....................	545
— LVI.	Que nous devons renoncer à nous-mêmes et imiter Jésus-Christ en portant notre croix...........................	553

Chapitre LVII.	Que l'homme ne doit pas perdre courage quand il tombe en quelques défauts.....	558
— LVIII.	Qu'il ne faut point vouloir pénétrer les hauts mystères, ni examiner les secrets jugements de Dieu..................	562
— LIX.	Qu'il faut mettre en Dieu seul tout notre espoir et toute notre confiance.........	572

LIVRE QUATRIÈME.

Préface..	....	579
Chapitre I.	Avec quel respect il faut recevoir le corps de Jésus-Christ.....................	580
— II.	Que le sacrement de l'autel nous découvre une grande bonté et un grand amour de Dieu.........................	592
— III.	Qu'il est utile de communier souvent......	599
— IV.	Que ceux qui communient dévotement en reçoivent de grands biens.............	605
— V.	De la dignité du sacrement, et de l'état du sacerdoce.........................	613
— VI.	Préparation à s'exercer avant la communion.	618
— VII.	De l'examen de sa conscience, et du propos de s'amender......................	620
— VIII.	De l'oblation de Jésus-Christ en la croix, et de la propre résignation..............	625
— IX.	Qu'il faut nous offrir à Dieu avec tout ce qui est en nous, et prier pour tout le monde...........................	628
— X.	Qu'il ne faut pas aisément quitter la sainte communion........................	635
— XI.	Que le corps de Jésus-Christ et la sainte Écriture sont entièrement nécessaires à l'âme fidèle......................	643
— XII.	Qu'il faut se préparer avec grand soin à la communion.......................	654
— XIII.	Que l'âme dévote doit s'efforcer de tout son cœur à s'unir à Jésus-Christ dans le sacrement...........................	659

TABLE DES MATIÈRES.

Chapitre	XIV.	De l'ardent desir de quelques dévots pour le sacré corps de Jésus-Christ............	664
—	XV.	Que la grâce de la dévotion s'acquiert par l'humilité et par l'abnégation de soi-même............................	668
—	XVI.	Que nous devons découvrir toutes nos nécessités à Jésus-Christ..............	673
—	XVII.	Du desir ardent de recevoir Jésus-Christ..	677
—	XVIII.	Que l'homme ne doit point approfondir le mystère du saint sacrement avec curiosité, mais soumettre ses sens à la foi....	683

FIN DE LA TABLE DES MATIÈRES.

PARIS. — IMPRIMERIE GÉNÉRALE DE CH. LAHURE
Rue de Fleurus, 9

www.ingramcontent.com/pod-product-compliance
Lightning Source LLC
Chambersburg PA
CBHW071708300426
44115CB00010B/1348